浦和明の星女子中学校

〈収録内容〉

便利なDLコンテンツは右のQRコードから

解答用紙

過去年度

国語の問題は
紙面に掲載

⇒

※データのダウンロードは2025年3月末日まで。
※データへのアクセスには、右記のパスワードの入力が必要と

〈合格最低点〉

	第1回	第2回		第1回	第2回
2024年度	199点	210点	2021年度	202点	197点
2023年度	203点	203点	2020年度	202点	202点
2022年度	186点	203点	2019年度	217点	213点

本書の特長

実戦力がつく入試過去問題集

- ▶ 問題 …………… 実際の入試問題を見やすく再編集。
- ▶ 解答用紙 …… 実戦対応仕様で収録。
- ▶ 解答解説 …… 詳しくわかりやすい解説には、難易度の目安がわかる「基本・重要・やや難」の分類マーク つき（下記参照）。各科末尾には合格へと導く「ワンポイントアドバイス」を配置。採点に便利な配点つき。

入試に役立つ分類マーク

基本 確実な得点源！
受験生の90%以上が正解できるような基礎的、かつ平易な問題。
何度もくり返して学習し、ケアレスミスも防げるようにしておこう。

重要 受験生なら何としても正解したい！
入試では典型的な問題で、長年にわたり、多くの学校でよく出題される問題。
各単元の内容理解を深めるのにも役立てよう。

やや難 これが解ければ合格に近づく！
受験生にとっては、かなり手ごたえのある問題。
合格者の正解率が低い場合もあるので、あきらめずにじっくりと取り組んでみよう。

合格への対策、実力錬成のための内容が充実

- ▶ 各科目の出題傾向の分析、合否を分けた問題の確認で、入試対策を強化！
- ▶ その他、学校紹介、過去問の効果的な使い方など、学習意欲を高める要素が満載！

解答用紙ダウンロード 解答用紙はプリントアウトしてご利用いただけます。弊社ＨＰの商品詳細ページよりダウンロードしてください。トビラのＱＲコードからアクセス可。

famima PRINT 原本とほぼ同じサイズの解答用紙は、全国のファミリーマートに設置しているマルチコピー機のファミマプリントで購入いただけます。※一部の店舗で取り扱いがない場合がございます。詳細はファミマプリント（http://fp.famima.com/）をご確認ください。

UD FONT 見やすく読みまちがえにくいユニバーサルデザインフォントを採用しています。

浦和明の星女子中学校

ハイレベルな語学教育で県内トップの女子進学校

生徒数 521名
〒336-0926
埼玉県さいたま市緑区東浦和6-4-19
☎048-873-1160
武蔵野線東浦和駅 徒歩8分

URL	https://www.urawa-akenohoshi.ed.jp

プロフィール カトリック精神で全人教育を実践

1937年設立の、青森技芸学院を前身とする。学園創立30周年に当たる1967年、さいたま市（旧浦和市）に浦和明の星女子高等学校を開校。2003年に中学校を開校した。青森県には姉妹校の、青森明の星高校がある。

聖母被昇天修道会（本部・カナダ）を教育の母体とし、Be Your Best and Truest Selfをモットーとしている。また、校訓の「正・浄・和」には、生徒一人ひとりが、正しく、浄く、和やかに生きるように、との期待が込められている。カトリック学校であり、校名の「明の星」は、聖母マリアにちなんでいる。

環境 充実した施設 心和むキャンパス

2006年完成の第２体育館をはじめ、図書館、ジュビリホール、静かな雰囲気のチャペル、冷暖房完備の教室など、多彩な設備が整っている。2015年７月にクラスのホームルーム教室が入った棟が竣工し、2017年７月に中央玄関のある管理棟が竣工。2018年度にはカフェテリア棟も竣工。

カリキュラム 充実の語学教育で国際的な教養を

ほぼすべての生徒が大学進学希望者だが、教育課程はカトリック精神に基づく人格の育成を第一目的としており、能力別や進路別のクラス編成は行っていない。高校１年次までに学力の充実を図り、２・３年次に自分の進路に応じた選択科目を履修することにより、ほぼ全分野への進学が可能となっている。

個人が尊重され、自ら主体的に参加する授業

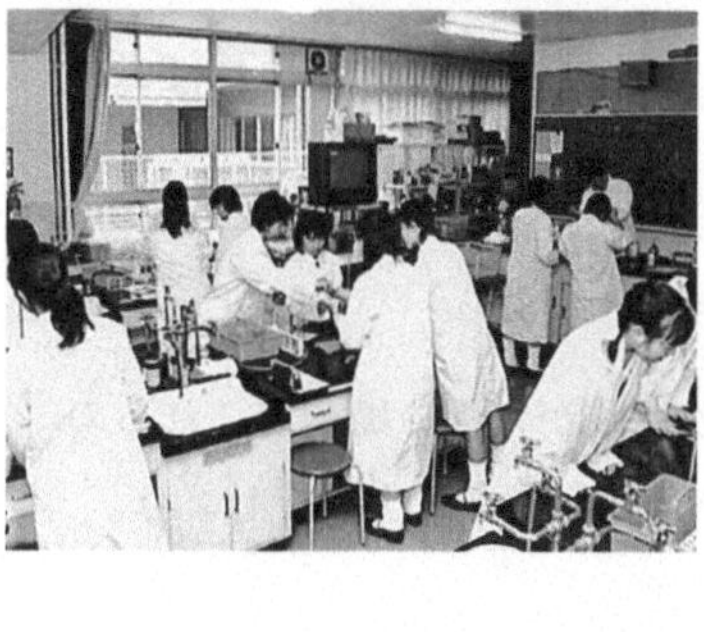

大学受験のための補習授業は、高校２、３年において、長期休暇中を利用して、希望者を対象に行われている。また、受験指導は、模擬試験や添削による指導、担任教師及び進路指導部による個別進路相談・入試の情報提供など、マンツーマンに近い親身なアドバイスが中心となっている。

また、中１から英会話の授業を行うなど、語学教育にも力を入れている。

学校生活 生き方を考える静かな時間

ミッション系ならではの行事に、修養会がある。神父より講話を受け、その後、グループ別のわかち合いが行われ、自分の意見を述べたり、友人と本音で語り合える貴重な時間だ。そのほか、新入生のオリエンテーション合宿をはじめ、文化祭やクリスマスの集いなど、学校行事は多彩である。

クラブは、グリー（合唱）やアンサンブルなど19の文化部と、サッカーなど12の運動部があり、生徒たちは活気ある部活動を通して、自らを鍛え、磨いていくと共に、学年を越えた人間同士の交わりを深めている。

進路 83%の現役進学率 難関大学へ多数

現役進学率は83％で、浪人を含めるとほぼ100％の進学率だ。大部分が４年制大学進学である。

主な進学先は、千葉大、一橋大、東京農工大、東京医科歯科大、東京工

多彩な行事のひとつに「クリスマスの集い」がある

業大、東大などの国公立大学や、東京理科大、早稲田大、立教大、上智大、明治大、慶應義塾大などの難関私立大学である。昭和大、秋田大、聖マリアンナ大、順天堂大、金沢医科大、東京女子医科大など、医学部への進学者も増加している。また、慶應義塾大、早稲田大、上智大、立教大、東京女子大、青山学院大などには指定校推薦枠もある。

国際化 カナダへ短期留学

学校主催の留学として、高校１年次（希望者）にカナダ・ブリティッシュ・コロンビア州のヴィクトリア「夏期休暇中の短期留学」が実施されており、英語の特訓を受ける貴重な機会となっている。

2024年度入試要項

試験日 1/14（第１回） 2/4（第２回）
試験科目 国・算・理・社

2024年度	募集定員	受験者数	合格者数	競争率
第１回	120	1935	1058	1.8
第２回	40	284	44	6.5

過去問の効果的な使い方

① **はじめに**　ここでは，受験生のみなさんが，ご家庭で過去問を利用される場合の，一般的な活用法を説明していきます。もし，塾に通われていたり，家庭教師の指導のもとで学習されていたりする場合は，その先生方の指示にしたがって，過去問を活用してください。その理由は，通常，塾のカリキュラムや家庭教師の指導計画の中に過去問学習が含まれており，どの時期から，どのように過去問を活用するのか，という具体的な方法がそれぞれの場合で異なるからです。

② **目的**　言うまでもなく，志望校の入学試験に合格することが，過去問学習の第一の目的です。そのためには，それぞれの志望校の入試問題について，どのようなレベルのどのような分野の問題が何問，出題されているのかを確認し，近年の出題傾向を探り，合格点を得るための試行錯誤をして，各校の入学試験について自分なりの感触を得ることが必要になります。過去問学習は，このための重要な過程であり，合格に向けて，新たに実力を養成していく機会なのです。

③ **開始時期**　過去問との取り組みは，通常，全分野の学習が一通り終了した時期，すなわち6年生の7月から8月にかけて始まります。しかし，各分野の基本が身についていない場合や，反対に短期間で過去問学習をこなせるだけの実力がある場合は，9月以降が過去問学習の開始時期になります。

④ **活用法**　各年度の入試問題を全問マスターしよう，と思う必要はありません。完璧を目標にすると挫折しやすいものです。できるかぎり多くの問題を解けるにこしたことはありませんが，それよりも重要なのは，現実に各志望校に合格するために，どの問題が解けなければいけないか，どの問題は解けなくてもよいか，という眼力を養うことです。

算数

どの問題を解き，どの問題は解けなくてもよいのかを見極めるには相当の実力が必要になりますし，この段階にいきなり到達するのは容易ではないので，この前段階の一般的な過去問学習法，活用法を2つの場合に分けて説明します。

☆偏差値がほぼ55以上ある場合

掲載順の通り，新しい年度から順に年度ごとに3年度分以上，解いていきます。

ポイント1…問題集に直接書き込んで解くのではなく，各問題の計算法や解き方を，明快にわかるように意識してノートに書き記す。

ポイント2…答えの正誤を点検し，解けなかった問題に印をつける。特に，解説の 基本 重要 がついている問題で解けなかった問題をよく復習する。

ポイント3…1回目にできなかった問題を解き直す。同様に，2回目，3回目，…と解けなければいけない問題を解き直す。

ポイント4…難問を解く必要はなく，基本をおろそかにしないこと。

☆偏差値が50前後かそれ以下の場合

ポイント1～4以外に，志望校の出題内容で「計算問題・一行問題」の比重が大きい場合，これらの問題をまず優先してマスターするとか，例えば，大問2までをマスターしてしまうとよいでしょう。

理科

理科は1から順番に解くことにほとんど意味はありません。理科は，性格の違う4つの分野が合わさった科目です。また，同じ分野でも単なる知識問題なのか，あるいは実験や観察の考察問題なのかによってもかかる時間がずいぶんちがいます。記述，計算，描図など，出題形式もさまざまです。ですから，解く順番の上手，下手で，10点以上の差がつくこともあります。

過去問を解き始める時も，はじめに1回分の試験問題の全体を見通して，解く順番を決めましょう。得意分野から解くのもよいでしょう。短時間で解けそうな問題を見つけて手をつけるのも効果的です。くれぐれも，難問に時間を取られすぎないように，わからない問題はスキップして，早めに全体を解き終えることを意識しましょう。

社会

社会は1から順番に解いていってかまいません。ただし，時間のかかりそうな，「地形図の読み取り」，「統計の読み取り」，「計算が必要な問題」，「字数の多い論述問題」などは後回しにするのが賢明です。また，3分野（地理・歴史・政治）の中で極端に得意，不得意がある受験生は，得意分野から手をつけるべきです。

過去問を解くときは，試験時間を有効に活用できるよう，時間は常に意識しなければなりません。ただし，時間に追われて雑にならないようにする注意が必要です。“誤っているもの”を選ぶ設問なのに“正しいもの”を選んでしまった，“すべて選びなさい”という設問なのに一つしか選ばなかったなどが致命的なミスになってしまいます。問題文の“正しいもの”，“誤っているもの”，“一つ選び”，“すべて選び”などに下線を引いて，一つ一つ確認しながら問題を解くとよいでしょう。

過去問を解き終わったら，自己採点し，受験生自身でふり返りをしましょう。できなかった問題については，なぜできなかったのかについての分析が必要です。例えば，「知識が必要な問題」ができなかったのか，「問題文や資料から判断する問題」ができなかったのかで，これから取り組むべきことも大きく異なってくるはずです。また，正解できた問題も，「勘で解いた」，「確信が持てない」といったときはふり返りが必要です。問題集の解説を読んでも納得がいかないときは，塾の先生などに質問をして，理解するようにしましょう。

国語

過去問に取り組む一番の目的は，志望校の傾向をつかみ，本番でどのように入試問題と向かい合うべきか考えることです。素材文の傾向，設問の傾向，問題数の傾向など，十分に研究していきましょう。

取り組む際は，まず解答用紙を確認しましょう。漢字や語句問題の量，記述問題の種類や量などが，解答用紙を見て，わかります。次に，ページをめくり，問題用紙全体を確認しましょう。どのような問題配列になっているのか，問題の難度はどの程度か，などを確認して，どの問題から取り組むべきかを判断するとよいでしょう。

一般的に「漢字」→「語句問題」→「読解問題」という形で取り組むと，効率よく時間を使うことができます。

また，解答用紙は，必ず，実際の大きさのものを使用しましょう。字数指定のない記述問題などは，解答欄の大きさから，書く量を考えていきましょう。

浦和明の星の算数

——出題傾向と対策　合否を分けた問題の徹底分析——

出題傾向と内容

出題分野1　〈数と計算〉

毎年,「四則計算」が出題されているが，それほど難しい計算問題ではない。「数の性質」の出題率が高く,「単位の換算」では，時間⇔分の変換など，基本的な内容が文章題の問題で問われる。「概数」にも注意すべきである。

2　〈図形〉

「平面図形」・「立体図形」も毎年あるいはほぼ毎年，出題されており,「グラフ」も出題率が高い。特に，円周率を利用する計算では，一々，3.14をかけるのではなく，3.14は残したまま，式自体を簡単にしてから，最後に答えを計算するようにするのがポイントである。また実際に,「グラフ」を描く問題も出題されている。

3　〈速さ〉

「速さ」の問題も毎年，出題されている。「旅人算」の出題率も高い。

4　〈割合〉

「割合」の問題も毎年，出題されており,「濃度」・「相当算」・「仕事算・ニュートン算」も，年度によって出題されている。

また，最終的に比を求める問題でなくても,「図形」や「速さ」などの問題で,「比」を利用できるように練習しておくことが必要である。

5　〈推理〉

「論理・推理」・「数列・規則性」・「場合の数」の出題率が高い。近年,「統計と表」の問題が出題されたこともある。

6　〈その他〉

「鶴カメ算」の出題率が高い。「消去算」の考え方も練習しよう。

出題率の高い分野

❶平面図形・面積　❷割合と比　❸速さの三公式と比　❹立体図形・体積
❺数列・規則性

来年度の予想と対策

出題分野1　〈数と計算〉…分数計算を含む「四則計算」,「数の性質」の問題が出題される，と予想される。「単位の換算」も重要である。

2　〈図形〉…「平面図形」・「立体図形」の標準問題・応用問題を練習しよう。

3　〈速さ〉…比を使う「旅人算」の解き方を練習しよう。「グラフ」の問題も出やすい。

4　〈割合〉…「速さの比」・「面積比」・「比の文章題」の標準問題・応用問題を練習しよう。

5　〈推理〉…「論理・推理」・「数列・規則性」・「場合の数」・その他の標準問題・応用問題を練習しよう。

6　〈その他〉…分野を限定せず，標準問題を練習しよう。「消去算」に慣れておこう。

学習のポイント

●大問数5～6題　小問数20～25題前後　●試験時間50分　満点100点
●出題分野が広範囲である。「速さ」・「図形」の比を利用する問題がポイントになる。

年度別出題内容の分析表　算数

（よく出ている順に，☆◎○の3段階で示してあります。）

出題内容		27年		28年		29年		30年		2019年	
		1回	2回	1回	2回	1回	2回	1回	2回	1回	2回
数と計算	四則計算	○	○	○	○	○	○	○	○	○	○
	単位の換算	○		○		◎	◎	○		◎	◎
	演算記号・文字と式										
	数の性質	○	◎	☆	☆	☆	◎	☆		○	
	概　数				○		○				○
図形	平面図形・面積	◎	☆	○	◎	☆	◎	○	☆	☆	☆
	立体図形・体積と容積	☆	○	○		☆	☆	☆	○	☆	☆
	相似（縮図と拡大図）										
	図形や点の移動・対称な図形		☆	○						○	
	グラフ	☆	☆	☆	☆	☆		☆		☆	☆
速さ	速さの三公式と比	☆	☆	☆	☆	☆	☆	☆	☆	◎	☆
	旅人算		☆	○	○		◎		○	◎	○
	時計算										
	通過算	◎					○				○
	流水算										
割合	割合と比	☆	☆	☆	☆	☆	☆	☆	☆	◎	☆
	濃　度	○						◎			○
	売買算		○								
	相当算					○	○				
	倍数算・分配算			○							
	仕事算・ニュートン算	○	○	☆		○	○	○	☆		
	比例と反比例・2量の関係				○						
推理	場合の数・確からしさ										
	論理・推理・集合	○		○					◎		
	数列・規則性・N進法		○	☆	☆	☆	☆	☆	○	☆	○
	統計と表		◎								○
その他	和差算・過不足算・差集め算	○	○						○	○	◎
	鶴カメ算	○		○		◎	◎	◎	○		
	平均算	☆	○		○	○		○			
	年令算			○							
	植木算・方陣算		◎							○	
	消去算			○		◎			◎		

浦和明の星女子中学校

（よく出ている順に，☆◎○の3段階で示してあります。）

出題内容		2020年		2021年		2022年		2023年		2024年	
		1回	2回	1回	2回	1回	2回	1回	2回	1回	2回
数と計算	四則計算	○	○	○	○	○	○	○	○	○	○
	単位の換算		○		◎	◎			○	○	◎
	演算記号・文字と式				◎						
	数の性質	☆	◎	☆	☆		○	☆	☆	☆	○
	概　数										
図形	平面図形・面積	☆	☆	☆	☆	☆	☆	☆	◎	☆	☆
	立体図形・体積と容積	○	○	☆		☆	◎	○	◎	◎	☆
	相似（縮図と拡大図）					○		◎			
	図形や点の移動・対称な図形		○			○			○	☆	
	グラフ	☆	◎					◎	☆		◎
速さ	速さの三公式と比	☆	◎	☆	☆	☆	☆	◎	☆	☆	☆
	旅人算		○	○		○	◎		○	☆	
	時計算										
	通過算			○							
	流水算			☆				◎			
割合	割合と比	☆	◎	☆	☆	☆	☆	☆	☆	☆	☆
	濃　度	○	○	○	○			○		○	○
	売買算							☆	○		○
	相当算		○		○					○	
	倍数算・分配算									○	
	仕事算・ニュートン算	○		☆		○	○		○		◎
	比例と反比例・2量の関係										
推理	場合の数・確からしさ			☆			○				
	論理・推理・集合		○		○		○				
	数列・規則性・N進法	☆	☆		☆	○	○	○	☆	◎	☆
	統計と表	☆									◎
その他	和差算・過不足算・差集め算			○	○		◎	○			
	鶴カメ算		○			○	○	○	☆		○
	平均算	○	○		◎						○
	年令算	○									
	植木算・方陣算	◎		☆						◎	◎
	消去算	○	○	○	○		○	○			○

浦和明の星女子中学校

2024年度 浦和明の星女子中学校 合否を分けた問題 算数

第1回　3．（2）「平面図形，立体図形」

> 全体の立方体から「色を塗った部分をまっすぐくり抜く」とき，「残った立体の体積」を求める問題である。
> 複数の解き方があるが，どの方法を選択するか？

【問題】

1辺が1cmの立方体を125個をはり合わせて1辺が5cmの立方体を作った。
この立方体から，右図のように色を塗った部分をまっすぐくり抜くとき，残った立体の体積を求めなさい。

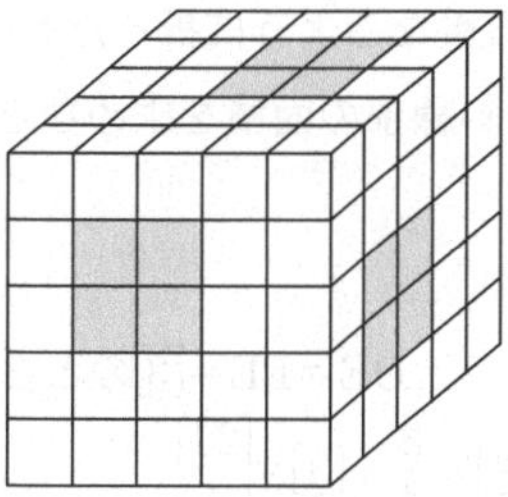

【考え方】

この手もある。

上から1・5段目の立方体の個数…(5×5－2×2)×2＝42(個)

上から2・4段目の立方体の個数…(5×2＋3)×2＝26(個)

上から3段目の立方体の個数…3×2＋2＝8(個)

したがって，残りの部分の体積は42＋26＋8＝76(cm³)

受験生に贈る「数の言葉」――――――――――――「ガリヴァ旅行記のなかの数と図形」

作者　ジョナサン・スウィフト(1667～1745)

…アイルランド　ダブリン生まれの司祭

リリパット国…1699年11月，漂流の後に船医ガリヴァが流れ着いた南インド洋の島国

①人間の身長…約15cm未満　　②タワーの高さ…約1.5m

③ガリヴァがつながれた足の鎖の長さ…約1.8m　　④高木の高さ…約2.1m

⑤ガリヴァとリリパット国民の身長比…12：1　　⑥ガリヴァとかれらの体積比…1728：1

ブロブディンナグ国…1703年6月，ガリヴァの船が行き着いた北米の国

①草丈…6m以上　　②麦の高さ…約12m　　③柵(さく)の高さ…36m以上

④ベッドの高さ…7.2m　　⑤ネズミの尻尾(しっぽ)…約1.77m

北太平洋の島国…1707年，北緯46度西経177度に近い国

王宮内コース料理　①羊の肩肉…正三角形　②牛肉…菱形　③プディング…サイクロイド形

④パン…円錐形(コーン)・円柱形(シリンダ)・平行四辺形・その他

2023年度 浦和明の星女子中学校 合否を分けた問題 算数

第1回　1.（5）「平面図形，相似，割合と比」

> 「相似の問題」であることに気づけば，難しくない問題である。
> つまり，問題の図のどこにどういう直線を引くか。

【問題】

右図は，直角三角形ABCの辺ABが辺BCに重なるように折ったものである。斜線部の面積を求めなさい。

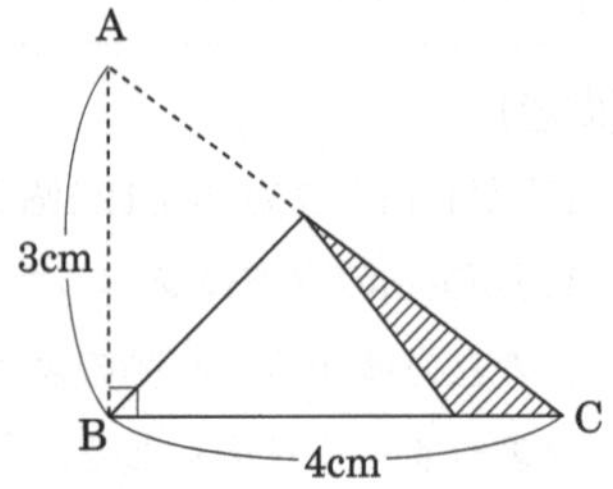

【考え方】

右図より，DE＝FE＝$\boxed{3}$のとき，

AB＝$\boxed{3}\times\frac{3}{4}+\boxed{3}=\boxed{\frac{21}{4}}$

$\boxed{3}\cdots 3\div\frac{21}{4}\times 3=\frac{12}{7}$(cm)

ここがポイント

したがって，斜線部の面積は

$1\times\frac{12}{7}\div 2=\frac{6}{7}$(cm^2)

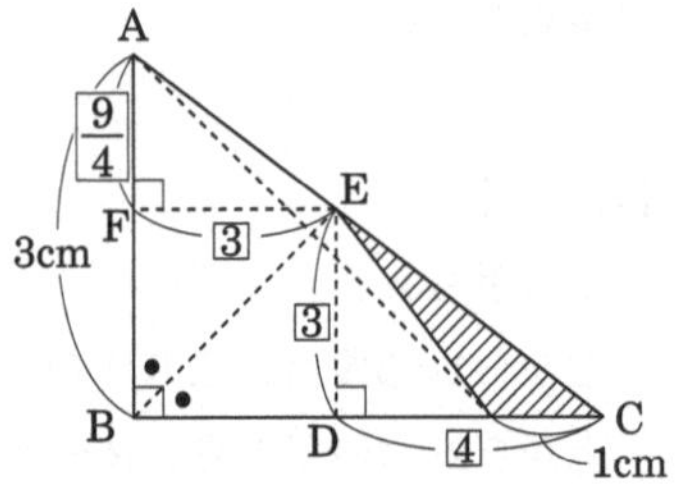

受験生に贈る「数の言葉」

バートランド・ラッセル(1872～1970)が語る

ピュタゴラス(前582～496)とそのひとたちのようす(西洋哲学史)

①ピュタゴラス学派のひとたちは，地球が球状であることを発見した。

②ピュタゴラスが創った学会には，男性も女性も平等に入会を許された。
財産は共有され，生活は共同で行われた。科学や数学の発見も共同のものとみなされ，ピュタゴラスの死後でさえ，かれのために秘事とされた。

③だれでも知っているようにピュタゴラスは，すべては数である，といった。
かれは，音楽における数の重要性を発見し，設定した音楽と数学との間の関連が，数学用語である「調和平均」,「調和級数」のなかに生きている。

④五角星は，魔術で常に際立って用いられ，この配置は明らかにピュタゴラス学派のひとたちにもとづいており，かれらは，これを安寧とよび，学会員であることを知る象徴として，これを利用した。

⑤その筋の大家たちは以下の内容を信じ，かれの名前がついている定理をかれが発見した可能性が高いと考えており，それは，直角三角形において，直角に対する辺についての正方形の面積が，他の2辺についての正方形の面積の和に等しい，という内容である。
とにかく，きわめて早い年代に，この定理がピュタゴラス学派のひとたちに知られていた。かれらはまた，三角形の角の和が2直角であることも知っていた。

2022年度 浦和明の星女子中学校 合否を分けた問題 算数

第1回　1.（5）「割合と比」

> 難しくない問題である。
> ただし，「姉が妹に150円あげた」という内容をどう処理するか，ここで差がつく。

【問題】

姉は3000円，妹は2500円を持ってお菓子を買いに行った。
2人はお菓子を1個ずつ買い，その後，姉が妹に150円をあげたところ，姉と妹の所持金の比は12：11になった。
2人が買ったお菓子はいくらか。

【考え方】

最後に姉妹の所持金の差が$3000-2500-150\times 2=200$(円)
になったので，　　　　←ここが第1のポイント
最後の姉の所持金は
$200\div(12-11)\times 12=2400$(円)

したがって，お菓子の値段は$3000-(2400+150)=450$(円)
　　　　←ここが第2のポイント

受験生に贈る「数の言葉」

数学者の回想　　高木貞治1875～1960

数学は長い論理の連鎖だけに，それを丹念にたどってゆくことにすぐ飽いてしまう。論理はきびしいものである。例えば，1つの有機的な体系というか，それぞれみな連関して円満に各部が均衡を保って進んでゆかぬかぎり，完全なものにはならない。

ある1つの主題に取り組み，どこか間違っているらしいが，それがはっきり判明せず，もっぱらそればかりを探す。神経衰弱になりかかるぐらいまで検討するが，わからぬことも多い。夢で疑問が解けたと思って起きてやってみても，全然違っている。そうやって長く間違いばかりを探し続けると，その後，理論が出来ても全く自信がない。そんなことを多々経験するのである。(中略)

技術にせよ学問にせよ，その必要な部分だけがあればよいという制ちゅう(限定)を加えられては，絶対に進展ということはあり得ない。「必要」という考え方に，その必要な1部分ですらが他の多くの部分なくして成り立たぬことを理解しようとしないことがあれば，それは全く危険である。

浦和明の星の理科

――出題傾向と対策
合否を分けた問題の徹底分析――

出題傾向と内容

例年，問題数は大問が4題で小問が25問前後である。物理，化学，地学の4領域から大問が1題ずつ出題されることが多い。解答形式は，記号選択式が多くなっているが，計算問題を中心に記述式も含まれている。一つの素材や現象を取り上げて，細かく深く掘り下げる問題が多い。このような問題では問題文も長く図や表が示されることが多いので，これらを読み取り，考察して答えを導いていく必要がある。また，どの分野も基本的な問題から発展的な問題まで幅広く出題される。試験時間に対しての設問数はほぼ適量であるが，社会と合わせて試験時間が設定されているので，時間配分には充分気をつけよう。

生物的領域　2024年度は，第1回で呼吸について，第2回で動物の習性について，2023年度は，第1回でウキクサについて，第2回ででんぷんと糖についての問題が出題された。どの問題でも，図や表，説明文などから読み取れることを問われており，生物的領域でも暗記にとどまらず，どうしてそのようになるのか考える学習を普段から心がけたい。参考書の図などはよく見て，知識を整理しておこう。

地学的領域　2024年度は，第1回で柱状図を用いて地層について，第2回で流水のはたらきについて，2023年度は，第1回で太陽・月・地球について，第2回で天の川についての問題が取り上げられた。この領域の問題は，問題集や参考書に載っているような内容が多く，問題も基本問題が中心なので，できるだけ得点したい。

化学的領域　2024年度は，第1回で原子について，第2回で酸素について，2023年度は，第1回で水の状態変化について，第2回で気体の重さについての問題が出題された。どの問題も実験をもとにした内容で，実験結果から答えを考察していく形式になっている。また，化学的領域からの出題では，実験器具の使い方についての問題も含まれることが多いので，実験器具についても使い方や注意点などはまとめておこう。実験には積極的に参加して実際に実験器具を扱っておくとよいだろう。

物理的領域　2024年度は，第1回でLEDについて，第2回で豆電球と回路について，2023年度は，第1回で棒や板のつりあいについて，第2回でふりこについての問題が出題された。どれも基本的な内容が中心ではあるが，計算が必要だったり，図が多いので時間の配分に気をつけよう。特に理科の1問目となっているので，必要以上に時間をかけてしまうと，他の問題を解く時間が不足してしまうので，類似問題でよく練習しておこう。

学習のポイント

●知識の暗記にとどまらず，内容をよく理解し，現象や実験の結果を考察できるようにしておこう。

来年度の予想と対策

設問数に大きな変化はないと考えられる。また，生物，地学，化学，物理の各分野から大問が1題ずつ出題されるスタイルも大きく変わることはないと考えられる。毎年，各分野の中で単元を変えて出題されているので，特定の単元にこだわらず幅広い学習が必要である。苦手な分野をなくしておこう。また，問題文を読んで内容を理解する必要のある問題や，実験や観察をもとにした考察問題が出題されることが多いので，同様の問題になれておこう。計算問題も，複雑なものはないが，表やグラフなどの実験結果を使って計算する問題などを問題集で練習しておこう。

教科書や参考書にのっている図はよく見て，理解しておこう。さらに日常生活の中でも，環境などの身近な科学の問題に興味を持ってよく調べておくとよいだろう。

年度別出題内容の分析表 理科

（よく出ている順に，☆◎○の3段階で示してあります。）

出題内容		27年		28年		29年		30年		2019年	
		1回	2回	1回	2回	1回	2回	1回	2回	1回	2回
生物的領域	植物のなかま							☆			
	植物のはたらき	☆			☆					◎	◎
	昆虫・動物			☆			◎		☆	◎	
	人　体		☆			☆					
	生態系										
地学的領域	星と星座					☆					
	太陽と月			☆	☆						
	気　象	☆							☆	☆	☆
	地層と岩石		☆					☆			
	大地の活動						☆				
化学的領域	物質の性質				☆						
	状態変化										
	ものの溶け方			☆							
	水溶液の性質	◎				☆			☆	☆	
	気体の性質	◎			○		☆				
	燃　焼		☆					☆			☆
物理的領域	熱の性質						☆				
	光や音の性質					☆					○
	物体の運動		☆	☆				☆			
	力のはたらき				☆			○			☆
	電流と回路								◎		
	電気と磁石	☆								☆	
その他	実験と観察										
	器具の使用法						◎		○		
	環　境										
	時　事										
	その他										

（よく出ている順に，☆◎○の3段階で示してあります。）

出　題　内　容		2020年		2021年		2022年		2023年		2024年	
		1回	2回	1回	2回	1回	2回	1回	2回	1回	2回
生物的領域	植物のなかま										
	植物のはたらき	◎	☆				☆	☆	☆	○	
	昆虫・動物				◎						☆
	人　体				◎					☆	
	生態系			☆		☆					
地学的領域	星と星座	○		☆				◎	☆		
	太陽と月	☆				☆		◎	○		
	気　象						☆				
	地層と岩石		☆		☆					☆	☆
	大地の活動										
化学的領域	物質の性質				☆	☆				☆	◎
	状態変化		○					☆			
	ものの溶け方		◎	☆			☆				
	水溶液の性質					☆		○			○
	気体の性質	☆							☆		☆
	燃　焼										
物理的領域	熱の性質				☆						
	光や音の性質										
	物体の運動	☆							☆		
	力のはたらき		☆					☆			
	電流と回路			☆			☆			☆	☆
	電気と磁石										
その他	実験と観察	◎	◎	◎	◎	◎	◎	☆	◎	☆	◎
	器具の使用法						○				
	環　境	○	○		◎	◎					○
	時　事		○			○				○	
	その他										

浦和明の星女子中学校

2024年度 浦和明の星女子中学校 合否を分けた問題 理科

第1回　この問題でこれだけ取ろう！

1　基本～やや難　物理　LED

LEDに関して問う問題で，実験1～6でLEDがどのような回路にすれば光るかということが調べられている。問1～問3は実験結果をもとに正解を導いていく問題で，LEDの詳細な知識の有無に関わらず正解できる問題であった。問4の(a)，(b)は思考力なども要求されるやや難易度が高めの問題であった。問1～問3，できれば問4の(a)までは確実に正解しておきたい。

2　標準　化学　原子

化学変化を原子に注目して考える問題である。原子の考え方は中学理科の内容であるが，正解を導くために必要な情報は問題文中に与えられているため，しっかりと読み取って正解を重ねておきたい問題である。また，計算についても比例式を用いた典型的なものなので，計算ミスが生じないように注意したい。

3　基本～標準　生物　呼吸

ヒトと植物の呼吸に関する問題である。問1は呼吸によって取り込まれる酸素の量を求める典型的な問題，問2はヒトの肺についての問題，問3はダイズの種子を用いた植物の呼吸についての問題であった。文章の読み違いや細かな条件の見落としなどがないようにして，できるだけ多く正解すべき問題である。

4　基本～やや難　地学　柱状図

地層に関する問題である。与えられた地形図と柱状図をもとに，地層のようすを推定する問題で，問1は地層をつくる岩石の粒のようすから地層ができた当時の海底の変化を問う問題，問2～問4は，地下の地層の傾きのようすがどのようになっているかを地形図と柱状図から判断して解いていく問題である。柱状図を用いた問題としては典型的なものが中心だが，問2～問4は傾きのようすを正しく読み取れるかがポイントとなり，やや難易度が高かったと思われる。しかし，問1は地層のでき方の基本であるので，確実に正解しておきたい。

重要な問題　4

問1は地層ができるときの海の深さとたい積する土砂の粒の大きさの関係を問う問題で，確実に正解すべき問題である。問2～問4は地層の傾きをもとにして解いていく問題で，本問であつかわれている地層は，東西方向あるいは南北方向のみに傾いているのではなく，南北方向と東西方向のどちらにも傾きがあり，かつ，その割合が異なるという点が特徴としてあげられる。この種の問題ではふつう，どの方角への傾きがあるかという問3のような問いが先にくるが，本問では，その前にある地点の柱状図を問う問2がきている。問2の地点Dと地点Eが，それぞれ地点Aの真東，真南に位置していることに注目する。これをもとに本問は東西方向と南北方向に分けて考えるとよいというヒントを得られれば，その後の問いが非常に解きやすくなる。問4の地点Fは，地点Aから考えることもできるが，地点Dの真東または地点Eの真南と考えて，問2を利用して回答していくこともできる。本問は，柱状図の典型的な問題に見えるが，問2と問3の順序はそれほど典型的ではない。典型問題の中のふつうと違う部分というのは解答する上でのヒントになることが多い。このようなことも意識して日頃の問題演習を重ねるとよいだろう。

2023年度 浦和明の星女子中学校 合否を分けた問題 理科

第1回　この問題でこれだけ取ろう！

1　基本～やや難　物理　棒や板のつり合い

棒や板のつり合いに関して問う問題で，問1では1本の棒，問2では2本の棒を組み合わせたもの，問3では正方形の板について，それぞれおもりをつるしたときのつり合いに関して問う問題であった。問1から順に難易度が上がっていくような問題構成であった。問1を確実に正解した上で，問2や問3をできるだけ正解しておきたい。

2　標準　化学　水の状態変化

水の状態変化に関する問題である。問1は，身近な状態変化に関する例から，水→水蒸気であるものを選択する問題で，勘違いしやすいものもふくまれている上に「すべて選べ」というタイプなので，正確な理解が要求されるものであった。問2は水の加熱のグラフに関する典型的問題であるため確実に正解しておきたい。問3は，いわゆる高校理科の「沸点上昇」に関する問題であるが，与えられた条件から法則性を見つけられればそれほど難易度は高くないので，できるだけ正解しておきたい問題であった。

3　標準　生物　ウキクサに関する実験

ウキクサを題材にした生態系に関する問題である。会話文から始まり，各問いの問題文が長く，読解力が要求される問題ではあったが，問題文が長い分，与えられている情報は多い。そのため，きちんと読みとればそれほど難易度は高くないので，正確に読み取り正解を重ねていきたい問題であった。

4　基本～やや難　地学　太陽・月・地球

地球と太陽，月に関する問題である。問1は太陽・月・地球の位置関係，問2は地球の公転と太陽との関係，問3は地球・太陽・黄道十二星座の位置関係についての典型的な問題であるため，どれも確実に正解しておきたい。問4は，天球上に表された黄道と天の赤道，黄道と黄道十二星座をもとにした問題で，太陽の黄道上での動きと黄道十二星座の関係や天の赤道を含めた天球の正しい理解が要求されるやや難易度が高めのものであった。

重要な問題　1

問1は，1本の棒と2つのおもりを用いたつり合いの問題で確実に正解すべき問題である。問2は，2本の棒と2つのおもりを用いたつり合いの問題であるが，いっぽうの棒と2つのおもりを1つのおもりと考えることで問1と同様のレベルの問題となる。ただ，問1の正解を利用する問題であるため，問1で不正解であると，問2が不正解になる可能性が非常に高くなるため注意が必要である。問3は正方形の板に，格子状におもりをつるす位置が設定されているため，問1や問2と比べると一気に難易度が高まったように感もある。しかし，本問のようにおもりをつるす位置が一直線上にはならないような問題は，つり合いの応用問題としてはそれほどめずらしいものでもないので，積極的に難易度が高めの問題集などにとりくんで，しくみや解法なども学習して身につけておくとよい。難易度が高いと感じるような問題でも，そのほとんどはその分野の基礎基本をもとに組み立てられたものであるので，基礎基本をしっかりと学習して理解し，難しいなと感じたときでも，基礎基本に立ち返って考えていくことも重要である。

2022年度 浦和明の星女子中学校 合否を分けた問題 理科

第1回　この大問でこれだけ取ろう！

1　基本～標準　物理　空気の体積と温度の関係

空気の体積と温度の関係を問う問題で，実験結果をもとにした考察が必要なものであった。すべての問いにおいて，問1で与えられた実験の結果がもとになっているので，結果の読み取りちがいはないようにしたい。全体として難易度はそれほど高くないが，計算に手間どるものが多く，時間配分には注意が必要である。

2　標準～やや難　化学　水溶液の区別・中和

水溶液の区別，中和に関する問題である。問1で5種類の水溶液を区別し，問2ではそのうちのうすい塩酸と水酸化ナトリウム水溶液の中和，問3ではうすい塩酸と鉄の反応に関する問いとなっていた。問1の水溶液の区別と問2の中和に関する問題は比較的典型的なものなので確実に正解しておきたい。問3は3つの仮説に対して，実験結果からその正誤を判断するという思考力を問う問題であった。仮説の正誤だけであれば知識から判断することはできるが，実験結果と関連づけて解答する必要があるため，やや難易度は高いと感じる受験生も多かったであろう。

3　標準　生物　外来生物の固有種への影響

小笠原諸島に生息する生物を題材にした生態系に関する問題である。あまりなじみのない生物が題材となっていて戸惑いやすいかもしれないが，問題文の中に与えられている情報は多い。全体として読解力が問われる問題構成となっているが，きちんと読みとればそれほど難易度は高くないので，正確に読みとり正解を重ねていきたい問題であった。

4　標準～やや難　地学　太陽の動きと影

太陽の動きと影に関する問題である。問1～問3は，太陽と影に関する比較的典型的な問題であるため，確実に正解しておきたい。問4は，透明半球に記録された太陽の動きと南中時刻の関係をもとにした問題で，やや難易度が高めであるがこれも典型的なものなので正解して起きたいもののひとつである。問5はアナログ時計を利用した方角の調べ方についての問題で，めずらしい問題でもあり難易度は高い。

重要な問題　2

問1は，食塩水・炭酸水・アンモニア水・うすい塩酸・水酸化ナトリウム水溶液を区別する入試問題としては典型的なものであり，とまどうことなく確実に正解すべき問題である。問2は，中和に関する問題で入試問題としては標準的なレベルであり，塩酸と水酸化ナトリウム水溶液が完全に中和するときの体積の比を利用して確実に正解しておきたい。問3は，うすい塩酸に鉄片を加えたときの変化についての問題である。示された3つの仮説が正しいかどうかを判断するための知識は受験生にとっては必須のもので，正誤は容易に判断できるであろう。ただ，本問では，正誤は示されていて，正誤と実験結果とを関連付けて考えさせる問題となっている。また，本来は誤りである仮説に対して，その仮説が正しかった場合にどのような結果が考えられるかということも問われている。本校では，知識だけでなく思考力・読解力を問うような問題が多く出題される傾向にあるので，正しいとされることがらの知識だけでなく，「なぜ正しいのか」，「なぜ正しくないのか」など，その根拠となることがらまで深く学習する習慣も必要であろう。

浦和明の星の社会

——出題傾向と対策 合否を分けた問題の徹底分析——

出題傾向と内容

第1回は森や木と私たちの暮らしについての会話を題材とする地理と歴史の融合問題と，本校の特色でもある1年間の出来事を題材にした政治や国際関係を中心とした大問2題。第2回は人々の生活に登場する馬や牛，さらに十二支に登場する犬や猿などをテーマとした簡単な文章からの歴史と，本校の地元である埼玉を横断する鉄道を題材にした地理分野，政治や社会保障，財政といった政治分野の大問3題からの出題となっている。大問数などは昨年と若干異なってはいるが，小問数やほとんどが記号選択といった出題形式など例年通りといえるだろう。内容的にも時事問題を含め一般常識といった設問が多いので通常の学習方法だけでは対応が難しいといえる。

地　理　第1回は東北の地勢や行事，国内の世界遺産，昨年度もみられた経線に沿った地域を考えさせるといった出題など。天竜川沿いの市町村について述べた文やカタールに隣接する国の識別など日ごろから地図帳に親しむ習慣が身についていないと若干難しいだろう。

第2回は地元の地形図の読み取り，日本を代表するかんがい用水，魚介類の輸入品目とその輸入先，昨年に続き発電方式別の表から県を識別する問題などがみられる。国が国内の数を6852から14125に倍増させたものを考えさせるというクイズのようなものもあった。

歴　史　第1回は縄文時代から現代に至るまでの通史で，日本を代表する遺跡や木造建築，木材を組み込んだ仏像彫刻，江戸時代の商人や伝統的工芸品，1940年と1964年の国内外の政治情勢など多方面からの出題となっている。

第2回は毎年のようにみられる年代順の並び替えのほか，史料や時代の説明文の識別，オランダとの貿易で日本が輸入した品目，戦後の政治史などからの出題となっている。

政　治　第1回は時事問題ということもあり国際関係からの出題が目立つ。地方分権で京都に移転された官庁，昨年度の統一地方選，岸田内閣の骨太方針などを問うものもある。

第2回は内閣のしくみや裁判，1票の格差問題のほか，社会保障制度，外国人労働者，2023年度の国家予算，環境問題に対する日本のエネルギー方針からの出題である。

学習のポイント

●地理：グラフや統計表の読み取りに慣れよう！
●歴史：日本と世界の関係にも注意を払おう！
●政治：時事問題に強くなろう！

来年度の予想と対策

出題形式・内容とも大きな変化はないものと思われる。内容的に高度なものは見られないが，出題内容が多岐にわたっているので不得意分野を作らないようにすることが肝要となる。

地　理　当然のことであるがつねに地図帳を傍らにおいて学習すること。また，日頃学ぶことの少ない世界地理についても，日本との関係の深い国についてはしっかりとまとめておきたい。統計資料などについても最新のものでチェックしておこう。

歴　史　各時代の特色やテーマごとの流れをしっかり押さえることからまずは始めよう。教科書などに掲載されている史料を読む練習も忘れてはならない。

政　治　日本国憲法や政治のしくみと働きはもちろんのこと，世界とのかかわりも重要である。時事問題に注意することは言うまでもない。

年度別出題内容の分析表 社会

（よく出ている順に，☆◎○の3段階で示してあります。）

出題内容			27年		28年		29年		30年		2019年	
			1回	2回	1回	2回	1回	2回	1回	2回	1回	2回
地理	日本の地理 テーマ別	地形図の見方	○		○			○	○			
		日本の国土と自然	○	○	○	◎	◎	◎	○	◎	○	◎
		人口・都市	○		○	○	○		○		◎	
		農林水産業			○	○	○	○	○	○		○
		工　業		◎	○	○			○	○	○	○
		交通・通信			○			○		○		○
		資源・エネルギー問題			○				○	○		
		貿　易		○		○	○		○			○
	日本の地理 地方別	九州地方										
		中国・四国地方										
		近畿地方										
		中部地方										
		関東地方	○					○				
		東北地方										
		北海道地方							○			
	公害・環境問題			○	○			○	○			
	世界地理		○	◎		○	○	◎	○	○	○	○
日本の歴史	時代別	旧石器時代から弥生時代	○		○			○				○
		古墳時代から平安時代	○	◎	○	○	◎	○	○	◎	○	○
		鎌倉・室町時代	○	○	○	○	○	○	○	○	○	◎
		安土桃山・江戸時代	◎	○	◎	○	○	◎	◎	◎	○	○
		明治時代から現代	◎	◎	◎	○	◎	○	◎	◎	◎	◎
	テーマ別	政治・法律	◎	◎	◎	◎	◎	◎	◎	◎	◎	◎
		経済・社会・技術	◎	○	○	○	○	○	◎	◎	○	○
		文化・宗教・教育	○	◎	○	○	○	○	◎	○	○	○
		外　交	○	○	○		◎	○	○	○	◎	
政治	憲法の原理・基本的人権		○		○	○	○			○		○
	国の政治のしくみと働き		○	○	○	○		○	○	◎	○	
	地方自治											
	国民生活と社会保障		○		○				○		○	
	財政・消費生活・経済一般		○		○	○				○		◎
	国際社会と平和		◎	○	○		○	○	○	○	○	○
時事問題				☆	○	☆	◎	☆	◎		○	
その他			○	○	○	○		○	○		○	

浦和明の星女子中学校

（よく出ている順に，☆◎○の3段階で示してあります。）

出題内容				2020年		2021年		2022年		2023年		2024年	
				1回	2回	1回	2回	1回	2回	1回	2回	1回	2回
地理	日本の地理	テーマ別	地形図の見方	○			○			○			○
			日本の国土と自然	◎	◎	○	○	○	○	○	◎	◎	◎
			人口・都市	○	○	○	○	◎	○		○		○
			農林水産業	○	◎	○	○	○	◎	○	○	○	◎
			工　業			○	○	○	○	○		○	
			交通・通信			○			○		○	○	○
			資源・エネルギー問題				○	○		○			○
			貿　易				○			○	○	○	○
		地方別	九州地方			○	○			○			
			中国・四国地方									○	
			近畿地方										
			中部地方			○						○	
			関東地方				○						○
			東北地方								○	○	
			北海道地方			○							
	公害・環境問題			○	○	○	○	○	○		○		
	世界地理			○	○	○	○	○		○		○	
日本の歴史	時代別		旧石器時代から弥生時代	○	○	○	○					○	○
			古墳時代から平安時代	◎	◎	◎	○	○	◎	◎	◎	◎	◎
			鎌倉・室町時代	○	○	○	○	○		○	○	○	◎
			安土桃山・江戸時代	○	◎	○	○	○	○	○	○	◎	◎
			明治時代から現代	◎	◎	○	◎	◎	◎	◎	◎	○	◎
	テーマ別		政治・法律	◎	◎	◎	◎	◎	◎	◎	◎	◎	◎
			経済・社会・技術	○	○	◎	○	○	○	○	○	◎	○
			文化・宗教・教育	○	○	◎	○	○	◎	○	○	◎	◎
			外　交	○	○	○	○	○	○	◎	○	○	○
政治	憲法の原理・基本的人権					○		○	◎		◎		○
	国の政治のしくみと働き				○	☆		○	○	○	◎	○	◎
	地方自治			○				○			○	○	○
	国民生活と社会保障			○	○		○	○			○		○
	財政・消費生活・経済一般				○						○	○	◎
	国際社会と平和			○	○		○	○	○	◎	○	◎	○
時事問題					◎		☆	◎		☆		☆	
その他				○	○		○	○	○	○			

浦和明の星女子中学校

2024年度 浦和明の星女子中学校 合否を分けた問題 社会

第1回　Ⅰ　問15　Ⅱ　問7

本年度も例年通りで出題傾向に大きな変化はみられず，時事問題に関する出題は今年も健在である。問題数はそれほど多くなく解答形式も基本的には4つの選択肢からの正誤判断というスタイルが中心である。ただ，選択肢の中には判断に苦しむようなものもあり注意が必要である。理科と合わせて50分という時間は決して十分とは言えず，一か所でもつまずくと焦って思わぬ結果になる危険性も考えられる。そうした例として次の2つの設問を挙げてみたいと思う。

Ⅰ問15は「幻に終わった1940年のオリンピックと1964年にアジアで初めて開催された東京オリンピックの時の国際情勢と国内の政治情勢の組み合わせとして正しいものを一つ選べ」というもの。比較的受験生が苦手とする現代史の問題が含まれているうえ，時代が1940年と1964年とピンポイントとなっているため歴史が苦手な受験生にとってはかなりハードルが高かったかもしれない。国際情勢の**あ**は「アメリカの株暴落から世界恐慌が始まった」というもの。第1次大戦後のアメリカはかつての宗主国・イギリスを圧倒し世界最大の経済大国へと上りつめた。世界は「パクス＝ブリタニカ」から「パクス＝アメリカーナ」へと移行していくことになる。そのアメリカで発生した株の暴落は世界を泥沼に陥れ第二次世界大戦への引き金を引くこととなった。**い**は「日独伊三国同盟」である。ベルサイユ体制を批判して国民の支持を獲得したヒトラーは1939年にポーランドに侵攻して第2次世界大戦を引き起こすことになる。ドイツの快進撃を見た日本は武力による南進を決意し1940年に日独伊三国同盟を締結し米・英との対立を決定的とした。**う**は「第四次中東戦争の発生」である。これは戦後の世界を驚愕させた日本の高度経済成長にとどめを刺した石油ショックの引き金となった出来事である。もう一方の国内情勢のaは「国家総動員法の制定」である。藤原氏嫡流の五摂家筆頭である近衛文麿は家柄に加えその貴公子のような風貌からはやくから首相候補として国民の人気を博していた。1937年，対中政策の行き詰まりの中で内閣を組織したものの就任直後に日中戦争が勃発，不拡大方針を出したが紛争は拡大，国家総動員法で総力戦体制の根幹を制定することになる。bは「日韓基本条約の締結」である。戦後日本の植民地から独立した韓国とは正式な外交関係が結ばれていなかったが，1965年になってようやく国交が回復，日本は韓国を朝鮮にある唯一の合法的な政府と位置付けることになった。cは「近衛文麿が再び首相になった」というもの。閣内不一致で崩壊した近衛内閣だが1年半後の1940年にふたたび内閣を組織，大政翼賛会を組織したものの日米交渉で行きづまり東条英機内閣に引き継ぎ太平洋戦争へと続くことになった。

Ⅱ問7は「TPP加盟国として誤っているものを一つ選べ」というもの。昨年度も日本やASEANなどが参加するアジアの自由貿易協定(FTA)の名称を問うといった設問があったので，しっかり過去問に触れていた受験生にはラッキーとなったのかもしれない。TPPはアメリカを含む12か国で協議が続いてきたが2017年にトランプ前大統領が離脱を表明，アメリカを除く11か国で2018年にTPP11として発効した。設問にもあるように昨年イギリスが正式に加盟するなど環太平洋という言葉が適切ではなくなりつつあるようだ。もともとシンガポール・ニュージーランド・チリ・ブルネイが関税の撤廃などについて結んだ協定であり，その後日本などを含む8か国が参加交渉をして成立したものである。昨年中国を抜いて人口世界1に躍り出たインドは経済が停滞し始めた中国と異なりその存在価値を高めている。ただ，TPPにしてもRCEPにはいまだに加盟しておらず今後の動向が注目される。

いずれにしても日ごろからニュースなどを通じて世の中の動きに関心を持つことが最低限のポイントである。そして，何かわからない問題に突き当たったときには必ず自分で調べてみる習慣が欠かせない。こうした基本的な学習姿勢の無い受験生にとってはかなり厳しいといわざるを得ないだろう。

2023年度 浦和明の星女子中学校 合否を分けた問題 社会

第1回 Ⅱ 問2 Ⅲ 問1

本年度も例年通りで出題傾向に大きな変化はみられず，時事問題に関する出題は今年も健在である。問題数はそれほど多くなく解答形式も基本的には4つの選択肢からの正誤判断というスタイルが中心である。ただ，選択肢の中には判断に苦しむようなものもあり注意が必要である。理科と合わせて50分という時間は決して十分とは言えず，一か所でもつまずくと焦って思わぬ結果になる危険性も考えられる。そうした例として次の2つの設問を挙げてみたいと思う。

Ⅱ問2は「終戦から現在までの期間に起きた出来事について述べたA群とB群の説明文から正しいものの組み合わせを選べ」というもの。歴史は比較的好きだが戦後の歴史となるとあまり得意ではないという受験生は多い。しかし，この時期の歴史は政治分野(国際社会)との関連でも頻繁に出題されることが多い。まして時事問題に特徴がある本校では十分注意を要する単元と言ってもよいであろう。さて，A群の選択肢の(あ)は特別高等警察である。いわゆる特高と恐れられた組織だが，文中に空襲下での治安維持とあるので最初から除外の対象となる。特高は大逆事件を契機に警視庁に設置，これが治安維持法の成立とともに各県に拡大したものである。(い)の財閥解体も(う)の農地改革も戦後の民主化の一環である。財閥解体では分割はされたが廃業に追い込まれたものではなく，農地改革も自作農の創設政策であることは基本といえるだろう。(え)の婦人参政権については1945年12月に選挙法が改正，翌年4月の総選挙で初の女性代議士が誕生したことはよく知られている事実である。その割合は定員の約8.4％で2021年の総選挙の9.7％とあまり違いはなく，遅れている日本のジェンダーフリーを示している。B群の選択肢(あ)は講和条約と同時に結ばれた安保条約の話である。(い)の国連加盟は10月に鳩山一郎首相が訪ソして結ばれたもので，これによりソ連は拒否権を発動することなく日本の国連加盟が12月に実現した。(う)の日韓基本条約は1965年に佐藤栄作首相とパクチョンヒ大統領との間で結ばれた，韓国を朝鮮唯一の合法政府と認めた条約である。(え)のリトアニアの領事館員・杉原千畝は第二次大戦中，亡命を求めるユダヤ人難民に日本通過のビザを発給したことで知られ，イスラエル建国の恩人といわれる外交官である。

Ⅲ問1は「昨年1月に発効した，日本・中国・韓国・東南アジア諸国連合などが参加するアジアの自由貿易協定の名称は何か」というもの。自由貿易協定(FTA)とは特定の国や地域との間で関税や輸出入の許可をするときの厳しい条件を撤廃し，モノやサービスの自由な貿易を推進することを目的とする協定である。関税など貿易の自由化だけでなく，人の移動や投資の促進，知的財産の保護などより幅広い分野での経済関係を強化することを目指したものは経済連携協定(EPA)というのが一般的である。日本でよく知られている環太平洋経済連携協定(TPP)はアメリカを含む12か国で協議が続いてきたが，2017年にトランプ前大統領が離脱を表明，アメリカを除く11か国で2018年にTPP11として発効した。極めて高度な協定で現在ではEUから離脱したイギリスをはじめ，中国や台湾，韓国も加盟を目指している。さて，設問の協定はASEAN10か国に加え日本や中国，韓国，オーストラリア，ニュージーランドの15か国が加盟した協定(RCEP・地域的な包括的経済連携協定)である。何といってもアメリカを追い越す勢いの中国が入っていることが最大のポイントといえ，人口やGDP(国内総生産)，貿易総額では世界の約3分の1を占める規模にまで達している。選択肢(あ)のOPECはよく目にすると思われるが，石油の価格に大きな影響力を持つ石油輸出国機構である。(い)のQUADはあまり聞いたことがないかもしれない。安倍元首相が提唱したともいわれるもので，自由や民主主義，法の支配という基本的価値観を共有する日本・アメリカ・オーストラリア・インドの4各国の枠組みである。英語で「4つの」を意味する「QUAD(クアッド)」という通称が用いられ，日・米・豪・印戦略対話などとも呼ばれる。略称に関する問題は増える傾向にあるし，これらは増えることはあっても減ることは少ない。日ごろからニュースなどを通じて世の中の動きをしっかりつかんでいない受験生にはなかなか厳しい設問といえるだろう。

2022年度 浦和明の星女子中学校 合否を分けた問題 社会

第1回 Ⅱ 問8，問13(6)

本年度も例年通りで出題傾向に大きな変化はみられず，時事問題に関する出題は今年も健在である。問題数はそれほど多くなく解答形式も基本的には4つの選択肢からの正誤判断というスタイルが中心である。ただ，選択肢の中には判断に苦しむようなものもあり注意が必要である。理科と合わせて50分という時間は決して十分とは言えず，一か所でもつまずくと焦って思わぬ結果になる危険性も考えられる。そうした例として次の2つの設問を挙げてみたいと思う。

Ⅱ問8は「正倉院にゆかりのある聖武天皇の在位期間に起きた出来事を述べた説明文として正しいものを一つ選べ」というもの。東大寺大仏で知られる聖武天皇の在位は724年～749年である。大仏の開元供養は752年であることから大仏が完成する前には娘に譲位して上皇となっていたことになる。さて，選択肢のアは三世一身の法の制定である。奈良時代には班田収授法で口分田が与えられた。これは女子にも与えられただけでなく奴婢と呼ばれた階層の人たちも含まれている。生産力も増えた時代であり人口も増加，必要な口分田は膨大な量に上ることは想像に難くない。そこで計画されたのがこの法である。実施したのは藤原不比等亡き後朝廷の実権を握った長屋王(天武天皇の孫)で，当時の天皇は聖武天皇即位までの中継ぎとなった伯母である元正天皇である。イはアイヌのシャクシャインの乱である。これを選択するような受験生は皆無であろう。この時代も積極的に東北進出を行ってはいるが，シャクシャインは江戸時代前期に反乱を起こしたアイヌの大首長である。ウは大宝律令の制定である。初めての律令である大宝律令は聖武天皇の父・文武天皇が藤原不比等らに命じて編纂させたものである。エは唐や新羅や渤海などの海外の国との交流とある。唐は遣唐使であるから当然として新羅と渤海はどうであろう。新羅は7世紀後半に半島を統一，日本と緊張関係を持ったこともあるがそこは最も近い隣国であり交流が途絶えるといったことはなかった。事実新羅からの使者(新羅使)だけでなく日本からの遣新羅使も送られていた。その回数は遣唐使をはるかに越え主要な大陸の先進的な文物の重要な輸入ルートになっていた。一方渤海はあまりなじみがないと思われるが，8世紀初めに中国東北部に建国された国で高句麗の後継ともいわれている。初め唐や新羅への対抗から日本に使者を派遣したようだが(渤海使)その後両国との関係改善により貿易目的で度々日本に使者を派遣，日本からも使者が派遣されたという。遣唐使が帰国する際に渤海経由で日本に帰ってくることもあったようである。

Ⅱ問13(6)は昨年6月に厚生省が発表した日本の人口動態で「2020年に国内で生まれた子供の数は5年連続で減少し(　　)万832人となった。」の穴埋め問題である。日本の総人口が1億2000万人程度といったことは当然わかっているとは思うが，自分と同じ学年の人がどのくらいいるのか，つまり年間に何人ぐらいの子供が生まれるかについては案外わかってないのではないだろうか。日本は世界でも高齢化が進行し65歳以上の高齢者の割合は29%をオーバーし世界でも断然の1位である。分類上は21%以上を超高齢社会と呼ぶことからすると超超高齢社会ということになる。子どもの数は少子化の進行で減少していることはわかるがその数はどのくらいだろうか。日本の人口ピラミッドはつぼ型といわれる。仮に0歳から100歳までの長方形と考えると1才当たりの人口は120万人ということになる。選択肢の4と14は論外であるのでエの114を選んだ人も多かったのではないだろうが。だが現実には2016年に100万人を切ってからつるべ落としのように下がり続け2021年度は80万人を切るのではと心配する向きもある。

いずれにしても選択肢の問題に対応するには言い古されたことではあるが消去法が何といっても王道である。4つの選択肢のうち2つまではこれで絞り込める。ただ，この先はそう簡単ではない。もちろん社会科としての確かな知識は必要である。しかしそれ以上に一般常識といったものが求められる。そのことを十分認識して日々を過ごすことこそが大切であるということを肝に銘じてほしいところである。

浦和明の星の国語

——出題傾向と対策
合否を分けた問題の徹底分析——

出題傾向と内容

文の種類：説明的文章と物語文が大問一と二で構成されている。説明的文章は読みにくいものではないが，緻密に読むことが求められる。物語文は，受験生と同世代の少年少女を主人公の心情を追いながら読み進めることが必要な比較的長い文章が取り上げられている場合が多い。ファンタジー的な要素のある文章であっても，単に楽しいものではなく，深いテーマ性がある文章が選ばれているようだ。

選択肢問題：文章全体の大きな流れはおおむね選択肢問題で出題されている。思い込みや適当な読解ではミスは避けられない。

記述形式：説明的文章では絶対ではないが，物語文では毎年のように出題されている。文字数にも制限がなく，解答欄にもマス目のない完全な自由記述の形であることが多い。しっかりと心情を読み込んで解答するには練習が欠かせないレベルのものだ。

漢字：小学校未習の漢字が出題されることも珍しくない。日常生活において新聞や読書などの機会に目に付くものの小学漢字1026字には入っていないという特に難しいものではない。

抜き出し：会話形式で，文章の内容を問う設問が多く出題された。文意を問う内容が多かった。

来年度の予想と対策

出題構成は大きく変化することはないと予想できるので，しっかり過去問に取り組むことが有効だ。

新傾向問題に慣れる

○会話形式で，抜き出し問題，知識問題，記述などを組み合わせる問題

課題文の内容を読み取ることが第一であることは変わりないが，作問者がとらえた内容であることも必要なので，時間がかかる。大学の共通試験の影響からか，この種の出題が増えているので，他校の過去問なども利用して備えておこう。

手堅く得点する

○選択肢問題

問題数としても一番数多い。最後に残った選択肢の決め手に迷う選択肢問題苦手な受験生は，本文と照らし合わせて確認する基本的作業を怠らずにしよう。本年度の大問のどちらにも出題された，要約文のような文章に文中の字数を抜き出す設問文も，選択肢問題と同様きっちりした読みが必要になる。問題数の多いこの種の設問でできるだけ手堅く得点を確保したい。

部分点で得点する

○自由記述問題

とにかく書く。解答欄の見た目で怖じ気づかず，読み取った心情の変化や流れをふまえて書くことを念頭にていねいに書こう。このような自由記述では部分点が与えられることが普通なので，より多くの部分点を目指す気持ちで書いていこう。

年度別出題内容の分析表 国語

（よく出ている順に，☆◎○の3段階で示してあります。）

出題内容			27年		28年		29年		30年		2019年	
			1回	2回	1回	2回	1回	2回	1回	2回	1回	2回
設問の種類		主題の読み取り							○			
		要旨の読み取り			◎	◎			○			
		心情の読み取り	☆		☆	☆	☆	☆	☆	☆	☆	☆
		理由・根拠の読み取り	○	◎	◎	☆	◎	◎	◎	◎	◎	◎
		場面・登場人物の読み取り	◎	◎	◎	◎	○	◎	◎	◎	○	◎
		論理展開・段落構成の読み取り						○		○		
		文章の細部表現の読み取り	☆	☆	☆	☆	☆	☆	☆	☆	☆	☆
		指示語										
		接続語					○	○	○	◎	○	
		空欄補充	☆	☆	☆	☆	☆	☆	☆	☆	☆	☆
		内容真偽										
	根拠	文章の細部からの読み取り	☆	☆	☆	☆	☆	☆	☆	☆	☆	☆
		文章全体の流れからの読み取り	☆	☆	☆	☆	☆	☆	☆	☆	☆	☆
設問形式		選択肢	☆	☆	☆	☆	☆	☆	☆	☆	☆	☆
		ぬき出し	☆	◎	☆	☆	☆	☆	☆	☆	☆	☆
		記　述	○	○	◎	◎	○	◎	☆	☆	○	◎
記述の種類		本文の言葉を中心にまとめる	☆	☆	☆	◎	○	○	○	○	○	○
		自分の言葉を中心にまとめる	○	○	○	◎		○	○	○		○
		字数が50字以内	◎	○	◎	○	○	○	◎	◎	○	○
		字数が51字以上	○	○	○	◎		○	○	○		◎
		意見・創作系の作文										
		短文作成										
語句・知識		ことばの意味	○	◎	◎	◎	◎	◎	○	○	◎	○
		同類語・反対語										
		ことわざ・慣用句・四字熟語			○	○	○		○		○	
		熟語の組み立て										
		漢字の読み書き	◎	◎	◎	◎	◎	◎	◎	◎	◎	◎
		筆順・画数・部首										
		文と文節										
		ことばの用法・品詞										
		かなづかい										
		表現技法										
		文学史				○						
		敬　語										
文章の種類		論理的文章(論説文，説明文など)	○	○	○	○	○	○	○	○	○	○
		文学的文章(小説，物語など)	○	○	○	○	○	○	○	○	○	○
		随筆文										
		詩(その解説も含む)										
		短歌・俳句(その解説も含む)										
		その他										

浦和明の星女子中学校

（よく出ている順に，☆◎○の3段階で示してあります。）

出題内容			2020年		2021年		2022年		2023年		2024年	
			1回	2回	1回	2回	1回	2回	1回	2回	1回	2回
設問の種類		主題の読み取り		○	○	○						
		要旨の読み取り	○	○	○	○	○	○			○	
		心情の読み取り	☆	☆	☆	☆	☆	☆	☆	☆	☆	☆
		理由・根拠の読み取り	○	○	○	○	○		○		○	○
		場面・登場人物の読み取り	◎	◎		◎	◎		☆	☆	○	○
		論理展開・段落構成の読み取り			◎							
		文章の細部表現の読み取り	☆	☆	☆	☆	☆	☆	☆	☆	☆	☆
		指示語										
		接続語			○		○					
		空欄補充	☆	☆	☆	☆	☆	☆	☆	☆	☆	☆
		内容真偽										
	根拠	文章の細部からの読み取り	☆	☆	☆	☆	☆	☆	☆	☆	☆	☆
		文章全体の流れからの読み取り	☆	☆	☆	☆	☆	☆	☆	☆	☆	☆
設問形式		選択肢	☆	☆	☆	☆	☆	☆	☆	☆	☆	☆
		ぬき出し	◎	☆	☆	☆	☆	☆	☆	☆	☆	☆
		記　述	○	○	○	○	○	◎		○		○
記述の種類		本文の言葉を中心にまとめる										
		自分の言葉を中心にまとめる	○	○	○	○	○	◎		○		○
		字数が50字以内	○		○		○	○				
		字数が51字以上		○		○		○		○		○
		意見・創作系の作文										
		短文作成										
語句・知識		ことばの意味	○	◎		◎	○	◎	○		○	○
		同類語・反対語										
		ことわざ・慣用句・四字熟語		◎	◎	○		◎				
		熟語の組み立て										
		漢字の読み書き	◎	◎	◎	◎	◎	◎	◎	◎	◎	◎
		筆順・画数・部首										
		文と文節										
		ことばの用法・品詞										
		かなづかい										
		表現技法										
		文学史										
		敬　語										
文章の種類		論理的文章（論説文，説明文など）	○	○	○	○	○	○	○	○	○	○
		文学的文章（小説，物語など）	○	○	○	○	○	○	○	○	○	○
		随筆文										
		詩（その解説も含む）										
		短歌・俳句（その解説も含む）										
		その他										

浦和明の星女子中学校

2024年度 浦和明の星女子中学校 合否を分けた問題 国語

第1回　一　問10

【別解】

　ゆとり

【考え方】

　「他のことに気を散らさず一人で没頭できる　～　持て」という一文で考えると，一人で黙々とできる「こと」だと，まずは考え「しゅみ」が浮かんでくるが，この文章で述べられている常時接続によって失われていくものを考えれば，必ずしも「できる『こと』」だけではなく，心の持ちようという方向性の解答も作成できそうだ。文章中で述べている，筆者の言う孤立，孤独は，自分自身の心のありようも必要だからだ。ひらがな3文字指定なので，「ゆとり」を持つことという解答も成立する。また，若干ニュアンスも異なるが「よゆう」なども不正解にはならない言葉かもしれない。

三　問9　(3)

【このような文末も成立する】

　ひとりぼっちになってしまう不安(15字)

　ここでの解答のポイントは，「私」は誤解していたが，爽子は「友だちがいなければこわい」ということになる。文章全体で「友だち」ということがキーワードとなるので，「友だち」表記を入れた解答にしてみたが，「友だちがいないこと」のこわさは，すなわち「ひとりぼっち」がこわい，不安であるということと同義になる。したがって，「友だち」表記がなくても，「ひとりぼっち」への「こわさ」「不安」のような書き方も成立する。

2023年度 浦和明の星女子中学校 合否を分けた問題 国語

第1回 一

この文章では，

「共有地の悲劇」	「ニホンウナギ」
ウシの数を増やして財をなそう	シラスウナギをできるだけ多く獲ろう
↓	↓
牧草がなくなり，ウシたちが飢え死にしてしまう	ウナギの激減

環境問題を引き起こすメカニズムを述べるため

ここに類似性を押える必要がある。この点を問うのが問2ということになる。

ウシの数を増やして財をなそう と シラスウナギをできるだけ多く獲ろう

に共通するものを問う設問として問3がある。

さらに，

「ウナギ」	「松阪牛」
完全養殖できないということは，所有者がいない	完全養殖法が確立されているため所有者がいる

ここで，相違性を述べていく展開になることを押えて，問5・問6に答えることになる。

このように，論説文では，挙げている例や，展開方法を整理し，主題をつかんでいくことが必要である。話題が変わっているように見えても，根底に流れるものを見落とさず，細かく読み取りながらも，大きな流れをつかむことが大切である。

2022年度 浦和明の星女子中学校 合否を分けた問題 国語

第1回 二 問3 1・4

1と4は,「自分で考え」である。このような場合,字数が多い方がむしろ書きやすい。2字ということは,そのものズバリの言葉を知っていないと書けないからである。 1「何だコイツ」という言葉から良い印象を持っていないことをつかみ,「反発」としたが,他に「敵対(心)」や,「反抗(心)」などもある。ただし「対抗(心)」は立ち向かおうという気持ちはないので不適切だ。 4 すごい人だということなので「尊敬」としたが,「敬愛」なども考えられる。ただ,「～の念」に続く言葉としては「尊敬」や「畏敬」がふさわしい。

三 問1

二問3と同様,字数の少ない「自分で考え」る設問である。ウは慣用的表現なので「色メガネ」以外正答はない。また,エも「差別」以外に適当な語はない。アについては「～観念」という語につながる正答としては「固定観念」以外適切な語はないだろう。イに関しては,表に出すという意味になる「表出・呈示・表明」なども入れられる。

制限字数が多ければ何とか答えたいことをまとめることができるが,このような,「その言葉」を知らなければ対応しきれない設問に対処するためには,語彙を豊かにする努力が必要になる。

三 問4

どのような解答を書いても,それは「成長」となるので,直前の「成長した物語」の中に入ってしまうので難しい。したがって,ここでは[資料]の中の「むしろ『招かざるお客さん』とどう『出合い直して』いくかが問題」に着目し,さらに,そのお客さんは「自分の奥に居座る」ものだという点で考える。この点を二の文章に重ね合わせると,透風の「招かざるお客さん」は,リード文の「非力な透風は肩身の狭い思い」,「何となく,女装を～」で始まる段落にあるように「現実逃避と紙一重の意地。男らしくない自分をどうにもできない」,「己の力不足～」など,そもそも透風の根底には「男らしさ」とはこういうものという決めつけが自分自身の中にあるから苦しむのである。この「決めつけ・思い込み」が透風の奥に居座る招かざるお客さんということになる。これと「出合い直す」のだから,改めて考えるということになる。

【こう書くと失敗する】

さつきとの出合いで自分の境界線を広げる

【なぜ失敗なのか】

こだわり続けていた境界線が,さつきを友だちと思えることで広がっていくという印象的なラストが強く残るので,このような解答を書きたくなるが,これは冒頭に示したように,単なる「成長物語」であり,さらに言えば,Cさんの発言の「他者との関わりにおいて」に入ってしまう成長である。ここでは「同時に」という語に着目し,「自分自身に対する考え方」に分類できる解答にするべきだ。

MEMO

大切なことはメモしておこうネ！

2024年度

★★★★★★★★★★★★★★★★★★★★★★★

入　試　問　題

2024年度

浦和明の星女子中学校入試問題（第１回）

【算　数】（50分）　＜満点：100点＞

【注意】 コンパス，定規，分度器，計算機は使用しないこと。

１． 次の各問いに答えなさい。

⑴　$1-0.52\div 3\frac{5}{7}+0.72\div\frac{2}{9}-\left(3-1\frac{1}{20}\right)$ を計算しなさい。

⑵　空の水そうがあります。この水そうに，毎分10Ｌの割合で水を入れると，毎分８Ｌの割合で水を入れたときよりも，６分早く満水になります。この水そうの容積は何Ｌですか。

⑶　お父さんは，親戚《しんせき》からもらったお年玉を，２人の姉妹に分けて渡《わた》すことにしました。妹に，全体の$\frac{4}{9}$より100円多い金額を渡したところ，姉には全体の$\frac{3}{5}$より500円少ない金額が渡りました。お父さんが親戚からもらったお年玉の金額を答えなさい。

⑷　３％の食塩水400ｇに７％の食塩水をいくらか混ぜて，ある濃さの食塩水を作る予定でしたが，あやまって混ぜる予定であった食塩水と同じ重さの水を加えてしまったため，1.2％の食塩水ができました。作る予定であった食塩水の濃さは何％でしたか。

⑸　図のように，点Ｏを中心とした半円と直線を組み合わせた図形があります。ア，イの角度をそれぞれ求めなさい。

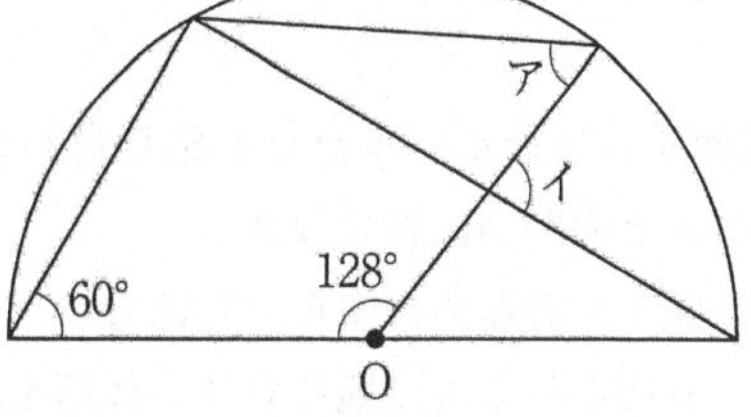

⑹　次の筆算にあるＡ，Ｂ，Ｃ，Ｄの４つの文字は，それぞれ異なる０から９のいずれかの数字を表し，ABCDは４桁《けた》の数を表しています。Ａ，Ｂ，Ｃ，Ｄに当てはまる数字をそれぞれ答えなさい。

$$\begin{array}{r} \mathrm{ABCD} \\ \times\quad\;\; 9 \\ \hline \mathrm{DCBA} \end{array}$$

⑺　100円玉と50円玉を合わせて80枚持っていました。50円玉の何枚かを100円玉に両替《りょうがえ》したところ，100円玉と50円玉は合わせて72枚になりました。また，両替した後の100円玉の合計金額と50円玉の合計金額の比は10：３になりました。はじめに持っていた100円玉と50円玉の枚数をそれぞれ答えなさい。

⑻　半径３㎝の円があります。その円周を12等分する点を打ち，それらの点をつないで正十二角形を作ります。円の面積と正十二角形の面積の差を求めなさい。ただし，円周率は3.14とします。

（図は次のページにあります。）

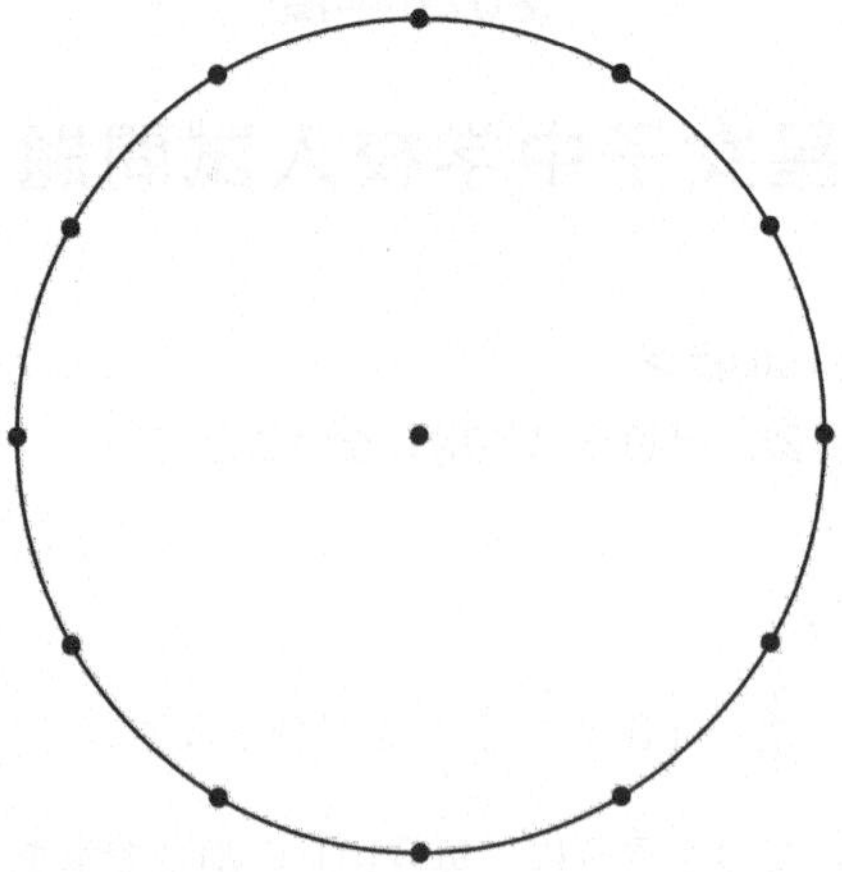

２．Ａ駅とＢ駅はまっすぐな線路で結ばれており，２つの駅は3.6㎞離《はな》れています。太郎さんは自転車でＡ駅を９時ちょうどに出発し，線路に沿った道をＢ駅に向かって分速150ｍで進みました。すると，９時４分に，Ｂ駅を９時ちょうどに出発した電車の先頭とすれ違《ちが》いました。その後，太郎さんはすぐに速さを変えて進み，９時10分に，次にＢ駅から来た電車の先頭とすれ違いました。太郎さんはそのままの速さで進み，９時16分にＢ駅に到着しました。

２本の電車は同じ速さで進むものとしたとき，次の問いに答えなさい。

⑴　電車の速さは分速何ｍですか。

⑵　太郎さんが９時４分に電車の先頭とすれ違った後の，自転車の速さは分速何ｍですか。

⑶　太郎さんが９時10分にすれ違った電車は，９時何分にＢ駅を出発しましたか。

３．１辺が１㎝の立方体を125個すきまなくぴったりと貼《は》り合わせて，１辺が５㎝の立方体を作りました。この立方体について，あとの問いに答えなさい。

⑴　１辺が５㎝の立方体から，図１にある色の塗《ぬ》られた部分を，それぞれ反対側の面までまっすぐくり抜《ぬ》きます。このとき，くり抜かれた後に残る立体の体積を求めなさい。

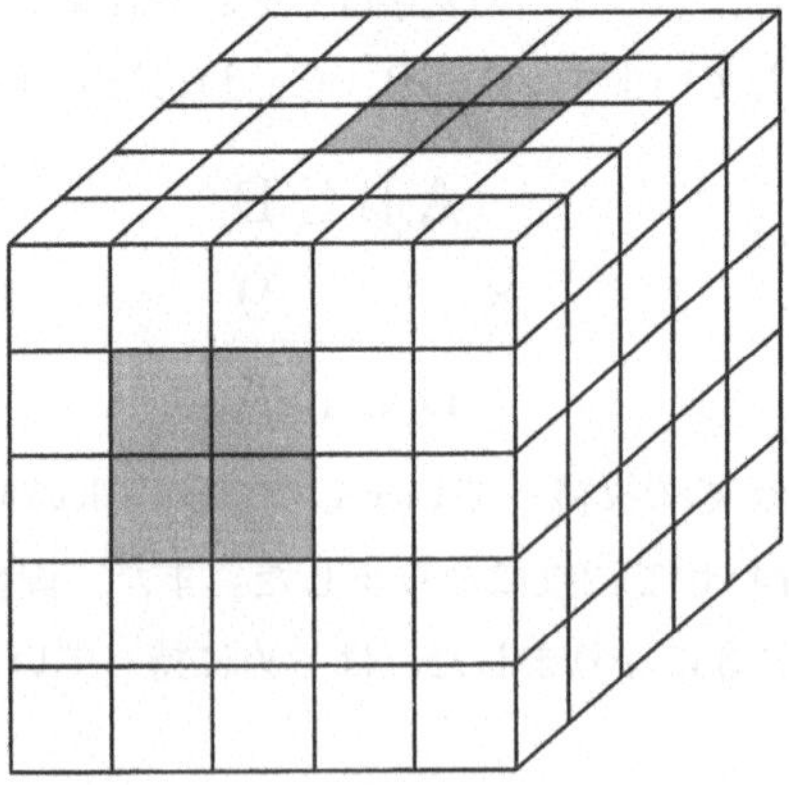

図１

⑵　１辺が５㎝の立方体から，図２（次のページ）にある色の塗られた部分を，それぞれ反対側の

面までまっすぐくり抜きます。このとき，くり抜かれた後に残る立体の体積を求めなさい。

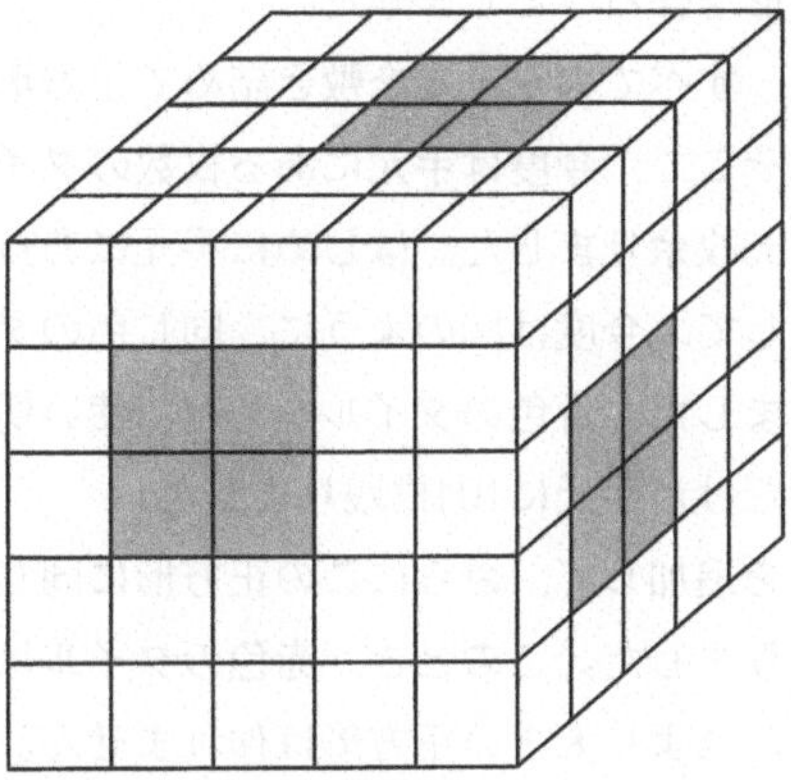

図２

4． 図のような，点Ｏを中心としＡＢを直径とする円の周上を，点Ｐは時計回りに，点Ｑは反時計回りにそれぞれ一定の速さで動きます。２つの点はＡを同時に出発し，点Ｐは点Ｑの４倍の速さで進みます。図のあは，点ＱがＡから動いたときの，円の半径ＯＡとＯＱの間の角を表します。あの大きさは，０度から360度までを考えるものとして，以下の問いに答えなさい。

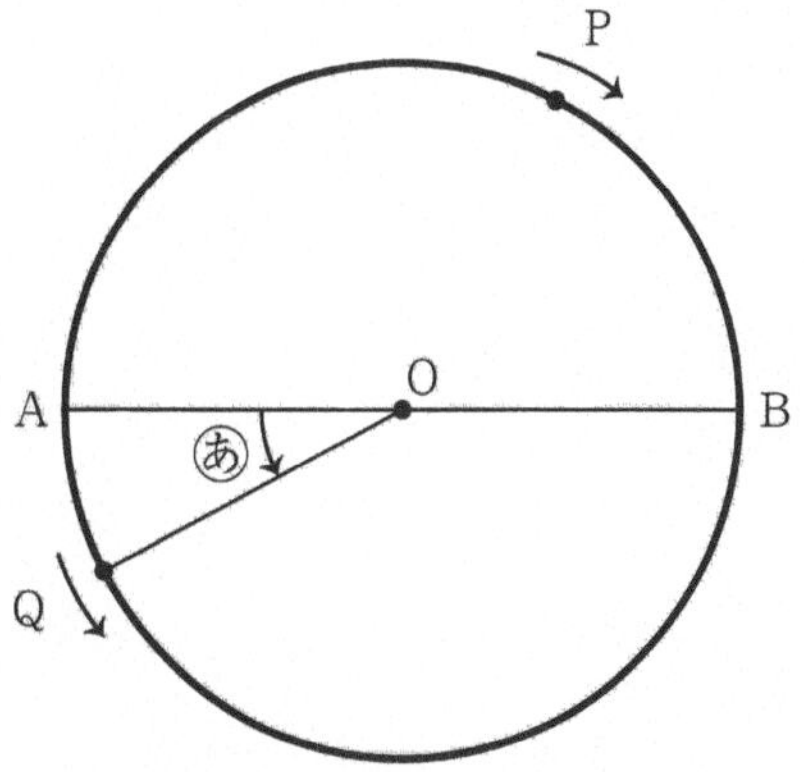

⑴　次の空欄《くうらん》 ア ， イ に入る数を答えなさい。

２点Ｐ，ＱがＡを同時に出発した後で，１回目に重なったときのあの大きさは ア 度です。その後，２点が何回か重なった後，初めてＡで重なるのは，２点が イ 回目に重なったときでした。

⑵　２点がＡを同時に出発した後，初めてＡで重なるまでに，点Ｐと点Ｑを結んでできる直線が，円の直径ABと平行になるときが２回あります。このときのあの大きさを小さい順に答えなさい。ただし，直線PQが直径ABと重なるときは平行ではないとします。

⑶　２点がＡを同時に出発した後，初めてＡで重なるまでに，点Ｐと点Ｑを結んでできる直線が，円の直径ＡＢと垂直になるときが２回あります。このときのあの大きさを小さい順に答えなさい。

⑷　Ａと⑵で求めた２か所の点Ｑの位置を結んでできる三角形の面積と，Ａと⑶で求めた２か所の点Ｑの位置を結んでできる三角形の面積の比を最も簡単な整数の比で答えなさい。

５．同じ大きさの正方形の形をした，赤色と青色のタイルが手元にたくさんあります。これらのタイルを敷《し》き詰《つ》めて大きな正方形を作ろうとしました。

(1)　タイルの色を気にせずに，すべてのタイルを敷き詰めて正方形を作ろうとしたところ，タイルが１枚足りませんでした。そこで，今度は手元にある枚数のタイルで，できるだけ大きな正方形を作ったところ，タイルは36枚余りました。はじめに手元にあったタイルは全部で何枚ですか。

(2)　タイルをすべて手元に戻《もど》して，今度は図のように，同じ色のタイルが上下左右に並ばないように敷き詰めていくことにしました。青色のタイルをすべて使い切ると，ちょうどある大きさの正方形ができ，赤色のタイルだけが手元に104枚残りました。

そこで，青色のタイルだけを追加して，さらにこの正方形に同じようにタイルを敷き詰めて，できるだけ大きな正方形を作りました。このとき，赤色のタイルは何枚か残りますが，青色のタイルをこれ以上追加しても，これより大きい正方形は作れません。

追加して並べた青色のタイルは何枚ですか。考えられる枚数をすべて答えなさい。ただし，解答欄《らん》はすべて使うとは限りません。

【理　科】（社会と合わせて50分）　　＜満点：50点＞

1　星子さんは，電池に発光ダイオード（LED）をつないだとき，LEDが光る場合と光らない場合があることに気づきました。そこで，どのようなつなぎ方をしたときにLEDが光るのかを調べる**実験１～６**を行いました。これに関する各問いに答えなさい。ただし，回路図において電池の記号は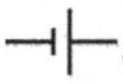，LEDの記号はとします。

〔実験１〕

①　１個～３個の電池と１個～３個のLEDを，それぞれ同じ向きに直列につないで回路を作った。

②　LEDが光るのかを調べた（**表１**）。ただし，○はすべてのLEDが光ったことを，×はLEDが１つも光らなかったことを表す。

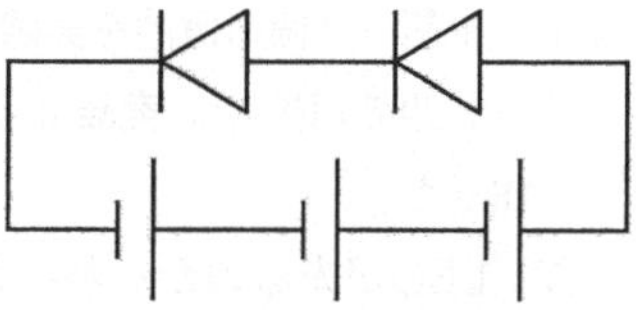

図１　３個の電池と２個のLEDをそれぞれ同じ向きに直列につないだようす

表１

LEDの数／電池の数	1	2	3
1	×	×	×
2	○	×	×
3	○	○	×

〔実験２〕

①　１個～３個の電池を**実験１**と同じ向きに直列につなぎ，１個～３個のLEDを，**実験１**と逆向きに直列につないで回路を作った。

②　LEDが光るのかを調べた（**表２**）。ただし，○はすべてのLEDが光ったことを，×はLEDが１つも光らなかったことを表す。

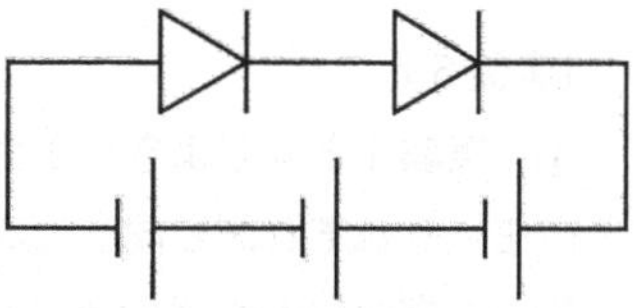

図２　３個の電池と２個のLEDをそれぞれ同じ向きに直列につないだようす

表２

LEDの数／電池の数	1	2	3
1	×	×	×
2	×	×	×
3	×	×	×

〔実験３〕

①　１個～３個の電池を同じ向きに直列につなぎ，１個～３個のLEDを，同じ向きに並列につないで回路を作った。

②　LEDが光るのかを調べた（**表３**（次のページ））。ただし，○はすべてのLEDが光ったことを，×はLEDが１つも光らなかったことを表す。

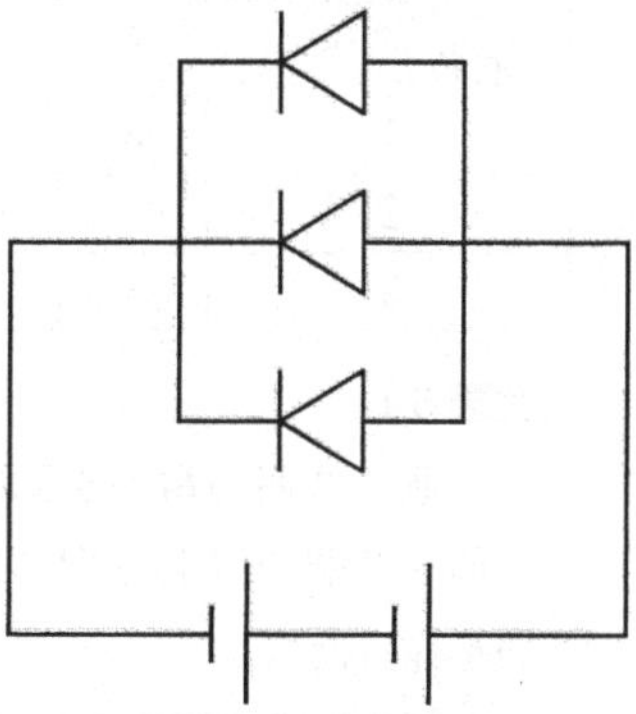

図３　２個の電池を同じ向きに直列につなぎ、３個のLEDを同じ向きに並列につないだようす

表３

LEDの数／電池の数	1	2	3
1	×	×	×
2	○	○	○
3	○	○	○

〔**実験４**〕

① １個～３個の電池を**実験３**と同じ向きに直列につなぎ，１個～３個のLEDを，**実験３**とは逆向きに並列につないで回路を作った。

② LEDが光るのかを調べた（**表４**）。ただし，○はすべてのLEDが光ったことを，×はLEDが１つも光らなかったことを表す。

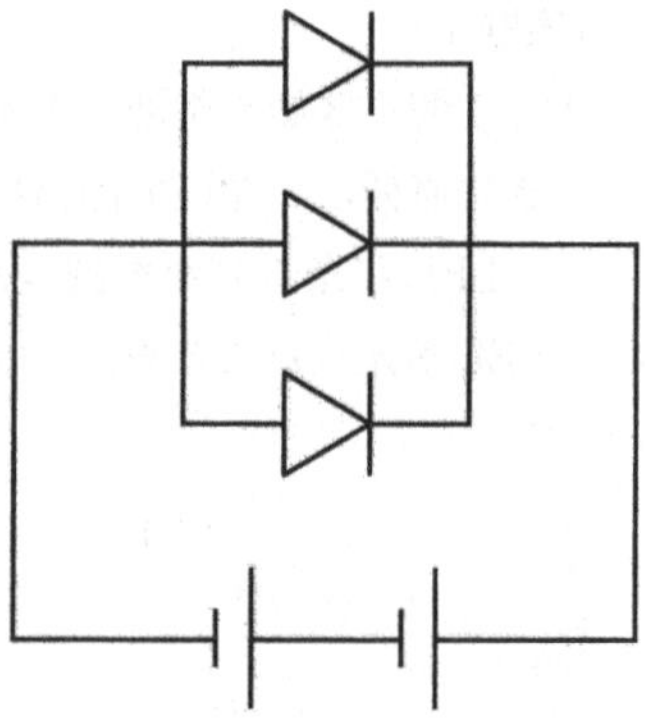

図４　２個の電池を同じ向きに直列につなぎ、３個のLEDを同じ向きに並列につないだようす

表４

LEDの数／電池の数	1	2	3
1	×	×	×
2	×	×	×
3	×	×	×

〔**実験５**〕

① **実験１**と同じように１個～３個の電池と１個～３個のLEDを，それぞれ同じ向きに直列につないで回路を作った。

② １個のLEDを逆向きにつなぎ変えた。

③ LEDが光るのかを調べた（**表５**）。ただし，○はすべてのLEDが光ったことを，×はLEDが１つも光らなかったことを表す。

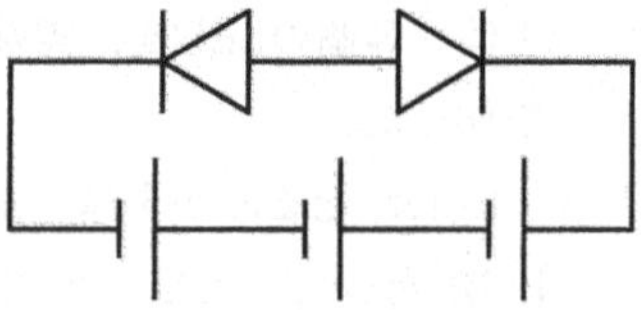

図５　３個の電池と２個のLEDをそれぞれ直列につないだ後、１個のLEDを逆向きにつなぎ変えたようす

表５

LEDの数／電池の数	1	2	3
1	×	×	×
2	×	×	×
3	×	×	×

〔**実験６**〕

① １個～３個の電池を同じ向きに直列につなぎ，１個～３個のLEDを同じ向きに並列につないで回路を作った。

② １個のLEDを逆向きにつなぎ変えた。

③ LEDが光るのかを調べた（**表６**）。ただし，数字は光ったLEDの数を，×はLEDが１つも光らなかったことを表す。

表６

LEDの数／電池の数	1	2	3
1	×	×	×
2	×	1	2
3	×	1	2

問１　電池が電流を流そうとするはたらきを電圧といいます。**実験１**でLEDの数を変えずに電池の数を増やすとLED１個あたりにはたらく電圧はどのようになりますか。もっとも適当なものを選び，**ア～ウ**で答えなさい。

ア．大きくなる　**イ**．小さくなる　**ウ**．変わらない

問２　電池１個あたりの電圧は1.5V（ボルト）という大きさです。LEDは1.6V以上の電圧がはたらかなければ光りません。電池を同じ向きに直列に17個つないだとき，LEDは何個まで同じ向きに直列につないで光らせることができると考えられますか。

問３　**実験６**で２個の電池と３個のLEDをつないだときの回路図はどれですか。もっとも適当なものを選び，**ア～ク**で答えなさい。

ア
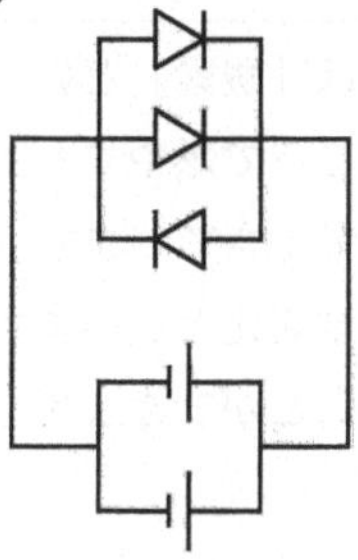
イ
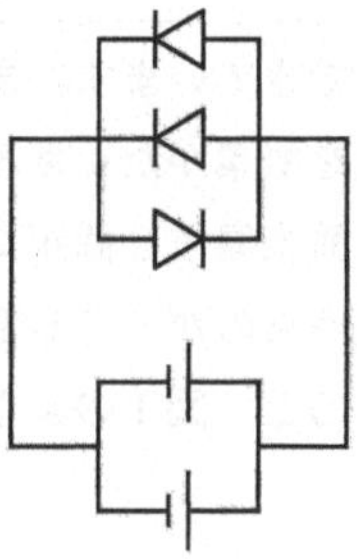
ウ
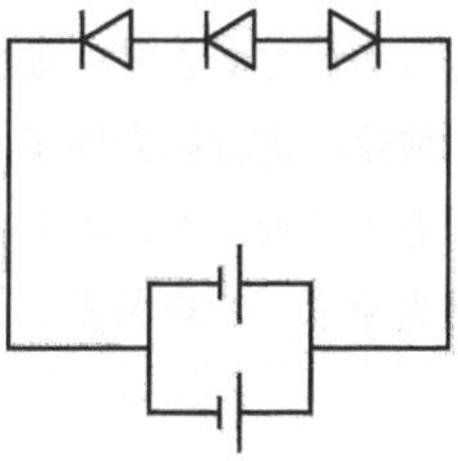
エ
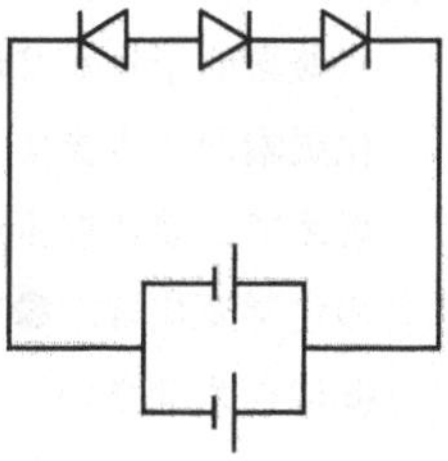
オ
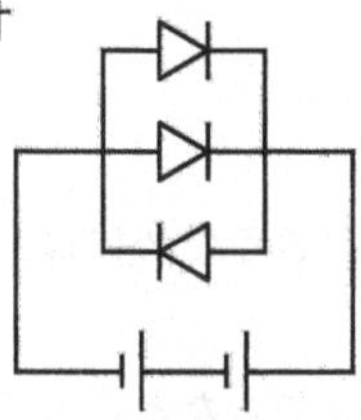
カ
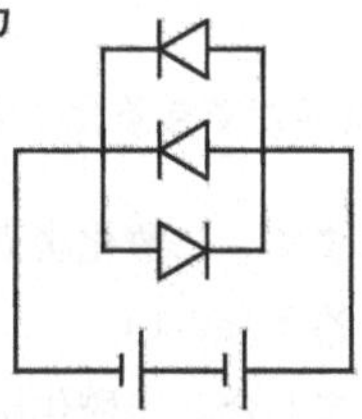
キ
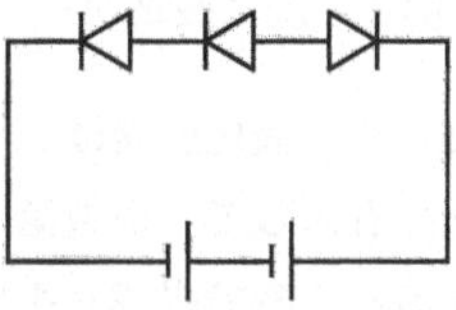
ク
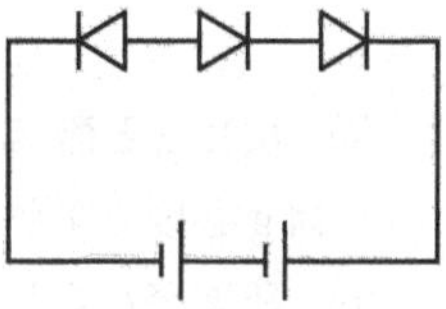

問４　**ア～カ**のように電池とLEDをつなぎました。(a)，(b)に答えなさい。

ア
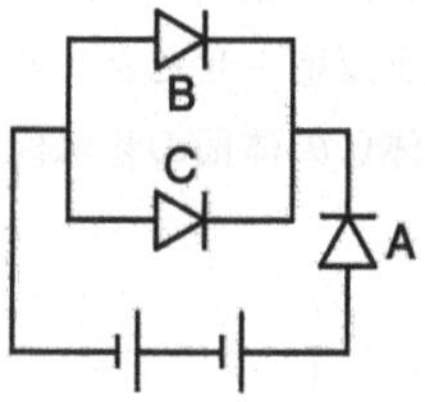

イ
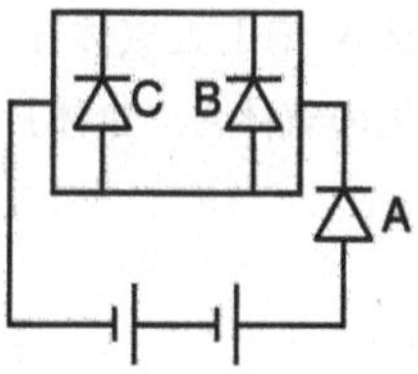

ウ
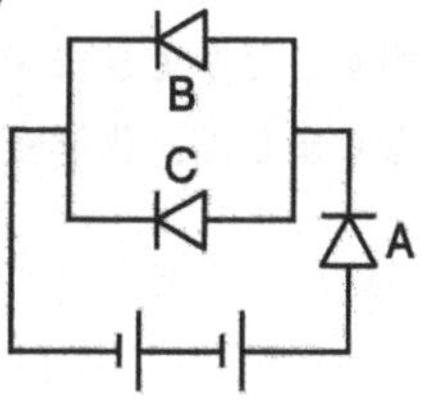

エ
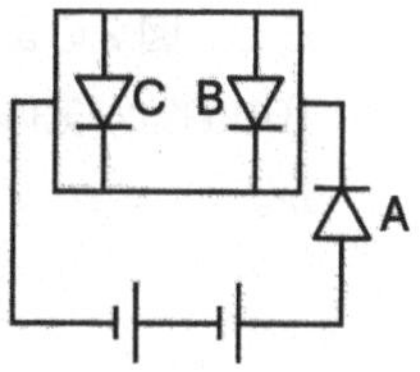

オ
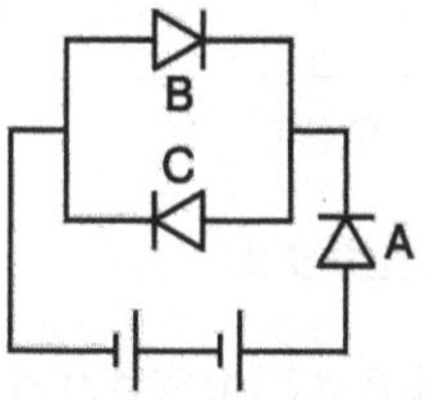

カ
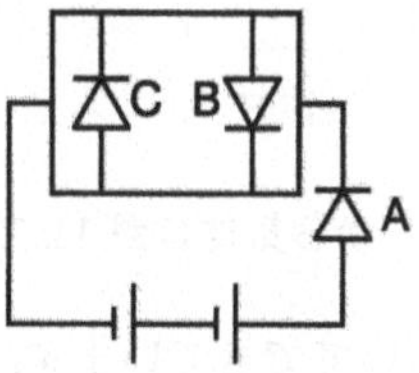

(a)　**A**のLEDが光るのはどれですか。すべて選び，**ア～カ**で答えなさい。ただし，LEDが光るものがない場合は解答らんに×を書きなさい。

(b)　**ア～カ**の電池を２個のときと同じ向きに３個直列につないだとき，**B**または**C**のLEDが少な

くとも１個が光るのはどれですか。すべて選び，**ア～カ**で答えなさい。ただし，LEDが光るものがない場合は解答らんに×を書きなさい。

2　私たちの身のまわりに存在するすべてのものは，小さな粒《つぶ》からできています。この粒を「原子」といいます。原子は100種類以上が知られており，その組合せによって，すべてのものができています。原子には，次の３つの特徴《ちょう》があります。これに関する各問いに答えなさい。

［特徴］　①原子はそれ以上分けることや，細かくすることはできない。
②原子はなくなることや新しくできること，他の種類の原子に変わることはない。
③原子には，その種類ごとに決まった重さがある。

問１　炭は「炭素」という原子（炭素原子）だけでできています。また酸素は「酸素」という原子（酸素原子）が２個くっついてできています。炭を酸素がたくさんあるところで燃やすと，二酸化炭素ができます。二酸化炭素は炭素原子１個と酸素原子２個がくっついてできています。炭が燃えて二酸化炭素になるような，もとのものと違《ちが》うものができる変化を化学変化といいます。この化学変化は，●を炭素原子，○を酸素原子とすると，**図１**のように表すことができます。(a)，(b)に答えなさい。

図１　炭と酸素から二酸化炭素ができる化学変化

(a)　炭12ｇと酸素32ｇから二酸化炭素は44ｇできます。二酸化炭素が60ｇできるためには，炭は何ｇ必要ですか。四捨五入して，小数第一位で答えなさい。

(b)　酸素がたくさんあるところで炭22ｇを燃やしました。二酸化炭素が55ｇできたところで火を消しました。燃え残っている炭は何ｇですか。

問２　気体Ａ　1.5Ｌと気体Ｂ　0.5Ｌから気体Ｃが１Ｌできました。この化学変化は，□を0.5Ｌとすると，**図２**のように表すことができます。気体Ａ　５Ｌと気体Ｂ　３Ｌを反応させたところ，気体Ｂの50％が気体Ｃになりました。化学変化の後の気体Ａ，気体Ｂ，気体Ｃの体積の和は何Ｌですか。

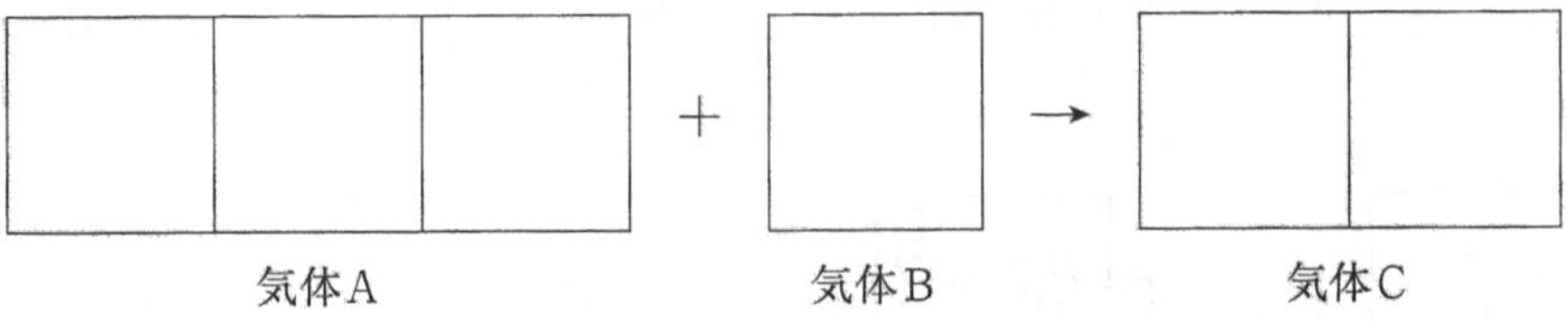

図２　気体Ａ　1.5Ｌと気体Ｂ　0.5Ｌから気体Ｃが１Ｌできる化学変化

問３　気体Ａは◎で表される原子が２個くっついてできています。気体Ｂは●で表される原子が２個くっついてできています。気体の中にはいくつかの原子がくっついてできたもの（原子のかたまり）がたくさん存在しています。仮に0.5Ｌの中に１個の原子のかたまりが入っているとすると，**図２**の化学変化は，**図３**（次のページ）のように表すことができます。今，気体Ａを酸素がたくさんあるところで燃やす化学変化を考えます。気体Ａ　１Ｌと酸素0.5Ｌから気体Ｄ　１Ｌができます。Ａの原子を◎，酸素原子を○とすると，気体Ｄはどのような原子のかたまりで表すことができますか。もっとも適当なものを選び，**ア**～**サ**で答えなさい。ただし，原子のかたまりは，実際の形と異なっているものもあります。

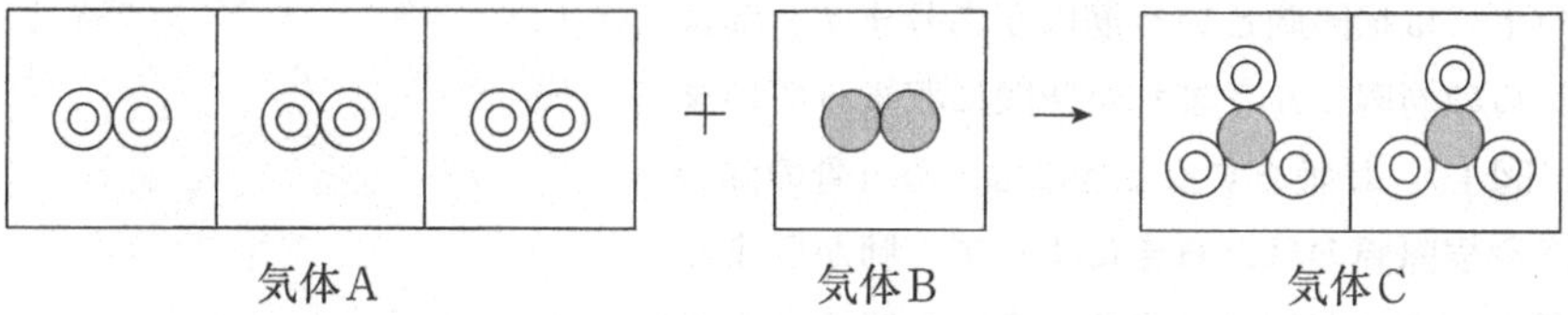

図３　気体Ａと気体Ｂから気体Ｃができる化学変化

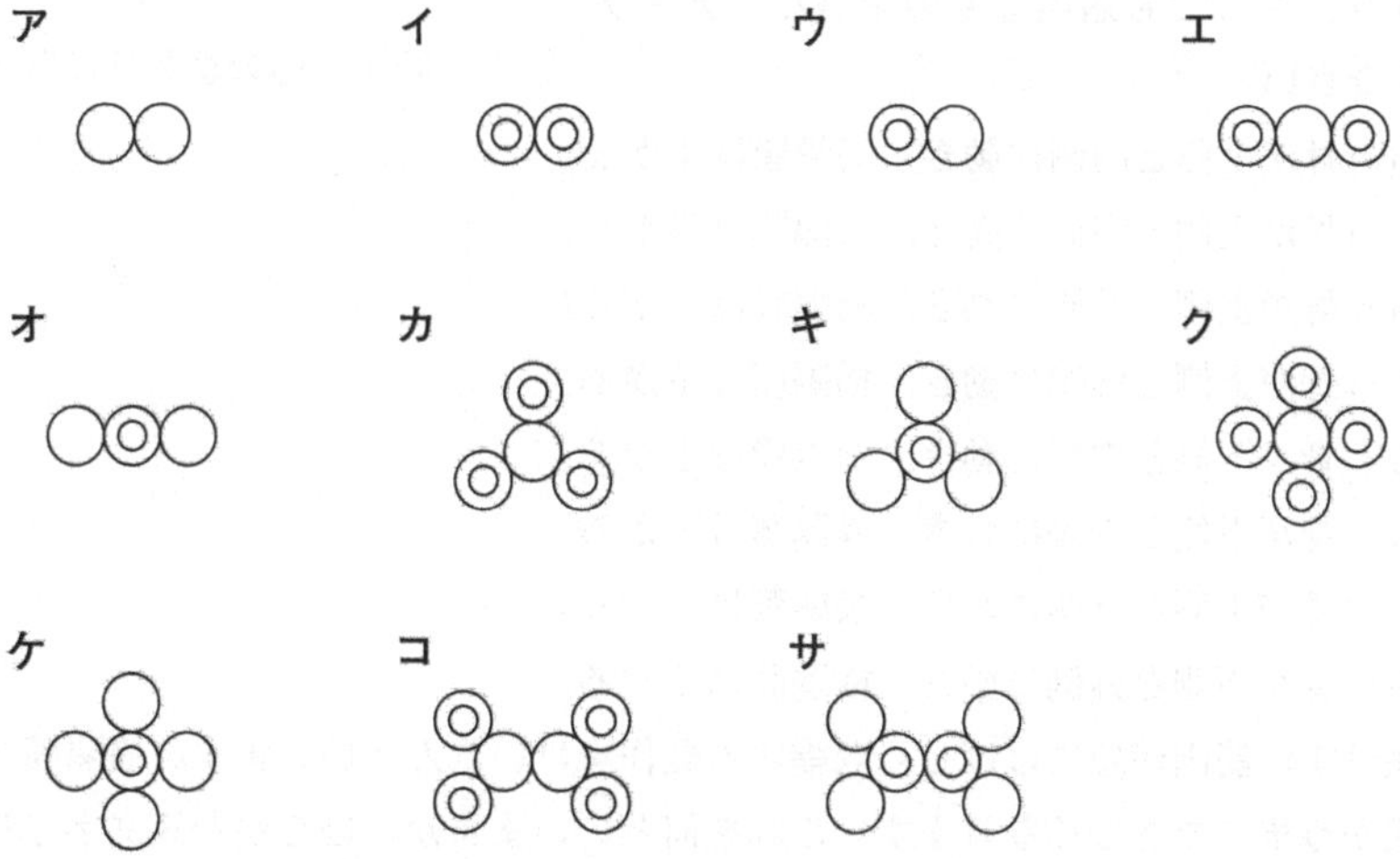

問４　気体Ａ　６ｇと酸素48ｇから気体Ｄは54ｇできます。Ａの原子１個の重さと炭素原子１個の重さの比をもっとも簡単な整数比で答えなさい。ただし，炭素原子１個の重さと酸素原子１個の重さの比を３：４とします。

3　ヒトは動いているときも静かにしているときも呼吸をしています。これに関する各問いに答えなさい。

問１　**表１**は，静かにしているときの吸う息とはく息にふくまれる気体の体積の割合です。ある小学生の１分間の呼吸数は25回で，１回の呼吸で出入りする空気の量は250cm^3でした。呼吸によって体内にとりこまれた酸素は，１分間あたり何cm^3ですか。ただし，ふくまれる水じょう気は考えないものとします。

表１　吸う息とはく息にふくまれる気体の体積の割合（％）

	吸う息	はく息
酸素	20.94	16.44
二酸化炭素	0.04	4.54
そのほかの気体	79.02	79.02

問２　呼吸につかわれる肺は，胃や小腸などと異なり筋肉がないため，自らふくらんだり縮んだりすることができません。(a)～(c)に答えなさい。

(a)　ろっ骨の間にはうすい筋肉があります。また肺の下には横隔膜《おうかくまく》という筋肉があります。肺はこれらの筋肉にかこまれた空間に収まっています（**図１**）。呼吸をするときには，ろっ骨の間の筋肉や横隔膜のはたらきによって，肺が収まる空間の大きさが変わります。空気を吸うときのろっ骨や横隔膜の動きとして，正しいものはどれですか。もっとも適当なものを選び，**ア～ク**で答えなさい。

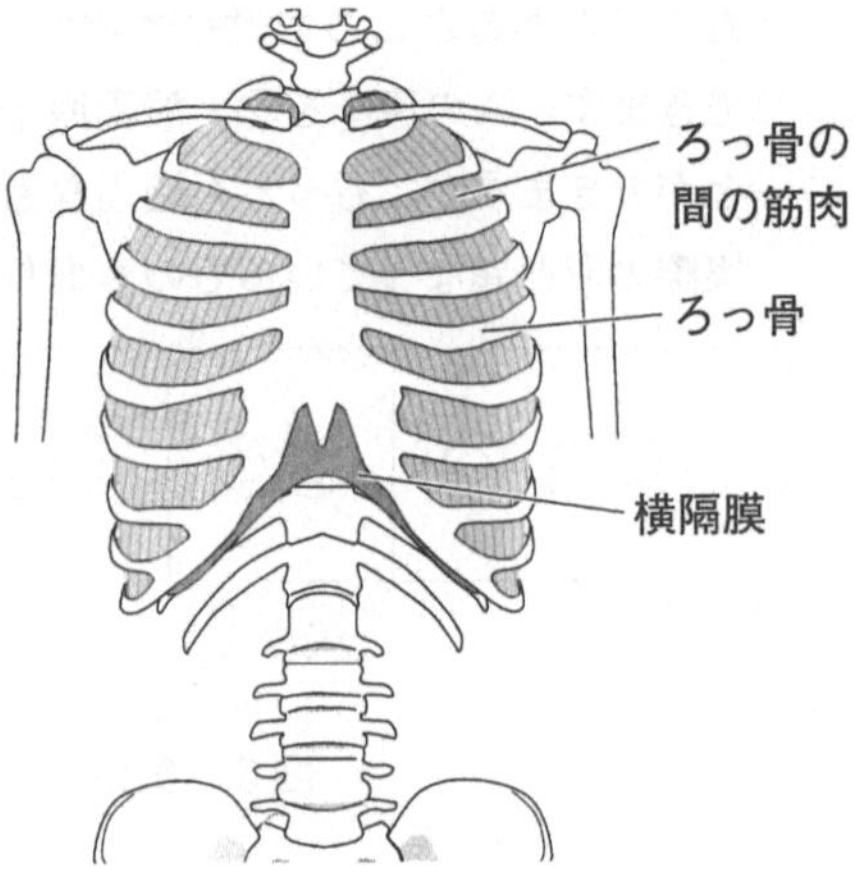

図１　肺のまわりにあるつくり

ア．ろっ骨が上側と内側に動き，横隔膜は上がる。
イ．ろっ骨が上側と内側に動き，横隔膜は下がる。
ウ．ろっ骨が上側と外側に動き，横隔膜は上がる。
エ．ろっ骨が上側と外側に動き，横隔膜は下がる。
オ．ろっ骨が下側と内側に動き，横隔膜は上がる。
カ．ろっ骨が下側と内側に動き，横隔膜は下がる。
キ．ろっ骨が下側と外側に動き，横隔膜は上がる。
ク．ろっ骨が下側と外側に動き，横隔膜は下がる。

(b)　意識せずに筋肉が急にはげしく収縮する発作をけいれんといいます。横隔膜がけいれんすると呼吸がうまくできなくなります。これを何といいますか。ひらがな５文字で答えなさい。

(c)　肺に穴が開き，肺がしぼんでしまう病気を気胸《ききょう》といいます。この穴がふさがるまで，ある治りょうが行われることがあります。どのような治りょうが行われると考えられますか。もっとも適当なものを選び，**ア～オ**で答えなさい。

ア．人工呼吸器を取りつけ，肺に空気を送り続ける。
イ．後ろから抱きかかえ，みぞおちを強く押し続ける。
ウ．肺が収まる空間に細い管をさし，肺からもれた空気をとり除き続ける。
エ．体内から血液を抜き出し，酸素を除去するとともに二酸化炭素をたくさんとかして体内に再び戻すことをくり返す。
オ．電極パッドをあてて弱い電流を流し，横隔膜を上下に動かし続ける。

問３　ヒトと同じように植物も呼吸をしています。これを確かめるために，**実験**を行いました。次のページの(a)，(b)に答えなさい。

〔実験〕

①　三角フラスコ２つ用意し，それぞれに小さなビーカーを入れた。
②　一方の三角フラスコの小さなビーカーには水を入れ，もう一方の三角フラスコの小さなビーカーには二酸化炭素を吸収する薬品を入れた。
③　小さなビーカーの横に，発芽したダイズの種子20個をガーゼに包んだものを置いた。
④　それぞれの三角フラスコの口に細いガラス管をつないだゴムせんでしっかりとふたをした。

細いガラス管には長さ７㎜くらいの水を入れ，その水の右はしに10㎝のめもりがくるように，ものさしをとりつけた（**図２**）。

⑤　④を光のあたらないあたたかい場所に置いた。そして，小さなビーカーに水を入れたものを**A**，二酸化炭素を吸収する薬品を入れたものを**B**として，５分ごとにガラス管に入れた水の位置を調べた（**表２**）。

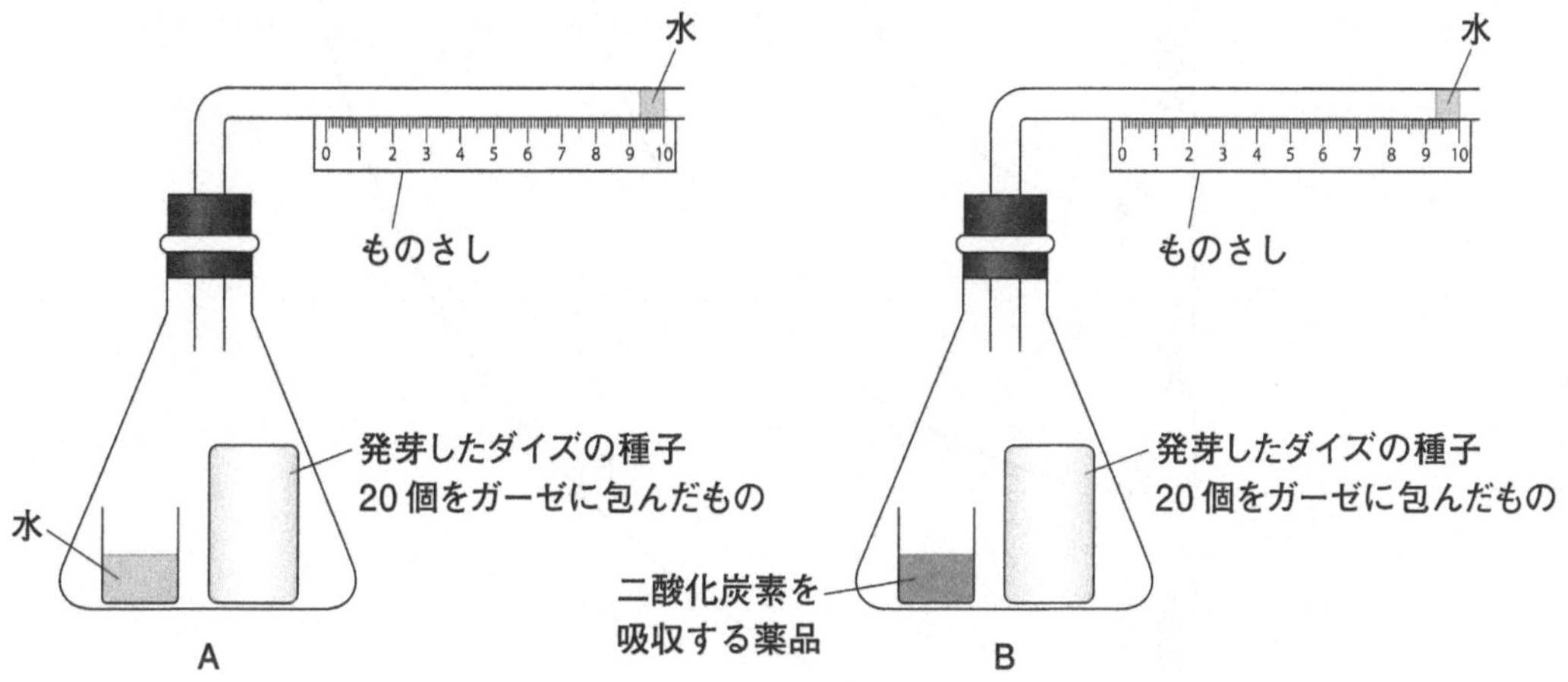

図２　呼吸をしていることを確かめる装置

表２　５分ごとのガラス管に入れた水の位置

測定をはじめてからの時間（分）	0	5	10	15	20	25	30
A（cm）	10	10	10	10	10	10	10
B（cm）	10	9.3	8.6	7.9	7.2	6.5	5.8

(a)　**図２**の**A**について，ガラス管に入れた水の移動量が表しているものは何ですか。もっとも適当なものを選び，**ア**～**カ**で答えなさい。

ア．ダイズの種子の二酸化炭素の放出量

イ．ダイズの種子の二酸化炭素の吸収量

ウ．ダイズの種子の酸素の放出量

エ．ダイズの種子の酸素の吸収量

オ．ダイズの種子の二酸化炭素の放出量と酸素の吸収量の差

カ．ダイズの種子の二酸化炭素の吸収量と酸素の放出量の差

(b)　ダイスの種子20個の１分間あたりの二酸化炭素の放出量は何cm^3ですか。ただし，三角フラスコ内の気体が１cm^3変化すると，めもりが0.8㎝変化するものとします。

4　ある場所で地層の調査を行いました（**図１**（次のページ））。**図１**の実線は等高線です。地点**A**は標高80m，地点**B**と地点**C**は標高75m，地点**D**と地点Ｅは標高70m，地点**F**は標高65mです。**図２**（次のページ）は，地点**A**～**C**の地層のようすをまとめたもので，柱状図といいます。これに関す

る各問いに答えなさい。ただし，この地層の調査を行った場所では断層や地層の曲がり（しゅう曲）はなく，地層はある一定の方向に傾《かたむ》いていることがわかっています。

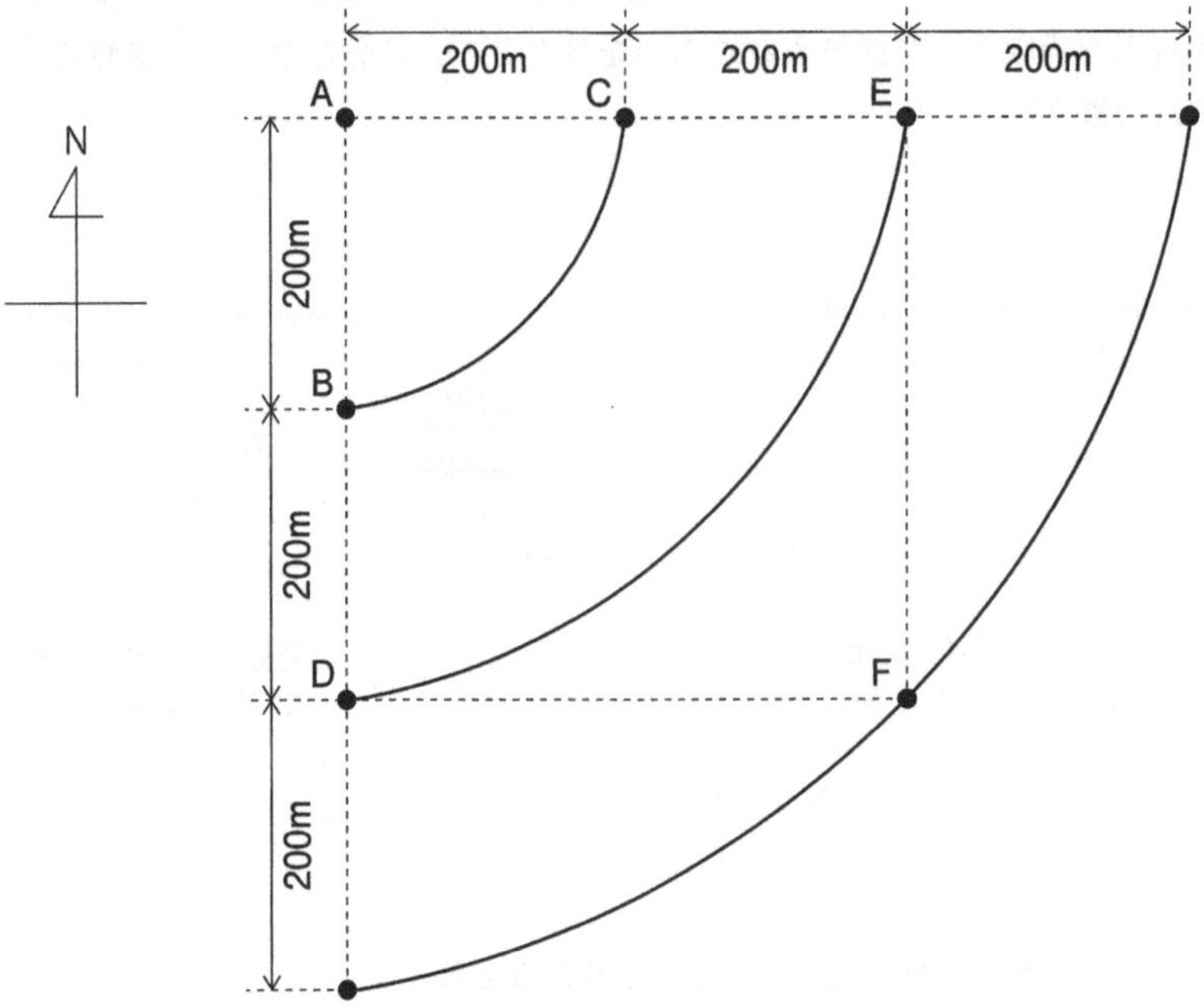

図１　地層の調査の場所

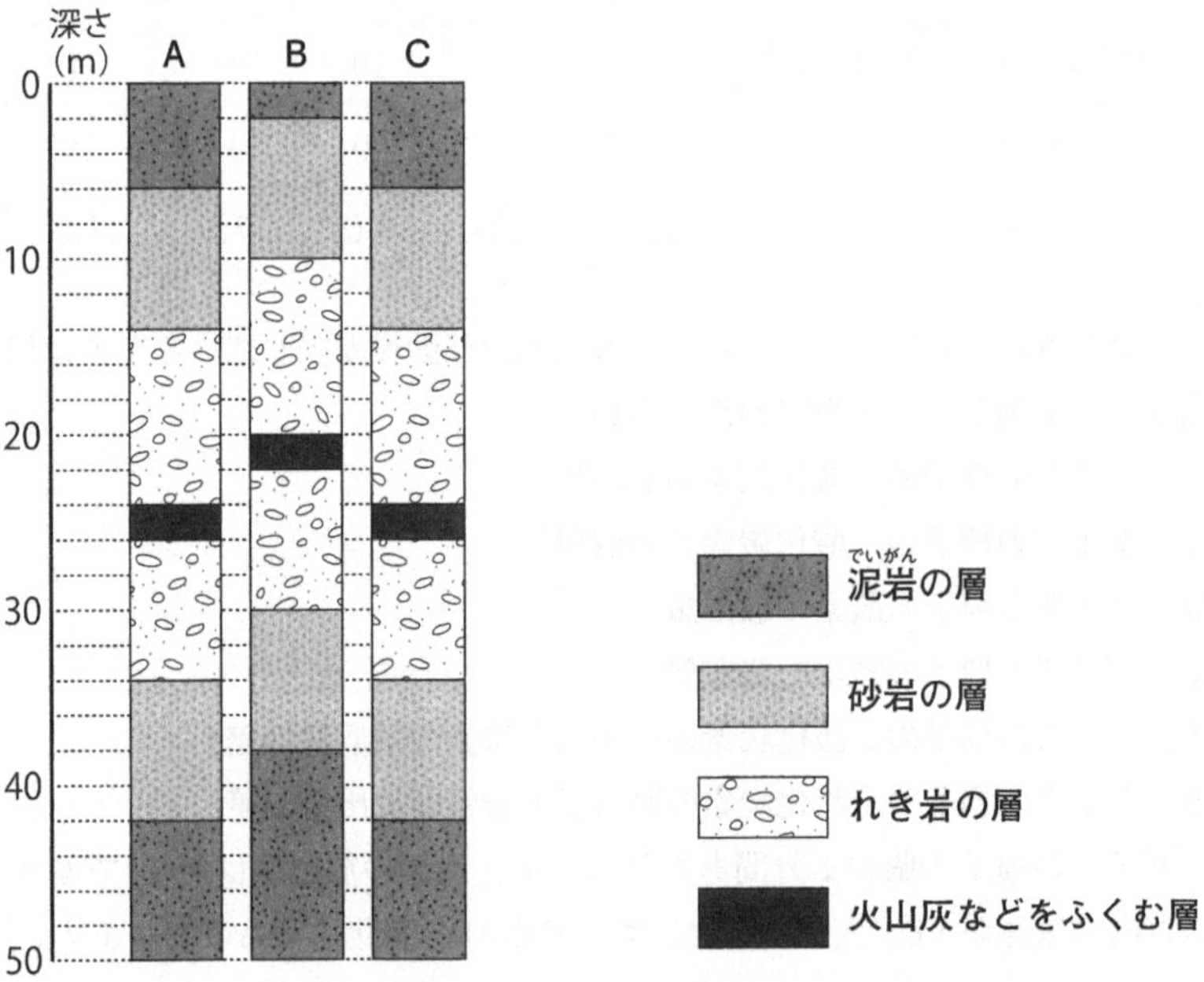

図２　地点Ａ～Ｃの柱状図

問１　この地層は，海の中で土砂がたい積してできました。この地層ができるまでのようすを正しく表しているものはどれですか。もっとも適当なものを次のページから選び，**ア～エ**で答えなさい。

ア．海はだんだん深くなり，火山がふん火した。その後しだいに海は深くなった。

イ．海はだんだん深くなり，火山がふん火した。その後しだいに海は浅くなった。

ウ．海はだんだん浅くなり，火山がふん火した。その後しだいに海は浅くなった。

エ．海はだんだん浅くなり，火山がふん火した。その後しだいに海は深くなった。

問２　地点Ｄと地点Ｅの柱状図はどれですか。もっとも適当なものをそれぞれ選び，ア～クで答えなさい。

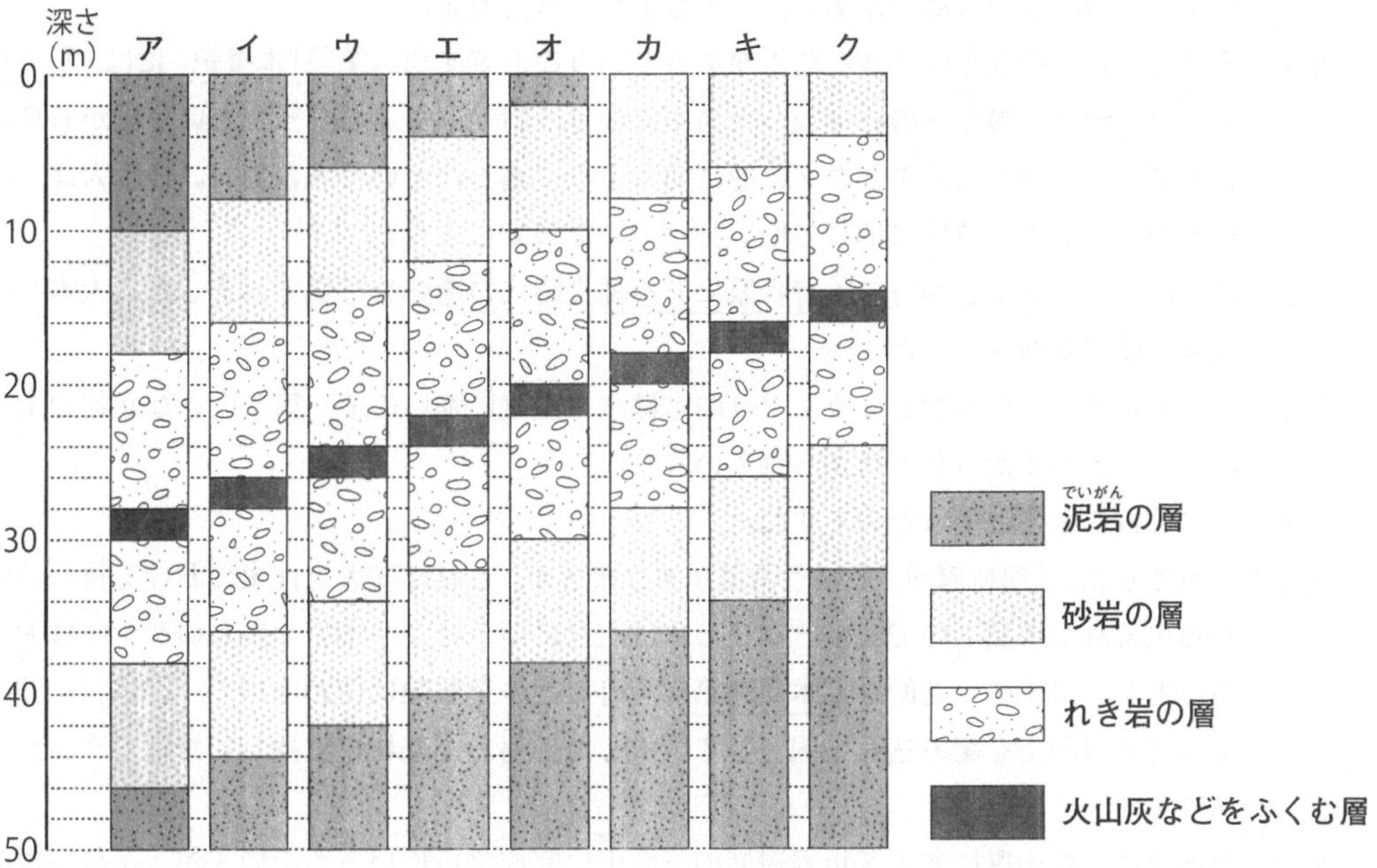

問３　図１の地層の傾きはどのようになっていると考えられますか。適当なものを２つ選び，ア～カで答えなさい。

ア．東から西に向かって低くなっている。

イ．西から東に向かって低くなっている。

ウ．東西方向は傾いていない。

エ．南から北に向かって低くなっている。

オ．北から南に向かって低くなっている。

カ．南北方向は傾いていない。

問４　地点Ｆの表面には，何の層が見られますか。もっとも適当なものを選び，ア～エで答えなさい。また，何m掘《ほ》るとその下の層が見られますか。

ア．泥岩の層　　イ．砂岩の層　　ウ．れき岩の層　　エ．火山灰などをふくむ層

【社　会】（理科と合わせて50分）　＜満点：50点＞

Ｉ　次の先生と星子さんの会話について，あとの問いに答えなさい。

先生：今日は，森と私たちの暮らしのかかわりについて考えてみましょう。森というと，どのような風景を思い浮《う》かべますか。

星子：新緑の季節に，いろいろな木の新芽の緑の印象が強いです。緑の色も，それぞれの木の種類によって微妙《びみょう》な色の違いがあり，とても美しかったです。

先生：そうですね。それだけ多様な樹木があるということですね。①『日本書紀』には，②スサノオノミコトが自分の髭《ひげ》をぬいて放《はな》つとスギになり，眉毛はクスになったという話があります。スサノオノミコトはスギとクスは船に使うように諭《さと》したという内容です。日本人は，古代から木をそれぞれの特性に応じて使い分けていたのでしょう。

星子：このあいだ，③東北地方の④青森県にある縄文時代の遺跡を写真でみました。大木《たいぼく》を使った大きい建物がありました。

先生：その大木はクリの木でしょう。クリの木は水や湿気《しっけ》に強いので，家や大きな建物の土台に使われることが多かったと考えられています。

星子：木の性質を上手に使ったのですね。

先生：そうですね。「適材適所」という言葉がありますが，これは⑤大工仕事における材料の使い方から生まれた言葉なのですよ。クリの木は土台に使うとか，木目の美しいケヤキは大黒柱に使うとか。日本の伝統的な⑥木造建築は，釘《くぎ》などの金属類は使わないで，⑦木材に凹凸《おうとつ》をつくって木材同士を組み込んで固定していました。傷《いた》んだ部材を交換して修繕《しゅうぜん》できる良い点があります。

星子：夏休みに，富山県にある⑧世界遺産の五箇山《ごかやま》に家族旅行にいったのですが，茅葺《かやぶき》屋根の伝統的な家屋がいくつもあって，とても立派でした。

先生：屋根の材料も，茅《かや》のほかにもヒノキを使った檜皮《ひわだ》葺，スギの皮や板を使ったものなど，豊富にあり，気候風土にあったものが地方ごとに使われてきました。

星子：人びとが暮らす家だけでなく，⑨平城京や平安京など都の建設などにも，大量の木材が使われますよね。

先生：そうですね。平城京や平安京の建設には，切り出した木で筏《いかだ》を組んで河川を使って都まで運んだそうです。戦国時代になると，戦国大名たちは支配地にある木材の確保をとても重要視していました。とくに⑩織田信長や豊臣秀吉は，良質な木材を大量に集めるように指示しました。なぜだかわかりますか？

星子：もしかしたら，城の建設ですか。安土城や⑪大坂城とか。

先生：よくわかりましたね。安土城や大坂城はとても大きな城であったのと，他の戦国大名に自分の力を誇示《こじ》するため，とても贅沢《ぜいたく》につくられたと考えられています。また，江戸幕府を開いた徳川家康は，江戸城だけでなく，莫大《ばくだい》な費用をかけて⑫江戸のまちづくりに取り組みました。まちづくりには大量の木材が必要となり，また，例えば⑬天竜川のような，木材を運ぶ流通経路の開発も必要になりました。木材の取引で大きな利益を上げた⑭商人の話が，よく伝えられていますよね。

星子：そんなに木材を使ったら，森林はなくなってしまうのではないですか。

先生：いい質問ですね。江戸時代，幕府や各藩の藩主たちは，森林資源を守るために，伐採《ばっさい》に制限をかけたり，植林をさせたりしているのですよ。

星子：なるほど。そういえば，2021年に開かれた⑮東京オリンピックの会場となった⑯国立競技場は，木材を多く使ったことが話題になりましたね。

先生：よく知っていますね。国立競技場の外観のひさしにあたる部分には，47都道府県から集められたスギやカラマツなどが使用されているのですよ。⑰千葉県や東京都など関東地方の木材はスタジアムの北東側，高知県など⑱四国地方は南東側，中部地方（北信越地方）は北西側と，各地方をそれぞれスタジアムの東西南北に分けて木材が使われました。

星子：知らなかったです。今度家族と⑲サッカー観戦したとき，よくみてみたいです。

先生：森の木は，建築資材として利用しただけではないですよ。⑳紙などの生活道具の素材になるものの多くも，すべて森の中から得ていたのです。桶《おけ》や樽《たる》，お椀やわっぱなど，今でも使われているものもありますよ。中には，漆《うるし》をぬった高級品が郷土の㉑工芸品として有名なものもあります。

星子：「わっぱ」って何ですか。

先生：わっぱとは，輪の形をしたもの，という意味です。うすい板をお湯でゆでたり，高温の蒸気にあてたりして木をやわらかくして曲げてつくった容器のことです。㉒弥生時代の遺跡からも出土しているので，木を曲げる技術はかなり古くからあったと考えられています。室町時代に桶が普及《ふきゅう》するまで，液体を入れる容器といえば，まげものでした。今でもお弁当箱とかで使われていますね。

星子：私たちの生活は，古代から数え切れないほど多くのものを森林に頼《たよ》って暮らしてきたのですね。私たちは森を大切にしなければいけませんね。

先生：そうですね。近年では㉓輸入木材に頼ることが多く，林業に携《たずさ》わる人が少なくなりました。日本の歴史を振り返って，森や木と私たちの暮らしの関係を深く考えることが大切ですね。

問１　下線部①について。『日本書紀』がつくられたころの社会のようすについて述べた説明文として正しいものを，次の（ア）～（エ）から一つ選び，記号で答えなさい。

（ア）浅間山の噴《ふん》火や冷害などで全国的な大飢饉《ききん》が発生し，各地で百姓一揆や打ちこわしがおきた。

（イ）全国の田畑を測量し，耕作者の名前を検地帳に記録したことから，武士と農民の分離が進んだ。

（ウ）田畑の面積に応じて課《か》せられた調や庸の税や兵役など，農民たちの負担は重いものであった。

（エ）荘園の持ち主は，税をまぬがれる不輸《ふゆ》の権や役人の立ち入りを拒否する不入《ふにゅう》の権を認めさせた。

※本問の選択肢（ア）～（エ）には正しいものがありませんでした。

問２　下線部②について。スサノオノミコトとは，日本の神話の中に出てきます。宗教や思想について述べた説明文として誤っているものを，あとの（ア）～（エ）から一つ選び，記号で答えなさい。

（ア）釈迦《しゃか》によってひらかれた仏教は，６世紀のなかばまでに日本に伝わったと考えられている。

（イ）イエスの教えは，キリスト教とよばれ，イエスの弟子たちによって世界に広まっていった。

（ウ）日本の神話は，５世紀はじめにつくられた『古事記』にまとめられている。

（エ）『論語《ろんご》』は，孔子《こうし》の言葉や行動を弟子たちがまとめたものである。

問３　下線部③について。次の文は，東北地方のある県でおこなわれている伝統行事について述べたものです。この行事がおこなわれている県について述べた説明文として正しいものを，次の（ア）～（エ）から一つ選び，記号で答えなさい。

この行事は，東北地方で最も米の生産量が多い県でおこなわれ，長い竹に米俵《こめだわら》に見立てた提灯《ちょうちん》をぶら下げて練《ね》り歩くものである。

（ア）県内には東北地方で唯一の政令指定都市があり，東北地方の行政の中心的役割を担《にな》っている。

（イ）白神山地から発する岩木川が流れ，中流域ではリンゴの栽培が盛んである。

（ウ）県の中央を出羽山地が南北に縦断《じゅうだん》し，県の南東部に横手盆地が広がる。

（エ）県西部を流れる阿賀川（阿賀野川）周辺には，多くの水力発電所が集中している。

問４　下線部④について。青森県の縄文時代の遺跡について述べた説明文として正しいものを，次の（ア）～（エ）から一つ選び，記号で答えなさい。

（ア）三内丸山遺跡は，1500年以上続いたとされる，大規模《だいきぼ》な集落の遺跡である。

（イ）宗教的な権威《けんい》をもった女王が人びとを支配していたことが，纒向《まきむく》遺跡からわかった。

（ウ）吉野ヶ里遺跡から発見された二重の堀《ほり》は，外敵の攻撃から集落を守る役割を果たしていた。

（エ）大森貝塚の中心地には，土を丘のように盛り上げて築《きず》いた，大きな埋葬《まいそう》施設があった。

問５　下線部⑤について。大工などの職人について述べた説明文として誤っているものを，次の（ア）～（エ）から一つ選び，記号で答えなさい。

（ア）古墳時代では，養蚕《ようさん》・機織《はたお》りなどの知識や技術をもった渡来人が，大和政権につかえていた。

（イ）室町時代には，大工だけでなく，紙すきや酒づくりなど多くの職人たちが活動していた。

（ウ）豊臣秀吉の時代に，朝鮮半島の職人の高度な技術でつくられた陶器《とうき》が日本に伝わった。

（エ）江戸時代の職人は，職種《しょくしゅ》ごとに住む場所が指定され，農民より重い税が課《か》せられた。

問６　下線部⑥について。木造建築について述べた説明文として誤っているものを，次の（ア）～（エ）から一つ選び，記号で答えなさい。

（ア）法隆寺の五重塔は，現存する最古の木造の塔であると考えられている。

（イ）平氏に焼かれた東大寺は，豪放《ごうほう》な力強さを特色とする，中国の宋の新しい様式を用いて再建された。

（ウ）正倉院は，木材を隙間《すきま》なく組み上げた，校倉《あぜくら》造とよばれる建築方法で建てられている。

（エ）平安時代の貴族の屋敷《やしき》には，書院造りとよばれる畳《たたみ》や障子《しょうじ》が用いられる建築様式が多くみられた。

問７　下線部⑦について。木材を組み込んでつくる方法は，建物だけでなく，大きな仏像彫刻などにもみられる手法で，寄木《よせぎ》造といいます。この手法でつくられた像として正しいものを，次の（ア）～（エ）から一つ選び，記号で答えなさい。

（ア）法隆寺金堂釈迦三尊像　　（イ）東大寺南大門金剛力士像

（ウ）長崎平和祈念《きねん》像　　（エ）興福寺仏頭

問８　下線部⑧について。次の文章は，日本国内の世界遺産の歴史について述べたものです。この世界遺産は何ですか。正しいものを，次の（ア）～（エ）から一つ選び，記号で答えなさい。

19世紀ごろ，欧米から鯨《くじら》漁の船が多く来ており，船に水や食料を供給《きょうきゅう》するために住みついた欧米人たちが最初の定住者となった。太平洋戦争中は防衛施設がつくられて激戦地となり，戦後はアメリカ軍の統治下におかれたが，1968年に日本に返還された。

（ア）知床　（イ）小笠原諸島　（ウ）屋久島　（エ）「神宿《かみやど》る島」宗像《むなかた》・沖ノ島《おきのしま》と関連遺産群

問９　下線部⑨について。平城京は現在の奈良県にあります。奈良県には東経136度の経線が通っています。次の府県の並びは，東経136度が通る府県を北から順に並べたものです。（Ａ）と（Ｂ）に入る県の組合せとして正しいものを，次の（ア）～（エ）から一つ選び，記号で答えなさい。

（　Ａ　）県　→（　Ｂ　）県　→　京都府　→　奈良県

（ア）Ａ　兵庫　Ｂ　三重　　（イ）Ａ　滋賀　Ｂ　三重

（ウ）Ａ　福井　Ｂ　滋賀　　（エ）Ａ　福井　Ｂ　兵庫

問10　下線部⑩について。織田信長について述べた説明文として誤っているものを，次の（ア）～（エ）から一つ選び，記号で答えなさい。

（ア）長篠の合戦では，武田氏の軍勢《ぐんぜい》に対して足軽鉄砲隊を使った集団戦術を用いた。

（イ）海外貿易で栄えていた堺を支配下に置き，堺の住民の自治を制限した。

（ウ）北陸地方の一向一揆を弾圧し，仏教勢力を抑えるため，キリスト教を保護した。

（エ）茶道を通じて礼儀作法を整《ととの》え，天下統一を実現しようと考えて，わび茶を考案《こうあん》した。

問11　下線部⑪について。大坂城について述べた説明文として正しいものを，次の（ア）～（エ）から一つ選び，記号で答えなさい。

（ア）豊臣秀吉が全国統一の根拠地として，石山本願寺の跡地《あとち》に築いた城である。

（イ）豊臣秀吉が全国の食材を集めたことから，「天下の台所」とよばれた。

（ウ）白漆喰《しろしっくい》が外壁に多く使われた城の姿から，白鷺城《しらさぎじょう》ともよばれた。

（エ）アジア太平洋戦争の終戦後，日本を占領したＧＨＱによって再建された。

問12　下線部⑫について。江戸のまちづくりについて述べた説明文として正しいものを，次の（ア）～（エ）から一つ選び，記号で答えなさい。

（ア）江戸のまちづくりに要した費用は，幕府が独占した朱印船貿易の利益でまかなわれた。

（イ）江戸で暮らす人びとは，井戸だけでなく，芦ノ湖から木製の樋《とい》によってひかれた水も利用した。

（ウ）木造家屋が密集していた江戸の町は，火事が多かったので，幕府は夜間の火の使用を禁止した。

（エ）藩主や藩士が江戸で滞在するための藩の屋敷は，監視のため江戸城の敷地の中に全《すべ》て建てられた。

問13　下線部⑬について。天竜川流域にある市町村について述べた説明文として正しいものを，あとの（ア）～（エ）から一つ選び，記号で答えなさい。

（ア）市内からは東側に飛騨《ひだ》山脈がみえ，日本でもっとも面積が広い市として知られている。

（イ）市街地は旧《きゅう》北陸街道を中心に形成され，眼鏡《めがね》や繊維《せんい》産業が盛んである。

（ウ）村の南側には浅間山がそびえ，高冷地の気候を利用したキャベツ栽培が盛んである。

（エ）東に南アルプス，西に中央アルプスという二つのアルプスに囲まれ，高遠城址《たかとおじょうし》公園などの観光資源がある。

問14　下線部⑭について。江戸時代の商人について述べた説明文として正しいものを，次の（ア）～（エ）から一つ選び，記号で答えなさい。

（ア）紀伊国屋文左衛門《きのくにやぶんざえもん》は，「現金掛《か》け値なし」の新しい商法で木材を取引し，莫大《ばくだい》な資産を築いた。

（イ）下総《しもうさ》の商人であった間宮林蔵は，全国の沿岸を測量し，正確な日本地図を作製した。

（ウ）京都の商人であったと考えられている俵屋宗達は，「風神雷神図屏風」を描いた。

（エ）河村瑞賢《かわむらずいけん》は，幕府の命令で江戸日本橋を拠点とする五街道の整備に取り組んだ。

問15　下線部⑮について。日本で最初のオリンピックは1940年に予定されていましたが，当時の国際情勢や日本の国内情勢によって中止されました。日本でオリンピックがはじめて開かれたのは1964年です。1940年と1964年の国際情勢と日本の国内情勢の組合せとして正しいものを，次の（ア）～（カ）から一つ選び，記号で答えなさい。

Ａ：1940年　　Ｂ：1964年

<国際情勢>

あ：アメリカで株式の大暴落がおこり，世界恐慌がはじまった。
い：ヒトラーが政権をにぎっていたドイツは，イタリアと日本の間に三国同盟を結んだ。
う：イスラエルとアラブ諸国の間で第四次中東戦争がおこった。

<日本の国内情勢>

ａ：国家総動員法が制定された。
ｂ：日韓基本条約が締結された。
ｃ：近衛文麿《このえふみまろ》がふたたび首相になった。

（ア）Ａ－あ－ａ　　（イ）Ａ－い－ｃ　　（ウ）Ａ－う－ｂ
（エ）Ｂ－あ－ｂ　　（オ）Ｂ－い－ａ　　（カ）Ｂ－う－ｃ

問16　下線部⑯について。国立競技場は，アジア太平洋戦争以前は明治神宮外苑《めいじじんぐうがいえん》競技場とよばれていました。国立競技場および明治神宮外苑競技場について述べた説明文として正しいものを，次の（ア）～（エ）から一つ選び，記号で答えなさい。

（ア）戦争の激化で大学生が徴兵《ちょうへい》されるようになると，明治神宮外苑競技場は出陣する大学生の壮行会《そうこうかい》の会場となった。

（イ）1970年の大阪万博では，国立競技場に太陽の塔がつくられて万博を盛り上げた。

（ウ）国立競技場と東海道新幹線は，ともに1958年に完成した。

（エ）明治政府は，近代化政策の一つとして，皇居の敷地《しきち》の一部を利用して明治神宮外苑競技場を建設した。

問17　下線部⑰について。次の表は千葉県，東京都，大阪府，北海道の航空輸送量を，国内線と国際線別にあらわしたものです。千葉県にあてはまるものとして正しいものを，次のページの（ア）～（エ）から一つ選び，記号で答えなさい。

	国内線（2021年）		国際線（2021年）	
	旅客（千人）	貨物（トン）	旅客（千人）	貨物（トン）
（ア）	12,102	113,373	0	13,074
（イ）	4,127	1,466	1,745	2,609,321
（ウ）	10,861	86,790	269	822,302
（エ）	29,152	401,576	831	419,178

（『データでみる県勢　2023』より作成）

問18　下線部⑱について。

⑴　次の表は，生産上位に四国地方の県がみられる農作物生産上位県をあらわしたものです。表中の空欄Ａ～Ｄにあてはまる農作物の組合せとして正しいものを，次の（ア）～（カ）から一つ選び，記号で答えなさい。

Ａ		Ｂ		Ｃ		Ｄ	
高　知	39,300	徳　島	4,156	茨　城	25,500	長　崎	876
熊　本	33,300	高　知	32	佐　賀	6,450	千　葉	444
群　馬	27,400	愛　媛	9	徳　島	4,850	香　川	229

（単位はトン。『データでみる県勢　2023』より作成）

（ア）Ａ　なす　　Ｂ　れんこん　　Ｃ　スダチ　　Ｄ　びわ
（イ）Ａ　なす　　Ｂ　スダチ　　Ｃ　れんこん　　Ｄ　びわ
（ウ）Ａ　れんこん　　Ｂ　びわ　　Ｃ　スダチ　　Ｄ　なす
（エ）Ａ　れんこん　　Ｂ　スダチ　　Ｃ　びわ　　Ｄ　なす
（オ）Ａ　びわ　　Ｂ　なす　　Ｃ　れんこん　　Ｄ　スダチ
（カ）Ａ　びわ　　Ｂ　れんこん　　Ｃ　なす　　Ｄ　スダチ

⑵　四国地方の県と，その県にあるものの組合せとして誤っているものを，次の（ア）～（エ）から一つ選び，記号で答えなさい。

（ア）香川県・満濃池《まんのういけ》　　（イ）愛媛県・道後温泉
（ウ）徳島県・石見銀山　　（エ）高知県・四万十川

問19　下線部⑲について。2022年にカタールでサッカーのワールドカップが開催《かいさい》されました。カタールと接している国として正しいものを，次の（ア）～（エ）から一つ選び，記号で答えなさい。

（ア）サウジアラビア　　（イ）エジプト　　（ウ）インド　　（エ）フィリピン

問20　下線部⑳について。次の文章は，パルプや紙，紙加工品の出荷額が国内１位の県について述べたものです。この県として正しいものを，次のページの（ア）～（エ）から一つ選び，記号で答えなさい。

この県では，豊かな水や広い土地を利用した製紙《せいし》・パルプ工業が発達した。また，県外から運ばれる木材を加工する技術を生かした楽器の生産も盛んであり，ピアノは国内の出荷額

100％を占《し》める。こうした，紙製品や楽器が生産される工場が集まる地域は，東海工業地域とよばれている。

（ア）三重県　（イ）岐阜県　（ウ）愛知県　（エ）静岡県

問21　下線部㉑について。日本各地の伝統的工芸品について述べた説明文として正しいものを，次の（ア）～（エ）から一つ選び，記号で答えなさい。

（ア）有田焼は佐賀県の九谷《くたに》港から輸出されたことから，九谷焼ともよばれる。

（イ）かつて南海とよばれた紀伊半島でつくられる鉄器を，南部鉄器という。

（ウ）江戸時代に大坂（大阪）や博多でつくられた切子《きりこ》は，現在では江戸切子とよばれる。

（エ）徳島県では，楮《こうぞ》などを原料とする阿波和紙がつくられている。

問22　下線部㉒について。弥生時代の遺跡からわかることについて述べた説明文として誤っているものを，次の（ア）～（エ）から一つ選び，記号で答えなさい。

（ア）静岡県の登呂遺跡から発見された田下駄《たげた》は，水田で足が土にもぐるのを防ぐために使われたと考えられている。

（イ）埼玉県の稲荷山古墳から大量に発見された木簡《もっかん》によって，弥生時代の人びとが納《おさ》めていた税の内容が解明された。

（ウ）東京の弥生町から発見された土器の特徴が，それまでの縄文土器と違うことから，発見された地名からとって弥生土器と名付けられた。

（エ）奈良県の遺跡から発見された土器のかけらに，建物の絵が描《えが》かれていたことから，この地域には大きな力を持った勢力があったと考えられている。

問23　下線部㉓について。次の表は，木材をはじめとする日本の輸入品の，輸入相手国と金額による割合をまとめたものです。（Ａ）と（Ｂ）にあてはまる国の組合せとして正しいものを，次の（ア）～（カ）から一つ選び，記号で答えなさい。

木材	牛肉	小麦	綿花
（　Ａ　）　29.8	（　Ｂ　）　42.2	（　Ｂ　）　45.1	（　Ｂ　）　37.7
（　Ｂ　）　17.0	オーストラリア　40.5	（　Ａ　）　35.5	オーストラリア　11.9
ロシア　13.1	（　Ａ　）　6.9	オーストラリア　19.2	ギリシャ　10.1

（単位はパーセント。『2023 データブック　オブ・ザ・ワールド』より作成）

（ア）Ａ　中国　Ｂ　アメリカ　（イ）Ａ　中国　Ｂ　カナダ

（ウ）Ａ　アメリカ　Ｂ　中国　（エ）Ａ　アメリカ　Ｂ　カナダ

（オ）Ａ　カナダ　Ｂ　中国　（カ）Ａ　カナダ　Ｂ　アメリカ

Ⅱ　2023年をふりかえった以下の文章を読み，あとの問いにそれぞれ答えなさい。

１月

日本が６年ぶり，12度目の国際連合の安全保障理事会の非常任理事国となった。

問１　国際連合の常任理事国として誤っているものを，次のページの（ア）～（エ）から一つ選び，記号で答えなさい。

（ア）アメリカ合衆国　（イ）中華人民共和国　（ウ）ドイツ　（エ）ロシア

2月

円・ドル変動相場制に移行してから50年となった。

問２　日本の経済について述べた説明文として正しいものを，次の（ア）～（エ）から一つ選び，記号で答えなさい。

（ア）東日本大震災の結果，バブル経済が崩壊《ほうかい》し，金融機関が不良債権《さいけん》をかかえることになった。

（イ）日本銀行は，景気をよくするために，国債の発行を決定することができる。

（ウ）現在の国の税収のうち，7割以上の割合を占めるのは，法人税である。

（エ）2024年に発行される新札では，一万円に渋沢栄一，五千円に津田梅子，千円に北里柴三郎の肖像《しょうぞう》が使われる。

3月

文部科学省の外局にあたる［　①　］庁が，東京から京都に移転した。

問３　空欄［①］にあてはまる語句として正しいものを，次の（ア）～（エ）から一つ選び，記号で答えなさい。

（ア）観光　（イ）こども家庭　（ウ）デジタル　（エ）文化

4月

第20回統一地方選挙や国会議員の補欠選挙がおこなわれた。

問４　地方選挙や地方自治について述べた説明文として正しいものを，次の（ア）～（エ）から一つ選び，記号で答えなさい。

（ア）北海道・大阪府・東京都では，新しい知事が今回の統一地方選挙で選ばれた。

（イ）「民主主義の学校」とよばれる地方自治の考え方から，市長選や市議選の無投票当選は認められていない。

（ウ）地方公共団体の首長は，地方議会が地方議員の中から指名する。

（エ）地方自治では，首長や地方議会議員の解職を求める直接請求権が，住民に認められている。

5月

主要７カ国首脳会議（Ｇ７サミット）が，広島で開催された。

問５　Ｇ７サミットの参加国の説明文として誤っているものを，次の（ア）～（エ）から一つ選び，記号で答えなさい。

（ア）アメリカ合衆国には，50の州が存在している。

（イ）カナダはロシアに次《つ》ぐ，世界第二位の面積をもつ国である。

（ウ）第二次世界大戦後，ドイツは東西に分裂していた時期があった。

（エ）フランス出身の有名な画家として，ゴッホ，ミケランジェロ，ルノワールがいる。

6月

経済財政運営と改革の基本方針2023（骨太《ほねぶと》方針2023）が，閣議決定された。

問６　「骨太方針2023」の内容として誤っているものを，次の（ア）～（エ）から一つ選び，記号で答えなさい。

（ア）こども子育て対策の抜本強化
（イ）投資の拡大と経済社会改革の実行
（ウ）構造的賃上げの実施
（エ）マイナンバーカードの2023年度内の廃止

7月

ＴＰＰ（環太平洋パートナーシップ協定）参加国の閣僚級会議が開かれ，イギリスの加入が正式決定された。

問７　ＴＰＰ加盟国として誤っているものを，次の（ア）～（エ）から一つ選び，記号で答えなさい。

（ア）インド　（イ）オーストラリア　（ウ）カナダ　（エ）シンガポール

8月

宮沢喜一内閣が総辞職し，[②] を首相とする８党派の連立内閣が成立して，30年がたった。

問８　空欄 [②] にあてはまる語句として正しいものを，次の（ア）～（エ）から一つ選び，記号で答えなさい。

（ア）佐藤栄作　（イ）鳩山一郎　（ウ）細川護熙《もりひろ》　（エ）吉田茂

10月

消費税の税率や税額を，正確に把握《はあく》するための新しい経理方式 [③]（適格請求書《てきかくせいきゅうしょ》）制度がはじまった。

問９　空欄 [③] にあてはまる語句として正しいものを，次の（ア）～（エ）から一つ選び，記号で答えなさい。

（ア）インサイダー　（イ）インバウンド　（ウ）インフラ　（エ）インボイス

12月

ＵＡＥ（アラブ首長国連邦）の [④] でおこなわれていた，国連気候変動枠《わく》組み条約第28回締約《ていやく》国会議（ＣＯＰ《コップ》28）が，閉幕した。

問10　空欄 [④] にあてはまる語句として正しいものを，次の（ア）～（エ）から一つ選び，記号で答えなさい。

（ア）カイロ　（イ）テヘラン　（ウ）ドバイ　（エ）ハノイ

に対して自分は凛子のようにはなれず、両親が引っ越しを決めたことや、その原因となった凛子を恨《うら》んでいた。実際は、凛子は［　B　］のであって、［A］わけではないのだと知り、これまでの姉に対する認識の誤りを悟《さと》った。

一方凛子は、［　C　］ことを恨んで爽子が自分にきつい態度を取っていると思っていた。そして、明るい性格のためすぐに友だちができる爽子をうらやましく感じていた。しかし、爽子に友だちがすぐできるのは［　D　］の裏返しであり、必死の努力があってのことだったと初めて知った。

(1)　空欄Ａ（二か所）に入る最も適切な表現を次から選び、記号で答えなさい。

ア　友だちを作る気になればいつでも作れる
イ　友だちに合わせた行動をとることはない
ウ　友だちを作れるのに自ら一人を選んでいる
エ　友だちがいない状況に耐《た》えることができる

(2)　空欄Ｂ・Ｃに入る最も適切な表現を**中略４以降**の本文中からそれぞれ抜き出し、答えなさい。ただし、Ｂは八字、Ｃは十二字で答えること。

(3)　空欄Ｄに入る言葉を十～十五字で考え、答えなさい。

にしているから。

エ　晩ご飯に魚を出すと、それをきっかけに爽子が凛子に引っ越しの文句を言いだすと感じた母親が、けんかの種になる魚を出さないようにしているから。

問５　傍線部④「沈んでいく」における凛子の心情を説明したものとして**当てはまらないもの**を次から一つ選び、記号で答えなさい。

ア　友人がいないことを心配して気を回す両親に対し、ありがたく思うと同時に自分のことを理解してくれていないと感じている。

イ　クラスメイトと自分との間で意見や感じ方が違うことを初めて意識し、それによって生じるやり場のない気持ちに戸惑《まど》っている。

ウ　新しい学校では友だちを作ろうとがんばったが、みんなが当たり前にできていることが自分にはできず余計に孤独感を覚えている。

エ　自分はいつも学校で友だち付き合いがうまくいかないので、新しい学校でもすぐに友だちを作ることができる爽子に嫉妬《しっと》している。

問６　空欄Ａに入る言葉として最も適切なものを次から選び、記号で答えなさい。

ア　重い　イ　硬《かた》い　ウ　黒い　エ　冷たい

問７　傍線部⑤「廊下で足をすくめて立っていた」ときの凛子の様子として最も適切なものを次から選び、記号で答えなさい。

ア　ひとりでいることを自分で選んでいるつもりだったが、そうではなく友達が作れないからひとりなのだということを妹の言葉で初めて自覚し、ぼう然としている。

イ　自分がひとりで過ごしているのを妹に知られていると分かり、一番知られたくなかった母親もそれをウワサで聞いているかもしれないと思い、ショックを受けている。

ウ　うそをついていたことに怒っていながらも自らの感情を抑えるような話し方をする妹の迫力に圧倒され、まだ他にも何か知られているかもしれないと恐怖を感じている。

エ　ひとりで過ごしているという秘密が実は妹に知られていたことに驚き、これまでずっと隠し通せていると思っていたことが恥ずかしくなり、姉として情けなく思っている。

問８　次は、傍線部⑥「きれいに巻いて整えられていたものが、崩れていく」について説明した文章です。空欄に入る最も適切な表現を、Ⅰは本文中から抜き出して答え、Ⅱは後のア～エから選んで記号で答えなさい。

傍線部⑥では、凛子が手にしていた毛糸玉の描写を通して凛子の気持ちを表現していると考えられる。凛子は家族に対して「［　Ⅰ　］」と言うことで、きれいに巻かれた毛糸玉のように自分は［　Ⅱ　］と取り繕ってきた。しかし、家族には隠していた話を母親から聞かされることにより、凛子は自分のついてきたウソのほころびを感じて動揺《よう》しているのである。

ア　この町に来て自分らしく落ち着いて過ごせている

イ　周囲からウワサを流されないように生活している

ウ　爽子とのわだかまりが解消され仲良く暮らせている

エ　孤立せず友だちを作って周囲になじんで過ごしている

問９　次は、傍線部⑦中の「お互いの気持ち」について説明した文章です。後の問いに答えなさい。

爽子は、凛子を［　Ａ　］という点で強いと感じていた。それ

頭上から、大きな岩が降ってきたみたいな衝撃に、脳がぐわんぐわんと揺《ゆ》れる。

私は、今まで爽子のことを、どう思っていた？

爽子の気持ちを、どう解釈していた？

爽子は――ずっと、我慢《まん》していたんだ。

泣きたいほど不安な気持ちを、怒ることで隠していたんだ。

いくら今まですぐに誰とでも仲良くなったとはいえ、引っ越した先でも同じように仲のいい友だちができるかは、わからない。そんなの当たり前だ。

知っているひとのいない場所に放り出されて、爽子はずっと心細さを抱いていたのだろう。

編み物を練習しはじめたのも、この町の友だちともっと親しくなるためだ。

新しい環境でも、爽子にはすぐに友だちができたんだと思っていた。

それは、爽子が明るい性格だからだと思っていた。

それは違った。爽子が、友だちを作ろうと、行動していたからだ。

「爽子は弱くない。弱くないよ。すごく、強いよ」

ひとりでいたくないから、友だちを作った爽子の、どこが弱いの。

爽子をぎゅっと抱きしめる。

顔を上げると、お母さんが静かに頬《ほお》をぬらしていた。

家の中にいる三人が、みんなそれぞれ、泣いている。

耐えていたものをせき止められなくなった今この瞬間までずっと、⑦私も、爽子も――そしてお母さんもお父さんも、みんな、お互いの気持ちを理解していなかった。

それに気づくと、涙腺《るいせん》が崩壊《ほうかい》して、声を出して泣いた。

（櫻いいよ 著『世界は「　」で沈んでいく』より）

問１　太線部ａ「上辺」・ｂ「目頭」の読みをひらがなで答えなさい。

問２　傍線部①「誰もいなくなると、自分の居場所がなくなってしまった」と凜子が感じる理由として最も適切なものを次から選び、記号で答えなさい。

ア　周囲の人に孤立していると思われるのが恥ずかしいから。

イ　それまでは一緒にいる人が昼食場所を探してくれていたから。

ウ　単独行動をしていることを誰かに心配されるのを避《さ》けたいから。

エ　今では交友関係のために誰かと無理に一緒にいる必要はないから。

問３　傍線部②「手持ち□」とは「することがなくて退屈なこと」という意味の表現です。空欄に入る言葉をひらがな三字で答えなさい。

問４　傍線部③「最近は晩ご飯にもあまり魚は出なくなった」理由として最も適切なものを後から選び、記号で答えなさい。

ア　本当は魚をきらいではないのに、うそをついてきらいだと言い続ける爽子にあきれた母親が、彼女の言葉通りに魚を出さないようにしているから。

イ　魚がきらいだと言う爽子の言葉の裏に、この町に引っ越してきたことへの不満があると感じた母親が、気を遣って魚を出さないようにしているから。

ウ　子どもに人気のない魚がお弁当に入っていると、爽子が友人にからかわれるかもしれないと思った母親が、家でも魚を出さないよう

びりびりと空気が震えて、涙がびっくりしたかのように止まった。

「友だちを作ろうと思えば作れるくせにって。なのにひとりでいるから、そのせいであたしまで引っ越しすることになったから、だから！」

爽子の声に耳を傾け、そしてやっと私の視界が開けてきた。目の前に、爽子の足がある。

そして、ぽたんと床に雨が降ってきた。

いや、雨が降るはずがない。今わたしがいるのは、屋根のある家の中だ。

「……っだって、あたしはお姉ちゃんみたいに、強くないんだもん」

ぽたんぽたんと、苦しそうな声とともに雫《しずく》が床に落ちて小さな小さな水たまりを作る。

ゆっくりと顔を上げると、爽子が涙を流しながら私を見下ろしていた。

「あたしは、ひとりでいたくない」

ぎゅうっと服をつかんでいる爽子の手に、自分の手をのばす。妹の私よりも小さな手は、石のようにかたかった。

「友だちがいない学校なんて、いやだ。こわい、無理、絶対やだ。あたしはお姉ちゃんと違って、弱いんだもん」

爽子にはいつも友だちがいた。

私と違って、楽しそうにたくさんの子と笑っている姿を見たことがある。習い事に行ってもすぐに友だちを作り、どこに出かけるのも楽しそうにしていた。

「なんで、爽子がそんなふうに、思うの」

「だってあたしは友だちがいないと不安なんだもん。お姉ちゃんみたいに強くなりたいけど、あたしには無理なんだもん」

私は、私にできないことを簡単にできてしまう爽子が羨《うらや》ましかった。

爽子のようになれたらいいのに、と何度も思った。そうであれば、こんなにお母さんやお父さんに心配をかけることもなかった。ウソをつく必要もなかった。

なのに爽子はどうして、私みたいになりたいだなんて言うの。

爽子は瞳《ひとみ》いっぱいに涙を溜《た》めて声を絞《しぼ》り出している。

「友だちがいないなんて、こわい」

引っ越ししたことを、爽子は怒っていた。それを私は当然だと思っていた。

でも、私は〝友だちと離ればなれになる〟から怒っていたとばかり思っていた。

「誰とも仲良くなれなかったら、あたし、ひとりぼっちになっちゃう」

そうじゃなかった。

友だちと離れて〝ひとりになる〟ことに、不安を感じていたんだ。

お母さんも私と同じ気持ちだったのか、目を丸くして驚いてから、みるみるうちに顔を歪《ゆが》ませる。

爽子ならすぐに友だちができると、そう思っていた。

友だちができるまで、爽子が不安を怒りで隠していたことに、私もお母さんも気づかなかった。

爽子の手を両手で包み込むと、妹は私に引かれるように床に膝《ひざ》をつく。ほんの少しの力で、へなへなと崩れるみたいに爽子が私の肩《かた》に頭をのせた。

「なんでお姉ちゃんは、そんなに強くいられるの……」

「私は本当に、大丈夫なんだよ」

それを、何度も言わなくちゃいけないことが、苦しい。

「友だちがいなくても——いいんだよ、私」

どうして信じてくれないのだろう。

〈　中略４　〉

「お姉ちゃん……」

頭上から、爽子の声が聞こえてきたけれど、涙でぐちゃぐちゃになった顔を上げることができなかった。止めどなくあふれる涙のせいで、目を開けることすらできない。

そういえば、家族の前で泣いたのはいつぶりだろう。

「お姉ちゃんは、友だちなんかいらないんじゃないの？」

爽子の声が震えている。

きっと、どうしようもない姉だと思っているだろう。怒りとはどこか違う低い爽子の声には、戸惑《まど》いが含まれていた。

洟《はな》をすすってから、言われた言葉を反芻《すう》する。

——『友だちなんか、いらないんじゃないの？』

いらない、と思う。

それは、友だちが作れないから、だ。

もし、私が爽子のように明るく社交的で、誰に対しても物怖《お》じせず接することができていたら、私に簡単に友だちが作れたならば……私は友だちと過ごしていたはずだ。

「いらない、じゃない」

小さく頭を振る。


「できないから、あきらめた、だけ」

友だちと一緒にいるのが楽しいと感じることができる性格ならば、無理することなく仲良くなれる性格だったら、あきらめたりはしなかった。

「そんなの、あたし知らない！」

爽子が声を荒らげると、すぐにお母さんが「やめなさい」と爽子を諫《いさ》める。

お母さんのその声は、私のウソに安堵したときのものより、胸に突《つ》き刺さった。

爽子の言おうとしている言葉が私を傷つけることだと、そう思われていることが、恥ずかしかった。

「あたし、知らなかったんだもん！　お母さんだって、お父さんだって！」

「いいから、そんなことはどうでもいいの」

瞼をぎゅっと閉じて、ふたりの声を聞く。

爽子が怒るのは当然だ。

今まで私は、大丈夫、としか答えていなかった。できないことを隠していた。

ひとりでいるのは平気だ。これはウソじゃない。

でも、私はひとりでいること〝しか〟できないのだと、知られたくなかったんだ。

「あたしは、お姉ちゃんは自分でひとりを選んでるんだって、ずっと、そう思ってたんだもん！」

叫び声が、リビングに響《ひび》く。

じゃあ、今の私は？

「さっき、海の近くにいたわよね、凛子」

不安そうな顔つきで問いかけられ、背中が凍《こお》りつく。氷の壁《かべ》に押しつけられたみたいに背筋が伸びてしまう。

阪城《さかしろ》くんたちと一緒にいたのを見られたのだろうか。スーパーに行ったときに、近くを通り過ぎたのかもしれない。ちっとも気づかなかった。

「近所のひとが、最近凛子がいつも海でひとりでいるって、言ってたんだけど。ときどき、派手な男の子と一緒にって」

誰が見ていたのか、なんで知られているのか。

この町のウワサは私の想像以上だ。どこかから誰かが見ているのだろう。かといって、私はやましいことをしたことはない。

ただ、海を見つめていただけ。ひとりで過ごす場所を探していただけ。ただ、となりに和久井くんがいて、ぽつぽつと他愛のない会話をしただけ。

それだけなのに、どうしてお母さんはそんなふうに心配そうな顔をするのだろう。

「海を眺めるのが好きなだけだよ。それに、派手な子はただの、クラスメイトだよ」

生唾《なまつば》を呑み込み、ゆっくりと言葉を吐き出した。声が出なかったらどうしようかと思っていたからか、やたらとはっきりとしゃべってしまった気がする。

「だから、大丈夫だよ」

なにが大丈夫なのか。

自分で自分に問いかけるけれど、答えは出てこない。

「凛子はいつも大丈夫って言うけど、本当なの？」

お母さんは眉を下げる。

「大丈夫」

口にするたびに、声が震《ふる》えていく。

視界が滲《にじ》んでいく。

なにも、見えなくなる。

真っ暗な視界の先に、明るい髪の毛の和久井くんの笑顔が眩《まぶ》しく蘇《よみがえ》った。

手をのばしたい。近づきたい。私は、ここから踏み出したい。

彼のようになりたいわけじゃない。ただ、気持ちがずっと立ち止まっているから、私の気持ちがこの場所から動けないから、苦しい。

「り、凛子」

笑いながら泣く私に、お母さんがオロオロしながら私の名前を呼んだ。

毛糸を強く握《にぎ》りしめていたらしく、ほろりと糸がほどけた。⑥きれいに巻いて整えられていたものが、崩《くず》れていく。

まるで、私みたいに。

なにが大丈夫なのか。

違う、私は大丈夫なんだ。

この町はきらいじゃない。海を見るのは好きだし、潮風も、ちょっとべとつくし寒いけれど心地がいい。友だちを作ろうとして失敗したけれど、自己嫌悪《けんお》にも陥《おちい》るけれど、でも、私はけっして苦しくもなければ悲しくもない。

じっと床を見つめていると、b目頭が熱くなってきた。

視界がじわりとかすんでくる。

——どうして私は、爽子のように誰かと親しい関係を築けないのだろう。

誰かが私を攻撃してくれたら、もっとわかりやすく、私は傷つくことができた。

友だちがいないことを誰かに悪《あ》しざまに責《せ》められたら泣けたかもしれない。友だちだと思った人にいじめられたら、周囲に救いを求めることもできただろう。

でも、どちらでもない。

それは、とても幸運なことだとわかっている。今現在、そういう立場で苦しんでいる人たちがいるのもわかっている。

私の悩みは贅沢《ぜいたく》で、ワガママで、自分勝手だ。だって、誰も悪くない。

今のクラスメイトたちはみんな、転入してきた私にやさしく接してくれた。両親はいつだって私を心配してくれている。妹は、私の被害者で、けれどここでも自分の居場所を作ろうと毎日を過ごしている。

噛み合わない。私ひとりが、上手に生きられない。

耳を塞《ふさ》いで、ぎゅっと瞼《まぶた》を閉じる。

唇に歯を立てて、鼻で息をする。

こうしていれば、自分が守られるような気がした。

〈 中略３　凛子が家に帰ると、爽子は友だちとおそろいのマフラーを編もうとして母親に教わりながら練習をしていた。〉

「せっかくだし凛子もなにか編む？」

なんとなしに袋に入っていた毛糸を一玉手に取って見ていると、お母さんに聞かれた。

「……え、あー、いや、いいかな、私は」

へらりと笑って断ると、お母さんが眉《まゆ》を下げる。

前にも見た、神妙な顔つきだ。

「凛子の友だちは、編み物やってたりしないの？」

「え、あーどうかな」

「お姉ちゃんみたいな中学生はこんなのしないんじゃない？」

言葉を濁《にご》していると、爽子が素《そ》っ気《け》なく言う。助けてくれたのだろう。

「うん、そうだと思う」

同意してこくこくと首を上下に振るけれど、お母さんの表情はかわらなかった。

冷や汗が流れる。

だめだ、と直感が働く。この場をはやく立ち去らなくちゃいけない。

「凛子、学校楽しい？」

楽しいよ。

そう答えたいのに、うまく言葉が喉《のど》を通らなかった。だから「うん」と言葉ではなく喉で返事をして、笑みを顔に貼《は》りつける。

——なんで私は、笑っているのだろう。

脳裏《り》に和久井くんが現れる。笑っている。けれど、傷ついている。

楽しいの？　と私は和久井くんに聞いた。楽しくないのになんで笑うのかと、そう言った気がする。

い。

食器を流しに運び、部屋に戻るため階段をあがる。

ああ、体が鉛《なまり》みたいに［A］。

ここ最近、学校よりも家にいるほうが疲《ひ》労する。今までは学校で自分を取り繕《つくろ》っていたけれど、今は家族の前で取り繕わなくてはいけないからだろう。

隠さないといけないほど、私は悪いことをしているのかな。

体内にチリのようななにかが蓄《ちく》積されていく。

「お姉ちゃん」

階段をのぼったところで、うしろにいた爽子が私を呼ぶ。

爽子に声をかけられるのはいつぶりだろう。

「どうしたの」

と振り返ると、爽子の鋭《するど》い視線に体がきゅっと萎《い》縮した。

感情表現が豊かな爽子は、怒っているときもまっすぐに私を見つめてくる。私よりも年下で、身長も私よりも低い。まだ小学生で、ランドセルを背負っている姿は子どもでしかない。

なのに、圧倒《あっとう》されるほどの恐怖を感じる。

「もう、やめてよね」

「……なに、が？」

「お姉ちゃんのせいであたしまで引っ越しするハメになって、友だちとも別れることになったんだよ。いい加減、ちゃんとしてよ」

ぐっと声を抑《おさ》えた言い方だったけれど、怒鳴られているくらいの迫《はく》力があった。

「最近、またひとりでいるでしょ」

いつの間にか俯《うつむ》いていたけれど、思わず弾《はじ》かれたように顔を上げてしまう。

「な、なんで」

「あたしだって友だちとこの辺で遊んでるんだから。お姉ちゃんがひとりでぶらぶらしてるとこくらい何度も見かけるもん」

私が爽子を見かけたように、爽子も私を見かけていた。考えれば当然のことだ。

いつ、どんな姿を見られたのだろう。

もしかして――ウワサも耳にしているかもしれない。

ウソがばれてしまった後ろめたさと恥ずかしさで、顔が赤くなる。

「なんでお姉ちゃんは、誰とも仲良くならないの？　なれないの？」

べしっと額《ひたい》に烙《らく》印を押されたような衝撃《しょうげき》に、体がふらつきそうになる。

〝誰とも仲良くなれない〟

友だちがいないというのは、そういうことなんだ。

「お姉ちゃんは平気かもしれないけど……」

爽子は唇《くちびる》を噛《か》んで、言葉を呑《の》み込むように黙《だま》る。そして、それ以上なにも言わず目をそらして私の横を通り過ぎた。自分の部屋に入り、普段よりも大きな音をたててドアを閉める。

私は、⑤廊下で足をすくめて立っていた。

どのくらいのあいだそのままでいたのかわからないけれど、しばらくしてからふらりとおぼつかない足取りで自室に入る。

ドアにもたれかかり、は、と息を吐き出す。ずるずると体が重力に逆らえず下がってしまい、べたりと床《ゆか》に座り込む。

③最近は晩ご飯にもあまり魚は出なくなった。爽子が魚がきらいだと言ったから。本当はきらいじゃないと知っているのに。

お母さんは、なにを思って私たちのためのお弁当を作ってくれているのだろう。

きっと、この町でできた友だちと一緒にいる私たちの姿を想像しているに違いない。

爽子はおそらく、誰かと一緒だろう。

けれど、私はここでもひとりでいる。

まさか、こんな人目を避《さ》けた日も当たらない場所でこのお弁当を食べているとは思っていないはずだ。

知ったらきっと、ショックを受けるだろうなあ。

私のために、爽子がいやがるのもわかったうえで引っ越しを決断したのに、私は同じことを繰《く》り返している。

だから――私は両親に、友だちがいるフリをしなくちゃいけない。

でも、今の私が、本来の私だ。

ひとりでいることを、私が選んだ。

勝手に心配して、気を遣ってくる両親にやるせない気持ちになったこともある。友だちを作るために無理をしている私に気づかないどころか、笑っているa上辺だけの私を見て安堵《ど》する姿に、怒りを覚えたことだってあった。

それなのに、どうしてこんなに申し訳《わけ》ない気持ちになるんだろう。

今ここにいる私の視界には、誰の姿も映らない。

それは、誰の視界にも私の姿は映っていないということだ。

いないのと、おなじ。

なんで私は、ここに、この町に、いるんだろう。

このむなしさは、疎《そ》外感は、なんなんだろう。

この世に私ひとりしか存在しないみたいに思えてしまう。

そのほうがいいと思っていたはずなのに。私以外誰もいなければいいのにと考えるときもあったのに。

④沈《しず》んでいく。気持ちが、私が――世界が。

こんな気持ち、この町に来るまで知らなかった。

ひとりに慣れていたから気にしたこともなかった。みんなの笑い声に違和感を抱いたこともなかったし、誰かに自分の意見をぶつけ、怒らせたこともなかった。

友だちを作ろうとしなければ、こんなモヤモヤした気持ちは知らないままでいられたのに。

そして同時に、自分がいかにひとと接することに向いていないのかがわかった。

だからもう、友だちなんかいらない。

私はこれからずっと、ひとりでいい。

口の中にあるご飯から、味が消えていく。

〈 中略２ 〉

「爽子も凛子も、この町でたくさん友だちができてよかった」

お母さんがしみじみと呟《つぶや》いた。そして視線を私に向けて微笑《ほほえ》む。

心臓がえぐれるような痛みを隠《かく》して、口角を必死に持ち上げた。

夕食の時間、ずっと自分をウソでコーティングしていたから、どっと疲《つか》れてしまった。居心地も悪いから、ご飯の味なんてちっともわからな

た。けれど、休み時間や昼休みに距離を置くようにしたら、あっという間にみんな必要以上に話しかけてこなくなった。

　タイミングもよかったと思う。すぐにテスト期間に突入し、三時間目が終われば帰宅だ。そのおかげで、ひとりでお弁当を食べる気まずさを感じなくて済んだ。

　ひとりで学校に行き、テストを受けて、帰る。

　そして、平常運転に戻っても、なんとなく私はひとりでいることが当たり前になった。

　転入してきてから、必死になってみんなと仲良くしなければ、この関係を維《い》持しなければ、と気を張って振《ふ》舞《ま》っていた。最初に話をするようになったのが文乃《ふみの》ちゃんたちだった、というのはただのラッキーだったけれど、私なりに努力はしたつもりだ。

　でも、その日々は、たった一日ですべて無駄《だ》になった。

　手に入れるのは難しいのに、失うのは一瞬《しゅん》だ。

　けれどそのかわりに、私が望んでいた、静かな毎日が訪《おとず》れた。

「寒いのだけが問題だなあ……」

　肩をすくめてお弁当を広げる。

　さすがに、教室でお昼を食べるのは気が引けた。

　教室で私がひとりきりでいると、クラスのみんなに気を遣わせてしまう。それに、他のクラスの誰かに、転入生が孤立していると勘違《かんちが》いされて、いらぬウワサが駆《か》け巡ってしまうかもしれない。

　どうしたらいいかと悩《なや》んだ末にたどり着いたのが、和久井くんに教えてもらったこの場所だった。まさか、こんな形で役立つことになるとは思っていなかった。

　外に面しているこの階段は、十月も終わろうかという今の季節、日があまり当たらないこともあり、寒い。

　真冬になったら耐《た》えられないだろう。それまでに別の場所を探しておかなくちゃなあ。屋内で誰にも見つからないところなんてあるのだろうか。

　いつも誰かと一緒にいたときは、こんな悩みは一度も抱《いだ》かなかった。

　①誰もいなくなると、自分の居場所がなくなってしまった。

　それでも、ひとりでいることはやっぱり、楽だと思う。

　朝、決まった時間に家を出なくちゃ、と妙《みょう》に焦ることもないし、興味のない音楽やドラマを調べる必要がない。放課後は好きな本を読んで、好きな映画を観ることができる。

　誰かに合わせることがない。

　自分の時間を、自由に使うことができている。

　ただ、少しだけ②手持ち□な感覚を抱くのは、突然日常が変化したからだ。いつもそばにいた誰かがいないことに、ちょっと違和感を覚えるだけのこと。

〈　中略１　〉

　お母さんはいつも、お弁当に私や爽子の好きなものを入れてくれる。この町に引っ越してくる前は仕事をしていたから、作り置きしていたおかずがよく入っていたけれど、今は毎朝キッチンで作ってくれているのを知っている。最近クリーニング店でパートの仕事をはじめたけれど、以前よりも楽だから、と料理に凝《こ》り出すようになった。

　魚料理を滅多《めった》にお弁当に使わないのは、爽子のためだ。

問９　傍線部⑥「常時接続が可能になった〜〈寂しさ〉が加速してしまう」理由として最も適切なものを次から選び、記号で答えなさい。

ア　スマホを使うことによって他者との関係を断つことが難しくなると、本来自分がしたかったことに没入することができなくなり、一人でいることへの心細さが生まれてしまうから。

イ　スマホを用いて常に誰かと連絡を取り続けることで、それらの多くの他者の存在によって自分が守られていることを実感し、その居心地の良さから抜け出せなくなってしまうから。

ウ　スマホは「つながりたい」という欲求を満たし退屈を紛《まぎ》らわしてくれるが、与えられた多量の刺激によって感覚が正常でなくなり、いつしか自分の行動に意味を見出せなくなるから。

エ　スマホによって刺激が与えられ続けて注意が分散されてしまうと、一つひとつのことを心静かに思考することができなくなり、何に対してもつながりが薄いことを実感してしまうから。

問10　次は、本文を読んだ明子さんと星子さんの会話です。空欄に入る最も適切な表現を答えなさい。ただし、Ⅰ・Ⅱは**38ページ下段以降**の本文中から抜き出し、Ｘ・Ｙは自分で考え、それぞれ指定の字数で答えなさい。

明子　私にとってスマホはあるのが当たり前だから、スマホという［Ⅰ（2字）］によって便利になっただけじゃなく考え方まで変わったなんて驚いたな。

星子　本当ね。身近だからかもしれないけど、電車内で友達同士並んで座っても会話をせずにそれぞれスマホをいじってるのを見ると、友達ってなんだろうって考えさせられるわ。

明子　それって、本文でいっていた「人間関係の希薄さ」の具体例だよね。一人でいることに耐えられずスマホや友達に依存してしまうけど、それでは十分なコミュニケーションが取れないから満足できなくて、でも他に手段がないから依存することが止められない。【　Ｘ（ひらがな４字）　】巡《めぐ》りね。

星子　夢中になれるものがスマホしかないのがまずいんだよね。そこから抜けられる方法ってないのかな。

明子　そうね。それは〈孤立〉を取り戻すってことかしら。物理的に離れているだけじゃなくて、目には見えない［Ⅱ（4字）］も断ち切る必要があるよね。

星子　つまり、それって他のことに気を散らさずに一人で没頭できる【　Ｙ（ひらがな３字）　】を持てってことなのかな。

二

次の文章を読み、後の問いに答えなさい。なお、設問の都合上、本文を変更している部分があります。

凛子《りんこ》は中学二年の夏、両親と妹の爽子《さわこ》と海の近くの町に引っ越してきた。転入した学校では必死に新たな友人関係を築こうとしていたが、クラスでは誰かをからかって楽しむような雰《ふん》囲気があり、それに凛子は違《い》和感をおぼえていた。自分に気を遣《つか》ってくれていた和久井《わくい》くんとの仲をクラスメイトにからかわれ、凛子は思わず「人をバカにしてそんなに楽しい？」という言葉を放ち、周囲から距離を置かれてしまう。

あきらめてしまえば、思った以上に私の日々は穏《おだ》やかになった。

しばらくのあいだ、美緒《みお》ちゃんたちは気を遣って声をかけてきてくれ

してその場のメンバーに送信する。

エ　家で映画を観ているときに、出演している俳優や撮影場所の情報が気になり、スマホで検索する。

問4　空欄Aに入る表現として最も適切なものを次から選び、記号で答えなさい。

ア　一つのことに没頭できない私

イ　つながっていても一人ぼっち

ウ　帰る場所がなくなった余所《よそ》者

エ　他者から切り離された私たち

問5　傍線部③「人の感覚がテクノロジーによって書き換えられていく」例として最も適切なものを次から選び、記号で答えなさい。

ア　簡単に最新の情報を得られる機器を用いて、常に必要な情報を更新しながら生活できるようになり、変化に敏《びん》感になった。

イ　スマホの登場により、表現や言葉の調子から目の前の相手の感情を繊《せん》細に読み取る必要がなくなり、それらに鈍《どん》感になった。

ウ　人との交流の場でかつては非常識と認識されていた行動も、便利な道具が発達したことで、当たり前に行われるようになった。

エ　かつては手作業で行っていたり作られたりしていたものが、機械によって大量生産され、伝統的な手法が忘れ去られていった。

問6　空欄B・Cに入る語として最も適切なものを選択肢からそれぞれ選び、記号で答えなさい。

B……ア　意識的　イ　反射的　ウ　一方的　エ　間接的

C……ア　客観的　イ　表面的　ウ　具体的　エ　個別的

問7　次は、傍線部④「ただし、〈孤独〉～留意する必要があります」と作者が述べる理由について説明した文です。空欄に入る最も適切な表現を、Ⅰ・Ⅱは傍線部④以降の本文中から指定の字数で抜き出して答え、Ⅲは後のア～エから選んで記号で答えなさい。

「自分自身と過ごすこと」とは、［Ⅰ（4字）］をすることであり、［Ⅱ（11字）］状態を必要とするが、その状態を「孤独」と言い換えてしまうと、「【　Ⅲ　】から自分一人だけで過ごす」という否定的なニュアンスでとらえがちになるから。

ア　一緒にいたい人がいない

イ　誰もそばにいない方がいい

ウ　一緒にいてくれる人がいない

エ　誰がそばにいても変わらない

問8　次の1～4の状況について、傍線部⑤における「孤立」であるならA、「孤独」であるならB、「寂しさ」であるならCをそれぞれ答えなさい。

1　夏休みに友達と一緒に図書館へ行ったが、自習室のブースで解散し、それぞれ自分の課題に静かに取り組んだ。

2　友人たちと服を買いに来たが、自分だけ好みが違うため遠慮して行きたいお店を言い出せず、好みが同じ友人のSNSをスマホで眺めていた。

3　放課後に教室で小説を読んでいたが、主人公の気持ちが分からず、一度本を置いて自分の経験と照らし合わせながらよく考えてみた。

4　好きな漫画を原作とした映画を観に行こうと友人に誘われたが、じっくりと観たかったので、誘いを断って一人で映画館へ行った。

実際、〈寂しさ〉は旧来的な共同体が崩壊《ほうかい》した都市社会に生きる現代人に、宿業《ごう》〔避けては通れないこと〕のようにのしかかるものだとアーレントは考えていました。私たちはみな、どこにいてもアットホームな気持ちになれない余所《よそ》者（故郷喪失者）のような心理になる素質を持っており、その気持ちを忘れるために、何かや誰かと一緒にいたいと望む寂しがり屋なのです。

スマホという新しいメディアは、〈寂しさ〉からくる「つながりたい」「退屈を埋《う》めたい」などというニーズにうまく応答してくれます。スマホは、いつでもどこでも使えるだけでなく、スマホを含む様々な情報技術が、私たちのタスクを複数化し、並行処理を可能にしています。コミュニケーションも娯《ご》楽もその他の刺激も流し込み、自己対話を止めて感覚刺激の渦《うず》に巻き込んでくれるマルチタスキングは、つながりへの欲望も、退屈や不安も覆《おお》い隠してくれます。

しかし、〈寂しさ〉からくるマルチタスキングは、いろいろな刺激のbダンペンを矢継《つ》ぎ早《ばや》に与えるものなので、一つ一つのタスクへの没頭がありません。そうすると、ふとした瞬《しゅん》間に立ち止まったとき、「あれは何だったんだ」と虚しくなったり、つながりの希薄さ（つながっていても一人ぼっち）を実感したりすることになります。

⑥常時接続が可能になったスマホ時代において、〈孤立〉は腐《ふ》食し、それゆえに〈孤独〉も奪《うば》われる一方で、〈寂しさ〉が加速してしまうにもかかわらず、私たちはそうした存在の仕方の危《あや》うさに気づいていないように思えます。これまで論じてきた問題点に、スマホというメディアの特性を重ねると、〈寂しさ〉という問題が前景化してくるということです。

（谷川嘉浩 著『スマホ時代の哲学――失われた孤独をめぐる冒険』より）

問１　太線部ａ「ジュンジ」・ｂ「ダンペン」のカタカナを漢字に直しなさい。

問２　傍線部①中の「並行処理すべきタスクの一つとして、現実の会話を捉える」の説明として最も適切なものを次から選び、記号で答えなさい。

ア　目の前の相手との会話や活動を保留して通話やゲームをすることは、通話やゲームを中断して目の前の相手との会話や活動を優先することと同じくらい気軽なものだと考えること。

イ　複数の人と対面して会話や活動をする際、優先順位をつけずに同時に対応することは、現代人のコミュニケーションには欠かせない能力になっていると思われているということ。

ウ　現実に対面している相手とのコミュニケーションも仕事の一つであり、効率を上げるためにスマホを用いる他の作業と同時に行うべきだと考えるようになったということ。

エ　目の前の相手と会話をすることは、誰かにテキストを送ったり、通話をしたり、ゲームをしたりするのと同時に行うことのできる作業であると考えているということ。

問３　傍線部②「物理的に～別のところにいる」の具体例として適切なものを後から**二つ**選び、記号で答えなさい。

ア　信号待ちをしているときに、信号が変わるまでの時間が待ちきれなくて、スマホで動画を観る。

イ　スーパーで買い物をしているときに、リゾート気分を味わいたくて、モバイル端末で音楽を聴く。

ウ　会議のときに、必要な資料を印刷し忘れ、パソコンでデータを探

ここで失われ（かけてい）たものが、〈孤独〉です。退屈に耐《た》えきれず、何か刺激やコミュニケーションを求めてしまう。自分自身と過ごすことができないということです。〈孤独〉という言葉を通して、刺激を求めたり他者への反応を優先したりすることなく、自分一人で時間を過ごすことの重要性が語られているわけですね。

④ただし、〈孤独〉といっても、これは「自分自身と過ごすこと」をフラットに指す言葉なので、否定的な含みがないことに留意する必要があります。そうはいっても、悪い印象を持ってしまう人も多いでしょう。その疑問を払拭《ふっしょく》するためにも、どうして〈孤独〉が必要なのかという問いに、ハンナ・アーレントという哲学者の想像力を借りて迫《せま》ってみたいと思います。

アーレントは、「一人であること」を三つの様式に分けています。それが、⑤〈孤立（isolation）〉、〈孤独（solitude）〉、〈寂《さび》しさ（loneliness）〉です。この補助線を引けば、多少見通しがよくなり、〈孤独〉と〈孤立〉の関係も見えてきます。順に見ていきましょう。

アーレントは、他の人とのつながりが断たれた状態を〈孤立〉と呼びました。言い換えると、〈孤立〉は、何らかのことを成し遂《と》げるために必要な、誰にも邪魔《じゃま》されずにいる状態を指しています。創造的・生産的なことでなくても、何かに集中して取り組むためには誰かが介在してはなりません。例えば「何かを学んだり、一冊の書物を読んだりする」ときなどに、「他の人の存在から守られていることが必要になる」ように。

要するに、何かに集中して取り組むために、一定程度以上求められるのが、この物理的な隔《かく》絶状態です。この意味で、〈孤立〉は、何かに集中的に注意を向けるための条件になっていることがわかります。

それに対して〈孤独〉は「沈黙《ちんもく》の内に自らとともにあるという存在のあり方」だと説明されます。ちょっとおしゃれな言い方でニュアンスを酌《く》みにくいと思いますが、〈孤独〉にあるときの私たちは、心静かに自分自身と対話するように「思考」しているということです。〈孤独〉とは、私が自分自身と過ごしながら、「自分に起こるすべてのことについて、自らと対話する」という「思考」を実現するものなのです。葬《そう》式の最中にデジタルデバイスを触《さわ》りたがる老女は、悲しみを受け止める場を退屈に感じ、「沈黙の内に自らとともにある」ことができていなかったのです。

しかし、人から話しかけられたり、余計な刺激が入ったりすると、自己との対話（＝思考）は中断されてしまいます。この意味で〈孤立〉は、〈孤独〉とそれに伴《ともな》う自己対話のための必要条件にほかなりません。〈孤立〉抜《ぬ》きに〈孤独〉は得られないということです。

より興味深いのは、「一人であること」の三様式の残りの一つである〈寂しさ〉です。アーレントは、〈孤独〉と〈寂しさ〉を区別するとき、〈孤独〉が〈孤立〉（＝一人でいること）を必要とするのに対して、〈寂しさ〉は、「他の人々と一緒にいるときに最もはっきりあらわれてくる」と述べています。

〈寂しさ〉は、いろいろな人に囲まれているはずなのに、自分はたった一人だと感じていて、そんな自分を抱《かか》えきれずに他者を依《い》存的に求めてしまう状態です。どうにも不安で、仕事が虚《むな》しくて、友人や家族とうまくいかないのが苦しくて、誰にも理解されない感覚があって、退屈を抱えきれなくて他者や刺激を求めてしまう。これに心当たりがない人は恐《おそ》らくいませんよね。

もそも論」に巻き込まれていくとタークルは言います。「私たちは本当に重要なものは何かという疑問に立ち返っていく」ことになるのだと。スマホの先にある「本当に重要なもの」とは何でしょうか。

　常時接続の世界で失われたもの。いろいろな論者の見解を私なりに整理して総合するなら、それは二つの観点から説明できます。それは、〈孤立〉と〈孤独〉です。それぞれについて言い換えれば、他者から切り離されて何かに集中している状態と、自分自身と対話している状態のことです。

　常時接続の世界の行動について立ち止まって考えればわかることですが、私たちは、［B］なコミュニケーションを積み重ねています。いろいろなものを保留しながら、短いテキストやアクションで［C］な返答をaジュンジしていく。

　例えば、こんな光景はありふれたものでしょう。対面で誰かと話しているときに、スタンプと短いテキストで4人にLINE《ライン》を返し、フリマアプリが表示してくるお知らせをスルーして、早送り機能でソシャゲ［ゲームの一種］のストーリーを進め、Twitter《ツイッター》でいくつかの記事を熟読せずにリツイートし、Instagram《インスタグラム》で気に入ったインフルエンサーの薦《すす》める服を保存しておく。

　ここで失われているのが〈孤立〉です。何か一つのことに取り組み、それに集中するにはあまりに気が散っていて、いろいろなコミュニケーションや感覚刺激の多様性が、一つのことに没頭《ぼっとう》することを妨《さまた》げてしまっています。

〈中略〉

いろいろな事柄や相手に注意が分散しているわけですから、対面での会話が作業するようになされてしまうのは当然です。反射的なコミュニケーションで自分を取り巻くことは、相手の人格や心理状態を想像しないようにと日夜練習を積み重ねているようなものです。マルチタスク化した生活がもたらす〈孤立〉の喪《そう》失は、なかなか問題がありそうです。

　常時接続の世界では、〈孤立〉だけでなく〈孤独〉もまた失われつつあるという話でした。〈孤立〉は、注意を分散させず、一つのことに集中する力に関係するのに対して、〈孤独〉は、自分自身と対話する力に関わっています。

　やはりタークルが、印象深い事例を挙げているので、これを手がかりにしましょう。

> 　先日、仲がよかった友人の追悼《とう》式に出席したとき、プログラムが書かれたクリーム色のカードが用意されていた。そこには弔《ちょう》辞を述べる人の名前、音楽を演奏する人の名前や曲名、そして若く美しかったころの友人の写真が載《の》っていた。私のまわりの何人かは、そのプログラムで携帯電話を隠《かく》し、式のあいだにテキストを送っていた。
>
> 　その中の1人、60代後半とおぼしき女性が、式のあと私のそばに来て、当たり前のような口調で「あんな長い時間、電話なしで座っているなんて無理ね」と言った。式の目的は、時間をとってその人に思いをはせることではないのか。この女性は、手にして10年にも満たないテクノロジーのせいで、それができなくなっているのだ。

〈中略〉

【国　語】（五〇分）〈満点：一〇〇点〉

【注意】字数制限のある場合は、句読点も一字と数えて答えること。

一　次の文章を読み、後の問いに答えなさい。［　］内の表現は、直前の語の意味です。なお、設問の都合上、本文を変更している部分があります。

私がとても好きな研究者に、シェリー・タークルというＭＩＴ（マサチューセッツ工科大学）の心理学者がいるのですが、彼女は２０１１年に出された本で興味深いエピソードを紹介しています。

〈中略〉

携帯電話が急速に普及《ふきゅう》した当時、対面での会話を保留して、モバイル端《たん》末で「ここにいない人間」の対応を優先することに当時の人は驚愕《きょうがく》し、戸惑《まど》っていたということです。もうすっかり忘れて久しい感覚かもしれません。

タークルが警戒《けいかい》心を示すのは、画面の向こう側のやりとりや刺激《しげき》を優先して、対面の関係性や会話を保留するという新しい行動様式をモバイル端末が可能にしたことです。家で映画を観ていても、誰かと会ったり話したりしていても、テキストや電話、動画やスタンプ、ゲームやその他の様々な何かで中断してしまう。

つまり、複数のタスク（マルチタスク）と並行して、対面でのやりとりや行動を処理することに現代人は慣れてしまったのです。あるいは、対面・現実の活動も、「マルチタスキング」の一つとして組み込まれてしまうと言うべきでしょうか。①並行処理すべきタスクの一つとして、現実の会話を捉《とら》える習慣がここにはあります。

②物理的にある場所にいても、実際には別のところにいることは珍《めずら》しくありません。信号待ちをしたり、スーパーのレジを待ったり、会議に出席していたりするとき、興味を惹《ひ》くものがなくて退屈するなら、私たちはスマホを焦《あせ》ったように取り出して、音楽を聴き、ＳＮＳを開き、誰かにテキストを送り、動画や記事をシェアしています。

〈中略〉

持ち歩けるデバイスを使って、ここではないどこかで別の情報を得たり、別のコミュニケーションに参加したりすることが可能になった状況を、タークルは「常時接続の世界」と呼びました。スマホ時代の哲学のキーワードは、「常時接続」です。

常時接続の世界において生活をマルチタスクで取り囲んだ結果、何一つ集中していない希薄《きはく》な状態について、特に人間関係の希薄さを念頭に「　Ａ　」と彼女は表現しています。

メディア論では、「③人の感覚がテクノロジーによって書き換《か》えられていく」という考え方をすることがよくあります。「技術は中立的なものだ」と語る人がたまにいますが、これは実状に反しています。実際には、新たなテクノロジーは普及するにつれて、行動様式、感じ方や捉え方、ものの見方を具体的に変えていくのです。

技術が感性のあり方を左右していくのだとすれば、スマホを手にした私たちはどう変わってしまったのでしょうか。問題点について考えるわけなので、この変化によって失われたものにフォーカスしてみましょう。技術について考える中で、私たちは原理的な問い、平たく言えば「そ

2024年度

浦和明の星女子中学校入試問題（第２回）

【算　数】（50分）　＜満点：100点＞

【注意】 コンパス，定規，分度器，計算機は使用しないこと。

1． 次の各問いに答えなさい。

(1)　$1\frac{1}{8}\div 0.6\times 5\div 0.375\times(97\times 97-95\times 99)$ を計算しなさい。

(2)　○●○○●●○●○○●●○●○○●●…のように，白と黒の碁石《ごいし》が規則的に並んでいます。●だけを左から数えたとき，140番目の●は，碁石全体の何番目になりますか。

(3)　ある商品の仕入れ値に利益を見《み》込《こ》んで定価をつけました。定価の１割引で販売《はんばい》すると，640円の利益となりますが，定価の２割引で販売すると，320円の損失となります。この商品の仕入れ値はいくらですか。

(4)　24人のクラスで国語と算数のテストを行ったところ，算数の平均点は国語の平均点より0.5点高くなりました。右の表はその結果をまとめたものです。表中の＊の欄《らん》は，国語が２点，算数が５点の人が３人いたことを表しています。アとイに当てはまる数をそれぞれ答えなさい。

		算数の点数					
		0	1	2	3	4	5
国語の点数	0						
	1		2			2	
	2		4	ア	1		＊3
	3			イ	1	3	
	4						2
	5				1	1	

(5)　右の図は，直方体を組み合わせてできた立体です。この立体の表面全体の面積が145cm²のとき，アの長さは何cmですか。

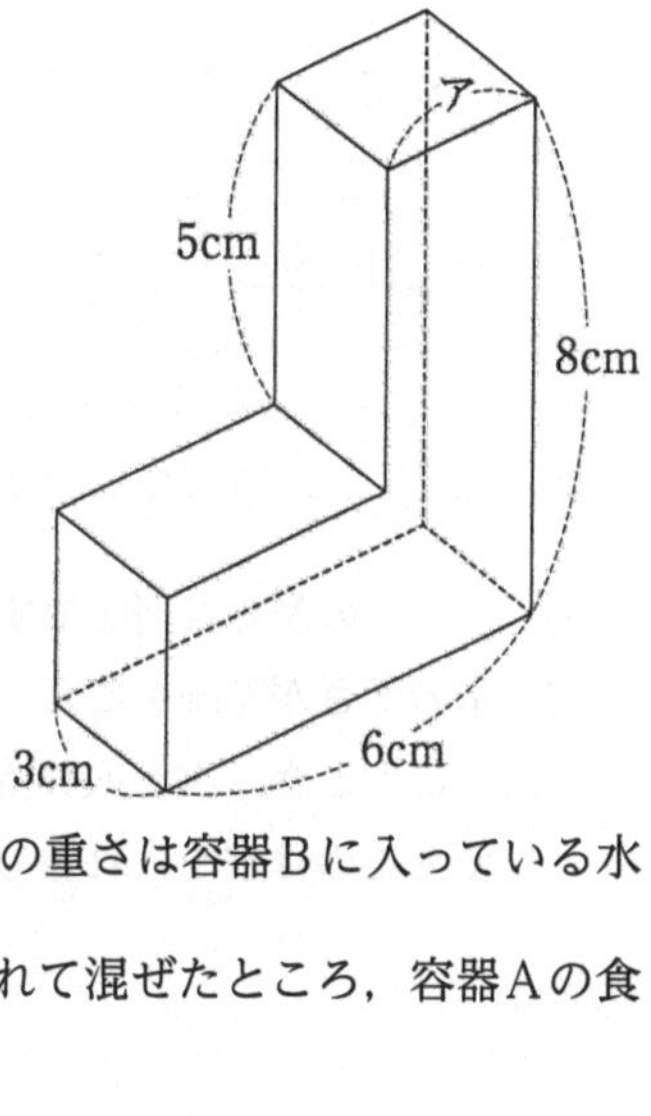

(6)　２つの容器ＡとＢには水が入っていて，容器Ａに入っている水の重さは容器Ｂに入っている水の重さの$\frac{1}{6}$でした。この容器ＡとＢにそれぞれ５ｇの食塩を入れて混ぜたところ，容器Ａの食

塩水の濃度《のうど》が容器Bの食塩水の濃度の5倍となりました。はじめに容器Aに入っていた水の重さは何gでしたか。

⑺　図のような形をした畑があり，AFとEF，EDとDCはそれぞれ同じ長さです。6つの角A，B，C，D，E，Fには必ずくいを打つことにして，この畑のまわりにくいを打つことになりました。すべての区間において1mの間隔《かんかく》で打っていくと，くいは144本必要になります。また，AF，EFの区間だけを2mの間隔で，他の区間は1mの間隔で打っていくと，必要なくいは136本になります。

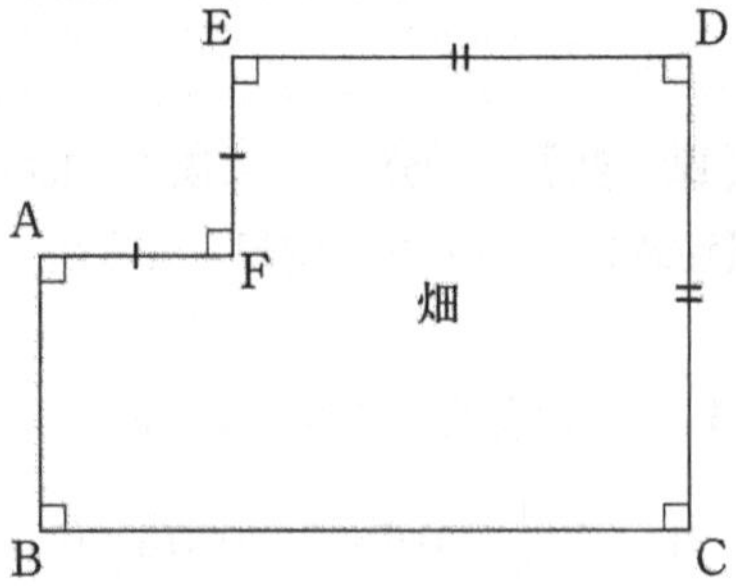

①　AFは何mですか。

②　畑の面積は何m^2ですか。

2． ある仕事を終えるのに，明子さんのお母さんが1人ですると16日かかります。この仕事を最初から最後まで明子さんも手伝って2人ですると，12日で終えることができます。また，最初から最後までお父さんも含《ふく》めた3人ですると，6日で終えることができます。以下の問いに答えなさい。

⑴　この仕事をお父さんが1人ですると，終えるのに何日かかりますか。

⑵　この仕事を，1日目はお母さんと明子さん，2日目はお母さんとお父さん，3日目はお母さんと明子さん，4日目はお母さんとお父さんのように，お母さんはずっと，明子さんとお父さんは毎日交代しながらやっていきます。仕事が終わったとき，明子さんは何日手伝ったことになりますか。

3． 図のような底が階段状になっている直方体の形をした水槽《すいそう》があります。この水槽に毎分12Lの割合で水を入れていきました。グラフは，水槽に水を入れ始めてからの時間と水の深さとの関係を表したものです。以下の問いに答えなさい。

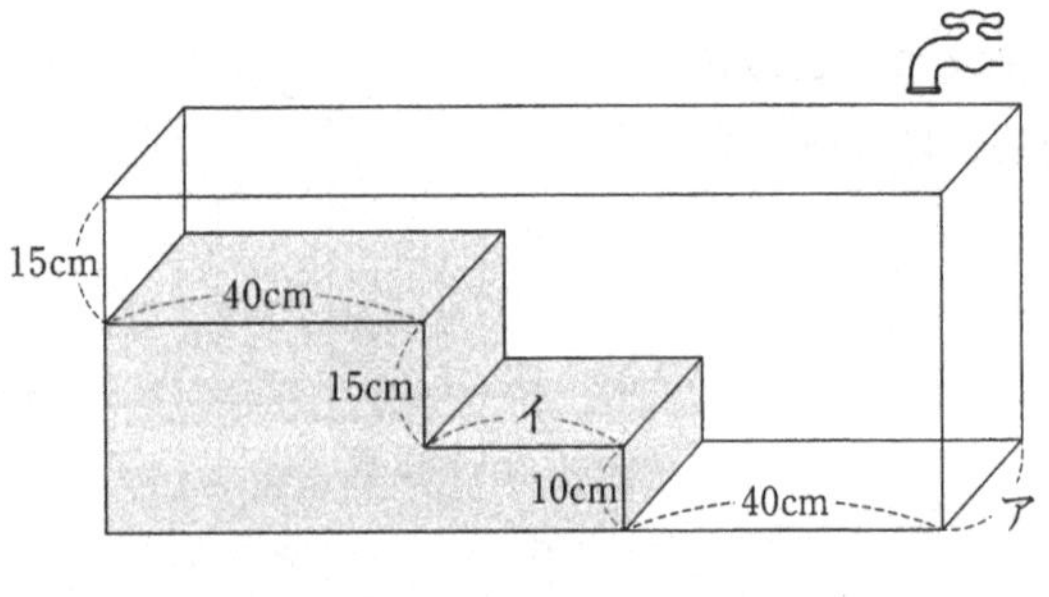

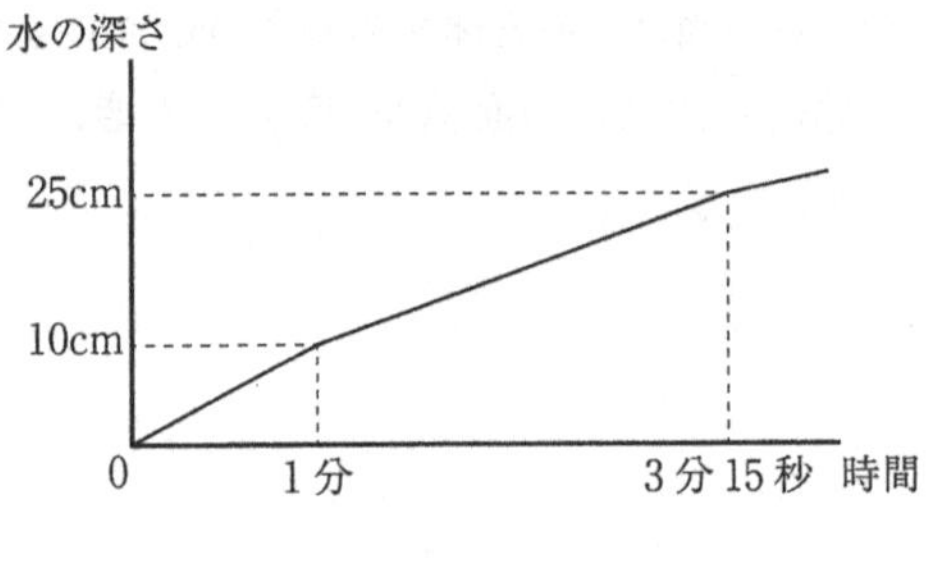

⑴　ア，イの長さは何cmですか。

⑵　水の深さが25cmをこえてしばらくしてから，水槽に入れる水の量を毎分8Lの割合に変えました。このとき，水を入れ始めてからちょうど8分後に水槽が満水になりました。毎分8Lの割合に変えたのは水を入れ始めてから何分後であったか答えなさい。

４． 太郎さんは，ケーキを作る工場で働いています。太郎さんの今日の作業は，丸いケーキを８等分に切り分けて，切り分けたケーキを３個ずつ箱につめていくことです。

今日は，大きな冷蔵庫Ａに15個の丸いケーキがありました。これらを１つずつ冷蔵庫から取り出し，切り分けたケーキを３個つめた箱が１つできるごとに別の冷蔵庫Ｂに保管します。

また，途中《とちゅう》で個数がわからなくならないように，冷蔵庫Ａにある丸いケーキの個数が１つ減ったり，冷蔵庫Ｂの箱の個数が１つ増えたりするごとに，冷蔵庫Ａにある丸いケーキの個数と冷蔵庫Ｂにある箱の個数を，この順で（　，　）の形で記録していきます。

最初，冷蔵庫Ａにある15個の丸いケーキから１つ取り出し，（14，０）と記録します。これが１つ目の記録です。次に，３個入りの箱を１つ作り冷蔵庫Ｂに入れ（14，１）と記録します。この後は，手元に切り分けたケーキが５個残っているので，また３個入りの箱を１つ作り冷蔵庫Ｂに入れ，（14，２）と記録します。そして，切り分けたケーキが２個になってしまったので，冷蔵庫Ａから丸いケーキを１つ取り出し，（13，２）と記録します。このとき，手元に切り分けたケーキ10個分があります。

このように，太郎さんが記録をとりながら作業を続けるとき，以下の問いに答えなさい。

⑴　９つ目の記録と，そのときの手元にある切り分けたケーキの個数を答えなさい。

⑵　すべての丸いケーキを切り分け，冷蔵庫Ｂに入れ終わりました。最後にとった記録は，何個目の記録ですか。

⑶　（４，27）は，何個目の記録ですか。

５． １周が50ｍの円形の道があります。Ａ君とＢ君の２人は，この道をＰ地点から時計回りに進みながら，石を置いたり拾ったりしていきます。

Ａ君は分速60ｍで歩き，出発してから３ｍ歩く毎に立ち止まり，そこに石が無ければ置き，あればその石を拾います。

一方，Ｂ君は分速75ｍで歩き，出発してから５ｍ歩く毎に立ち止まり，そこに石が無ければ置き，あればその石を拾います。

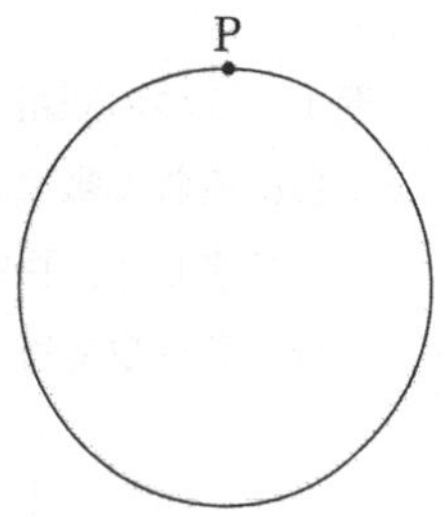

Ａ君，Ｂ君が石を置くとき，拾うときにかかる時間は，ともに２秒です。

次の各問いはすべて，はじめこの道に石は一つも置かれていなかったものとして答えなさい。

⑴　もし，Ａ君が１人でＰ地点を出発したとすると，出発してから３分後，Ａ君はＰ地点から時計回りに何ｍのところにいますか。また，この道には何個の石が置かれていますか。

⑵　Ａ君とＢ君の２人が同時にＰ地点を出発し，Ａ君が１周するまでに，Ａ君が石を置くのではなく拾ったのは何回ありましたか。

⑶　Ａ君とＢ君の２人が同時にＰ地点を出発してから３分後，この道には何個の石が置かれていますか。

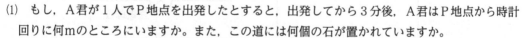

【理　科】（社会と合わせて50分）　＜満点：50点＞

1　電池と豆電球で３つの回路（図１）を作りました。そして豆電球Ａ～Ｃのようすと豆電球に流れる電流の大きさを調べました。表１は豆電球Ａと比べたときの豆電球Ｂ，Ｃについてまとめたものです。これに関する各問いに答えなさい。ただし，回路図において電池の記号は，豆電球の記号は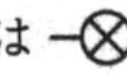とします。

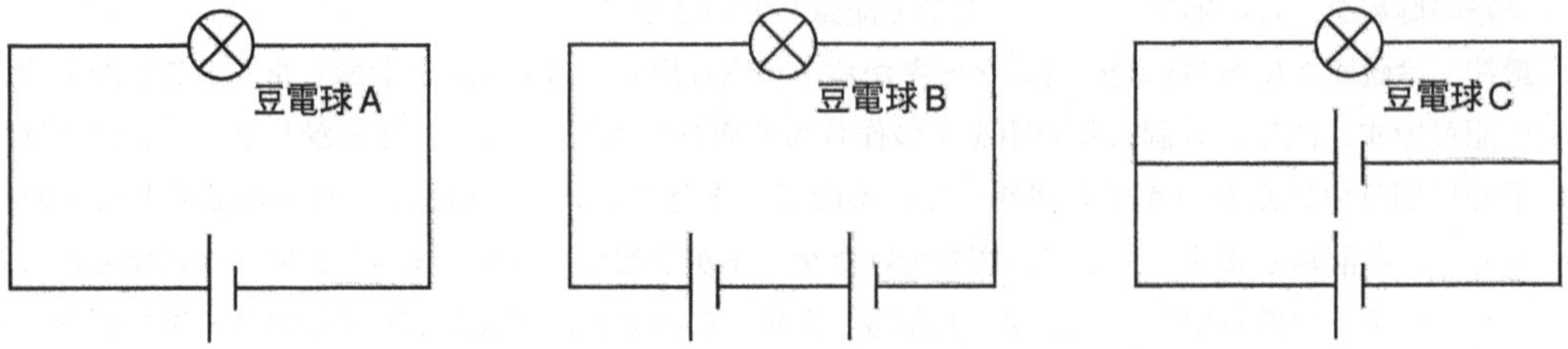

図１　電池と豆電球で作った回路

表１　豆電球B、Cのようすと流れる電流の大きさ

豆電球	豆電球のようす	流れる電流の大きさ
B	Ａより明るく点いた	Ａよりも大きい
C	Ａと同じ明るさで点いた	Ａと同じ

問１　２つの回路（**図２**）を作り，豆電球Ｄ，Ｆに流れる電流の大きさを調べました。その結果，Ｄに流れる電流の大きさはＡよりも小さく，Ｆに流れる電流の大きさはＡと同じであることがわかりました。豆電球ＤとＦのようすはどのようになりますか。もっとも適当なものをそれぞれ選び，**ア～ウ**で答えなさい。

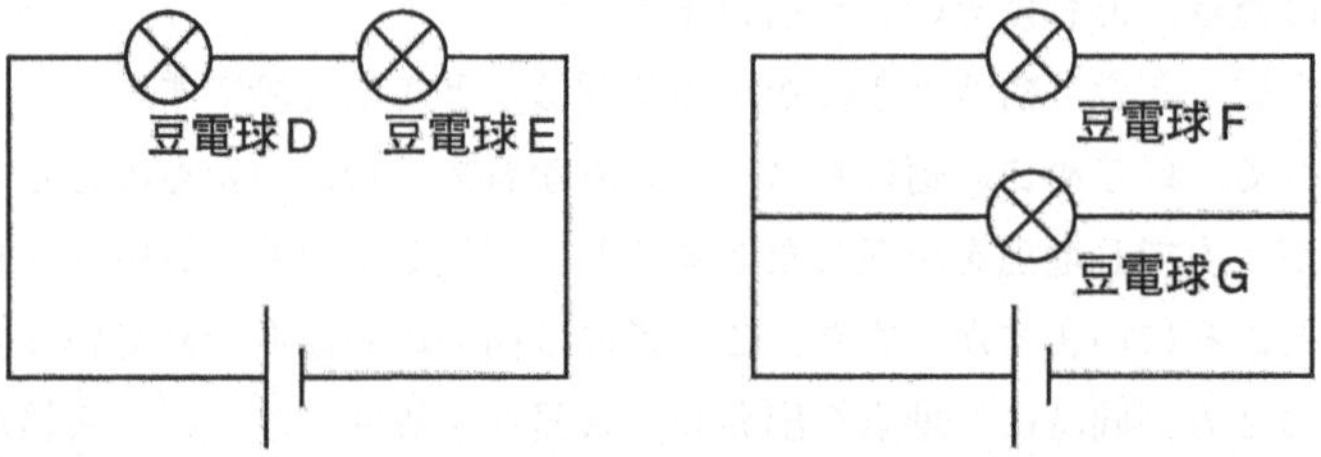

図２　電池１個と豆電球２個で作った回路

ア．Ａと同じ明るさで点く　　**イ**．Ａよりも明るく点く　　**ウ**．Ａよりも暗く点く

問２　三角柱の形の木でできた箱に端《たん》子①～③と豆電球Ｘを取り付けました（**図３**）。また箱の中には電池１個が入っており，豆電球Ｘと電池は，端子①～③と**図４**のようにつながっています。次に豆電球Ｙを用意し，端子①～③のいずれか２つとつなぎました。豆電球Ｙが豆電球Ａよりも暗く点くのは，どの端子とどの端子につないだ場合ですか。例のように答えなさい。

（**図３**，**図４**は次のページにあります。）

例）①と②

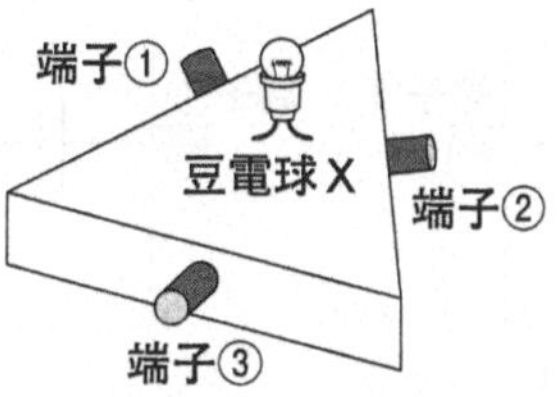

図３　端子①～③と豆電球Ｘを取り付けた三角柱の箱

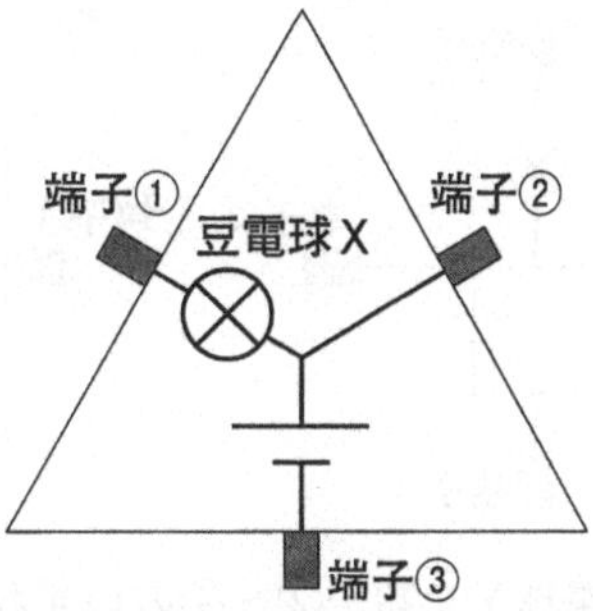

図４　豆電球と電池と端子①～③のつながり方

問３　直方体の形の木でできた箱に端子①～④と豆電球Ｘを取り付けました（**図５**）。また箱の中には電池２個が入っており，豆電球Ｘと電池は，端子①～④のいずれかとつながっています。(a)，(b)に答えなさい。

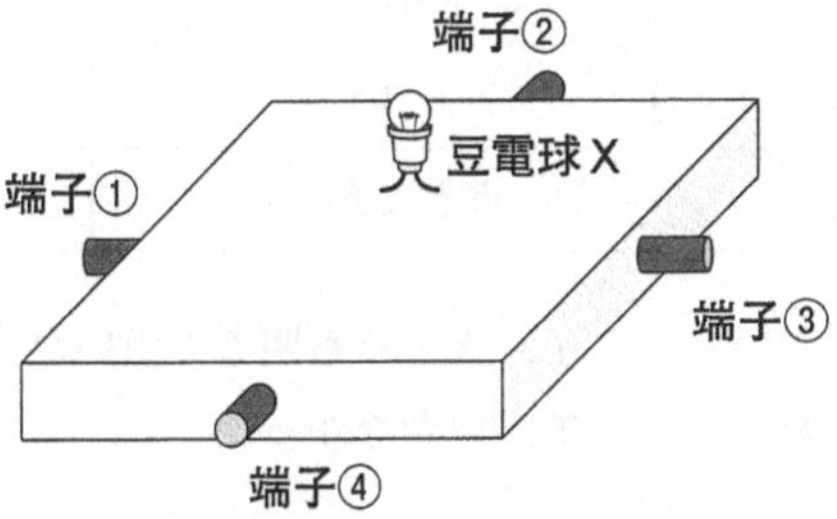

図５　端子①～④と豆電球Ｘを取り付けた直方体の箱

(a)　豆電球Ｙを端子①と端子②～④のいずれかとつなぎました。**表２**は豆電球Ｘ，Ｙのようすです。箱の中は，どのようにつながっていると考えられますか。もっとも適当なものを選び，**ア**～**カ**で答えなさい。ただし，は２本の導線がつながっていることを，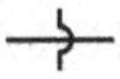は２本の導線がつながっていないことを表しています。

表２　豆電球Ｘ、Ｙのようす

豆電球Ｙをつないだ端子	豆電球Ｘのようす	豆電球Ｙのようす
端子①と②	Ａよりも暗く点いた	Ａよりも暗く点いた
端子①と③	点かなかった	Ａよりも明るく点いた
端子①と④	点かなかった	点かなかった

ア.

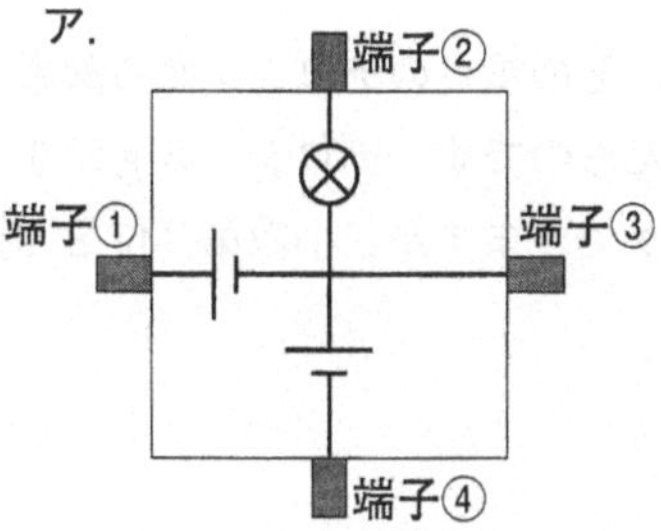

イ.

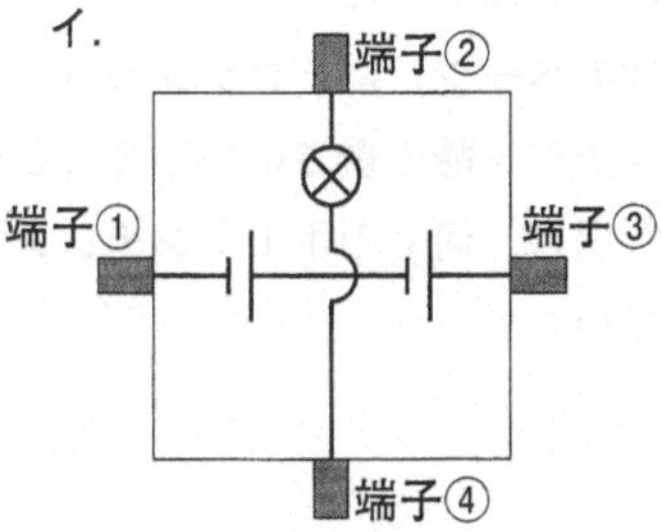

ウ.

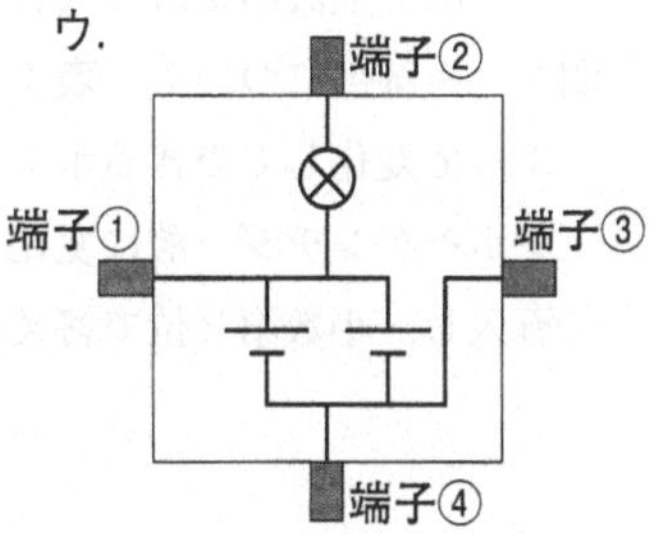

エ.

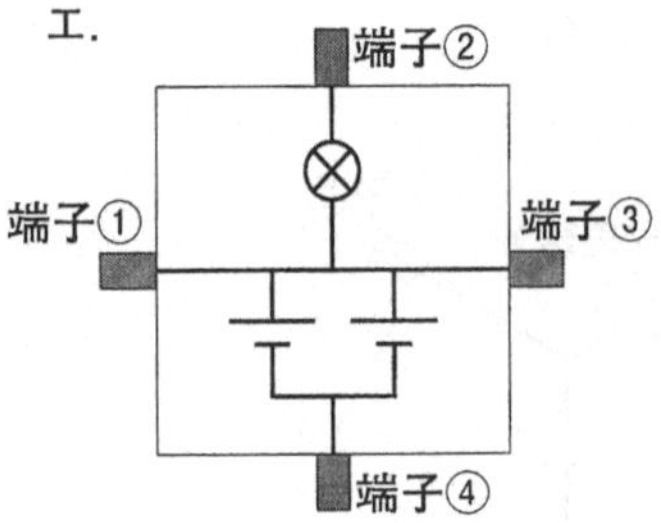

オ.

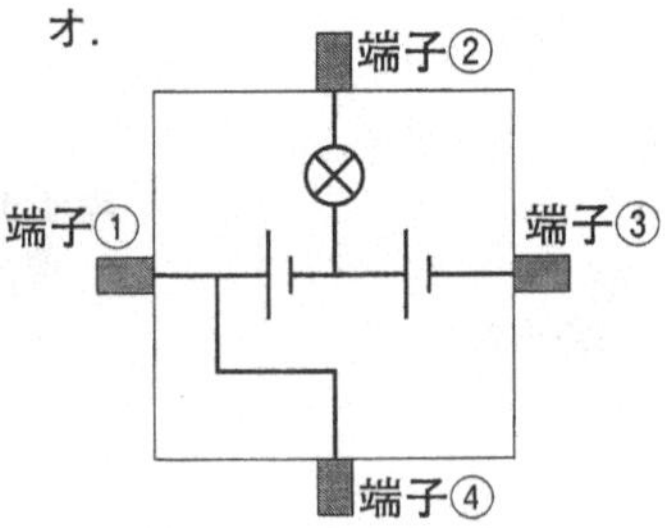

カ.

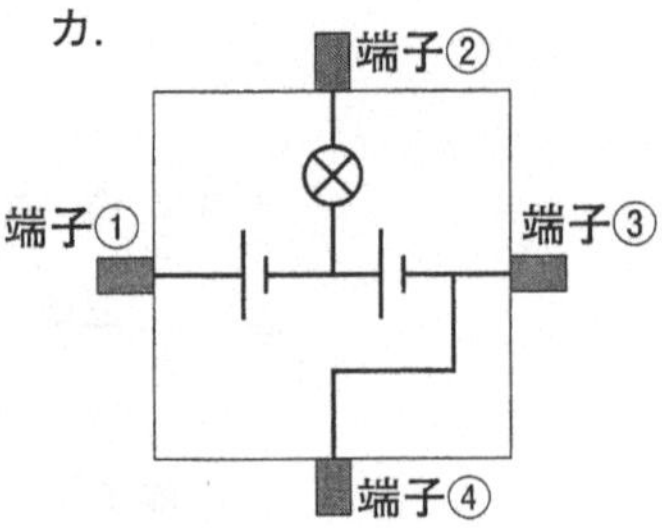

(b)　豆電球Ｙを端子②～④のいずれか２つとつなぎました。**表３**は豆電球Ｘ，Ｙのようすです。**あ**～**う**に入る豆電球のようすは，どのようになると考えられますか。もっとも適当なものをそれぞれ選び，**ア**～**エ**で答えなさい。

表３　豆電球Ｘ、Ｙのようす

豆電球Ｙをつないだ端子	豆電球Ｘのようす	豆電球Ｙのようす
端子②と③	Ａよりも暗く点いた	**あ**
端子②と④	**い**	Ａよりも暗く点いた
端子③と④	点かなかった	**う**

ア．Ａと同じ明るさで点いた　　**イ**．Ａよりも明るく点いた
ウ．Ａよりも暗く点いた　　**エ**．点かなかった

2　酸素は，私たちが生きていくうえで必要な気体です。しかし，酸素によって食品に含《ふく》まれるものが変化してしまうことがあります。例えば，たけのこにはチロシンというものが含まれています。チロシンは，酸素によってホモゲンチジン酸に変化します。ホモゲンチジン酸は，たけのこを食べたときに感じるえぐみの原因となるものです。このような酸素によって起こる変化を防ぐために使われるものが酸化防止剤《ざい》です。代表的な酸化防止剤には，でんぷんを材料としてつくられるビタミンＣがあります。ビタミンＣは水にとけやすい性質があるため，飲料やジャムなどに加えられています。これに関する各問いに答えなさい。

問１　酸素に関する説明として，適当でないものはどれですか。すべて選び，**ア**～**オ**で答えなさい。

ア．空気に含まれる体積の割合は約78％である。
イ．無色でにおいのない気体である。
ウ．ものを燃やすはたらきがある。
エ．石灰水を白くにごらせるはたらきがある。
オ．肺で血液中に取り入れられる気体である。

問２　下線部について，**表１**（次のページ）はチロシンの重さと，その重さのチロシンから酸素によって変化してできるホモゲンチジン酸の重さについてまとめたものです。チロシン５ｇがすべてホモゲンチジン酸に変化した場合，何ｇのホモゲンチジン酸ができますか。小数第３位を四捨五入し，小数第２位で答えなさい。

表１　チロシンの重さと、その重さのチロシンから
酸素によって変化してできるホモゲンチジン酸の重さ

チロシン(g)	3.62	4.525	5.43	6.335	7.24	8.145
ホモゲンチジン酸(g)	3.36	4.2	5.04	5.88	6.72	7.56

問３　水100ｇにビタミンＣ 0.2ｇをとかした水溶《よう》液を用いて，**実験１**，**実験２**を行いました。次の**ア～オ**の水溶液で**実験１**と**実験２**を行ったとき，ビタミンＣ 0.2ｇをとかした水溶液を用いた場合と，同じ結果になるものはどれですか。もっとも適当なものを選び，**ア～オ**で答えなさい。

〔実験１〕　赤色リトマス紙をつけ，赤色リトマス紙の色の変化を観察した。
〔実験２〕　青色リトマス紙をつけ，青色リトマス紙の色の変化を観察した。

〔実験１の結果〕　変化はなかった。
〔実験２の結果〕　赤色に変化した。

ア．水酸化ナトリウム水溶液　**イ**．アンモニア水　**ウ**．塩酸
エ．石灰水　**オ**．食塩水

問４　**表２**は，でんぷんの重さと，その重さのでんぷんからつくることができるビタミンＣの重さについてまとめたものです。また**表３**は，酸素の体積と，その体積の酸素によって起こる変化を防ぐために必要なビタミンＣの重さについてまとめたものです。(a)，(b)に答えなさい。

表２　でんぷんの重さと、その重さのでんぷんからつくることができるビタミンＣの重さ

でんぷん(g)	7.29	8.1	8.91	9.72	10.53	11.34
ビタミンＣ(g)	7.92	8.8	9.68	10.56	11.44	12.32

表３　酸素の体積と、その体積の酸素によって起こる変化を防ぐために必要なビタミンＣの重さ

酸素(cm^3)	504	560	616	672	728	784
ビタミンＣ(g)	7.92	8.8	9.68	10.56	11.44	12.32

(a)　でんぷん8.7ｇからつくることができるビタミンＣは何ｇですか。小数第３位を四捨五入し，小数第２位で答えなさい。

(b)　酸素600㎤によって起こる変化を防ぐために必要な重さのビタミンＣをつくることを考えます。この重さのビタミンＣをつくるために必要なでんぷんは何ｇですか。小数第３位を四捨五入し，小数第２位で答えなさい。

3　動物園では，動物のいきいきとした姿を来園者に見せるために工夫をこらしています。これに関する各問いに答えなさい。

問１　ホッキョクグマは海や氷の上を移動しながら，餌《えさ》であるアザラシを追いかけたり，海の中からうかび上がってくるアザラシを待ちぶせしたりして生活しています。北海道《ほっかいどう》にある旭山《あさひやま》動物園は，動物本来の習性や行動を見せる「行動展示」を日本ではじめて取り入れた動物園として知られています。旭山動物園の「ほっきょくぐま館」では，ホッキョクグマを下からのぞくことので

きるカプセルがあり（**写真１**），来園者がカプセルの下からのぞくと，ホッキョクグマが近寄ってきます。ほっきょくぐま館のカプセルは，ホッキョクグマのどのような行動を見せるための工夫だと考えられますか。「～行動」と続くように，10字以内で答えなさい。

写真１　ほっきょくぐま館のようす

（今井秀邦写真・著『旭山動物園ガイドブック』（エムジー・コーポレーション、2005年）より一部改変）

問２　動物園で動物本来の習性や行動を見せるためには，その動物が生息する野生の環《かん》境を再現することも大切です。(a)，(b)に答えなさい。

(a)　東京都《とうきょうと》にある上野《うえの》動物園は，天然記念物であるニホンカモシカ（**写真２**）が暮らしており，赤石《あかし》山脈（南アルプス）（**図１**）でみられるような地形が再現されています。上野動物園では，どのような環境が再現されていると考えられますか。もっとも適当なものを選び，**ア**～**エ**で答えなさい。

ア．平地の草原　　**イ**．なだらかな丘《おか》　　**ウ**．急斜《しゃ》面や崖《がけ》　　**エ**．砂地の海岸

写真２　ニホンカモシカ

（環境省 HP より一部改変）

図１　赤石山脈の場所

(b)　山口《やまぐち》県にあるときわ動物園には，たくさんのサルの仲間が暮らしています。園内に暮らすシロテテナガザル（**写真３**次のページ）は，その長い手を上手く利用して生活しています。野生のシロテテナガザルは，インドネシアのスマトラ島などに生息しています。スマトラ島は１年を通して高温多湿《しつ》の熱帯地域にある島です。この島の環境は，シロテテナガザルをはじめとするサル以外にも，多種多様な動物に生活場所を提供しています。ときわ動物園では，どのような環境が再現されていると考えられますか。もっとも適当なものを選び，次のページの**ア**～**オ**で

答えなさい。

ア．植物がほとんど見られない荒《あれ》地

イ．樹木がほとんど見られない草原

ウ．一種類の背の高い樹木からなる森

エ．さまざまな背の高さの樹木からなる森

オ．冬に葉を落とす樹木ばかりの森

写真３　シロテテナガザル

（ときわ動物園 HP より一部改変）

問３　以前，動物園で暮らすニシゴリラには「吐《は》き戻《もど》し」と呼ばれる行動がよく見られました。「吐き戻し」とは，与えられた食べ物を一気に口の中におしこんで飲みこみ，すぐに吐き出し，吐き出したものをまた口に入れ，再び吐き出す…というような，食べては吐き出すことをくり返す行動です。野生のニシゴリラには「吐き戻し」が見られないことから，ニシゴリラの食事を野生の状態に近づける試みが行われました。「吐き戻し」は，決められた時間に，エネルギーを多く含《ふく》む果物や野菜を一度にまとめて与えることが原因と考えられています。野生ではエネルギーを多く含む食べ物がなかなか手に入らないことから考えると，「吐き戻し」を防ぐためには，どのような対策が考えられますか。適当なものをすべて選び，**ア**～**エ**で答えなさい。

ア．ゴリラの暮らす空間にわらを敷《し》き，食べ物を見つけにくい状態にする。

イ．ゴリラの暮らす空間を見通し良くし，食べ物を見つけやすい状態にする。

ウ．よりエネルギーを多く含む食べ物を，まとめて１日１回あたえる。

エ．あまりエネルギーを含まない，牧草などもあたえる。

問４　次の文章は，動物の繁《はん》殖に関する特徴《ちょう》と，動物園で行われている取り組みです。〔動物の繁殖に関する特徴〕と〔動物園で行われている取り組み〕を組合せたとき，対応がない取り組みはどれですか。もっとも適当なものを選び，**ア**～**オ**で答えなさい。

〔動物の繁殖に関する特徴〕

①　ゾウは妊娠《にんしん》したことが分かりにくい。

②　ジャイアントパンダはしばしばふたごを出産するが，野生では２頭同時に育つことは少ない。

③　動物には交尾《び》可能な時期（発情期）があるものが多い。

④　家族間での交尾では病気の子が生まれやすくなる。

〔動物園で行われている取り組み〕

ア．他の動物園と動物を貸し借りする。

イ．与える食事を時期によって変更する。

ウ．生まれた子を保育器で飼育することと，母親に飼育させることを交互に行う。

エ．普段は別々の場所でオスとメスを飼育する。

オ．検査がスムーズにできるよう，トレーニングを行う。

問５　動物園は，動物を見て楽しんでもらう場としての役割以外にも，さまざまな役割があります。**問１**～**問４**から考えると，動物園が持つ役割として適当ではないものはどれですか。すべて選び，**ア**～**オ**で答えなさい。

ア．動物の生き方を調べる研究の場

イ．動物を売り買いする商売の場

ウ．動物の生き方を学ぶ教育の場

エ．動物を保護し，保全する場

オ．海外の動物を日本の自然で暮らせるようにする場

4　川の流れの速さ，川底や川岸のようすは，川の流れ方によって異なります。**図１**は，川が上流の山の中から海まで流れるようすを表したものです。これに関する各問いに答えなさい。

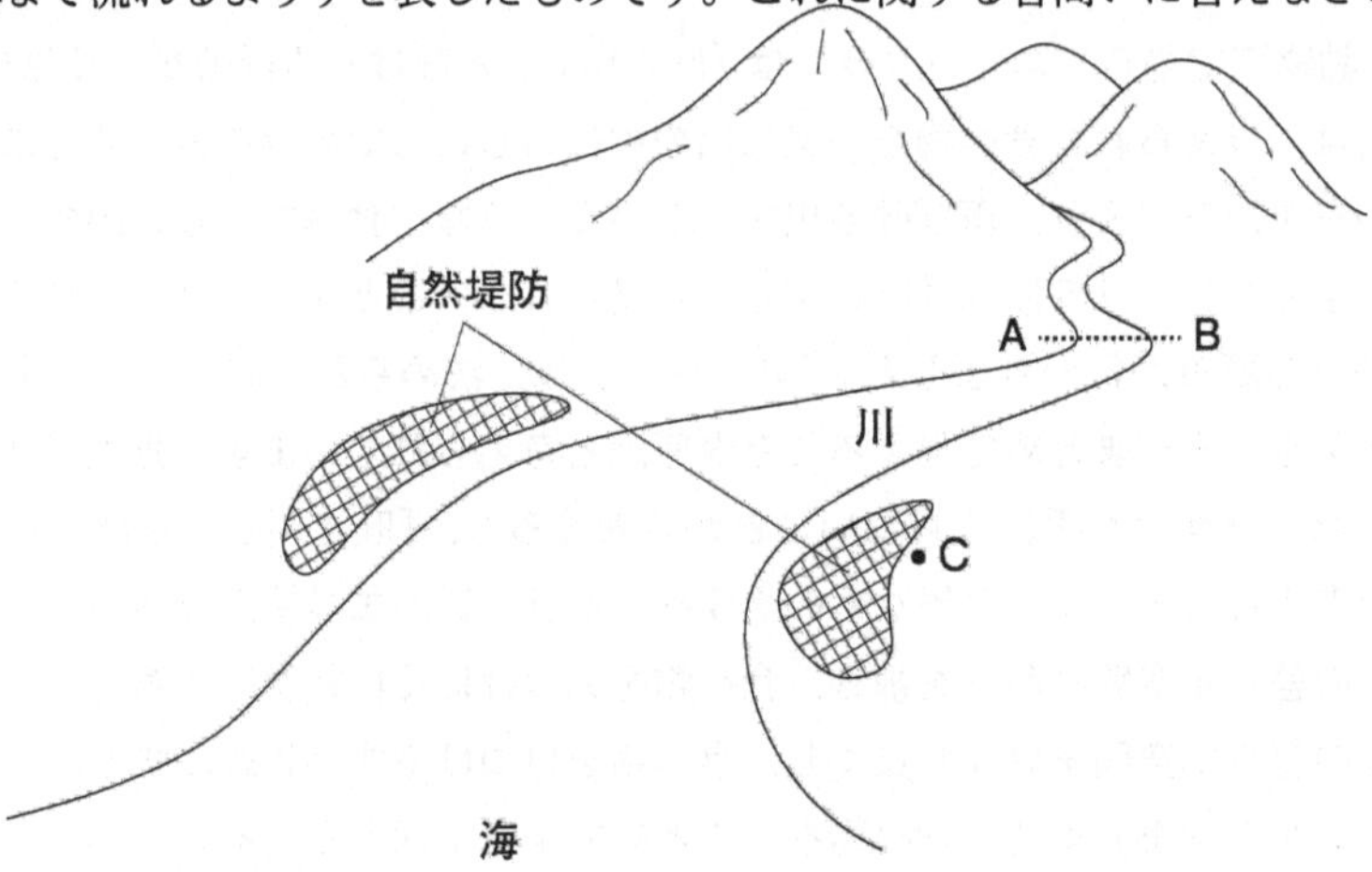

図１　川が上流の山の中から海まで流れるようす

問１　川が上流の山の中から急に平地に出る所には，どのように土地がつくられますか。適当なものをすべて選び，**ア**～**カ**で答えなさい。

ア．川の流れの速さが急激に速くなることでつくられる。

イ．川の流れの速さが急激に遅くなることでつくられる。

ウ．川の流れの速さが変わらないことでつくられる。

エ．川の流れによって運ばれてきたものが川をうめることによってつくられる。

オ．風によって運ばれてきたものが川をうめることによってつくられる。

カ．潮の流れによって運ばれてきたものが川をうめることによってつくられる。

問２　川の石の大きさや形は，場所によって異なります。**図２**は上流の川原でよく見られる石です。下流では，どのような石がよく見られますか。もっとも適当なものを選び，次のページの**ア**～**オ**で答えなさい。

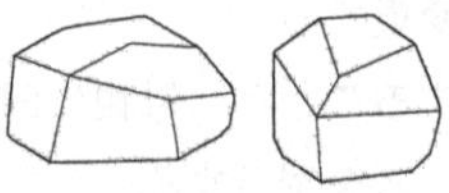

図２　上流の川原でよく見られる石

ア．石と石がぶつかり合って合体するため，大きく丸い石が見られる。

イ．石と石がぶつかり合って合体するため，大きく角張った石が見られる。

ウ．石と石がぶつかり合って角がとれ，こすれ合うため小さく丸い石が見られる。

エ．石と石がぶつかり合ってくだけるため，小さく角張った石が見られる。

オ．上流でみられる石と同じ大きさ，同じ形をした石が見られる。

問３　川を**Ａ**………**Ｂ**で切った断面を下流側から観察しました。川の断面の形と川底にある石の大きさはどのようになりますか。もっとも適当なものを選び，**ア**～**カ**で答えなさい。ただし，石の形は考えないものとします。

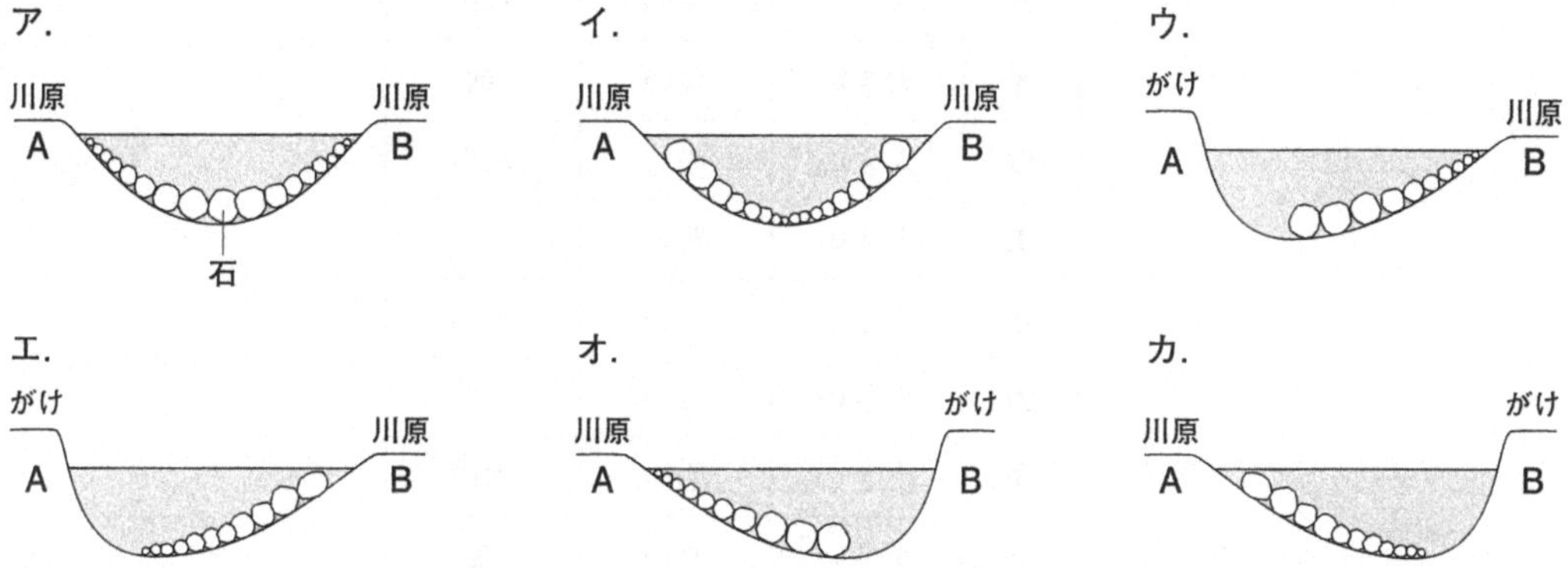

問４　川の形は，洪《こう》水がくり返し起きることで変わることがあります。**図３**から**図４**の形になる過程で見られる川の形はどれですか。もっとも適当なものを選び，**ア**～**カ**で答えなさい。ただし，点線は**図３**の形を表しています。

図３　　**図４**

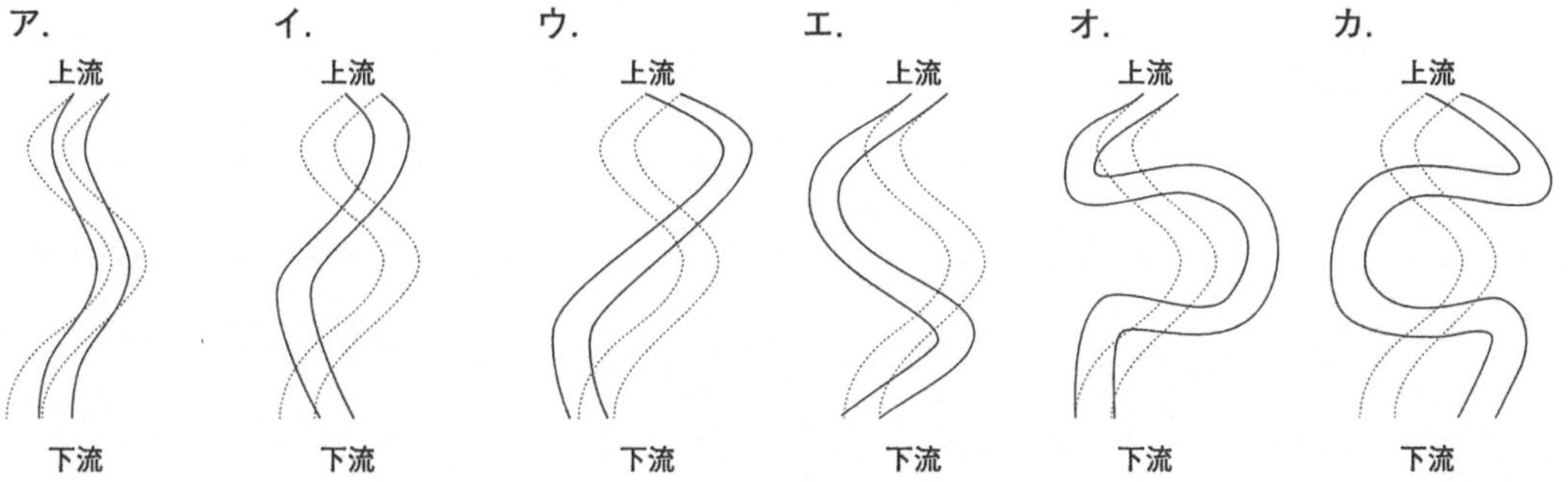

問５　自然堤《てい》防とは，川岸にみられる小高い丘のことです。自然堤防は，洪水によって川からあふれた土砂がたい積することでつくられます。次の文は，自然堤防の背後の土地（地点**C**）についてまとめたものです。**あ**～**う**にあてはまる言葉の組合せとして，もっとも適当なものはどれですか。**問１**～**問４**を参考にして選び，**ア**～**ク**で答えなさい。

文：地点**C**には，自然堤防を形作る土砂の粒《つぶ》よりも（　**あ**　）粒の土砂がたい積しており，水はけが（　**い**　）。そのため，（　**う**　）に利用されることが多い。

	あ	**い**	**う**
ア	大きい	良い	水田
イ	大きい	良い	畑
ウ	大きい	悪い	水田
エ	大きい	悪い	畑
オ	小さい	良い	水田
カ	小さい	良い	畑
キ	小さい	悪い	水田
ク	小さい	悪い	畑

【社　会】（理科と合わせて50分）　＜満点：50点＞

Ⅰ　次の文章を読み，あとの問いに答えなさい。

あ

人びとの生活の歴史に，馬は多く登場しますが，①邪馬台国には牛や馬はいないと『魏志』倭人伝に書かれています。日本列島で本格的に馬が飼育《しいく》されるようになったのは，朝鮮半島から騎馬《きば》技術が伝わってからだと考えられており，②５世紀の古墳からは，馬具《ばぐ》も出土しています。

③平安時代になると，④東国で馬の生産がさかんになりました。駒牽《こまひき》という，天皇が馬をみる儀式がおこなわれ，その馬を飼《か》う牧場《まきば》は，信濃国，甲斐国，武蔵国などに設《もう》けられていました。

武士が活躍する時代になると，馬は武士にとって重要な動物になりました。馬は武士の日常の訓練のために使用されており，武士の家では，馬は大切に扱《あつか》われていました。⑤室町時代にも馬はさまざまな場面で利用され，戦国時代には騎馬隊が活躍しています。江戸時代には，五街道の宿駅《しゅくえき》に，決められた数の馬を用意することがさだめられました。アジア太平洋戦争においても，馬は，人や物を運ぶために使われ，⑥沖縄戦では多くの馬が犠牲《ぎせい》になったことがわかっています。

問１　下線部①について。邪馬台国について述べた説明文として正しいものを，次の（ア）～（エ）から一つ選び，記号で答えなさい。

（ア）邪馬台国の女王は，中国の皇帝に使いを送り，皇帝から銅鏡などをさずかった。

（イ）邪馬台国の女王の名が記された鉄剣が，大仙陵（大山）古墳から出土した。

（ウ）邪馬台国の女王が中国の皇帝からさずかった金印が，福岡県で出土した。

（エ）邪馬台国の女王は，自《みずか》らの権威《けんい》の象徴《しょうちょう》として寺院を建てた。

問２　下線部②について。５世紀の古墳から出土するものとしてもっとも適切なものを，次の（ア）～（エ）から一つ選び，記号で答えなさい。

（ア）

（イ）

（ウ）

（エ）

問３　下線部③について。平安時代のできごとを，時代の古い順に並べたものとして正しいものを，あとの（ア）～（エ）から一つ選び，記号で答えなさい。

（ア）平将門の乱がおこった　→　藤原道長が摂政となった

→　坂上田村麻呂が征夷大将軍になった　→　院政がはじまった

（イ）坂上田村麻呂が征夷大将軍になった　→　藤原道長が摂政となった

→　院政がはじまった　→　平将門の乱がおこった

（ウ）平将門の乱がおこった　→　坂上田村麻呂が征夷大将軍になった

→　院政がはじまった　→　藤原道長が摂政となった

（エ）坂上田村麻呂が征夷大将軍になった　→　平将門の乱がおこった

→　藤原道長が摂政となった　→　院政がはじまった

問４　下線部④について。馬や金などの産物を使って，東北地方で勢力をのばした人物がいます。その人物について述べた説明文として正しいものを，次の（ア）～（エ）から一つ選び，記号で答えなさい。

（ア）右大臣だったが，藤原氏によって大宰府へ追放された。

（イ）後三年の役（後三年合戦《かっせん》）の後，中尊寺金色堂を建てた。

（ウ）娘を天皇の后《きさき》とし，その子が天皇として即位すると，摂政や関白として権勢《けんせい》をふるった。

（エ）対馬を支配し，中国やヨーロッパの国ぐにとさかんに貿易をおこなった。

問５　下線部⑤について。室町時代の馬について述べた説明文として正しいものを，次の（ア）～（エ）から一つ選び，記号で答えなさい。

（ア）飛脚は，馬を積極的に駆使《くし》して都市間を移動した。

（イ）馬は，庸の一つとして地方から都へ運ばれた。

（ウ）馬は，日明貿易において，日本から最も多く輸出された。

（エ）馬を使用した運送業者を馬借といい，流通で大きな役割を果たした。

問６　下線部⑥について。沖縄は1972年に日本に復帰しました。沖縄の日本復帰と，その後の沖縄について述べた説明文として正しいものを，次の（ア）～（エ）から一つ選び，記号で答えなさい。

（ア）日本に復帰した後，琉球処分がおこなわれ，尚巴志《しょうはし》が県知事となった。

（イ）日本に復帰した後も，沖縄県にあるアメリカ軍の軍事基地は日本に返還されなかった。

（ウ）日本に復帰する直前に沖縄県は，アメリカ・イギリスなどの連合国によって分割統治されていた。

（エ）日本に復帰すると沖縄県では工業化か進み，1974年には沖縄県の県民所得は全国平均を上回った。

い

８世紀ころまでには，牛の飼育は一般化したとされています。平安時代には，牛に車を引かせた牛車《ぎっしゃ》が皇族や貴族の乗り物としてさかんに使用されていました。⑦鎌倉時代になると，牛に犂《すき》をひかせて田を耕したりすることもありました。馬と比べると，牛はそれほど積極的に戦《いくさ》に利用されてはいませんでしたが，源義仲は，（　⑧　）の戦いで，牛の角《つの》に松明《たいまつ》をつけて，平氏軍と戦ったことが伝えられています。

平安時代には，牛の乳を煮詰めてつくった「蘇《そ》」という食べ物が税として朝廷におさめられていました。しかし，この時代にはまだ牛乳を飲む習慣は一般的ではなかったと考えられています。江戸時代に長崎の⑨出島にオランダ商館が築かれると，オランダ商館員のために，バターやチーズ，家畜としての牛が持ち込まれましたが，当時の日本人はほとんど乳製品を口にすることはありませんでした。牛乳は，明治時代に入ると日本でさかんに製造・販売されるようになりました。牛乳の消費量はどんどん増加し，⑩1966年には201万キロリットルだったものが，1996年には505万キロリットルにもなりました。しかし，牛乳の消費量は，人びとの食生活の変化にともない，1996年を境に少なくなりつつあります。

問7　下線部⑦について。鎌倉時代について述べた説明文として正しいものを，次の（ア）～（エ）から一つ選び，記号で答えなさい。

（ア）兼好法師（吉田兼好）が，『徒然草』を著した。

（イ）執権北条時宗は，「御成敗式目（貞永式目）」を制定した。

（ウ）承久の乱をおこした後醍醐天皇は，隠岐《おき》に流された。

（エ）源義経は征夷大将軍に任命され，鎌倉幕府を開いた。

問8　空欄（⑧）にあてはまる語句を，次の（ア）～（エ）から一つ選び，記号で答えなさい。

（ア）壇ノ浦《だんのうら》　（イ）川中島《かわなかじま》　（ウ）五稜郭《ごりょうかく》　（エ）倶利伽羅峠《くりからとうげ》（砺波山《となみやま》）

問9　下線部⑨について。日本とオランダの貿易で，日本がオランダから輸入した品物として誤っているものを，次の（ア）～（エ）から一つ選び，記号で答えなさい。

（ア）生糸　（イ）茶　（ウ）砂糖　（エ）絹織物

問10　下線部⑩について。1966年から1996年までの日本のできごととして誤っているものを，次の（ア）～（エ）から一つ選び，記号で答えなさい。

（ア）ロッキード事件が問題化した。

（イ）極東国際軍事裁判がはじまった。

（ウ）バブル景気がはじまった。

（エ）３％の消費税が導入された。

う

牛・馬以外にも，十二支《じゅうにし》に登場する生き物として犬や猿などがあります。犬は現在でも飼われていることも多く身近《みぢか》な存在ですが，（　⑪　）年に完成した『日本書紀』にも，人に飼われていた犬についての話があります。⑫江戸時代の将軍（　⑬　）は，生類憐《あわれ》みの令を発し，野犬《やけん》を収容する犬小屋をつくらせました。

今年（2024年）は⑭辰《たつ》年ですが，十二支の中で唯一《ゆいいつ》実在しないのが龍（竜・辰）です。しかし，長野県の戸隠《とがくし》神社の中には「九頭竜《くずりゅう》」をまつる神社があり，京都府の八坂神社の池には青竜がすんでいるといわれるなど，龍（竜・辰）は人びとの信仰とも関わりが深い生き物です。また，⑮1872（明治５）年に明治政府が発行した５円札の表面には龍が描かれていました。

問11　空欄（⑪）にあてはまる数字を，次の（ア）～（エ）から一つ選び，記号で答えなさい。

（ア）710　（イ）720　（ウ）794　（エ）804

問12　下線部⑫について。江戸時代について述べた説明文として正しいものを，あとの（ア）～（エ）から一つ選び，記号で答えなさい。

（ア）大名は将軍との関係で親藩・譜代・外様と区別され，重要地には外様大名が配置された。

（イ）ききん対策のために，幕府は平賀源内や杉田玄白に，さつまいも栽培の研究をおこなわせた。

（ウ）幕府は農民を統制するために五人組をつくらせて，年貢の納入などに連帯責任を負わせた。

（エ）江戸時代を通じて，新たに田畑を開発することを幕府は制限した。

問13　空欄（⑬）にあてはまる人物名を，次の（ア）～（エ）から一つ選び，記号で答えなさい。

（ア）徳川吉宗　　（イ）徳川綱吉　　（ウ）徳川家光　　（エ）徳川秀忠

問14　下線部⑭について。辰年のできごととして正しいものを，次の（ア）～（エ）から一つ選び，記号で答えなさい。

（ア）満州や朝鮮半島の支配をめぐり対立を深めたロシアと日本との間に戦争がはじまった。

（イ）日本はポツダム宣言を受諾《じゅだく》し，連合国に対して無条件降伏を受け入れた。

（ウ）東日本大震災により，東北地方を中心に大きな被害がもたらされた。

（エ）中国の北京で冬季オリンピックが開かれた。

問15　下線部⑮について。明治政府が，1872年までにおこなったこととして正しいものを，次の（ア）～（エ）から一つ選び，記号で答えなさい。

（ア）ソビエト連邦と国交を樹立した。　　（イ）普通選挙法を制定した。

（ウ）日米和親条約を締結した。　　（エ）岩倉使節団を派遣した。

Ⅱ　ＪＲ《ジェイアール》武蔵野線について，次の文章を読み，あとの問いに答えなさい。

浦和明の星女子中学校の最寄り駅はＪＲ武蔵野線①東浦和駅です。府中本町《ふちゅうほんまち》～新松戸の区間は②1973年に開通し，ＪＲ武蔵野線は2023年で開通50周年となりました。現在のＪＲ武蔵野線（府中本町～西船橋）の路線図は以下の通りです。

府中本町－北府中－西国分寺－新小平－新秋津－東所沢－③新座－④北朝霞
－西浦和－武蔵浦和－南浦和－東浦和－東川口－南越谷－越谷レイクタウン
－吉川－吉川美南－新三郷－三郷－南流山－新松戸－新八柱－⑤東松戸
－市川大野－船橋法典－⑥西船橋

路線図をみても分かるように，武蔵野線の範囲は⑦東京都，埼玉県，千葉県と広くなっています。それぞれの地域に注目して調べることで様々なことが分かってきます。地域に興味・関心をもって調べてみてはいかがでしょうか。新しい発見があるはずです。

問１　下線部①について。東浦和駅の近くには見沼代用水《みぬまだいようすい》があります。見沼代用水は世界かんがい施設遺産に登録されており，利根川から取水《しゅすい》しています。

⑴　次は世界かんがい施設遺産に登録された施設と位置する県の組合せをあらわしたものです。組合せとして誤っているものを，次の（ア）～（エ）から一つ選び，記号で答えなさい。

（ア）明治用水・愛知県　　（イ）豊川用水・香川県

（ウ）安積疏水《あさかそすい》・福島県　　（エ）那須《なす》疏水・栃木県

⑵　利根川は関東地方の複数の県を流れています。利根川が流れる県を上流から順にあげたものとして正しいものを，次の（ア）～（エ）から一つ選び，記号で答えなさい。（ただし，流れる県を全てあらわしているわけではありません。）

（ア）埼玉県　→　東京都　→　神奈川県　　（イ）栃木県　→　茨城県　→　埼玉県

（ウ）茨城県　→　埼玉県　→　東京都　　（エ）群馬県　→　埼玉県　→　千葉県

⑶　見沼代用水は，江戸時代に将軍徳川吉宗が，吉宗自身の出身である [X] 藩から連れてきた井澤《いざわ》弥惣兵衛《やそべえ》為永《ためなが》によりつくられました。そのため，見沼代用水は井澤の出身地から [X] 流《りゅう》と呼ばれます。[X] にあてはまる地名を，次のページの（ア）～（エ）から一つ選び，記号で答えなさい。

（ア）尾張　（イ）加賀　（ウ）紀州　（エ）水戸

問２　下線部②について。1973年から2023年にかけておきたできごとを述べた説明文として正しいものを，次の（ア）～（エ）から一つ選び，記号で答えなさい。

（ア）1973年に，２度目の石油危機が発生し，日本ではトイレットペーパーなどの日常品の価格に影響を与えた。

（イ）1993年に，ヨーロッパにおいて，ＥＣ（ヨーロッパ共同体）が成立し，共通通貨であるユーロが導入された。

（ウ）2003年に，さいたま市が政令指定都市となった。ひらがな表記の政令指定都市は2023年時点でさいたま市のみである。

（エ）2013年に，「富士山－信仰の対象と芸術の源泉－」が，世界自然遺産と世界文化遺産とを兼ね備えた複合《ふくごう》遺産に指定された。

問３　下線部③について。新座には新座貨物ターミナル駅があり，コンテナによる輸送の拠点となっています。コンテナは海上輸送でも利用されています。コンテナ船について述べた説明文として正しいものを，次の（ア）～（エ）から一つ選び，記号で答えなさい。

（ア）鉄鉱石や石炭などを梱包《こんぽう》せずに，そのまま大量に輸送する。

（イ）天然ガスなどを超低温輸送するための特殊な材質のタンクを搭載《とうさい》している。

（ウ）自動車や自転車など動く貨物を専門に輸送する。

（エ）多様な荷物を運ぶことができ，荷役《にやく》の迅速《じんそく》化をはかっている。

問４　下線部④について。武蔵野線北朝霞駅から「むさしの号」を利用することで大宮に向かうことができます。次は大宮周辺の地形図（次のページ）です。地形図をみて，あとの問いに答えなさい。

⑴　地形図中の盆栽町《ぼんさいちょう》は，1923年９月に発生したある災害の影響で，新鮮な水と空気があり，盆栽の栽培に適した広い土地へ東京から移り住んだ人びとによりつくられたといわれています。ある災害とは何ですか。**漢字５字**で答えなさい。

⑵　この地形図について述べた説明文のうち，正しいものを次の（ア）～（エ）から一つ選び，記号で答えなさい。

（ア）大宮第二公園付近には河川の氾濫《はんらん》に対応する調整池がみられる。

（イ）大宮の地名の由来となる氷川神社があるため，付近に寺院はみられない。

（ウ）大和田公園の北部には見沼田んぼが広がっており，すべての土地利用が水田である。

（エ）地形図中で最も標高が高い地点は寿能町《じゅのうちょう》の14mである。

⑶　国土地理院は，2023年２月に，あるものの数が14125であると発表しました。これまでは海上保安庁が1987年に発表していた6852であるとされていました。あるものとは何ですか，正しいものを次の（ア）～（エ）から一つ選び，記号で答えなさい。

（ア）山　（イ）川　（ウ）島　（エ）湖

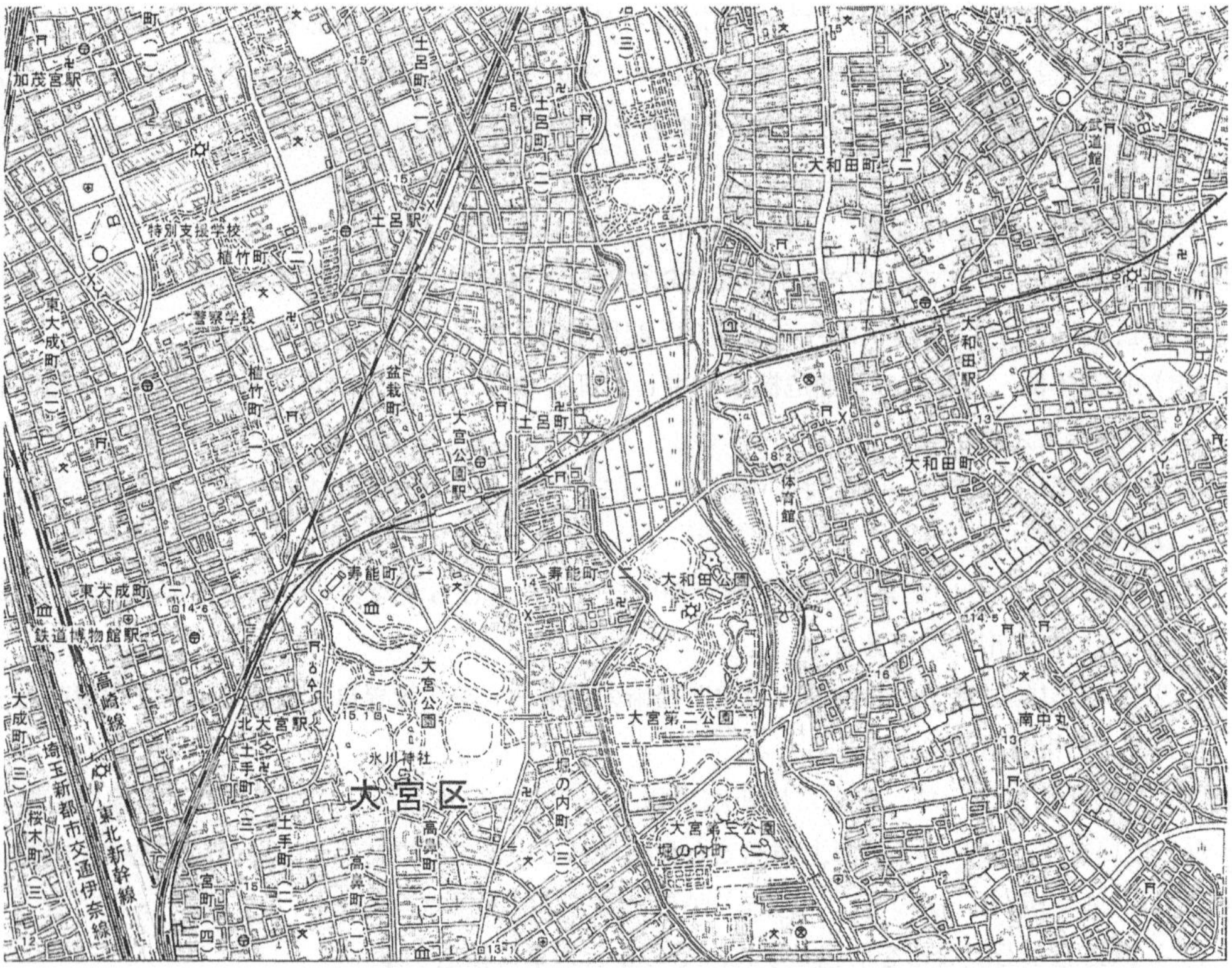

（　国土地理院　令和元年発行　1：25,000　地形図『岩槻』を一部改変　）

問５　下線部⑤について。東松戸駅からは，成田国際空港へ向かう電車に乗り換えることができます。成田国際空港における生鮮貨物輸入額のなかで，魚介類は半分以上を占めています。次の表は，日本の魚介類の品目別輸入および輸入先をあらわしたものです。「えび」にあてはまる組合せを次のページの（ア）～（エ）から一つ選び，記号で答えなさい。

日本の魚介類の品目別輸入

2021	億円	千トン
さけ・ます	2200	245.3
まぐろ	1824	175.0
A	1784	158.7
かに	673	22.0
いか	570	104.4
にしん	338	78.1
たこ	318	26.4
B	212	10.7
うなぎ	151	7.0
かずのこ	61	4.1
合計	11925	1536.6

輸入先　X

2021	億円	%
カナダ	1212	29.8
アメリカ	691	17.0
ロシア	534	13.1
スウェーデン	373	9.2
フィンランド	324	8.0
中国	175	4.3
オーストリア	119	2.9
ニュージーランド	80	2.0
インドネシア	79	1.9
チリ	76	1.9
合計(その他共)	4067	100.0

輸入先　Y

2021	億円	%
インド	398	22.3
ベトナム	346	19.4
インドネシア	293	16.5
アルゼンチン	186	10.4
タイ	99	5.6
カナダ	71	4.0
中国	56	3.1
ロシア	54	3.0
ミャンマー	40	2.2
エクアドル	35	2.0
世界計	1784	100.0

（　『データブックオブザワールド 2023』より作成　）

（ア）Ａ・Ｘ　（イ）Ａ・Ｙ　（ウ）Ｂ・Ｘ　（エ）Ｂ・Ｙ

問６　下線部⑥について。船橋市には三番瀬《さんばんぜ》とよばれる干潟・浅海域がみられ，隣接する習志野市には谷津《やつ》干潟とよばれる，ラムサール条約指定の干潟がみられます。ラムサール条約に指定されていないものを，次の（ア）～（エ）から一つ選び，記号で答えなさい。

（ア）尾瀬　（イ）霞ヶ浦　（ウ）釧路湿原　（エ）琵琶湖

問７　下線部⑦について。

⑴　次の表は東京都・千葉県・埼玉県および福井県における，発電方式別発電電力量をあらわしたものです。千葉県にあてはまるものを，次の（ア）～（エ）から一つ選び，記号で答えなさい。

	水力	火力	原子力	太陽光
（ア）	0	83,902	―	814
（イ）	222	298	―	86
（ウ）	158	6,407	―	22
（エ）	1,713	9,248	33,553	37

（　単位は百万 kWh。『データでみる県勢 2023』より作成　）

⑵　次の表は東京都・千葉県・埼玉県および神奈川県における，果実や野菜の生産量をあらわしたものです。埼玉県にあてはまるものを，次の（ア）～（エ）から一つ選び，記号で答えなさい。

	日本なし	ぶどう	だいこん	みかん
（ア）	18,200	490	148,100	905
（イ）	6,200	1,120	23,900	143
（ウ）	3,530	515	73,600	14,800
（エ）	1,560	252	8,440	66

（　単位はトン。『データでみる県勢 2022』より作成　）

問８　次の文章は，ＪＲ武蔵野線沿線の府中市，所沢市，川口市，流山市について，それぞれ述べたものです。流山市について述べた説明文として正しいものを，次の（ア）～（エ）から一つ選び，記号で答えなさい。

（ア）市内にあるいくつかの駅から園児を保育園や認定こども園までバスで送迎するサービスを導入しており，通勤する保護者の利便性を高めている。

（イ）古くから武蔵国の政治・文化・経済の中心であり，鎌倉時代には分倍河原《ぶばいがわら》で幕府軍と反幕府軍の戦いがおこった。

（ウ）荒川を隔《へだ》てて東京都と接しており，かつては江戸への植木や草花の供給地，鋳物の産地として栄えた。

（エ）日本初の飛行場とよばれた場所の一部は現在航空公園となっている。狭山湖など自然にも恵まれている。

Ⅲ　あとの問いに答えなさい。

問１　内閣のしくみについて述べた説明文として正しいものを，次の（ア）～（エ）から一つ選び，記号で答えなさい。

（ア）内閣のもとには現在１府21省庁の行政機関が置かれ，法律をつくる仕事をしている。

（イ）国務大臣は内閣総理大臣が任命し，その全員が国会議員でなければならない。

（ウ）内閣不信任案が衆議院で可決された場合は，衆議院は必ず解散することになる。

（エ）内閣の意思を決定する会議を閣議といい，閣議は内閣総理大臣が主宰《しゅさい》する。

問２　日本の裁判には，民事裁判と刑事裁判の２種類があり，それぞれ裁判のしくみが異なっています。２種類の裁判について述べた説明文として正しいものを，次の（ア）～（エ）から一つ選び，記号で答えなさい。

（ア）民事裁判・刑事裁判に共通するのは，被害を受けた原告が被告をうったえることにより裁判がはじまる，という点である。

（イ）任意《にんい》に選ばれた裁判員が裁判に参加する裁判員制度が，民事裁判において導入された。

（ウ）民事裁判は，裁判を慎重・公正に進めるため，高等裁判所もしくは最高裁判所でのみおこなわれる。

（エ）刑事裁判は，殺人や盗みなど，刑法で犯罪とさだめられた行為を犯した者を裁くための裁判である。

問３　現在の日本の国政選挙の課題の一つに「一票の格差」があげられます。「一票の格差」について述べた説明文として誤っているものを，次の（ア）～（エ）から一つ選び，記号で答えなさい。

（ア）「一票の格差」とは，納めている税金に応じて一人が持つ票数が変わることである。

（イ）衆議院議員選挙より参議院議員選挙の方が「一票の格差」がとくに大きい傾向がある。

（ウ）「一票の格差」は，とりわけ都市部と地方の間に大きくあらわれる傾向がある。

（エ）「一票の格差」が大きい場合，法の下《もと》の平等に反するため，違憲《いけん》状態とする判決が出ている。

問４　2023年８月に，埼玉県では県知事選挙がおこなわれました。県知事について述べた説明文として正しいものを，次の（ア）～（エ）から一つ選び，記号で答えなさい。

（ア）県知事の被選挙権は，参議院議員と同じく，25歳以上である。

（イ）県知事のような，地方公共団体の行政の責任者を首長という。

（ウ）県知事選挙は，その県で働く20歳以上の者による直接選挙によっておこなわれる。

（エ）県知事は，県内に公布される政令の制定や改廃をおこなう権限を持つ。

問５　次の文章を読み，空欄 ① ～ ③ にあてはまる語句の〈組合せ〉として正しいものを，次のページの（ア）～（エ）から一つ選び，記号で答えなさい。

> 日本の社会保障制度は，社会保険，公衆衛生，社会福祉，公的扶助《こうてきふじょ》の４つの柱からなっています。社会保険はあらかじめ保険料を支払い，病気や働けなくなったときなどに給付《きゅうふ》を受けるもので，医療保険や年金保険がその代表例です。 ① はさまざまな理由で収入が少なく，最低限度の生活が送ることができない人に対して，生活費などを給付するしくみです。 ② は高齢，障がい，母子など，自立して生活を営むことが困難な人に対して支援をおこなうしくみです。そして，国民の健康増進《ぞうしん》を図り，病気の予防などに取り組むしくみを ③ といいます。

〈組合せ〉

（ア）①公的扶助　②公衆衛生　③社会福祉

（イ）①社会福祉　②公的扶助　③公衆衛生

（ウ）①公衆衛生　②社会福祉　③公的扶助

（エ）①公的扶助　②社会福祉　③公衆衛生

問６　日本では現在，多くの外国人労働者が働いています。日本で働く外国人労働者について述べた説明文として正しいものを，次の（ア）～（エ）から一つ選び，記号で答えなさい。

（ア）日本には，外国人が母国で学ぶことが難しい技能を習得し，母国に持ち帰るために日本で働く制度がある。

（イ）日本で働く外国人は出身国に関わらず，日本国憲法に基づいて日本人と同じ権利がすべて保障されている。

（ウ）外国人は，同じ内容の仕事をしていても日本人の最低基準より低い賃金で働くことができるため，雇用《こよう》する人から重宝《ちょうほう》されることがある。

（エ）日本では働き手が増え続けており，日本にいる外国人労働者を帰国させる取り組みがはじまっている。

問７　次の図について，あとの問いに答えなさい。

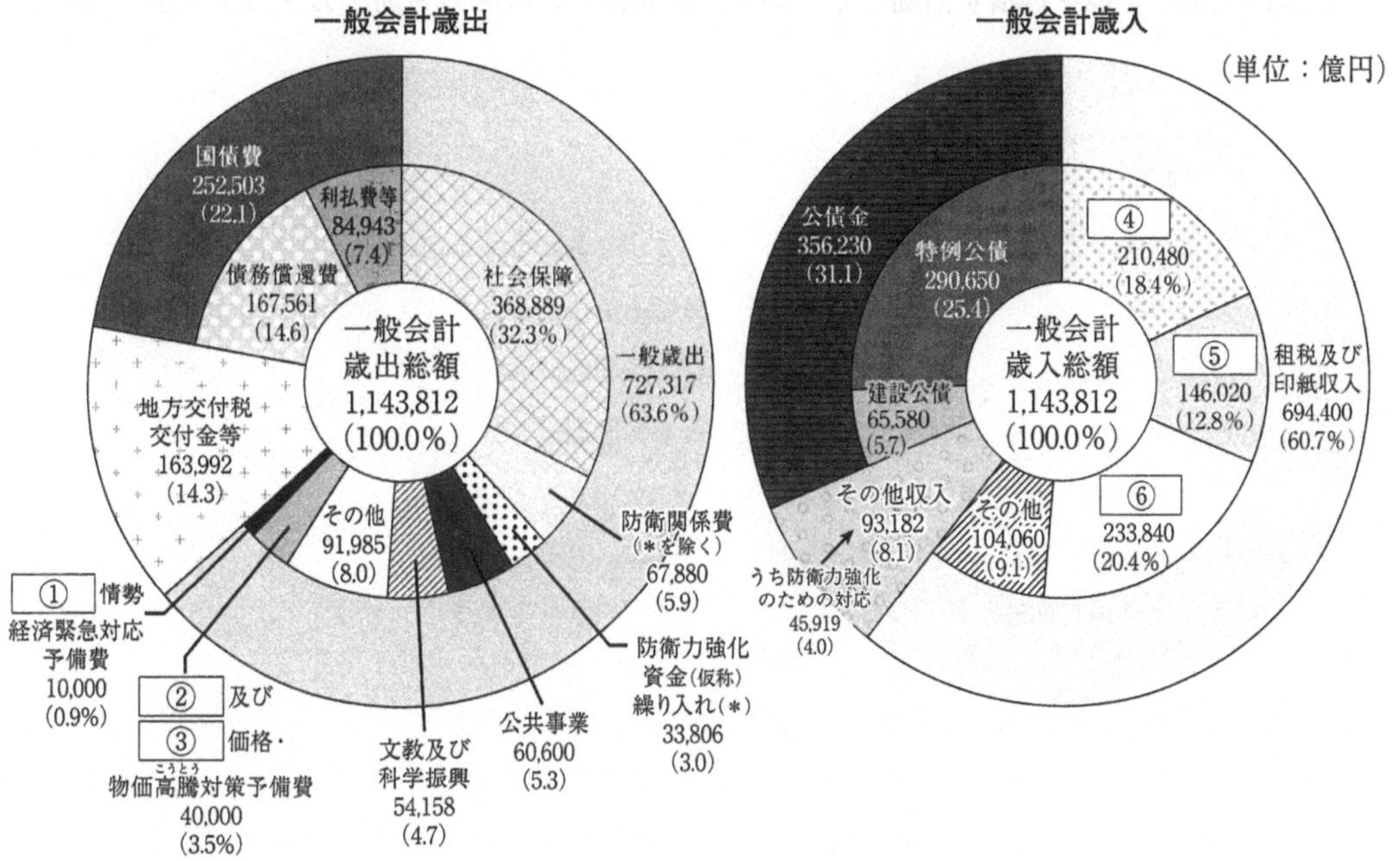

（　財務省ホームページより　一部改変　）

⑴　空欄 ① ～ ③ にあてはまる語句の〈組合せ〉として正しいものを，あとの（ア）～（エ）から一つ選び，記号で答えなさい。

〈組合せ〉

（ア）①トルコ　②水害復興支援　③原油

（イ）①ウクライナ　②新型コロナ　③原油

（ウ）①トルコ　②新型コロナ　③石炭

（エ）①ウクライナ　②水害復興支援　③石炭

⑵　空欄 ④ ～ ⑥ にあてはまる語句の〈組合せ〉として正しいものを，次の（ア）～（エ）から一つ選び，記号で答えなさい。

〈組合せ〉

（ア）④消費税　⑤法人税　⑥所得税　（イ）④消費税　⑤所得税　⑥法人税

（ウ）④所得税　⑤法人税　⑥消費税　（エ）④所得税　⑤消費税　⑥法人税

問８　2023年２月に，「ＧＸ（グリーントランスフォーメーション）実現に向けた基本方針」が閣議決定されました。これは，環境問題に対する今後の日本のエネルギー方針をさだめたものですが，この時さだめられた方針および環境問題について述べた説明文として誤っているものを，次の（ア）～（エ）から一つ選び，記号で答えなさい。

（ア）日本は今後，より一層の「脱炭素」を目指していく方針であることが示された。

（イ）日本は今後，原子力発電を増やしていく方針であることが示された。

（ウ）日本で用いられる再生可能エネルギーの原料は，おもに天然ガスである。

（エ）地球温暖化に対する国際的な取り組みであるパリ協定に，日本も署名している。

問９　おもに発展途上国や紛争地域などで苦しむ子どもに，食料や医療品などを提供し，子どもの基本的人権の実現を目指す活動をしている，国際連合の機関の名前を**カタカナ４字**で答えなさい。

子。

ウ　美雨に親しみを覚えてもらうため、意識してぞんざいに接する様子。

エ　美雨が自分よりも年下であるため、つとめて年上らしく振る舞う様子。

問9　次は、傍線部⑧「その笑顔に心がごとんと音を立てた」時の美雨の心情を説明した文です。空欄に入る最も適切な表現を、67～66ページの本文中から六字で抜き出して答えなさい。

これまで美雨は家の中で［　　　　　　］を見つけ出せずにいたが、大也の笑顔を見て、はじめて「この家にきてよかった」と思えた。

問10　二重傍線部「花瓶は美雨に、強烈なメッセージを伝えてくれていた」とありますが、ここに至るまでの美雨の気持ちの変化を、「金継ぎ」と「呼び継ぎ」のそれぞれの特徴に触れながら、分かりやすく記しなさい。

花瓶は美雨に、強烈なメッセージを伝えてくれていた。

（八束澄子 著『ぼくたちはまだ出逢っていない』より）

問１　太線部ａ「コウシ」・ｂ「納得」・ｃ「キショク」・ｄ「補（う）」のカタカナは漢字に直し、漢字はその読みをひらがなで答えなさい。

問２　傍線部①「ああ、びっくりした」とありますが、その理由として最も適切なものを次から選び、記号で答えなさい。

ア「月光」が自分の呼びかけにこたえたと思ったから。
イ「月光」にため息を吸い込まれたように感じたから。
ウ「月光」の光を見て心を癒《いや》された自分に気づいたから。
エ「月光」に気を取られて自転車とぶつかりそうになったから。

問３　傍線部②「地団太をふんだ」という表現が示す感情として最も適切なものを次から選び、記号で答えなさい。

ア　驚き　　イ　喜び　　ウ　焦《あせ》り　　エ　怒り

問４　空欄Ｘに入る表現として最も適切なものを次から選び、記号で答えなさい。

ア　自分がいて　　イ　泣いてしまって
ウ　心配かけて　　エ　手間をかけさせて

問５　傍線部③「美雨の胸がことんと音を立てた」とありますが、この時の美雨についての説明として最も適切なものを次から選び、記号で答えなさい。

ア　塚本さんの湯飲みを金継ぎで修復することで、以前よりも高い価値を持たせ、家族の生活を楽にしてあげたいと思った。
イ　大切にしていた塚本さんの湯飲みを自分が金継ぎで修復することで、母の心を癒してあげられるかもしれないと気がついた。
ウ　塚本さんの湯飲みの修復を依頼することで、工房に出入りする機会が増えて自分の居場所を見つけられるかもしれないと思いついた。
エ　母が大事にしていた塚本さんの湯飲みが割れたことを受け入れられなかったが、修復できるとわかったことで、割れた事実と向き合えた。

問６　傍線部④「ふきだまり」の意味として最も適切なものを次から選び、記号で答えなさい。

ア　生活が厳しい人たちが自然と集う場所
イ　道に迷った人たちが自然と集まる場所
ウ　行き場のない人たちが自然と集まる場所
エ　人間関係に悩む人たちが自然と集う場所

問７　次は、傍線部⑤「傷ついたからこそ生まれるものってあるんだ」について説明した文です。空欄ⅰ・ⅱに入る最も適切な表現を、67～64ページの本文中からそれぞれ四字で抜き出して答えなさい。

傍線部の表現は、「傷ついたからこそ」本当に［　ⅰ　］ことと出会え、新たな［　ⅱ　］を得られたのだと、美雨が気づいたことを表したものである。

問８　傍線部⑥「ソース取って」・⑦「ついでに麦茶も」から大也のどのような様子が読み取れますか。最も適切なものを後から選び、記号で答えなさい。

ア　美雨を隔《へだ》てなく受け入れ、実の妹のように自然体で接している様子。
イ　美雨は妹だから、兄の世話をするのが当たり前だと思っている様子。

はじめて美雨は、この家にきてよかったと思った。

〈　中略　〉

年が明けた。

松の内が過ぎると、すぐに鹿児島へ出発した大也を追って、両親も新婚旅行に出かけてしまった。「ひとりで大丈夫」と豪語《ごうご》したものの、誰もいない家の中の空気は冷えきっていて、町をうろついていたあのころより、もっと居心地悪く感じた。

——そうだ。ひさしぶりに梶木《かじき》さん〔骨董屋の主人〕に会いに行こう。

京都の冬は底冷えがする。ダウンコートを着こんで自転車に飛び乗った。

カラカラカラ。引き戸が軽やかな音を立てた。

「こんにちは」

声をはり上げる必要もなかった。小上がりにぽつねんと、ひとり梶木さんが座っていた。

「おう、美雨ちゃん。ひさしぶりやなあ」

退屈していたのか、cキショク満面で迎えてくれた。

「あんたに見せたいもんがあって、待っとったんや」

と、そそくさと立ち上がると、いそいそと奥から高さ三、四十センチほどの花瓶《びん》を抱えて出てきた。

「これ見てみ。すごいやろ？」

畳《たたみ》に置かれたその花瓶は、全身に不思議なオーラをまとっていた。一目見た瞬間は落ちつかない気持ちにさせられるのに、そのあと、なぜか目が離せなくなる。すぼんだ口もとからすっとふくらんだ、女性の上半身のようなラインが美しいのだが、よく見るとその形状はいくつもの違うピースの寄せ集めでき上がっていた。

——呼び継ぎだ！

天平堂〔衣川さんが働く工房〕で衣川さんに呼び継ぎしたお茶碗を見せてもらったことがあったけれど、これほど大きなものは、はじめて見る。

呼び継ぎは修復の技法の中でも、とくにむずかしい。欠けたところをよく似たほかのかけらでd補うのだけれど、なかなかぴったり合うものは見つかりにくいし、継ぐのも大変だ。それになにより美しくないといけない。

なのにこの花瓶ときたら、もともとは無地の花瓶だったらしいのに、真ん中あたりにでんと大胆《たん》な花模様の絵つけの破片《はへん》がはめこまれている。それでいて違和感がないどころか、より強烈な個性を発散している。

「……すごい」

声をなくしている美雨に、

「そやろ。そうゆう思たわ」

梶木さんがドヤ顔をする。

「交換会でこれ見つけたときは、こりゃゼッタイあんたがよろこぶ思たで」

「なんか、これ、すごすぎます」

「それよ。ようこんなバラバラなかけらを呼び集めて、こんなすごいもんつくるもんや。そんじょそこらの完品より、よっぽど魅力的や」

梶木さんが話し続けるあいだも、美雨の目は吸いついたように花瓶から離れなかった。まばたきするのも惜しいくらいだ。

と逆に問いかえされ、目が泳いだ。

「そ、そうなのかな?」

「お礼なんて、いわんかてええよ」

きっぱりとした口調でいわれた。

「……うん」

そのあと椅子を鳴らして美雨が立ち上がると、大也はジャーから山盛りのごはんをおかわりするところだった。思わず、

「まだ食べるん?」

ときくと、

「明日は大事な試合やからな、エネルギーチャージしとかんと」

と不敵に笑ってみせた。

「試合前はしっかり食べてしっかり寝る。これ、アスリートの鉄則やろ」

塚本さんのいうとおりだ。大也はまっすぐにサッカーとむき合っている。真剣《けん》なのだ。

〈　中略　帰宅後、大也がスポーツ推薦《すいせん》で高校に合格していたことがわかり、美雨も大也の合格を素直に喜ぶことができた。　〉

トントン。

遠慮《りょ》がちなノックの音にハッと我にかえった。ドアをあけると、大也が立っていた。

「これ、いる?」

直径二十センチほどの地球儀《ぎ》を差し出された。

「え、どうして?」

ときくと、

「おれはもういらんけど、もったいないし」

といわれた。

「うん。もらっとく」

というと、ほっとしたように大也はきびすをかえした。もうちょっとなにかいうべきかなと、あわててその背に言葉をかけた。

「オリエンテーション、いつから?」

「年が明けたらすぐ」

「がんばってね」

応援してるからの言葉は、胸の中でつぶやいた。

「ありがと。……あ、それから」

ふりむいた大也が、ためらいがちに口をひらいた。

「……おやじをよろしく。ああ見えてあの人、さびしがりやから」

いっている大也のほうが、よっぽどさびしそうに見える。大きな背がすぼまっていた。そこで鈍《にぶ》い美雨もようやく気がついた。そうか。大也の鹿児島行きは、塚本さん親子にとっては、はじめての別れを意味する。

続けて大也は、

「おれ、もし自分らがきてくれてへんかったら、おやじひとり残して、よう家出んかったかもしれん」

と、しぼり出すような声でつぶやいた。あせった美雨は、

「大丈夫だよ。お母さんがいるもん」

おっかぶせるように、こたえていた。それをきいて安心したのか、大也は見ているこっちがほっとするような晴れやかな笑顔を見せた。⑧その笑顔に心がごとんと音を立てた。

いたからこそ生まれるものってあるんだ。

「ところで、美雨ちゃん。まだかぶれる？」

「ううん。最近はかぶれない」

「わたしも最初はかぶれたけど、そのうちかぶれなくなった。あ、でも、磨《みが》くとき漆の粉が散るから、水で湿《しめ》らせてからサンドペーパーを使ってね」

さっきの注意はそういうことだったんだと、美雨はb納得した。

「今でもときどき、体調が悪いときなんかはかぶれるもんね。漆って、昔は魔除《まよ》けとしても使われたっていうから、やっぱり強烈《れつ》なんだね」

サンドペーパーを持つ指に力がこもる。先週塗《ぬ》ったさび漆の表面のでこぼこがなくなるまでていねいに磨いていく。いつも思うけれど、最初に漆の利用法を考えた昔の人ってすごい。それが何千年ものあいだ、人から人へと伝わっているっていうのもすごいことだ。今、自分もその長いつながりの端っこに連なってると思うと、美雨の胸は誇《ほこ》らしさでいっぱいになる。

「園田さん、ちょっとお願いします」

今日はいつもよりおけいこの人が多い。他の生徒さんに呼ばれて、園田さんは席を立って行った。

美雨が繕っているマグカップには、「小菅《こすげ》」と書かれた紙テープが貼《は》られていた。きっと膝を悪くしてお休みしているという人の名前だ。お孫さん思いのその人にかわってやらせてもらってるんだから、きれいに仕上げなきゃ。カップに顔をくっつけるようにして、美雨は作業に集中した。

手作業に熱中していると、思いは時空を飛んでいく。

ゆうべ、のどか渇《かわ》いたので台所におりていったら、大也がひとりで遅い夕飯を食べていた。

「……お帰り」

ぎこちなくはあったけれど、とっさに口にできて、ほっとした。

「うっす」

口いっぱいにトンカツをほおばった大也が細い目を上げた。箸《はし》を動かすスピードは変わらない。すごい勢いでごはんをかきこみ、味噌《そ》汁をする。その旺盛《おうせい》な食欲に見とれて、つい麦茶のコップを片手に食卓に腰をおろしていた。大也といると緊張するけど、ひとりで食事する人をほうっておくのもなんだか気が引けたのだ。

「⑥ソース取って」

いわれて手渡すと、

「⑦ついでに麦茶も」

人使いが荒《あら》いなあと苦笑しつつ、悪い気はしなかった。コップに冷蔵庫から出した麦茶を注ぎながら、

「このあいだは、ありがと」

ずっと気になっていた言葉をやっと口にすることができた。すると大也は、

「このあいだって？」

と不思議そうにお茶碗から顔を上げた。

「あ、あのさがしてくれて……」

言葉をにごすと、

「ああ、あれ。……家族やったらフツウちゃうん？」

のころ折り紙に熱中したのを思い出した。

となりで作業するシルビアさんと園田さんの会話がはずんでいた。ときどき笑い声も上がる。

それをかたわらでききながらの作業は、不思議な心地よさを運んできた。落ちつくのだ。そばに人がいて、やることがある。これってサイコー。

手作業は物思いへと心を誘《いざな》う。いつのまにか美雨の脳裏に京都をさまよい歩く自分の姿が浮かんでは消えていた。

あのころ感じていた寄る辺《べ》なさを思い出すと、胸がつまる。なんであんなにさびしかったんだろう。以前みたいに母親をひとりじめしたいのか？　それもあるかもしれないけれど、一方で美雨は母親に幸せになってほしいとも思っている。じゃあなぜ？

それはたぶん美雨の心の問題だ。自分の居場所だって思えないからだ。その瞬間、

――ここが好きだ。

唐《とう》突に思った。

自転車でほんの数十分走ったところに、こんな世界が広がっているなんて思いもしなかった。

――ずっとここにきたい。

高ぶった心が叫《さけ》んでいた。

〈　中略　一週間後、美雨は作業の続きをするために金継ぎ教室に向かった。〉

園田さんはとても魅《み》力的な女性だ。美雨がいままで会ったことのないタイプ。いつも風にふかれているように自然で、人に対するときも、とても柔軟《じゅうなん》だ。でも、しっかりとした芯《しん》を感じさせるから、いっしょにいて安心する。

「職人さんってかっこいいですよね。あこがれます」

といったら、

「実態のない世界に嫌気《いやけ》がさしてね」

と表情を曇《くも》らせた。もとは外資系の証券会社に勤めていた園田さんは、パソコンとにらめっこで毎日何億というお金を動かしていたんだそうだ。ところがあるとき突然、「人のお金を動かすだけに神経をすり減らす仕事って、どうよ？」って思ったんだそうだ。もっと手ごたえのある生き方がしたい。

「その気持ちをおさえきれなくなって会社をすっぱりやめて、だけど、行くあてもやりたいことも見つからなくて京都をうろついているうちに、いつのまにか、ここにたどりついたってわけ」

「あたしと同じです！」

思わず美雨は大きな声を上げた。

「あたしも町をうろついてたら、いつのまにか、ここにきてた」

「あっはっは。ここは④ふきだまりかっつうの。だけどよかったねえ。おかげでわたしたち、出会えたもの」

園田さんが例のくしゃっとした笑顔で、美雨にむかって両手を上げた。反射的に手を上げ、ハイタッチを交わした。

――本当だ。ここにきたから園田さんと出会えた。

笑っている園田さんの弓張り月みたいなやさしい目を見ていると、美雨の心はやわらかくほぐれていく。衣川さんのいったとおりだ。⑤傷つ

で、美雨は園田《そのだ》さんという女性がやっている金継ぎ教室へ見学に行くことにした。〉

「えーと、まだ自己紹介してなかったよね。わたしは園田桃子《ももこ》。衣川のアシスタントをしています」

化粧《けしょう》もしていないのに陶《とう》器みたいに肌が白い。大きな瞳《ひとみ》で見つめられ、美雨はあわてて、

「つ、塚本美雨。鳳《おおとり》中学二年です」

と自己紹介した。やっぱり苗字《みょうじ》でつかえてしまった。

「じゃあ、美雨ちゃんて呼ばせてもらうね。美雨ちゃんもやってみる？」

いわれて小躍《おど》りしそうになったけれど、自制した。

「あ、あの、あたし、見学だけなので」

「いいの、いいの。先生からなんでも教えてあげてっていわれてるから」

園田さんは「じゃあ、これを繕ってもらおうかな」といいながら、つくりつけの壁の棚《たな》からトナカイの絵柄《がら》のマグカップを取り出した。テープで簡単に留めてあるけれど、大きくふたつに割れている。

「教室にこられてる方が、お孫さんに頼まれたってはりきってらしたんだけど、膝《ひざ》を悪くされてこられなくなったの。直しを頼まれたんだけど、美雨ちゃんが手伝ってくれたらうれしいわ」

棚には、先の欠けたしょうゆさしや使いこまれた湯飲みなど、どこからどう見ても生活雑貨としか思えないものも並んでいた。そうか、ここに集まってくるのは、骨董や有名な作家の作品ばかりじゃないんだ。誰かにとっての大切なもの、思いのこもったものたちが繕ってもらえるのを待っているんだ。

そのとき③美雨の胸がことんと音を立てた。テーブルから落ちて散らばった塚本さんの湯飲み。悲しそうにかけらを集めていたお母さんのつぶやき。

（接着剤かなんかでくっつかないかなあ）

――いつかあれを直してあげたい。

「やってみたいです」

気がつくといっていた。新しいことへの挑戦に胸が高鳴った。

「じゃあまずは、割れたところをくっつけましょう」

園田さんはくっつける箇所《かしょ》の周囲を鉛筆でなぞり、鉄製のやすりを取り出した。

「鉛筆で書いた線のところまでうわぐすりを削《けず》り取ってほしいの。うわぐすりがついたままだと漆《うるし》がのらないから」

手渡されたやすりは、どっしりとした重みがあった。

「手をテーブルにつけてやると安定するよ。小刻みに動かしたほうがやりやすいと思うよ」

そうはいっても慣れない作業に手間取った。力を入れ過ぎるとやすりはすべって逃げていくし、ようやくなんとかコツをつかんだころには、美雨は首筋にうっすら汗をかいていた。

シャカ、シャカ、シャカ。

うわぐすりの削られる音が静かな店内に響く。

美雨は作業に没頭《ぼっとう》した。

指で触ると削られた表面の感触が伝わってくる。それを確認しながらやすりを動かし続けた。もともと細かい作業はきらいではない。保育園

笑った。その瞬《しゅん》間、こわばっていた体から力がぬけた。

――帰ろう……。

美雨は、すっかり高くなった本物の月明かりの下、左右違うはきものをつっかけた足を家の方角にむかってふみ出した。かくかくして、ものすごく歩き心地が悪かった。

路地を入ったところで、自転車の大也とぶつかりそうになった。

「帰ったでー」

大也の大声に玄関から飛び出してきた母親が、

「美雨！」

と指が食いこむほどきつく美雨の両腕《うで》をつかんだ。

「心配させて、もう！」

泣きべそをかきながら②地団太《じだんだ》をふんだ。

「あっ、今、帰ってきましたわ。すんません。おさわがせしました。はい、はい。つい心配してしもて。すんません、すんません」

玄関で、携帯電話片手の塚本さんがぺこぺこ頭を下げていた。どうやら相手は警察らしい。体から血の気が引いた。

――こんな大さわぎになってたなんて……。

美雨の全身から冷たい汗《あせ》がふき出した。

「あー、助かったぁ」

塚本さんは携帯をにぎりしめて上《あ》がり框《かまち》に座りこんだ。塚本家では、塚本さんだけいまだにガラケーなのだ。

「一一〇番すんの、生まれてはじめてや。見てんか、この手汗」

そこか？　というようなことをいって、塚本さんは美雨の前で両手を広げて見せた。びっしりと汗のつぶが浮いていた。

「……ごめんなさい」

美雨はつぶやいた。ごめんなさいの理由は、今度ははっきりしていた。[X]ごめんなさいだ。素直にそう思った。

「おまえ、はきもん」

美雨の頭越しに大也が足もとを指さした。

「あっらまあ」

すっとんきょうな大声を上げた母親が、

「ばっかみたい。はっはっはっは」

はじかれたように笑い出した。

「ほんまや。ようそれで歩けたもんや。こんな長いこと」

塚本さんは感心したようにいった。恥《は》ずかしさに美雨は耳まで赤くなる。

見上げると、大也まで笑っていた。よっぽどあちこち走りまわったのか、おでこに汗のつぶがびっしり浮いていた。においもきつい。いつもは毛ぎらいしているそのにおいが、今はそんなにいやではなかった。部活で疲《つか》れてるはずなのに、心配してさがしまわってくれた。そのやさしさが身にしみた。

――大也ってこんな顔して笑うんだ。

ついまじまじと見つめてしまった。ほっぺたの深いえくぼが、笑っちゃうほど塚本さんにそっくりだった。

〈**中略　骨董屋に通い続けるうちに、美雨は寂《さび》しさが薄らいでいくのを感じる。骨董屋通いが縁で出会った修復師の衣川《きぬがわ》さんの紹介**

んなさいなのか、そのいずれでもないのか、それともいずれでもあるのか、自分でもさっぱりわからなかった。ただただ、身の置きどころに困《こま》って、そのまま玄関から家を飛び出していた。

「美雨！」

「美雨ちゃん！」

閉まりかけたドアのむこうから母親と塚本さんの声が追いかけてきた。

自分の存在自体がごめんなさいの気がする。涙が止まらない。このまま消えてしまいたかった。美雨は雲の上を歩いているようにふわふわした足取りで、あてどなく歩を進めた。

いつのまにか、骨董屋の店先に立っていた。aコウシ戸にはカーテンが引かれ、店は閉まっていた。街灯の薄《うす》明かりのもと、飾《かざ》り窓の中では「月光」が静かに鎮座《ちんざ》していた。

「月光」

つい声に出して呼びかけていた。

「あんたはいいね。いつも静かで。……人間はややこしすぎるよ」

「月光」はこたえない。あたりまえだ、茶碗だもの。だがそう思ったとたん、「月光」の月がピカリと光った。

「え？」

驚《おどろ》いてふりかえると、ちょうどライトをつけた自転車が美雨の背後を走りぬけるところだった。

──①ああ、びっくりした。

何百年ものあいだ、多くの人に愛され、手から手へと伝えられてきたという「月光」。どれだけの人の嘆《なげ》きやため息を、そのざらりとした地肌《じはだ》に吸い取ってきたことだろう。それがそのまま「月光」の存在感となり、なんともいえないオーラをまとって、今ここにある。

──すごいねえ、月光。

あらためて美雨は、「月光」に対する尊敬心がふつふつとわき上がってくるのを感じた。「月光」だって、いったんは欠けた身だ。捨てられる危機に瀕《ひん》したことだってあったかもしれない。身をよじるような屈辱《くつじょく》も。それが、誰かの手によって美しく金繕《つくろ》いをほどこされ、新たな命をふきこまれて、長い年月多くの人の心を癒《いや》してきた。それってすごいことだ。

モノに癒される。そういうことがあるのを美雨は身をもって実感した。だけど、フツウの茶碗にそんなことができるとは思えない。「月光」は特別だ。じゃあその違いはなんだろう。芸術性？　人の想《おも》い？　歴史？　いくら考えてもわからなかった。

ネコの鳴き声ひとつしない路地で、ひとり「月光」と対峙《たいじ》していると、突然、美雨の脳裏《のうり》にひとつのイメージが浮かび上がった。

欠けてしまった茶碗を前に、何事かじっと考えこんでいるひとりの人物。やがてその繊《せん》細な指先が動き、茶碗は少しずつ形を取りもどしていく。そして最後に姿をあらわしたのは、幽玄《ゆうげん》な光を放つ月。

「月光」を前にあれこれ想像をめぐらせているうちに、美雨はいつのまにかふわふわ浮いているようだった自分の足が地面にしっかりとついているのを感じた。

そして足もとに目をやってようやく気がついた。あれ？　右と左、違うはきものはいてる。右は母親の赤いサンダルで、左は男物のサンダル。どうりで歩きにくかったわけだ。なんだかおかしくなってクスリと

明子　私が保育園の頃にあげた手紙を、お母さんが自分の机の前にずっと貼《は》ってるんだよね。本文に書いてある筆者と娘とのエピソードを読んで、そのわけが少しだけど分かった気がしたな。

星子　どんな手紙？

明子　「おかあさんいつもありがとう」って書いてあるだけ。あんなへたくそな字の手紙をいつまでも飾らなくてもいいのにって思ってたんだ。

星子　明子のお母さんがずっと飾り続けてるのは、きっと「　ア　」からなんだろうね。その手紙の「　イ　」は見るたびに変わっても、明子のお母さんにとってその手紙はずっと価値があるんだろうな。

明子　そうだね。手紙を書いたのが私という「　a　」だったからこそ、あんなにへたくそな字の手紙に、今でも「　b　」ということなんだね。

(1)　空欄ア・イに入る最も適切な表現を、アは九字、イは五字で本文中からそれぞれ抜き出して答えなさい。

(2)　空欄a・bに入る最も適切な表現を、aは五字、bは八字で**《資料》**中からそれぞれ抜き出して答えなさい。

二

次の本文を読み、後の問いに答えなさい。〔　〕内の表現は、直前の語の意味です。なお、設問の都合上、本文を変更している部分があります。

中学二年生の美雨《みう》は、一年前に母親が再婚したことから、塚本《つかもと》さんと、その連れ子である一つ年上の大也《だいや》と共に京都で暮らすようになった。しかし、未だに新しい家族になじめず、母親が塚本さんや大也を優先していると感じていた。そんな中、町をあてどなく歩いていた美雨は、近所の骨董《こっとう》屋に飾られた茶碗《わん》の「月光」に出会い、心ひかれるようになった。「月光」は、「金継《つ》ぎ」という技法の修復が施《ほどこ》された茶碗であった。ある日、母親と塚本さんが、大也の鹿児島の高校への進学をめぐって言い合いをしている際、塚本さんの手が湯飲みにあたってしまった。

ガチャン！

床《ゆか》に落ちた湯飲みは大きな音を立てて割れた。

「あー」

床にはいつくばった母親が、割れてしまった湯飲みのかけらを手に悲しそうにつぶやいた。

「せっかくおそろいで買ったのに……」

それを耳にしたとたん、美雨のまぶたがふくらんだ。

ポトッ。

しみだらけのテーブルにまた新しいしみがついた。

ハッとしたように母親が顔を上げた。

「……美雨」

テーブルのむかい側の塚本さんの顔がゆがんだ。

「美雨ちゃん」

「ごめんなさい！」

大きな音を立てて、美雨は椅子《いす》から立ち上がった。席を立ってごめんなさいなのか、涙をこぼしてごめんなさいなのか、あたしのせいでごめ

現代では、［ ｉ（十一字） ］が登場したことで、以前ほど多くの［ ii（五字） ］を必要とせずに［ iii（十字） ］を流通させることができるようになったということ。

問８　傍線部⑤「物理学者として～文字の価値を区別している」とありますが、本文において筆者は研究論文をどのようなものだと考えていますか。最も適切なものを次から選び、記号で答えなさい。

ア　気楽に書いて発信することができるネットの情報とは異なり、長く残ることを意識しながら、緊張感をもち時間をかけて丁寧《ねい》に完成を目指すもの。

イ　他者の表現を無断で引用することが認められているネットの記事に対して、他者の表現を用いる時には引用元を明らかにすることが求められるもの。

ウ　ツイッターのように少ない文字数で書き上げることができるネットの情報とは異なり、何万字もの長文でなければ価値がないと判断されてしまうもの。

エ　世の中の流れを汲《く》み、多くの意見を反映させた上で書くものであるネットの記事に対して、他からの影響を受けずに自分だけの考えを明確に書くもの。

問９　次は、傍線部⑥中の「機械翻訳」について述べた文章です。空欄Ⅰ・Ⅱに入る最も適切な表現をそれぞれ答えなさい。ただし、Ⅰは本文中から十四字で抜き出して最初の五字を答え、Ⅱは自分で考えて漢字三字で答えること。

日本語の文章を英語に機械翻訳し、その文章をまた日本語に機械翻訳すると、［ Ⅰ ］ことになってしまう。たとえば、「［ Ⅱ ］」という語を二度機械翻訳すると、「クッション」に変わる。

問10　次は、本文と《資料》を読んだ、明子と星子の会話です。これを読み、次のページの問いに答えなさい。

《資料》

人間の認知は非常に複雑で入り組んでいる。文学を読んでいるとき、芸術を鑑賞しているとき、音楽を聴《き》いているとき、映像を観ているとき、人間は目の前の作品そのものだけを見ているのではない。どういう作家がつくったのか。何年につくられたのか。出演している俳優が、その後どんなふうに活躍していったか。そういった膨《ぼう》大な情報と文脈を全部ひっくるめて芸術や文化を味わっている。

つまり、人間の消費行動のなかには「誰がやった／つくった／歌った／演じた……のか」を重視する分野が存在する。その「誰か」は〝生身の人間〟であることが前提になっていることが多い。将来、アンドロイドのアイドルグループが誕生したとして、果たして人間のアイドルのような熱心なファンがどれだけ定着するだろうか。いないとは言わない。しかし、多くの人は、アンドロイドが踊《おど》ったり歌ったりするのを見て「すごい機械だ」と思うことはあっても、心が揺《ゆ》さぶられるとは考えられない。

人間は「誰がやったのか」「人間の手によるのか」を気にしつづける生き物だ。私たちが想像するよりもずっと「人間は人間が大好き」なのだ。

（東浩紀 著「AIがどんなに発達しても、よくも悪くも人間は変わらない。」より）

残ってはいない。しかしその文字の情感は、自分の心にずっと残っている。

この文字の情感は、明らかに、その手紙をもらった当時の情感とは異なっている。現在では、娘のその後の人生が思い返されて、それと重なり、全く異なる情感を生み出している。文字に人生が重なる、その時に、文字は力を持つ。

風呂場の文字の価値は、とても儚い。しかし、これからの僕の人生において、大変長く続くのかもしれない。この矛盾《むじゅん》する価値が、すなわち、文字の恐ろしい可能性である。

僕は娘に、鏡になんと描いたのかを聞きに、ゆっくりと風呂を出た。

（橋本幸士 著「物理学者のすごい日常」より）

問１　太線部ａ「気性」・ｂ「本望」の読みをそれぞれひらがなで答えなさい。

問２　二重傍線部ⅰ「ランダム」とⅱ「ナンセンス」は、それぞれ次のように言い換えられます。空欄に共通して入る漢字一字を答えなさい。

ランダム……□作為　　ナンセンス……□意味

問３　傍線部①について、筆者は「物理学者」をどのような人だと考えていますか。最も適切なものを次から選び、記号で答えなさい。

ア　自分の頭脳の優秀さを世の中のために役立てる人。
イ　探求心が強すぎて、一つのことしか目に入らない人。
ウ　未解明の物事に興味を持ち、意欲的に解明に取り組める人。
エ　多くの人とは異なる行動をとれる自分に満足感を覚える人。

問４　次は、傍線部②「結露の上に文字を描いてしまう理由」を説明した文です。空欄Ａ・Ｂに入る最も適切な表現を、75ページの本文中からそれぞれ指定の字数で抜き出して答えなさい。

大人になってから考えると、「僕」が子供の頃に結露の上に文字を描いていたのは、文字情報の価値といえる　Ａ（四字）　の長さが例外的に短い点に情報の基準の　Ｂ（二字）　を感じ、そこに面白さを見出したからだと言える。

問５　傍線部③「情報の～価値を持つ」の具体例として最も適切なものを次から選び、記号で答えなさい。

ア　大雨のあと美しい大きな虹《にじ》がかかったので、クラス全員が窓からその景色を見て楽しんだ。
イ　新聞の朝刊記事の誤りが夕刊では訂正され、以降は正確な情報のみが記載《さい》されるようになった。
ウ　テレビで天気予報を見てから家を出ることを心がけていたので、夕立《ゆうだち》にもあわてずに対応することができた。
エ　洞窟《どうくつ》の壁画が傷《いた》んできていることが報道され、間もなく見られなくなると考えた観光客が押し寄せるようになった。

問６　空欄Ｘに入る表現として最も適切なものを次から選び、記号で答えなさい。

ア　自分の誤解を修正する　　イ　自分の気持ちを整理する
ウ　自分の記憶力を高める　　エ　自分の思考をひけらかす

問７　次のページは、傍線部④「自分の中での１文字の価値が、二桁も三桁も下がってしまっている」背景について述べた文です。空欄ⅰ～ⅲに入る最も適切な表現を、**傍線部④以前**の本文中からそれぞれ指定の字数で抜き出して答えなさい。

く文字の価値を区別しているからである。

科学者は論文を書いてなんぼ、だ。僕は20年ほど物理学者をやって、ようやく１００編ほどの論文を書いた。自分の中での論文の１文字の価値は、初めて論文を書いた日におよそ定まっており、その価値は下がっていないつもりである。

〈 中略 〉

先日、研究室で⑥機械翻《ほん》訳に関する面白い議論があった。博士論文の執筆の際の利用に関しての是非《ぜひ》である。そもそも博士論文は、自分自身の研究をもとに執筆する。しかし科学論文であるから盗用をしてはいけない。すでに出版された論文に掲載《けいさい》されている文章をそのまま、引用したと言わずに使うのは盗用である。では、自分が著者として出版した過去の論文から、引用したと言わずに使うのは、盗用だろうか?

「盗用」問題が世間で叫ばれた結果、このように不毛な議論をしなくてはならないのが悲しい。科学論文の価値を、ほかの論文とどのくらい文章表現が似ているかで決めるのは、ⅱナンセンスである。しかし、盗用ルールを厳密に適用すると、自分が出版した論文の文章ですら、博士論文の内容には使えないことになってしまう恐れがある。

そこで、機械翻訳を使うトリックがありうるのだ。まず、過去に自分が出版した英語論文を機械翻訳で日本語にする。そしてその文章をまた機械翻訳で英語にするのだ。そうすると、元の文章とは若干《じゃっかん》表現が違った文章が生成される。この方法で、内容は変えずに表現だけを変えることができるのだ。

例えば、本稿の冒頭の文章：

「風呂の湯船でゆっくりくつろいでいたら、風呂場の鏡に字のようなものが描かれていることに気がついた。」

を一度英語に機械翻訳し、そしてそれをまた日本語に機械翻訳してみよう。すると結果はこうなる。「浴槽《よくそう》でくつろいでいると、浴室の鏡に文字のようなものが描かれているのに気づきました。」

内容は同等で、見事に表現だけが変わっていることがわかる。このように文章「変換」をすると、科学論文で自動的に盗用を見つけるソフトウェアをすり抜けることができるというのだ。もちろんこれは冗談《じょうだん》の話であり、実際にそれをやった人は聞いたことがない。

しかし、この方法の結果が示唆《しさ》することは大変興味深い。翻訳とは文化観念の共通項でしか行えないので、その言語特有の文化背景が失われる。先の例でも、「湯船」が「浴槽」に変換されていたり、ということが見受けられる。つまり、ポジティブに捉《とら》えれば、日本語でしか伝わらないニュアンスはこの方法で消去できるのだ。『吾輩は猫である』を英訳し、また日本語に翻訳すれば、「私は猫です」となる。「私」を表す多様な表現がある日本語の特徴を、機械翻訳は一瞬で消すことができるのだ。機械翻訳が、自分という個人が書いた文章の個性を消し去ることが、容易にわかる。

〈 中略 〉

小学生の娘が風呂場の鏡に残した文字を眺めていて、ふと、もう大学生になったもう一人の娘が、小さい頃に僕に渡してくれた手紙を思い出した。ひらがなが間違っているが、一所懸命に書いてくれたものだ。その文字が書かれたのは20年近く前のことになるし、手紙自体、もう

してなんらかの文字のような形を残せるが、その形は数秒で消えてしまう。それは情報としては持続時間が短すぎ、つまり儚すぎて、新たな情報の価値を生まないだろう。

ただ時々、虚空《こくう》に数式を書く科学者がドラマに登場したりするが、あれは本当の話である。僕の知っている物理学者でも、考えるときに勝手に虚空を手が動いて、まるで見えない文字を書いているような仕草をする人がいる。僕自身がそういう動きをしているかどうかは、自分だからよくわからないが、少なくともそういう物理学者を何回か目撃《もくげき》したことがある。もちろんこれは、情報を残そうとしたり他人に伝えようとしているのではない。書くという動作を自分だけのために繰り返すことで、自分の思考の筋《すじ》道を確認しようとしているだけである。

だから、風呂場の湯気に情報を残すことはできないし、湯気に描かれた情報の価値は、自分の脳の強化学習以上のものがない、つまり、［　X　］以上の効果がない。それは情報ではなく、情報を発信する以前の段階で必要なことである。

風呂の鏡面の文字情報、そして湯気に描こうとした文字情報が教えてくれることは、文字というビジュアル情報にはその存続時間という価値が伴《ともな》う、ということだ。思い起こせば、インターネットとSNSが生まれる前までは、あらゆる個人が発する情報というものは、およそ恒久《こうきゅう》的な文字情報と、瞬《しゅん》間的に消滅する音声情報の二つしかなかった。この分担が、文字情報に恒久性という価値を押し付けていたのかもしれない。

風呂場の鏡面に描かれた文字は、その意味で特異であり、僕が子供の頃にそれに勤《いそ》しんでいた理由も察せられるというものだ。

現在、1文字の価値は飛躍的に低くなっている。インターネット以前に、自分の書いた文字を流通させるためにどれほどの金額と労力がかかっていたかを想像するだけで、1文字の価値が相当に下がったことが分かる。いまや、ツイッターのタイムラインを眺めるだけで、個人が発し流通した文字情報が洪水《こうずい》のように流れては消えるのが観察される。

僕が学部生の頃には、一生で1冊、本が書ければb本望だと思っていた。本1冊の文字数がおよそ10万字とすれば、一方で人間の人生はおよそ3万日であるから、平均すれば1日に3文字書くということになる。人に読んでもらう文章を1日3文字書く、これは、非常に難しいだろう、自分の人生で達成できるかどうかはわからない、そう思っていた。

ところが、である。今現在もこうして文章を書いている僕は、この連載だけでも、3カ月で9千字、つまり1日あたり百文字も書いてしまっているのだ。これには、文章を書いて人に読んでもらうことへの心理的障壁《しょうへき》が、僕の中で非常に下がったことが反映している。その理由は、インターネットとSNSだ。

２０００年頃から、僕はネット上でブログを始めた。ブログには自分の気持ちを綴《つづ》り、それが多くの人の目に留まる。個人の発する文字情報の価値が僕の中で大きく変わった瞬間だった。２０１０年からはツイッターを使うようになり、現在まで2万4千ツイート、これは一日で平均5ツイート。つまり一日あたり七百文字も、不特定多数に伝わる自分の考えを書いてしまっているのだ。④自分の中での1文字の価値が、二桁《けた》も三桁も下がってしまっているということだろう。

ただし、これを僕は悲しがっていたりはしない。自分の1文字の価値を、世の中の流れに沿《そ》って変えていっても良いと考えている理由がある。それは、⑤物理学者として書く研究論文の文字の価値と、日常に書

【国　語】（五〇分）〈満点：一〇〇点〉

【注意】　字数制限のある場合は、句読点も一字と数えて答えること。

一　次の文章を読み、後の問いに答えなさい。［　］内の表現は、直前の語の意味です。なお、設問の都合上、本文を変更している部分があります。

風呂の湯船でゆっくりくつろいでいたら、風呂場の鏡に字のようなものが描かれていることに気がついた。湯気でくもった鏡面に現れた文字列は読み取りにくく、かえってそれを読みたいという気持ちを増強した。しかし、一部消えていたり、くもり方も一様でないため読めないのだ。

たぶん、小学生の娘が遊びで、鏡に指で何か字を描いたのだろう。風呂を出て娘に聞けば、その内容はすぐにわかるはずだ。しかし、読めそうで読めないところがクイズのようで、すぐに娘に尋《たず》ねてしまうのは僕のプライドに関わる問題だ。①僕は物理学者だから、クイズが与えられたときに、その答えが載《の》っているページをすぐに見るようなａ気性ではない、むしろ逆の行動をとってしまう。風呂という閉じ込められた環境で、それしか眺《なが》める部分がないように仕組まれた僕には、もうそのクイズを解くしか、チョイスはないのだ。

かくいう僕も、子供の頃には風呂場の鏡によく絵を描いていたものだ。ほかにも、冬に結露《けつろ》してしまった窓など、家でも学校でも電車でも、落書きをしていた。雪が降った日に、誰も踏み荒《あ》らしていない雪の場所を好んで歩くのと同じ感覚で、結露の上には自分の痕跡《こんせき》を残してやろうという義務を感じていた。なぜだろうか？

思うに、②結露の上に文字を描いてしまう理由は、まずは指で文字を描けるという手軽さがあったろうが、それに加えて、描かれた文字の儚《はかな》さを楽しんでいたのではないか。

結露はすぐに消える運命にある。空気が乾燥したり陽が当たると水は相転移［物質の状態が変化］して気体になり蒸発してしまうだろうし、また逆に結露が続けば水滴《すいてき》が大きくなりやがてダラダラと流れて文字をかき消してしまう。結露はいずれにしても儚いのだ。

一方、人間の書く文字は情報だ。情報はおよそ、ほかの個人に伝えるため、記録のために存在している。すなわち情報の価値は、その存在期間が長いほど大きいだろう。すぐに消えてしまう情報は、たいした情報ではないのだ。

だから、文字はそもそも、儚いものではない。それなのに、結露の上に描かれた文字は儚い。そのズレを、僕は楽しんでいたのではないか。ズレとは、情報の基準が揺《ゆ》らぐときのことだ。基準が揺らげば、そこに新たな価値が生まれる可能性がある。文字が消えてしまう前に、誰かがたまたま見るかもしれない。誰も見ないかもしれない。ここに、新しい可能性があるのだ。クラスでたった一人の人だけがそれを見たとしたら？　通りがかりの見知らぬ人が一人だけそれを見たとしたら？　③情報の持続時間が限られるからこそ、その情報が違った価値を持つということもありうる、そのｉランダムさと儚さを僕は楽しんでいた。

結露の上の文字は、残るのが長くてもおよそ数時間であるから、儚さとしてちょうど良いだろう。人間の運動や密度を考えれば、数時間は、数名の人間がその場を通過する可能性のある時間だ。

一方例えば、風呂の湯気の中で手をぐるぐる動かせば、湯気の痕跡と

MEMO

大切なことはメモしておこうネ！

第1回

2024年度

解　答　と　解　説

《2024年度の配点は解答欄に掲載してあります。》

＜算数解答＞ 《学校からの正答の発表はありません。》

1 (1) 2.15　(2) 240L　(3) 9000円　(4) 5.4%　(5) ア 56度　イ 82度
(6) A 1　B 0　C 8　D 9　(7) (100円玉) 37枚　(50円玉) 43枚
(8) 1.26cm^2

2 (1) 分速750m　(2) 分速250m　(3) (9時)8分

3 (1) 89cm^3　(2) 76cm^3

4 (1) ア 72　イ 5　(2) 60度，300度　(3) 120度，240度　(4) 1：3

5 (1) 360枚　(2) 92枚，93枚

○推定配点○

各4点×25(1(6)完答)　計100点

＜算数解説＞

1 (四則計算，割合と比，分配算，相当算，濃度，平面図形，数の性質)

(1) 1－0.14＋3.24－1.95＝4.24－0.14－1.95＝4.1－1.95＝2.15

基本 (2) 容積が40Lのときの時間差…40÷8－40÷10＝1(分)

したがって，水そうの容積は40×6＝240(L)

基本 (3) $\frac{4}{9}+\frac{3}{5}-1$

$=\frac{20}{45}+\frac{27}{45}-1$

$=\frac{2}{45}$…右図より，500－100＝400(円)

したがって，全体は400÷$\frac{2}{45}$＝9000(円)

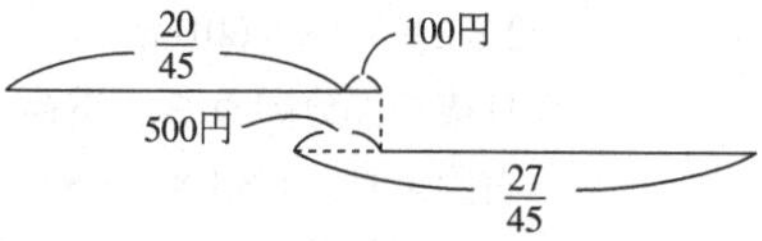

重要 (4) 加えた水の重さ…400×(3÷1.2－1)＝600(g)

400g：600g…2：3

したがって，求める濃さは(2×3＋3×7)÷(2＋3)＝5.4(%)

重要 (5) 三角形ABO

…右図より，正三角形

角ア

…(180－68)÷2＝56(度)

角イ

…180－(30＋68)＝82(度)

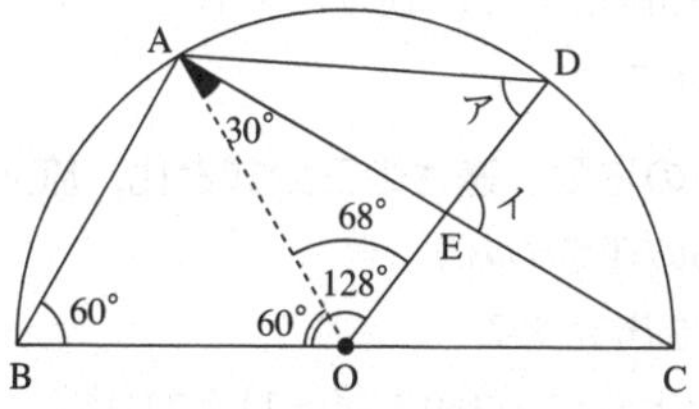

基本 (6) A…1

D…9

B…0

```
  A B C D
×       9
---------
  D C B A
```

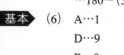

C…$9\times C$の一の位が$10-8=2$より，8
したがって，ABCDは1089

重要 (7) 100円玉に両替した50円玉の枚数…$(80-72)\times 2=16$(枚)
50円玉を100円玉に両替した100円玉の枚数…8枚
両替した後の100円玉と50円玉の枚数の比…$10:(3\times 2)=5:3$
両替した後の100円玉の枚数…$72\div(5+3)\times 5=45$(枚)
初めの100円玉の枚数…$45-8=37$(枚)
初めの50円玉の枚数…$80-37=43$(枚)

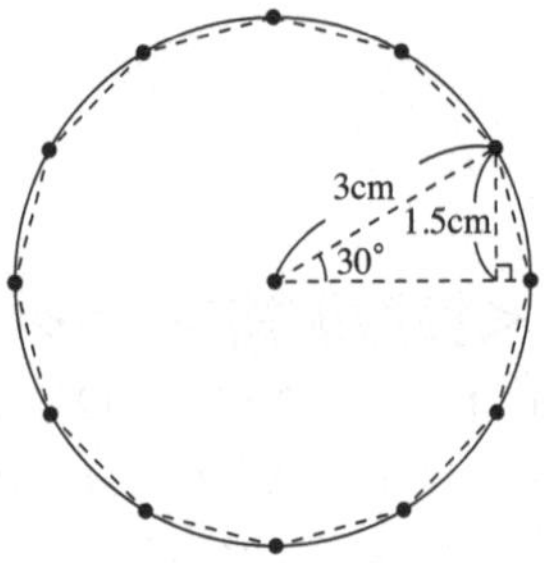

基本 (8) 右図
…$3\times 3\times 3.14-3\times 1.5\times 6=3\times 0.42=1.26$(cm^2)

重要 2 **(速さの三公式と比，割合と比，単位の換算)**

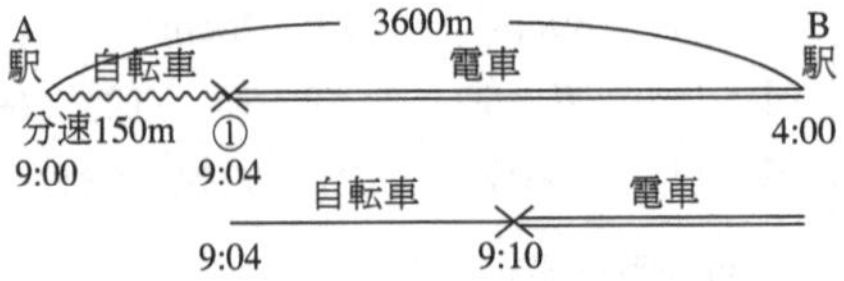

(1) 電車の分速
…$(3600-150\times 4)\div 4=750$(m)
(2) 9時4分以後の自転車の分速
…(1)より，$\{(3600-600)\div 2\}\div(10-4)$
$=250$(m)
(3) 9時10分の自転車の位置からB駅までの距離
…(2)より，$3600-(600+250\times 6)=1500$(m)
したがって，(1)より，電車の出発時刻は$10-1500\div 750=8$(分)

重要 3 **(平面図形，立体図形)**

(1) 2方向にくり抜く部分のうち，重複する部分
…右図より，$2\times 1\times 2=4$(cm^3)

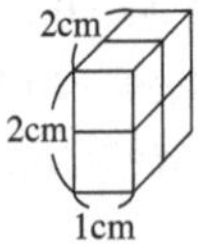

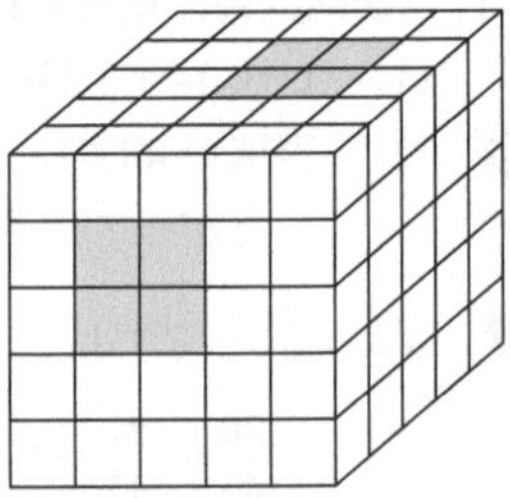
図1

くり抜く体積
…$2\times 2\times 5\times 2-4=36$(cm^3)
したがって，残りの部分の体積は$5\times 5\times 5-36=89$(cm^3)
(2) 1方向にくり抜く部分の体積×3
…$2\times 2\times 5\times 3=60$(cm^3)
くり抜く部分のうち，重複する部分
…右図より，$1\times 1\times 2\times 5=10$(cm^3)

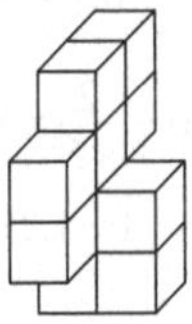

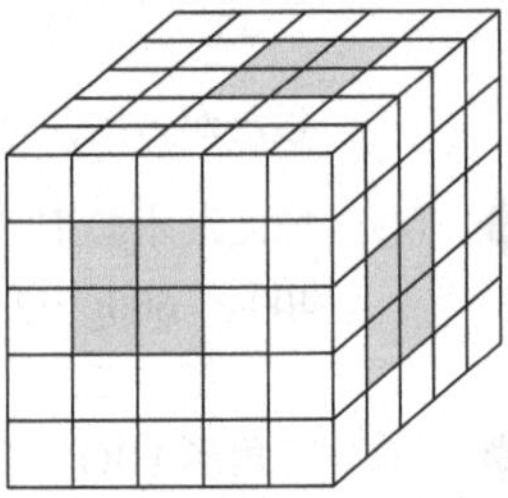
図2

くり抜く部分のうち，中央部分の体積
…1cm^3(3方向について，重なった部分)
したがって，残りの部分の体積は$125-60+10+1=76$(cm^3)
【別解】 1段目～5段目まで，残ったそれぞれの小さい立方体の個数を求める

重要 4 **(平面図形，図形や点の移動，速さの三公式と比，旅人算，割合と比)**

点Pの速さ…点Qの速さの4倍
(1) P・Q…同時にAを出発する
1回目に重なったときの…$360\div(4+1)=72$(度)
初めてAで重なるとき，そのときまでにP・Qが重なる回数
…$360\div 72=5$(回目)

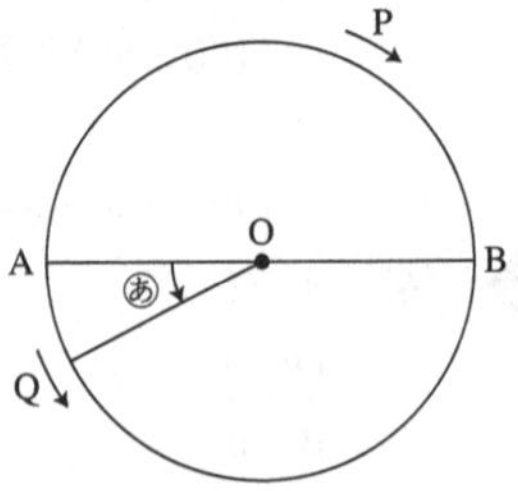

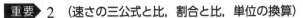

(2)　1回目

図1…④＝①＋45より，①＝45÷(4－1)＝15(度)

(あ)…45＋15＝60(度)

2回目

(あ)＝270度のとき…270×4＝360×3より，

PはAの位置

図2…①＝90÷(4－1)＝30(度)

(あ)…270＋30＝300(度)

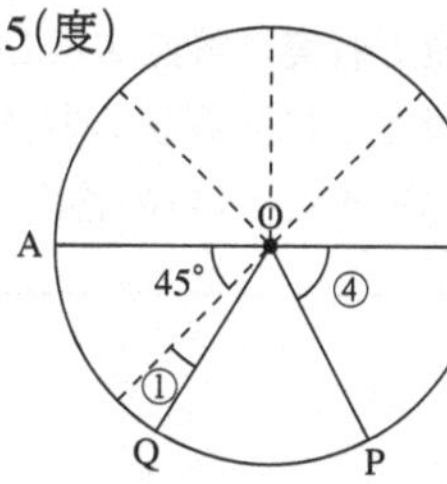

図1

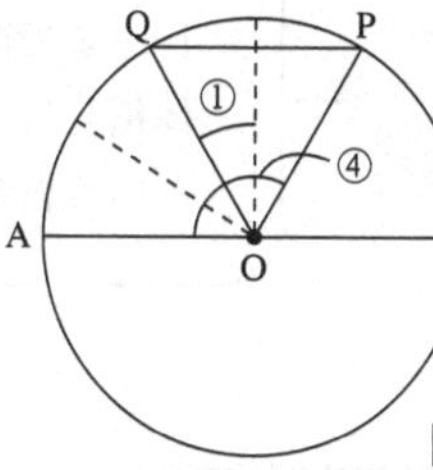

図2

(3)　1回目

図3…①＝90÷(4－1)＝30(度)

(あ)…90＋30＝120(度)

2回目

(あ)＝180度のとき…180×4＝360×2より，

PはAの位置

図4…①＝180÷(4－1)＝60(度)

(あ)…180＋60＝240(度)

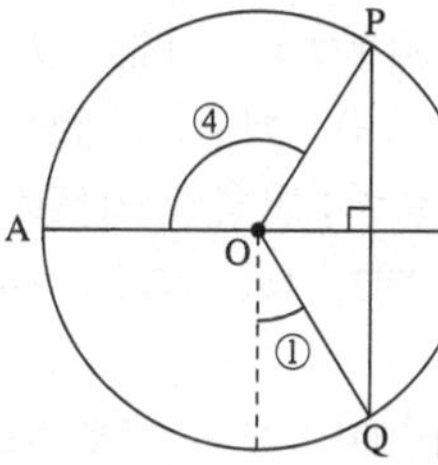

図3

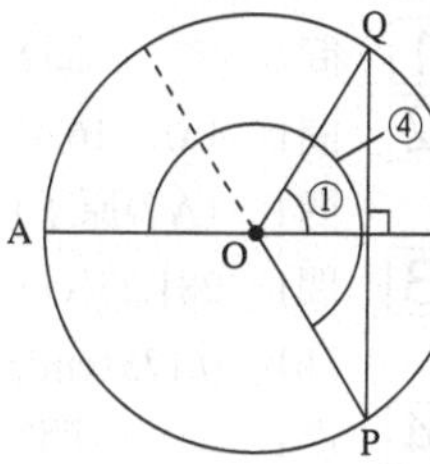

図4

(4)　右図

AC：AD…1：3

したがって，求める面積比は1：3

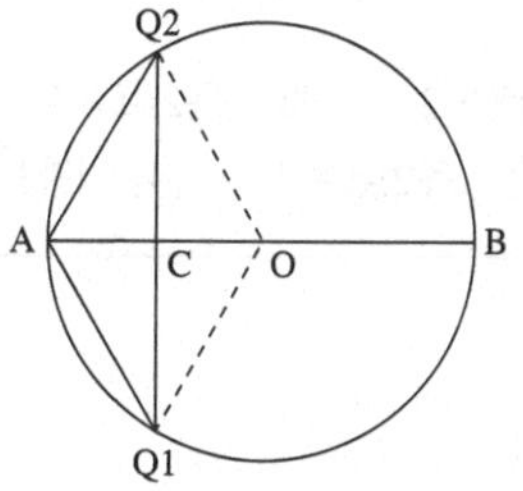

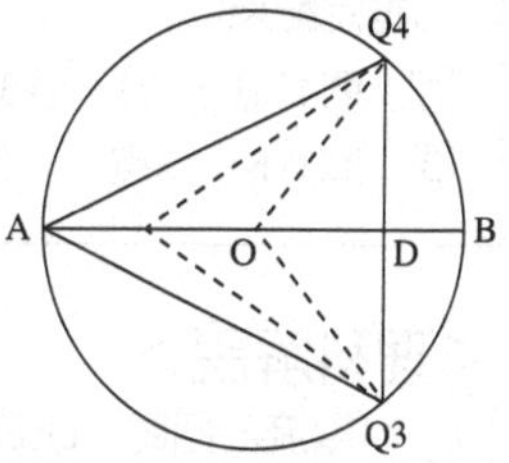

5　(平面図形，方陣算，数の性質，規則性)

重要　(1)　18×18…324

19×19…361

361－324…37＝36＋1

したがって，求めるタイルの枚数は361－1＝324＋36＝360(枚)

やや難　(2)　1辺が3枚，5枚，7枚，～の正方形を作るとき，青色タイルと赤色タイルの各枚数は以下のように変化する

1辺…3　5　7　9　11　13　15　17　19　21

青色(赤色)…5－13－25－41－61－85－113－145－181－[221]－

赤色(青色)…4－12－24－40－60－84－112－144－180－[220]－

1辺が2枚，4枚，6枚，～の正方形を作るとき，青色タイルと赤色タイルの各枚数は以下のように変化する

1辺…2　4　6　8　10　12　14　16　18　20

青色…2－8－18－32－50－72－98－[128]－162－200－

赤色…2－8－18－32－50－72－98－[128]－162－200－

できた正方形の枚数…(1)より，360－104＝256＝16×16

1辺が16枚の正方形の赤色の枚数…128枚

128＋104…232枚

この後，作られるできるだけ大きい正方形…1辺が21枚の正方形

したがって，追加した青色のタイルは221－128＝93(枚)または92枚

★ワンポイントアドバイス★

1～3までの問題で着実に得点することが，第1のポイントである。3「残った立体の体積」は，各段ごとに計算する方法が容易である。5 (2)「タイルを手元に戻して」という言葉を見逃すと，(1)の答えが利用できない。

＜理科解答＞ 《学校からの正答の発表はありません。》

1　問1　ア　　問2　15(個まで)　　問3　カ　　問4　(a)　イ，エ，カ　　(b)　ウ，オ

2　問1　(a)　16.4(g)　　(b)　7(g)　　問2　5(L)　　問3　エ

問4　(Aの原子1個の重さ：炭素原子1個の重さ＝)1：12

3　問1　281.25(cm^3)　　問2　(a)　エ　　(b)　しゃっくり　　(c)　ウ　　問3　(a)　オ

(b)　0.175(cm^3)

4　問1　エ　　問2　(地点D)　キ　　(地点E)　ウ　　問3　イ，オ　　問4　(層)　ア，3(m)

○推定配点○

1　問4(a)・(b)　各3点×2　　他　各2点×3　　2　問2・問4　各3点×2　　他　各2点×3

3　問3(b)　3点　　他　各2点×5　　4　問3　3点(完答)　　他　各2点×5　　計50点

＜理科解説＞

1　(電流と回路―LED)

問1　実験1でLEDの数を変えずに電池の数を増やしていくと，光っていなかったLEDが光るようになったことから，LED1個あたりにはたらく電圧は大きくなっていくことがわかる。

問2　電池を直列に17個つなぐと，電圧は1.5(V)×17＝25.5(V)になる。LED1個を光らせるには1.6V以上必要なので，25.5Vで光らせることができるLEDの個数は25.5÷1.6＝15.93…より，15個までとわかる。

問3　実験6では，2個の電池を直列に，3個のLEDを並列につないでいることから，選択肢で当てはまるのはオかカとなる。また，実験1，2から，LEDは右図の向きに電流が流れたときに光ることがわかり，実験6で電池2個，LED3個のとき，光ったLEDは2個なので，最も適当な回路はカとわかる。

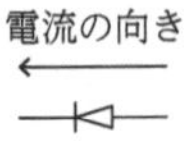

やや難　問4　(a)　アではLEDが向かい合ってつながれているので，回路に電流は流れず，どのLEDも光らない。イ・エ・カのつなぎ方では，BとCのLEDには電流が流れず，AのLEDと電池2個を導線でつないだ回路と考えることができるので，どれもAのLEDは光る。ウでは，電池2個の電圧が1.5(V)×2＝3.0(V)で，どのLEDにも1.6V以上の電圧がはたらかないため，どのLEDも光らない。オでは，電流が流れればAのLEDとCのLEDの直列つなぎと考えられるが，ウの場合と同様にそれぞれのLEDに1.6V以上の電圧がはたらかないため，どのLEDも光らない。

やや難　(b)　電池3個を直列につなぐと電圧は1.5(V)×3＝4.5(V)になる。右の図で，ウではV_AとV_{BC}の両方が1.6V以上になるとどのLEDも光るが，LEDが光るかどうかは電圧の大きさによって決まり，V_A＋V_{BC}＜4.5Vなので，A～CのどのLEDにも1.6Vの電圧がはたらくためどのLEDも光る。

ウ

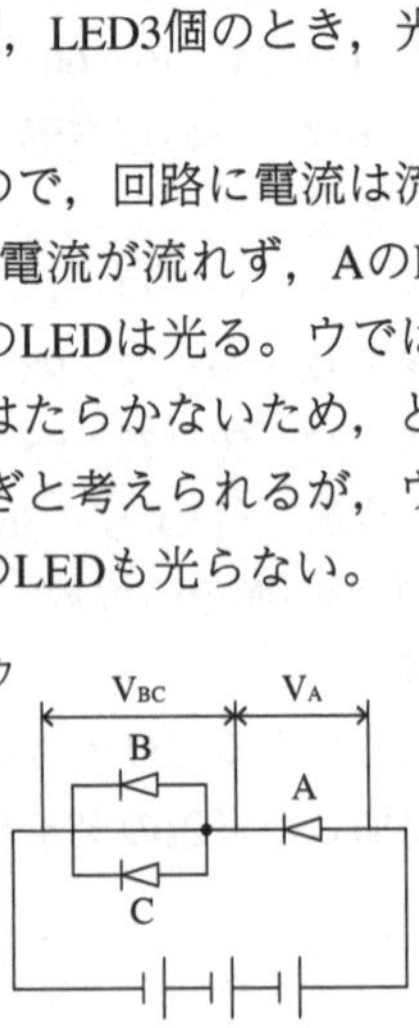

オ

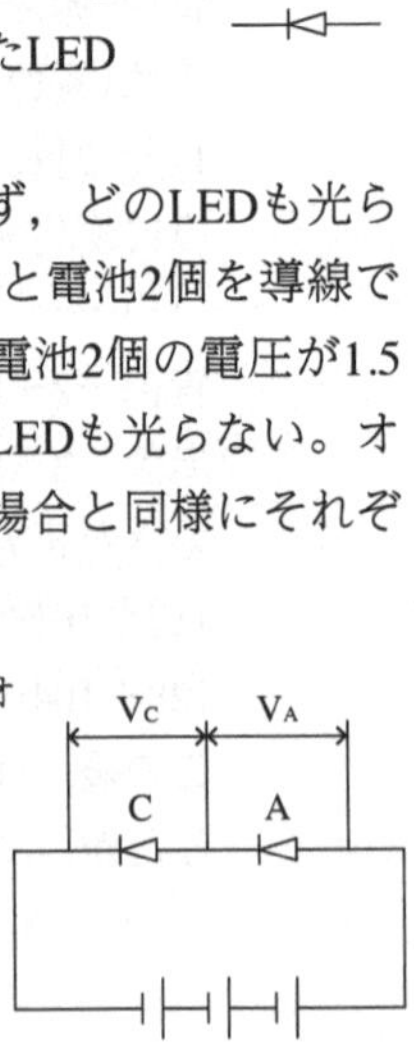

また，オでは，V_AとV_Cの両方が1.6V以上になると両方のLEDも光るが，$V_A+V_C<4.5V$なので，どちらのLEDにも1.6Vの電圧がはたらくためどちらのLEDも光る。アの回路には電流が流れず，イ，エ，カの回路ではBとCのLEDには電流が流れない(LEDにはたらく電圧の大きさが0Vである)ため，LEDは光らない。これらのことから，BまたはCの少なくとも1個が光るのはウ，オのときである。

2 (物質の性質―原子)

問1 (a) 炭12gから二酸化炭素44gができることから，炭xgから二酸化炭素が60gできるとすると，12(g)：44(g)=x(g)：60(g)　x=16.36…より，16.4g

(b) 炭ygから二酸化炭素が55gできたとすると，12(g)：44(g)=y(g)：55(g)　y=15(g)となる。よって，燃え残っている炭は22−15=7(g)

問2 気体B3Lのうちの50%が気体Cになったことから，反応した気体Bは3(L)×0.5=1.5(L)である。また，気体Aと気体Bから気体Cができるときの体積の比はA：B：C=1.5：0.5：1=3：1：2である。これらのことから，気体B1.5Lと反応した気体Aは1.5(L)×3=4.5(L)，できた気体Cは1.5(L)×2=3(L)とわかる。よって，化学変化後の気体Aの体積は5−4.5=0.5(L)，気体Bの体積は3−1.5=1.5(L)，気体Cの体積は3Lとなり，体積の和は0.5+1.5+3=5(L)である。

問3 気体AはA原子(◎)2個，酸素は酸素原子(○)2個でできていて，気体A1Lと酸素0.5Lから気体D1Lができることから，□を0.5Lとすると，この化学変化は次のように表せる。

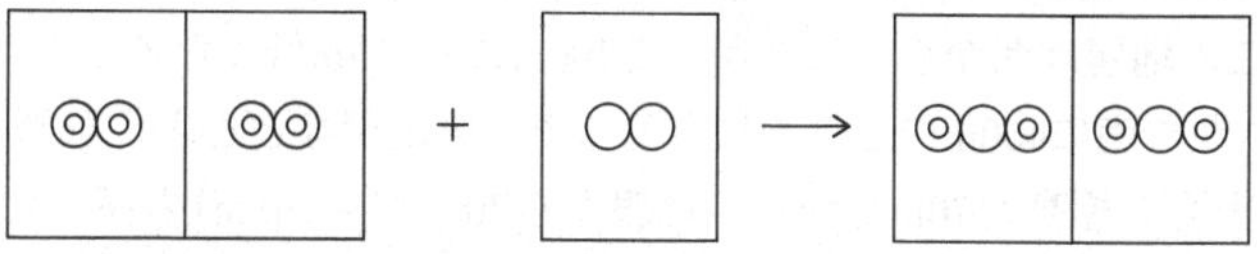

気体A　　酸素　　気体D

重要 問4 図1と，炭12gと酸素32gから二酸化炭素44gができることから，(●×1)：(○×2)=12(g)：32(g)=3：8となり，原子1個の重さの比は，●：○=3：(8÷2)=3：4…㋐

問3の図と，気体A 6gと酸素48gから気体D 54gができることから，(◎×4)：(○×2)=6(g)：48(g)=1：8となり，原子1個の重さの比は，◎：○=(1÷4)：(8÷2)=1：16…㋑

㋐，㋑より，●：○：◎=12：8：1となり，A原子1個：炭素原子1個=1：12

3 (人体―呼吸)

重要 問1 表1で，吸う息とはく息の酸素の体積の割合の差が体内にとりこまれた酸素の量になるので，1回の呼吸で，出入りした空気中の酸素の20.94−16.44=4.5(%)がとりこまれることがわかる。よって，1分間では250(cm^3)×4.5÷100×25=281.25(cm^3)の酸素が体内にとりこまれることになる。

基本 問2 (a) 肺のまわりの空間が広がることで空気を吸い込むことができるので，ろっ骨は上側と外側に動き，横隔膜は下がる。

(b) 横隔膜がけいれんを起こすことでしゃっくりが起こる。

(c) 肺に穴が開いていると，肺のまわりに空気がたまってしまい，ろっ骨や横隔膜が動いても肺が十分にふくらまず，空気を十分に吸い込むことができなくなる。そのため，肺からもれた空気を抜くための治療が必要となる。

重要 問3 (a) ダイズも呼吸をして，酸素を吸収して二酸化炭素を放出している。このことから，ガラス管に入れた水の移動量は，ダイズの種子の二酸化炭素の放出量と酸素の吸収量の差を表している。なお，表2のAで，水の位置の変化は見られないが，これはダイズの種子の二酸化炭素の放出量と酸素の吸収量が等しいことを意味している。

(b) Bでは二酸化炭素を吸収する薬品があることから，水の位置の変化はダイズの種子の酸素の吸収量を表している。Bの値は，10分で10－8.6＝1.4(cm)動いていることから，1分では1.4(cm)÷10＝0.14(cm)動いたと考えられ，体積が$1cm^3$変化するとめもりが0.8cm変化することから，1分間あたりの酸素の吸収量は$1(cm^3)\times\frac{0.14(cm)}{0.8(cm)}=0.175(cm^3)$と考えられる。また，(a)より，二酸化炭素の放出量＝酸素の吸収量なので，1分間あたりの二酸化炭素の放出量も$0.175cm^3$と考えられる。

4 (地層と岩石―柱状図)

重要 問1　地層は下にあるものほど古い。また，粒の小さいものほど海岸から遠くの深い海底に堆積する。図2より，火山灰をふくむ層から下の層は，下から順に泥岩の層→砂岩の層→れき岩の層というように，上のほうほど粒が大きくなっていることから，海はだんだんと浅くなっていることがわかる。また，火山灰をふくむ層から上の層は，下から順にれき岩の層→砂岩の層→泥岩の層というように，上のほうほど粒が小さくなっていることから，海はだんだんと深くなっていることがわかる。これらのことから，この地層は，海がだんだんと浅くなり，火山が噴火し，その後しだいに海が深くなっていってできたことがわかる。

やや難 問2・問3　地点A～Cの火山灰などをふくむ層の上面の標高は

地点A…標高80mから下に24mの位置にあるので，80－24＝56(m)

地点B…標高75mから下に20mの位置にあるので，75－20＝55(m)

地点C…標高75mから下に24mの位置にあるので，75－24＝51(m)　である。

よって，地点Aと地点Bから，この地層は北から南に向かって200mごとに1m低くなり，地点Aと地点Cから，この地層は西から東に向かって200mごとに5m低くなることがわかる。

地点Dは地点Aから南に400mのところにあるので，火山灰などをふくむ層の上面の標高は56－2＝54(m)で，地表面の標高が70mだから，地表から70－54＝16(m)の深さにある。これを満たす柱状図はキとなる。

地点Eは地点Aから東に400mのところにあるので，火山灰などをふくむ層の上面の標高は56－10＝46(m)で，地表面の標高が70mだから，地表から70－46＝24(m)の深さにある。これを満たす柱状図はウとなる。

やや難 問4　地点Fは，地点Aの南400，東400mのところにあるので，火山灰などをふくむ層の上面の標高は56－2－10＝44(m)で，地表面の標高が65mだから，地表は，火山灰などをふくむ層の上面の65－44＝21(m)高い位置なので，地表に見られるのは泥岩の層である。

また，泥岩の層の下面は，火山灰などをふくむ層の上面より18m高い位置なので，地表から21－18＝3(m)掘るとれき岩の層が現れる。

★ワンポイントアドバイス★

解答するのに必要な情報や条件が文章中に与えられている問題が多いので，典型的な問題ばかりでなく，問題文の読解が必要な問題に多くとり組み，すばやく正確に解答できるような練習を重ねておこう。

<社会解答> 《学校からの正答の発表はありません。》

Ⅰ 問1 解なし　問2 ウ　問3 ウ　問4 ア　問5 エ　問6 エ　問7 イ
問8 イ　問9 ウ　問10 エ　問11 ア　問12 ア　問13 エ　問14 ウ
問15 イ　問16 ア　問17 イ　問18 (1) イ　(2) ウ　問19 ア
問20 エ　問21 エ　問22 イ　問23 カ

Ⅱ 問1 ウ　問2 エ　問3 エ　問4 エ　問5 エ　問6 エ　問7 ア
問8 ウ　問9 エ　問10 ウ

○推定配点○

Ⅰ 問1・問3・問8・問9・問18・問19・問23　各1点×8　他　各2点×16
Ⅱ 各1点×10　計50点

<社会解説>

Ⅰ (日本の地理・歴史―国土と自然・産業・古代～現代の政治・社会・文化など)

問1 日本書紀の完成は奈良時代。百姓一揆や打ちこわしは江戸，兵農分離は安土桃山，田畑の面積に応じて課税されたのは租，不輸不入の権が認められるようになったのは平安。

基本 問2 古事記は現存する最古の歴史書で，天武天皇の命により8世紀初めに稗田《ひえだの》阿《あ》礼《れ》や太安万侶によって編纂された。神代から推古天皇まで漢字の音訓を用いて表したもの。

問3 秋田で旧暦のお盆に行われる「秋田竿灯」は，青森ねぶた・仙台七夕と並ぶ東北の三大祭り。東北唯一の政令指定都市は仙台，岩木川は青森，阿賀野川は福島。

問4 最盛期には500人以上が生活していたとみられる縄文最大規模の集落遺跡。纏向《まきむく》遺跡は奈良，吉野ケ里遺跡は佐賀，大森貝塚は東京。

問5 江戸時代はコメを中心とする税制であり，土地や屋敷を持つ商人には営業税のようなものが課せられたが農民に比べると軽く，長屋に住むような者は税負担がなかった。

重要 問6 畳や障子を用いた書院造は室町時代。貴族の屋敷は中央に主人の住む寝殿を置き，東西に配置した建物を渡り廊下で結び庭には池や築山を設けた寝殿造。

やや難 問7 寄木造は平安後期に開発され，定朝による平等院の阿弥陀如来で完成したといわれる。東大寺南大門の金剛力士像は3000ものパーツで作られている。

問8 一度も大陸とつながらず独自の進化を遂げた「東洋のガラパゴス」と呼ばれる動植物の宝庫。

問9 東経136度は若狭湾から琵琶湖を経由して紀伊半島の中央部を通過する。

基本 問10 わび茶を完成した千利休は織田信長に仕えたのち豊臣秀吉の側近として大きな権力を握った。その後秀吉の怒りにふれ切腹を命じられた。

問11 11年にわたった本願寺との石山戦争で勝利した秀吉は寺を破壊しその跡地に大坂城を築いた。天下の台所は江戸時代の大阪，世界遺産にも登録されている白鷺城は姫路。

問12 江戸の水源は多摩川や井の頭池，照明や調理に火の使用は避けられない，藩の屋敷は江戸城周辺に配置。

問13 天竜川は諏訪湖を水源に南・中央アルプスの間の伊那谷を南下して太平洋に注ぐ。高遠は近年伊那市に編入，アは岐阜の高山，イは福井の鯖江，ウは群馬の嬬恋。

問14 京都の裕福な町衆出身の画家。「現金掛け値なし」は越後屋(現在の三越)の三井高利，日本地図は伊能忠敬，河村瑞賢は幕府の命で海運の整備に当たった。

問15 世界恐慌は1929年，三国同盟は1940年，第4次中東戦争は1973年。国家総動員法は1938年，日韓基本条約は1965年，近衛文麿の第2次政権は1940年。

問16　敗戦が濃厚となった1943年には大学生の徴兵も開始。太陽の塔は大阪の千里丘陵，東海道新幹線は1964年，明治神宮外苑競技場の建設は大正時代の終わり。

問17　成田空港は日本最大の貿易港でもある。アは北海道，ウは大坂，エは東京。

問18　(1)　スダチは徳島の特産で全国の生産量の約98％を占める。　(2)　石見銀山は16世紀に開発され大内・毛利・尼子の大名たちが争奪戦を繰り広げた日本最大級の銀山。

問19　アラビア半島中央北部に位置するペルシア湾につき出た半島状の国家。面積は秋田県ほどと小さいが原油や天然ガスの世界有数の産出国で世界で最も裕福な国の一つ。

問20　東部の富士を中心とする製紙・パルプ，西部の浜松周辺の自動車や楽器産業など工業がさかんな県で，愛知・神奈川に次ぐ生産額を誇っている。

問21　平安時代初期から吉野川流域で作られている和紙で，国の伝統工芸品にも指定されている。九谷焼は石川，南部鉄器は岩手，江戸切子は江戸時代末期から東京で作られているガラス細工。

問22　稲荷山古墳から出土したのはワカタケル大王の文字が刻まれた鉄剣。5世紀に中国に朝貢した雄略天皇(倭王武)と考えられ当時の大和王権の勢力範囲がうかがえる。

問23　自給率は綿花0％，小麦12％と低く，牛肉や木材も50％に達していない。

Ⅱ　(時事問題・政治―政治のしくみ・国際問題など)

重要　問1　国連は第二次世界大戦の戦勝国が作った組織であり，拒否権を持つ常任理事国は米・英・露・仏・中の5か国。これら5か国は核兵器所有国でもある。

問2　日本資本主義の父・渋沢栄一，明治の女子教育家・津田梅子，細菌学者・北里柴三郎。バブル崩壊は1990年代初めで東日本大震災は2011年，国債の発行は政府，法人税は13％程度。

問3　東京一極集中を是正する対策の一つとして初めて移転した文部科学省の外局。

問4　有権者の3分の1以上の署名で請求。東京の知事選挙は2024年7月，町村長選挙では50％以上が無投票，首長は住民の直接選挙。

問5　ゴッホはオランダ，ミケランジェロはイタリア。

やや難　問6　政府は12桁の個人番号からなるマイナンバーカードの普及を推進，2024年12月にはマイナンバーカードと健康保険証が一体となったマイナ保険証への移行を決定。

問7　TPPは太平洋を取り囲む国々が結成した経済連携協定。現在中国や台湾，ウクライナ，コスタリカ，ウルグアイ，エクアドルなどが加盟申請中だがインドの動きはない。

問8　1993年，ロッキード事件やリクルート事件などさまざまな政治スキャンダルから自民党が分裂，非自民の細川護熙《もりひろ》内閣が成立し自民党一党支配の55年体制が崩壊した。

問9　消費税の仕入れ税額控除の方式。税のごまかしなどを防ぐための制度だが，自営業者や小さな企業にとっては事務負担が増すため反対する声も多い。

問10　カイロはエジプト，テヘランはイラン，ハノイはベトナムの首都。

★ワンポイントアドバイス★

今年度も時事問題は健在である。日ごろから世の中の動きに関心を持ち，わからない問題に出合ったら必ず自分で調べるといった習慣をつけよう。

<国語解答> 《学校からの正答の発表はありません。》

一 問1 a 順次 b 断片 問2 エ 問3 ア,イ 問4 イ 問5 ウ
問6 B イ C イ 問7 Ⅰ 自己対話 Ⅱ 誰にも邪魔されずにいる Ⅲ ウ
問8 1 A 2 C 3 B 4 A 問9 エ 問10 Ⅰ 技術 Ⅱ つながり
X どうどう Y しゅみ

二 問1 a うわべ b めがしら 問2 ウ 問3 ぶさた 問4 イ 問5 エ
問6 ア 問7 ア 問8 Ⅰ 大丈夫 Ⅱ エ 問9 (1) ウ
(2) B 友だちが作れない C 友だちと離ればなれになる (3) 友だちがいなければこわいこと

○推定配点○

一 問1・問8 各2点×6 問3 5点 問7・問10 Ⅰ, Ⅱ 各4点×5 他 各3点×8
二 問1・問3・問8・問9(1) 各2点×6 問9(2), (3) 各4点×3 他 各3点×5
計100点

<国語解説>

一 **(論説文—要旨・大意,細部の読み取り,空欄補充,漢字の書き取り)**

基本 問1 a 「次」は全6画の漢字。4画目は左下にはねる。 b 「片」は全4画の漢字。4画目は一筆で書く。

問2 「つまり~」で始まる段落に着目して,傍線①の「現実の会話」を考えると,現実の会話も複数のタスクの一つということになり,何かと同時に行うことのできる作業と考えてしまうということなのでエ。

問3 「物理的に別のところ」ということをきちんととらえること。ウとエに関しては,それぞれ「会議中」,「家の中」という場所で,今していることについて調べているだけなので「物理的に別」の場は出てこないが,アは,現実には信号待ちの路上にいながら,動画で別の場面に移行している。また,イも,スーパーにいながらリゾート気分なので物理的に別のところということになる。

重要 問4 「常時接続」しているのだから,「つながっている」状態であるが,人間関係の希薄さを感じるということになるのでイを選択する。

問5 傍線③直後から始まる内容に着目する。筆者が否定するのは「技術は中立」ということだ。新たなテクノロジーは行動様式,感じ方や捉え方を具体的に変えていくというのが筆者の考えである。つまり,これまで非常識と認識された行動なども,新たなテクノロジーによって,常識と言われる行動になるということなのでウである。

問6 B 「常時接続」の状態で「私たちが積み重ねているコミュニケーション」とは,それぞれの行動を「マルチタスキング」の一つとして行っている。これは一つ一つよく考えた行動ではなく「反射的」に行っている行動ということになる。 C マルチタスキングの一つとしての行動は,Bで考えたように「反射的」なのだから,それは「表面的」な返答ということになる。

重要 問7 筆者は「孤立」を,何かに集中して取り組むために他の人とのつながりが断たれた状態と説明している。また「孤独」を,「沈黙の内に自らとともにあるという存在のあり方」として,「孤立」は「孤独」とそれに伴う「自己対話のための必要条件」と説明していることに着目する。このことから,Ⅰ 「自分自身と過ごすこと」とは,「自己対話」をすることということになる。
Ⅱ 「アーレントは,~」で始まる段落に「孤立」を「誰にも邪魔されずにいる」状態と言い換

えている。 Ⅲ 筆者は「孤立」と「孤独」は必要なものという考えでいるが，本来は自らとの対話として大事なことなのに，一人でいることを「孤独」と捉えてしまうと，自分が求めても他者から切り離されてしまう「一緒にいてくれる人がいない」という否定的なニュアンスになる誤解を生むということを述べている。

問8 1 それぞれが自分自身の課題に向かって集中している状態なので「孤立」である。 2 他者と一緒にいても，自分は一人だと感じて行っている行動なので「寂しさ」だ。 3 主人公の気持ちを自分の体験と照らし合わせて考えているのは，自分との対話をしている状態なので「孤独」である。 4 「じっくりと見たい」というのは，集中したいということなので「孤立」である。

問9 アとエで迷うところだが，アの「本来自分がしたかったことに没入することができなくなり」が誤りである。常時接続の状態では，そもそも「本来したかったこと」すら見失う状態になる。この認識が誤りなので，「没入できなくなるから一人でいることが心細くなる」というつながりも誤りになる。一方，エは，再三考えてきた通り，マルチタスキング状態になるため「注意が分散され」ることになり，自分との対話もなくなり，一緒にいても「寂しさ」「ひとりぼっち」というつながりの希薄さを実感するということなので適切だ。

やや難 問10 Ⅰ 問5で考えたように，新しいテクノロジーは考え方や捉え方を変えると言っているので，スマホという新しい「技術」で考え方が変わることに驚いたと述べている。 X 悪循環が繰り返されるということになるので「『どうどう』巡り」がふさわしい。 Ⅱ 「常時接続」の危険さを述べている。「孤立」を取りもどすには，まず，物理的に離れる必要性はあるが，なんでもいいから，つながっていたいという，目に見えない「つながり」も断ち切る必要があるということになる。 Y 「気を散らすことなく没頭できる」ものを持つのだから「しゅみ」だ。ひらがな3字という条件に注意する。

二 (物語—心情・情景，細部の読み取り，空欄補充，ことばの意味，漢字の読み)

問1 a 算数の，一辺(いっぺん)にまどわされ「うえへん・じょうへん」のように読まないように気をつける。 b 「頭」の訓読みに「かしら」はあるが，なかなかすぐに浮かんでこない読みだ。「目頭を熱くする」という言葉で覚えよう。

やや難 問2 「教室で私が～」で始まる段落の内容に着目する。周囲に気を遣わせてしまうことを申し訳ないと思い，また，不要なウワサが巡らないようにという配慮のために，誰にも見つからない場所で一人で弁当を食べることにしたのだ。傍線①直前にあるように，無理に誰かと一緒に居れば，配慮をしなければならないということなのでウを選ぶ。

問3 「手持ちぶさた」という言葉がある。漢字表記では「無沙汰」と書き，聞きなれた言葉では「ご無沙汰」の「ぶさた」である。

問4 爽子は，「私」の都合で引っ越し，転校をさせられたと思い不満に思っていることが，「本当はきらいじゃないのに」という表記から読み取れる。ただ口で言っているだけとわかっていながら，爽子の言うままに魚をお弁当に入れないのは，不満への気遣いだ。

問5 「当てはまらないもの」という条件に注意する。ここでの「沈んでいく」は，両親，クラスメイトなど周囲の状況と，自分の内面の気持ちによるものからだ。その内面とは「理解されていない」，「戸惑い」，「孤独感」のようなものであって，エのような「嫉妬心」ではないので，当てはまらないのはエということになる。

基本 問6 直前の「鉛みたいに」に着目する。一般的に「鉛みたい」と表現されるのは「重い」である。

問7 着目する言葉は，爽子の「～なれないの？」の部分だ。「～烙印を押されたような衝撃に，体がふらつきそう」になるのは，「～そういうことなんだ。」と現実を突きつけられた思いになっているからだ。爽子は続けて発言しているが「私」は「～なれないの？」という言葉で，「自分は作れないからひとりなのだ」とわかり，ぼう然としてしまい，「足がすくんだ」のだからアだ。

重要 問8 Ⅰ 母の問いに「大丈夫」と答えている。母は「～いつも大丈夫って言うけど，本当なの？」と心配しているし，自分自身も，なにが大丈夫なのかと思いつつ，それでも「大丈夫」と言っているのだ。 Ⅱ 後に続く「取り繕ってきた」に着目する。選択肢のいずれも「取り繕う」内容ではあるが，この場面で母が聞いているのは「友だち」ができて，楽しく過ごしているのかということなので，それに沿った内容のエを選択する。

問9 (1) 爽子が姉を強いと感じるのは，「一人でいられる」という強さだ。まさか「一人でいるしかない」とは思っていなかったのだから，自ら選んで一人でいるのだと思っていたということでウだ。 (2) B 爽子が「まさか」と思っていたことが実は事実だったのだ。爽子に階段の上から責められている場面で「友だちが作れない」という事実を認識している。 C 爽子が「私」を誤解していたように，「私」も爽子を誤解していたのである。無理矢理引っ越しさせられたことを怒るのは当然だとは感じていたが，怒りの本質は「友だちと離ればなれになる」からだと思っていたのだ。 (3) 「私」は，自分とは違い爽子はすぐに友だちを作れる性格であると思い込んでいたのだが，実は「友だちがいなくて，ひとりになるのはこわい」という恐怖感で必死に友だちを作っていたということを知ったのである。

★ワンポイントアドバイス★

選択肢問題は，「適切なもの」，「適切でないもの」などがまじり合っている。また，「ひらがな」限定など条件が付いているものも多い。設問文の確認をしっかりやろう。

第2回

2024年度

解 答 と 解 説

《2024年度の配点は解答欄に掲載してあります。》

<算数解答> 《学校からの正答の発表はありません。》

1 (1) 100 (2) 281番目 (3) 8000円 (4) ア 2 イ 2 (5) 2.5cm
(6) 20g (7) ① 8m ② $1216m^2$

2 (1) 12日 (2) 5日

3 (1) ア 30cm イ 20cm (2) 5分後

4 (1) (12, 6), 6個 (2) 55個目 (3) 38個目

5 (1) 8m, 36個 (2) 3回 (3) 32個

○推定配点○

2, 4, 5 各4点×10 他 各5点×12 計100点

<算数解説>

1 (四則計算, 規則性, 割合と比, 売買算, 統計と表, 平均算, 平面図形, 立体図形, 濃度, 消去算, 植木算)

(1) $\frac{9}{8}\times\frac{5}{3}\times5\times\frac{8}{3}\times\{97\times97-(97-2)\times(97+2)\}=25\times\{97\times97-(97\times97-4)\}=25\times4=100$

重要 (2) ○●○○●●…6個の周期

140÷3…46余り2

したがって, 140番目の黒は最初から6×47−1

=281(番目)

46段 ○●○○●●
⋮
○●○○●●
○●○○●

重要 (3) 仕入れ値…定価×0.9−640=定価×0.8+320

定価…(640+320)÷(0.9−0.8)=9600(円)

したがって, 仕入れ値は9600×0.8+320=8000(円)

		算数の点数					
		0	1	2	3	4	5
国語の点数	0						
	1		2			2	
	2		4	ア	1		*3
	3			イ	1	3	
	4						2
	5				1	1	

重要 (4) 国語の総得点…1×4+2×ア+2×8+3×イ+3×4+4×2+5×2

=2×ア+3×イ+50

算数の総得点…1×6+2×ア+2×イ+3×3+4×6+5×5

=2×ア+2×イ+64

算数と国語の総得点の差についての式…2×イ+64−0.5×24

=2×イ+52=3×イ+50

イ…52−50=2(人)

ア…24−(4×2+8+2×3)=24−22=2(人)

重要 (5) 側面積…右図より, (8+6)×2×3=84(cm^2)

底面積…(145−84)÷2=30.5(cm^2)

したがって, アは6−(6×8−30.5)÷5

=2.5(cm)

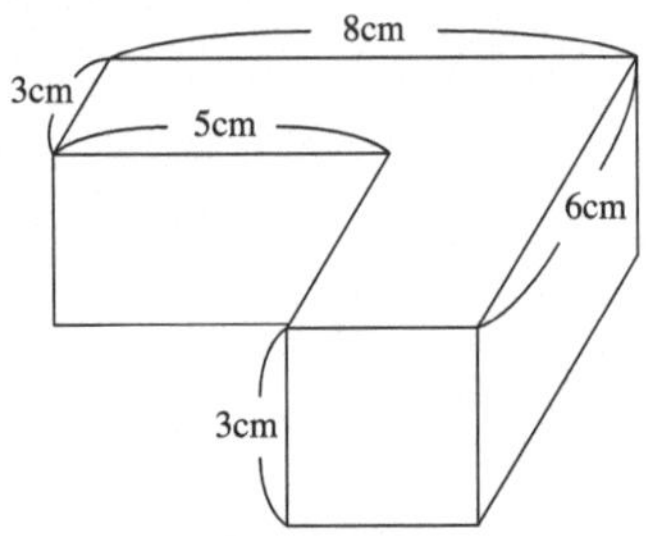

重要 (6) 容器Aの水の重さ…△g

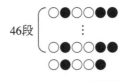

容器Bの水の重さ…△×6(g)
濃度についての式…5÷(△+5)＝5÷(△×6+5)×5
△についての式…(△+5)×5＝△×5+25＝△×6+5より，△＝25−5＝20(g)
したがって，容器Aの水の重さは20g

重要 (7) 2mの距離に1mの間隔でくいを打つ本数と
2mの間隔でくいを打つ本数の差
…2÷1−2÷2＝1(本)

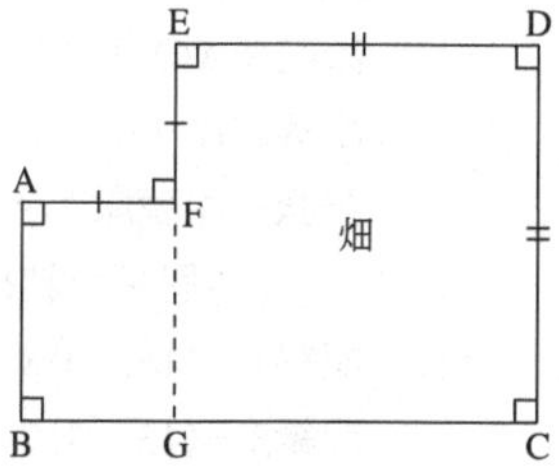

① AFの距離について，1mの間隔でくいを
打つ本数と2mの間隔でくいを打つ本数の差
…(144−136)÷2＝4(本)
したがって，AFの距離は2×4＝8(m)

② 正方形EGCDの周に1mの間隔でくいを打つ本数…①より，144−8×2＝128(本)
正方形EGCDの1辺の長さ…1×128÷4＝32(m)
したがって，畑の面積は32×32+(32−8)×8＝1024+192＝1216(m^2)

重要 2 (仕事算，割合と比)

全体の仕事量…16，12の最小公倍数48
お母さん1日の仕事量…48÷16＝3
明子さん1日の仕事量…48÷12−3＝4−3＝1

	1日目	2日目
お母さん	3	3
明子さん	1	
お父さん		4

(1) お父さん1日の仕事量…48÷6−4＝4
したがって，求める日数は48÷4＝12(日)

(2) 2日間の仕事量…右表より，3×2+1+4＝11
48÷11…4回余り4
したがって，明子さんが手伝ったのは4+1＝5(日)

重要 3 (平面図形，立体図形，グラフ，割合と比，鶴亀算，単位の換算)

毎分の給水量…12000cm^3

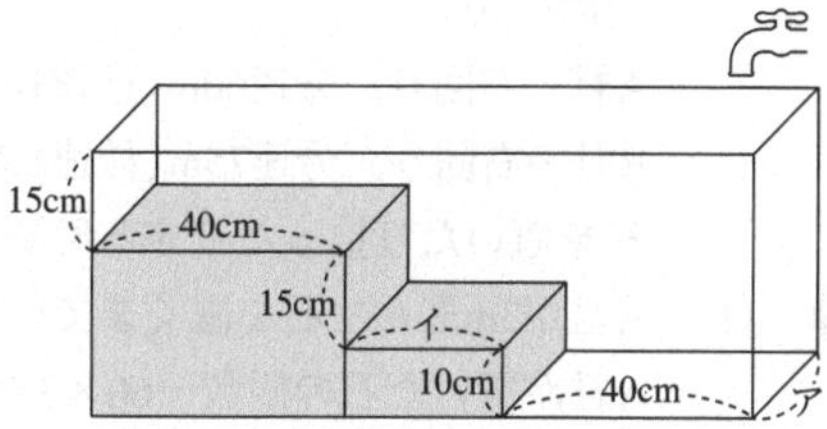

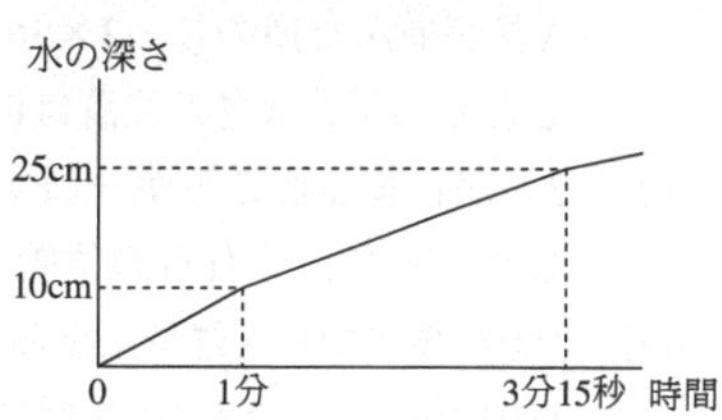

(1) ア×40×10…グラフより，12000cm^3
ア…12000÷(40×10)＝30(cm)
中段部分に入る水の体積
…グラフより，$12000\times\left(3\frac{1}{4}-1\right)$
＝27000(cm^3)
イ…27000÷(15×30)−40＝60−40＝20(cm)

(2) 上段部分の底面積…(1)より，30×(40+60)
＝3000(cm^2)
上段部分に毎分12000cm^{3}で給水するとき，
毎分，水面が上昇する高さ
…12000÷3000＝4(cm)
上段部分に毎分8000cm^{3}で給水するとき，
毎分，水面が上昇する高さ
…$8000\div3000=\frac{8}{3}$(cm)

上段部分に水がたまる時間…$8-3\frac{1}{4}=\frac{19}{4}$(分)

したがって，求める時刻は$3\frac{1}{4}+\left(15-\frac{8}{3}\times\frac{19}{4}\right)\div\left(4-\frac{8}{3}\right)=5$(分後)

やや難 4 (規則性)

冷蔵庫Aの丸いケーキ…15個

冷蔵庫B…丸いケーキを8等分したケーキを3個ずつ詰めた箱を保管する

記録…冷蔵庫Aから丸いケーキを取り出したときの「Aにある丸いケーキの個数」

3個ずつ詰めた箱を作って冷蔵庫Bに保管したときの「Bにある箱の個数」

(1) 記録1…(14, 0)8　記録2…(14, 1)5　記録3…(14, 2)2　記録4…(13, 2)10

記録5…(13, 3)7　記録6…(13, 4)4　記録7…(13, 5)1　記録8…(12, 5)9

記録9…(12, 6)6　記録10…(12, 7)3　記録11…(12, 8)0　記録12…(11, 8)8

したがって，9つ目の記録は(12, 6)で切り分けたケーキは6個

(2) 記録12…(1)より，(11, 8)8

記録23…(8, 16)8

記録34…(5, 24)8

記録45…(2, 32)8

記録46…(2, 33)5　記録47…(2, 34)2　記録48…(1, 34)10　記録49…(1, 35)7

記録50…(1, 36)4　記録51…(1, 37)1　記録52…(0, 37)9

記録53…(0, 38)6　記録54…(0, 39)3　記録55…(0, 40)0

したがって，最後の記録は55個目

(3) 記録34…(2)より，(5, 24)8

記録35…(5, 25)5　記録36…(5, 26)2　記録37…(5, 26)10

したがって，(4, 27)は38個目の記録

5 (速さの三公式と比，規則性，数の性質，平面図形，単位の換算)

円周…50m

A君…右回り，分速60m(秒速1m)で3m(3秒)毎に石を置いたり拾ったりする

B君…右回り，分速75m(秒速1.25m)で5m(4秒)毎に石を置いたり拾ったりする

石を置いたり拾ったりする時間…2秒

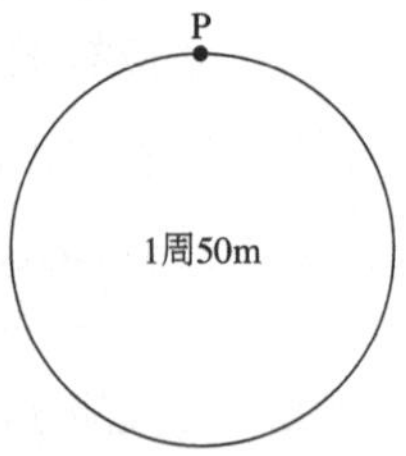

重要 (1) A君が3m進んで石を置くまでの時間…$3+2=5$(秒)

A君が置いた石の個数…$60\times3\div5=36$(個)

A君が進んだ道のり…$3\times36=108$(m)

したがって，A君の位置はP地点から$108-50\times2=8$(m)のところ

やや難 (2) 2人が止まるところが一致する位置…15m，30m，45m進んだ位置

したがって，それらの位置ではB君が先に石を置いているのでA君が石を拾うのは3回

(3) 180秒後までにA君が止まる回数…下表より，$180\div5=36$(回)

180秒後までに2人の位置が重なる回数…$175\div25=7$(回)

最後の60秒でB君が止まる回数…$60\div6=10$(回)

したがって，残っている石は$36-7+10-7=32$(個)

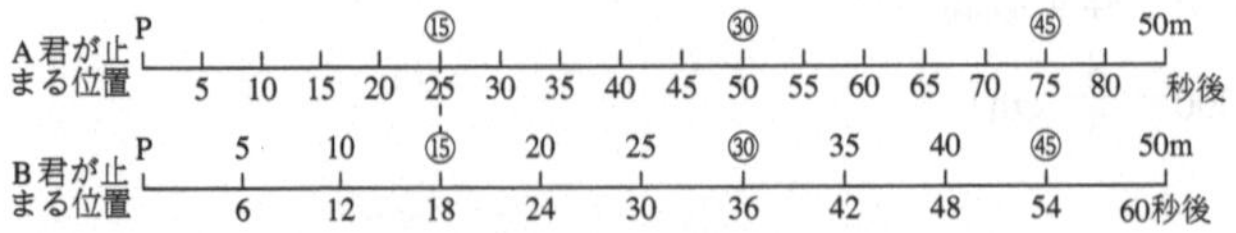

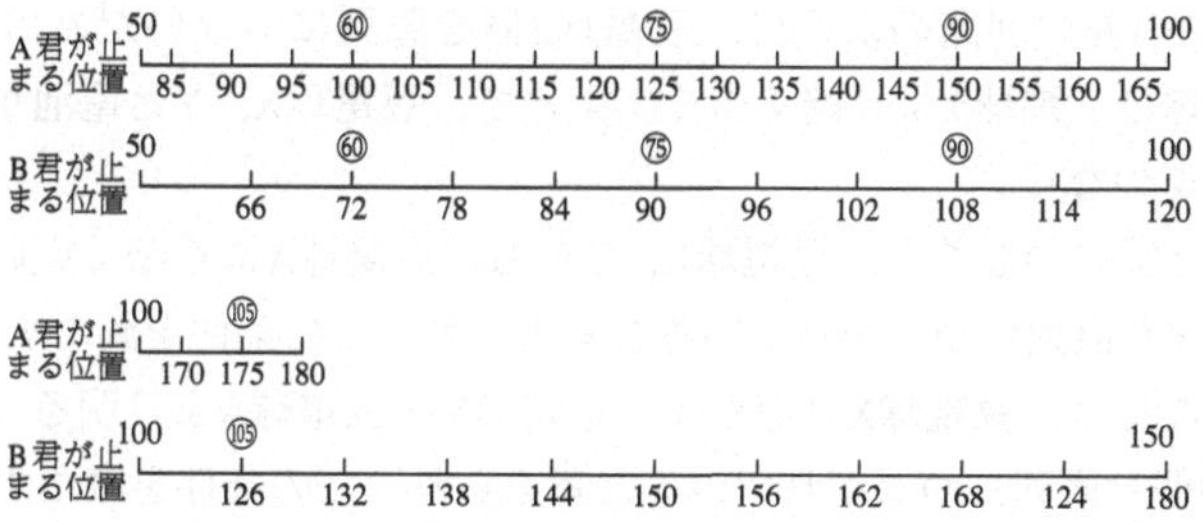

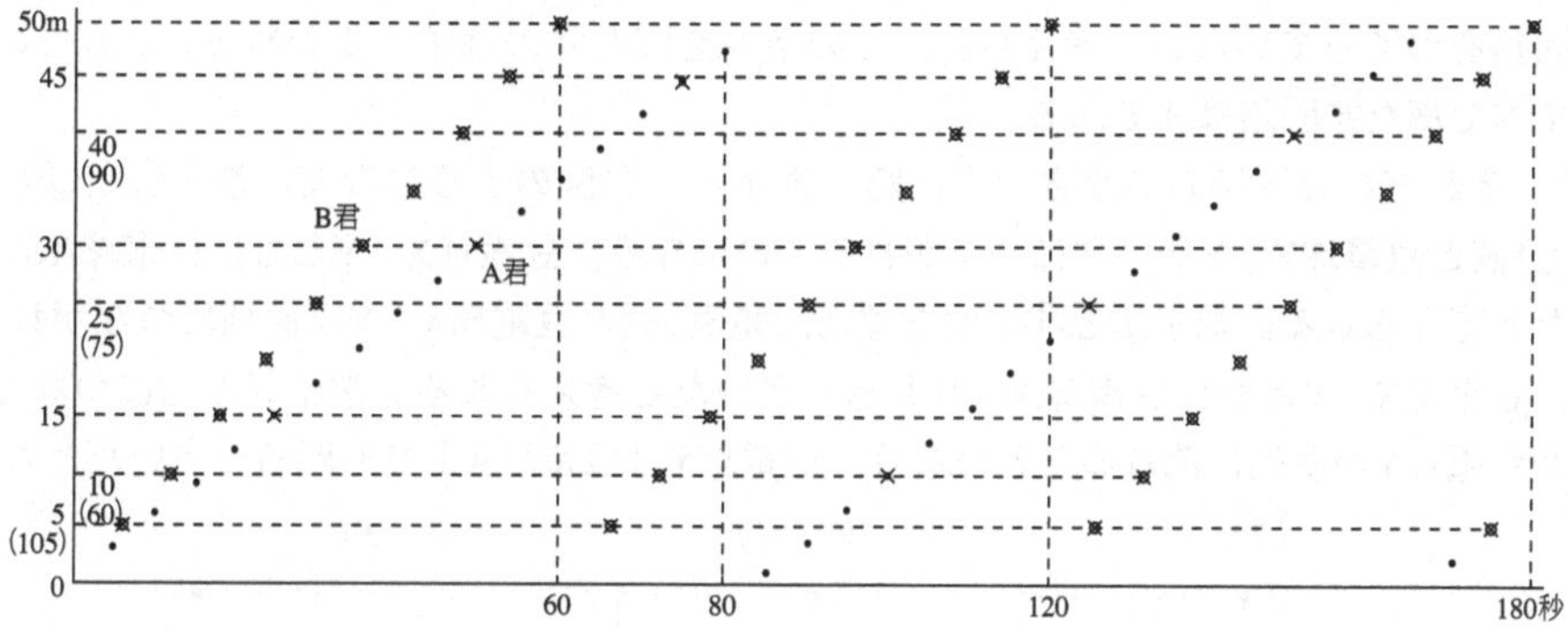

★ワンポイントアドバイス★

1~3までの問題で着実に得点することが，第1のポイントである。4「ケーキ」の問題は，「記録」の方法を正確に読み取らないと正解できない。5「石を置いたり拾ったりする」問題も，(2)・(3)が簡単ではない。

＜理科解答＞ 《学校からの正答の発表はありません。》

1 問1 D ウ　F ア　問2 ①と③　問3 (a) オ　(b) あ ウ　い ウ　う イ

2 問1 ア，エ　問2 4.64(g)　問3 ウ　問4 (a) 9.45(g)　(b) 8.68(g)

3 問1 (例) えさを待ちぶせする(行動)　問2 (a) ウ　(b) エ　問3 イ　問4 イ　問5 イ

4 問1 イ，エ　問2 ウ　問3 オ　問4 オ　問5 キ

○推定配点○

1 問3(a) 3点　他 各2点×6　2 問4(b) 3点　他 各2点×4　3 問1 3点　他 各2点×5　4 問5 3点　他 各2点×4　計50点

＜理科解説＞

1 (電流と回路—豆電球の明るさと電流)

基本 問1 表1から豆電球の明るさは流れる電流が大きいほど明るくなることがわかる。よって，Aよりも流れる電流の大きさが小さいDはAよりも暗く点き，Aと同じ大きさの電流が流れるFはAと同じ明るさで点く。

重要 問2　問1より，図2の左の回路のように，豆電球2個を直列につないだものを電池1個につなぐと，それぞれの豆電球は豆電球Aより暗く点く。よって，豆電球X，Yと電池が直列につながる回路になるよう①と③をつなぐ。

やや難 問3　(a)　端子①と②につなぐと，豆電球X，Yともに豆電球Aより暗く点いていたことから，電池1個と豆電球X，Yが直列につながれていると考えられ，この条件を満たすのはア・オ・カである。端子①と③につなぐと，豆電球Xは点かず，豆電球Yが豆電球Aより明るく点いたことから，豆電球Yだけが電池2個と直列につながれていると考えられ，この条件を満たすのはイ・オ・カである。端子①と④につなぐと，豆電球X，Yともに点かなかったことから，豆電球X，Yのどちらも電池と回路をつくっていないと考えられ，この条件を満たすのはイ・オである。これらの3つの条件をすべて満たす回路はオである。

(b)　それぞれの端子のつなぎ方を回路で表すと下の図のようになる。端子②と③につなぐと，電池1個と豆電球X，Yが直列につながれることになり，豆電球X，Yともに豆電球Aよりも暗く点いたと考えられる。端子②と④につなぐと，電池1個と豆電球X，Yが直列につながれることになり，豆電球X，Yともに豆電球Aよりも暗く点いたと考えられる。端子③と④につなぐと，電池2個と豆電球Yが直列に流れることになり，豆電球Yは豆電球Aよりも明るく点いたと考えられる。

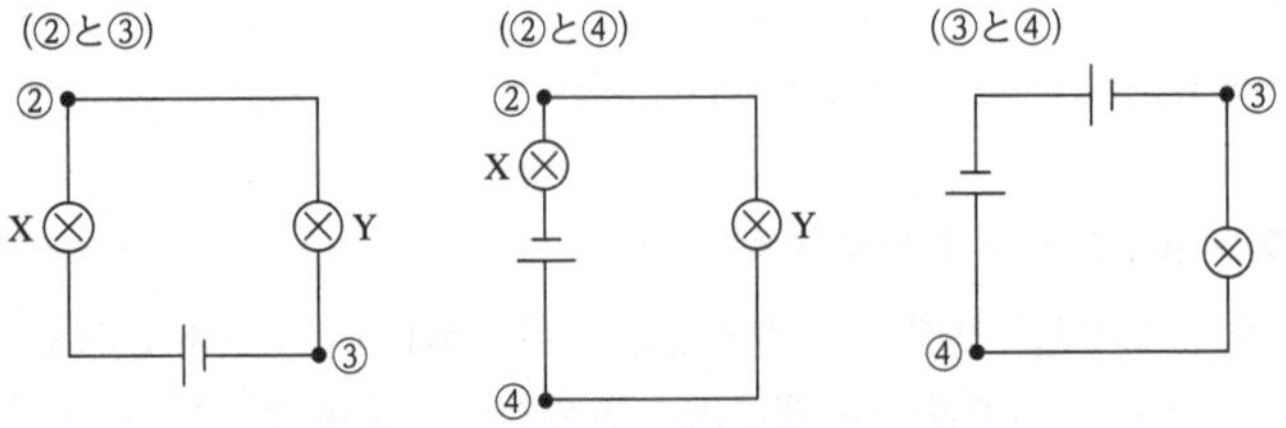

2　(気体の性質―酸素)

基本 問1　ア…空気中に含まれる体積の割合が約78％であるのはちっ素で，酸素は約21％である。
エ…石灰水を白くにごらせるはたらきをもつのは二酸化炭素である。

問2　表1より，チロシン3.62gからホモゲンチジン酸が3.36gできることから，チロシン5gからホモゲンチジン酸がxgできるとすると，3.62(g)：3.36(g)＝5(g)：x(g)　x＝4.640…より，4.64g

基本 問3　赤色リトマス紙は変化せず，青色リトマス紙が赤色に変化したことから，ビタミンC(アスコルビン酸)の水溶液は酸性であることがわかる。選択肢中，酸性の水溶液は塩酸で，水酸化ナトリウム水溶液，アンモニア水，石灰水はアルカリ性，食塩水は中性である。

問4　(a)　表2より，でんぷん8.1gからビタミンCを8.8gつくることができることから，でんぷん8.7gからビタミンCをygつくることができるとすると，8.1(g)：8.8(g)＝8.7(g)：y(g)　y＝9.451…より，9.45g

(b)　表2，表3より，でんぷん8.1gからビタミン8.8gができ，560cm^3の酸素によって起こる変化を防ぐのにビタミンCが8.8g必要であることから，でんぷん8.1gからできるビタミンCによって，酸素560cm^3によって起こる変化を防ぐことができることがわかる。酸素600cm^3によって起こる変化を防ぐのに必要なビタミンCをzgのでんぷんからつくるとすると，8.1(g)：560(cm^3)＝z(g)：600(cm^3)　z＝8.678…より，8.68g

3　(動物―いろいろな動物の習性)

問1　ホッキョクグマは海や氷の上を移動しながら海の中から浮かび上がってくるえさであるアザラシを待ちぶせして生活していることから，ホッキョクグマを下から観察すると，アザラシ側からの目線となり，ホッキョクグマがえさをどのように待ちぶせしているかを観察することができる。

問2 (a) 赤石山脈は，日本アルプスとよばれる高い山々によってできている山脈のうちのひとつで，急な斜面や崖などが多い地形である。

(b) 赤道直下にあるスマトラ島は1年を通して高温多湿な気候で，熱帯雨林とよばれる多くの種類の常緑樹からなる森林が生えている。

問3 「吐き戻し」が，決められた時間に一度にまとめてえさが与えられることが原因と考えられていることから，ニシゴリラが自由なタイミングで簡単にえさを得ることができる環境にすれば「吐き戻し」を防ぐことができると考えられる。

問4 ① 妊娠の検査をスムーズに行えるようにすればよいので，オが対応する。

② ふたごを人間と母親で交互に世話することで2頭を育てていけるので，ウが対応する。

③ 適切な時期だけ交尾させることができるように普段はオスとメスを離しておくとよいので，エが対応する。

④ 家族ではないものどうしで交尾をさせるとよいので，アが対応する。

問5 問1～問4から，動物園では，動物の生活のようすや環境，繁殖について研究したり学んだりすることができることがわかるが，売り買いに関することについてはふれられていない。

4 (地層と岩石―流水のはたらき)

重要 問1 川が上流の山の中から急に平地に出ると川の傾きがゆるやかになるため，川の流れが急激におそくなる。また，運ばれてきたものを運ぶはたらきが弱まるため，運ばれてきたものがたい積して川をうめていく。これらによって，川が上流の山の中から急に平地に出るところに扇状地ができる。

基本 問2 川の水によって運ばれる石は，流れている間に石と石がぶつかり合って角がとれ，こすれあうため，下流では小さく丸い石が見られる。

基本 問3 川が曲がって流れているところでは，外側では流れが速く，内側では流れがおそくなっている。そのため，外側はがけになっていて川底が深く，内側は川原になっていて川底が浅い。また，流れが速く運ぱんのはたらきが大きい外側の川底では，小さい石が流されて大きい石が残り，流れがおそく運ぱんのはたらきが小さくたい積のはたらきが大きい内側の川底では小さい石も残る。

重要 問4 川の曲がって流れている外側ではけずるはたらきが大きいため，右の図(a)のがけの部分の流れは➡の向きに変わっていく。そして，曲がり方が急になると，右の図(b)のように，➡の向きに水が流れ，×の向きには流れなくなり，図4のような三日月形の湖が残される。

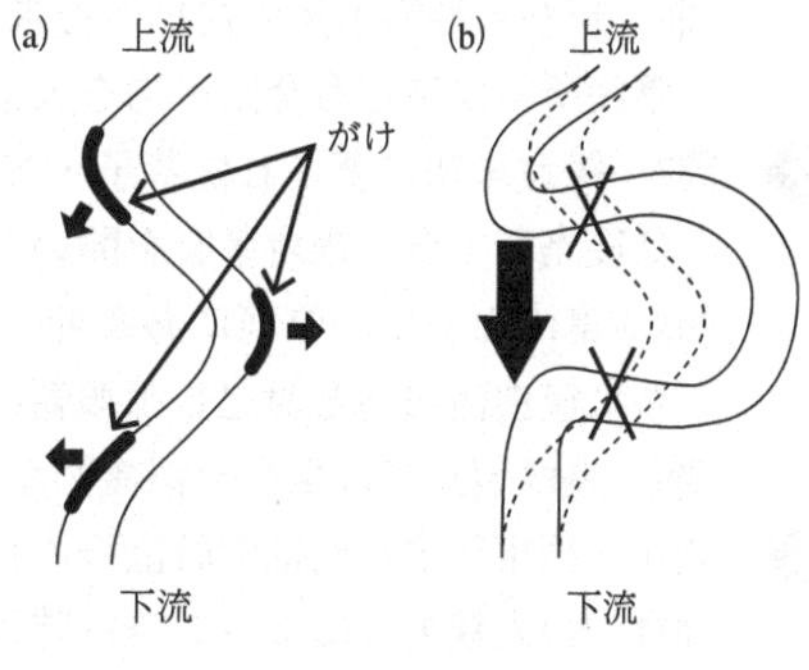

やや難 問5 土砂は粒が小さいものほど流されやすいため，自然堤防には粒の大きな土砂がたい積する。自然堤防の背後の地点Cは，川の流れから遠く，自然堤防もあることから水の流れが非常におそくなり，粒の小さいものが運ばれてきてたい積する。粒の小さい土砂は，土砂どうしのすき間が小さいため水はけが悪くなり，水をためておく必要がある水田に適している。

★ワンポイントアドバイス★

知識だけでなく問題文中から正解を導く問題が多く，試験時間に対する問題数もやや多いため，知識問題や典型問題を解けるようになるだけでなく，しっかりとした読解力や思考力も身につけていこう。

＜社会解答＞《学校からの正答の発表はありません。》

Ⅰ　問1　ア　問2　イ　問3　エ　問4　イ　問5　エ　問6　イ　問7　ア
問8　エ　問9　イ　問10　イ　問11　イ　問12　ウ　問13　イ　問14　ア
問15　エ

Ⅱ　問1　(1)　イ　(2)　エ　(3)　ウ　問2　ウ　問3　エ　問4　(1)　関東大震災
(2)　ア　(3)　ウ　問5　イ　問6　イ　問7　(1)　ア　(2)　イ　問8　ア

Ⅲ　問1　エ　問2　エ　問3　ア　問4　イ　問5　エ　問6　ア　問7　(1)　イ
(2)　ウ　問8　ウ　問9　ユニセフ

○推定配点○

Ⅰ　問3・問7・問12・問13　各2点×4　他　各1点×11
Ⅱ　問2・問3・問4(1)・問5　各2点×4　他　各1点×9
Ⅲ　問1・問3・問5・問9　各2点×4　他　各1点×6　計50点

＜社会解説＞

Ⅰ　（日本の歴史―古代～現代の政治・社会・文化など）

問1　魏志倭人伝によると卑弥呼は「親魏倭王」の称号や金印，銅鏡100枚を授けられたという。金印や邪馬台国の所在地は確定せず，仏教の伝来は6世紀ごろ。

問2　甲冑《かっちゅう》をまとい武装した人物の埴輪。アは縄文時代の土偶，エは弥生時代の銅鐸。

やや難　問3　坂上田村麻呂の征夷大将軍は8世紀末，平将門の乱は10世紀前半，藤原道長の摂政は11世紀の初め，白河上皇による院政の開始は11世紀後半。

問4　源義家の支援で後三年の役に勝利，奥州藤原3代の基礎を築いた初代清衡。大宰府に追放されたのは菅原道真，娘を天皇の后として権勢をふるったのは藤原氏。対馬の支配は宗氏。

問5　京の出入り口の大津など交通の要地を中心に活動した輸送業者。情報収集力や組織力などからしばしば土一揆の中心となった。飛脚は走り，庸は布，輸出は鉱産資源や工芸品など。

問6　現在も沖縄本島の約15％を米軍基地が占める。琉球処分は明治初期，沖縄はアメリカの統治，県民所得は現在も全国平均を大幅に下回る。

重要　問7　鎌倉末期に著され枕草子・方丈記と並ぶ随筆文学の傑作。御成敗式目は北条泰時，承久の乱は後鳥羽上皇，鎌倉幕府を開いたのは源頼朝。

問8　富山と石川の県境にある峠。木曽で挙兵した源義仲は北陸道から京に侵入し平家を追討，のちに後白河法皇と対立し源頼朝により琵琶湖畔で殺害された。

問9　長崎貿易では生糸や絹織物などを輸入，鉱産資源や水産物・工芸品などを輸出した。

基本　問10　極東軍事裁判は敗戦直後の1946年～48年に開廷，東条英機ら7名が死刑となった。

問11　舎人《とねり》親王らによって奈良時代初期に完成，神代から持統天皇までの公式な歴史書。

問12　治安の維持やキリシタンの摘発，防犯などにも活用。重要地は親藩や譜代大名，サツマイモの研究は青木昆陽，新田の開発は大いに奨励した。

問13　男子が生まれないのは前世での殺生が原因との言葉を信じ，極端な動物愛護令を発布した5代将軍。戌年生まれだったため特に犬を保護したといわれる。

問14　同じ干支は12年ごと。アは1904年，イは1945年，ウは2011年，エは2008年。

問15　条約改正交渉を兼ねた欧米視察の岩倉使節団は1871年～73年。ソ連は1922～91年，普通選挙法は1925年，日米和親条約は徳川幕府下の1854年。

Ⅱ　(日本の地理・歴史―地形図・国土と自然・産業・貿易など)

問1　(1)　愛知県の豊川から引いている用水。天竜川からも導水し東三河から渥美半島を日本でも有数の農業地帯に変貌《へんぼう》させた。　(2)　群馬県北部を水源に関東平野を南東に貫流，その流域は1都5県にわたり日本最大を誇る。　(3)　7代将軍が幼くして死亡したため紀伊徳川家から将軍家を継いだ将軍。さまざまな改革を成功させ中興の祖といわれる。

やや難　問2　現在20ある政令指定都市の中でひらがな表記はさいたま市のみ。1973年は最初の石油危機，ユーロの導入は1999年，富士山はゴミ問題などもあり文化遺産として登録。

問3　規格を統一したコンテナで大量の貨物を効率的に輸送することができる。

問4　(1)　関東大震災で東京・小石川周辺の盆栽業者が集団で移転。　(2)　川の両側に複数の調整池を配置。　(3)　測量技術の進歩で海岸線が精密になり島の数が急増。

問5　長いひげや腰の曲がった姿勢から長寿を想定，縁起の良い食べ物と人気のエビ。東南アジアでは養殖のためマングローブが破壊されて問題にもなっている。

問6　水鳥の生息域を守る条約。茨城では渡良瀬遊水地と涸沼《ひぬま》が登録されている。

問7　(1)　東京湾沿いには巨大な火力発電所が存在し首都圏の需要を賄っている。イは埼玉，ウは東京，エは福井。　(2)　アは千葉，イは埼玉，ウは神奈川，エは東京。

問8　子育て世代を中心に人口が増加している流山。イは府中，ウは川口，エは所沢。

Ⅲ　(政治―政治のしくみ・財政・社会保障など)

重要　問1　首相が主宰し全会一致を原則とする。2001年に1府12省庁に再編，大臣の過半数は国会議員である必要，10日以内に解散しない限り総辞職。

問2　刑事裁判は検察官が訴追し重大事件には裁判員も関与する。

問3　有権者と議員定数の不均衡で1票の持つ重みの違いの意味。

問4　知事や市区町村長。知事は30歳，選挙権はすべて18歳，政令の制定は内閣。

問5　金額的には約70％が社会保険，生存権に基づく公的扶助は生活保護法で対応している。

問6　技術の習得を目的としているが安価な労働力の供給方法との批判が多い。参政権など与えられないものもある，同一労働同一賃金が原則，日本人労働者は急激に減少中。

問7　(1)　ウクライナ戦争に伴う世界的な景気悪化や新型コロナなどに特化した巨額の予備費を別枠で計上。　(2)　景気に左右されにくい消費税は最大の税目となっている。

問8　再生可能エネルギーは自然界に存在する太陽光や風力地熱などを利用するもの。

重要　問9　第二次世界大戦後，戦災国の児童の救済などを目的として設立された機関。

★ワンポイントアドバイス★

分野を問わず資料の読み取り問題は手間のかかるものである。教科書にあるようなものには必ず目を通し，類似問題に数多く触れて慣れておこう。

<国語解答> 《学校からの正答の発表はありません。》

一 問1 a きしょう b ほんもう 問2 無 問3 ウ 問4 A 持続時間 B ズレ 問5 エ 問6 イ 問7 i インターネットとSNS ii 金額と労力 iii 人に読んでもらう文章 問8 ア 問9 Ⅰ 言語特有の Ⅱ 座布団 問10 (1) ア 文字に人生が重なる イ 文字の情感 (2) a 生身の人間 b 心が揺さぶられる

二 問1 a 格子 b なっとく c 喜色 d おぎな 問2 ア 問3 エ 問4 ウ 問5 イ 問6 ウ 問7 i やりたい ii つながり 問8 ア 問9 自分の居場所 問10 欠けたものをつなぎ合わせて元の形を取りもどす金継ぎのように，以前のように母をひとりじめして，母娘で過ごすことを望む気持ちもあったが，母の幸せを願う気持ちもあり，心の整理がつかないまま，新しい父と兄との生活の中で，自分の居場所を見失う思いでいた。しかし，家出をきっかけに，新しい父や兄の人がらに触れるうち，欠けたところをほかのかけらで補い，元のものとは別の個性あるものにする呼び継ぎのように，新しい家族は，それぞれの人が集まって補い合って，新しい魅力的な関係を作っていくものなのだということに気づいた。

○推定配点○

一 問1・問2 各2点×3 問7・問9・問10 各4点×9 他 各3点×6

二 問1・問3 各2点×5 問10 6点 他 各3点×8 計100点

<国語解説>

一 (論説文—細部の読み取り，空欄補充，ことばの意味，漢字の読み)

基本 問1 a 「気性」とは，生まれつきの性質，先天的な性情・気質のこと。気だてという語も類語になる。 b 「望」の音読みには「ボウ」のほかに「モウ」もある。

問2 「□作為」だけなら「不作為」と「無作為」のどちらも入る。「不作為」とは，法律で，あえて積極的な行為をしないことという意味なので，「ランダム」の意味にはならない。ランダムとは，偶然にまかせることという意味なので「無作為」の「無」を入れる。共通して入る漢字一字なので「無意味」がナンセンスで成立する。

基本 問3 物理学者だから，クイズの答えをすぐに見ることはしないと言って，懸命に考えているのだから，ウである。

問4 A 結露の上に描いた文字はすぐ消えてしまうことを「長さが例外的に短い」と表現しているのだから「持続時間」である。 B 「一方，人間の書く～」で始まる段落に着目すると，すぐ消えてしまう情報はたいした情報ではないとしながらも，結露の上の文字は価値として低いのに，楽しむのは「ズレ」だと述べている。

やや難 問5 アとエで迷うところだ。儚さについて言えば，虹は消えていくものなので結露に描いた文字と同じような種類のものに見えるからだが，虹には「人間の書く文字は情報」の，「情報」部分が見当たらない。しかし，「壁画」には描いた時代の人の情報の価値があるのでエを選択する。

問6 「情報を残すことができない」のが風呂場の湯気の中で描いた痕跡としての文字のような形は情報としての価値はない。しかし，そのような行動をとる人を見知っている人を取り上げて「自分の思考の筋道を確認しようとしている」と分析していることからイである。

問7 i 以前と現在の比較は「インターネットとSNS」の登場以前と以後で行っている。

ii iの比較で言えば，「現在，1文字～」で始まる段落にあるように，以前は，自分の書いた文字を流通させるには「金額と労力」が必要だったのだ。　iii　「以前」は「人に読んでもらう文章」に必要な量を書くには「達成できるかどうかわからない」ほど大変だったが,「以後」はそう難しくなく流通できるようになったということになる。

問8　問7で考えたように，文字の発信は，筆者が学部の学生時代よりはるかに簡単になったのだが,それを利用して日常で書いているものと，学者として発表する論文は，後に残るものとして緊張感を持って書くことは，学生のころの意識とは変わらないという決意だからアである。

問9　Ⅰには,「元の文章とは若干表現が違う」や「内容は変えずに表現だけを変える」などの言葉が浮かんでくるが，指定の字数に合わない。そこで，掲出文の「たとえば」に着目すると，機械翻訳すると，だいぶニュアンスが変わってきてしまうことを述べている掲出文であることに気がつく。文化的な背景について述べているのは「しかし，この方法～」で始まる段落だ。言葉には「言語特有の文化的背景」があるのにそれがなくなるということがニュアンスが違っていると感じることになるので「言語特有の文化背景が失われる(14字)」を書き抜く。　Ⅱ　最終的に「クッション」と訳される日本語ということになる。クッションとは，ソファーなどに置く，腰かけたり，背もたれにしたりする枕のようなものだ。日本的文化背景を持つそのような品物で，漢字3文字となると「座布団」ということになる。

やや難　問10　(1)「娘とのエピソードを読んでそのわけが少しわかった」ということなので「小学生の娘が～」で始まる段落に着目する。特に「現在では，～」で始まる内容が，明子の母が娘の幼かったころに書いた手紙という点で重ねて読むことができる。　ア　母親が手紙を飾っているのは,筆者が娘からもらった手紙に感じるように，成長の過程と重なり「文字に人生が重なる」思いで見ているのだ。　イ　手紙の文字自体は見るたびに変わるはずはない。異なるのは，今と当時の情感である。その情感とは「文字の情感」ということになる。　(2)　この設問は《資料》から抜き出すという条件である。人間の認知に重要なのは「誰が～」という部分も非常に大きいということを述べている文章だ。　a　この場合，直前が「私という」なので,「誰が」の部分は解消されている。ポイントは「私という人間」だから大切にしているということで，五字という条件に合うように「生身の人間」とする。　b　機械ではなく「生身の人間」のものだから「心が揺さぶられる」ということだ。

二　(物語—心情・情景，細部の読み取り，空欄補充，ことばの意味，漢字の読み書き，記述力)

問1　a「格子(戸)」とは，木材を縦と横に組んだ扉や引き戸などのこと。障子の戸の骨組みのようなものである。　b「納」の音読みには「納品」の「ノウ」,「納得」の「ナッ」,「納屋」の「ナ」,「納戸」の「ナン」など数多くある。　c「喜色満面」の四字熟語の一部だ。「気分・内面」の意味を持つ「気色」という語もあるので注意する。　d「補」の音読みは「補欠」の「ホ」である。

基本　問2　思わず話しかけたものの，陶器なのだから答えるわけはないことはわかっている。しかし,自転車の光でピカリと光ったことがまるで返事をしてくれたように感じて驚いたのだからア。

問3「地団太を踏む」とは，怒りや悔しさなどの感情のたかぶりから，地面を激しく踏む動作をすること，という意味だが実際に地面を踏む行為がなくても，怒りや悔しさを表す語として使われる。ここでは，心配させたことに対する怒りだ。

問4　以前の「ごめんなさい」は，湯呑が割れた場面で，何に対してごめんなさいなのか自分でもわからないままの発言だった。「今度は」は，家を出た自分のことを，みんなが心から心配していたことを知り，素直に謝ったということなので「心配かけて」である。

問5　傍線③直前の内容に着目する。骨董品や有名作家の作品ではなく，ごくありふれた日用品でも誰かにとって大切なものを直してほしいという依頼があることを知った場面だ。母が「くっつかないかなあ」と嘆いていた割れた湯呑を直してあげたいという気持ちになったのだからイを選択する。

問6　「ふきだまり」には，雪や落ち葉などが風に吹き寄せられてたまっている場所という意味と，行き場のない人たちが，自然と寄り集まる所という意味がある。傍線④は後者の意味なのでウである。

問7　ⅰ　傍線⑤は，割れたり欠けたりして傷ついた陶器と，心が傷ついたの両方を読み取るべき表現だ。ⅰでは，新しい環境に戸惑い心が傷ついていたときに出会った金継ぎという，「本当に『やりたい』ことということになる。　ⅱ　骨董屋さん，衣川さん，園田さんはもちろん，修理を依頼している人，何千年前に漆の利用法を考えた人など，金継ぎを通して，自分には新たな「つながり」ができたと感じているのである。

基本　問8　これまで自分は大也に距離を置いたような立場をとっていたが，大也のほうは，「家族なら当然」という気持ちでいるのだ。自分のような気負いもなく，自然体で妹のように接しているということでアを選ぶ。

重要　問9　「それはたぶん～」で始まる段落に着目する。どうしても新しい家族という形になじめない気持ちを，「自分の居場所」がないという表現をしている。

やや難　問10　「金継ぎ」と「呼び継ぎ」の特徴に触れながら，という条件である。これは，言葉の上では修復技法だが，修復技法として説明しても，二重傍線と重ならない。まずは技法としての特徴を考え，それを，美雨の状況と重ね合わせることが必要だ。「金継ぎ」は，欠けたり割れたりするものをつなぎ合わせて元の形を取りもどす技法である。一方「呼び継ぎ」は，欠けたところをよく似た他のかけらで補い新たな個性を作り出す技法だ。なかなかぴったりのかけらを見つけられない難しい点もあるが，元より魅力的なものが生み出される可能性もあるものだということがわかる。美雨の状況との重ね合わせ方としては，母と二人の元の生活を「金継ぎ」で，新しい家族が集まって新たな個性の家族を作り上げることを「呼び継ぎ」で重ねることができる。

★ワンポイントアドバイス★

字数指定の書き抜き問題が多い。この種の問題は時間がかかり手間取ることが多いので，掲出文をよく読み，どのような内容が入るかをあらかじめ想定して探し出すようにしよう。

2023年度

入　試　問　題

2023
年
度

2023年度

浦和明の星女子中学校入試問題（第１回）

【算　数】（50分）　＜満点：100点＞
【注意】 コンパス，定規，分度器，計算機は使用しないこと。

１． 次の各問いに答えなさい。

(1) $2.9\times3.4-\left(1\frac{1}{2}\times2\frac{2}{3}+\frac{9}{25}\right)$ を計算しなさい。

(2) 次の空欄《くうらん》 □ に入る数を答えなさい。
濃度《のうど》 □ ％の食塩水220ｇと，濃度８％の食塩水80ｇと，濃度10％の食塩水120ｇを混ぜると，濃度７％の食塩水ができる。

(3) あるお寿司《すし》屋さんには，松・竹・梅の３種類のメニューがあります。１つあたりの値段については，松は竹より800円高く，梅の２倍です。また，竹２つと梅１つの値段の合計は5900円でした。松１つの値段はいくらですか。

(4) 次の □ に当てはまる整数をすべて答えなさい。

$$\frac{32}{59}<\frac{7}{\square}<\frac{2}{3}$$

(5) 右の図は，直角三角形ABCの辺ABが辺BCに重なるように折ったものです。このとき，斜線《しゃせん》部分の面積を求めなさい。

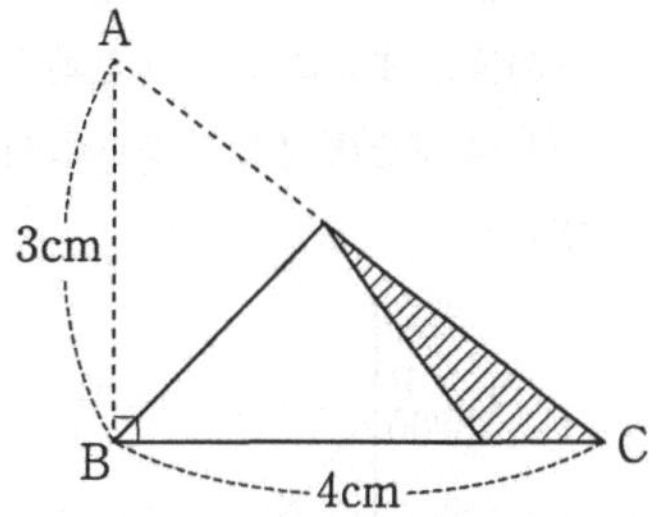

(6) 下の図のように，半径２㎝，３㎝，４㎝の半円と直線を組み合わせてできた図形があります。斜線部分の面積の和を求めなさい。ただし，円周率は3.14とします。

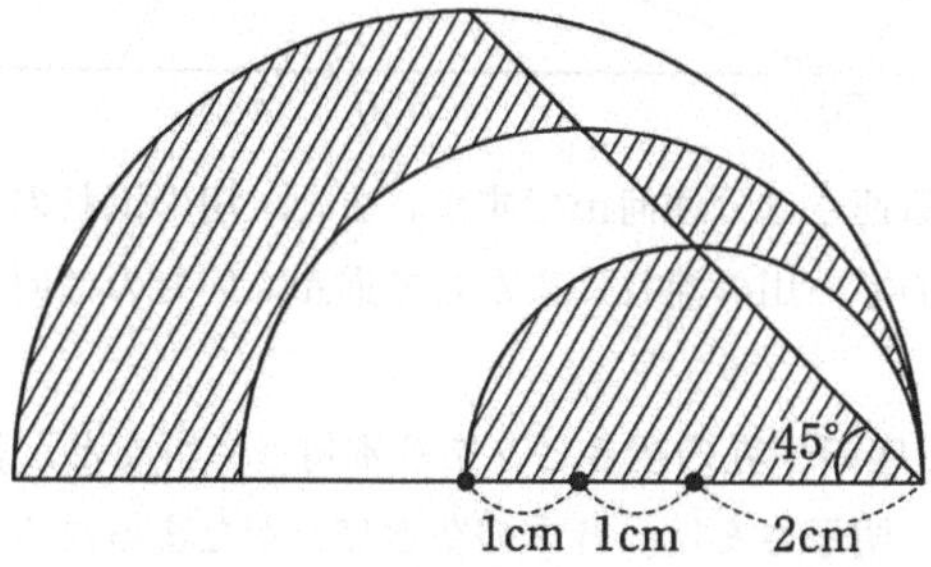

⑺ 図１のような水の入った直方体の形をした水そうに，図２のような三角柱の形をしたおもりを，縦40㎝，横60㎝の長方形の面を下にして入れたところ，水の深さが20㎝になりました。このとき，次の問いに答えなさい。ただし，答えが整数にならないときは，帯分数で答えなさい。

① おもりを水そうから取り出したとき，水の深さは何㎝になりますか。

② ①の後で，おもりを底辺60㎝，高さ40㎝の直角三角形の面を下にして入れました。このとき，水の深さは何㎝になりますか。

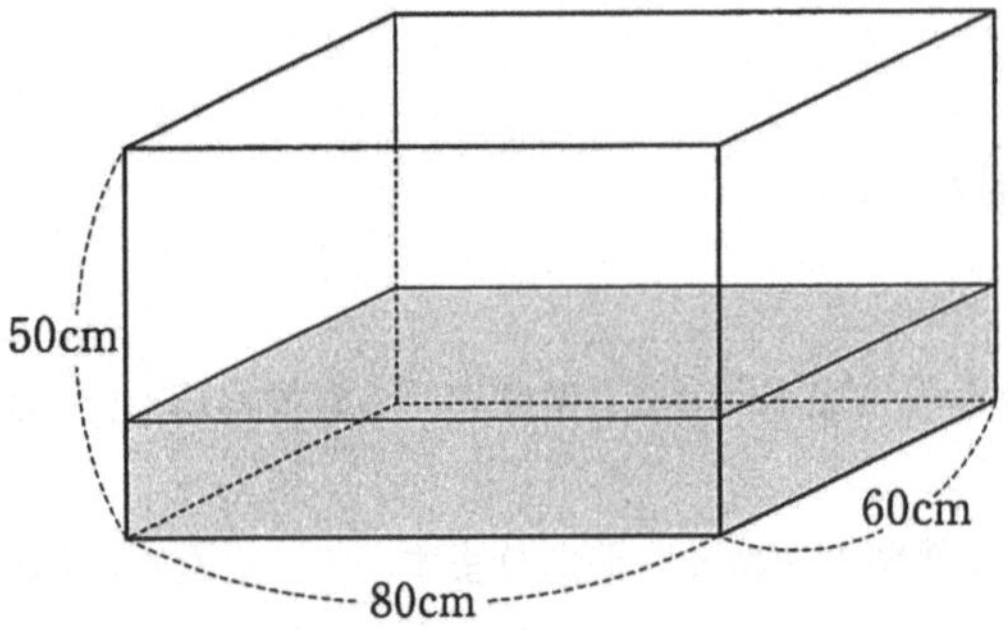

図１

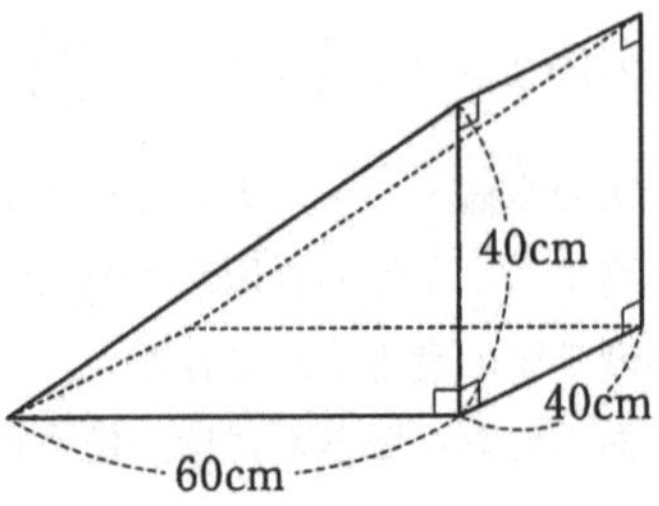

図２

２． 川の上流にあるＰ地点から下流にあるＱ地点までは25200ｍあります。船ＡはＰを出発して，この間を往復しました。船Ｂは船ＡがＰを出発した10分後にＱを出発して，この間を往復しました。船ＢはＰで折り返してＱに向かっている途中《とちゅう》で，エンジンを止め，川の流れにまかせて進みました。その後，またエンジンを動かして前と同じ速さで進み，船Ａとすれ違《ちが》いました。下のグラフは船ＡがＰ地点を出発してからの時間と，船Ａ，ＢのＱ地点からのそれぞれの距離《きょり》の関係を表したものです。

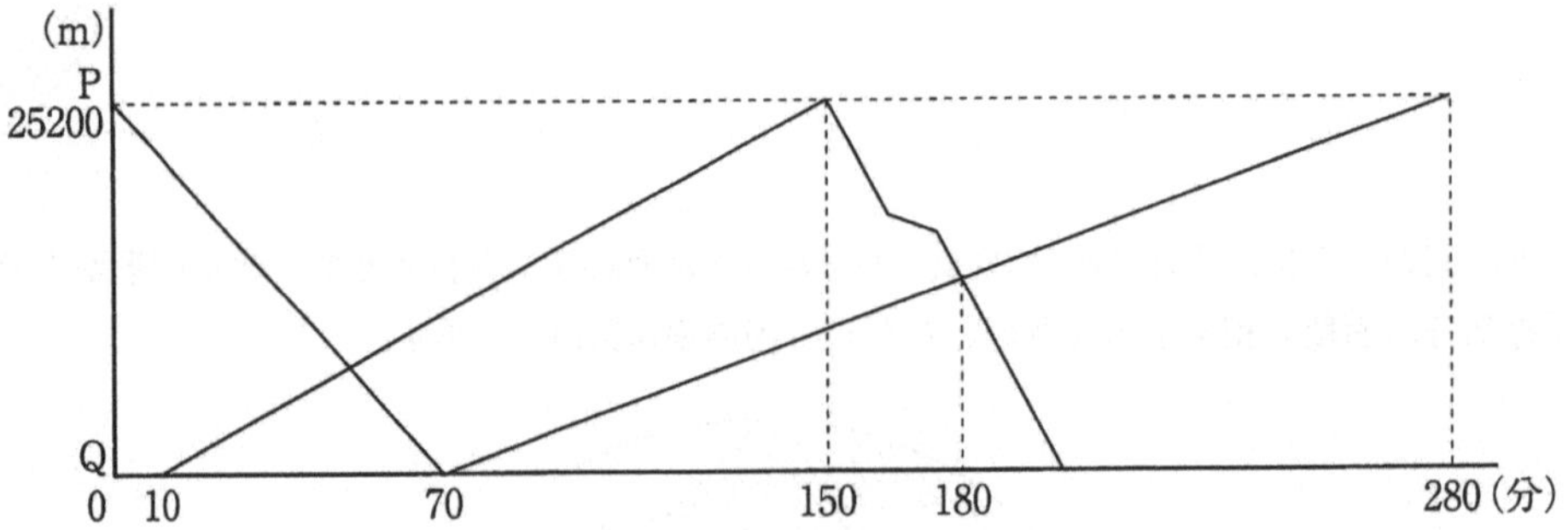

⑴ 船Ａの静水時における速さは分速何ｍですか。また，川の流れの速さは分速何ｍですか。

⑵ 船Ｂがエンジンを止めて，川の流れにまかせて進んでいたのは何分間でしたか。

３． あるお店には，そのお店の牛乳の空きビンを６本持って行くと，新しい牛乳１本と交換《こうかん》してくれるサービスがあります。明子さんは，６本の空きビンがたまったらすぐにこのサービスを利用して新しい牛乳１本と交換してもらうことをくり返しながら，できるだけ多くの牛乳を飲むことにしました。次の問いに答えなさい。

⑴ 明子さんが牛乳を35本買うと，全部で何本飲むことができますか。

⑵　次の空欄 [ア] ～ [エ] に入る数を答えなさい。

買った牛乳の本数より１本多く飲むことができるのは，買った牛乳が [ア] 本以上 [イ] 本以下のときであり，買った牛乳の本数より２本多く飲むことができるのは，買った牛乳が [ウ] 本以上 [エ] 本以下のときである。

⑶　明子さんが全部で100本の牛乳を飲むことができるのは，何本の牛乳を買ったときですか。

4． ある売店では，先月からあんパンとクリームパンを販売しています。これらのパンの売上金の合計について，毎月同じ目標金額を設定し，それを上回るように考えています。１個あたりの値段は，あんパンよりもクリームパンを13円高くしました。次の問いに答えなさい。

⑴　次の空欄 [　] に入る数を答えなさい。また，（　）内の言葉は，当てはまる方を○で囲みなさい。

あんパンの売上個数が１個増え，クリームパンの売上個数が１個減ると，売上金の合計は [　　] 円（増える／減る)。

⑵　先月のはじめ，あんパンとクリームパンを，１か月で合わせて1200個売り上げることで，目標金額より1500円多くなる見込《こ》みを立てました。ところが実際は，あんパンとクリームパンの売上個数が見込みと逆になったため，先月の売上金の合計は，目標金額より1100円少なくなりました。あんパンとクリームパンは，それぞれ何個売れましたか。

⑶　今月は，２種類とも先月より50個ずつ多く売れたので，目標金額より12250円多くなりました。あんパン１個の値段はいくらですか。また，設定していた目標金額はいくらですか。

5． １から10まで，それぞれの番号がかかれた玉が１個ずつ，全部で10個あります。10個の玉はA，Bどちらかの箱に入っていて，サイコロを振《ふ》るごとに，「１」から「６」のうちの出た目の数で割り切れる番号のかかれた玉を移しかえます。

例えば，はじめに全部の玉がAに入っていて，サイコロを振って「２」の目が出たとします。そのときは，２，４，６，８，10の玉をBへ移します。その後，またサイコロを振って「３」の目が出たとします。そのときは，３，９の玉をBへ移し，６の玉をAへ移すので，Aには１，５，６，７の玉，Bには２，３，４，８，９，10の玉が入っていることになります。

⑴　はじめに全部の玉がAに入っていて，サイコロを３回振って「４」，「１」，「５」の目が出ました。Aに入っている玉の番号を小さい順にすべて答えなさい。

⑵　全部の玉がAに入った状態からサイコロを何回振っても，ある番号とある番号の玉は必ず同じ箱に入っています。その番号の組をすべて答えなさい。例えば，１と２の組を答える場合は，（１，２）のように書きなさい。

⑶　はじめに全部の玉がAに入っていて，サイコロを４回振って玉を移しかえました。その結果，Aに６個，Bに４個の玉が入っていました。出た目は４回ともすべて異なり，Aには１と10の玉が入っていることがわかりました。Aに入っている玉の番号を小さい順にすべて答えなさい。ただし，１と10は解答欄にすでに書いてあるので，それ以外の番号を答えなさい。

【理　科】（社会と合わせて50分）　　＜満点：50点＞

1　棒や板のつりあいに関する各問いに答えなさい。ただし，おもり以外の重さは考えないものとします。

問１　長さ30cmの棒①の点Oに糸をつけ，天井からつるしました。棒①の点Oから端A，Bまでの距離《きょり》をそれぞれXcm，Ycmとします。端A，Bにそれぞれおもりをつるしたところ，棒①は水平につりあいました（図１）。端A，Bにつるしたおもりの重さとX，Yの組合せとして，もっとも適当なものを選び，ア～カで答えなさい。

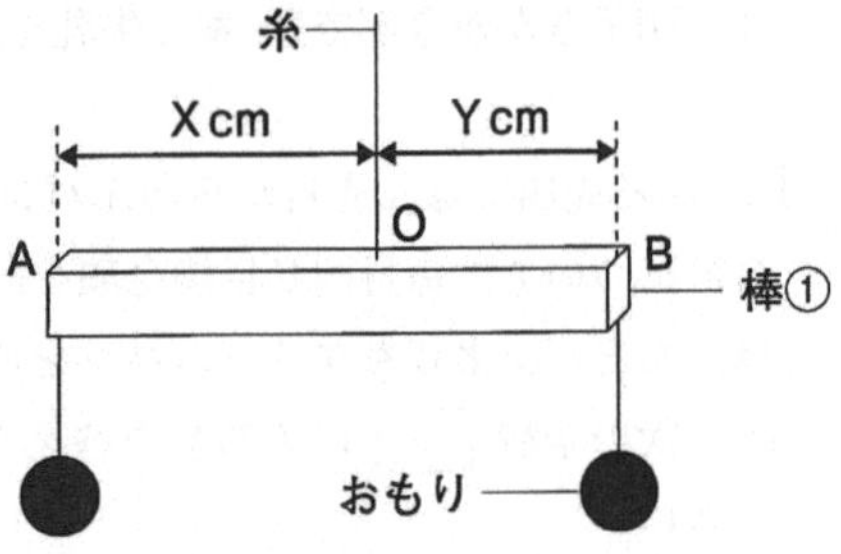

図１　棒①が水平につりあったようす

	端Aにつるしたおもり（g）	端Bにつるしたおもり（g）	X（cm）	Y（cm）
ア	50	10	20	10
イ	46	14	14	16
ウ	30	30	10	20
エ	20	40	20	10
オ	14	46	14	16
カ	10	50	10	20

問２　長さ90cmの棒②の端Cから40cmの位置に糸をつけ，棒②を天井からつるしました。そして端Cに重さ45gのおもりをつるしました。さらに問１の「端A，Bにおもりをつるした棒①」を，端Cから70cmの位置に直角にとりつけたところ，棒②は水平につりあいました（図２）。端Cに重さ51gのおもりをつるしたとき，棒②が水平につりあうためには，「端A，Bにおもりをつるした棒①」を端Cから何cmの位置にとりつければよいですか。

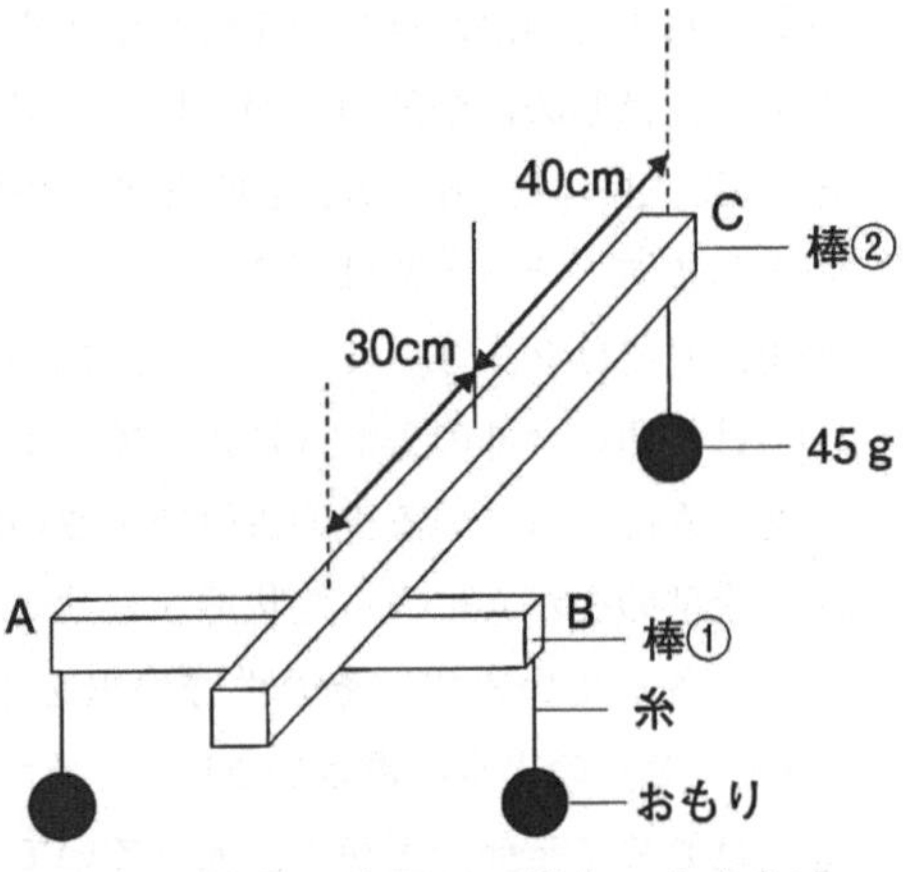

図２　棒②が水平につりあったようす

問３　縦と横にそれぞれ５㎝ごとに点**A**～**Y**をつけた正方形の板（**図３**）を用意しました。そして点**M**に糸をつけ，天井からつるしたところ，板は水平になりました。(a)，(b)に答えなさい。

(a)　点**F**と点**P**に，それぞれ重さ20ｇのおもりをつるしました。さらにある点に重さ40ｇのおもりをつるしたところ，板が水平につりあいました。どの点におもりをつるしたと考えられますか。もっとも適当な点を選び，**A**～**Y**で答えなさい。

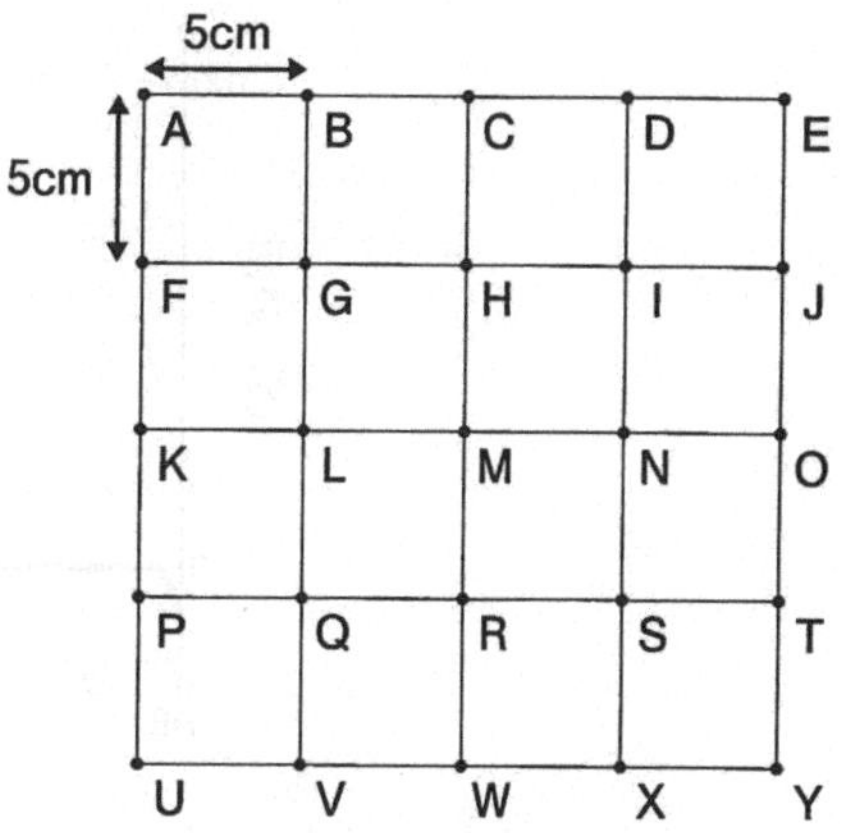

図３　正方形の板

(b)　点**A**に重さ20ｇ，点**C**に重さ60ｇ，点**P**に重さ40ｇのおもりをつるしました。さらにある点におもりをつるしたところ，板が水平につりあいました。どの点に何ｇのおもりをつるしたと考えられますか。おもりをつるした点とおもりの重さの組合せとして，もっとも適当なものを選び，**ア**～**ク**で答えなさい。

	おもりをつるした点	おもり（g）
ア	D	120
イ	E	120
ウ	I	100
エ	N	100
オ	O	80
カ	S	80
キ	X	60
ク	Y	60

2　水は温めたり冷やしたりすると，すがたを変えます。これを状態変化といいます。状態変化に関する各問いに答えなさい。

問１　水が液体から気体へとすがたを変えたのはどれですか。すべて選び，**ア**～**キ**で答えなさい。

ア．冬の寒い日に霜柱《しもばしら》ができた。

イ．山に霧《きり》がかかった。

ウ．室内に置いてあるドライアイスが小さくなった。

エ．ドライアイスを水の中に入れると白い煙《けむり》ができた。

オ．ぬれている洗濯《たく》物をベランダに干しておいたら乾《かわ》いた。

カ．冷たい水が入っているコップの表面に水滴がついた。

キ．金魚鉢《ばち》に入れた水が時間とともに徐々《じょじょ》に減った。

問２　ビーカーに液体の水を入れて冷やし，液体をすべて固体にしました。このビーカーを一定の火の強さで加熱し続け，加熱時間と水の温度変化をグラフ（次のページ）にしました。加熱を開始した時間を**A**，加熱を終了した時間を**E**とし，グラフの傾《かたむ》きが変わった点を**B**，**C**，**D**としました。次のページの(a)，(b)に答えなさい。

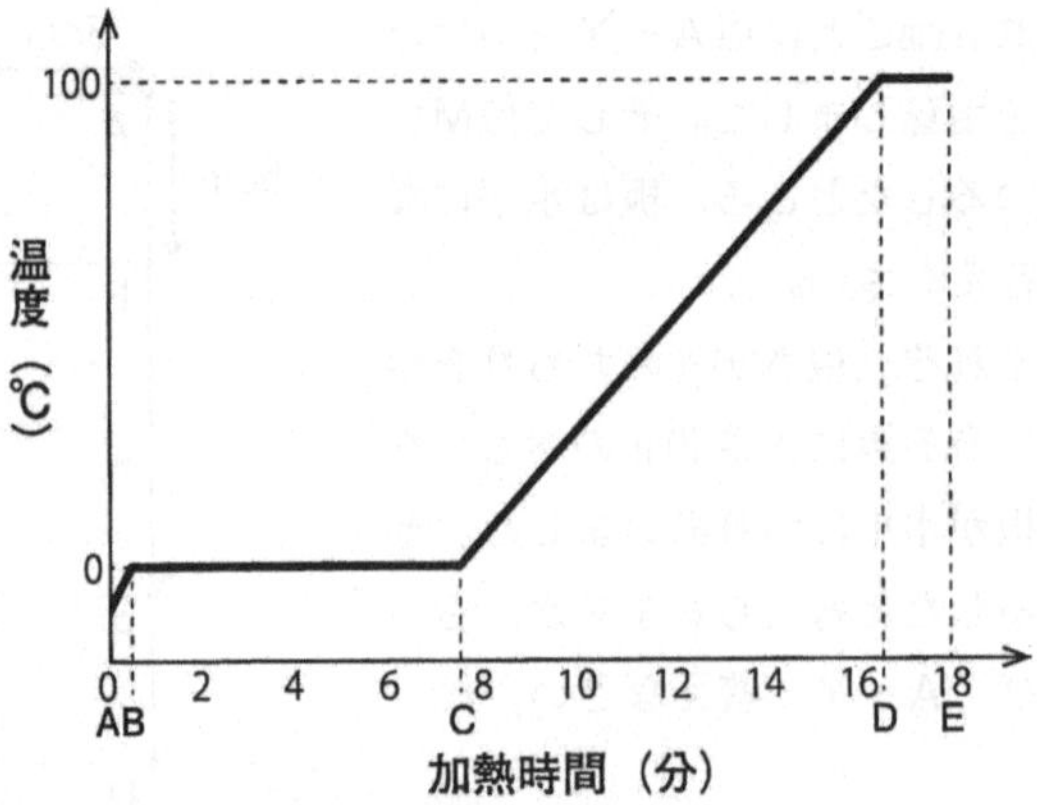

図１　加熱時間と水の温度変化のグラフ

(a)　液体の水が存在するのは，どこからどこの間ですか。例のように答えなさい。

例　Ａからの間

(b)　ビーカーを図１の結果が得られたときよりも強い火で加熱し続けたとすると，どのようなグラフになると考えられますか。もっとも適当なものを選び，ア～エで答えなさい。

ア.

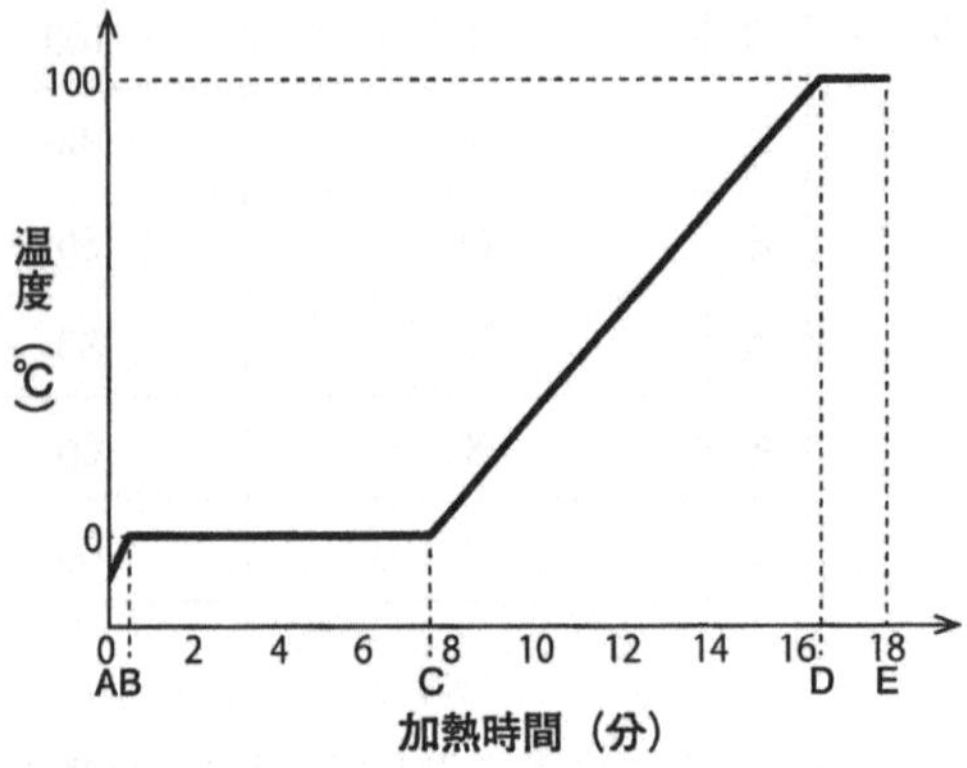

イ.

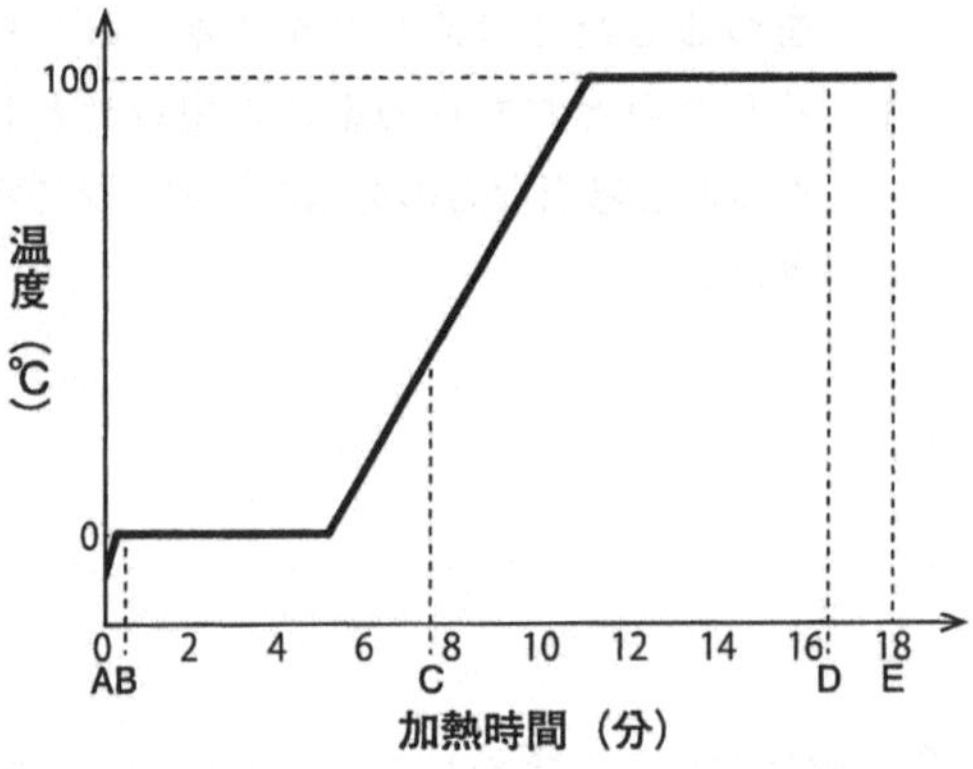

ウ.

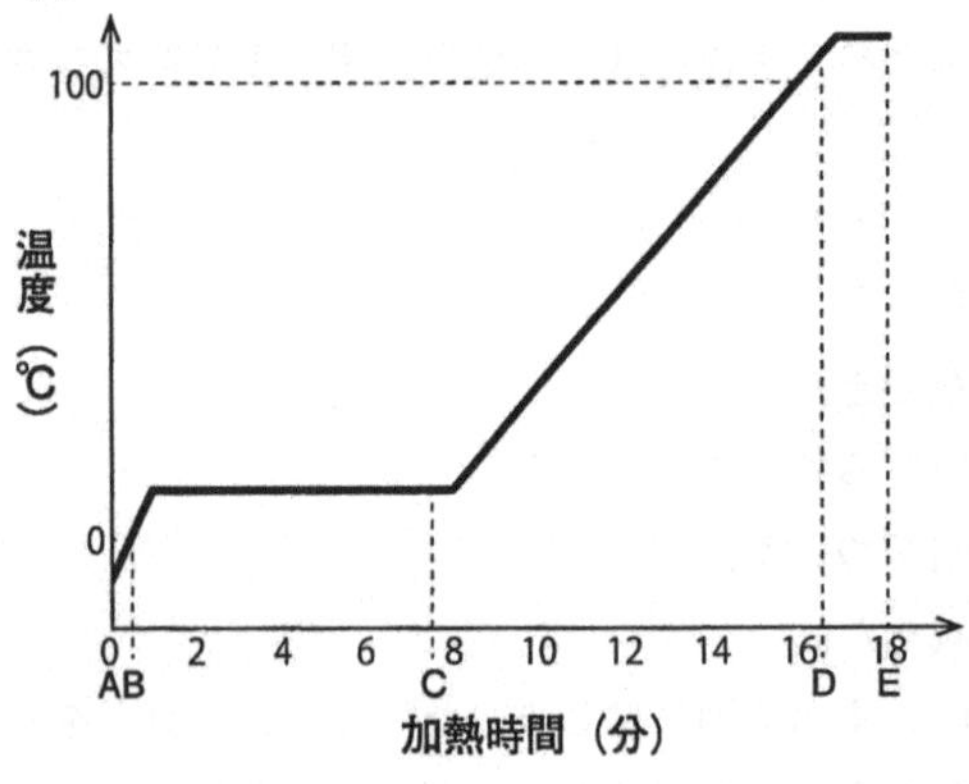

エ.

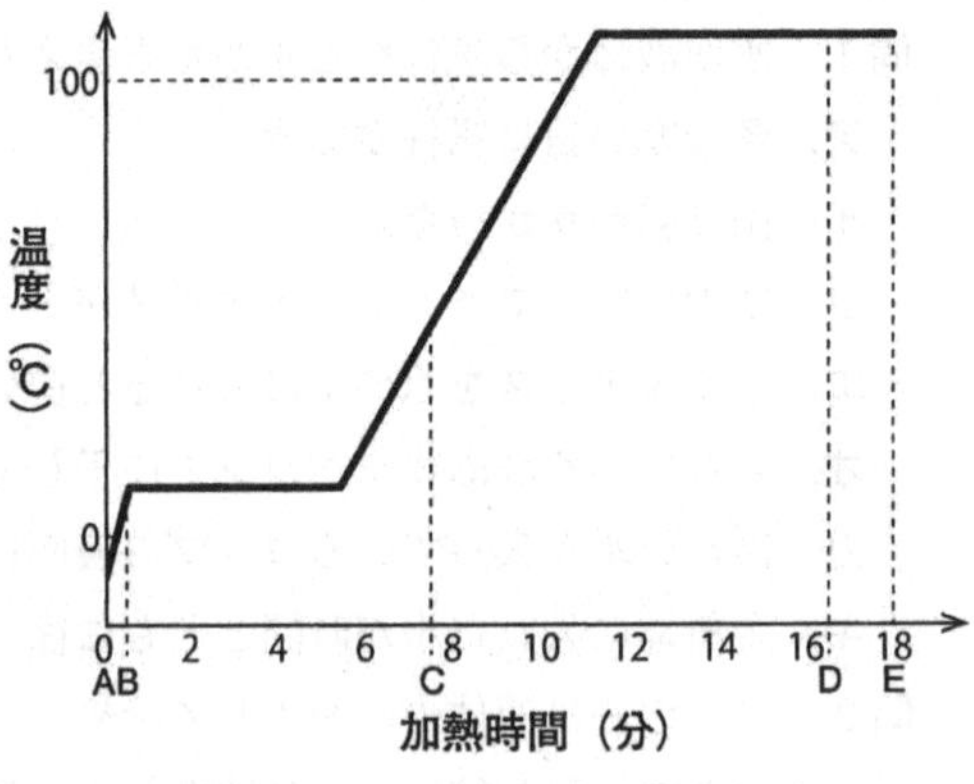

問３　水1000ｇにさまざまな重さの砂糖を溶《と》かして，水溶《よう》液がふっとうする温度を調べました（**表１**）。(a)，(b)に答えなさい。

表１　溶かした砂糖の重さと水溶液がふっとうする温度

溶かした砂糖の重さ（ｇ）	8.55	17.1	25.65	34.2
水溶液がふっとうする温度（℃）	100.13	100.26	100.39	100.52

(a)　水1000ｇにある重さの砂糖を溶かしたところ，水溶液は100.3℃でふっとうしました。溶かした砂糖の重さは何ｇですか。小数第３位を四捨五入して，小数第２位で答えなさい。

(b)　水1000ｇに砂糖を溶かし，濃さが３％の水溶液をつくりました。この水溶液がふっとうする温度は何℃ですか。小数第３位を四捨五入して，小数第２位で答えなさい。

3　星子さんは，小学校で田植えを行いました。それから２週間後，田植えをした田んぼを家族で見に行きました。星子さんは，田んぼの水面に緑色をしたものが浮《う》かんでいることに気づきました。

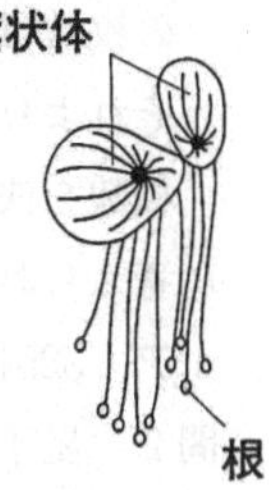

図１　ウキクサ

星子さん「お父さん，小さな葉っぱみたいなものが，たくさん浮いているよ。これは何？」

お父さん「何だと思う？」

星子さん「浮いている草だから，ウキクサ？」

お父さん「正解。ウキクサはその名前の通り，水面に浮いて，流れ着いた場所であっという間に増えてしまうんだ。」

星子さん「丸い形の葉っぱだよ。真ん中から根が長く伸びているね。」

お父さん「正確には，葉ではなくて，葉と茎《くき》が一緒になったもので，葉状体というよ。ウキクサのからだは２枚～５枚ほどの平たい葉状体と多数の根でできているんだ（**図１**）。そして葉状体から小さな芽が出て，成長して分かれることをくり返して，あっという間に増えちゃうよ。」

星子さん「田植えをしたときは気づかなかった，こんなに増えるなんて…。」

お父さん「どのように増えるのか，持って帰って調べてみようか。」

星子さん「うん。夏休みの自由研究にしようかな。」

星子さんは，田んぼを管理している人の許可を得て，ウキクサと田んぼの水を分けてもらいました。そしてウキクサの葉状体の枚数が，どのように増えるかを調べる **[実験]** を行いました。これに関する各問いに答えなさい。

[実験]

１．同じ量の田んぼの水を入れた同じ大きさの円柱形の容器を３つ用意する。

２．３つの容器それぞれにウキクサ（葉状体16枚）を入れる。

３．光のあたり方に差が出ないように，室内の明るい窓際に置く。

４．２日ごとにそれぞれの容器の葉状体の枚数を数え，その平均の枚数を計算する。
ただし，枯《か》れて白くなった葉状体は取り除き，数えない。

［結果］

育てた日数と葉状体の枚数の平均は**表１**のようになった。14日目には，すべての容器で葉状体が水面全部をおおっていた。

表１　育てた日数と葉状体の枚数の平均

育てた日数	0	2	4	6	8	10	12	14	16	18	20
葉状体の枚数の平均	16	32	52	104	200	366	602	650	648	652	650

問１　星子さんは，20日目に１つの容器の葉状体を均等に２つに分けました。そして片方はそのまま容器に残し，もう片方を**［実験］**で使った容器と同じ新しい容器に移しました。この２つの容器でウキクサを育て，同じように葉状体の枚数を数えました。どちらの容器でも葉状体の枚数は，4日後に650枚ほどになり，葉状体が水面全部をおおっていました。そしてそれ以降，葉状体の枚数はほとんど変化しませんでした。このことから星子さんは，葉状体の枚数が650枚ほどでそれより増えなかったのは，容器の大きさが理由であると考えました。容器の大きさが葉状体の枚数を決めているとすると，容器の直径を２倍にしたとき，葉状体の枚数は何枚ほどに増えると考えられますか。もっとも適当なものを選び，**ア**～**オ**で答えなさい。

ア．325枚　　**イ**．650枚　　**ウ**．975枚　　**エ**．1300枚　　**オ**．2600枚

問２　星子さんは，水と肥《ひ》料を入れた十分に大きい容器に16枚の葉状体を入れました。これを室内の明るい窓際に置いて育てました。そして４日ごとに葉状体の枚数を数え記録しました。記録後すぐに葉状体を16枚残して他は取り除き，育て続けました。育てた日数と葉状体の枚数の関係は，**表２**のようになりました。葉状体の枚数は４日で平均して何倍に増えましたか。小数第１位を四捨五入し，整数で答えなさい。

表２　育てた日数と葉状体の枚数

育てた日数	0	4	8	12	16	20	24
葉状体の枚数	16	52	48	44	48	52	50

問３　星子さんは，植物がよく成長するために必要な条件を変えることで，葉状体の枚数がどのように変化するのかを調べました（条件①，条件②）。(a)～(c)に答えなさい。ただし容器は十分に大きいものを使い，最初に入れる葉状体は16枚とします。

条件①：水道水に肥料を入れ，温度25℃の明るい場所に置く。

条件②：水道水だけを入れ，温度10℃の暗い場所に置く。

(a)　１週間後，条件①では葉状体は水面全部をおおうほど増えていましたが，条件②ではあまり増えていませんでした。星子さんは，この結果から温度が10℃よりも25℃の方が葉状体の枚数は増えると考えました。しかし，この２つの条件を比べることから結論を出すことは間違っています。温度の条件による葉状体の増え方の違いを調べるためには，どの条件を同じにした容器を比べる必要がありましたか。もっとも適当なものを選び，**ア**～**キ**で答えなさい。

ア．温度　　**イ**．肥料の有無　　**ウ**．光のあたり方

エ．温度と肥料の有無　　**オ**．温度と光のあたり方

カ．肥料の有無と光のあたり方　　**キ**．温度と肥料の有無と光のあたり方

(b) 条件②の容器を使って，光のあたり方による葉状体の増え方の違いを調べるには，どのような条件にした容器を比べる必要がありますか。もっとも適当なものを選び，**ア～カ**で答えなさい。

ア．水道水だけを入れ，温度25℃の明るい場所に置く。

イ．水道水だけを入れ，温度25℃の暗い場所に置く。

ウ．水道水だけを入れ，温度10℃の明るい場所に置く。

エ．水道水に肥料を入れ，温度25℃の暗い場所に置く。

オ．水道水に肥料を入れ，温度10℃の暗い場所に置く。

カ．水道水に肥料を入れ，温度10℃の明るい場所に置く。

(c) 条件①，条件②，(b)の**ア～カ**のうち，1週間後に葉状体の枚数がもっとも増えると考えられるのはどれですか。もっとも適当なものを選び，①，②，**ア～カ**で答えなさい。

問4 農家の人たちは，作物の収穫《かく》量を増やすためにさまざまな工夫をしています。その例に，北海道ではイネを育てる際，あぜを高くして苗《なえ》が深く水につかるようにすることがあります。この作業は，どの条件に関係がある工夫だと考えられますか。もっとも適当なものを選び，**ア～オ**で答えなさい。

ア．光のあたり方　**イ**．肥料　**ウ**．適当な温度　**エ**．水　**オ**．空気（酸素）

4 太陽や地球，月の見え方や動きに関する各問いに答えなさい。

問1 月の見え方は，太陽からの光の当たり方によって変化します。**図1**は太陽，地球，月の位置関係を表したものです。地球から見たとき，三日月に見えるのはどの位置に月があるときですか。もっとも適当なものを選び，**ア～ク**で答えなさい。ただし，満月から次の満月まで29.5日かかるとします。また**図1**は地球の北極側から見たもので，太陽，地球，月のそれぞれの大きさやおたがいの距離《きょり》は正確ではありません。

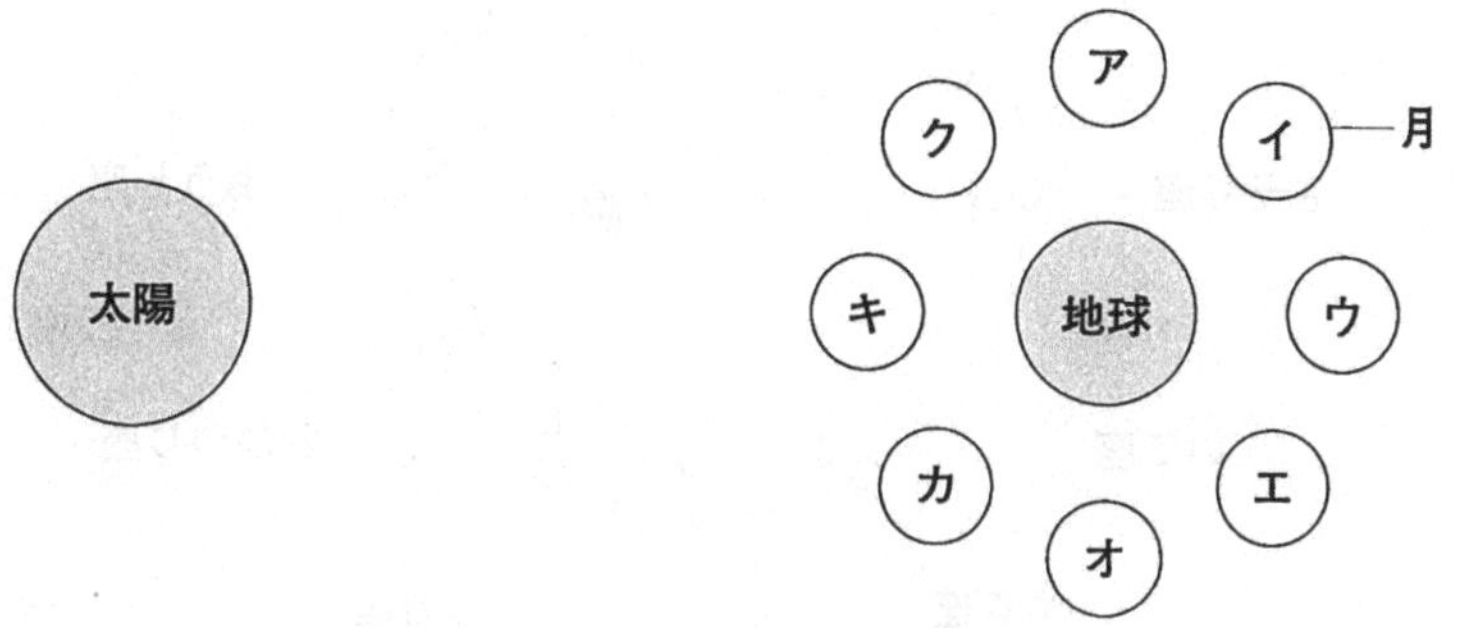

図1　太陽、地球、月の位置関係

問2 地球は太陽のまわりを1年かけて1周します。これを地球の公転といい，**図2**はそのようすを表したものです。**図3**は地球が公転するようすを地球の赤道側から見たものです。太陽と地球が**図3**の位置にあるとき，**図2**では地球はどの位置にあると考えられますか。もっとも適当なものを選び，**図2**の**ア～エ**で答えなさい。ただし，地球の赤道は地球が公転する道すじに対して23.4°傾《かたむ》いているものとします。

（**図2・図3**は次のページにあります。）

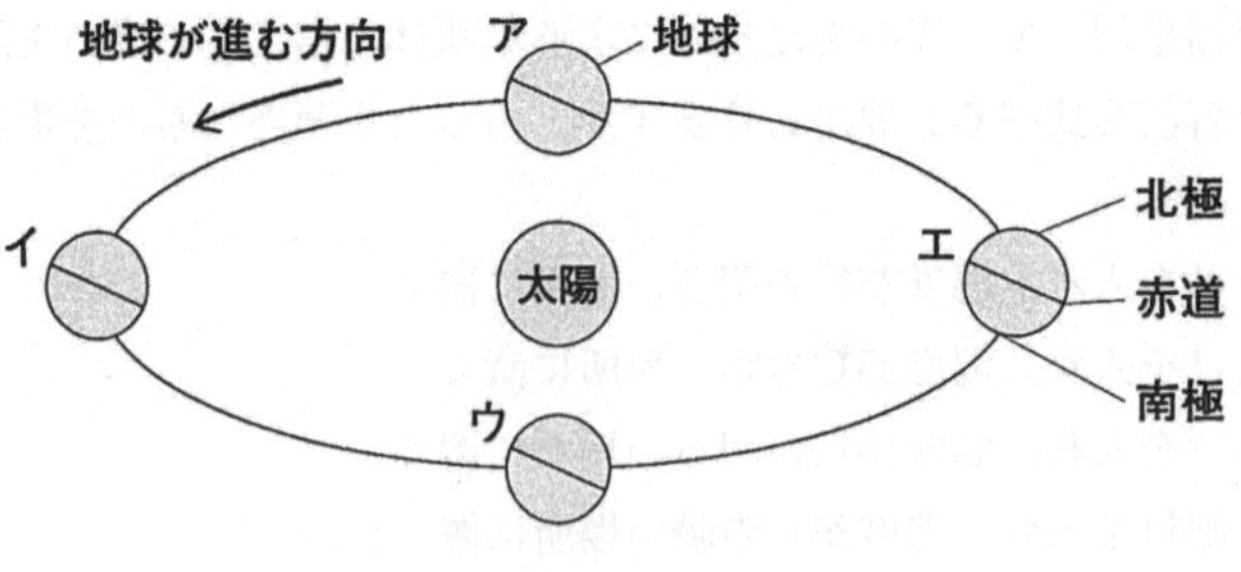

図２　地球の公転のようす

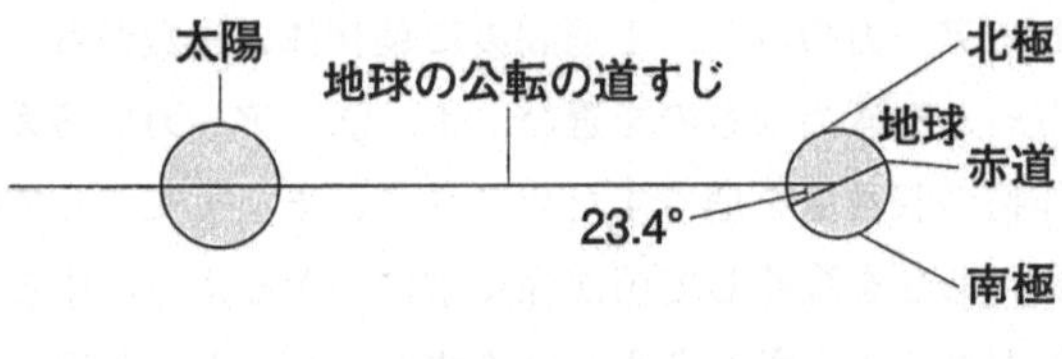

図３　太陽と地球の位置関係

問３　地球から見たときに太陽が１年かけて移動する道すじを黄道といい，黄道の近くに見える12の星座を黄道十二星座といいます。**図４**は地球の公転のようすを北極側からみたものに，黄道十二星座の方向を加えたものです。地球が**D**の位置にあるとき，太陽とともに東からのぼる星座は何ですか。もっとも適当なものを**図４**から選び，星座名で答えなさい。

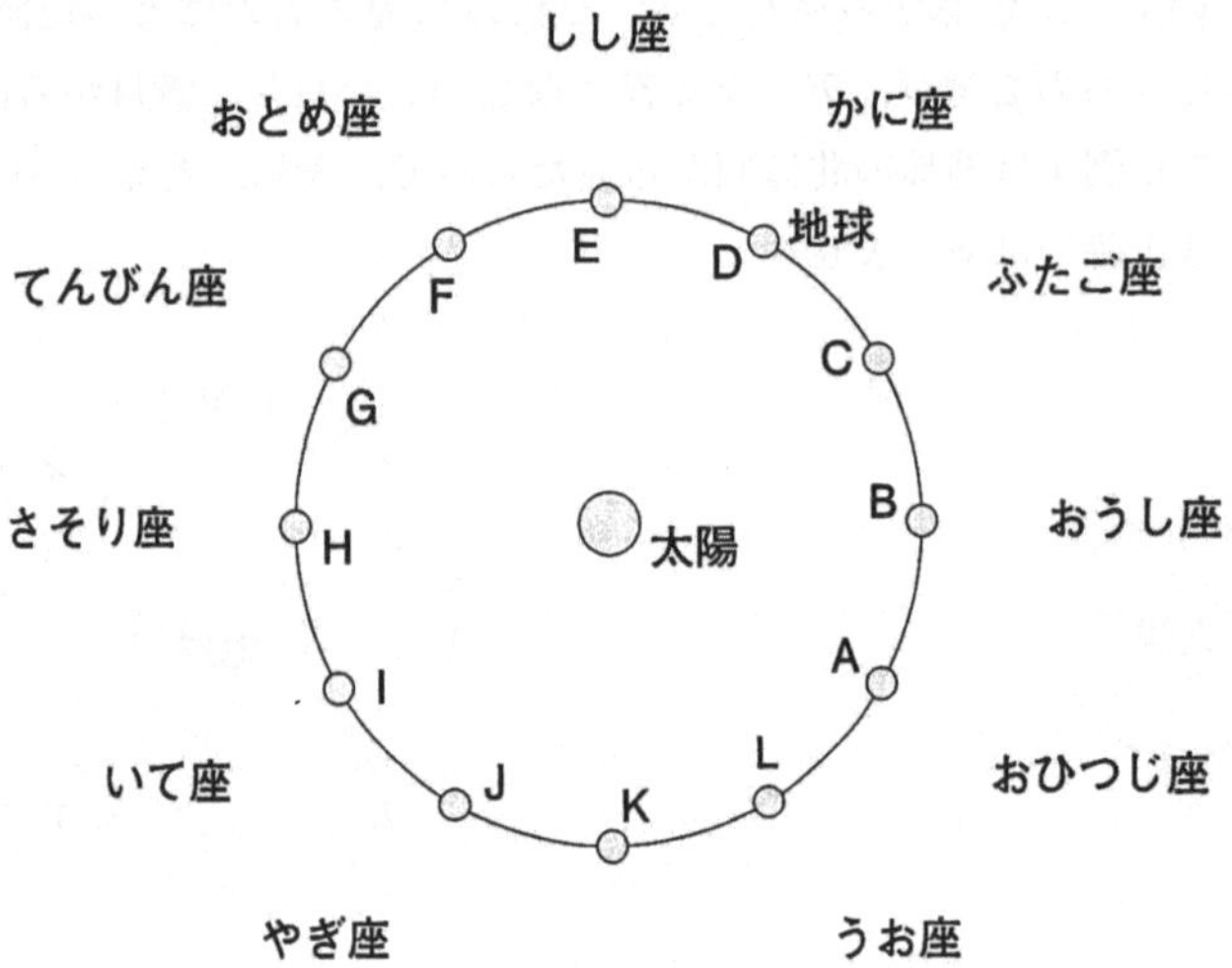

図４　地球の公転のようす

問４　地球から見える空を球形の天井と考えます。これを天球といいます。地球からは太陽，月，星などが天球上にあるように見えます。また地球を赤道で輪切りにした面を赤道面といいます。赤道面と天球が交わる線を天の赤道といいます。**図５**は地球と天球，天の赤道を表したものです。また**図６**は黄道と黄道十二星座を地図のように平面で表したものです。次のページの(a)，(b)に答えなさい。（**図５**・**図６**は次のページにあります。）

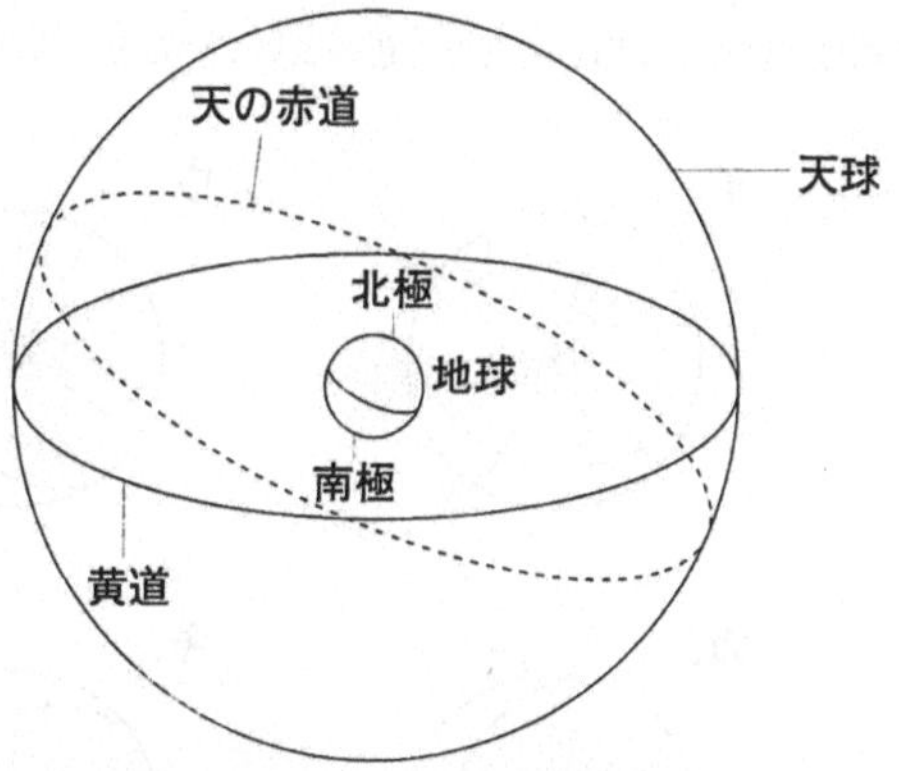

図５　天球に黄道と天の赤道を表したもの

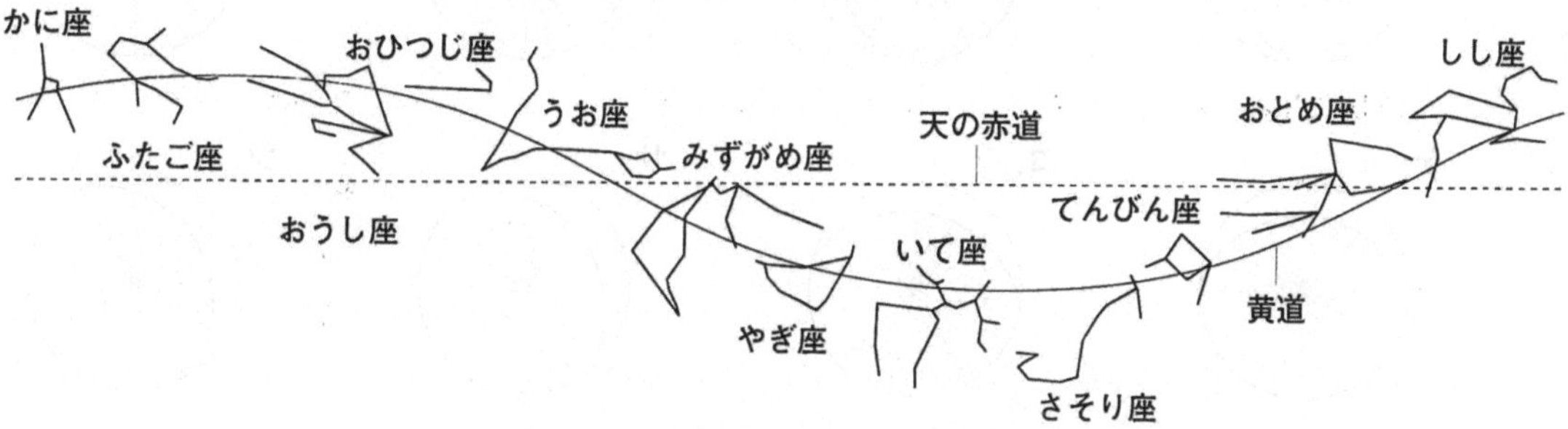

図６　黄道と黄道十二星座を地図のように平面で表したもの

(a)　春分の日のころ，太陽は天球上のどの星座の近くにありますか。もっとも適当なものを**図６**から選び，星座名で答えなさい。

(b)　月も太陽と同じように天球上を動いて見えます。また天の赤道は北極星の位置に対して南に90°ずれた位置にあります。北緯35°の場所では，地平線と天の赤道のなす角は55°になります。**図７**は，北緯35°の場所における春分の日のころの日没《にちぼつ》直後の西の空のようすを表しています。月の天球上を移動する道すじが黄道と同じである場合，春分の日のころの日没直後の三日月はどのように見えますか。次の文の空らん①，②に入るものとして，もっとも適当なものをそれぞれ選びなさい。ただし，①は**図７**の**Ａ～Ｃ**から，②には次のページの**三日月のようす**の**ア～タ**から選ぶものとします。

文：春分の日の頃の日没直後の三日月は，**図７**では（　①　）の線上にあり，（　②　）のように見える。

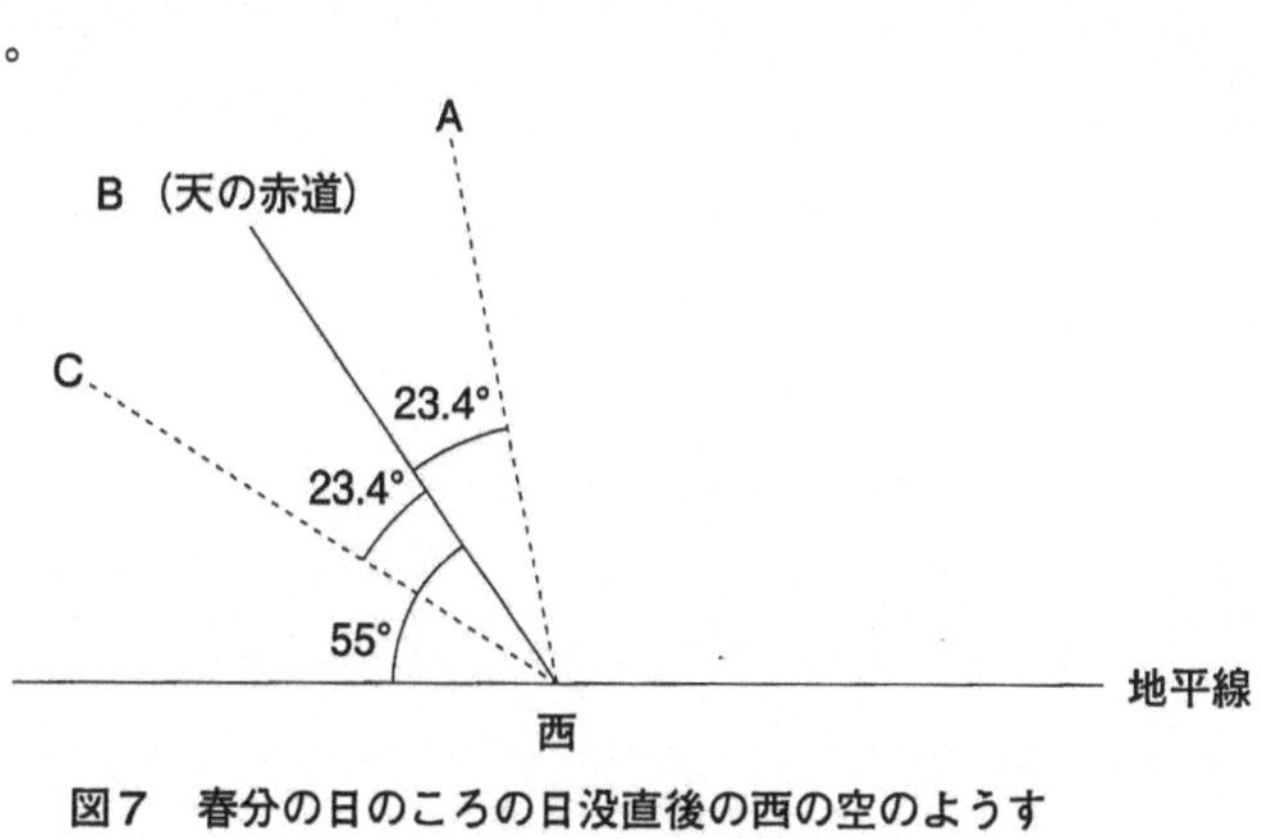

図７　春分の日のころの日没直後の西の空のようす

三日月のようす（図中の点線は15°ごとに引いてあり、色のついているところは影《かげ》になっている部分を表しています。）

ア.
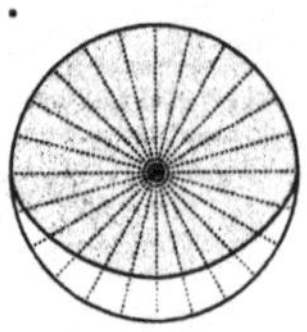

イ.
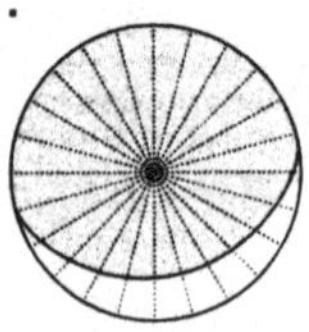

ウ.
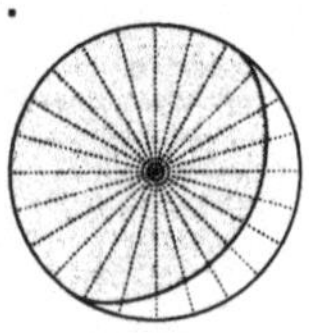

エ.
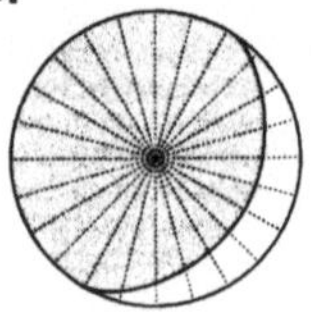

オ.
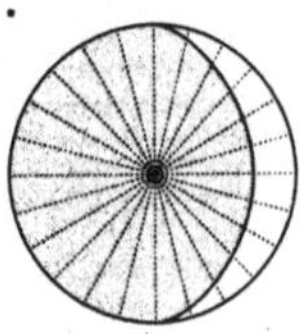

カ.
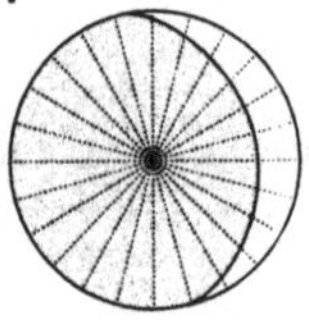

キ.
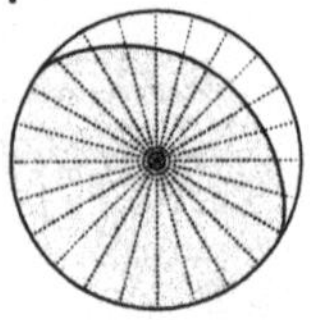

ク.
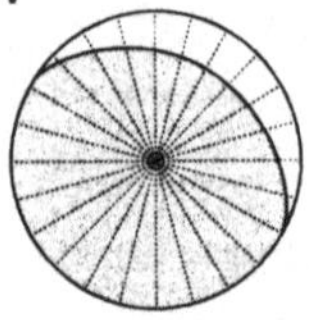

ケ.
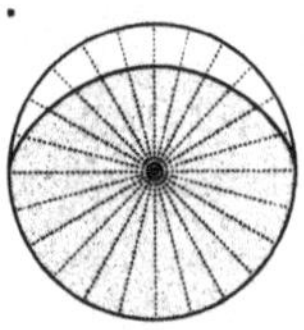

コ.
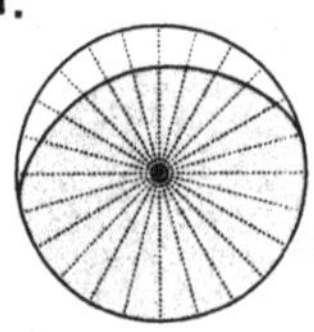

サ.
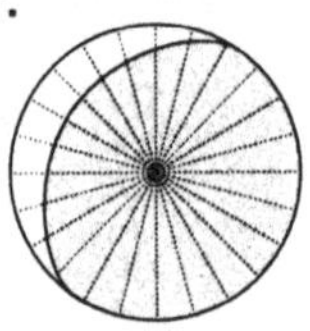

シ.
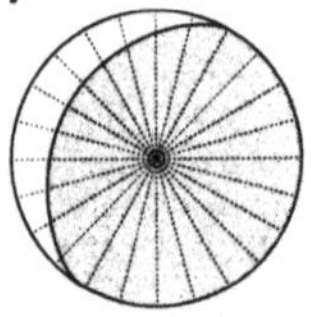

ス.
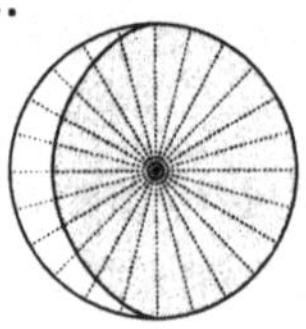

セ.
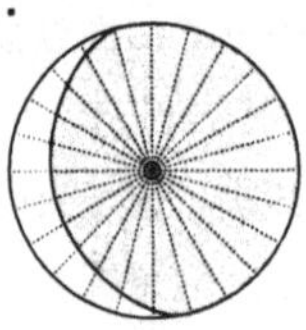

ソ.
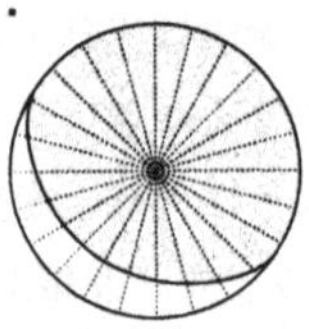

タ.
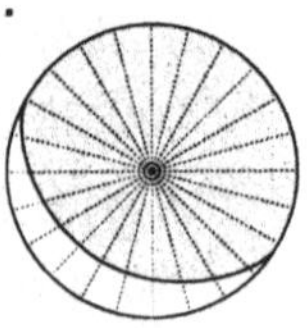

【社　会】（理科と合わせて50分）　＜満点：50点＞

Ⅰ　九州について，次の文章を読み，あとの問いに答えなさい。

　1964年に東京～新大阪間で開通した新幹線は1972年に岡山まで到達《とうたつ》し，博多に到達したのは1975年でした。その後，2004年には新八代・鹿児島中央間で九州新幹線が開業し，2011年には博多・新八代間が開業しました。2022年９月に①長崎から②嬉野《うれしの》温泉を経由して武雄《たけお》温泉までが開業しました。西九州新幹線が開業することで，博多・長崎間は従来よりも約30分短縮し，長崎への注目が集まることが考えられます。

　文化庁では，地域の歴史的魅力《みりょく》や特色を通じて日本の文化・伝統を語るストーリーを日本遺産として認定しています。地域に点在する遺産を「面」として活用し，発信することで，地域活性化を図ることを目的としています。遺産の保護が目的の一つとなる③世界遺産や文化財とは異なります。

　2020年度に認定された日本遺産に「砂糖文化を広めた長崎街道～シュガーロード～」があります。海外貿易の窓口であった長崎から④佐賀県・福岡県⑤北九州市小倉をつなぐ長崎街道沿《ぞ》いの地域には，砂糖や⑥外国由来《ゆらい》の菓子が多く流入し，独特の食文化が花開きました。現在でも，宿場《しゅくば》町をはじめ，当時の長崎街道を偲《しの》ばせる景観《けいかん》とともに，個性豊かな菓子が残されています。

　西九州新幹線やシュガーロードを通じて，長崎をはじめとする九州北部について調べてみると，新たな発見があるかもしれません。

問１　下線部①について。長崎県には東経130度の経線が通《とお》っています。東経130度が通る国の組合せとして正しいものを，次の(ア)～(エ)から一つ選び，記号で答えなさい。

(ア)　ロシア・中国・北朝鮮・オーストラリア

(イ)　ロシア・韓国・タイ・オーストラリア

(ウ)　ロシア・北朝鮮・タイ・オーストラリア

(エ)　ロシア・中国・ベトナム・オーストラリア

問２　下線部①について。長崎県の沖合には対馬《つしま》海流がみられます。対馬海流をふくめた日本近海を流れる海流の名称と暖流・寒流の組合せとして正しいものを，次の表中(ア)～(エ)から一つ選び，記号で答えなさい。

	対馬海流	リマン海流	日本海流	千島海流
（ア）	暖　流	暖　流	寒　流	寒　流
（イ）	暖　流	寒　流	暖　流	寒　流
（ウ）	寒　流	暖　流	寒　流	暖　流
（エ）	寒　流	寒　流	暖　流	寒　流

問３　下線部②について。次は嬉野市の地形図です。地形図をみて，あとの問いに答えなさい。

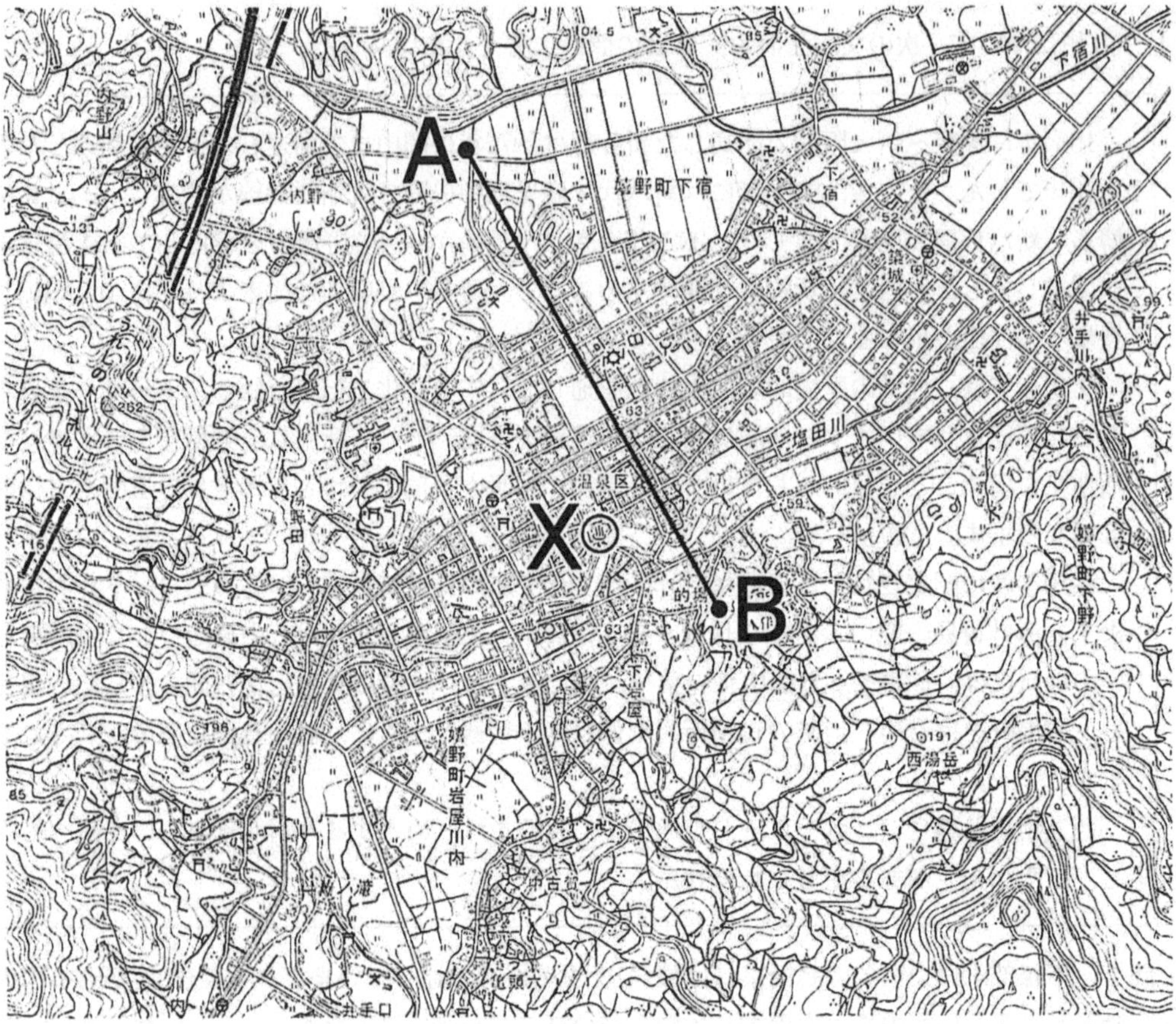

（国土地理院　令和２年発行　1：25,000　地形図「嬉野」を一部改変）

⑴　地形図中Xの温泉は嬉野温泉公衆浴場で，かつてこの地を訪れた外国人の名前がつけられています。次の文を参考にして，この人物名を答えなさい。

・長崎の出島にあるオランダ商館の医師として日本へ来た。 ・長崎郊外に鳴滝《なるたき》塾を開き，医学をはじめとする西洋の学問を教えた。

⑵　嬉野は茶の生産地としても知られています。地形図の範囲内で茶の栽培地域が広範囲《こうはんい》にみられるところはどこですか，次の㋐～㋓から一つ選び，記号で答えなさい。

㋐　下宿　　㋑　築城　　㋒　下野　　㋓　温泉区

⑶　地形図中A－Bの断面図として正しいものを，次のページの㋐～㋓から一つ選び，記号で答えなさい。

（ア）

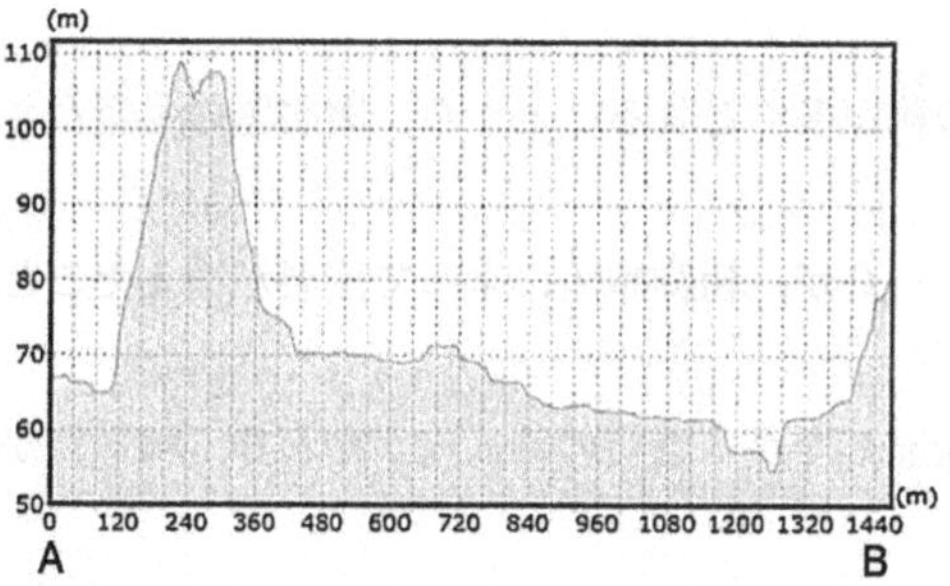

（イ）

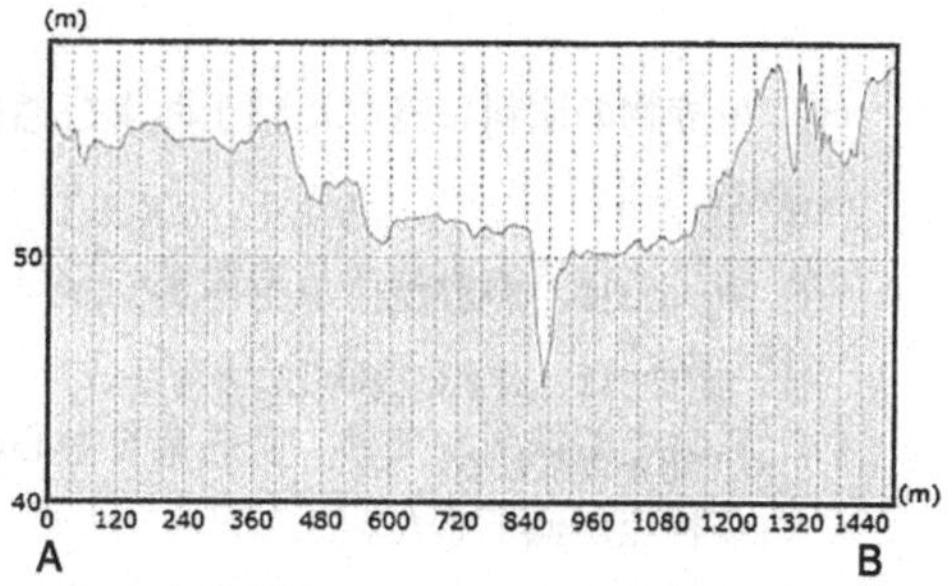

（ウ）

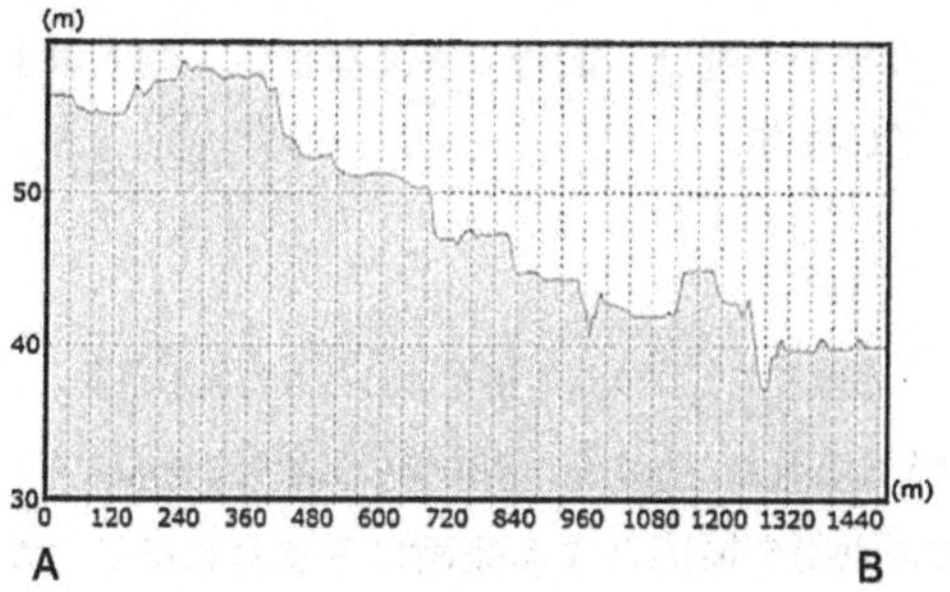

（エ）

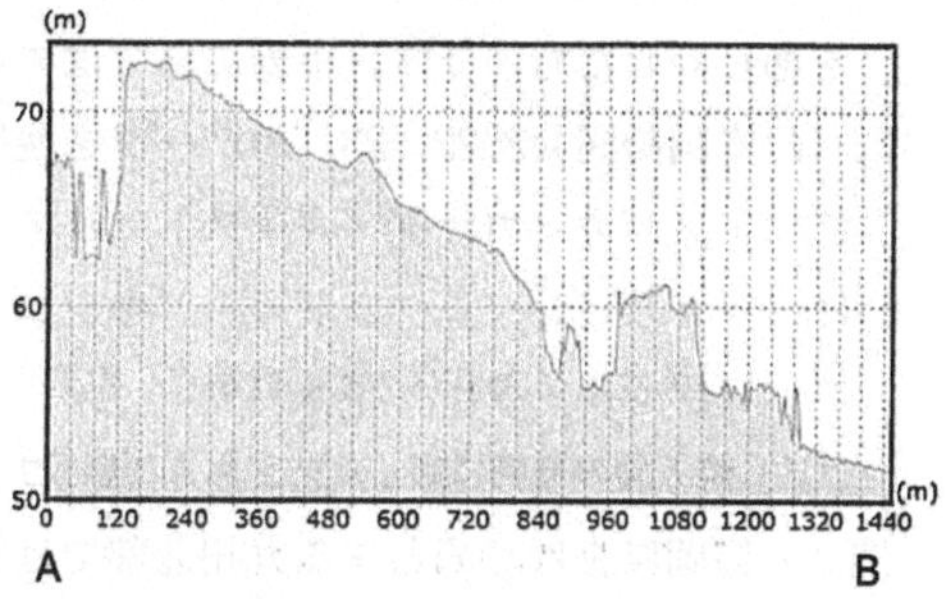

（国土交通省国土地理院　ホームページ『地理院地図』より作成）

問４　下線部③について。世界遺産である「明治日本の産業革命遺産」の構成資産《こうせいしさん》といわれるものが長崎県には複数みられます。構成資産として正しいものを，次の(ア)～(エ)から一つ選び，記号で答えなさい。

(ア)　出島　　(イ)　旧《きゅう》グラバー住宅　　(ウ)　大浦天主堂　　(エ)　亀山社中《かめやましゃちゅう》

問５　下線部④について。佐賀県出身の人物を，次の(ア)～(エ)から一つ選び，記号で答えなさい。

(ア)　後藤新平　　(イ)　福沢諭吉　　(ウ)　大隈重信　　(エ)　津田梅子

問６　下線部④について。佐賀県南東部には筑紫《つくし》平野があり，筑紫平野の水田地帯にはクリークがみられます。クリークについて述べた説明文の<組合せ>として正しいものを，次の(ア)～(エ)から一つ選び，記号で答えなさい。

A　干潟を干拓する際，干潮時に潮が引くときにできた水の通り道を掘り下げてクリークをつくった。

B　洪水時に水田への被害をくいとめる工夫として，堤防であるクリークで水田を取り囲んだ。

C　近年では，堤防に囲まれたところでは災害時に避難用の住居となるクリークが増加している。

D　近年では，農業の機械化にともない，水田の形が不規則で狭いことから，クリークを埋《う》めたりする工事がみられる。

<組合せ>

(ア)　AとC　　(イ)　AとD　　(ウ)　BとC　　(エ)　BとD

問７　下線部⑤について。北九州市の工業について述べた説明文として正しいものを，次のページの(ア)～(エ)から一つ選び，記号で答えなさい。

(ア)　組み立てに人手が必要な自動車・電気機械などが中心で，ブラジル出身の日系人《にっけいじん》の雇用《こよう》が多い。

(イ)　焼き物の原料に適した粘土および燃料の薪《まき》が多くとれることから，陶磁器の生産がさかんである。

(ウ)　第二次世界大戦前から造船業の拠点《きょてん》であったが，朝鮮戦争によって需要《じゅよう》が増えたことで急成長した。

(エ)　官営《かんえい》の製鉄所ができ，製鉄業を中心に発展したが，原料の輸入先がかわり，輸送費が安いという利点が低下した。

問８　下線部⑥について。外国由来の菓子としてカステラがあります。カステラの原料となる小麦は多くを輸入にたよっています。次の(ア)～(エ)は石炭，鶏肉，バナナ，小麦について輸入量上位国をあらわしたものです。小麦にあてはまるものを一つ選び，記号で答えなさい。輸入量上位国は『日本国勢図会2022／23』のデータを使用しています。

(ア)　アメリカ・カナダ・オーストラリア

(イ)　フィリピン・エクアドル・メキシコ

(ウ)　ブラジル・タイ・アメリカ

(エ)　オーストラリア・インドネシア・ロシア

問９　福岡県をはじめとする九州北部では線状《せんじょう》降水帯を原因とする豪雨《ごうう》にみまわれることが近年増加しています。水害およびその対策について述べた説明文として誤っているものを，次の(ア)～(エ)から一つ選び，記号で答えなさい。

(ア)　災害時に，どのように行動したらよいかを事前に知っておくために，ハザードマップとよばれる地図がつくられている。

(イ)　都市部で，夜になっても気温が下がらないヒートアイランド現象は，局地的豪雨《きょくちてきごうう》の原因の一つと考えられている。

(ウ)　遊水池《ゆうすいち》は，洪水時に水をたくわえる働きをしており，そのほとんどがラムサール条約に指定されている。

(エ)　過去の自然災害から学ぶことを目的に，国土地理院は地形図中の地図記号として，自然災害伝承碑《でんしょうひ》を設定した。

問10　次の表は福岡県・佐賀県・長崎県・埼玉県における，発電方式別発電電力量をあらわしたものです。佐賀県にあてはまるものを，次の(ア)～(エ)から一つ選び，記号で答えなさい。

	水力	火力	原子力	風力
(ア)	7	27,050	—	110
(イ)	258	627	—	—
(ウ)	63	10,030	—	18
(エ)	538	199	15,631	37

（単位は百万 kWh。『データでみる県勢 2022』より作成）

問11　次のページの表は，生産上位に九州北部がみられる農産物生産上位道県をあらわしたものです。表中の空欄Ａ～Ｃにあてはまる県名の組合せとして正しいものを，次のページの(ア)～(カ)から一つ選び，記号で答えなさい。

たまねぎ	レタス	いちご	じゃがいも
北海道　892,100	長野県　182,200	栃木県　22,700	北海道　1,733,000
（　A　）県　124,600	茨城県　91,700	（　C　）県　16,400	鹿児島県　85,400
兵庫県　98,500	群馬県　54,800	熊本県　12,200	（　B　）県　84,600
（　B　）県　32,800	（　B　）県　35,900	（　B　）県　10,500	茨城県　42,100

（単位はトン。『日本のすがた 2022』より作成）

(ア)　A　福岡　B　佐賀　C　長崎　　(イ)　A　福岡　B　長崎　C　佐賀
(ウ)　A　佐賀　B　福岡　C　長崎　　(エ)　A　佐賀　B　長崎　C　福岡
(オ)　A　長崎　B　福岡　C　佐賀　　(カ)　A　長崎　B　佐賀　C　福岡

Ⅱ　次の先生と星子さんの会話について，あとの問いに答えなさい。

先生：明治維新から150年以上がたちました。1945年というアジア・太平洋戦争の終戦の年を節目《ふしめ》と考えると，①明治維新から終戦までと，②終戦から現在までの期間がおよそ等しくなります。今日は，年表を使って節目となる年を中心に日本の歴史をふりかえってみましょう。

星子：わかりました。徳川家康が③江戸幕府を開いた1603年の前後を100年ほどさかのぼると，④北条早雲が小田原城に攻《せ》め入ったのが1495年と書いてあります。また，1603年のあとの100年だと，近松門左衛門《ちかまつもんざえもん》の『曾根崎心中《そねざきしんじゅう》』が大坂（大阪）で初演《しょえん》されたのが1703年とあります。

先生：北条早雲は下剋上《げこくじょう》で成り上がった戦国大名のひとりとして有名ですね。一方で，近松門左衛門は浄瑠璃《じょうるり》と呼ばれた人形劇や⑤歌舞伎《かぶき》の脚本《きゃくほん》を書いた人です。

星子：鎌倉時代はどうでしょうか。源頼朝が征夷大将軍に任命された1192年の100年ほど前をみてみると，白河上皇の⑥院政がはじまったのが1086年とあります。また，1192年の約100年後のできごととしては，1297年に⑦永仁《えいじん》の徳政令が出されています。

先生：日本の歴史で中世と呼ばれた時代にふくまれますね。鎌倉に武士の政権が成立したことは大きなできごとですね。ほかの時代はどうでしょうか。

星子：794年に平安京に都がうつされたことは大きなできごとですよね。794年の前後の100年をみてみると，⑧藤原京に都がうつされたのは694年，⑨遣唐使の廃止は894年と書かれています。

先生：694年に藤原京に都をうつしたその100年後に，平安京を都としたのですね。藤原京と平安京の間の時代にも都がありますよね。

星子：はい，□京です。710年に藤原京から都がうつされました。

先生：そうですね。ほかの時代はどうでしょう。例えば，厩戸皇子《うまやとのみこ》（聖徳太子）が⑩十七条の憲法を制定した604年の前後では，どのようなできごとがありますか。

星子：厩戸皇子（聖徳太子）の時代の前は，⑪ヤマト政権の時代となりますね。十七条の憲法制定後の約100年後にあたる701年には，大宝律令が制定されています。

先生：厩戸皇子（聖徳太子）が中国のような国家のしくみをめざしてからほぼ100年たって，律令が制定されたことになりますね。

星子：今日は，先生のお話をきっかけに，いろいろなことが分かりました。

問１　下線部①の期間におきた日本のできごとについて述べたＡ群とＢ群の説明文から正しいものをそれぞれ選び，その＜組合せ＞として正しいものを，次の(ア)～(エ)から一つ選び，記号で答えなさい。

Ａ群

(あ)　政府は，1873年に20歳以上の男女に対する兵役《へいえき》の義務をさだめた徴兵令《ちょうへいれい》を出した。

(い)　政府は，土地の所有者が地価の３％を現金でおさめる新しい税制度を実施《じっし》した。

(う)　政府は，忠君愛国《ちゅうくんあいこく》を学校教育の基本とする教育勅語《きょういくちょくご》を，大日本帝国憲法に明記《めいき》した。

(え)　政府は，廃藩置県を実施して，譜代《ふだい》大名の直轄地《ちょっかつち》であった藩のみを廃止した。

Ｂ群

(あ)　日本は，清国の支持を得《え》て，日朝修好条規《じょうき》を結び，朝鮮半島に進出する足がかりとした。

(い)　日本は，ポーツマス条約で，ロシアに対して多額の賠償金《ばいしょうきん》と朝鮮に対する支配権を認めさせた。

(う)　第一次世界大戦中に，日本は中国に二十一ヵ条の要求を出した。

(え)　日本は，国際連盟を脱退した後，柳条湖《りゅうじょうこ》事件をおこして満州全域を支配した。

＜組合せ＞

(ア)　Ａ群：(あ)　Ｂ群：(い)　　(イ)　Ａ群：(い)　Ｂ群：(う)

(ウ)　Ａ群：(う)　Ｂ群：(え)　　(エ)　Ａ群：(え)　Ｂ群：(あ)

問２　下線部②の期間におきた日本のできごとについて述べたＡ群とＢ群の説明文から正しいものをそれぞれ選び，その＜組合せ＞として正しいものを，次の(ア)～(エ)から一つ選び，記号で答えなさい。

Ａ群

(あ)　空襲《くうしゅう》で住宅や工場が焼かれた地域の治安維持のために，特別高等警察が創設《そうせつ》された。

(い)　財閥の存在《そんざい》が軍国主義の基盤となっていたとして，すべての財閥が廃業した。

(う)　農地改革によって小作農が増えたことで，農業の民主化と近代化が進んだ。

(え)　戦後初の衆議院議員選挙で，39名の女性国会議員が誕生した。

Ｂ群

(あ)　占領終結後も，日米安全保障条約によって米軍はそのまま日本にとどまった。

(い)　1956年に国際連合に加盟したことで，日本とソ連の間で日ソ共同宣言が調印された。

(う)　日本は，1972年に日韓基本条約に調印し，大韓民国との国交を正常化した。

(え)　日本の領事館員だった杉浦千畝《すぎうらちうね》は，ベトナム戦争で多くのベトナム人を救った。

＜組合せ＞

(ア)　Ａ群：(あ)　Ｂ群：(い)　　(イ)　Ａ群：(い)　Ｂ群：(う)

(ウ)　Ａ群：(う)　Ｂ群：(え)　　(エ)　Ａ群：(え)　Ｂ群：(あ)

問３　下線部③について。江戸幕府の宗教統制について述べた説明文として誤っているものを，次の(ア)～(エ)から一つ選び，記号で答えなさい。

(ア)　幕府は，全国の寺院に対し，キリシタンでない者には身分を保障《ほしょう》する証文《しょうもん》を出させた。

(イ)　幕府は，キリストやマリアの像を踏《ふ》ませて信者を発見する絵踏（踏絵）をおこなった。

(ウ)　幕府は，方広寺の大仏造立《ぞうりゅう》を理由に，農民が持つ武器を没収《ぼっしゅう》した。

(エ)　幕府は，寺社を監督する寺社奉行を将軍直属《ちょくぞく》とし，譜代大名から選ぶことをさだめた。

問４　下線部④について。鎌倉時代の北条氏と戦国時代の北条氏が，教科書ではあつかわれています。日本の歴史に登場する「北条氏」について述べた説明文として正しいものを，次の(ア)～(エ)から一つ選び，記号で答えなさい。

(ア)　北条義時は，承久の乱の後，朝廷の監視《かんし》や京都の警備のため六波羅探題を設《もう》けた。

(イ)　北条時宗は，元軍の２度にわたる襲撃《しゅうげき》の際，火薬を使った新兵器で元軍を撃退した。

(ウ)　北条泰時は，南蛮貿易で鉄砲を手に入れるため，キリシタン大名となった。

(エ)　北条氏康は，豊臣秀吉の五奉行の一人として豊臣政権をささえた。

問５　下線部⑤について。歌舞伎は現在でも続いている芸能です。芸能・文化について述べた説明文ＡとＢが正しいか誤りかについて考え，その正しい組合せを，次の(ア)～(エ)から一つ選び，記号で答えなさい。

> Ａ：堺の商人であった千利休は，質素《しっそ》な茶室で茶をたてるわび茶を完成させた。
> Ｂ：観阿弥《かんあみ》・世阿弥《ぜあみ》の親子は足利義政の保護を受け，高い芸術性を持つ能楽を大成《たいせい》させた。

(ア)　Ａ：正しい　　Ｂ：正しい　　(イ)　Ａ：正しい　　Ｂ：誤り

(ウ)　Ａ：誤り　　Ｂ：正しい　　(エ)　Ａ：誤り　　Ｂ：誤り

問６　下線部⑥について。院政について述べた説明文として正しいものを，次の(ア)～(エ)から一つ選び，記号で答えなさい。

(ア)　藤原頼通は，宇治に平等院鳳凰堂を建立《こんりゅう》し，上皇の後見役《こうけんやく》として院政をささえた。

(イ)　白河天皇は，子である堀河天皇に位をゆずり，みずからは上皇となって院政を開始した。

(ウ)　上皇の信頼を得た平清盛は，新皇《しんのう》を名《な》乗《の》り，下総国を拠点《きょてん》に関東地方を支配した。

(エ)　清少納言は，院政期の宮中《きゅうちゅう》での生活のようすや四季の変化などを『枕草子』で表現した。

問７　下線部⑦について。永仁の徳政令について述べた説明文として正しいものを，次の(ア)～(エ)から一つ選び，記号で答えなさい。

(ア)　徳政令には，質入《しちい》れしたり売却《ばいきゃく》したりした土地を，ただで売主《うりぬし》の御家人に返却《へんきゃく》させるとあった。

(イ)　徳政令による社会の混乱を風刺《ふうし》したものが，二条河原の落書に残されている。

(ウ)　徳政令が出されたことで急成長した武士を足軽と呼び，その代表例が楠木正成《くすのきまさしげ》である。

(エ)　徳政令の対策として，商人たちは株仲間を組織し，大きな利益を上げた。

問８　下線部⑧について。藤原京について述べた説明文として正しいものを，次の(ア)～(エ)から一つ選び，記号で答えなさい。

(ア)　壬申の乱で勝利した大海人《おおあま》皇子は，藤原京で天武天皇として即位した。

(イ)　『古事記』と『日本書紀』は，藤原京に都をうつした翌年に完成した。

(ウ)　藤原京は，中国の都を参考に建設された，日本で最初の本格的な都である。

(エ)　持統天皇は，世の中の不安をとりのぞくため，藤原京に東大寺を建立した。

問９　下線部⑨について。遣唐使について述べた説明文として正しいものを，次の(ア)～(エ)から一つ選び，記号で答えなさい。

(ア)　唐が滅亡したので，遣唐使は廃止となった。

(イ)　遣唐使の廃止をすすめたのは太安万侶《おおのやすまろ》であった。

(ウ)　遣唐使船で，阿倍仲麻呂や空海たちが中国へ渡《わた》った。

(エ)　８世紀には遣唐使が，毎年中国に派遣された。

問10　下線部⑩について。十七条の憲法の内容について述べた説明文として正しいものを，次の(ア)～(エ)から一つ選び，記号で答えなさい。

(ア)　家柄《いえがら》にとらわれず，有能な人材を政治に登用《とうよう》する制度としてさだめられた。

(イ)　豪族同士が争うことなく，天皇にしたがい，礼儀を大切にすることがしめされた。

(ウ)　隋や高句麗《こうくり》にも十七条の憲法を守ることを要求し，対等な関係を求めた。

(エ)　朝廷が，すべての人民や土地を支配することがさだめられた。

問11　下線部⑪について。ヤマト政権の時代について述べた説明文として正しいものを，次の(ア)～(エ)から一つ選び，記号で答えなさい。

(ア)　ヤマト政権では，大王が豪族たちに姓《かばね》をあたえて統制したと考えられている。

(イ)　この時代の男性には，健康な歯を抜く抜歯《ばっし》が義務づけられていた。

(ウ)　３世紀のなかばに大陸から仏教が伝わり，日本各地に石仏《せきぶつ》がつくられるようになった。

(エ)　稲荷山《いなりやま》古墳から発見された鉄剣には，金の文字で刻《きざ》まれた「親魏倭王《しんぎわおう》」の称号《しょうごう》がみられる。

問12　会話文中の空欄［　　］にあてはまる適切な語句を漢字で答えなさい。

Ⅲ　2022年におきたできごとについて，あとの問いに答えなさい。

１月

日本・中国・韓国・東南アジア諸国連合などが参加する，アジアの自由貿易協定である［　①　］協定が発効《はっこう》した。

問１　空欄［①］にあてはまる適切な語句を，次の(ア)～(エ)から一つ選び，記号で答えなさい。

(ア)　OPEC《オペック》　(イ)　QUAD《クアッド》　(ウ)　RCEP《アールセップ》　(エ)　TPP《ティーピーピー》

２月

ロシア（プーチン政権）が，隣国ウクライナに対して本格的な軍事侵攻《しんこう》を開始した。

問２　2014年にロシアが併合《へいごう》を表明《ひょうめい》した地域はどこですか。次の(ア)～(エ)から一つ選び，記号で答えなさい。

(ア)　クリミア半島　(イ)　スカンジナビア半島　(ウ)　バルカン半島　(エ)　マレー半島

３月

韓国（大韓民国）で大統領選挙がおこなわれ，保守系最大野党出身候補の［　②　］氏が当選した。

問３　空欄［②］にあてはまる人物として正しいものを，次の(ア)～(エ)から一つ選び，記号で答えなさい。

(ア)　パクチョンヒ　(イ)　マルコス　(ウ)　ムンジェイン　(エ)　ユンソンニョル

４月

４月28日，日本の主権回復を認めたサンフランシスコ平和条約が発効して，70年となった。

問４　サンフランシスコ平和条約について述べた説明文として誤っているものを，次の(ア)～(エ)から一つ選び，記号で答えなさい。

(ア)　朝鮮の独立を承認した。

(イ)　日本と48カ国との間で調印された。

(ウ)　調印当時の首相は，吉田茂であった。

(エ)　アメリカ合衆国による千島列島の統治を認めた。

5月

５月15日，太平洋戦争の激戦地《げきせんち》となった沖縄が日本に復帰してから，50年となった。

問５　沖縄について述べた説明文として正しいものを，次の(ア)～(エ)から一つ選び，記号で答えなさい。

(ア)　岸信介首相とアメリカのケネディ大統領の話し合いの結果，沖縄返還《へんかん》協定が結ばれた。

(イ)　戦国時代，沖縄は毛利氏によって治《おさ》められていた。

(ウ)　日本にある米軍専用施設の約７割が，沖縄県に集中している。

(エ)　九州・沖縄サミットが，2023年５月に開催《かいさい》されることが決まっている。

6月

６月22日，参議院議員選挙が公示され，７月10日の投開票に向けて，選挙戦が展開されることになった。

問６　参議院について述べた説明文として正しいものを，次の(ア)～(エ)から一つ選び，記号で答えなさい。

(ア)　参議院議員の任期は４年で，２年ごとに議員の半数が改選される。

(イ)　選挙では小選挙区制と比例代表制が併用される。

(ウ)　今回の選挙では，125議席が争われた。

(エ)　法律案の議決や予算の審議《しんぎ》で，参議院の判断が衆議院より優越する。

7月

一国二制度が認められ，香港が中国に返還されて，７月１日で，25年となった。

問７　香港について述べた説明文として正しいものを，次の(ア)～(エ)から一つ選び，記号で答えなさい。

(ア)　アヘン戦争の結果，香港島が中国からイギリスに割譲《かつじょう》された。

(イ)　日清戦争の結果結ばれた下関条約で，香港は日本に割譲された。

(ウ)　香港は，遼東《りょうとう》半島の南端に位置する。

(エ)　香港郊外でおきた盧溝橋《ろこうきょう》事件から，日中戦争がはじまった。

8月

ニューヨークで，ＮＰＴ《エヌピーティー》再検討会議が開催された。

問８　NPTとは何の略称ですか。正しいものを，次の(ア)～(エ)から一つ選び，記号で答えなさい。

(ア)　戦略兵器制限条約　　(イ)　核不拡散条約

(ウ)　包括《ほうかつ》的核実験禁止条約　　(エ)　生物兵器禁止条約

9月

日中共同声明が発表され，日本と中国の間の国交が回復して，９月29日で，50年となった。

問９　発表当時の日本と中国の首相の組合せとして正しいものを，次の(ア)～(エ)から一つ選び，記号で答えなさい。

(ア)　田中角栄－周恩来　(イ)　竹下登－習近平　(ウ)　田中角栄－習近平　(エ)　竹下登－周恩来

10月

③ 出兵をおこなっていた日本軍が，北樺太を除く ③ からの撤退を完了して100年となった。

問10　空欄 ③ にあてはまる語句として正しいものを，次の(ア)～(エ)から一つ選び，記号で答えなさい。

(ア)　アラスカ　(イ)　インドシナ　(ウ)　シベリア　(エ)　台湾

C 「椅子が動く音が、やけに大きく聞こえる」は、草児が勢いよく椅子から立ち上がった様子を間接的に伝えている。

D 「メガネも頷《うなず》いた」の「メガネ」は、声を掛けてきてくれた杉田くんのことを比喩を用いて表している。

E 「コテイシサンゼイが、ガクシホケンが」におけるカタカナ表記は、これらを草児が理解していないことを示している。

問12 次は、本文を読んだ生徒の会話です。これを読み、後の問いに答えなさい。

明子 この小説の題名「タイムマシンに【 1 】ぼくたち」の「ぼくたち」っていうのは、草児と「男」のことよね。

星子 博物館で出会ったときの草児と「男」が、自分たちをどうとらえているかをうまく表した題名になっていると思うわ。

明子 そうだね。私は最後から二文目の「ひとくち飲んでみたコーラはしっかりと甘かった」というところに共感できたわ。草児が自分の存在意義を確かめられたことが伝わってきたわ。

星子 私もその表現は印象に残った。本文前半の「【 2 】」という一文は、この表現を導く伏《ふく》線になっているのよね。ところで、最後の一文の意味は分かった？

明子 まず本文中の「【 3 】」というたとえは、草児と周囲との心理的な隔《へだ》たりのことだと読み取ったわ。その隔たりが「男」との交流をきっかけとして段々なくなっていくことへの喜びや安堵《ど》感が、最後の一文に表れていると感じたわ。

Ⅰ 空欄１に入る適切な表現を自分で考え、四字で答えなさい。

Ⅱ 空欄２に入る最も適切な**一文**を本文中から十四字で抜き出し、答えなさい。

Ⅲ 空欄３に入る最も適切な表現を本文中から四字で抜き出し、答えなさい。

の様子を、一歩引いたところから草児は見ていた。

イ　喋《しゃべ》らないように心掛けていた草児だったが、Ｔシャツの恐竜がティラノサウルスではないことを思わず発言してしまった。

ウ　恐竜の話をきっかけに杉田くんが話しかけてくれたが、草児にとっては関わりが薄かったので彼の名前が分からなかった。

エ　恐竜の違いを分かりやすく説明したのに、先生だけが反応してくれてクラスの人たちは何事もなかったかのように無反応だった。

問８　傍線部⑦「すこしずつ、〜減っていった」から読み取れることとして最も適切なものを次から選び、記号で答えなさい。

ア　草児が周囲の人と新しい関係を築いていき、それまで大切にしていたものを軽んじるようになったということ。

イ　草児が自分をとりまく世界との心理的距離を次第に縮めていき、周囲の人たちとのつながりを深めつつあるということ。

ウ　草児は同じ毎日の繰り返しで変化がないと思っているが、草児の気づかないところで確実に変化が起こっているということ。

エ　草児をとりまく世界が本人とは関係のないところで次々と変化し、その対応に追われるようになった草児は忙しくなったということ。

問９　傍線部⑧「もう一度男が首を横に振った。口もとだけが微笑んでいた」とありますが、次はそのような行動をとった理由を説明した文章です。空欄に入る適切な表現を、Ａについては本文中から四字で抜き出して答え、Ｂについては後のア〜エから選んで記号で答えなさい。

男と草児が出会った博物館は、二人にとって【　Ａ　】の場所だった。しかし、結局二人はそれぞれの日常へと戻っていった。男が「微笑んで」「首を横に振った」のは、【　Ｂ　】から、ここでの交流はやめようと草児に伝えようとしたのである。

ア　母親と祖母に見つかると不審がられてしまい今後自分たちは会いにくくなる

イ　博物館での非日常的な会話を自分の連れに知られてしまうのは恥ずかしい

ウ　一人で来ていた博物館とは違って今は連れがいるので邪魔してほしくない

エ　博物館で出会った自分たちは互いに連れがいる日常で交わるべきではない

問10　傍線部⑨中の「お菓子」とはどのような存在であるといえますか。次の空欄に入る適切な語を自分で考え、それぞれ指定の字数で答えなさい。ただし、アには食べ物の名前が入ります。

「人は【　ア　二字　】のみにて生くる者にあらず」という聖書の言葉にもあるように、男にとっての「あの人」は非常食のように【　イ　一字　】をつなぐためだけのものではなく、「お菓子」のように【　ウ　一字　】も安定させる存在である。

問11　次は、本文中の波線部Ａ〜Ｅの表現についての説明です。適切でないものを一つ選び、記号で答えなさい。

Ａ　「一色の絵の具で塗りつぶしたような毎日」とは、草児の生活が単調であることを表す比喩《ゆ》表現である。

Ｂ　「バスが、〜潜っていく」は、運転の真似をする男の動作を見て、草児が空想の世界に入りこんでいく様子を表している。

「なんにも」と答えた自分の声がごまかしようがないほど弾《はず》んでいて、草児は笑い出してしまう。ひとくち飲んでみたコーラはしっかりと甘かった。そのことが草児をさらに笑わせ、泣きたいような気分にもさせる

（寺地はるなの文章による）

問１　太線部ａ「焦（がし）」・ｂ「羽織（って）」の読みをひらがなで答えなさい。

問２　傍線部①「容器の蓋が開いて～しまっていた」から読み取れる内容として**適切でない**ものを次から一つ選び、記号で答えなさい。

ア　こぼれ落ちる丸いガムの一つひとつに、草児は今まで胸の奥にしまっていた出来事や心情を重ね合わせている。

イ　家族やクラスメイトに対して草児が常々感じていた疎《そ》外感を、こぼれ落ちる丸いガムが呼び起こしてしまった。

ウ　丸いガムがこぼれ落ちるのをただ黙ってみている草児の様子は、人間関係を何も変えられないでいる草児を映し出している。

エ　こぼれ落ちる丸いガムがもったいなくて思わず泣いてしまったことで、草児は今までにあったつらい出来事を思い出してしまった。

問３　傍線部②「今日も～なかった」とありますが、草児が誰とも口をきかなかった理由にあたる**一文**を**26・27ページ**の本文中から抜き出し、始めの四字を答えなさい。

問４　傍線部③「ただ～とまっていた」について、次の各問いに答えなさい。

Ⅰ　草児は「『え』と訊《き》きかえした」とありますが、その理由として最も適切なものを次から選び、記号で答えなさい。

ア　草児が泣き出したことに対し、「男」があせったり慌《あわ》てたりする様子もないのが意外だったから。

イ　草児の涙の理由が家庭や学校での出来事にもあるということを、「男」に気づかれたと思ったから。

ウ　草児が泣き出すことになったいろいろな理由を、「男」がこのあと聞き出すのだろうと警戒したから。

エ　草児自身でも涙の理由が分からない中で、「男」が自分に寄り添おうとしていることに戸惑ったから。

Ⅱ　傍線部③以降、「男」に対する草児の態度には変化が見られます。その変化の始まりを示す表現として最も適切な**一文**を本文中から三十字以内で抜き出し、始めの五字を答えなさい。

問５　次は、傍線部④「エディアカラ紀」に対する草児の気持ちについて述べた文です。空欄に入る最も適切な表現を後のア～エから選び、記号で答えなさい。

様々な種類の生き物が存在しながらも生存競争がなかったとされる「エディアカラ紀」は、そこに生きる者たちが【　　】世界の象徴であるため、草児はあこがれを抱いているのである。

ア　多様性を尊重し合い、和やかに生きることができる

イ　互いに干渉することなく、心静かに生きることができる

ウ　命の尊さを理解し、争うことがなく平和に生きようとする

エ　ありのままの個性を認め合い、協力して共に繁栄しようとする

問６　傍線部⑤「セキノヤマ」の意味を漢字二字で答えなさい。

問７　傍線部⑥中の「今日」の出来事の説明として**適切でない**ものを次から一つ選び、記号で答えなさい。

ア　担任の先生の服装を見た瞬間に盛り上がっているクラスの人たち

「急に外食なんて、どうしたの」

　草児が気になっていたことを、祖母が訊ねてくれる。頬杖《ほおづえ》をついていた母が「パートのわたしにも賞与《しょうよ》が出たのよ」と言うなり、唇の両端をにぃっと持ち上げた。

「それはよかった」

「それはよかった」

　祖母の真似《まね》をしてみた草児に向かって、母がやさしく目を細める。

　賞与の金額の話から、Eコテイシサンゼイが、ガクシホケンがどうのこうのというつまらない話がはじまったので、草児はひとりドリンクバーにむかう。

　グラスにコーラを注いで席に戻る途中で、あの男がいるのに気づいた。

　男は窓際の席にいた。ひとりではなかった。四人がけのテーブルに、誰かと横並びに座っている。

　男の連れが男なのか女なのか、草児には判断できなかった。髪は背中に垂れるほど長く、着ている服は女もののようであるのに、顔や身体つきは男のようだ。

　ふたりはただ隣に座っているだけで、触れあっているわけではない。にもかかわらず、近かった。身体はたしかに離れているのに、ぴったりとくっついているように見える。

　男の前には湯気の立つ鉄板がある。男は鉄板上のハンバーグをナイフですいと切って、口に運ぶなり「フーファ」というような声を上げた。ムササビの骨格を見上げておどろいていた時とまったく同じ、間の抜けた声だった。

「あっつい」

「うん」

「でもうまい」

「ね」

　男とその連れは視線を合わすことなく、短い言葉を交わす。声をかけようとした時、ふいに男が顔を上げた。挨拶《あいさつ》しようと上げた草児の手が、宙で止まる。男の首がゆっくりと左右に動くのに気づいたから。

　男の視線が鉄板にかがみこんでいる隣の人間に注がれたのち、草児の母と祖母がいる席に向いた。迷いなくそちらを向いたことで草児は、男がとっくに自分に気づいていたと知る。
　⑧もう一度男が首を横に振った。口もとだけが微笑《ほほえ》んでいた。だから草児も片手をゆっくりとおろして、自分の席に戻る。
　男の隣にいる人間が男であるか女であるかは判断できないままだったが、そんなことは草児にとっては、どうでもいいことだった。あの人はきっと、⑨男が鞄にしのばせているお菓子のような存在なんだろうなと勝手に思った。というよりも、そうでありますように、と。

「いろいろある」世界から逃げ出したくなった時の命綱みたいな、「やっかいだけどだいじな人」とあの男が、ずっとずっと元気でありますようにと、名前も知らない彼らが幸せでありますようにと、神さまにお願いするように思った。

「なにかいいことがあった」

　コーラにストローをさす草児に、祖母が問う。はてなマークがついていなくても、ちゃんとわかる。いつのまにかわかるようになった。祖母は今、たしかに自分に問いかけている。

「ちがう、というのはどういう意味かな？　宮本さん」

「……それはアロサウルスの絵だと思います」

「なるほど。どう違うか説明できる？」

「時代が違います。ティラノサウルスは白亜紀末に現れた恐竜で、アロサウルスは、ジュラ紀です」

　すべて図鑑の受け売りだった。

「続けて」

「えっと、どちらも肉食ですが、ティラノサウルスよりアロサウルスのほうが頭が小さい、という特徴があります」

　ずっと喋らないようにしていた。笑われるのは無視されるよりずっとずっと嫌なことだった。おそるおそる目線だけ動かして教室を見まわしたが、笑っている者はひとりもいなかった。何人かは驚いたような顔で、何人かは注意深く様子をうかがうように、草児を見ている。

「ありがとう。座っていいよ。宮本さん、くわしいんだな。説明もわかりやすかったよ」

　感心したような声を上げた担任につられたように、誰かが「へー」と声を漏らすのが聞こえた。

「じゃあ、国語の教科書三十五ページ、みんな開いて」

　なにごともなかったように、授業がはじまる。

　国語の次は、体育の授業だった。体操服に着替えて体育館に向かう。体育館はいつも薄暗く、壁《かべ》はひび割れ、床は傷だらけで冷たい。草児はここに来るたび、うっすらと暗い気持ちになる。

　体育館シューズに履《は》き替えていると、誰かが横に立った。草児より小柄な「誰か」はメガネを押し上げる。

「恐竜、好きなの？」

「うん」

　草児が頷くと、Dメガネも頷いた。

「ぼくも」

　そこで交わした言葉は、それだけだった。でも誰かと並んで立つ体育館の床は、ほんのすこしだけ、冷たさがましに感じられる。
　⑦すこしずつ、すこしずつ、画用紙に色鉛筆で色を重ねるように季節が変わっていって、草児が博物館に行く回数は減っていった。
　体育館の靴《くつ》箱の前で声をかけてきた男子の名は、杉田《すぎた》くんという。杉田くんは塾とピアノ教室とスイミングに通っているから一緒に遊べるのは火曜日だけだ。そして、教室で話す相手は彼だけだ。それでももう、以前のように透明の板に隔《へだ》てられているという感じはしなくなった。完全に取っ払われたわけではない。でも、透明のビニールぐらいになった気がしている。その気になればいつだって自力でぶち破れそうな厚さに。

「外でごはん食べよう」

　帰宅した母が、そんなことを言い出す。突然なんなのと戸惑《とまど》う祖母の背中を押すようにして向かった先はファミリーレストランだった。草児がそこに行きたいとせがんだからだ。

　もっとぜいたくできるのに、と母は不満そうだったが、草児はぜいたくでなくてもよかった。ぜいたくとうれしいは、イコールではない。

　体調不良が続いていた祖母も、今日はめずらしく調子が良いようで、うすく化粧をして、明るいオレンジ色のカーディガンをb羽織っている。四人がけの席につき、メニューを広げた。

海の底から生えた巨大な葉っぱのようなカルニオディスクス。楕《だ》円形にひろがるディッキンソニア。ゆったりとうごめく生きものたち。自分はそれらをいちいち指さし、男は薄く笑って応じるだろう。バスは音も立てずに進んでいく。砂についたタイヤの跡はやわらかいカーブを描き、その上を、図鑑には載《の》っていない小さな生きものが横断する。

そこまで想像して、でも、と呟《つぶや》いた。

「もし行けたとしても、戻ってこられるのかな？」

タイムマシンで白亜紀に行ってしまうアニメ映画を、母と一緒に観たことがある。その映画では、途中でタイムマシンが恐竜に踏み壊されていた。その場面は強烈に覚えているのに、主人公が現代に戻ってきたのかどうかは覚えていない。

男が「さあ」と首を傾げる。さっきと同じ、他人事のような態度で。

「戻ってきたいの？」

そりゃあ、と言いかけて、自分でもよくわからなくなる。

「だって、えっと……戻ってこなかったら、心配するだろうから」

草ちゃんがどこにでも行けるように、と母は言ってくれるが、タイムマシンで原生代に行って二度と帰ってこなかったら、きっと泣くだろう。

「そうか。だいじな人がいるんだね」

おれもだよ、と言いながら、男はゆっくりと、草児から視線を外した。

「タイムマシンには乗れないんだ。仕事をさぼって博物館で現実逃避するぐらいが⑤セキノヤマなんだ、おれには」

「さぼってるの？」

男は答えなかった。意図的に無視しているとわかった。そのかわりのように「ねえ、だいじな人って、たまにやっかいだよね」と息を吐いた。

「なんで？」

「やっかいで、だいじだ」

空は藍《あい》色の絵の具を足したように暗く、公園の木々は、ただの影になっている。きみもう帰りな、とやっぱりへんな、すくなくとも草児にはへんだと感じられるアクセントで言い、男が立ち上がる。うまい棒のかけらのようなものが空中にふわりと舞い散った。

⑥いつもと同じ朝が、今日もまた来る。

トースターに入れたパンをa焦がしてしまって、家を出るのがすこし遅れた。教室に入って宿題を出し、椅子《いす》に腰を下ろすと同時に担任が教室に入ってきた。あー！誰かが甲《かん》高い叫び声を上げる。担任はいつものジャージを穿《は》いていたが、上は黒いTシャツだった。恐竜の絵が描かれている。

「ティラノサウルス！」

誰かが指さす。せんせーなんで今日そんなかっこうしてんのー、と別の誰かが笑う。彼らは先生たちの変化にやたら敏感で、髪を切ったとか手をケガしたとか、そういったことにいちいち気づいて指摘せずにはいられないのだ。

「ちがう」

声を発したのが自分だと気づくのに、数秒を要した。みんながこちらを見ている。心の中で思ったことを、いつのまにか口に出していた。

担任から促《うなが》されて立ち上がる。C椅子が動く音が、やけに大きく聞こえる。

く、かといって慰《なぐさ》めようとするでもなかった。③ただ「いろいろ、あるよね」とだけ、言った。

「え」と訊きかえした時には、涙はとまっていた。

いろいろ、と言った男は、けれども、草児の「いろいろ」をくわしく聞きだそうとはしなかった。

「いろいろある」

草児が繰り返すと、男は食べ終えたうまい棒の袋を細長く折って畳《たた》みはじめる。

「ところできみは、なんでいつも博物館にいるの？」

「だよね、いつもいるよね？」と質問を重ねる男は、草児がいつもいるとわかるほど頻繁《ひんぱん》に博物館を訪れているのだ。

「恐竜とかが、好きだから」

大人に好きなものについて訊かれたら、かならずそう答えることにしている。嘘ではないが、太古の生物の中でもとりわけ恐竜を好むわけではない。にもかかわらずそう言うのは「そのほうがわかりやすいだろう」と感じるからだ。そう答えると、大人は「ああ、男の子だもんね」と勝手に納得してくれる。

「あと、もっと前の時代のいろんな生きものにも、いっぱい、いっぱい興味がある」

他の大人の前では言わない続きが、するりと口から出た。

④エディアカラ紀、海の中で、とつぜんさまざまなかたちの生物が出現しました。

体はやわらかく、目やあし、背骨はなく、獲物をおそうこともありませんでした。

エディアカラ紀の生物には、食べたり食べられたりする関係はありませんでした。

図鑑を暗誦《しょう》した。

草児は、そういう時代のそういうものとして生まれたかった。同級生に百円をたかられたり、喋っただけで奇異な目で見られたり、こっちはこっちでどう見られているか気にしたり、そんなんじゃなく、静かな海の底の砂の上で静かに生きているだけの生物として生まれたかった。

「行ってみたい？　エディアカラ紀」

唐突な質問に、うまく答えられない。この男は「エディアカラ紀」を観光地の名かなにかだと思っているのではないか。

「タイムマシンがあればなー」

でも操縦できるかな。ハンドルを左右に切るような動作をしてみせる。

「バスなら運転できるんだけどね。おれむかし、バスの運転手だったから」

男の言う「むかし」がどれぐらい前の話なのか、草児にはわからない。わからないので、黙って頷《うなず》いた。むかしというからには今は運転手ではなく、なぜ運転手ではないのかという理由を、草児は訊《たず》ねない。男が「いろいろ」の詳細を訊かなかったように。

男がまた、見えないハンドルをあやつる。

一瞬ほんとうにバスに乗っているような気がした。Bバスが、長い長い時空のトンネルをぬけて、しぶきを上げながら海に潜《もぐ》っていく。いくつもの水泡が、窓ガラスに不規則な丸い模様を走らせる。

視界が濃く、青く、染まっていく。

さん太郎なんか食べちゃだめだ」

　しっかりしてるんだな、えらいな、うん、と勝手に納得し、男はベンチに座った。鞄から、つぎつぎとお菓子が取り出される。いくつかのお菓子には見覚えがあり、そのほかははじめて目にする。うまい棒とポテトスナックは知っているが、なんとかボールと書いてあるお菓子は知らない。

「あの、なんで、そんなにいっぱいお菓子持ってるの」

　おそるおそる問う。この男は草児が知っているどの大人とも違う。男はすこし考えてから「さあ？」と首を傾《かし》げた。自分自身のことなのに。

「安心するから、かな」

　うまい棒を齧《かじ》りながら、男は「何年か前に出張した時に」と喋《しゃべ》り出した。帰りの新幹線が事故で何時間もとまったまま、という体験をしたのだという。いつ動き出すのかすらまったくわからなくて、不安だった。でも、新幹線に乗る前に売店で買ったチップスターの筒を握りしめていると、なぜか安心した。その時、思いもよらないものが気持ちを支えてくれることもあるんだな、と知った。あれは単純に「食料がある」という安心感ではなかった、たとえば持っていたのが乾パンなどの非常食然としたものだったらもっと違った気がする、だからお菓子というものは自分の精神的な命綱のようなものだと思ったのだ、というようなことをのんびりと語る男に手招きされて、草児もベンチに座った。いつでも逃げられるように、すこし距離をとりつつ。

　草児が背負っていたリュックからオレンジマーブルガムのボトルを出すと、男は「なんだよ、持ってるじゃないか」とうれしそうな顔をする。自分のガムはただのおやつであって、命綱なんかではない。

　やっぱへんなやつだ、と身を引いた拍子《ひょうし》に、手元が狂った。①容器の蓋《ふた》が開いてガムがばらばらと地面にこぼれ落ちる。草児は声を上げなかった。男もまた。映画館で映画を観るように、校長先生の話を聞くように、唇《くちびる》を結んだまま、丸いガムが土の上を転がっていくのを見守った。

　気づいた時にはもう、涙があふれ出てしまっていた。頬を伝っていく滴《しずく》は熱くて、でも顎《あご》からしたたり落ちる頃には冷たくなっていた。

　どうして泣いているのか自分でもよくわからなかった。ガムの容器の蓋をちゃんとしめていなかったこと。博物館の休みを忘れていたこと。男が蒲焼きさん太郎を差し出した時に蘇《よみがえ》った、文《ぶん》ちゃん〔出題者注：保育園からの付き合いがある、前の学校の同級生。頼りがいはあるが、草児は彼との力関係に悩んでいた。〕と過ごした日々のこと。

　楽しかった時もいっぱいあった。

　それなのに、どうしても文ちゃんに嫌だと言えなかったこと。嫌だと言えない自分が恥ずかしかったこと。別れを告げずに引っ越ししてしまったこと。

　父が手紙をくれないこと。自分もなにを書いていいのかよくわからないこと。

　②今日も学校で、誰とも口をきかなかったこと。算数でわからないところがあったこと。でも先生に訊《き》けなかったこと。

　母がいつも家にいないこと。疲れた顔をしていること。祖母から好かれているのか嫌われているのかよくわからないこと。

　いつも自分はここにいていいんだろうかと感じること。

　男は泣いている草児を見てもおどろいた様子はなく、困惑するでもな

二　次の文章を読み、後の問いに答えなさい。なお、設問の都合上、本文を変更している部分があります。

小学六年生の宮本草児《そうじ》は、両親の離婚によって三ヶ月前、母と一緒に祖母の家に引っ越してきた。転校初日に話し方を笑われてしまい、クラスメイトとなじめなかった草児は、祖母ともなじめず、毎日のように放課後は一人で、博物館で過ごしていた。ある日、博物館で三十歳代と見られるスーツを着た「男」に声をかけられたが、警戒《かい》して反応せずに立ち去った。次は、それからしばらく経った頃の場面である。

「シフトの都合」で予定外の休みをもらった母は、同じ理由で休みがなくなった。十連勤だなんて冗談《じょうだん》じゃないよとぼやいていたのは最初の数日だけで、半ば頃になると家にいる時は無言でテーブルにつっぷしているだけの、物言わぬ生物になった。祖母はなんだか近頃調子が悪いといって、日中も寝てばかりいた。

古生代の生物たちも、こんなふうに干渉《かんしょう》し合うことなく、暮らしていたのかもしれない。同じ家の中にいても、ほとんど言葉を交わさない。母や祖母の気配だけを感じつつ、ひとりで食卓に置かれたパンや釜《かま》めしを食べた。

味がぜんぜんわからなかった。給食もそうだ。甘いとも辛《から》いとも感じない。誰かと同じ空間にいても、人間は簡単に「ひとり」になるものだと、こんなふうになるずっと前から知っていた。

博物館の前に立ち、「本日休館日」の立て札を目にするなり、動けなくなってしまった。今日は木曜日だということをすっかり忘れていた。

A一色の絵の具で塗りつぶしたような毎日の中で、曜日の感覚が鈍っていたのかもしれない。

ワチャーというような声が頭上から降ってきて、振り返った。このあいだムササビの骨格標本を見上げていた男が草児のすぐ後ろに立っていた。今日は灰色のスーツを着ている。男の指がすっと持ち上がって、立て札を指す。ちょっと異様なぐらいに長く見える指だった。

「きみ知ってた？　今日休みって」

「うん」

男があまりに情けない様子だったので、つい警戒心がゆるみ「知ってたけど忘れてた」と反応してしまう。

「そうかあ」

中に入れないのならば、帰るしかない。背を向けて歩き出すと、男も後ろからついてくる。公園から出るには同じ方向に向かうしかないからあたりまえのことなのだが、気になって何度も振り返ってしまう。

「どうしたの？」

草児の視線を受けとめた男が、ゆったりと口を開く。なにを勘《かん》違いしたものか「なに？　腹減ってんの？」と質問を重ねる。違う。とっさに答えたが、嘘《うそ》だった。腹は常に減っている。

男のアクセントはすこしへんだった。このあたりの人とも、草児とも違う。そのくせ、すこしも恥じてはいないようだ。

「あ、これ食う？」

書類やノートパソコンが入っていそうな鞄《かばん》から、蒲《かば》焼きさん太郎が出てきた。差し出されたそれを草児が黙って見ていると、男はきまりわるそうに下を向き、包装を破いて、自分の口に入れた。

「そうだよな、あやしいよな。知らないおじさんが手渡してくる蒲焼き

について説明した文です。空欄に入る適切な表現を34・35ページの本文中から二十字以内で抜き出し、答えなさい。

「人間が環境問題を引き起こすメカニズム」とは、人間が共有地においては【　　　】ことを促《うなが》す仕組みのことを指している。

問４　傍線部③「□に乗じて」の空欄に入る最も適切な語を次から選び、記号で答えなさい。

ア　危険　　イ　秘密　　ウ　夜陰《やいん》　　エ　誘惑《ゆうわく》

問５　空欄Ｘに入る最も適切な表現を次から選び、記号で答えなさい。

ア　公共の場所にあり、誰かの所有物である

イ　公共の場所にあり、誰かの所有物ではない

ウ　私的な場所にあり、誰かの所有物である

エ　私的な場所にあり、誰かの所有物ではない

問６　傍線部④「シラスウナギに起こっている悲劇との決定的な違い」は、どのような点にありますか。次の空欄Ａ・Ｂに入る適切な表現を**傍線部④以前**の本文中から指定の字数で抜き出し、説明を完成させなさい。

シラスウナギとは異なり、松阪牛は【　Ａ　三字　】が定まっており、【　Ｂ　八字　】することができる点。

問７　三つの空欄Ｙに共通して入る適切な表現を考え、七字で答えなさい。

問８　傍線部⑤「枚挙のいとまがない」の意味として最も適切なものを次から選び、記号で答えなさい。

ア　多くて数えられない　　イ　被害が悪質化する

ウ　考えると気が滅入《めい》る　　エ　絶え間なくつづく

問９　傍線部⑥「原始時代の記憶」の内容として**当てはまらない**ものを次から一つ選び、記号で答えなさい。

ア　地球の資源を使いつくすことは不可能である。

イ　狩猟こそが生存に必要な食料確保の手段である。

ウ　ごみを捨てたところで環境への影響は生じない。

エ　できる限り天然の資源を収奪することが望ましい。

問10　次は、傍線部⑦「人間は環境問題を解決できる」と筆者が考えている理由について述べた文です。空欄に入る適切な語を32・33・34ページの本文中から漢字三字で抜き出し、答えなさい。

「人間には【　　】があるから環境問題を解決できる」と筆者は考えている。

問11　傍線部⑧「楽観的悲観主義者のマインド」の説明として最も適切なものを次から選び、記号で答えなさい。

ア　人間は社会全体の繁栄を考えた選択ができる理性的存在であるため、たとえ環境問題が深刻さを増したとしても、新しい技術によって解決する道はあると信じつづける精神。

イ　損害を受けても自己回復力をもって再生してきた自然は偉《い》大な存在であり、人間が利己的だったとしても、環境問題はさほど深刻にならないだろうと前向きにとらえる精神。

ウ　人間はもともと利己的なものであることを受け止めた上で、理性によって未来の繁栄にも目を向けた行動を選択し、環境問題解決に向けて努力しつづけていこうとする精神。

エ　農耕や牧畜など集団で繁栄を目指してきた人類であるので、自然の資源が底をついてしまう前に、みんなで未来の人たちのためにがまんを伴《ともな》う行動も受け入れようとする精神。

歩するにしたがって、資源を使いつくすというのが現実問題になってきたのである。しかし、人間はつい一万年くらい前までは旧石器時代を生きていた。人間はそんなに急に変わることはできないので、現代人の遺伝子も⑥原始時代の記憶を引きずっている。だから容易に共有地の悲劇を引き起こす。これは人がもって生まれた性なのである。人間がみんな利他的になったらいいよね、みたいなのは夢物語である。人間の善意や自己犠牲《ぎせい》に頼りきりの環境保全は成立しない。

生物学者である僕は、生物としての人間が持つ性をいやというほどわかっている。人間も動物も等しく、生存と繁殖のためのきびしいたたかいを今日まで続けている。そのために、冷徹《てつ》で合理的な行動を取ることが求められているのだ。それでもなお、⑦人間は環境問題を解決できると信じている。考えてみれば、人間は後先を考えて、未来の幸せのためにいまがまんすることができる生物である。これが、人間とその他の生物の大きなちがいだ。人類が農耕や牧畜を「発明」したのはこのような性質を持っていたから。ひと握りの小麦や一匹の子ヒツジを手に入れたとき、それらを食べてしまえばすぐに満腹になるし、手間もかからない。しかし人類は、がまんしてそれらを食べずに育てることの意味を知った。苦労して世話をして育てることで、将来、より多くの食べものが得られるのである。これは、未来の幸福のためにいまがまんできる理性という人間の特徴が生み出したものである。

だから、僕ら人類は環境問題を解決できる可能性を持っていると思う。いま、ある程度がまんすることで将来僕らや僕らの子孫たちが幸せになれるのなら、そういう選択ができる動物なのだ。環境問題はたいへん深刻だし、共有地の悲劇を生み出す人間の性から逃れることもできない。それでもなお、希望を捨てずに解決を目指すべきだ。これが⑧楽観的悲観主義者のマインドである。

（伊勢武史　著『２０５０年の地球を予測する――科学でわかる環境の未来』より）

問１　太線部ａ「ドヨウ」・ｂ「コウ（じる）」を漢字で答えなさい。

問２　傍線部①「共有地の悲劇」について、次の各問いに答えなさい。

Ⅰ　次は、「共有地の悲劇」と、この後に説明されるシラスウナギの例との関係を説明した文章です。空欄に入る最も適切な語をそれぞれ後のＡ～Ｄから選び、記号で答えなさい。

「シラスウナギ」は寓話における【　１　】にあたり、「密漁者」は寓話における【　２　】にあたる。シラスウナギは【　１　】と同様に段々と減少し、現在ウナギは絶滅危惧種になっている。

Ａ　牧草　Ｂ　ウシ　Ｃ　村人　Ｄ　お金

Ⅱ　「共有地の悲劇」と同様の仕組みで発生する事例として**当てはまらない**ものを次から一つ選び、記号で答えなさい。

ア　健康食志向によって魚を食べることが世界的に流行し、マグロやサンマなどの値段が高くなってしまった。

イ　節電の呼びかけを行ったものの電力の消費量が増え続け、供給量を上回って地域全体が停電してしまった。

ウ　町内会の地域清掃は面倒だからと皆が参加しなくなった結果、害獣や害虫が増え、住みにくい街になってしまった。

エ　伐採した樹木の代わりに植林を進めて環境保全に努めた結果、多くの人が花粉症に悩まされるようになってしまった。

問３　次は、傍線部②中の「人間が環境問題を引き起こすメカニズム」

僕らは間接的にウナギの激減に手を貸していると言えてしまうのだ。

　共有地の悲劇を避けるにはどうすればよいか。ひとつの方法は、すべてを私有物にすることだ。しかしこれ、現実には不可能なことも多々ある。完全養殖が実用化できていないウナギもそう。日本列島から遠く離れたフィリピン近海の深い海で産卵するウナギを完全に私有物にすることは不可能だ。後述するが、世界人類の共有物である大気で発生している地球温暖化も共有地の悲劇の典型例だ。

　共有地の悲劇を避けるもうひとつの方法は、ルールづくりである。ひと握りの無法者が無茶をしないように、社会でルールをつくって、それをみんなが守るように監視し、違反者にはしかるべき措置《そち》をbコウじる。これによって共有地の悲劇を避けることは、理論上は可能である。現に、環境を破壊する行為はこれまで、国内の法律や国際的な条約によって規制されてきて、一定の成果をあげている。ただしこのような規制は万能とは程遠く、多くの問題やほころびが露呈《ろてい》〔あらわれ出ること〕している。早いもん勝ち、獲ったもん勝ちという考え方は世界に蔓延《まんえん》していて、アマゾンの熱帯雨林の違法伐採《ばっさい》とか、貴重な野生動物の密猟《りょう》とか、世界中で⑤枚挙のいとまがないほど共有地の悲劇の実例が存在している。

　よく、人間も生物の一種であるから、人間が起こす環境問題も自然現象である。だから止める必要はないし、止められない。人間は本能という名の欲望に沿《そ》ってあるがままに振舞えばよいし、いつか人間が絶滅するならそれも自然現象だから仕方ない、なんていう人がいる。この考え方を受け入れてしまうと、環境保全などを考えるのは無意味になってしまう。なのでこの本の最初の章で、この話を扱うことにした。

　人間はもともと利己的に振舞うものだ。これは否定のしようがない。人類の祖先は数百万年前に生まれて、それからずっと、つい一万年前くらいまでは、狩猟採集で食べものを得る原始時代（旧石器時代）のくらしを送っていた。農耕や牧畜がはじまる前の原始時代のくらしはたいへんきびしく、人類の人口はとても少なかった。彼らは小さなグループをつくり広大な土地で食べものを探していたから、人口密度はとても低かったのである。

　太古のむかしに思いを馳《は》せてみよう。人口密度が極端に低い時代の彼らにとって、地球のサイズは無限と考えても問題がなかった。どんなにがんばっても地球の資源を使いつくすことはできなかったのである。だから、ひたすらできる限りの資源の収奪を行うことが、彼らにとってベストな戦略だったのだ。原始時代のこのような環境では、現代のような環境問題は生じない。原始人がごみを捨てたところで、それは広大な土地や水や大気ですぐに薄められてしまう。だから現代のような公害は発生しなかったのだ。だから原始人には、環境意識はなかなか生まれなかったことだろう。

　やがて農耕や牧畜が始まった。すると食料が安定して供給されるようになり、人口密度が増加する。それと同時に人びとは定住生活をするようになる。人間のライフスタイルがこのように変わっていくと、原始時代のように後先考えずに資源を使い切ってしまうと困《こま》ることが増えてきた。人口が増えてテクノロジーが進歩するにしたがって、資源を使いつくすというのが現実問題になってきたのである。こうして人びとは次第に、持続可能な利用というコンセプト〔考え方〕を身に着け、社会のルールや道徳に組み込んで、現代にいたる。人口が増えてテクノロジーが進

得ていない密漁者が後を絶たない。こうして日本じゅうでシラスウナギの乱獲が行われ、ウナギが激減するに至ったのである。

〈 中略 〉

このように、公共の場所である河川で、誰の所有物でもないウナギの稚魚を獲るという行為には、人間がエゴをむき出しにして、たとえ将来絶滅しようが後先考えず今だけの利益のために行動するよう仕向けるメカニズムが存在している。密漁者たちも当然、シラスウナギが年々減少していることを自分の身をもって痛感しているだろう。それでも、自然環境保全のために密漁をやめるかといえば、そうではない。自分ひとりがやめても、ほかの誰かが採ってしまい、結局は破滅に向かうからだ。どうせウナギ産業が破滅するのなら、いまのうちに少しでもお金を稼いでおこう。こういう考え方こそが、共有地の悲劇を生んでいる。

読者のみなさんは気づいたことだろう。共有地の悲劇が生じるのは、収奪《だつ》される対象物が［ X ］場合である。公共物と私有物の違いはたいへん重要で、この違いが共有地の悲劇の発生を決定づけている。ひとつ例を考えてみよう。現代の日本において、肉牛は私有物である。野良犬みたいな野良牛がそのへんを歩いていて、誰の持ち物でもない、なんてことはあり得ない。そして、ウナギと異なり肉牛の繁殖法は確立されている（飼育下で子ウシを産ませて成長させることが可能だ）。つまり肉牛は、完全に私有物として管理されているのである。

ここで、もし松阪牛のステーキを食べることが空前絶後の大ブームになって、肉が高く売れるようになったらどうなるか考えてみよう。松阪牛の生産者組合は「いまだけ儲かればいい」と考えてすべての牛を出荷してしまうだろうか。そうなると、松阪牛は絶滅し、血統が途絶えてしまう。もう松阪牛でお金を儲けることはできない。だからそんなバカなことは絶対にしないのである。

そう、いくら松阪牛がブームになって高く売れるからといって、親となる牛たちまでみんな出荷して食べちゃう、なんてことはない。牧畜業者のみなさんは後先考えて、種ウシと母ウシに繁殖させて子ウシを産ませるから、松阪牛ブームがどんなに盛り上がっても松阪牛が絶滅することはない。むしろ、お金を儲けようと松阪牛の飼育をはじめる牧場が増加することで、ウシの個体数は増えることだろう。④シラスウナギに起こっている悲劇との決定的な違いをわかってもらえただろうか。

僕ら人間は、私有物の場合は後先考えながら大事にあつかうが、共有物は粗末にあつかう。こういう人間の性《さが》が出るのが共有地の悲劇なのである。「いやいや、僕ら日本人の大半には良心というものがあって、共有物だからといって無茶はしない。むしろ共有物こそ大切にするように教わっている」なんて反論もあるかもしれない。それはそのとおりである。良識ある人びとは、共有地の悲劇を避けるために自制心をはたらかせることが可能なのだ。しかし、ほんのひと握《にぎ》りの人たちが、密漁などの無茶をすることによって、社会や自然環境に深刻な被害がおよんでしまう。これが共有地の「悲劇」と呼ばれるゆえんだ。一部の欲望に忠実な人たちの行動が環境問題を生み出してしまうのである。

さらに言おう。僕ら日本人の大半はシラスウナギの密漁をしない。ならばウナギの激減問題に潔白かというと、そうでもないのである。［ Y ］のは僕ら多くの日本人。僕ら日本人がお金を払って［ Y ］から密漁が存在するのである。僕らが［ Y ］ことが問題の原因であり、

【国　語】（五〇分）〈満点：一〇〇点〉

【注意】字数制限のある場合は、句読点も一字と数えて答えること。

一　次の文章を読み、後の問いに答えなさい。〔　〕内の表現は、直前の語の意味です。なお、設問の都合上、本文を変更している部分があります。

これは、とある農村での話である。この村の住民はそれぞれ、自宅でウシを飼っていた。ウシたちは、村共有の牧草地で放牧され、草を食《は》んで暮らしていた。村人は、ウシの乳をしぼったり、ときにウシを市場に売ったりしてくらしの足しにしていたのである。こういう状況がながく続き、村人たちの生活は安定していたのだが、ある日、知恵のはたらく村人が、自分の飼うウシの数を増やすことにしたのである。子ウシを何頭も買ってきて共有地で放牧し、大きくなったら売りさばく。こうしてこの村人は成功し、財をなしたのである。

これを見ていたほかの村人たちも「よし、おれもウシの数を増やそう」と思い立ち、その結果村の共有地で放牧されるウシの数が激増するに至った。しかし、共有地の面積にはかぎりがあり、そこで育つ牧草の量にもかぎりがある。やがて牧草は食べつくされ、ウシたちはみんな飢え死にしてしまった。結局村人たちはみなお金を損して、不幸になってしまった。これが①共有地の悲劇という寓《ぐう》話〔教訓的な話〕である（ギャレット・ハーディンという有名な環境科学者の著作に登場するお話だ）。

共有地の悲劇の寓話が興味深いのは、②人間が環境問題を引き起こすメカニズムの核心をついているからだ。この物語の登場人物は、けっしてバカではない。それどころか、みんな毎日を精いっぱいに生き、なんとかして自分や家族のくらしをゆたかにしようと知恵をしぼり工夫をこらしているのだ。彼らはバカじゃないから、ウシの数が増えすぎたらやがて牧草が食べつくされて悲劇が起こることも予期している。しかしそれでも、彼らはウシの数を減らさない。どうせ自分が減らしたって、ほかの村人がどんどんウシの数を増やすのが目に見えているからだ。将来はこのゲームの参加者全員が敗者になることが分かっていても、いまこの瞬間、お金を稼《かせ》ぐのをやめられないのである。こういう現象は、寓話の世界だけじゃなく、現実に起こっている。たとえば現代の日本でも。

最近、ニホンウナギが絶滅危惧《ぐ》種に指定された。日本人がａドヨウの丑《うし》の日などに好んで食べるウナギだけど、近年では数が極端に減って、絶滅危惧種になってしまったのである。その原因はいろいろあるんだけど、最大の原因は「獲《と》りすぎ」である。食用のウナギといえば養殖モノが主流だけど、ウナギの完全養殖はまだまだ実験段階だ。飼育下のウナギにタマゴを産ませてふ化させて、稚《ち》魚を成魚になるまで育てるのを完全養殖というが、それはとてもむずかしいことなのだ。じゃあどうやってウナギの養殖をしているかというと、海で自然にふ化してあるていどのサイズまで成長したウナギの稚魚（シラスウナギ）が海から川にもどってくるところをつかまえて、養殖池に投入して大きくなるまで飼育するのだ。これがウナギの養殖の実態である。

このシラスウナギ漁は、たいへん儲《もう》かる仕事である。まっくらな夜中、集魚灯のあかりにおびき寄せられるウナギの稚魚を網ですくう。これだけで一晩に数十万円もの儲けになることもあるらしい。なんせ、シラスウナギは俗に「白いダイヤ」と呼ばれるくらいで、この漁はお金の儲かる仕事。そして③［　　］に乗じてやる仕事だけに、正式の許可を

MEMO

大切なことはメモしておこうネ！

2023年度

浦和明の星女子中学校入試問題（第２回）

【算　数】（50分）　＜満点：100点＞

【注意】 コンパス，定規，分度器，計算機は使用しないこと。

１． 次の各問いに答えなさい。

(1)　$\left(1.5\div 4\frac{4}{5}\times 8.8+\frac{1}{8}\right)\div(22.54\div 39.2)$ を計算しなさい。

(2)　ある大きな水槽《すいそう》を空の状態から満水にするのに，給水管Ａだけを５本使うと84分，給水管Ｂだけを４本使うと45分かかります。この水槽に，空の状態から給水管Ａ，Ｂを１本ずつ使って水を注ぐと，満水になるまでに何分かかりますか。

(3)　原価300円のケーキを130個仕入れました。原価の３割の利益を見込《みこ》んで定価をつけて売り始めましたが，売れ残りそうだったので途中《とちゅう》から定価の２割引にしてすべて売り切りました。すべてのケーキを売った後の利益は，初めに見込んでいた利益の80％になりました。定価で売ったケーキは何個でしたか。

(4)　自宅から学校まで，姉は800歩，妹は900歩で歩きます。姉と妹が，それぞれ10歩ずつ歩いたときの２人の進んだ距離《きょり》の差が70㎝であるとき，自宅から学校までの距離は何ｍですか。

(5)　次の問いに答えなさい。

①　１から９までの数字の中から異なる３個を使って，（２桁《けた》）×（１桁）の式をつくります。このとき，答えが一番大きくなる式を答えなさい。

②　１から９までの数字の中から異なる５個を使って，（３桁）×（２桁）の式をつくります。このとき，答えが一番大きくなる式を答えなさい。

(6)　１辺が３ｍの正三角形の形をした柵《さく》があります。牛が図のように，柵の一つの頂点に長さ６ｍのひもでつながれています。牛は柵の中には入れませんが，柵の外を動き回ることができます。牛が動き回ることのできる部分の面積を求めなさい。ただし，円周率は3.14とし，また，１辺が３ｍの正三角形の面積は$3.89m^2$として計算しなさい。

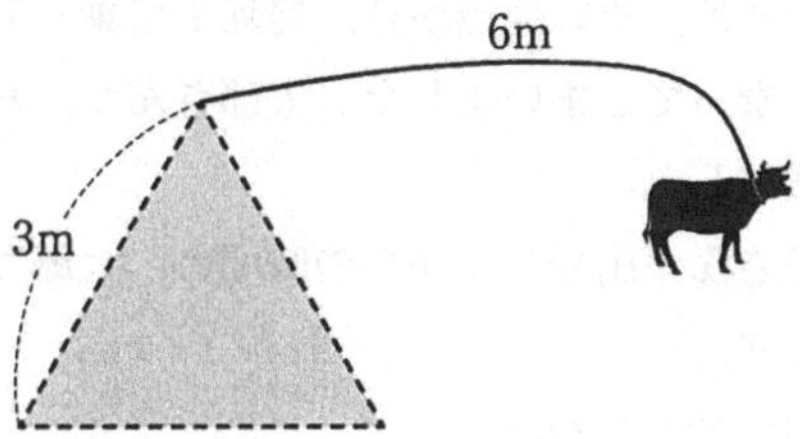

(7)　１辺が１㎝の立方体の形をした積み木を積み上げて，次のページの図のように立体をつくっていきます。このとき，積み木と積み木が接する正方形の面をぴったり合わせて，ずれないようにします。１番目の立体は１個の積み木でつくったもの，２番目の立体は１番目の立体に５個の積み木を加えてつくったもの，３番目の立体は２番目の立体に13個の積み木を加えてつくったものです。

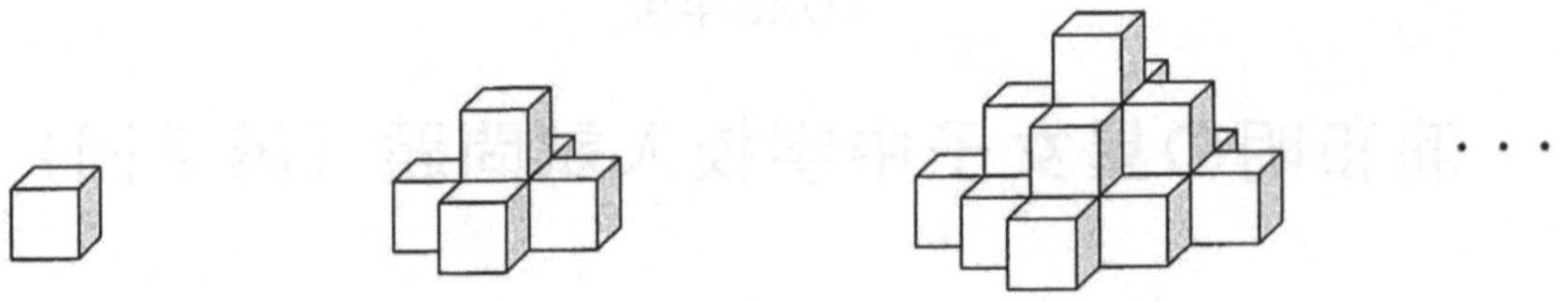

（1番目）　　（2番目）　　（3番目）　　・・・

①　４番目の立体から，５番目の立体をつくるとき，加える積み木の個数を求めなさい。

②　５番目の立体の表面全体の面積を求めなさい。ただし，床《ゆか》面についている面も立体の表面として考えます。

2． A，Bの２種類のコーヒー豆があります。これらの１kgあたりの値段は，豆Aが4300円，豆Bが3600円です。レストランでは，これらを混ぜ合わせたものを使って，いくつかの味の異なるコーヒーを作って提供しています。コーヒー豆が，１杯《ぱい》のコーヒーになるまでには，様々な費用がかかりますが，ここでは，原材料のコーヒー豆についての値段だけを考えることにします。
どのコーヒー豆１kgからも，80杯のコーヒーが作れるとして，次の問いに答えなさい。

(1)　豆Aと豆Bを，重さの比が４：３となるように混ぜ合わせたもので作ったコーヒーの，１杯あたりに使うコーヒー豆の値段を答えなさい。

(2)　このレストランでは１kgあたり3200円の豆Cを混ぜて，新しいコーヒーを提供することにしました。これまでにあった豆Aと豆Bを４：３の割合で混ぜ合わせたものに豆Cを加えて，コーヒー１杯あたりに使うコーヒー豆の値段を47円にしようと思います。
豆Aを１kg使うときには，豆Cを何kg混ぜればよいか答えなさい。

3． 兄の太郎さんと妹の花子さんは7500m離《はな》れているおじいちゃんの家に遊びに行きました。
花子さんは，９時に自宅を出発し，分速60mで歩いてバス停に向かいました。９時20分にバス停に着き，ちょうど出発しようとしていたバスに乗り込み，９時35分におじいちゃんの家の最寄りのバス停に到着《とうちゃく》しました。バスを降りてから，花子さんはふたたび同じ速さで歩き出し，９時40分におじいちゃんの家に着きました。

一方，太郎さんは，９時15分に自宅を出発し，自転車に乗って，おじいちゃんの家に向かいました。予定では，太郎さんは，花子さんと同時におじいちゃんの家に着くはずでした。ところが，途中で自転車がパンクしてしまったため，その地点から，自転車に乗っていた時の３分の１の速さで，自転車を押《お》しながら歩くことになってしまいました。太郎さんが，おじいちゃんの家に着いたのは，花子さんが着いてから６分後でした。

次のページのグラフは，花子さんが出発してからの時間と，太郎さんと花子さんの，自宅からのそれぞれの距離を表したものです。

(1)　自転車の速さは，分速何mでしたか。

(2)　バスの速さは，分速何mでしたか。

(3)　グラフの ア と イ に当てはまる数をそれぞれ答えなさい。

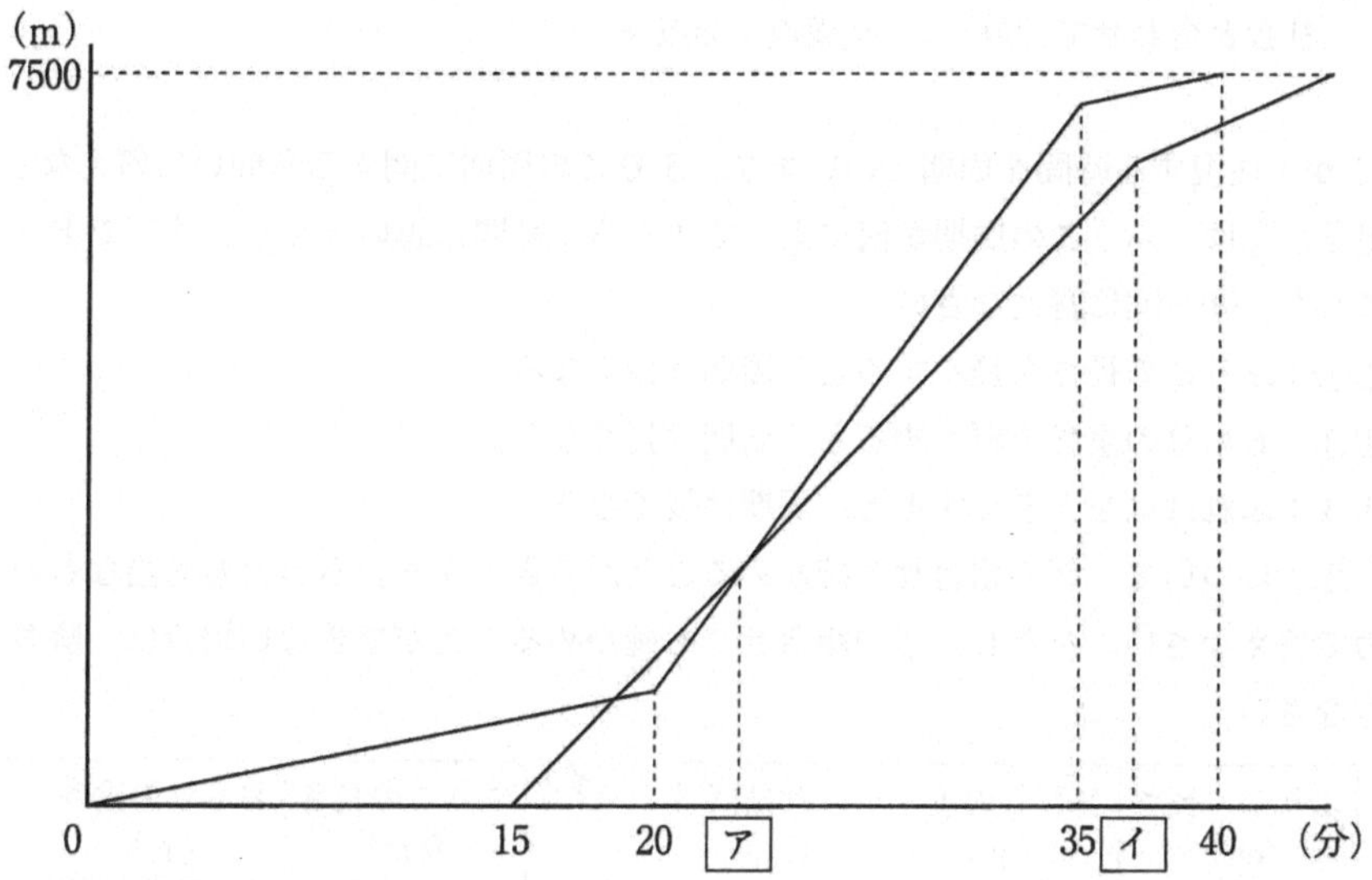

4．あるスキー場に，乗り場から頂上までの600mの距離を，５分50秒かけて移動することができるリフトがあります。リフトには，輪になった長いロープに，２人乗りのいすが12m間隔《かんかく》で付いていて，一定の速さで動いています。

ある時，98人の団体がリフトに乗りに来ました。この中には２人乗りのいすに１人で乗る人もいたのですが，この団体の先頭の人がリフトの乗り場でいすに乗って出発してから，最後の人が頂上に着くまでに12分36秒かかりました。このとき，リフトのいすに誰《だれ》も乗らないことはありませんでした。

(1)　乗り場に，いすは何秒おきに来ますか。

(2)　２人乗りのいすに１人で乗った人は何人いましたか。

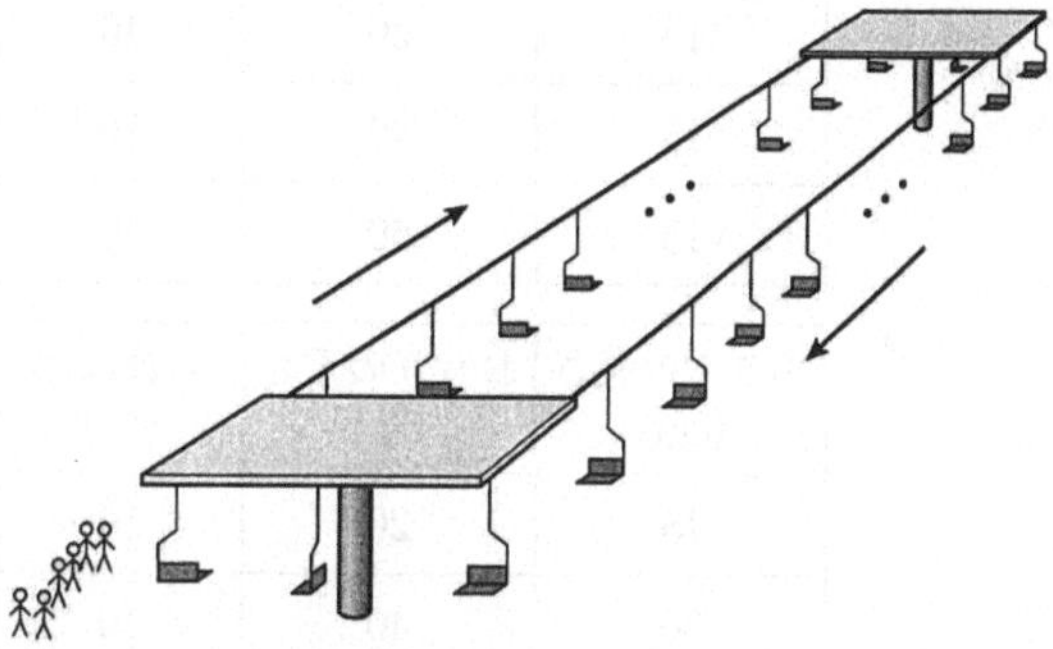

5．あるクラスでは，１番から40番までの出席番号順に24人の当番を決めて，教室と廊下《ろうか》の掃除《そうじ》を１週間で交代していきます。そして，最後までいくと１番に戻《もど》ります。

第１週目は，出席番号が１番から15番の生徒が教室を，16番から24番の生徒が廊下を掃除します。

第２週目は，25番から39番の生徒が教室，40番から８番の生徒が廊下というように，24人のうち順に前の15人が教室，後の９人が廊下を掃除します。

(1)　第５週目に教室を掃除するのは，出席番号が何番から何番の生徒ですか。

(2)　第５週目が終わったとき，それまでに教室掃除を１週間，廊下掃除を２週間行った生徒は何人いますか。

(3)　第何週目かが終わったとき，教室掃除を４週間，廊下掃除を６週間行った生徒がいます。第何週目が終わったときの出席番号が何番の生徒か，考えられるすべてを答えなさい。ただし，解答欄《らん》をすべて使うとは限りません。

【理　科】（社会と合わせて50分）　＜満点：50点＞

1　ふりこが１往復する時間を周期といいます。ふりこの周期に関する各問いに答えなさい。

問１　星子さんは，ふりこの周期が何によって決まるか疑問に思いました。そこで①～③の予想をたてました。(a)～(c)に答えなさい。

予想①：ふりこの長さを長くすると，周期は長くなる。

予想②：おもりの重さを軽くすると，周期は長くなる。

予想③：ふれはばを大きくすると，周期は長くなる。

(a)　予想①について，どの組合せで確かめることができますか。もっとも適当なものを選び，ア～カで答えなさい。ただし，どの組合せでも確かめることができない場合は，解答らんに×を書きなさい。

ア．

ふりこの長さ(cm)	おもりの重さ(g)	ふれはば(°)
15	20	10
15	20	20
15	20	30

イ．

ふりこの長さ(cm)	おもりの重さ(g)	ふれはば(°)
15	20	10
15	40	20
15	60	30

ウ．

ふりこの長さ(cm)	おもりの重さ(g)	ふれはば(°)
15	20	10
15	40	10
15	60	10

エ．

ふりこの長さ(cm)	おもりの重さ(g)	ふれはば(°)
15	20	10
30	20	20
45	20	30

オ．

ふりこの長さ(cm)	おもりの重さ(g)	ふれはば(°)
15	20	10
30	40	10
45	60	10

カ．

ふりこの長さ(cm)	おもりの重さ(g)	ふれはば(°)
15	20	10
30	40	20
45	60	30

(b)　予想②について，どの組合せで確かめることができますか。もっとも適当なものを選び，ア～ウで答えなさい。

ア．
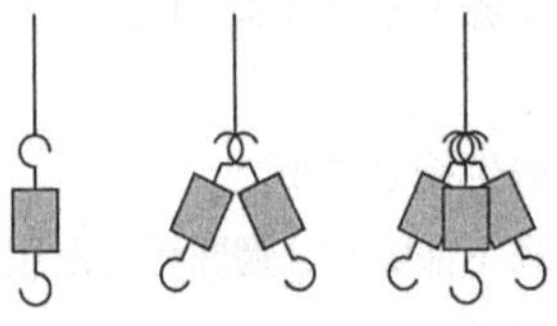

イ．
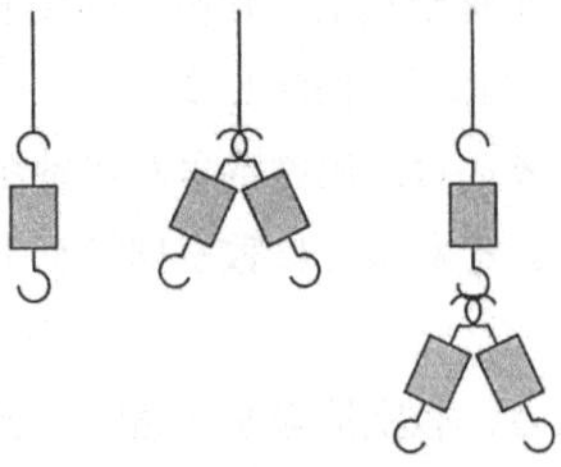

ウ．
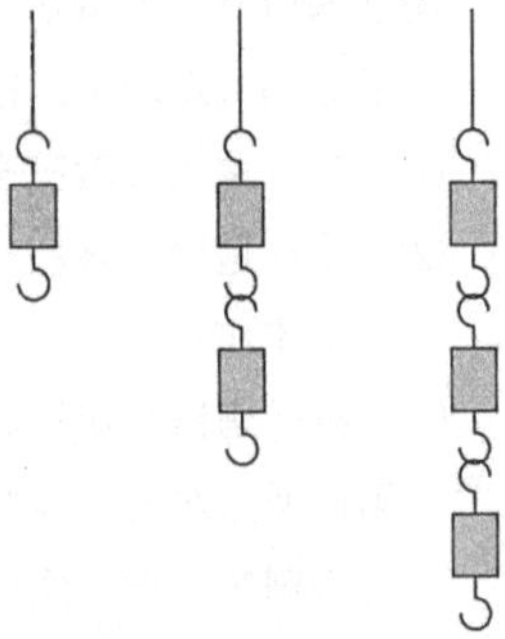

(c)　予想③について，ふれはばだけを変えて，おもりが10往復する時間を測りました。**表１**はその結果です。このふりこの周期の平均は何秒になりますか。小数第４位を四捨五入して，小数第３位で答えなさい。

表１　ふれはばとおもりが 10 往復する時間

ふれはば(°)	10	20	30
おもりが 10 往復する時間(秒)	10.03	10.05	10.03

問２　ふりこの長さと周期の間には，**表２**の関係があります。この関係は，ふりこの長さが長くなっても保たれることがわかっています。次の文の**あ**～**う**にあてはまる数字は何ですか。整数で答えなさい。

文：ふりこの長さが（　**あ**　）倍になると周期は（　**い**　）倍になる。このことから，ふりこの長さが64mのとき，周期は（　**う**　）秒になる。

表２　ふりこの長さと周期の関係

ふりこの長さ(cm)	30	50	70	80	90	100	120	200	280	320	360	400
周期(秒)	1.1	1.4	1.7	1.8	1.9	2	2.2	2.8	3.4	3.6	3.8	4

2　気体の重さに関する，各問いに答えなさい。ただし，空気はちっ素と酸素が混ざり合ってできているものとし，全体の体積の80％はちっ素で，20％は酸素とします。

問１　ちっ素と酸素の気体の重さを調べるために，**［実験］**を行いました。(a)，(b)に答えなさい。ただし，ちっ素と酸素は水に溶《と》けず，メスシリンダー内に水蒸気はふくまないものとします。また，ストローに入っている気体の重さは考えないものとします。

［実験］

①　ちっ素ボンベを用意する。
②　水の入った容器に水で満たしたメスシリンダーを逆さに立てる（**図１**）。
③　②のメスシリンダーにボンベの中の気体を112㎤移す（**図２**）。
④　気体を移した後のボンベの重さを量る。
⑤　②～④をくり返す。
⑥　酸素ボンベでも同じように実験をくり返す。

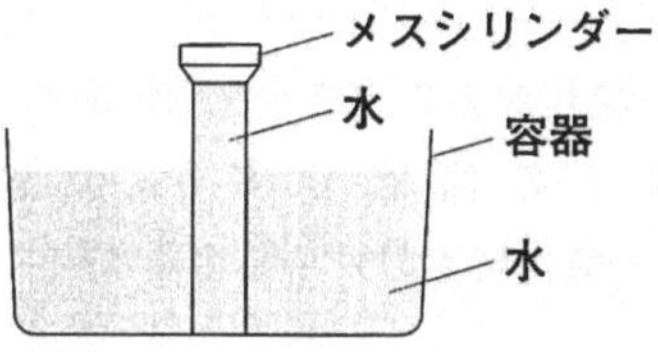

図１　水の入った容器と水で満たしたメスシリンダー

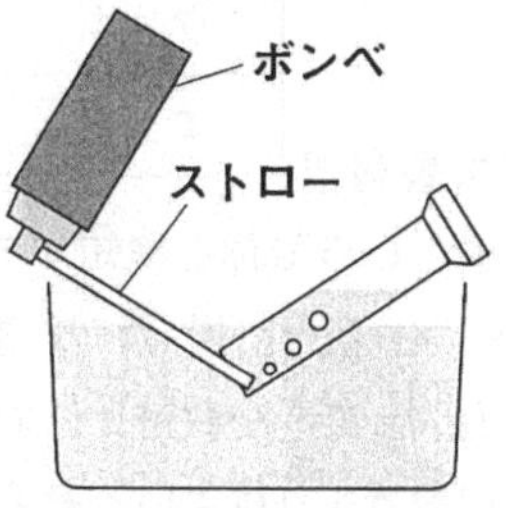

図２　メスシリンダーにボンベの中の気体を移す操作

［結果］

ちっ素ボンベの重さは**表１**，酸素ボンベの重さは**表２**のようになった。

表１　ちっ素ボンベの重さ

移したちっ素の体積の合計(cm³)	112	224	336	448	560	672	784	896
ちっ素を移した後のボンベの重さ(g)	112.13	111.99	111.85	111.71	111.57	111.43	111.29	111.15

表２　酸素ボンベの重さ

移した酸素の体積の合計(cm³)	112	224	336	448	560	672	784	896
酸素を移した後のボンベの重さ(g)	113.85	113.69	113.53	113.37	113.21	113.05	112.89	112.73

(a)　実験前のちっ素ボンベの重さは何gですか。

(b)　実験の結果から，1000㎤の空気の重さは何gだと考えられますか。小数第３位を四捨五入して，小数第２位で答えなさい。

問２　ガス警《けい》報器は，検知する気体の種類によって設置する位置が異なります。(a)，(b)に答えなさい。ただし，同じ体積あたりの空気と検知する気体の重さを比べたとき，検知する気体の方が小さい場合は天井側に溜《た》まりやすく，大きい場合は床側に溜まりやすいものとします。

(a)　家庭で使われるガスには，メタンという気体が主成分の都市ガスと，プロパンという気体が主成分のLPガスがあります。メタンの重さを560㎤あたり0.4g，プロパンの重さを560㎤あたり1.1gとしたとき，都市ガスやLPガスを検知する警報器は，それぞれ天井側と床側のどちらに設置すればよいと考えられますか。もっとも適当な組合せを選び，**ア**～**エ**で答えなさい。

	都市ガスの警報器	LPガスの警報器
ア	天井側	天井側
イ	天井側	床側
ウ	床側	天井側
エ	床側	床側

(b)　ガス警報器の中には一酸化炭素という気体を検知するものもあります。一酸化炭素の重さを560㎤あたり0.7gとしたとき，一酸化炭素の重さは空気の重さの何倍ですか。小数第３位を四捨五入して，小数第２位で答えなさい。また，一酸化炭素のガス警報器は天井側と床側のどちらに設置すればよいと考えられますか。

問３　次のページの**表３**は，ある重さのプロパンが完全に燃えたときに使われた酸素の重さについてまとめたものです。プロパン65gを完全に燃やすために必要な空気は何gですか。もっとも適当なものを選び，あとの**ア**～**カ**で答えなさい。

表３　燃えたプロパンの重さと使われた酸素の重さ

プロパン（g）	33	55	77	99	121	143	165
酸素（g）	120	200	280	360	440	520	600

ア．240 g　　**イ**．400 g　　**ウ**．820 g　　**エ**．950 g　　**オ**．1050 g　　**カ**．1180 g

3　明子さんは，理科の授業でジャガイモの芋《いも》にヨウ素液をたらすとヨウ素液の色が変化することを習いました。そこで明子さんは，身のまわりのどのようなものにでんぷんがふくまれているか，ヨウ素でんぷん反応を用いて調べました。これに関する各問いに答えなさい。

<明子さんが調べたもの>

①ジャガイモの葉，茎《くき》，根，芋（図１）

明子さんは，ジャガイモの葉，茎，根，芋の４つの部位について，ヨウ素液の色の変化を調べました。

図１　ジャガイモの葉、茎、根、芋

（千谷順一郎・橋本貞夫監修『原色ワイド図鑑　栽培』（学習研究社、2002年）より一部改変）

②片栗《かたくり》粉《こ》，小麦粉，砂糖，塩

明子さんは，最近売られている片栗粉は，カタクリという植物の根から得られたものではなく，ジャガイモの芋から得られていることを知りました。明子さんは，片栗粉と，同じように白い粉末である小麦粉，砂糖，塩について，ヨウ素液の色の変化を調べました。

③買ったばかりの新しいバナナと，日を置いたバナナ（図２，図３）

毎日朝食でバナナを食べる明子さんは，同じふさからとったバナナでも，新しいバナナよりも日を置いたバナナの方があまいことに気づきました。明子さんは，買ったばかりの新しいバナナと，同じふさで，皮に茶色のはん点が増えるまで日を置いたバナナを用いて，皮をむいたバナナのヨウ素液の色の変化を調べました。

図２　買ったばかりの新しいバナナ

図３　日を置いたバナナ

問１　でんぷんがふくまれるものにヨウ素液をたらすと，ヨウ素液は何色に変化しますか。もっとも適当なものを選び，**ア～オ**で答えなさい。

ア．赤色　**イ**．水色　**ウ**．茶かっ色　**エ**．青紫色　**オ**．緑色

問２　①では，葉と芋でヨウ素液の色が大きく変化しました。明子さんは，葉でつくられたでんぷんがそのまま茎を通って移動して芋にたくわえられると考えていました。そのため，茎でヨウ素液の色があまり変化しなかったことにおどろきました。このことについて調べてみると，葉でつくられたでんぷんは，ショ糖というものに変化して茎を通ることがわかりました。ショ糖とは，砂糖の主成分です。でんぷんがショ糖に変化する理由に関わる特ちょうはどれだと考えられますか。片栗粉と砂糖の特ちょうをまとめた**表１**を参考にして，もっとも適当なものを選び，**ア～カ**で答えなさい。

表１　片栗粉と砂糖の特ちょう

特ちょう	片栗粉	砂糖
見た目	白い	白い
手ざわり	粒が小さく、さらさらしている	粒が大きく、ざらざらしている
味	あまくない	あまい
におい	ない	ない
水に入れたときのようす	しばらくすると、 下にしずんでたまる	しばらくすると、 とう明になり見えなくなる
加熱したときのようす	加熱しても固体のままである	加熱すると液状に変化する

ア．見た目　**イ**．手ざわり　**ウ**．味　**エ**．におい

オ．水に入れたときのようす　**カ**．加熱したときのようす

問３　②で，ヨウ素液の色が変化するものはどれですか．すべて選び，**ア～エ**で答えなさい。

ア．片栗粉　**イ**．小麦粉　**ウ**．砂糖　**エ**．塩

問４　③の結果は，どのようになると考えられますか。もっとも適当なものを選び，**ア～エ**で答えなさい。

ア．日を置いたバナナに比べて，新しいバナナの方が大きく変化する。

イ．新しいバナナに比べて，日を置いたバナナの方が大きく変化する。

ウ．どちらのバナナも同じくらい大きく変化する。

エ．どちらのバナナもあまり変化しない。

問５　日を置いたバナナがあまくなるように，果実はより熟《じゅく》した方があまくなります。また，雪の下で冬をこしたニンジンもあまくなることが知られています。果実やニンジンがあまくなる理由は何ですか。もっとも適当なものをそれぞれ選び，**ア～カ**で答えなさい。

ア．動物に食べられやすくするため。　**イ**．動物に食べられにくくするため。

ウ．凍《こお》りやすくするため。　**エ**．凍りにくくするため。

オ．くさりやすくするため。　**カ**．くさりにくくするため。

4　星がよく見える場所では，白く帯状に光る天の川を見ることができます。また，夏の夜空では，天の川付近の３つの明るい星を結ぶことで夏の大三角ができます。これに関する各問いに答えなさい。

問１　夏の大三角をつくる星は，はくちょう座のデネブとわし座のアルタイルと，あと１つは何ですか。「○○座の○○」で答えなさい。

問２　図１は，天の川の一部と天の川付近に見られる星座です。夏の大三角を正しくあらわしているのはどれですか。もっとも適当なものを選び，ア～クで答えなさい。ただし，①はデネブ，②はアルタイル，●は問１で答えた星の位置であるとします。

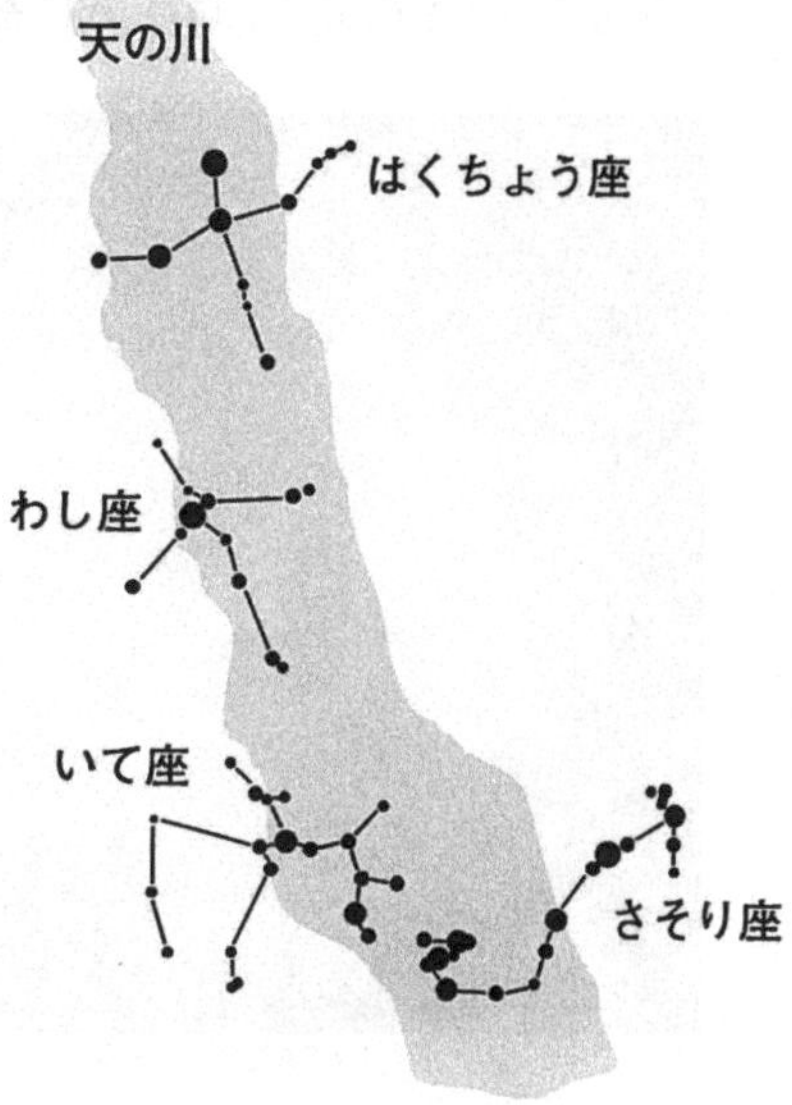

図１　天の川の一部と天の川付近に見られる星座

ア.
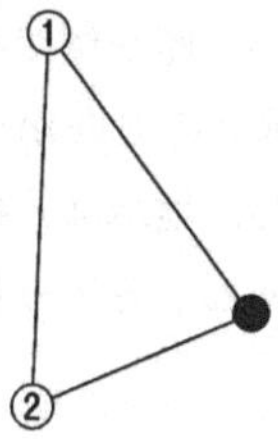

イ.
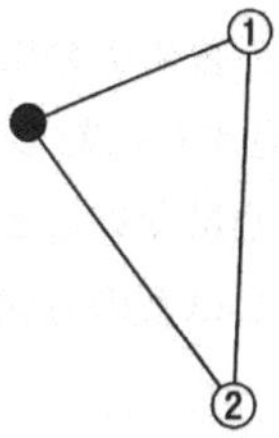

ウ.
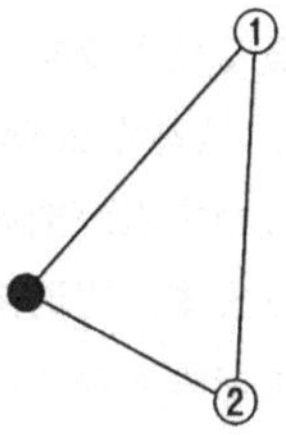

エ.
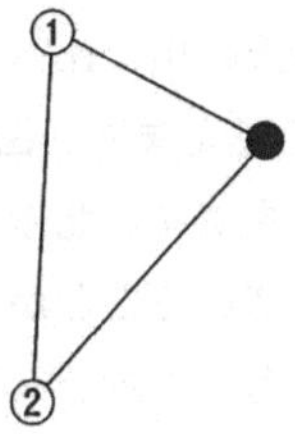

オ.
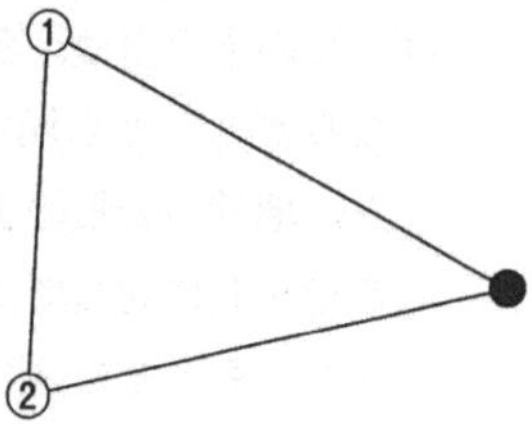

カ.
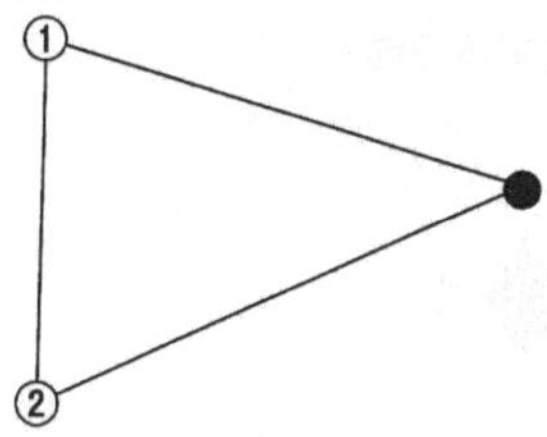

キ.
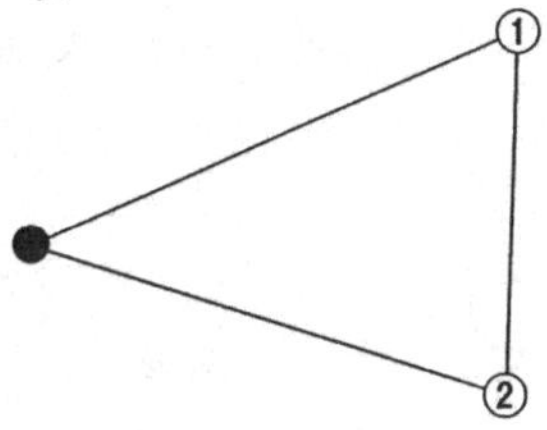

ク.
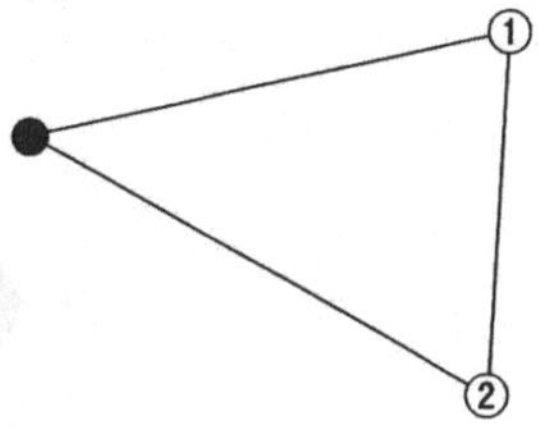

問３　地球は１年かけて太陽の周りをまわっており，これを地球の公転といいます。また，地球や太陽はたくさんの星が集まる銀河系の中にあります。図２は，銀河系の形と，銀河系の中にある地球や太陽のおおよその位置をあらわしています。夜空に見える天の川は，この銀河系を地球から見ているものです。(a)，(b)に答えなさい。

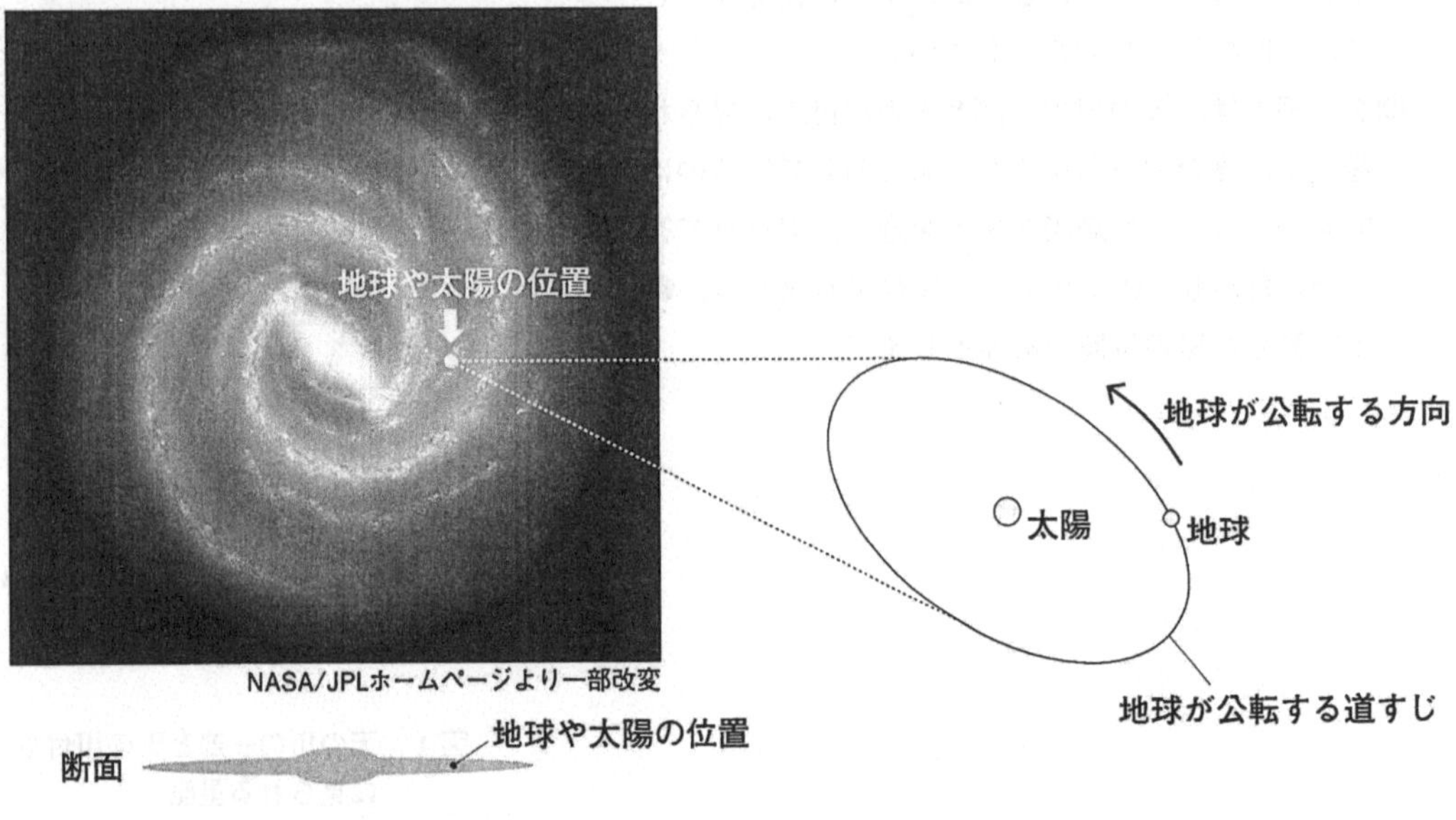

NASA/JPLホームページより一部改変

図２　銀河系の形と、銀河系の中にある地球や太陽のおおよその位置

(a)　夏の天の川は，冬の天の川に比べて明るく見えます。また，夏の天の川はいて座が見えるあたりがもっとも明るく見えます。図３は，地球が公転する道すじに対して垂直の方向から見た，地球の公転のようすです。北極をあらわす点が地球の中心にないことから，地球は公転する道すじに対して傾《かたむ》いていることがわかります。銀河系の中心はどの方向にあると考えられますか。もっとも適当なものを選び，ア～エで答えなさい。

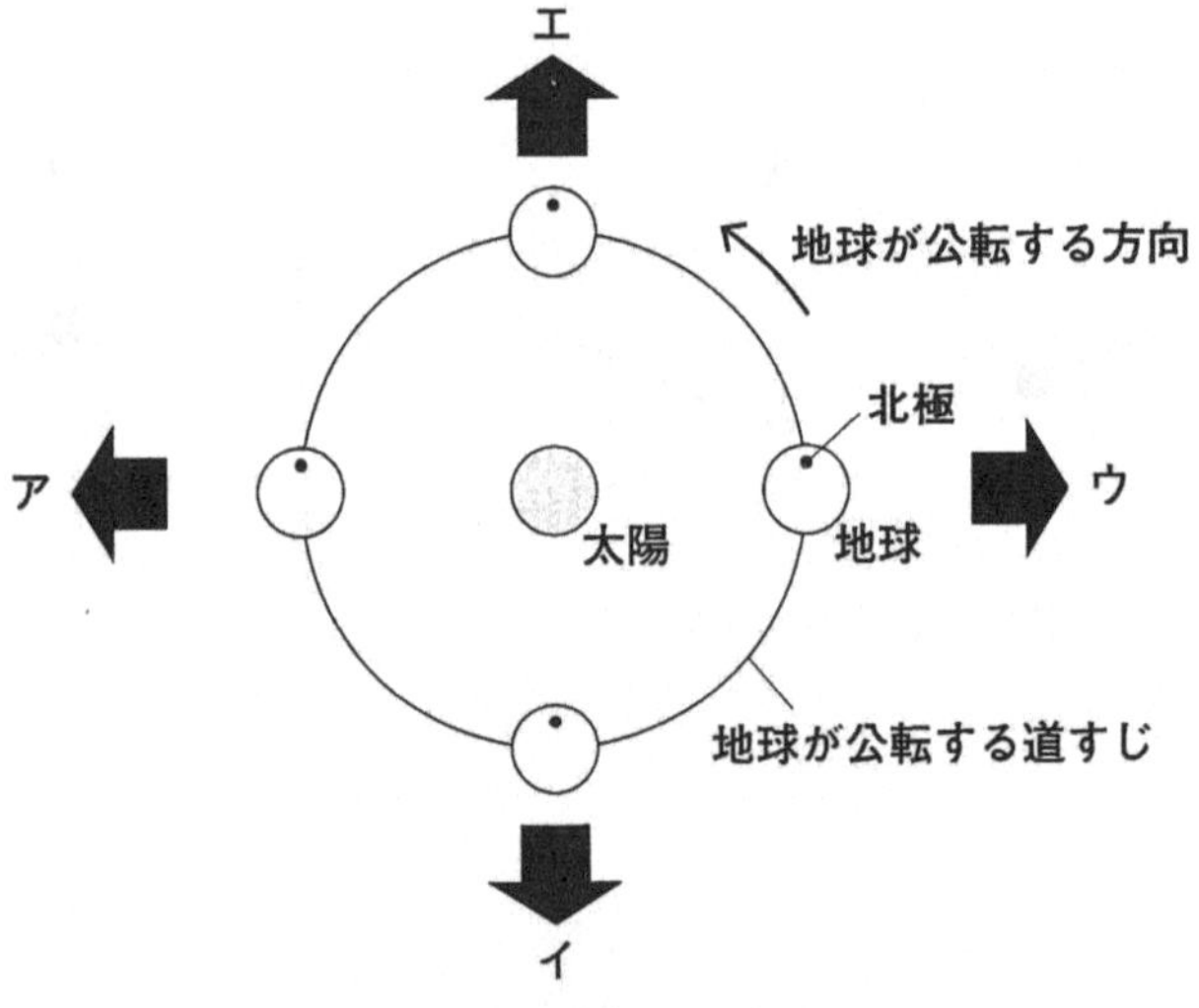

図３　地球の公転のようす

(b) **図４**は７月７日の23時における，星座早見での天の川のおおよその位置をあらわしています。半年後の23時には，天の川はどのように見えますか。もっとも適当なものを選び，**ア～カ**で答えなさい。

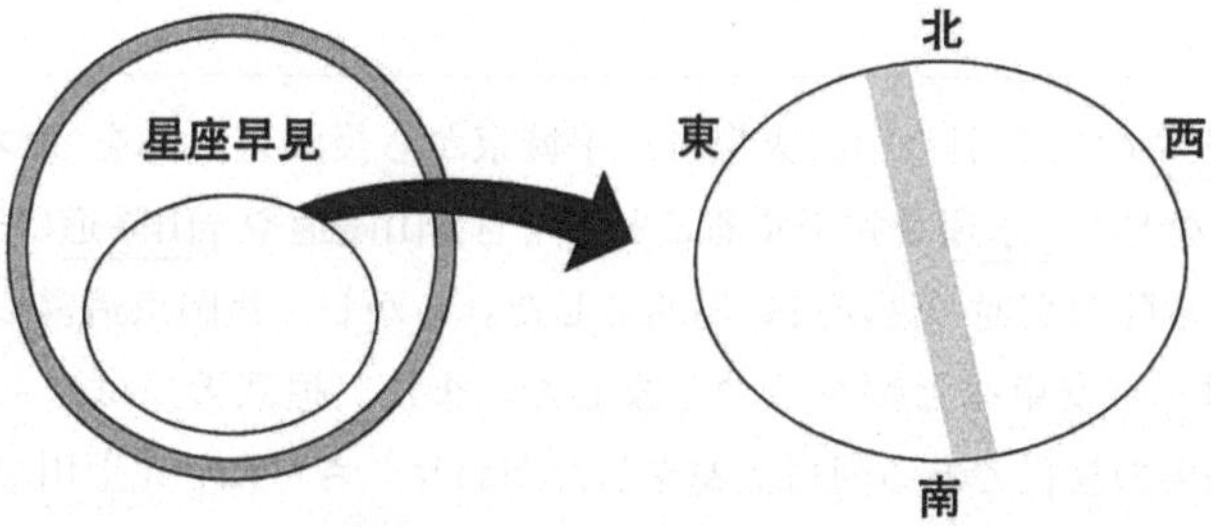

図４　星座早見での天の川のおおよその位置

ア．

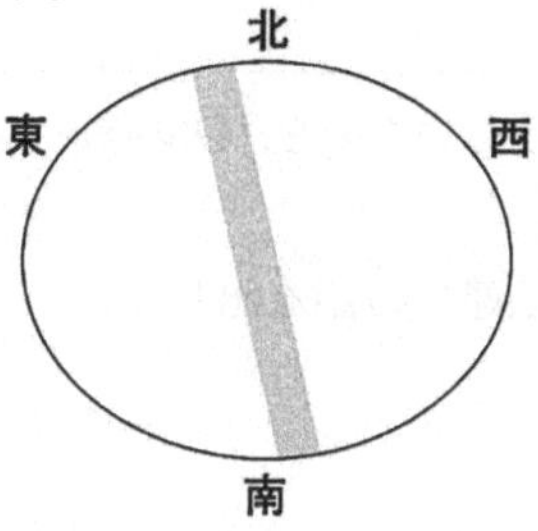

イ．

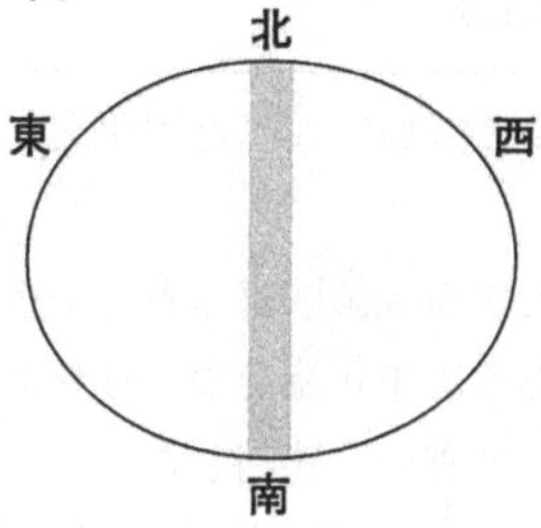

ウ．

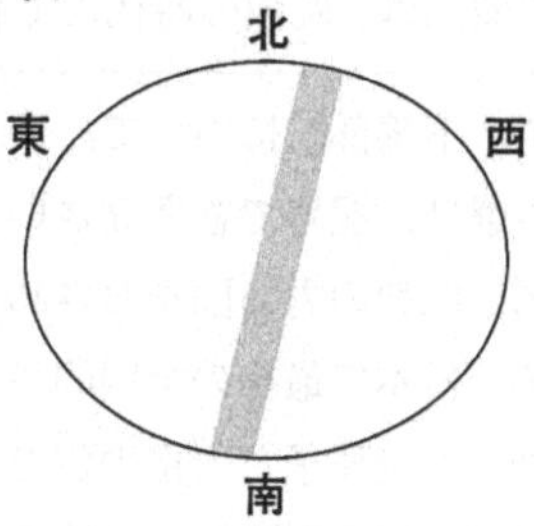

エ．

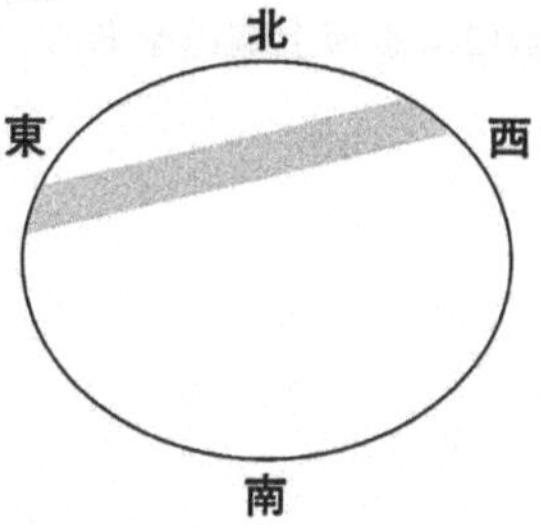

オ．

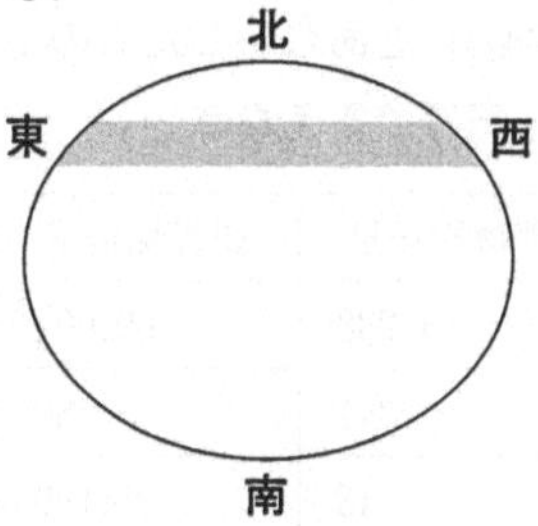

カ．

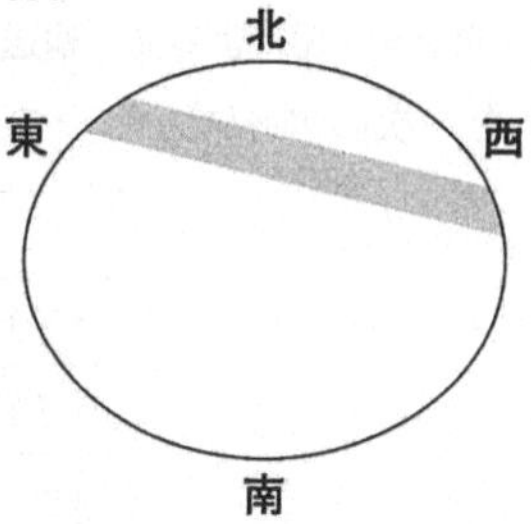

問４　宮沢賢治《みやざわけんじ》が書いた「銀河鉄道の夜」という物語は，天の川が舞台になっています。「銀河鉄道の夜」では，主人公とその友人が，はくちょう座近くの駅から南十字座近くの駅まで，天の川にそって旅をします。この旅をはくちょう座のデネブから南十字座のアクルックスまでとします。この２つの星を，一晩のうちで同時に見ることができる時間帯があるのは，地球上でどこからどこまでですか。「北緯《い》○○度～南緯○○度」で答えなさい。ただし，デネブは北極星から南に45度，アクルックスは北極星から南に153度ずれた方向にあるものとします。

【社　会】（理科と合わせて50分）　＜満点：50点＞

Ⅰ　次の文章を読み，あとの問いに答えなさい。

あ

784年，①天智天皇の血を引く桓武天皇は，平城京から長岡京に都《みやこ》をうつしました。長岡京は，宇治川や桂川などの②水運を利用することができ，山陽道や③山陰道にもつながっていて，平城京と比べると水陸の交通の便《べん》が良い場所でした。しかし，長岡京造営の責任者が暗殺されると，桓武天皇は④平安京へと都をうつしました。また，桓武天皇は，⑤東北地方の蝦夷《えみし》を攻略《こうりゃく》しました。蝦夷の族長である阿弖流為《あてるい》をしたがわせ，さらに⑥北上川沿《そ》いに胆沢《いさわ》城を築いて，⑦多賀城にあった蝦夷攻略のための軍事拠点である鎮守《ちんじゅ》府を，そこにうつしました。

⑧奈良時代には，政治のしくみも整いました。しかし，平安時代になると，幼い天皇が即位して⑨藤原氏が摂政や関白になったことなどで，天皇が直接政務に関わらないことが増え，この傾向は⑩院政の時代まで続きました。

問１　下線部①について。天智天皇について述べた説明文として正しいものを，次の(ア)～(エ)から一つ選び，記号で答えなさい。

(ア)　仏教の力で国をおさめようとする鎮護国家《ちんごこっか》の考えから，大仏建立《こんりゅう》の詔《みことのり》を出した。

(イ)　日本で最初の全国的戸籍である庚午年籍《こうごねんじゃく》をつくらせた。

(ウ)　大友皇子と天皇の位《くらい》をめぐって戦い，勝利した。

(エ)　仏教を保護し，法隆寺や四天王寺《してんのうじ》などの多くの寺院を建てた。

問２　下線部②について。以下の表は，2019年度の国内の貨物輸送量と旅客輸送量［国内航空・鉄道・自動車・船による海上輸送（旅客船）］をあらわしたものです。船による海上輸送をあらわしたものを，次の(ア)～(エ)から一つ選び，記号で答えなさい。

	貨物輸送量	旅客輸送量
（ア）	4,238	69,697
（イ）	341	80
（ウ）	43	25,190
（エ）	0.9	102

（単位は百万トン（貨物輸送量）、百万人（旅客輸送量）。『日本のすがた 2022』より作成）

問３　下線部③について。山陰道と呼ばれていた地域について述べた説明文として誤っているものを，次の(ア)～(エ)から一つ選び，記号で答えなさい。

(ア)　石見銀山でとれた銀が，16世紀後半以降，大量に輸出された。

(イ)　ラムサール条約に登録されている宍道湖《しんじこ》では，シジミの養殖がさかんである。

(ウ)　鳥取県北西部にある境港は，日本海側で最も水揚《あ》げ量が多い港である。

(エ)　リモートワークの増加により，都心からの移動で，全ての県で人口が増加している。

問４　下線部④について。平安京について述べた説明文として正しいものを，次の(ア)～(エ)から一つ選び，記号で答えなさい。

(ア)　都の中央を走る朱雀大路《すざくおおじ》の東側が左京，西側が右京と呼ばれた。

(イ)　東側には外京《げきょう》と呼ばれる張りだした部分があった。

(ウ)　畝傍《うねび》山・天香具山《あまのかぐやま》・耳成《みみなし》山の大和三山《やまとさんざん》と呼ばれる山々に囲まれていた。

(エ)　交通の要地である近江国の琵琶湖沿岸に造営された。

問５　下線部⑤について。東北地方をはしる第三セクター方式の鉄道の駅の説明文として正しいものを，次の(ア)～(エ)から一つ選び，記号で答えなさい。

(ア)　**野田玉川駅**のホームからは，太平洋から登る日の出を拝むことができる。近くには烏帽子《えぼし》の形をしたえぼし岩などがある玉川海岸がある。

(イ)　**妙高《みょうこう》高原駅**は，妙高戸隠《とがくし》連山国立公園の玄関口として，登山・温泉・ウインタースポーツなどを楽しむための観光客が，四季を通じて訪れている。

(ウ)　**紫香楽宮跡《しがらきぐうし》駅**の近くには，史跡《しせき》紫香楽宮跡（甲賀寺《こうがでら》跡）がある。陶器の生産がさかんな「信《しが》楽《らき》」は，以前は「紫香楽」であった。

(エ)　**三ケ日《みっかび》駅**の三ケ日という地名は，月の三の日に市が開かれたことに由来《ゆらい》し，現在はみかんの生産がさかんである。

問６　下線部⑥について。北上川に関連する説明文として正しいものを，次の(ア)～(エ)から一つ選び，記号で答えなさい。

(ア)　北上川は，日本で最も広い湖である猪苗代湖を源流としている。

(イ)　北上川流域で，鉱山廃水《こうざんはいすい》のカドミウムを原因とした公害病が発生した。

(ウ)　八郎潟の干拓地では，北上川の水を農業用水として利用している。

(エ)　岩手県北部から宮城県にかけて流れる北上川は，太平洋に注ぎこんでいる。

問７　下線部⑦について。多賀城は現在の宮城県にありました。宮城県でみられる地形で，山地の谷の部分が海に沈《しず》んでできた，複雑な海岸線をもつ地形を何といいますか。解答欄《かいとうらん》にしたがって答えなさい。

問８　下線部⑧について。奈良時代について述べた説明文として正しいものを，次の(ア)～(エ)から一つ選び，記号で答えなさい。

(ア)　舎人《とねり》親王らが中心となり，『日本書紀』を完成させた。

(イ)　『物くさ（物ぐさ）太郎』などの御伽草子《おとぎぞうし》が登場した。

(ウ)　紀貫之が紀行文である『土佐日記』を書いた。

(エ)　鴨長明《かものちょうめい》が随筆《ずいひつ》『方丈記』を書いた。

問９　下線部⑨について。藤原氏について述べた説明文として正しいものを，次の(ア)～(エ)から一つ選び，記号で答えなさい。

(ア)　藤原良房《よしふさ》は，奥州平泉に中尊寺金色堂《ちゅうそんじこんじきどう》を建てた。

(イ)　藤原不比等《ふひと》は，推古天皇から太政《だいじょう》大臣に任命された。

(ウ)　藤原道長《みちなが》は，朝廷の監視をおこなうために六波羅探題《ろくはらたんだい》を設置した。

(エ)　藤原定家《さだいえ》《(ていか)》は『新古今和歌集』をつくるなど，歌人として活躍した。

問10　下線部⑩について。白河上皇による院政の開始より後におきたできごととして正しいものを，次の(ア)～(エ)から一つ選び，記号で答えなさい。

(ア)　和同開珎《わどうかいちん》が広く流通した。　(イ)　平将門の乱がおこった。

(ウ)　安徳天皇が即位した。　(エ)　墾田永年私財法が出された。

い

源頼朝が鎌倉に⑪幕府を開いてから徳川慶喜が大政奉還をおこなうまでの約700年の間，鎌倉・室町・江戸と三度幕府が開かれ，武家を中心とした政治がおこなわれました。

承久の乱で朝廷側に勝利した鎌倉幕府は上皇を処分し，後鳥羽上皇は⑫隠岐に，順徳《じゅんとく》上皇は⑬佐渡に，土御門《つちみかど》上皇は⑭土佐にうつされました。承久の乱をきっかけに朝廷の影響力はおとろえ，幕府の支配は西国まで広がりました。

室町幕府の将軍，足利義満は朝廷内での位階《いかい》も高く，足利義持《よしもち》に将軍職を譲《ゆず》った後には太政大臣に任命されました。また義満は，勢力が衰えていた南朝との交渉を進めて南北朝を合一《ごういつ》させることに成功し，一方，外交にも積極的で，⑮明《みん》の皇帝より「日本国王」宛《あ》ての文書を受けとり，明と貿易をはじめました。

問11　下線部⑪について。幕府について述べた説明文として正しいものを，次の(ア)～(エ)から一つ選び，記号で答えなさい。

(ア)　鎌倉幕府は，林羅山《はやしらざん》らを登用し，朱子学を学ぶことをすすめた。

(イ)　室町幕府では，政治を主導《しゅどう》する役職として老中が設置された。

(ウ)　江戸幕府は，武家諸法度をさだめ，大名を統制した。

(エ)　鎌倉・室町・江戸の３つの幕府の中で，存在した期間が最も短いのは室町幕府である。

問12　下線部⑫について。隠岐の場所を，地図中の(ア)～(エ)から一つ選び，記号で答えなさい。

問13　下線部⑬について。新潟県佐渡市で，ふるさと納税はどのように活用されていますか。活用メニューとして誤っているものを，次の(ア)～(エ)から一つ選び，記号で答えなさい。

(ア)　佐渡金銀山の世界遺産登録応援コース　　(イ)　トキと暮らす環境の島づくり応援コース

(ウ)　マングローブの再生応援コース　　(エ)　佐渡ジオパーク応援コース

問14　下線部⑭について。土佐は現在の高知県にあたります。

(1)　高知県でのナスの栽培について述べた説明文中の（ａ）・（ｂ）にあてはまる語句の組合せとして正しいものを，次の(ア)～(エ)から一つ選び，記号で答えなさい。

ナスはもともと（　ａ　）の野菜ですが，高知県では温暖な気候を利用して，ビニールハウスを利用した（　ｂ　）をおこなっています。

(ア)　ａ：夏　　ｂ：抑制栽培　　(イ)　ａ：夏　　ｂ：促成栽培
(ウ)　ａ：冬　　ｂ：促成栽培　　(エ)　ａ：冬　　ｂ：抑制栽培

(2)　以下の雨温図は，高知市と高松市のものです。この２つの都市の特徴の違いを説明した文章中の（ａ）・（ｂ）にあてはまる語句として正しいものの組合せを，次の(ア)～(エ)から一つ選び，記号で答えなさい。

X　高知市の雨温図

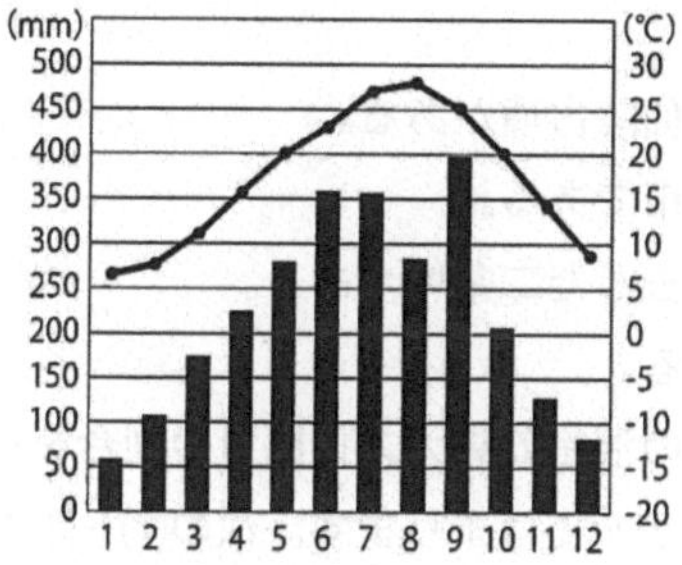

Y　高松市の雨温図

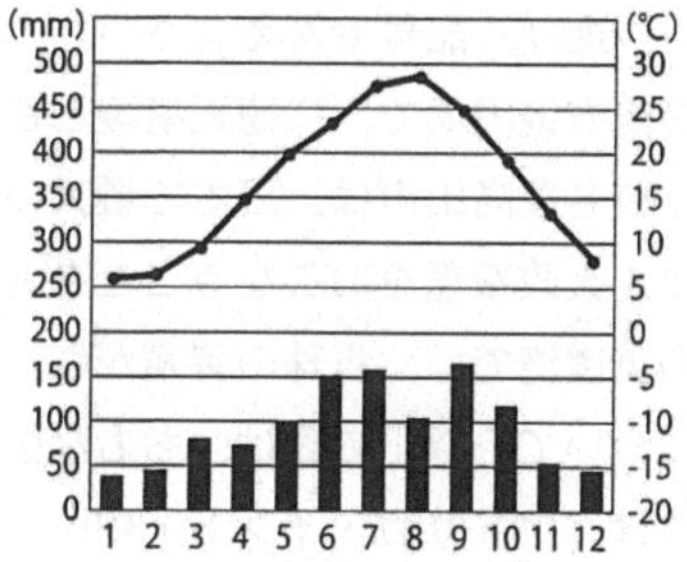

（気象庁ホームページより作成）

高知市は高松市に比べて，（　ａ　）や，（　ｂ　）からの湿った空気の影響を受けて，降水量が多い。

(ア)　ａ：台風　　ｂ：北　　(イ)　ａ：やませ　　ｂ：北
(ウ)　ａ：台風　　ｂ：南　　(エ)　ａ：やませ　　ｂ：南

問15　下線部⑮について。足利義満に「日本国王」宛ての文書を送った皇帝として正しいものを，次の(ア)～(エ)から一つ選び，記号で答えなさい。

(ア)　宣統帝《せんとうてい》　(イ)　光武帝《こうぶてい》　(ウ)　永楽帝《えいらくてい》　(エ)　煬帝《ようだい》

う

⑯江戸幕府は天皇・朝廷を統制し，全国支配のために利用しました。徳川家光は，天皇が⑰伊勢神宮に使者を送るように，日光東照宮にも天皇から使者を送らせて，徳川家康に対しても，伊勢神宮に祀《まつ》られる天照大神《あまてらすおおみかみ》と同等の権威を求めました。

幕末にペリーが来航すると，孝明天皇は，⑱アメリカとの条約の締結には反対の立場をとりました。しかし，大老に就任した井伊直弼は，天皇の許可がないまま日米修好通商条約を結びました。そして横浜港を中心とした諸外国との⑲貿易がはじまり，日本からは生糸や⑳茶などが輸出されました。

㉑明治天皇の時代には㉒大日本帝国憲法が制定されました。天皇は条約締結などの外交権や

㉓陸海軍の指揮権など大きな権限を持つことになり，「臣民」と呼ばれた国民に対して，法律の許《ゆる》す範囲内での言論・出版・集会の自由などの㉔人権が認められました。

㉕第二次世界大戦後，日本国憲法が制定され，㉖平和主義を掲《かか》げる新たな日本国づくりがはじまりました。

問16　下線部⑯について。江戸幕府の政策や発令した法を，古いものから年代順に正しく配列したものを，次の(ア)～(エ)から一つ選び，記号で答えなさい。

(ア)　上《あ》げ米《まい》　→　生類憐《しょうるいあわれ》みの令　→　寛政異学の禁　→　人返しの法

(イ)　上げ米　→　生類憐みの令　→　人返しの法　→　寛政異学の禁

(ウ)　生類憐みの令　→　上げ米　→　寛政異学の禁　→　人返しの法

(エ)　生類憐みの令　→　上げ米　→　人返しの法　→　寛政異学の禁

問17　下線部⑰について。伊勢神宮がある都道府県について述べた説明文として正しいものを，次の(ア)～(エ)から一つ選び，記号で答えなさい。

(ア)　国内最大の前方後円墳で，仁徳天皇陵とされる大仙陵古墳がある。

(イ)　郡上《ぐじょう》踊りで有名な高山市は，日本で最大の面積の市である。

(ウ)　徳川慶喜が，大政奉還をおこなうことを大名に発表した二条城がある。

(エ)　志摩半島の英虞《あご》湾では，真珠《しんじゅ》の養殖がさかんである。

問18　下線部⑱について。以下の表は，おもな国・地域の温室効果ガス排出量の割合を示したものです。(ア)～(エ)には，アメリカ・インド・中国・ロシアがあてはまります。次の(ア)～(エ)からアメリカにあてはまるものを一つ選び，記号で答えなさい。

	1990年	2019年
（ア）	2,361	10,619
（イ）	5,112	5,246
ＥＵ（27カ国）	3,550	2,730
（ウ）	602	2,422
（エ）	2,685	2,209

（単位は百万トン。『日本のすがた　2022』より作成）

問19　下線部⑲について。次のページのグラフＡ～Ｄは，1970年と2020年の，それぞれの日本の輸出入品をあらわしたものです。グラフはそれぞれ何をあらわしますか。正しいものの組合せを，次の(ア)～(エ)から一つ選び，記号で答えなさい。

(ア)　Ａ：1970年の輸入品　Ｂ：1970年の輸出品　Ｃ：2020年の輸出品　Ｄ：2020年の輸入品

(イ)　Ａ：1970年の輸入品　Ｂ：2020年の輸入品　Ｃ：1970年の輸出品　Ｄ：2020年の輸出品

(ウ)　Ａ：2020年の輸入品　Ｂ：1970年の輸入品　Ｃ：2020年の輸出品　Ｄ：1970年の輸出品

(エ)　Ａ：1970年の輸出品　Ｂ：2020年の輸入品　Ｃ：1970年の輸入品　Ｄ：2020年の輸出品

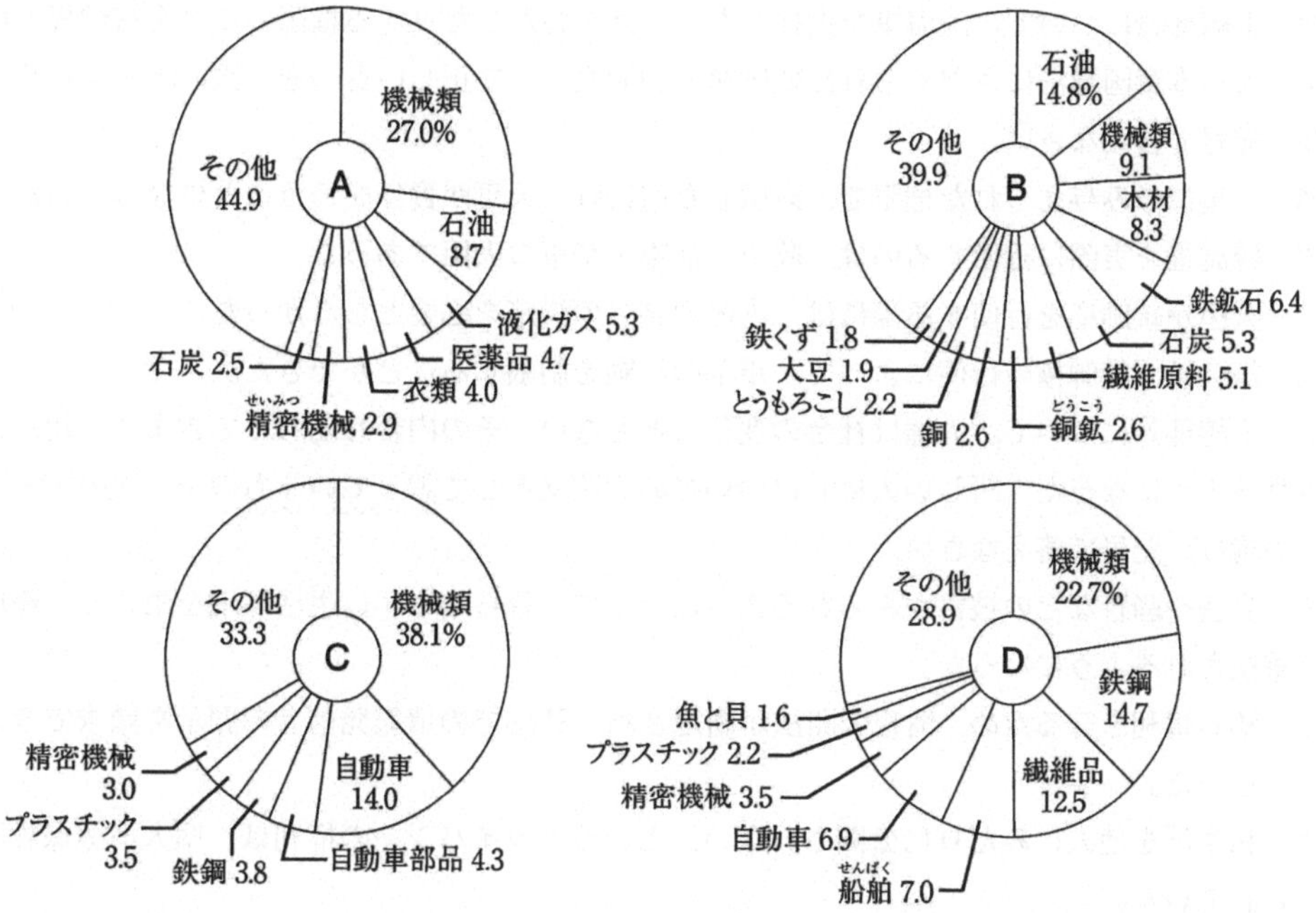

（『日本のすがた2022』より作成）

問20　下線部⑳について。次の表は，茶の生産がさかんな都道府県をあらわしたものです。空欄にあてはまる道県を，次の(ア)～(エ)から一つ選び，記号で答えなさい。

静岡県	25,200
（　　）	23,900
三重県	5,080
宮崎県	3,060

（単位はトン。『日本のすがた　2022』より作成）

(ア)　北海道　　(イ)　青森県　　(ウ)　千葉県　　(エ)　鹿児島県

問21　下線部㉑について。次の(ア)～(エ)は，それぞれ明治時代に活躍した人物について述べたものです。土佐藩出身の人物について述べたものを(ア)～(エ)から一つ選び，記号で答えなさい。

(ア)　自由民権運動を指導し，自由党の党首となった。

(イ)　岩倉使節団に加わり，帰国後初代内務卿《ないむきょう》に就任《しゅうにん》した。

(ウ)　外務大臣として，中国と交渉し，下関条約を結んだ。

(エ)　明治十四年の政変で政府を去ったのち，東京専門学校を創設した。

問22　下線部㉒について。大日本帝国憲法が発布された当時の内閣総理大臣について述べた説明文として正しいものを，次の(ア)～(エ)から一つ選び，記号で答えなさい。

(ア)　内閣総理大臣として，関東大震災の対応に追われた。

(イ)　内閣総理大臣に就任する前は，北海道の開拓使《かいたくし》の長官をつとめた。

(ウ)　内閣総理大臣在任中に発生した二・二六事件により，総辞職した。

(エ)　政党内閣をつくり平民宰相《へいみんさいしょう》とよばれたが，東京駅で暗殺された。

問23　下線部㉓について。陸海軍を指揮したり，兵を動かしたりする権限のことを統帥権《とうすいけん》といいます。大日本帝国憲法にさだめられた統帥権の説明文として正しいものを，次の(ア)～(エ)から一つ選び，記号で答えなさい。

(ア)　天皇にのみ与えられた権限で，敗戦した時には，天皇が責任を負うことになっていた。

(イ)　統帥権を実際に行使《こうし》するのは，陸軍・海軍・空軍の大臣であった。

(ウ)　天皇が統帥権を行使する際には，内閣や議会の決定を必要としなかった。

(エ)　議会は，統帥権の行使によって，軍部の行動を制限することができた。

問24　下線部㉔について。人権は社会の変化にともない，その内容も変わってきます。新《あら》たに主張されるようになった「新しい人権」についての説明文として誤っているものを，次の(ア)～(エ)から一つ選び，記号で答えなさい。

(ア)　公害や騒音などの被害がみられるようになって，暮らしやすい生活環境を求める，環境権が重視されるようになった。

(イ)　知る権利を守るため，情報公開法が制定され，SNSでの情報発信者の開示《かいじ》を請求できるようになった。

(ウ)　私生活を他人にみだりに公開されない，というプライバシーの権利は，個人情報保護法で守られている。

(エ)　自己決定権の一つとして，治療を受ける患者《かんじゃ》のためのインフォームドコンセント（十分な説明にもとづく同意）があげられる。

問25　下線部㉕について。第二次世界大戦後の文化について述べた説明文として正しいものを，次の(ア)～(エ)から一つ選び，記号で答えなさい。

(ア)　広島・長崎に原爆が投下された翌年，映画『ゴジラ』が公開された。

(イ)　1950年代，白黒テレビ・電気洗濯機《せんたくき》・電気冷蔵庫の「三種の神器《じんぎ》」が各家庭に普及《ふきゅう》した。

(ウ)　『羅生門』の作者である夏目漱石が，ノーベル文学賞を受賞した。

(エ)　大阪で日本万国《ばんこく》博覧会が開催された1970年に，東海道新幹線が開通した。

問26　下線部㉖について。世界の平和と安全を維持することに責任を持つ安全保障理事会の，現在の常任理事国の組合せとして正しいものを，次の(ア)～(エ)から一つ選び，記号で答えなさい。

(ア)　アメリカ・イギリス・スイス・ロシア・中国

(イ)　アメリカ・イギリス・フランス・ロシア・日本

(ウ)　イギリス・ドイツ・フランス・ロシア・中国

(エ)　アメリカ・イギリス・フランス・ロシア・中国

Ⅱ　あとの問いに答えなさい。

問１　日本国憲法について述べた説明文として正しいものを，次の(ア)～(エ)から一つ選び，記号で答えなさい。

(ア)　1946（昭和21）年５月３日に公布された日本国憲法は，11月３日に施行された。

(イ)　生存権をはじめとする社会権は，日本国憲法の制定により，以前より保障の範囲がせばめられた。

(ウ)　日本国憲法の改正には，各議院の総議員の半数以上の賛成と，国民投票において３分の２以上の賛成を必要とする。

(エ)　国民の基本的人権は永久の権利とされ，公共の福祉に反しない限り，最大限の尊重をされることが示された。

問２　日本国憲法前文には「日本国民は，正当に選挙された［　①　］における代表者を通じて行動し，われらとわれらの子孫のために，諸国民との協和による成果と，わが国全土にわたつて（わたって）自由のもたらす恵沢《けいたく》を確保し，政府の行為によつて（よって）再び［　②　］の惨禍《さんか》が起ることのないやう（よう）にすることを決意し，ここに［　③　］が国民に存することを宣言し，この憲法を確定する。」と書かれています。

空欄［①］～［③］にあてはまる語句の<組合せ>として正しいものを，次の(ア)～(エ)から一つ選び，記号で答えなさい。

<組合せ>

(ア)　①　国会　②　災害　③　人権
(イ)　①　国会　②　戦争　③　主権
(ウ)　①　内閣　②　災害　③　主権
(エ)　①　内閣　②　戦争　③　人権

問３　日本国憲法第十九条には，「［　　］及び良心の自由は，これを侵《おか》してはならない。」と書いてあります。空欄［　　］にあてはまる語句を，次の(ア)～(エ)から一つ選び，記号で答えなさい。

(ア)　移転　(イ)　家族　(ウ)　居住　(エ)　思想

問４　日本国憲法は，地域の政治についてもさだめています。それぞれの地域住民が必要とすることや，地域住民の意思を尊重するという考え方から，地方公共団体がおこなう［　　］が保障されています。そして，このような地域住民の政治参加を目的に［　　］法が制定されました。空欄［　　］にあてはまる語句を，解答欄にしたがって，**漢字四字**で答えなさい。

問５　現在の日本の税制度について述べた説明文として正しいものを，次の(ア)～(エ)から一つ選び，記号で答えなさい。

(ア)　国に直接納める税金を直接税，地方公共団体を通して納める税金を間接税という。
(イ)　個人の所得や財産が大きいほど税率が高くなる制度を，累進課税《るいしんかぜい》制度という。
(ウ)　国の税収入の内訳《うちわけ》で，もっとも金額の大きいものは法人税である。
(エ)　軽減税率《けいげんぜいりつ》制度を取り入れた結果，すべての飲食料品の消費税率が８％になった。

問６　現在の日本の裁判・裁判所の制度について述べた説明文として正しいものを，次の(ア)～(エ)から一つ選び，記号で答えなさい。

(ア)　裁判所は，立法権・行政権と並ぶ三権の一つである司法権をもつ。
(イ)　全国の裁判官は，国民審査で適正かどうかを審査される。
(ウ)　高等裁判所は，各都道府県に一つずつ設置されている。
(エ)　同一事件については，二回までしか裁判を受けることはできない。

問７　現在の日本の内閣のおもな仕事について述べた説明文として誤っているものを，次の(ア)～(エ)から一つ選び，記号で答えなさい。

(ア)　予算案や法律案を作成して，国会に提出する。
(イ)　国会でさだめられた法律にしたがって，政策を実行する。
(ウ)　天皇の国事行為に助言と承認を与える。
(エ)　最高裁判所の長官を任命する。

問８　2022年１月に１ドルは110円台でしたが，10月には150円台になりました。この変化について述べた説明文として正しいものを，次の(ア)～(エ)から一つ選び，記号で答えなさい。

(ア)　この変化を円高といい，ドルに対する円の値うちは上がっている。

(イ)　この変化を円安といい，ドルに対する円の値うちは上がっている。

(ウ)　この変化を円高といい，ドルに対する円の値うちは下がっている。

(エ)　この変化を円安といい，ドルに対する円の値うちは下がっている。

問９　障がいを持った人びとが暮らしやすい社会をつくるために，さまざまな取り組みがなされています。その一つに，右のようなマークがあります。このマークの持つ意味を，次の(ア)～(エ)から一つ選び，記号で答えなさい。

(ア)　外見からは援助《えんじょ》や配慮《はいりょ》が必要か分からない人びとが，周囲の人に配慮を必要としていることを知らせるマークである。

(イ)　妊娠している人が電車やバスなどに乗るときに身につけることで，周囲から配慮を受けやすくするマークである。

(ウ)　障がいのある人が運転する車につけられるマークで，周囲の車は，このマークをつけた車に配慮しなくてはならない。

(エ)　目の見えない人のための世界共通のマークで，視覚障がい者の安全やバリアフリーを考慮《こうりょ》した建物などにつけられる。

いる反応を63・64ページの本文中から二十三字で抜き出し、始めの五字を答えなさい。

(2)　二重傍線部「自分で描いたマスクを消す」（60ページ）という行動を取るに至った輝の変化について、本文全体をふまえて説明しなさい。

問5　傍線部③中の「諺」は、「[A][B]も彼岸まで」を指すと考えられます。空欄A・Bに入る語をそれぞれ二字で答えなさい。ただし、AとBには対になる語が入ります。

問6　次は、傍線部④「輝は自分の嫉妬心に初めて気づく」に至った過程を説明した文章です。空欄Ⅰ・Ⅱに入る適切な表現を50・60・61ページの本文中からそれぞれ八字で抜き出し、答えなさい。

輝は絵実の実力を認めていて、[Ⅰ]ところを目にしたいという思いが心の奥にあり、黒板アートコンクールを発案した。そして一緒に作業を行う中で、自分には[Ⅱ]はないが、こんなふうに大胆に絵が描けるようになりたいと感じたことで、絵実への嫉妬心に気付いた。

問7　傍線部⑤中の「バイカモ」にこめられた思いについて説明したものとして最も適切なものを次から選び、記号で答えなさい。

ア　青一色の中に白で印象付けられた花は、提案を他者に認められた自信を表しており、ネガティブだった自分を変えられた喜びがこめられている。

イ　竜に寄り添うように描かれた花は、才能豊かな者を理解し支える存在を表現しており、誰にでも活躍の場があるのだという思いがこめられている。

ウ　魚や貝とともに描かれた花は、たくさんの生き物を引きつけるものであり、多くの人と関わりを持って協力し合うことの大切さがこめられている。

エ　水の流れに負けずに咲く花は、しなやかに生きる力を持っており、自分たちにはどうしようもない状況に負けるなというメッセージがこめられている。

問8　空欄Yには、「昇龍伝説」の副題が入ります。黒板アートの絵をふまえて、空欄に入る最も適切なものを次から選び、記号で答えなさい。

ア　大《だい》なる龍も　小さき命と共に

イ　遥《はる》かなる宙《そら》を　夢見る

ウ　試練に負けず　時節《とき》を待つ

エ　青春の現在《いま》を　生きる

問9　傍線部⑥「ひいき目ではないと〜だろうか」における輝の心情として最も適切なものを次から選び、記号で答えなさい。

ア　クラスでは黒板アートについて当日まで理解を得られていなかったが、作品を見た人たちに評価されたことで、その作品づくりを支えたのは自分なのだと自信を深めている。

イ　自分自身の絵の才能には自信を持てないままだが、クラスメイトや家族から認められたことにより、これからも学校を盛り上げる企画を提案していこうと意気ごんでいる。

ウ　コンクールを発案したり企画を盛り上げたりしたことで、一年生への励ましや三年生の思い出作りに貢献《こうけん》できたと実感し、今まで感じたことのない充足感を覚えている。

エ　絵実の豊かな絵の才能に自分のアイディアや友人たちの助力も加わり、チーム全体で協力して完成させた絵が、クラスメイトや家族に評価されて誇らしく感じている。

問10　次の各問いに答えなさい。

(1)　傍線部⑦「一瞬、指先が触れた。でも、気にならなかった」からは、輝の意識の変化が読み取れます。変化する以前の意識が表れて

「アマビエ、ですね。すごい。何も見ないで、すっと描けるなんて」

「おれの絵って、オリジナリティ、ないんだよね」

要するに、自分に望むことが怖かったんだ、と輝は気づいた。でも、もしかしたら、自分は欲を持ってしまったかもしれない。それはつまり、怖さを引き受けるということなのだろうか。

「これからじゃないですか？」

はっとなって、貴理を見つめる。

「……これから、か」

「そうです」

「何か、描く？」

「文字なら」

輝は、腕を伸《の》ばしてチョークを貴理に手渡した。⑦一瞬、指先が触れた。でも、気にならなかった。

貴理が文字を書き入れる。

祈《き》　コロナ退散

その堂々たる文字を見つめながら、輝は心の底から、いい絵を描きたいと思った。

問１　太線部ａ「ゾウサ」・ｂ「目利（き）」について、カタカナは漢字に直し、漢字は読みをひらがなで答えなさい。

問２　傍線部①「少しだけ声が～のだろうか」とはどういうことですか。最も適切なものを次から選び、記号で答えなさい。

ア　とまどった様子から、貴理と絵実はおそらく黒板アートが描かれた理由を知っていて、それを隠しきれず話し出してくれると輝が感じたということ。

イ　緊張した様子を目にして、貴理が実は自分に好意を持っていて、一緒に黒板アートの話ができるのを本心では喜んでいると輝が気付いたということ。

ウ　ぎこちなく感じられる返事を聞いて、貴理はおそらく黒板アートの作者を知っていて、それが自分の予想通り絵実であると輝が感じ取ったということ。

エ　怒ったような反応から、貴理は考えてもわからない黒板アートの描き手の話ではなく、学校を盛り上げる企画の話をしたいのだと輝が考えたということ。

問３　傍線部②「サリエリですね」からは、貴理が輝をどのような人物だととらえていることがうかがえますか。最も適切なものを次から選び、記号で答えなさい。

ア　絵を描く才能のなさを嘆きながらも、絵を理解する力が優れている人物。

イ　絵実の絵の才能をねたみながらも、彼女の苦悩を深く理解している人物。

ウ　麗華からは評価されながらも、やはり絵実の才能にはかなわない人物。

エ　周囲から慰められながらも、自分の才能に自信を持てずにいる人物。

問４　空欄Ｘに当てはまる人物名として最も適切なものを次から選び、記号で答えなさい。

ア　輝　　イ　堅人　　ウ　治哉　　エ　麗華　　オ　絵実

とは、両親の一致《ち》した感想。⑥ひいき目ではないと輝か思うのはひいき目だろうか。

〈中略５　十一月のある日の放課後、輝は昇降口で貴理に声をかけられ、小学生の時にいじめにあっていたことや、他人の評価を気にしない絵実に救われて友だちになってもらったことなどを打ち明けられた。〉

「あの絵、いい絵だったよな」

「あの絵って？」

「学校再開後に、ここに描かれていたヤツ。なんであういう絵を描いたのかな」

「ああいうって？」

「モチーフはともかく、それぞれの絵はリアルだった。で、もしもだけど、写実的な絵のうまいヤツが、マンガみたいな絵を描いていたら、どう思う？」

「そうですね。いろんな絵を描きたいか、反抗してるかじゃないですか？」

「反抗？　つまり、自分の描きたいものじゃない絵を描けと言われるとか？」

それだけではない。浅茅《あさじ》先生〔美術の先生〕が黒板アートに冷淡《たん》だったことが関係あるとしたら？

「そういうことは、わたしにはよくわかりませんが、この黒板に絵を描いた人は、大きい絵が描きたかったのかもしれませんね」

「大きい絵？」

「部活とかでは、そんなに大きな絵とかって、たぶん描けないですよね。画用紙とか、キャンバスとかが、あの絵を描いた人には小さすぎたのかもしれません」

輝は、天井《じょう》を見つめながら手を振り上げて、弧《こ》を描《えが》くように動かしていた絵実の姿を思い出した。もしかしたらあのとき絵実は、空中のキャンバスに絵を描いていたのではないだろうか。

「黒板になら大きな絵が描けるとかって、そそのかしたヤツがいるのかも」

輝の言葉に貴理がまた笑った。

「そんな人がいますかねえ」

「どうかな。結局、だれが描いたかは……」

「なぞですよ」

「っていうか、秘密《ひみつ》じゃね？」

「立花さん、秘密のゴミ箱じゃなくて、秘密の宝箱と思えばいいじゃないですか」

マスクの真ん中がへこむ。笑っているようだ。

宝箱。自分にはできない発想だと、輝は思った。でも……。

輝は、黒板に向かって立ち、チョークを取る。そして、白いマスクを描く。不織布とわかるように、ひだも入れる。

「おれさ、マスクってけっこう好きなんだ」

「知ってます。前に聞いたし。わたしもですよ」

「けど、ときには、大声で叫びたいって思うこともあるよな。そんときは、マスクはやっぱ、邪魔だよな。だから……」

輝は、自分で描いたマスクを消す。そしてまた、黒板に向かってチョークを走らせる。奇妙な生き物。鳥のような口で……。

絵実に聞くと、こくこくとうなずく。

「いい、いい！」

堅人は興奮気味に言うと、タブレットの画面に向かってピースサインを送る。ちょうど実況が回ってきて、タブレットを奪った麗華が絶叫《きょう》する。

「なんという迫《はく》力。水竜が、今にも動き出しそうです！　竜は、竜は、どこをめざすのか！」

残り時間が三分を切ったところで、貴理が黒板の前に立つ。

「絵実ちゃん、位置決めて」

絵実が指で示した場所に、白いチョークで書かれた文字。

昇龍《りゅう》伝説

Y

貴理は、「竜」ではなく「龍」という旧字体でさらりと記した。最後に全体をチェックした絵実が、ところどころを手ではたくようにしてぼかしを加え、二年C組の黒板アートチームの仕事は終わった。

メンバー以外のクラスメイトから拍《はく》手が起こる。

堅人が言い出して、絵の前で記念撮《さつ》影をした。真ん中を陣《じん》取ったのは、なぜか堅人と麗華だった。それでも、今日の主役がだれだったかは明らかだ。

「やべぇ、阿久根、すげえ集中力だったよな」

とだれかが興奮気味に言った。

描く姿が中継《けい》されていることなど意に介《かい》さずに、昇り龍を描いた絵実の姿を見て、昇降口の黒板アートを描いたのが、絵実だと気づいた者もいたかもしれない。

でも、コンクールが終わったあとも、だれもそのことには言及しなかった。

〈中略４　翌日の朝、全校放送で結果が発表され、輝たちのクラスの作品は三位だった。〉

数分後、黒板は、いつもの黒板にもどった。

何ごともなかったように、一時間目の授業が始まる。だが、輝は、熱でうわついたように気持ちが落ち着かなかった。自分がなんで黒板アートコンクールなんてことを言い出したか。理由はいくらでもつけられる。イベントが中止になったことを嘆《なげ》く声を聞いたし、新一年生への同情もあった。三年生の卒業アルバムが寂《さび》しいだろう、とも思った。

でもたぶん、あの昇降口の絵の作者――つまり絵実が実際に描くのを、見たかったんじゃないかと思う。そして、ともに黒板に向かって、否応《いやおう》なしに気づかされたのは、なんのかんのと言っても、いやなんのかんのと言わなくても、おれ、絵描くの好きなんだな、ということだった。絵実みたいな才能ってヤツは、たぶんないけれど。だからって、好きでいて何が悪い？　と問い、悪くない、と答える。

輝の家族も、期間限定で配信された動画を見てくれた。

「あんたもなかなかやるじゃない。あの花の絵、上手だったよ」

絵心があるとは思えない真純《ますみ》〔輝の姉〕が言った。そこをほめられても……。

「ひいき目だけど、輝のクラスの絵がいちばんよかった」

絵実は、描いた線を直接手でなぞってぼかしたりもするので、指はすでに真っ青だ。やっぱりこんなふうに大胆に描けたらいいなと思う。悔《くや》しさがこみ上げる。そう、悔しい。④輝は自分の嫉妬心に初めて気づく。そういう思いを見ないようにしてきた。が、それはたしかに自分の内心にもあったのだ。でも今は、黒板に集中だ。

時間が半分過ぎたところで、十分間の強制休憩《けい》タイムに入った。絵実が汚《よご》していたのは手だけではない。エプロンをしていても、シャツの袖《そで》もスカートも青いチョークで汚れていた。

よそのクラスの生徒たちが、C組の絵をのぞきにきた。

「なんかすげえな」

すげえのは絵実だ、と人知れずつぶやく。ジェラシーさえ感じていたはずなのに、やはりうれしい。

一年の女子がときどき連れ立ってやってきて、堅人の名をささやいているのが耳に入った。それに気づいた堅人が手を振った。

輝は全体をチェックするために、教室の後ろから見ることにした。はっと息を呑む。絵実の描いた竜は、りりしく美しかった。身をくねらせながら水の上をめざす。なんという躍《やく》動感だろう。あの竜は、やがて天をめざすのだ。天。絵実は何をめざしているのだろう。

絵を見ながら輝はうなった。見事だ。だがしかし、何かが足りない気がする……。

しばし考えたあとで、絵実に近づくと、思い切って口にしてみた。

「白を使ってもいいんじゃないかな」

絵実は、黒板を見つめたまま後ろに何歩か下がると、眉をぐっと寄せてから、少し大きな声で言った。

「いい」

「やっぱ、だめか」

輝が嘆《たん》息したとき……。

「良《よ》い、と言っているんじゃないですか？」

貴理の言葉に絵実がうなずく。

「まったく、輝は相変わらずネガティブなんだから」

と、麗華が笑う。

その瞬《しゅん》間、休憩タイムが終わった。

これから白を足しながら細部を仕上げることになるが、時間が足りるだろうかと、輝は心配になった。思わず力が入って、チョークを折ってしまった。

「あせるな」

絵実の声がした。思わず目を向けると、当の絵実は黒板から目を離さずに竜の鱗《うろこ》を描き入れている。手の動きは速いのに、表情は落ち着いている。というか、楽しそうだ。あの昇降口の絵も、こんなふうにして描いたのだろうか。

いったん青いチョークを置いた絵実は、白いチョークを数本まとめて手に取り、側面を黒板に押し付けて太い帯を描いた。荒《あら》々しく力強い。黒板に手のひらを当てて、直《じか》にこすっていく。青がもわっとした水色に変わり、水が流れ出す。絵実は竜の鱗にも白を入れる。それから、堅人と治哉に白いチョークを渡した。真似てやれ、という指示だ。

その様子をちらちら見ながら、輝は、あせるな、と自分に言い聞かせ、⑤慎重《しんちょう》にバイカモの花に白を入れていく。

「ＯＫ？」

「わたしは、字を書きますので」

「藤枝さん、字、きれいだもんね。で、なんて書くの？」

堅人に聞かれた貴理は、

「当日までに考えておきます。任せてもらえます？」

と、五人の顔を見回す。

「任せる」

やけにはっきりと、 X が言った。

〈中略２〉

その日。

「絶好の黒板アート日和《びより》だな」

と堅人から肩《かた》をたたかれた輝は、思わず後ろに飛んだ。

「距離が近い」

「立花、コロナ気にしすぎじゃね？」

輝は、コロナの前からだ、と言いたかったが、口にはしない。

だいたい黒板アート日和ってなんだ？　運動会じゃあるまいし。いや、運動会ならまさに絶好の日和だ、と思いながら窓の外を見やる。澄《す》んだ青空が広がっていた。そういえば、新型コロナの影響で、空気が澄んで、くっきり山が見えたとか、青空がもどったとかって話もあったっけ。

③彼《ひ》岸が過ぎて、諺《ことわざ》どおりに残暑は去って、窓から入ってくる風も、どことなくひんやりして涼《すず》しげだ。しかし、今はいいが冬場の換《かん》気はどうするんだろうと、またしても、心配事にとらわれそうになり、輝はそれを追い出すように頭を振《ふ》る。

描くことに当てられるのは二時間。その後、生徒たちは各教室を回って絵を鑑賞して、昇降口の投票箱に投票してから下校。投票の基準は、自分が気に入ったかどうか。つまり、絵の巧拙《こうせつ》ではない。

発表は翌日の朝で、それまで、絵も残される。

給食のあと、コンクール開始を告げるゴングが鳴った。鳴ったというのは比喩《ゆ》で、実際にはゴングどころかホイッスルも鳴らないが、輝たちはエプロンをつけて黒板に向かう。

その様子をサポートする役割の生徒が、タブレット端《たん》末を向けている。タブレットには三学年分十五の小さな枠《わく》の中に、黒板アートに取り組む生徒たちが映っているはずだ。各クラスのタブレット持ち役は、ｚｏｏｍのマイクを通常はオフにし、順番に実況するときだけマイクをオンにする決まりらしい。

黒板に向かって、青いチョークを手にした絵実が大胆《たん》に竜の輪郭《かく》を描き入れる。その筆さばき、いやチョークさばきに迷いはない。

輝の仕事は小さな生物たちを描くことだ。バイカモはちゃんとネットで調べた。それから魚たち。貝。

堅人と治哉は、絵実に命じられて海の色を塗《ぬ》る。堅人は、黒板の右寄りに立って、タブレットを向けられたときに、横顔を見せることを意識しているようだった。当然のことながら、手のほうはしばしば止まる。顔のほうはしばしばタブレットに向く。

貴理は絵実の世話を焼く。黒板消しを渡したりチョークを渡したり、タオルを渡したり。

〈中略３〉

ファンタジックで幻《げん》想的な世界は、これまでの黒板アートの絵とはかなり異質なものだった。むろん、コミカルな落書きともまったく違う。

それでも、これが絵実の絵なのだ、と輝は思った。

「ねえ、黒板に描くときは、もっといろんな色、使うんだよね」

麗華が、絵実にではなく輝に聞いた。

「青一色だろ」

「ええ？　地味じゃん」

「そうだな」

と、堅人と治哉もうなずく。

輝は、黒板に青いチョークでスケッチブックを真似《まね》て水中花を描く。

「バイカモ、でしょうか」

貴理がつぶやく。

「何それ？」

「キンポウゲ科の水草です。漢字では、梅の花の藻《も》と書きます。梅の花に似た白い花を咲かせるそうです」

「藤枝さんって、物知りなんだね」

麗華が感心したように言った。

「けど、なんでその、バイなんとか？」

と治哉が聞く。

「たぶん、水の流れにも負けないで、水中で花を咲かせるところが、いいのではないでしょうか？」

「なるほど。コロナに負けるな、ってことね」

麗華が納得したようにうなずく。

そんなやりとりには一顧《いっこ》だにせず、絵実は輝の描いた絵を見て言った。

「へたくそ」

さすがに、チョークを落としそうになった輝だった。わかっちゃいるけどそうはっきり言うか、と思いながらぼそっとつぶやく。

「わかってるよ」

すると貴理が、慰《なぐさ》めにもならないことを口にする。

「たぶん、わたしたちは下手以前ですよ」

「けど、輝は絵を見る目、あるよね」

麗華の言葉も、やはり慰めにはならない。

「それってどうよ、だよな。描けないけど、わかるって」

自嘲《ちょう》した輝に、また貴理が妙《みょう》なことを言った。

「②サリエリですね」

なんじゃそれ。

「『アマデウス』です」

すると、堅人が叫んだ。

「あ、それ知ってる。オフクロの好きな芝居。モーツァルトの才能、嫉《そね》むヤツだよな」

「そうです」

「けど、結局、サリエリがいちばんモーツァルトのこと、わかってたわけなんだろ」

「世の中、b目利きもいるってことだよね。だったら、青一色でいいじゃん。一般《ぱん》ウケしないだろうけど」

麗華の一声で、方向性は決まった。

みんなで、水中の生き物を描いてみた。貴理の言ったことは、どうやら正しかった。絵実を除《のぞ》く五人の中では、輝は圧倒《あっとう》的にうまかった。

行事やりたかったの？ と聞いたら、きっと貴理は「そうじゃないですけど」と言うんじゃないかと思った。その代わりに、自分の口から出たことば。

「何かやれないのかな」

言ってしまったあとで、輝はうろたえた。――おれ、何言ってんだろ……。

〈 中略１ 輝は学校全体で黒板アートのコンクールを行うことを思いつき、幼馴染《おさななじみ》で生徒会の役員でもある葉麗華《ようれいか》に相談する。貴理の助けもあり、生徒会主催《さい》で九月末にコンクールを開催することが決まった。輝のクラスでは、輝・貴理・絵実・麗華に加え、種田堅人《たねだけんと》・実川治哉《さねかわはるや》の六人で参加することになり、最も絵の上手な絵実が下絵を描くことになった。〉

「おはようございます」

例によって貴理が礼儀《ぎ》正しい言葉を向けてくる。

「あ、うん、おはよう」

と、もごもごと答える。いつもと同じやりとりだが、たぶん、六月ごろに比べて距《きょ》離が近い。いや、ソーシャルディスタンスはちゃんと保っているが。

「阿久根さん、どんな絵を描いてくるかな」

「楽しみですね。ふふっ」

貴理は声を立てて笑った。

その日の放課後、黒板アートチームは黒板の前に集結した。

六人が距離を取りながら教卓《たく》を取り囲む。絵実は無aゾウサに教卓の上にスケッチブックを開いて置いた。その絵を見たとたん、輝は息を呑《の》んだ。全体がブルー。彩色《さいしき》は色鉛《えん》筆のようだった。

「きれい……」

思わず麗華がつぶやく。

「竜《りゅう》、ですね」

と貴理。

描いてあったのは、天をめざすかのような竜。それが青色一色で描いてあるのだ。竜は濃《こ》い青。周りの空は青く……いや、これは空？ 空というよりも……。

輝の眉《まゆ》が寄る。そのとき、絵実がぼそっと言った。

「水」

「……水の、中？」

輝の言葉に、絵実がこくっとうなずく。

「水竜、ですね」

貴理の言葉に、絵実がこくこくっとうなずく。

「カッコいいじゃん」

と、治哉。

「阿久根って、マジ、絵うまいんだな」

と、堅人。

怖《おそ》ろしげでもあるが気高さを感じさせる竜が、水中にあって水面をめざしている。それはやがて天に昇《のぼ》るのだろうか。水面には光が当たっているようだった。光は水中に差し込んで屈《くっ》折し、トーンを変える。竜の動きで水は揺《ゆ》らぎながら泡《あわ》立つ。スケッチブックの隅《すみ》に丹《たん》念に描かれた小さな生き物。魚や貝、海藻《そう》。そして水中花。それらがただ青一色で描かれている。

「海の感じが、二度目の黒板アートに」

「そうですか」

　さっきと同じ言葉。でも、①少しだけ声が硬《かた》かったような気がするのは、輝の願望がそう思わせたのだろうか。

「あの絵を描《か》いた人は、なんのために描いたのかな」

　つぶやくような問いかけに、答えはないかと思ったが、貴理はゆっくりとした口調で言った。

「わたしにはわかりませんが、やっぱり、一年生を励《はげ》ましたいという気持ちがあったのでは？」

「なるほど」

「立花さんは、なんでそんなに黒板アートにこだわっているんですか」

「それは、一応美術部だし」

「そうですか？」

　今度は、いぶかしがるような疑問形だった。

「メッセージもあったけど、あれは絵を描いたのとは別の人じゃないかと思ってる」

「なぜ？」

「絵を描いた人の字ではない気がするから」

　そう言いながら、答えになっていないと自分で思った。でも、輝の内心では答えは出ている。あの文字は、絵実の筆跡《せき》ではない。

「わたしにはわかりませんが……今の一年生は小学校でも十分な卒業式もできなかったですよね。入学式も短縮だったみたいで。出席する保護者が制限されたり。しかも、中学入学で即休校。がんばってほしいと、立花さんは思わなかったですか？」

「そこまで考えつかなかった」

　それは本音だ。これまで、いつだって自分のことで汲々《きゅうきゅう》として「ゆとりのない状態で」いたから。

「中学って、小学校からの知り合いも多いけれど、でも、ほかの学校からも来るし、ほかの学校に行く子もいるから、環境が変わるというか、仕切りなおしができるかもしれませんよね。気持ちを新たにするというか。そのタイミングで、コロナですから……せつないですよね」

「そんなものなのかな」

「もしかしたら、描いた人は、案外、この学校が好きなのかもしれませんね」

「好き？」

「言ってみただけです。とにかく、少しでも気分を盛り上げたかったとか。一年生だけじゃなくて、わたしたちだって、教室で話したり、笑ったりできない日々を送ってきましたよね。春からずっと。今はこうして通えているけど、でも、まだ不自由は残ってます。給食をおしゃべりしながら食べたりもできないですし」

「おしゃべりしたいの？」

「そうじゃないですけど。できないことと、やれるけどやらないこととはぜんぜん違うでしょう」

「それは、そうかも」

「でも、案外、みんなをびっくりさせたかっただけかもしれませんね」

「え？」

「そう。絵の作者。だって、なんだかつまらないじゃないですか。行事もみんななくなってしまって」

理不尽《じん》に思える事柄をも「不運」として受け止めるため、本来ならつきつめて考えるべきことについての思考をやめてしまうということ。

エ　日本人はどうにもならない状況でも、「しかたがない」「しょうがない」という言葉一つで受け入れて耐えることができる人々であり、それは世界中から称賛されるべき誇《ほこ》らしい態度であるということ。

問10　空欄Ⅱ（二か所）に入る最も適切な表現を71・72ページの本文中から五字で抜き出し、答えなさい。

問11　次は、本文を読んだ明子と星子の会話です。空欄a～cに入る最も適切な語を、aは後の語群から選んで記号で答え、b・cは自分で考えそれぞれ漢字二字で答えなさい。

明子　**「しかたがない」という言葉が、［a］ととらえられることがあるとは思ってもみなかったな。**

星子　**ほんとだよね。でも言われてみると、実は理不尽なのに、私たちが何気なく守っているルールや習慣ってあるよね。**

明子　**例えば、「エスカレーターを利用する時は片側に寄って乗る」という［b］の了解がそうかも。エスカレーターで乗客が片側を空けて乗っていると、一度に乗る人数が半分になって、効率が悪いよね。**

星子　**そういうルールや習慣をありのまま受け止めるだけじゃなくて、理にかなっているかどうか、まずは［c］を抱いて考えるのが重要ってことだね。**

【語群】ア　称賛　イ　偏見　ウ　美徳　エ　悪徳

二　次の文章は、濱野京子著『マスクと里板』の一節です。本文を読み、後の問いに答えなさい。〔　〕内の表現は、直前の語の意味です。なお、設問の都合上、本文を変更している部分があります。

立花輝《たちばなてる》は、美術部に所属する中学二年生である。コロナ禍《か》による休校明けの登校で、輝は昇《しょう》降口に描《か》かれた黒板アートに目を奪《うば》われた。その後も黒板アートは何回か描かれたが、輝は作者が誰なのかが気になっていた。そのような中、輝は同級生の藤枝貴理《ふじえだきり》から、阿久根絵実《あくねえみ》が小学生の時に絵のコンクールで入賞したと聞く。次の場面は、その翌日のことである。

給食が終わって、いつものように本を取り出して開いた貴理が本に目を落とす前に、輝は慌《あわ》てて声をかける。

「あの、藤枝さん」

貴理は、やおら顔を上げて輝のほうを見て、何か？　というふうに首を傾《かし》げた。

「検索した」

貴理はまた、反対側に首を傾げる。なんのこと？　と聞いているらしい。

「阿久根さんの名前。そしたら出てきた。絵のコンクールで優秀賞だった。けど、最優秀賞のより、うまいと思った」

「そうですか」

貴理は、表情を変えずに言った。もっとも、マスクをしているので表情の変化はわかりづらい。

「で、似てるなって、思ったんだ」

「似てる？」

戦争は人間の［ i ］による判断が引き起こした悲劇であるにも関わらず、主人公は［ ii ］に遭ったのと同じような諦めを抱《いだ》いている。その様子を見て、「戦争は人間には［ iii ］しきれないものである」と主人公がとらえているように筆者は感じたから。

【語群】　ア　制御《ぎょ》　イ　認識　ウ　解決　エ　受容

(2)　次は、主人公の本来取るべき行動について述べた文です。空欄に入る適切な表現を本文中から二十字で抜き出し、始めと終わりの五字をそれぞれ答えなさい。

戦争の被害に対しては、［　　　　］する行動を取らなければならないと筆者は考えている。

問7　次は、中学一年生の星夫のある一日を描いた文章です。波線部1～4の事柄が、傍線部⑥中における「不運」である場合にはAを、「不正」である場合にはBをそれぞれ答えなさい。

昨晩は読書に夢中になって寝る時間が遅くなり、今朝は目覚まし時計の音に気付かずに1寝坊《ねぼう》してしまった。「今日は雨が降るから、傘を持って行きなさい」という母の言葉を聞き流し、急いで家を出た。なんとかいつもの時間の電車に乗れたが、鹿《しか》が線路内に侵《しん》入したため、その電車が遅れ、2遅《ち》刻した。学校に着くと授業はすでに始まっていて、皆が見ているプリントが自分の机にはないことに気が付いた。しかし、今もらいに行けば授業を受けるクラスメイトの邪魔《じゃま》になると思い、3プリントを使わずに授業を受けた。放課後、学校を出ると雨が降っていて、傘を持って来なかったために4濡《ぬ》れてしまった。

問8　本文中の空欄※に入る事柄として最も適切なものを次から選び、記号で答えなさい。

ア　火山が噴《ふん》火したことで火山灰が降り注ぎ、農作物の収穫《かく》量が減ることは、人間の急速な開発が招《まね》いた事態であり、悪意はないといっても「不正」とみなされる。

イ　温室効果ガスによる地球温暖化とそれに伴う異常気象の発生は、人間の経済活動によって生じたものであり、自然災害とはいっても「不正」が原因であると考えられる。

ウ　焼き畑による森林減少と砂漠化は、人間が自然をコントロールしようとして起きた事態であり、被害が生じても解決を諦めざるを得ないことから「不正」ととらえられる。

エ　酸性雨の発生による土壌《どじょう》の不毛化などの環境破壊は、悪意を持つ人間が科学の発展を口実にして意図的に発生させたものであり、人間に責任があることから「不正」だと言える。

問9　傍線部⑦「『しかたがない』『しょうがない』という表現」について、筆者が伝えたいのはどのようなことだと考えられますか。最も適切なものを次から選び、記号で答えなさい。

ア　日本人が物事を「しかたがない」「しょうがない」と受け流す態度は、天災の被害をやりすごすために生み出したその場しのぎの手立てであり、先を見通して行動する習慣が身につかない原因となっているということ。

イ　日本人が物事を「しかたがない」「しょうがない」と受け入れる態度は、想定外の事態に立ち向かう態度として有効であり、その状況下でも日常生活を無事に送っていくために欠かせないものであるということ。

ウ　日本人は「しかたがない」「しょうがない」という言葉によって、

ることになります。

会社内の不正も、政界の腐《ふ》敗も、不正としてその責任を追及するのではなく、あたかも自然災害の被害にあったかのように不運として受け止め、これをしかたがない、と諦めてしまうのは、不正を黙認するに等しく、［Ⅱ］を犯《おか》していることになってしまいます。

このように、「しかたがない」という一言には、日本人が、不正をあたかも不運であるかのように理解する傾向が表現されています。「しかたがない」と言って現実をあきらめて耐えようとする日本人は、同時に［Ⅱ］を犯しやすい傾向をもつというわけです。

（将基面貴巳　著『従順さのどこがいけないのか』より）

問１　太線部ａ「術」・ｂ「インガ」について、ａは読みをひらがな二字で答え、ｂは漢字に直しなさい。

問２　傍線部①は、傍線部③「間接的に手を貸している」と同じ意味になります。空欄に入る最も適切な語を次の語群から選び、漢字に直して答えなさい。

【語群】　しじ　　かたん　　かんよ　　ごうい　　さんか

問３　傍線部②「ひどい沈黙」の説明として最も適切なものを次から選び、記号で答えなさい。

ア　悪事を行っている人々にも事情があると考えて、口を出すことができずにいること。

イ　悪事を企む人に対して、悪いと分かっていながら何も批判せず見のがしていること。

ウ　世の中には必要悪も存在すると認めて、無言ながらも積極的に悪事を後押ししていること。

エ　世の中に悪事が横行する中で、表立っては何も言わないが仲間内だけで非難していること。

問４　空欄Ⅰ（二か所）に入る最も適切な語を次から選び、記号で答えなさい。

ア　放棄《き》　　イ　分離《り》　　ウ　延長　　エ　拡散

問５　傍線部④について、「私たち」が「不正を目の前にして、声をあげようとすらしない」理由として**適切でないもの**を次から一つ選び、記号で答えなさい。

ア　不正に立ち向かおうと思っても、それによって相手から報復を受けたり周囲から浮いてしまったりすることがあっては困るから。

イ　不正かどうかは自分だけで判断することが難しく、周囲の人たちの行動や様子をうかがって多数派に合わせてしまう傾向があるから。

ウ　不正の場面を目にしても、居合わせた人の中でよりよい援助ができる人が出てくるのを待つうちに、行動するタイミングを失ってしまうから。

エ　不正の場面に出会った時、自分だけにそれを止める責任があるわけではないと考え、わざわざ危険をおかしてまで行動しようとは思わないから。

問６　傍線部⑤について、次の各問いに答えなさい。

(1)　次は、筆者が「この映画にひとつ大きな違和感を覚え」た理由について説明した文章です。空欄ⅰ～ⅲに入る適切な語を、ⅰ・ⅱは本文中からそれぞれ四字で抜き出して答え、ⅲは後の語群から選んで記号で答えなさい。

ません。

爆弾を落とす兵士がいれば、その背後に命令を下す軍人がおり、その戦争を指揮《き》する政治家がいます。そして、爆弾を落とされている国の政治家や軍人も戦争に関わっているのです。

その意味では、空襲は、敵国と敵軍が実際に行うことであり、また自国政府と軍部がそのような事態を招《まね》いた結果でもあります。

自然災害が、人間の力が及ばない事柄《がら》であるのと対照的です。

自然災害のように、人間がコントロールできない事柄によって、人間に危害が加えられる事態を「不運（misfortune）」と言います。

これに対し、特定の人間が自由意思に基《もと》づいて決断した結果、人々に危害を加えるような事態を「不正（injustice）」と言います。

アメリカの政治哲学者ジュディス・シュクラーが強調したことですが、⑥不運が人間に責任を問えないものであるのに対し、不正は誰かが責任を負うようなものである点で決定的に異なることに注意してください。

自然災害に見舞《みま》われるのはどうにもコントロールできないことですから、不運であるとみなされます。

被害に遭《あ》ったら、その事実をそっくり受け入れて、今後をどうするかを考える他はありません。

しかし、不正がもたらす災難の場合、その背後には悪い意図を持つ人々や、無能だったり怠慢《たいまん》な人々がいます。彼らがもたらす被害は人災であって天災ではありません。

したがって、不正がもたらす被害には、その責任を負わねばならない人々がいる以上、我々はただ単に諦めてしまうのではなく、これに憤《いきどお》りを感じ、不正を行った人々の責任を追及すべきです。

なお、現在、自然災害も巨大な自然現象だから我々の手に負えないとしてただ諦めてしまうわけにはいきません。

なぜなら、昨今の異常気象や環境破壊が人間の経済活動と深いｂインガ関係があることが明らかであり、これは私たち人間すべてに責任があるからです。

※

ところで、日本人の口から二言目には聞かれる言葉に⑦「しかたがない」「しょうがない」という表現があります。

なんらかの困難な事態に直面する際、粛々《しゅくしゅく》と諦めをもってその状況を受け入れる時に口にする慣用句です。

地震や台風、津波などの被害に遭って途《と》方にくれた挙《あげ》句、「しかたがない」という一言を漏《も》らすのは当然のことでしょう。

被害の事実を受け入れて、そこからどのように再び日常の生活を取り戻《もど》してゆくか、考え行動を起こす他に方策はないからです。

東日本大震災に際して、被災者たちの間で略奪《だつ》などが起こらず、秩《ちつ》序を守って黙々と働く姿は、世界中から称《しょう》賛されましたが、それは「しかたがない」現実を受け入れてじっと耐《た》えるところに日本人の優れた徳性を外国人たちが見出したからでした。

しかし、どんな美徳も、悪徳と裏腹の関係にあります。

「しかたがない」という姿勢は、不運に見舞われたとき、美徳として力を発揮します。

ところが、不正の被害にあった際に、「しかたがない」という姿勢に終始するなら、不正の原因である人々の責任を追及することなく放置す

その場にたくさんの人がいるのであれば、誰かが援助の手を差し伸《の》べてもよさそうなものですが、実際には、ほとんどの人が「誰か他の人が助けるだろう」と傍観を決め込《こ》んでしまう、というのです。

理由の二つ目は、目撃《げき》している不正が、果たして不正かどうかはっきりしない場合も少なくないからです。

映画でなんらかの悪事が進行している状況を描く場合、それが悪事であることを観客がはっきりと分かるように画面の作り方や音楽などを用いて演出されています。

しかし、私たちが経験する現実は、通常、もっと曖昧《あいまい》なものです。いまここで目撃する事態が、何者かによって不正が行われた結果であるかどうか、はっきりとは判断できないことは意外と多いものです。「何かおかしいな」と思ったとしても、私たちがすぐさま取る行動は、他の人々の反応を見ることです。

そして、周囲の人々が特に何の行動も取らないのを確認すると、「たいしたことではないな」と安心してしまいがちだ、というわけです。

不正を見逃す理由の三つ目は、不正に対して抵抗《ていこう》することで、自分自身が被る損害が大きいと考えるからです。

これは、実際に誰かが猟銃《りょうじゅう》や機関銃で人々を殺傷しているような状況を考えれば、わかりやすいでしょう。

最近、日本でも諸外国でも無差別殺傷事件が目立ちますが、誰かが被害にあっていても、犯人が目の前にいる限り、自分が撃《う》たれることを恐れるために、被害者を助けることができないような場合です。

しかも、このように自分の生命が危険にさらされていなくても、自分のリスクになるようなことはしたくないと、人は考えるものです。

たとえば、組織ぐるみの不正を、その組織のメンバーが公に暴露《ばくろ》しようと思っても、自分自身がその組織から仕返しをされるリスクを恐れるために、行動に移せないようなこともよくあることです。

理由の四つ目は、集団的な圧力を感じるためです。これを大勢迎合主義《コンフォーミズム》（自分の考えを周りの大勢に合わせようとすること）と言いますが、これは日本では特に顕《けん》著に見られるものでしょう。「空気」や「同調圧力」の結果、不正を不正として指摘《てき》しにくくなってしまうことがあります。

しかも、集団の中に埋《まい》没することには、心理学では、ぬくぬくとした気持ち良さがあることが指摘されています。第一章でも触《ふ》れましたが、多数派に同調していれば、安心感が得られます。その安心感に誘惑《ゆうわく》されて多数派と同じ行動を取るのです。

サンダーソンによれば、以上のような理由から、④私たちは、不正を目の前にして、声をあげようとすらしない傾向があるのです。

〈中略２〉

二〇一六年、『この世界の片隅《すみ》に』というアニメ映画が大ヒットしました。

軍港だった呉《くれ》を舞台に、主人公浦野《うらの》すずの目を通して、戦争経験を描いた作品です。

私は、⑤この映画にひとつ大きな違《い》和感を覚えました。

それは、米軍による空襲《しゅう》などを主人公が諦《あきら》めて見つめる姿を通じて、戦争をあたかも自然災害のように描いていることでした。

もちろん、空から無数に降ってくる爆弾《ばくだん》に対してなす a 術がないことは当たり前のことです。

ですが、戦争は地震や台風のようになんとなく発生するものではあり

【国　語】〈五〇分〉〈満点：一〇〇点〉

【注意】 字数制限のある場合は、句読点も一字と数えて答えること。

一　次の文章を読み、後の問いに答えなさい。［　］内の表現は、直前の語の意味です。なお、設問の都合上、本文を変更している部分があります。

古代ローマの哲《てつ》学者キケロは、『義務論』という著作の中で、不正には二つの種類があると論じています。

ひとつは、積極的不正です。

これはある個人が人々になんらかの危害を加えることです。

もうひとつは、消極的不正です。

これは、ある個人が危害を加えられている際に、その人を守ったり救ったりすることができるにもかかわらず、そうしないことです。

不正が進行しているのを知りながら、その不正に対して反対の声を上げたり、責任を追及《きゅう》したりしないのであれば、その不正に自分も①間接的に［　　］していることを意味します。

つまり、不正を目にしていながら、黙《だま》っていることは共犯なのです。

なぜなら、黙っていることは同意していることとみなされるからです。

〈中略１〉

一九世紀イギリスの思想家ジョン・スチュアート・ミルは、ある演説で述べています。

「悪人が自分の企《たくら》みを実現するためには、善人が傍《ぼう》観して何もしないこと以外、何も必要としない」

また、二〇世紀アメリカでアフリカ系アメリカ人公民権運動をリードした牧師にマーティン・ルーサー・キングという人がいます。"I Have a Dream"という台詞《せりふ》で有名なキング牧師の演説を聞いたことがあるでしょう。彼もこう述べています。

「この社会変動の時代における最大の悲劇とは、悪い人々の騒々《そうぞう》しい叫《さけ》び声ではなく、善い人たちの②ひどい沈黙《ちんもく》なのです」

要するに、不正が行われていることを知っている「善人」たちが黙認するだけで、不正は堂々とまかり通ることになってしまうのです。その限りでは、黙っている「善人」たちも「悪人」たちに③間接的に手を貸していることになります。

ミルもキング牧師も、不正を不正だと分かっている「善人」がなぜ声を上げないのか、問いただしていますが、そもそも、なぜ私たちは不正を「見て見ぬ振りをする」のでしょうか？

アメリカの心理学者キャサリン・サンダーソンによれば、理由はいくつかあります。

そのひとつは、誰か別の人が、その不正を取り締《し》まってくれるだろう、と考えるからです。

不正が行われている、まさにその現場に多くの人々が実際にいるのに、誰も何もしようとしない。

こうした事態を、心理学では「責任の［Ｉ］」という現象として説明します。

「責任の［Ｉ］」とは、その場に居合わせる人が多ければ多いほど、不正による被害を被《こうむ》っている人が援《えん》助を受ける確率が低くなることを意味します。

第1回

2023年度

解　答　と　解　説

《2023年度の配点は解答欄に掲載してあります。》

＜算数解答＞《学校からの正答の発表はありません。》

1 (1) 5.5　(2) 5　(3) 3000円　(4) 11・12　(5) $\frac{6}{7}$cm²　(6) 15.56cm²

(7) ① 12.5cm　② $16\frac{2}{3}$cm

2 (1) (船Aの速さ) 分速240m　(川の流れの速さ) 分速120m　(2) 2分間

3 (1) 41本　(2) ア 6　イ 10　ウ 11　エ 15　(3) 84本

4 (1) 13円・減る　(2) (あんパン) 700個　(クリームパン) 500個

(3) (あんパン1個の値段) 127円　(目標金額) 160000円

5 (1) 4, 5, 8, 10　(2) (1, 7)(3, 9)(4, 8)　(3) (1,)4, 6, 7, 8(, 10)

○推定配点○

各4点×25(1(4), 4(1), 5(1)～(3)各完答)　計100点

＜算数解説＞

重要 **1** (四則計算，割合と比，濃度，消去算，平面図形，相似，立体図形)

(1) 9.86－109÷25＝9.86－4.36＝5.5

(2) 80g：120gの比…2：3

濃度8％と10％の食塩水を混ぜる

…(8×2＋10×3)÷(2＋3)＝9.2(％)の食塩水200g

220g：200gの比…11：10

右図より，色がついた部分の面積が等しく求める濃度は

7－2.2×10÷11＝5(％)

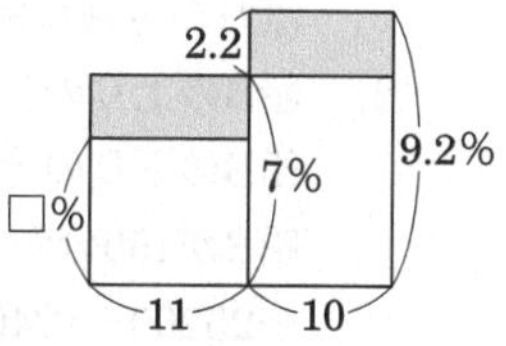

(3) 松・竹・梅のそれぞれの値段をマ・タ・ウで表す。

タ×2＋ウ＝5900より，ウ＝5900－タ×2…①　マ＝ウ×2より，マ×0.5＝ウ…②

①・②より，マ×0.5＋タ×2＝5900，マ＋タ×4＝5900×2＝11800，タ×4＝11800－マ…③

タ＝マ－800より，タ×4＝マ×4－3200…④

③・④より，松の値段は(11800＋3200)÷(1＋4)＝3000(円)

(4) □…7×59÷32の商12以下の整数，7×3÷2＝10.5より大きい整数

したがって，求める整数は11，12

(5) 右図より，DE＝FE＝$\boxed{3}$のとき，

AB＝$\boxed{3}\times\frac{3}{4}+\boxed{3}=\boxed{\frac{21}{4}}$

$\boxed{3}$…$3\div\frac{21}{4}\times3=\frac{12}{7}$(cm)

したがって，鎖線部の面積は

$1\times\frac{12}{7}\div2=\frac{6}{7}$(cm²)

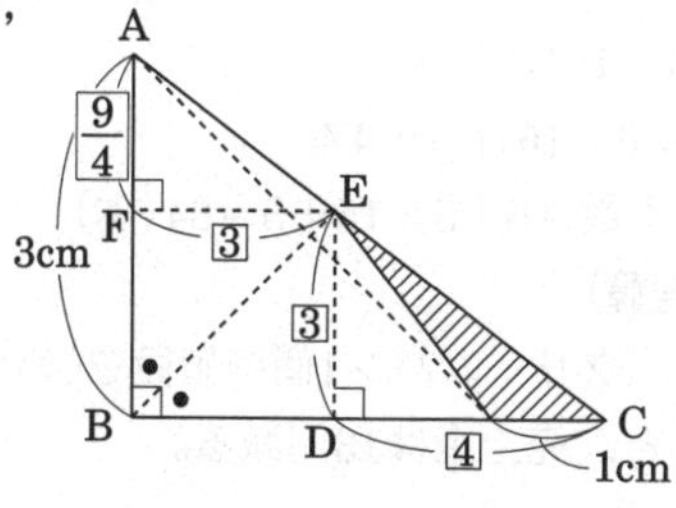

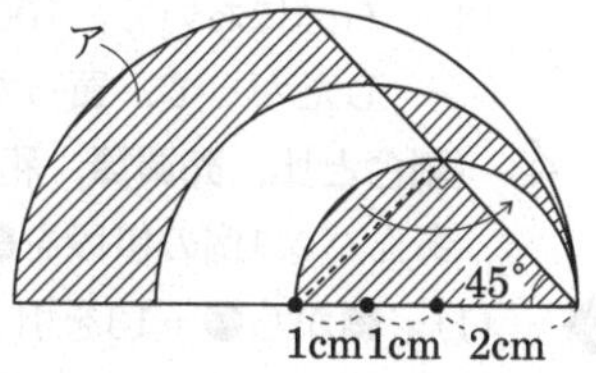

(6)　図ア…$4\times4\times3.14\div4+4\times4\div2-$
$(3\times3\times3.14\div4+3\times3\div2)$
$=1.75\times3.14+3.5$(cm^2)
図イ…$3\times3\times3.14\div4-3\times3\div2+$
$2\times2=2.25\times3.14-0.5$(cm^2)
したがって，斜線部の面積は
$4\times3.14+3=15.56$(cm^2)

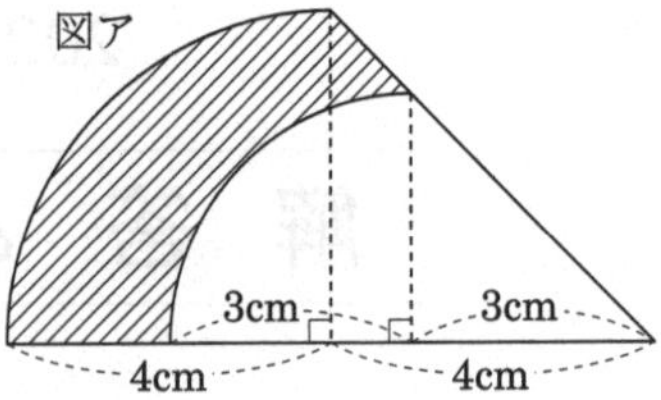

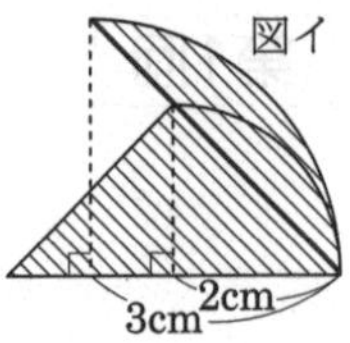

(7)　水そうの底面積…$60\times80=4800$(cm^2)
①　おもりの水中にあった部分
…図2より，$(30+60)\times20\div2\times40$
$=36000$(cm^3)
したがって，水の深さは
$20-36000\div4800=12.5$(cm)
②　①より，$4800\times12.5\div(4800-60\times40\div2)$
$=16\frac{2}{3}$(cm)

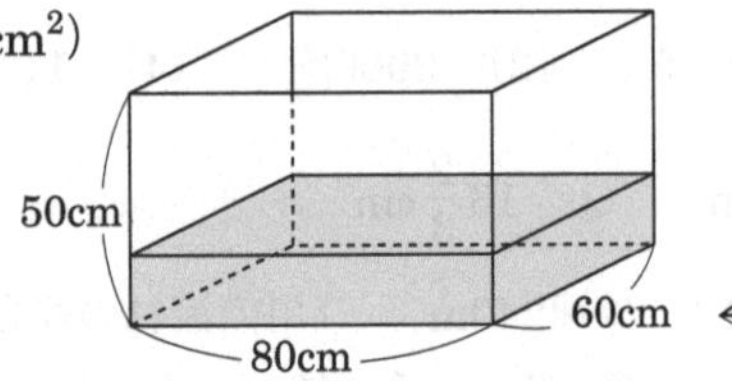

図1

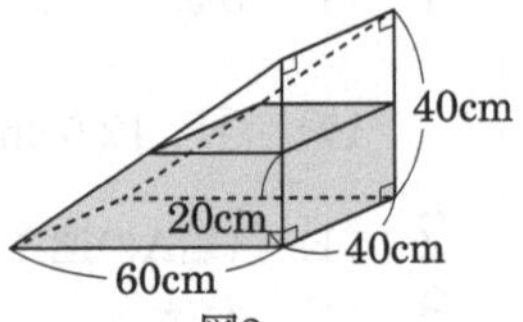

図2

重要 2 (速さの三公式と比，グラフ，流水算，鶴亀算，割合と比)

(1)　船Aの下りの分速
…$25200\div70=360$(m)
船Aの下り・上りの速さの比
…$(280-70):70=3:1$
したがって，静水時の分速は
$360\div3\times\{(3+1)\div2\}=240$(m)
流れの分速は$360-240=120$(m)

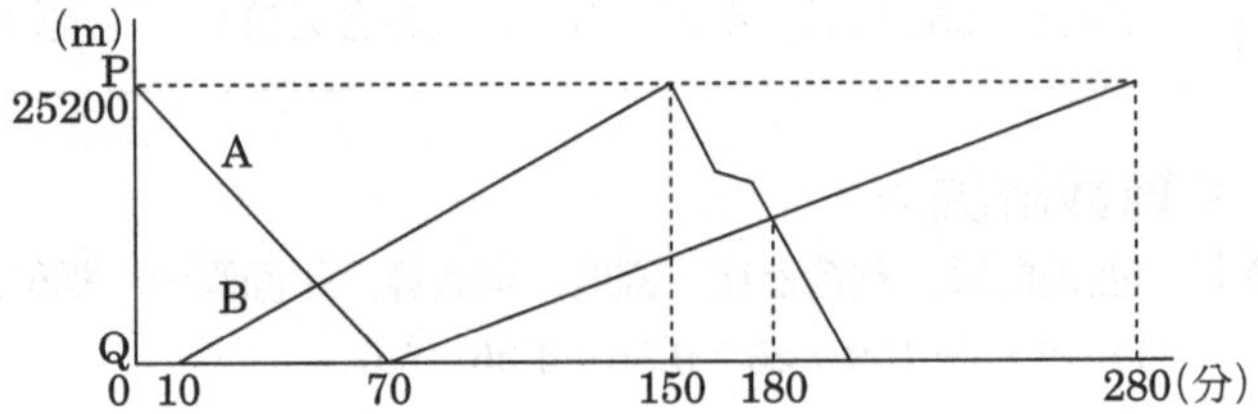

(2)　船Bの上りの分速…$25200\div(150-10)=180$(m)
船Bの下りの分速…$180+120\times2=420$(m)
船Bが150分から180分まで，30分で下った距離
…$25200-(240-120)\times(180-70)=12000$(m)
したがって，船Bが流された時間は$(420\times30-12000)\div(420-120)$
$=600\div300=2$(分間)

重要 3 (割合と比，規則性)

(1)　右図において，○は買った牛乳のビン，△はサービスの牛乳のビンを表す。
○が35本のとき，全部の本数は$6\times7-1=41$(本)

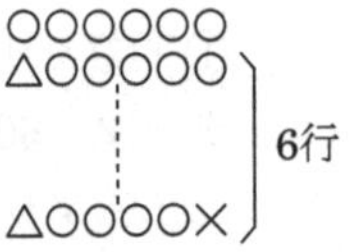

(2)　ア…図1より，6本　　イ…図2より，10本
ウ…図3より，11本
エ…図4より，$11+4=15$(本)

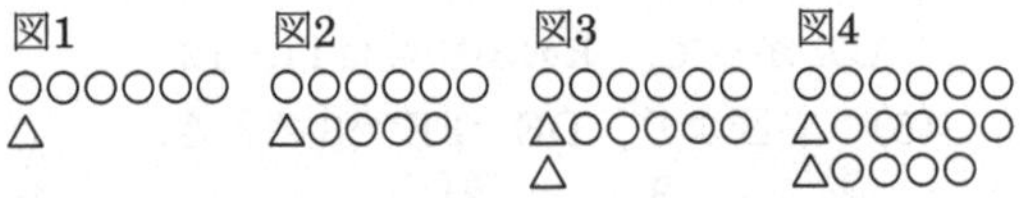

(3)　右図において，$100\div6=16$(行)…4本
したがって，買った本数は$6+5\times15+3=84$(本)

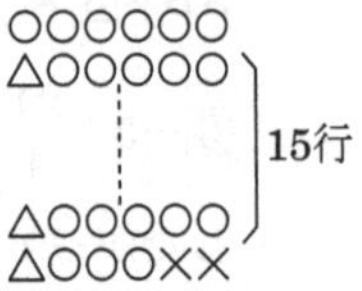

4 (割合と比，売買算，和差算)

あんパン1個の値段を●，クリームパン1個の値段を○＝●＋13とする。

基本　(1)　●から●＋13を引くと，売上金は13円減る。

重要　(2)　実際のあんパンの個数を㋐，クリームパンの個数を㋗とする。
㋐＋㋗＝1200　　(1)より，㋐－㋗＝(1500＋1100)÷13＝200
したがって，あんパンの個数㋐は(1200＋200)÷2＝700(個)，クリームパンの個数㋗は700－200＝500(個)

(3)　先月の実際の売上金…目標金額－1100
あんパンもクリームパンも50個ずつ多く売れたときの売上金…目標金額＋12250
●×50＋(●＋13)×50＝●×100＋650…これが12250＋1100＝13350に等しい
したがって，あんパン1個の値段●は(13350－650)÷100＝127(円)
クリームパン1個の値段○…127＋13＝140(円)
したがって，目標金額は127×700＋140×500＋1100＝160000(円)

5 (数の性質)

基本　(1)　4の目が出た後…Aの玉の番号は1，2，3，5，6，7，9，10
1の目が出た後…Aの玉の番号は4，8
5の目が出た後…Aの玉の番号は4，5，8，10

重要　(2)　それぞれの約数から7以上の数を除く。
1の約数…1　2の約数…1・2　3の約数1・3　4の約数…1・2・4　5の約数…1・5
6の約数…1・2・3・6　7の約数…1　8の約数…1・2・4　9の約数…1・3
10の約数…1・2・5
したがって，(1，7)(3，9)(4，8)はそれぞれ同じ箱にある。

やや難　(3)　1の玉が箱Aにある…1の目は出ていない
箱Bにある玉の番号…(2)より，2，3，5，9
6の目が出た場合…番号6の玉も箱Bにあることになり，箱Bの個数が5個になる
したがって，箱Aにある玉の番号は1，4，6，7，8，10

★ワンポイントアドバイス★

1の中でも(3)「松竹梅のメニュー」，(5)「直角三角形の面積」は容易ではなく，4「あんパンとクリームパン」も，(1)の内容を(2)・(3)で利用することに気づかないと差がつくことになる。5「10個の玉とサイコロ」はそれほど難しくない。

＜理科解答＞《学校からの正答の発表はありません。》

1　問1　エ　問2　74(cm)　問3　(a)　O　(b)　ク
2　問1　オ，キ　問2　(a)　B(から)E(の間)　(b)　イ　問3　(a)　19.73(g)
(b)　100.47(℃)
3　問1　オ　問2　3(倍)　問3　(a)　カ　(b)　ウ　(c)　①　問4　ウ
4　問1　カ　問2　イ　問3　やぎ(座)　問4　(a)　うお(座)　(b)　①　A
②　イ

○推定配点○
1　問1　2点　問2　3点　問3　各4点×2　2　問3　各3点×2　他　各2点×3
3　各2点×6　4　問4(a)　3点　問4(b)　4点(完答)　他　各2点×3　計50点

<理科解説>

1 (力のはたらき—てこのつり合い)

基本 問1　棒を左にかたむけるはたらきの大きさと棒を右にかたむける大きさが等しいとき，棒は水平につりあう。「かたむけるはたらきの大きさ＝おもりの重さ×支点からの距離」より，エのとき，左にかたむけるはたらき＝20×20＝400，右にかたむけるはたらき＝40×10＝400 だから，棒は水平につり合う。なお，ア，イの場合は左に，ウ，オ，カの場合は右にかたむく。

問2　問1より，Aには20g，Bには40gのおもりがつるされてることから，棒①全体を 20＋40＝60(g)の1つのおもりと考えることができる。棒②の中央から棒①側に$x$cmの位置に棒①が取りつけられているとすると，てこのつり合いの関係より，60(g)×x(cm)＝51(g)×40(cm)　x＝34(cm)，つまり，端Cから 40＋34＝74(cm)の位置となる。

やや難 問3　(a)　おもりをつるさないとき，点Mに糸をとりつけると板が水平になったことから，点Mを支点と考えることができる。ここで，点Mに糸をとりつけて下げた正方形の板を，図(a)のように㋐の向きと㋑の向きの2つの方向から見たものに分けて考える。

図(a)

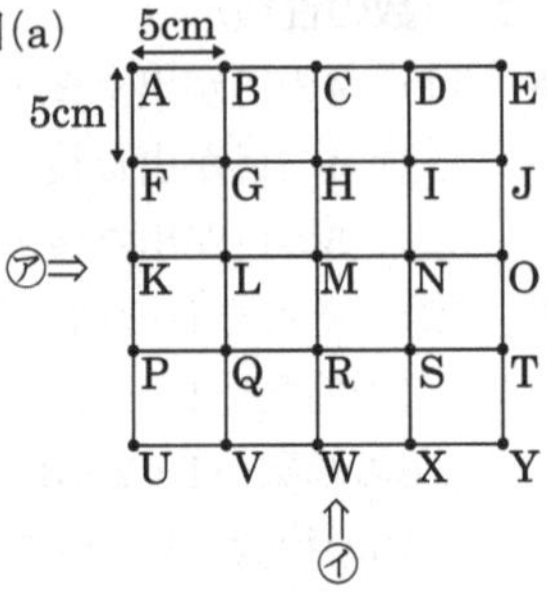

㋐の向きから考えると，図(b)のように，支点は点Kの位置にあると考えることができる。支点から同じ距離の点Fと点Pに同じ重さ(20g)のおもりをつるしているので，この向きに関してはつり合っていると考えられる。よって，おもりをつるす位置は，K，L，M，N，Oのいずれかの点となる。

㋑の向きから考えると，図(c)のように，支点は点Wの位置にあると考えることができる。支点から左に10cmの点Uに40gをつるしていることから，この向きでつり合わせるには，40gのおもりは支点から右に10cmのY，T，O，J，Eのいずれの点の位置につるせばよい。

これらのことから，40gのおもりをつるす位置は点Oとなる。

図(b)

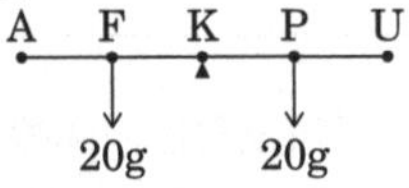

図(c)

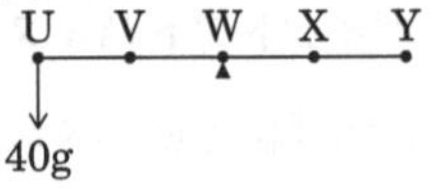

やや難 (b)　(a)と同じように㋐の向きと㋑の向きの2つの方向から見たものに分けて考える。

㋐の向きから考えると，図(d)のように，支点Kから左に10cmの位置に 20＋60＝80(g) のおもりをつるしていると考えられるので，左を下げるはたらきは 80×10＝800 となる。また，支点Kから右に5cmの位置に40gのおもりをつるしているので，右を下げるはたらきは 40×5＝200 となる。よって，支点Kより右側に，右を下げるはたらきが 800－200＝600 になるようにおもりをつるせばよい。

㋑の向きから考えると，図(e)のように，支点Wから左に10cmの点Uに 20＋40＝60(g) のおもりをつるしていると考えられるので，左を下げるはたらきは 60×10＝600 となる。また，点Cにつるした60gのおもりは，この向きでは支点につるしていると考えることができるので，つり合いを考えるときには無視できる。よって，支点Wより右側に右を下げるはたらきが600になるようにおもりをつるせばよい。

これらのことから，おもりをつるす点はS，T，X，Yのいずれかの点とわかり，下げるはたらきが600になるのは，点Yに60gのおもりをつるしたときとなる。

図(d)

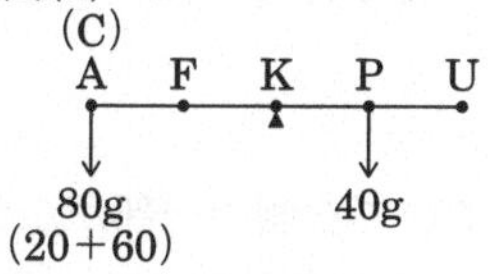

図(e)

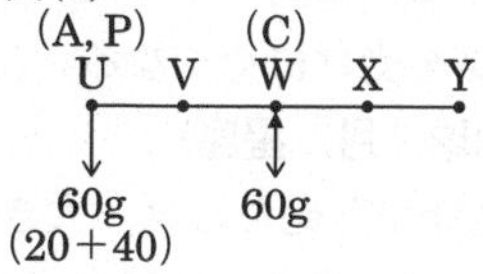

2 (気体の性質―水の状態変化)

重要 問1 オ，キ…いずれも液体の水が蒸発して水蒸気になる変化である。

ア…土中の液体の水が氷になったものである。

イ…霧は空気中の水蒸気が水滴に変化して見えるようになったものである。

ウ…ドライアイスは二酸化炭素の固体で，放置すると固体から気体に変化して小さくなる。

エ…ドライアイスを水の中に入れたときに生じる白い煙は，ドライアイスによって冷やされた空気中の水蒸気が水滴に変化して見えるようになったものである。

カ…コップの表面についた水滴は，コップの水によって冷やされた空気中の水蒸気が水滴に変化したものである。

基本 問2 (a) 水は0℃で固体から液体に，100℃で液体から気体に変化するが，加熱していても温度が一定になっている間は状態が変化している途中で，0℃では固体と液体，100℃では液体と固体が混在する。

(b) 火力を変化させて加熱しても，固体が液体になる温度(0℃)も液体が気体になる温度(100℃)は変わらない。しかし，強い火で加熱すると，温度変化にかかる時間や状態変化にかかる時間は短くなる。

問3 (a) 表1より，砂糖の重さが8.55g大きくなるごとに，水溶液がふっとうする温度が0.13℃ずつ上昇していることがわかる。よって，砂糖をxgとかしたときに沸騰する温度が0.3℃上昇したとすると，8.55(g)：0.13(℃)＝x(g)：0.3(℃) x＝19.730…より19.73g

(b) 水97gに砂糖3gをとかすと，3％の水溶液100gとなるので，水1000gにygをとかして3％の水溶液をつくったとすると，97(g)：3(g)＝1000(g)：y(g) y＝30.927…より，砂糖は約30.93gとけていることになる。よって，(a)と同様に考え，水溶液がふっとうする温度が100℃からz℃上昇するとすると，8.55(g)：0.13(℃)＝30.93(g)：z(℃) z＝0.470…より，ふっとうする温度は100＋0.47＝100.47(℃)

3 (植物―ウキクサ)

問1 直径が2倍になると面積は 2×2＝4(倍)になるので，葉状体の枚数は 650×4＝2600(枚)ほどに増えると考えられる。

問2 育てた日数が4，8，12，16，20，24日の葉状体の枚数の平均は (52＋48＋44＋48＋52＋50)÷6＝49で，それぞれはじめの枚数は16枚であったことから，49÷16＝3.06…より，平均して約3倍に増えていることがわかる。

重要 問3 (a) 条件①と②では，肥料の有無，温度，光のあたり方のそれぞれの条件を変えているが，温度の条件について調べたいときは，温度の条件以外はそろえて実験を行う。

(b) 条件②と比較して光のあたり方の条件について調べたいときは，光のあたり方以外の条件はそろえて実験を行う必要があるので，条件②と同じように，水道水には肥料を入れず，温度は10℃にする。

基本 (c) 植物が成長するには，水と空気(酸素)のほかに，肥料，適当な温度，日光は必要なので，条件①が最も適した条件となる。

問4 イネはもともとあたたかい地方の作物であるため，気温の低い地域での栽培にはあまり適していなかった。水は土に比べて冷えにくいため，苗が深く水につかるようにすると，気温が低くなったときの影響を受けにくくなる。

4 (天体一太陽や地球，月，星座)

基本 問1　三日月は，地球から見たとき，大きく欠けていて右側の一部がかがやく月である。月は地球から見た太陽側がかがやき，地球に対して太陽に近い側(図1のカ，ク)にあると半分以上が欠けて見える。よって，三日月になるのは，月が図1のカの位置にあるときである。

重要 問2　図3では，地球の南半球(南極側)よりも北半球(北極側)に太陽の光が多くあたるように傾いている。このようになるのは，図2のイのときで，日本での季節は夏である。図2のエでは南半球のほうが多く太陽の光があたるように傾き，アやウのときは北半球と南半球にあたる光はほぼ同じである。

重要 問3　太陽と同じように動いて見える星座は，地球から見て太陽と同じ方向にある星座である。

やや難 問4　(a)　北極と南極を結ぶ地軸の傾きから，図5で春分・夏至・秋分・冬至は図aのようになる。図aから，春分のとき，黄道は天の赤道を下から上に交差することがわかる。図6で黄道上の太陽は，図の右から左(しし座からかに座への向き)に動いて見え，図6で黄道が天の赤道をしたから上に交差する場所にはうお座があることがわかる。よって，春分の日のころ，太陽は天球上のうお座の近くにあることがわかる。

図a

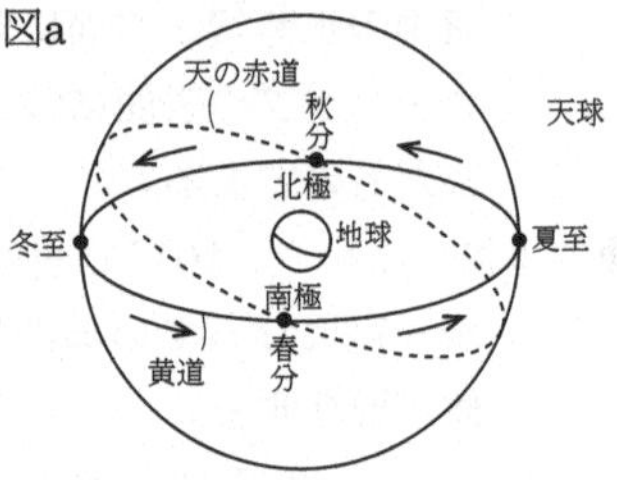

(b)　月が黄道上を移動するとした場合，春分の日の太陽の位置が図aの位置であることから，太陽や月の沈む位置は図bのようになる。図bで，太陽と月が沈む西の方角を見たとき，天の赤道よりも黄道のほうが高い位置にあることがわかる。このことから，春分の日のころの日没直後の三日月は，図7ではAの線上にあると考えられる。また，三日月(月齢3)は，新月と上弦の月の間にある右側の一部がかがやき，大きく欠けた月であり，日没ごろに沈む新月(月齢0)と，真夜中ごろに上弦の月(月齢7)の間の新月に近い月であることから，日没直後の見え方はイのようになる。

図b

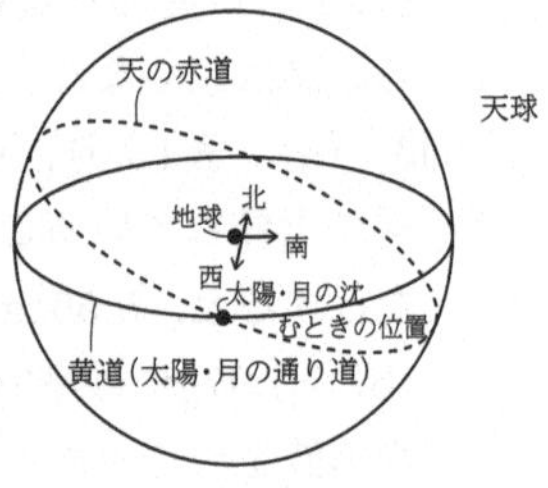

★ワンポイントアドバイス★

極端に難易度が高いものはないが，典型問題が中心というわけではなく，読解力や思考力などを問う問題が多いので，いろいろなパターンの問題に取り組んで読解力や思考力を養っておこう。

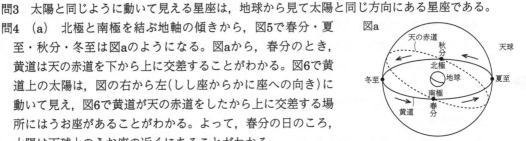

＜社会解答＞《学校からの正答の発表はありません。》

Ⅰ　問1　ア　問2　イ　問3　(1)　シーボルト　(2)　ウ　(3)　ア　問4　イ
問5　ウ　問6　イ　問7　エ　問8　ア　問9　ウ　問10　エ　問11　エ

Ⅱ　問1　イ　問2　エ　問3　ウ　問4　ア　問5　イ　問6　イ　問7　ア
問8　ウ　問9　ウ　問10　イ　問11　ア　問12　平城

Ⅲ　問1　ウ　問2　ア　問3　エ　問4　エ　問5　ウ　問6　ウ　問7　ア
問8　イ　問9　ア　問10　ウ

○推定配点○

Ⅰ　問1・問3(1)・問8・問10・問11　各2点×5　他　各1点×8
Ⅱ　問1・問2・問5・問7・問9・問12　各2点×6　他　各1点×6
Ⅲ　問1・問2・問6・問7・問9・問10　各1点×6　他　各2点×4　計50点

＜社会解説＞

Ⅰ　(地理―地形図・国土と自然・産業など)

問1　タイやベトナムは東経105度が標準時子午線となり日本とは2時間の時差がある。

基本　問2　対馬海流は黒潮から分かれて日本海を北上する。リマンとは河口を意味し，リマン海流は中ロの国境を流れるアムール川の河口付近を発し日本海を南下する寒流。

問3　(1)　19世紀前半に来日，帰国時に持ち出し禁止の日本地図が発見され国外追放処分となった。　(2)　茶の地図記号は∴で西湯岳の山麓に多く見られる。　(3)　A地点近くの小高い山にある計曲線は100m，B地点の近くを流れる塩田川の標高が最も低い。

問4　福岡・佐賀・長崎・熊本・鹿児島・山口・静岡・岩手の8県に点在する世界遺産。グラバーは日本の近代化に尽力したイギリスの実業家。

問5　明治14年の政変で失脚し立憲改進党を結成，のちに2度にわたって政権を担当した政治家。後藤新平は仙台藩，福沢諭吉は中津藩(豊前)，津田梅子は江戸出身の教育家。

問6　クリークとは低湿地の耕地の周囲に造られた排水・灌漑用の人工水路。特に長江下流のデルタ地帯の水路を指すが，国内では利根川や筑後川の下流域が知られている。

重要　問7　1901年，日清戦争の賠償金で建設された八幡製鉄所を中心に発達した工業地域。筑豊炭田と中国の鉄鉱石を結び付けて計画が立てられた。

問8　減反政策の中，麦への転作奨励で生産量は若干回復したが自給率は10％程度に過ぎない。イはバナナ，ウは鶏肉，エは石炭の輸入量上位国。

問9　線状降水帯とは積乱雲が連続して発生し帯のように雨雲が連なったもの。ラムサール条約は水鳥の保護を目的とするもので，遊水地で登録されているのは渡良瀬遊水地ぐらいしかない。

問10　佐賀には九州最大の発電所であり，九州で初めての原子力発電所・玄海原子力発電所があり現在も稼働している。アは長崎，イは埼玉，ウは福岡。

やや難　問11　福岡はとちおとめと並ぶイチゴの二大品種・あまおうの発祥地。長崎は16世紀末にインドネシアのジャカルタから伝わったといわれるジャガイモの伝来の地でもある。

Ⅱ　(日本の歴史―古代～現代の政治・文化・外交など)

重要　問1　地租改正は1873年，二十一か条の要求は1915年。徴兵令は男子，教育勅語は天皇のお言葉，廃藩置県はすべての藩，日朝修好条規は朝鮮と清の冊封関係を否定，ポーツマス条約は賠償金なし，連盟脱退は柳条湖事件から始まった満州事変後。

問2　1945年12月に選挙法が改正，翌年戦後初の総選挙を実施。サンフランシスコ平和条約と同時に日米安保条約を締結。特高は1910年の大逆事件を契機に設置，国連加盟はソ連との国交回復後，日韓基本条約は1965年，杉原千畝は第二次大戦中にユダヤ人を救った。

問3　方広寺大仏殿の釘などに使用するとしたのは豊臣秀吉の刀狩。

問4　鎌倉幕府の2代執権。北条氏康は戦国時代の後北条氏の3代で，今川・武田と三者同盟を結ぶなど北条氏の全盛期を築き上げた武将。

問5　観阿弥父子は足利義満の庇護《ひご》をうけたが，義満の死後世阿弥は冷遇されることになった。

やや難　問6　白河天皇は8歳の皇太子に譲位，3代の天皇の43年間にわたって政権を握った。院政が始まったのは藤原頼通の没後，新皇を名乗ったのは平将門，清少納言は院政が始まる以前。

問7　売買や質入れの契約を破棄し無償で返却させた。二条河原の落書は建武の新政批判，楠木正成に代表されるのは悪党，株仲間は江戸時代の同業者組合。

問8　天武朝に造営が始まり694年から710年まで使われた都。天武天皇は飛鳥浄御原宮《あすかきよみはらのみや》で即位，記紀の完成は奈良時代，持統天皇の建立した寺院は薬師寺。

問9　阿倍仲麻呂は帰国できず現地で生涯を終えた。唐の滅亡は遣唐使廃止の十数年後，中止を進言したのは菅原道真，派遣は260年余りで15回といわれる。

問10　「和を以て貴しとなす」で知られる道徳的な規範をしめしたもの。人材の登用政策は冠位十二階，朝廷が土地と人民を支配する公地公民は大化の改新以降。

問11　同族集団である氏の社会的地位が姓。抜歯は縄文時代，仏教の伝来は6世紀中ごろ，稲荷山古墳の鉄剣に刻まれていたのは雄略天皇と考えられる「ワカタケル大王」。

基本　問12　元明天皇が藤原京から遷都。最盛期には20万人が暮らしたといわれる。

Ⅲ　**(日本と世界の歴史・政治・時事問題―近現代の政治・外交・国際社会と平和など)**

問1　アジア地域の包括的経済連携協定。人口やGDP，貿易では世界の約3分の1近くを占める。アは石油輸出国機構，イは日米豪印4か国の戦略対話，エは環太平洋経済連携協定。

問2　1954年，ロシアからウクライナに移譲された半島で住民の約70％をロシア人が占める。

問3　検事総長を務めた人物。アは1979年に暗殺された大統領，エは前大統領。

問4　千島列島を放棄する文言はあるが，その帰属については触れられていない。

重要　問5　沖縄本島では約15％を米軍施設が占める。返還協定は佐藤栄作首相とニクソン大統領，江戸時代初期に島津藩により征服，沖縄サミットは2000年，2023年は広島サミット。

問6　248人の半数と非改選の欠員補充1名を選出。

問7　南京条約では香港の割譲と5港の開港，多額の賠償金などを規定，その後の不平等条約の発端になった。盧溝橋事件はペキン郊外で発生。

やや難　問8　米・露・英・仏・中以外に核兵器を拡散することを禁止する条約。核を保有するインドやパキスタン，イスラエルは加盟しておらず北朝鮮は脱退を表明するなど効力は失われている。

問9　金権疑惑で辞任，その後逮捕された首相。毛沢東とコンビを組んでいた首相。

問10　ロシア革命への干渉を狙った出兵。米・英・仏など列強諸国と共同で派遣した。

★ワンポイントアドバイス★

人間的に成長するためにも世の中の動きに関心を持つことは大切である。わからないことがあれば必ず調べて解決する習慣をつけよう。

<国語解答>《学校からの正答の発表はありません。》

一 問1 a 土用 b 講 問2 Ⅰ 1 B 2 C Ⅱ エ
問3 後先考えず今だけの利益のために行動する 問4 ウ 問5 イ
問6 A 繁殖法 B 私有物として管理 問7 ウナギを食べる 問8 ア
問9 エ 問10 自制心 問11 ウ

二 問1 a こ b はお 問2 エ 問3 笑われる 問4 Ⅰ イ Ⅱ 他の大人の
問5 イ 問6 限界[限度] 問7 エ 問8 イ 問9 A 現実逃避
B エ 問10 ア パン イ 命 ウ 心 問11 C 問12 Ⅰ 乗れない
Ⅱ 味がぜんぜんわからなかった。 Ⅲ 透明の板

○推定配点○
一 問1・問4・問8 各2点×4 問3・問6 各4点×3 他 各3点×8
二 問1・問6・問11 各2点×4 問12 各4点×3 他 各3点×12 計100点

<国語解説>

一 (論説文―細部の読み取り，空欄補充，ことばの意味，漢字の書き取り)

問1 a 「土用」とは，年に4回訪れる，立春・立夏・立秋・立冬の直前の約18日間のことだが，普通は夏の「土用」を指し，その最初の「丑」の日はウナギを食べるという風習がある。 b 「講」は全17画の漢字。15画目は17画目の下まで出さない。

重要 問2 Ⅰ 1 寓話において，悲劇とされる失ってしまうものは「ウシ」だった。 2 シラスウナギをどんどん獲って数を激減させたのが「密猟者」ということだ。共有地の悲劇では，むしろ，ウシの数を増やしたのだが結果的に絶滅させてしまったのだから，そうした行動をとったのは「村人」である。 Ⅱ 「当てはまらないもの」という条件に注意する。〈中略〉後の内容から考える。「収奪される対象の所有者が明確でないもの」ということがポイントになる。選択肢では，明らかな所有者と読み取れるものが読み取れないが，考え方として，結局は他の人が使ったり，食べたりするのだから，自分だけ先がけて使ったり，食べたりしないと損をするということだ。エは伐採してその後の管理の方法で花粉症に悩まされているというのだから，自分の損得ではないので，あてはまらない。

問3 筆者は，「環境問題」も「共有地の悲劇」と同じ構造と考えている。問2で考えたように，他人に先がけて自分が得をしたいということなので，着目点は問2同様だ。「このように，公共の～」で始まる段落にある「後先を～行動する」が入る。

問4 夜の暗さにまぎれて悪いことをするということを「夜陰に乗じて」という。

基本 問5 みんなのものという意識を持つようなもので，なおかつ，はっきりと所有者がいるわけではないということなのでイである。

問6 「決定的な違い」は所有者の有無ということになる。それを踏まえてシラスウナギと松阪牛を対比している。 A シラスウナギは完全養殖が現段階ではできない。つまり，半ば共有のものという位置づけになるが，松阪牛は，「読者のみなさん～」で始まる段落にあるように「養殖法」が確立されているものだ。 B 「養殖法は確立されている」と説明した後「つまり」とつないで「私有物として管理」されていると言い換えている。

問7 2番目のYが一番わかりやすいだろう。「僕ら日本人が高いお金を払って」なのだから「ウナギを食べる」が妥当だ。最初と最後のYで確認すると，どちらにも「ウナギを食べる」で成立する。

基本 問8 「枚挙にいとまがない」とは，数え上げると切りがない。切りがないほどたくさんあるという

ことなのでアだ。

問9 「当てはまらないもの」という条件に注意する。「太古の昔～」で始まる段落に着目する。人口密度が極端に低かった時代では人間が使う資源など，地球の規模から考えて取るに足りない量だから，環境問題など何も考える必要がなかったという主旨が述べられている。つまり，天然の資源を使おうなどという配慮は不要だったということになるので，原始時代にはあてはまらない。

問10 環境問題の解決法として筆者が述べているのは最後から2つめの段落にある「がまんすること」だ。そこで，条件の範囲の中から「がまんすること」と同義の言葉を探すことになる。「僕ら人間は～」で始まる段落に「自制心」がある。

重要 問11 「共有地の悲劇」の話から，人間はもともと利己的なものであることを示した上で，問10でも考えたように，環境問題を解決するために「がまんすること・自制心」を挙げていることから考えるとウを選択することになる。

二 (物語―心情・情景，細部の読み取り，空欄補充，ことばの意味)

問1 a 「焦げる」は小学校未習の漢字。音読みは「焦点」の「ショウ」。訓読みには「こ-げる・がす」の他に「あせ-る」もある。 b 着物の上に着る丈の短い上着を「羽織(はおり)」という。ここから，現在では「羽織る」として，「衣服を体の上に軽くかけるようにして身につけること」という動きを表すことが一般的である。

問2 「適切でないもの」という条件に注意する。ここでは丸ガムが転がっていくこと自体に何も感情的なことを考えていない。ア～ウにあるように，これまでの草児に起きたことを丸ガムに重ね合わせているということだ。したがって，エにある「もったいなくて」が適切ではない。

問3 リード文にもあるように「転校初日に笑われてしまいなじめなかった」のだ。また，「男のアクセントは～」で始まる段落に「すこしも恥じてはいないようだ」とあるように，草児は恥ずかしさで口をきかないことが読み取れる。条件の範囲では「ずっと喋らない～」で始まる段落に「笑われるのは～嫌なことだった。」とある。

やや難 問4 Ⅰ アとイで迷うところである。急に涙があふれ出たが，自分自身では「どうして泣いているのかよくわからない」状態だ。が，思い出すのは，続いて挙げているような，できなかったこと，自分がここにいていいのかなど，これまで胸にためていたことばかりだ。口に出しているわけではなく，ただ涙を流しているのだからアの，あわてたりしないというのも当てはまりそうだが，草児は「聴きかえして」いる。あせったり，慌てたりしないことに「聴きかえす」というのは対応しない。「いろいろあるよね」という男の言葉が，まるで，口に出さなかった自分の思いを聞いていたかのように思ったからであるのでイを選択する。 Ⅱ 「恐竜が好きだから」という返事は，いつも大人に訊かれたら答える答だ。しかし，草児は男に「あと，もっと～」といつもは言わないことまでつけ加えている。このことを「他の大人の前～」という表現で表している。

問5 エの「協力して共に繁栄～」は誤りだが，これ以外はどれも入れられるように感じられる。「草児は，そういう時代の～」で始まる段落に着目して考える。「そういう」が指し示しているのは傍線④で始まる段落の内容だ。さまざまなかたちの生物だから「多様性」も選びたくなるが，草児がひかれるのは，相手からの対応にとまどったり，自分がどう見られているのかを気にしたりせず静かに生きているだけというものだ。また，「古生代の生物たちも～」で始まる段落にあるように「こんなふうに『干渉し合うことなく』」とうらやましく思っている点からも，イを選択する。

問6 「関の山」とは，一生懸命やってできる可能な限度・限界，精いっぱいという意味なので「限界・限度」がふさわしい。

基本 問7 「適切でないもの」という条件に注意する。草児の説明に，笑う人はいなくて，何人かは驚いたような顔をしていたし，何人かは注意深く様子をうかがっていたのだから「無反応」としているエが適切ではない。

問8 傍線⑦後半は，「草児が博物館に行く回数は減っていった」である。博物館に通いつめていたのは，興味関心がないわけではないが，行き場がないからというのが主な理由だった。その回数が減ったということは，それなりに自分の居場所ができつつあるということになるのでイを選ぶ。

問9 A 男は草児がなぜ博物館に来ているのかなど何も聞かなかった。それでも会話が続き，タイムマシンの話になると，男自身が「タイムマシンには～さぼって博物館で『現実逃避』するぐらいが～」と言っている。問8で考えたように，草児自身も行き場がなく「現実逃避」で博物館に通っていたといえるので，Aは「現実逃避」だ。 B 二人の共通点が「現実逃避」なのだから，ファミリーレストランでお互いに「現実」の世界にいるときと一緒にしないほうがいいということを示す態度なのでエ。

やや難 問10 ア 「人は『パン』のみに生くる者にあらず」が聖書の言葉だ。 イ 「非常食のように」だから「『命』をつなぐため」のお菓子でもある。 ウ 「現実逃避」ということからも，男がなぜお菓子を持っているのかを説明する発言である「帰りの新幹線～なぜか「安心」した～」からでも考えられる。「気持ち・精神」の安定だが，漢字一字なので「心」を入れる。

問11 「適切でないもの」だ。先生に違いの説明を求められている場面では，説明する気満々で「ちがう」と言ったわけではなく，心の中で思ったことがいつの間にか口から出たということだ。だから，「先生に『促されて』立ち上がって」いるのだから，張り切って「勢いよく立ち上がった」わけではないのでCが適切ではない。

重要 問12 Ⅰ 問9で考えたように，男と草児の会話中でタイムマシンの話が出てくる。せいぜい仕事をさぼって博物館で現実逃避しなくてはならないのは「タイムマシンには『乗れない』」からだと言っている。 Ⅱ 物語の出だしで，逃避したい現実の生活の様子が描かれている。「味がぜんぜんわからなかった。」で始まる段落の，味がわからないとは逃避したくなるような生活を味覚で表現している。 Ⅲ 恐竜の説明をした後，杉田くんと会話するようになったことで博物館に行く回数が減ったということは問8で考えた。「体育館の靴箱～」で始まる段落で『透明の板』から「透明のビニールぐらいになった気がしている」とある。

★ワンポイントアドバイス★

空欄補充の設問が多いので，課題文の流れをしっかりとつかんだ読みをしないと時間がかかってしまうので気をつけよう。

第2回

2023年度

解　答　と　解　説

《2023年度の配点は解答欄に掲載してあります。》

＜算数解答＞《学校からの正答の発表はありません。》

1　(1)　5　(2)　126分　(3)　100個　(4)　504m　(5)　①　87×9
②　875×96　(6)　107.51m^2　(7)　①　41個　②　182cm^2

2　(1)　50円　(2)　$\frac{3}{4}$kg

3　(1)　分速300m　(2)　分速400m　(3)　ア　23　イ　37

4　(1)　7秒　(2)　18人

5　(1)　17番から31番　(2)　5人　(3)　第16週目8番・第17週目32番

○推定配点○
各5点×20(5(3)完答)　計100点

＜算数解説＞

重要 1　(四則計算，割合と比，仕事算，売買算，鶴亀算，数の性質，平面図形，図形や点の移動，立体図形，規則性)

(1)　(15÷48×8.8＋0.125)÷0.575＝2875÷575＝5

(2)　水槽の容量…84，45の最小公倍数1260とする。
給水管A1分の給水量…1260÷(5×84)＝3
給水管B1分の給水量…1260÷(4×45)＝7
したがって，求める時間は1260÷(3＋7)＝126(分)

(3)　予定の利益額×0.8…300×0.3×130×0.8＝90×130×0.8＝9360(円)
定価の2割引きのケーキ1個の利益…(300＋90)×0.8－300＝12(円)
したがって，求める個数は(9360－12×130)÷(90－12)＝100(個)

(4)　姉妹の歩幅の比…900：800＝9：8
姉妹の歩幅の差…70÷10＝7(cm)
姉の歩幅…7÷(9－8)×9＝63(cm)
したがって，求める距離は0.63×800＝504(m)

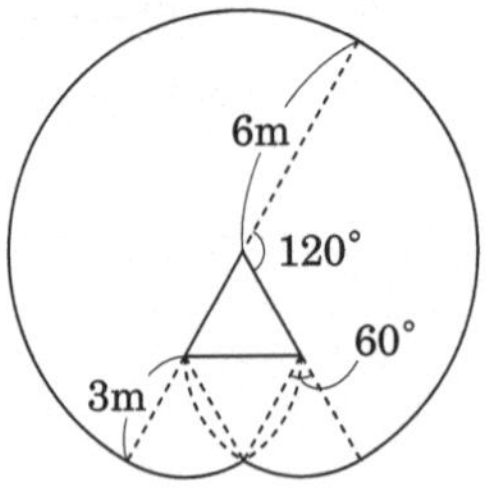

(5)　①　(80＋7)×9＝720＋63，(90＋7)×8＝720＋56より，87×9
②　875×(87＋9)＝875×87＋7875，
(875＋90)×87＝875×87＋7830より，875×96

(6)　右図より，6×6×3.14÷360×300＋3×3×3.14÷3
＋3.89＝33×3.14＋3.89＝107.51(m^2)

(7)　①　1番目…1個
2番目…1＋(1＋4)(個)
3番目…6＋(5＋8)(個)
4番目…19＋(13＋12)(個)

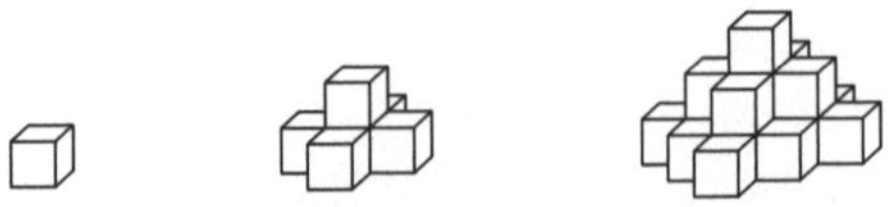

(1番目)　(2番目)　(3番目)

5番目…44＋(25＋16)(個)
したがって，5番目に加える個数は
25＋16＝41(個)

② 右図より，1＋3＋5＋7＋9＝5×5＝25
したがって，表面積は25×4＋(25＋16)×2
＝182(cm^2)

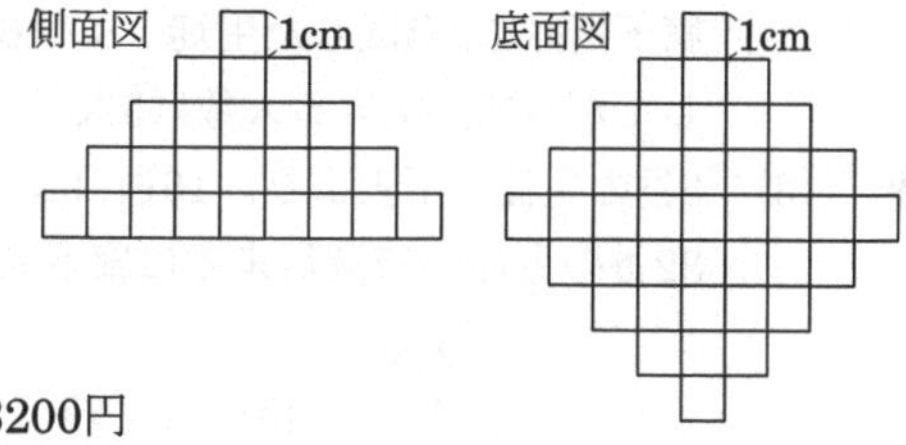

重要 2 (割合と比)

豆A1kg…4300円　豆B1kg…3600円　豆C1kg…3200円
豆1kg…コーヒー80杯

(1) 豆A4kgと豆B3kgの値段…4300×4＋3600×3＝17200＋10800＝28000(円)
豆7kg…コーヒー80×7＝560(杯)
したがって，1杯当たりの豆の値段は28000÷560＝50(円)

(2) 豆C…コーヒー1杯当たりの値段は3200÷80＝40(円)
(1)より，右図において，色がついた部分の面積が等しく
豆Cは(50－47)×$\frac{7}{4}$÷(47－40)＝$\frac{3}{4}$(kg)

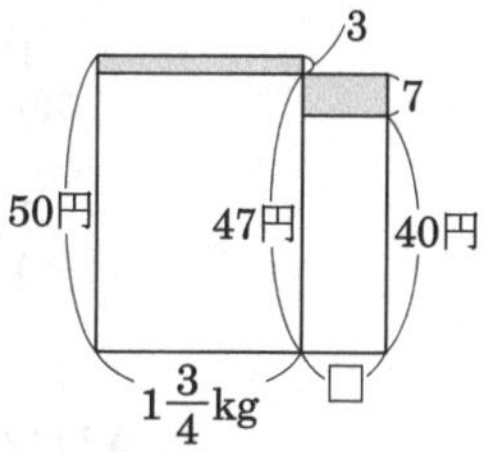

重要 3 (速さの三公式と比，旅人算，グラフ，割合と比，鶴亀算)

(1) 自転車の分速
…7500÷(40－15)＝300(m)

(2) バスで進んだ距離
…7500－60×{40－(35－20)}
＝6000(m)
バスの分速
…6000÷15＝400(m)

(3) 20分のとき，花子さんと自転車の
間の距離…300×(20－15)－60×
20＝300(m)
ア…20＋300÷(400－300)＝23(分)
太郎さんが歩いた分速…300÷3＝100(m)
イ…15＋{7500－100×(46－15)}÷(300－100)＝15＋4400÷200＝37(分)

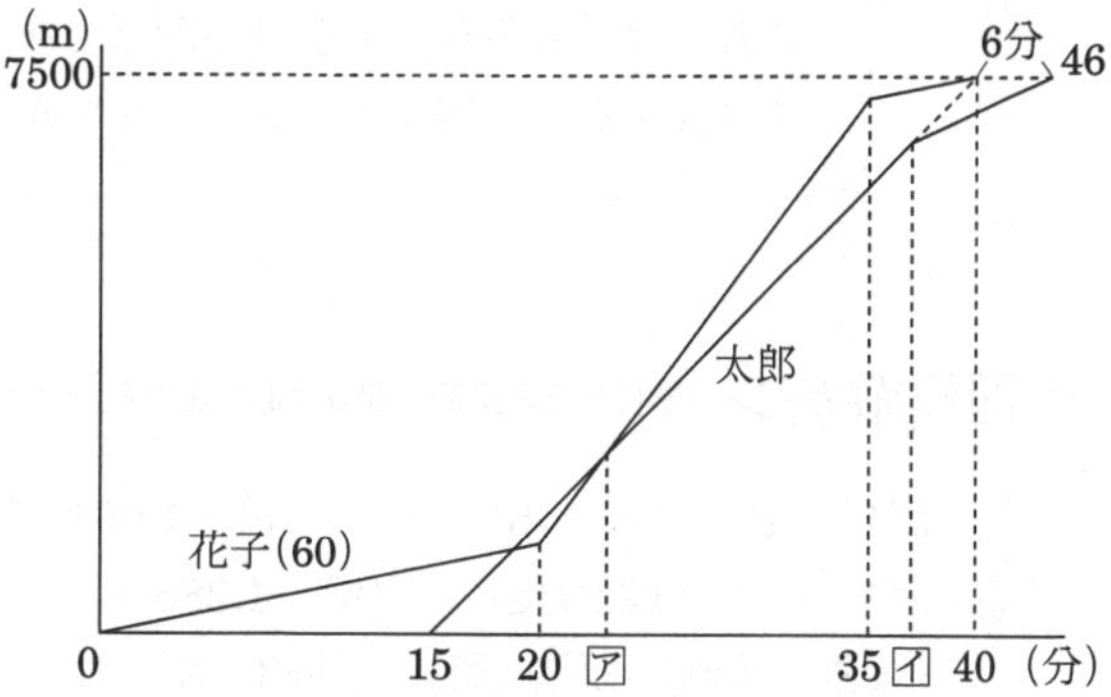

重要 4 (速さの三公式と比，割合と比，鶴亀算，単位の換算)

(1) 600mにあるイスの数…600÷12＝50(脚)
5分50秒…60×5＋50＝350(秒)
イスが来る時間…350÷50＝7(秒)

(2) 12分36秒…60×12＋36＝756(秒)
98人が乗り場でイスに乗った時間…756－350＝406(秒)
イスが乗り場に来た脚数…406÷7＝58(脚)
1人でイスに乗った人数…(2×58－98)÷(2－1)＝18(人)

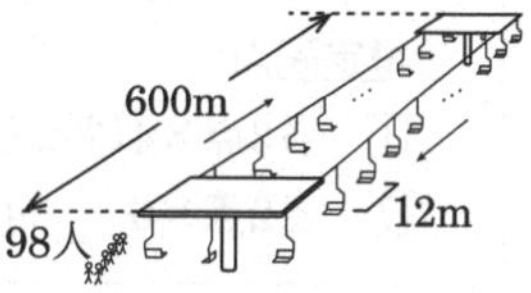

5 (数の性質，規則性)

重要 (1) 4週目までの掃除当番
…24×4－40×2＝16(番)
したがって，5週目の教室

教室
①1 ～ 15　②25 ～ 39
③9～15・16～23　④33～39・40
1～7　⑤17～ 31

廊下
①16 ～ 24　②40・
1～8　③24～32
④8 ～ 16　⑤32 ～ 40

掃除当番は17番から31番

(2) 教室掃除を1週間した生徒…上表より，8・16・24・32・40番

廊下掃除を2週間した生徒…8・16・24・32・40番

したがって，求める人数は5人

やや難 (3) 8番の生徒…下表より，16週目までに廊下掃除を6週間行い，教室掃除を4週間行う。

32番の生徒…17週目までに廊下掃除を6週間行い，教室掃除を4週間行う。

教室	廊下
①1 ～ 15　②25 ～ 39	①16～24　②40・
③9～15・16～23　④33～39・40	1～8　③24～32
1～7　⑤17～ 31	④8～16　⑤32 ～ 40
⑥1 ～ 15　⑦25 ～ 39	⑥16～24　⑦40・
⑧9～15・16～23　⑨33～39・40	1～8　⑧24～32
1～7　⑩17～ 31	⑨8～16　⑩32 ～ 40
⑪1 ～ 15　⑫25 ～ 39	⑪16～24　⑫40・
⑬9～15・16～23　⑭33～39・40	1～8　⑬24～32
1～7　⑮17～ 31	⑭8～16　⑮32 ～ 40
⑯1 ～ 15　⑰25 ～ 39	⑯16～24　⑰40・

★ワンポイントアドバイス★

1(3)「ケーキの個数」，3(3)「自転車で進んだ時間」，4(2)「1人でイスに乗った人数」，これらは「鶴亀算」で解ける問題である。5「教室掃除・廊下掃除」の問題，(2)(3)では簡単な表を書くとヒントが見つかる。

＜理科解答＞《学校からの正答の発表はありません。》

[1] 問1 (a) × (b) ア (c) 1.004(秒) 問2 あ 4 い 2 う 16

[2] 問1 (a) 112.27(g) (b) 1.285(g) 問2 (a) イ (b) 0.97(倍)
(設置する側) 天井(側) 問3 オ

[3] 問1 エ 問2 オ 問3 ア，イ 問4 ア
問5 (果実) ア (ニンジン) エ

[4] 問1 こと(座の)ベガ 問2 エ 問3 (a) イ (b) ウ
問4 (北緯)45(度～南緯)63(度)

○推定配点○

[1] 各3点×4(問2完答) [2] 問1 各2点×2 他 各3点×3(問2(b)完答)
[3] 各2点×6 [4] 問1・問2 各2点×2 他 各3点×3 計50点

＜理科解説＞

[1] (物体の運動―ふりこ)

基本 問1 (a) ふりこの長さとふりこの周期の関係を調べるためには，ふりこの長さの条件だけを変え，それ以外の条件(おもりの重さ，ふれはば)は同じにして行う。選択肢のア～カには，ふりこの長さだけを変えたものがないため，どの組み合わせでも確かめることはできない。

(b) おもりの重さとふりこの周期の関係を調べるためには，おもりの重さの条件だけを変え，

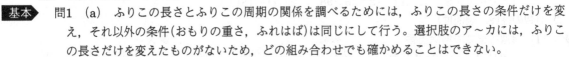

それ以外の条件(ふりこの長さ，ふれはば)は同じにして行う。ふりこの長さを変えないようにするためには，アのように複数のおもりであっても同じところにつなげる必要がある。

(c) (10.03＋10.05＋10.03)÷3÷10＝1.0036…より，1.004秒

重要 問2 ふりこの長さが30cmから4倍の120cmになると周期が1.1秒から2.2秒と2倍に，50cmから4倍の200cmになると周期が1.4秒から2.8秒と2倍に，100cmから4倍の400cmになると周期が2秒から4秒と2倍になっていることから，ふりこの長さが4倍になると，周期は2倍になることがわかる。このことから，ふりこの長さが(□×□)倍のとき，周期が□倍になると考えられ，64m＝6400cm＝(100×8×8)cmだから，ふりこの長さが64mのときの周期は，ふりこの長さが100cmのときの8倍になると考えられる。よって，ふりこの長さが64mのときの周期は 2(秒)×8＝16(秒)

2 (気体の性質―いろいろな気体の性質)

問1 (a) 表1より，ちっ素ボンベからちっ素が112cm^{3}メスシリンダーに移されるごとに，ボンベの重さが0.14gずつ軽くなっていることから，ちっ素112cm^{3}の重さは0.14gであることがわかる。よって，実験前のちっ素ボンベの重さは 112.13＋0.14＝112.27(g)

(b) 表1より，酸素ボンベから酸素が112cm^{3}メスシリンダーに移されるごとに，ボンベの重さが0.16gずつ軽くなっていることから，酸素112cm^{3}の重さは0.16gであることがわかる。空気全体の体積の80％がちっ素，20％が酸素としているので，空気1000cm^{3}はちっ素800cm^{3}と酸素200cm^{3}でできていることになる。よって，ちっ素112cm^{3}の重さは0.14gだから800cm^{3}の重さは $0.14(\text{g})\times\frac{800(\text{cm}^3)}{112(\text{cm}^3)}=1(\text{g})$，酸素112cm^{3}の重さは0.16gだから200cm^{3}の重さは $0.16(\text{g})\times\frac{200(\text{cm}^3)}{112(\text{cm}^3)}=0.285\cdots$ より，0.29gとなり，1000cm^{3}の空気の重さは 1＋0.285＝1.285(g)

重要 問2 (a) 問1より，空気1000cm^{3}あたりの重さは約1.285gなので，空気560cm^{3}の重さは $1.285(\text{g})\times\frac{560(\text{cm}^3)}{1000(\text{cm}^3)}=0.7196(\text{g})$ となる。メタンの重さは560cm^{3}あたり0.4gで同じ体積の空気より軽いため，都市ガスの警報器は天井側に設置するとよい。また，プロパンの重さは560cm^{3}あたり1.1gで同じ体積の空気より重いため，LPガスの警報器は床側に設置するとよい。

(b) (a)より，空気560cm^{3}の重さは0.7196gなので，一酸化炭素の重さは空気の重さの 0.7÷0.7196＝0.972…[0.7÷0.72＝0.972…]より，0.97倍となる。また，一酸化炭素は空気よりも軽いため，警報器は天井側に設置すればよい。

やや難 問3 プロパン33gが燃えるときに120gの酸素が使われるので，プロパン65gを完全に燃やすには，酸素が $120(\text{g})\times\frac{65(\text{g})}{33(\text{g})}=236.36\cdots$ より，約236g必要であることがわかる。問1より，空気1000cm^{3}の重さは1.29gで，そのうち0.29gが酸素だから，プロパン65gを完全に燃やすのに必要な空気は $236(\text{g})\times\frac{1.29(\text{g})}{0.29(\text{g})}=1049.7\cdots$ より，約1050gであると考えられる。

3 (植物―植物とでんぷん)

基本 問1 ヨウ素液はデンプンと反応すると茶かっ色から青紫色に変化する。

重要 問2 葉でつくられたでんぷんは，ショ糖に変化することで水にとけやすくなり，水とともに葉から葉以外の部分へ運ばれやすくなる。

基本 問3 片栗粉はジャガイモの芋からつくられていることから，でんぷんが主成分であることがわかる。また，小麦粉も主成分はでんぷんである。よって，片栗粉と小麦粉はヨウ素液を青紫色に変える。砂糖の主成分であるショ糖や塩の主成分である塩化ナトリウムは，ヨウ素液の色を変化さ

せない。

問4　表1で，片栗粉はでんぷんの特徴，砂糖はショ糖の特徴をまとめたものと考えることができる。日を置いたバナナがあまくなったことから，バナナにふくまれるでんぷんがショ糖に変化していったと考えられる。よって，ヨウ素液の色の変化は，でんぷんが多い新しいバナナのほうが大きいと考えられる。

問5　(果実)　果実の中には種がふくまれている。植物の種がより遠くまで運ばれると，より多くの子孫を残すことができるようになるので，果実をあまくして動物に食べてもらいやすくする。
(ニンジン)　ショ糖はでんぷんに比べて凍りにくいため，雪の下で冬をこすものはでんぷんがショ糖に変えられているためあまみが強くなる。

4　(星と星座—夏の大三角)

基本　問1　夏の大三角は，はくちょう座のデネブ，わし座のアルタイル，こと座のベガを結んでできる三角形である。日本では，アルタイルは彦星，ベガは織り姫に例えられる。

問2　こと座は，わし座の天の川をはさんだ反対側にあり，ベガはアルタイルよりもデネブに近い位置に見える。

重要　問3　(a)　いて座は夏の真夜中ごろに南に見える星座であることから，夏の天の川は地球から見て太陽と反対側にあると考えられる。図3で，夏は北極側が太陽に傾いているときなので，天の川の方向，つまり銀河系の中心はイの方向にあると考えられる。

やや難　(b)　図Ⅰのように，夏の天の川は銀河系の中心方向にある星の集まり，冬の天の川は銀河系の外側方向にある星の集まりとなる。また，夏の天の川が図4のように見えるとき，南の空を見ると図Ⅱのように天の川は見える。これらのことから，図Ⅲのように考えると，冬の天の川は図Ⅳのように見える。

図Ⅰ

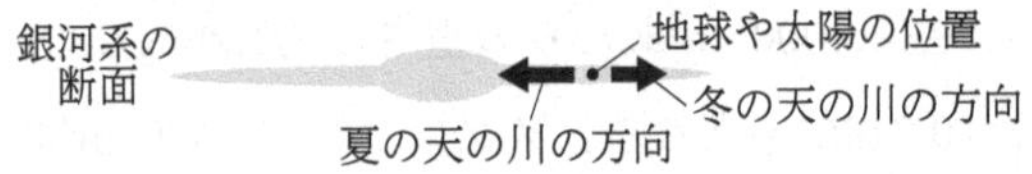

図Ⅱ

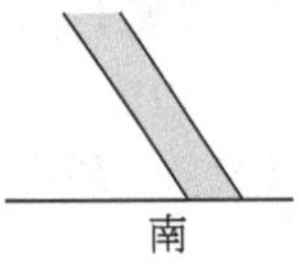

図Ⅲ

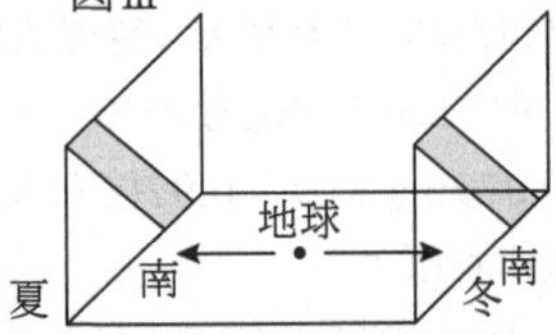

図Ⅳ

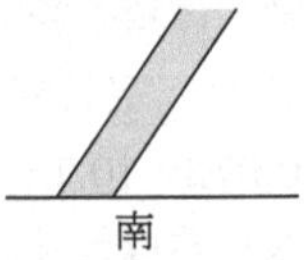

問4　デネブは北極星よりも南に45度ずれた方向にあることから，デネブが真北の地平線付近に見えるのは，北極点(北緯90度)よりも南に45度の方向にある北緯45度の地点である。この地点でアクルックスはデネブより南に153－45＝108(度)，つまり，真南の地平線から北の方向の高度180－108＝72(度)の位置に見える。また，アクルックスは北極点よりも南に153度ずれた方向にあることから，アクルックスが真南の地平線付近に見えるのは，北極点よりも南に153度の方向にある南緯63(＝153－90)度の地点である。また，この地点ではデネブは真北の地平線から南の方向の高度72度の高さに見える。これらのことから，一晩でデネブとアクルックスを同時に見ることができるのは，北緯45度～南緯63度の地点である。

★ワンポイントアドバイス★

それほど難易度が高いものはないが，問題をよく読む必要があったり，計算がやや複雑だったりするものもあるので，すばやく正確に解答していけるような練習を重ねておこう。

＜社会解答＞《学校からの正答の発表はありません。》

Ⅰ　問1　イ　問2　イ　問3　エ　問4　ア　問5　ア　問6　エ　問7　リアス海岸
問8　ア　問9　エ　問10　ウ　問11　ウ　問12　イ　問13　ウ
問14　(1)　イ　(2)　ウ　問15　ウ　問16　ウ　問17　エ　問18　イ
問19　ウ　問20　エ　問21　ア　問22　イ　問23　ウ　問24　イ
問25　イ　問26　エ

Ⅱ　問1　エ　問2　イ　問3　エ　問4　地方自治　問5　イ　問6　ア　問7　エ
問8　エ　問9　ア

○推定配点○

Ⅰ　問2・問3・問6・問7・問11・問12・問16・問19・問24・問26　各2点×10
他　各1点×17

Ⅱ　問1・問3・問5・問6・問9　各1点×5　他　各2点×4　計50点

＜社会解説＞

Ⅰ　**(総合―国土と自然・古代～現代の政治・国際社会など)**

問1　645年，中臣鎌足と大化の改新を断行した天皇。アは聖武，ウは天武，エは聖徳太子。

やや難　問2　新幹線など鉄道網が発達した日本は旅客に占める鉄道の割合は高い。貨物は自動車が中心だが島国の利点を生かし船舶による輸送が比較的健闘している。

問3　山陰道は古代の五畿七道の一つで，現在の中国地方の日本海沿岸。人口減少社会に突入した日本では人口が増加しているのは東京・名古屋・大阪の3大都市圏と沖縄のみ。

問4　右京，左京は天皇の玉座から南を向いて判断する。イとウは平城京，エは大津京。

問5　岩手県九戸郡の三陸鉄道北リアス線の駅。イは新潟，ウは滋賀，エは静岡。

問6　岩手北部の七時雨山《ななしぐれやま》付近を水源に南流，太平洋に注ぐ物流の大動脈としての役割を果たした大河。猪苗代湖は日本第4位，カドミウムが原因となったイタイイタイ病の発生は神通川。

重要　問7　波が穏やかで天然の良港が多いが，津波には極めて弱い特徴がある。

問8　天武天皇の皇子で書記編纂の最高責任者。御伽草子は室町時代に登場した庶民的な短編物語，土佐日記は平安前期の初のかな日記，方丈記は鎌倉前期に記された随筆。

問9　鎌倉前期を代表する歌人で大量の自筆本が現在まで残されている。中尊寺金色堂は奥州藤原氏初代の藤原清衡《きよひら》，不比等は中臣鎌足の子，六波羅探題を設置したのは北条義時。

問10　院政の開始は1086年。安徳天皇(1180年即位)は清盛の孫で壇ノ浦で入水《じゅすい》した。

問11　武家諸法度は豊臣氏滅亡直後の1615年に発布，以降基本的に将軍の代替わりごとに出された大名統制策。朱子学は江戸，室町は管領，最も短いのは鎌倉幕府。

問12　古代から遠流《おんる》の地とされた島根県に属する島。アは佐渡，ウは対馬，エは種子島。

問13　マングローブとは熱帯や亜熱帯の海岸や河口に生える常緑樹の一群。

重要 問14 (1) 高知や宮崎では暖かい気候を利用してナスやキュウリなどの夏野菜を春先に出荷する。 (2) 高松は温暖で降水量の少ない瀬戸内の気候。

問15 明繁栄の基礎を作った3代皇帝。輸入された永楽銭は江戸初期まで広く流通した。アは清朝最後にして満州国の初代皇帝，イは金印を授与した皇帝，エは遣隋使当時の皇帝。

重要 問16 5代徳川綱吉→8代徳川吉宗→松平定信→水野忠邦の順。

問17 三重県伊勢市にある皇室の祖先を祀《まつ》った神社。アは大阪，イは岐阜，ウは京都。

問18 経済大国となった中国は排出量も世界の約3割を占める。ウはインド，エはロシア。

問19 日本の貿易は加工貿易から国際分業型に変化，最大の相手もアメリカから中国に交代。

問20 かつては他産地のブレンド用目的が多かったが近年は鹿児島ブランドも浸透，機械化と暖かい気候を利用した生産で静岡と首位を争うまでになってきている。

問21 征韓論で下野したのち民撰議院設立の建白書で自由民権運動をリードした政治家。イは薩摩藩の大久保利通，ウは紀伊藩の陸奥宗光，エは肥前藩の大隈重信。

問22 1881年，北海道開拓使官有物払い下げ事件で失脚した薩摩藩出身の黒田清隆。1888年，伊藤博文に次ぎ2代首相に就任。アは山本権兵衛，ウは岡田啓介，エは原敬。

やや難 問23 憲法で「天皇ハ陸海軍ヲ統帥ス」とあり一般の国務とは独立した天皇の大権とされた。陸軍や海軍からも独立し軍部の独走を許す要因になったといわれる。

問24 情報公開法は知る権利を保障するもので行政文書などの開示請求を認めた法律。

問25 高度経済成長の前期に普及した製品。ゴジラの公開は1954年，羅生門は芥川龍之介の著書，東海道新幹線の開通は東京オリンピックの1964年。

基本 問26 拒否権を持っており五大国と呼ばれている。

Ⅱ (政治―憲法・政治のしくみ・経済など)

重要 問1 11条・13条などに規定。公布は1946年11月3日，社会権は20世紀の基本的人権といわれ人権の範囲を拡大，改正は各議院の総議員の3分の2以上の賛成を必要とする。

問2 ① 代表民主制を規定。 ③ 政治のあり方を最終的に決定する力。

問3 民主政治にとって不可欠な人権である表現の自由の母体となるもの。

問4 身近な問題を住民自らが解決する住民自治と，中央政府から独立して政治に取り組む団体を保障する団体自治を要素とする。憲法では1章を割いてこれを保障している。

問5 所得税は所得により5％から45％までの7段階で課税。間接税は商品やサービスの中に税が含まれるもの，最も大きいのは消費税，アルコール類などは10％。

問6 国民審査は最高裁判所の裁判官のみ。高等裁判所は全国8か所，裁判の基本は三審制。

重要 問7 最高裁判所の長官は内閣が指名して天皇が任命する(憲法6条)。

問8 1ドル110円が150円になると1万ドルの商品価格は110万円から150万円になる。一方，110万円の自動車の輸出価格は1万ドルから約7333ドルへと安くなる。

問9 外観からはわからない障害や疾患などを抱えている人を助ける「ヘルプマーク」。

★ワンポイントアドバイス★

分野をまたいだ総合問題形式の出題は増える傾向にある。一つ一つの問題についてさまざまな角度から考える習慣をつけよう。

<国語解答>《学校からの正答の発表はありません。》

一 問1 a すべ　b 因果　問2 加担　問3 イ　問4 ア　問5 ウ
問6 (1) i 悪い意図　ii 自然災害　iii ア　(2) 憤りを感じ～責任を追及
問7 1 B　2 A　3 B　4 A　問8 イ　問9 ウ　問10 消極的不正
問11 a エ　b 暗黙　c 疑問

二 問1 a 雑作　b めき　問2 ウ　問3 ア　問4 オ　問5 A 暑さ
B 寒さ　問6 Ⅰ 絵美が実際に描く　Ⅱ 絵美みたいな才能　問7 エ
問8 ア　問9 エ　問10 (1) 堅人から肩　(2) 美術部に所属してはいるが，自分に絵を描く優れた才能はないと思っている輝は，他者とのかかわり方も消極的であり，それは，ただ，心情的な部分だけではなく，実際の身体的なふれ合いも苦手に感じていた。何となく口にした黒板アートコンクールが実現することになり，絵美の絵の才能に圧倒されながらも，仲間と一緒に協力して黒板アートを仕上げていく作業を終えてふり返ると，これまで自分は，自分自身にも，自分の絵にも欠けてている部分を知っていたのに，見ないふりをしていたのではないかと気づき，これから自分らしさのあるいい絵を描くために，自分の気持ちを素直に表に出していこうと思うようになっている。

○推定配点○
一 問1・問2・問4・問7　各2点×8　他　各3点×12
二 問1・問5　各2点×3(問5完答)　問10(2)　15点　他　各3点×9　計100点

<国語解説>

一 (論説文―細部の読み取り，空欄補充，漢字の読み書き)

やや難 問1 a 「術」は音読みは「手術」の「ジュツ」だが，訓読みとして「わざ・すべ」がある。「～する(なす)術がない」という場合は「すべ」と読むのが一般的で，何もできることはないという意味になる。 b 「原因」と「結果」の関係を「因果関係」という。「困」と混同しないようにする。

問2 「手を貸す」という意味になる熟語を探すということだ。力ぞえするという意味の十五に「加担(する)」がある。

問3 この場合の「ひどい」は程度を表しているのではない。「不正が進行～」で始まる段落からの内容にあるように，「不正を目にしていながら反対の声を上げたり追及したりしない」ということ，つまり，見て見ぬふりをすることを「ひどい」と表現しているので，イである。

基本 問4 冒頭の「こうした事態」の「こうした」は前段落の「不正が行われている現場に多くの人がいるのに，だれも何もしようとしない」を指し示している。このことを踏まえると「責任の『放棄』」ということになる。

問5 「適切でないもの」という条件に注意する。この文章では「そのひとつは，～」で始まり，「理由の四つ目は～」で始まる段落があるように，理由をまとめている。アは3つめの理由に，イは2つめの理由，エは1つめの理由と考えられる。ウのように「行動するタイミングを失ってしまう」のではない。誰かがやるだろうともともと行動する気持ちがないのである。

重要 問6 (1) i 戦争と自然災害の違いを考えるということだ。「これに対し～」で始まる段落に，「特定の人間が自由意思に基づいて判断した結果気概を与えるような自体を不正」というと定義している。この定義に従えば，戦争は，自然災害と違い「不正」である。そこで「不正」に着目し「しかし，不正がもたらす～」で始まる段落にある「悪い意図」の判断とする。 ii 戦争との対比なので「自然災害」を入れる。 iii 不正である戦争と自然災害は違うのにと考える違和感だ。不正は人の意図なのだから本来「制御」できるはずだ。しかし,「制御」できない自然災害のように取り扱っている点が違和感を感じるところということになる。 (2) 戦争は「不正」であると主張していることを押えておく必要がある。不正は悪い意図を持つ人や,無能だったり怠慢な人々がいると述べているのだから,「したがって,不正を～」で始まる段落にあるように,「憤りを感じ～責任を追及」すべきだという考えだ。

重要 問7 これまで考えてきたように,不正は意図的な悪意があるということだ。これに対し「不運」の説明は「自然災害のように,～」で始まる段落にある。人間がコントロールできない事柄による危害が「不運」だ。これをふまえ,1は自分でコントロールできるのだからB。2は鹿の線路への侵入はコントロールできることではないのでA。3は行動としては善良な行為ではあるが,自分で責任を負うべきことなのでB。4は雨降りという気象は自分でコントロールできることではないのでAだ。

問8 人間の経済活動が異常気象や環境破壊を引き起こしているということは,「不正」に分類されることになる。だから「私たち人間すべてに責任がある」としているのだ。このことを述べているのはイである。

問9 「しかたがない・しょうがない」は「不運」に見舞われたとき美徳として力を発揮するが,「不正」のときに,そのような言葉で片づけると原因を作った人々への追及をしなくなる言葉としてとらえている。したがってウを選択することになる。

重要 問10 問2で考えたように,見て見ぬふりをするのは「間接的に加担していること」という見方を筆者はしている。「間接的」というのだから,直接危害を加える「積極的不正」ではない。「なんらかの危害を加える」という「なんらか」が「間接的」ということになるので「消極的不正」である。

問11 a 「しかし,どんな美徳～」で始まる段落に着目する。「しょうがない」と耐える姿は外国人からは日本人の優れた徳性と思われていることを紹介した上で,それでも「『悪徳』と裏腹の関係にある」としている。明子さんは,その言葉に意外だったという感想を持っているのだから「悪徳」とは思わなかったということになる。 b 理不尽なのに何となくそういうルールになっていると思って従っているということだから「『暗黙』の了解・ルール」ということになる。
c 本当に理にかなっているのかと「疑問」を持つことが大切ということだ。

二 **(物語―心情・情景,細部の読み取り,空欄補充,漢字の読み書き,記述力)**

問1 a 「雑」は全14画の漢字。7画目と8画目をつなげて書いているように見えないように書く。
b この「利く」は機能,能力が発揮されるという場合に使う漢字。

問2 貴理は「そうですか」しか答えていないが,二番目の声が「硬い」ように感じたのは,貴理に緊張感が出たのではないかと思いたいということになる。貴理が緊張するということは,黒板アートの作者を貴理が知っているからだということ,さらに,それが輝の思い通りの答なのではないかと思ったからということでウを選ぶ。

問3 傍線②前後の会話から考えると,アとイで迷うところだが,アマデウスの説明でも「モーツァルトのことを,いちばんわかっていた」と言っているが「苦悩を理解していた」とは言っていない。またその後「目利きもいる」ということで話は一段落して青一色という結論にいたっているのだから,描けないのにわかるをとってアを選ぶ。

問4 これまで絵美は「水」,「へたくそ」などという単語をぼそっと言うだけの人物として登場している。「やけにはっきり」と聞こえるのは「任せる」という意思を述べたから,やけにはっきりと聞こえたのだから「絵美」である。

問5　春，秋の彼岸が「暑さ」，「寒さ」の境目という諺だ。「暑さ寒さも彼岸まで」という。

重要　問6　Ⅰ　直後が「目にしたい」である。冒頭の場面から，輝は作者不明の黒板アートに関心を持ち，おそらく絵美が描いたものだろうとわかってからますますその関心は強くなった。「でもたぶん～」で始まる段落にあるように，「目にしたかった」のは「絵美が実際に描く」ところだ。
Ⅱ　Ⅰと同じ段落で，絵美が実際に描くところを見て，感じたことは「自分は絵を描くことが好きだ」ということと「絵美みたいな才能」はないということだった。

やや難　問7　「バイカモ」の説明は「輝は，黒板に青いチョークで～」で始まる段落以降にある。「水の流れにも負けないで，水中で花を咲かせる」植物だ。輝の心情から考えると，ア・ウ・エで迷うところだが，アはこの段階ではまだ「自分を変えられた喜び」を自覚しているわけではない。ウは，バイカモは「たくさんの生き物を引きつけるものであり」という植物ではない。絵美自身は，麗華が納得したように「コロナに負けるな」に一顧だにしなかったが，そもそも，冒頭の場面で貴理が，今の一年生がコロナによる影響でさまざまな行事が中止されかわいそうだという話をしている。この流れから「何かできないか」という話になっていくのだからエを選択する。

やや難　問8　問7でも考えたが，黒板アートのメインは龍である。が，寄りそうように描いている貝や魚，バイカモの花は，どうでもいい飾りとして入れているのではない。目を奪われるような巨大な龍も，小さな命と一緒に生きているということでアだ。

問9　「ひいき目」とは，見る対象を良いように見ようとする，好意的に見るという意味の言葉だ。傍線⑥は，両親がほめてくれたのは，息子のクラスの作品だから意識的にひいきして見てくれたからではないと思うのは，自分のひいき目だろうかということだ。一言で言えば，自分ながら良くできていたと評価しているということになる。つまり，作品の出来に満足している，誇らしく思っているということなのでエである。

やや難　問10　(1)　「立花，コロナ気にしすぎじゃね？」と堅人が言うと，口には出さなかったが「コロナの前からだ」と思っている。つまり，他人との接触を苦手にしているのだ。堅人が「気にしすぎ」と思ったのは，堅人が肩をたたいたら輝が後ろに飛ぶような様子を見せたからだ。したがって「堅人から肩を～飛んだ」の23字を抜き出す。　(2)　まず，変化前の輝をどのように書くかについては，美術部であるが，絵を描く才能がないと思っている。そして，白を使ってもいいのではと提案した際の対応で，麗華は「輝は相変わらずネガディブ」と評していることから，あまり自分を出さない消極的なかかわり方をしていたことがわかる。さらに，(1)で考えたように，ただ，人とのかかわり方が消極的なだけでなく，人との直接的な触れ合いを苦手にしていることがわかる。この点は傍線⑦の「指先が触れても気にならなかった」に対応するので是非加えたいところである。「以前」がある程度固まったところで，それに対応するような「変化」を考える。変化が明らかになる場面は，マスクを外したい気持ちになるという場面だ。その内容は，アマビエを描いたあと自分の絵にはオリジナリティがないと言った後，自分に望むことが怖かったが，今は怖さを引き受けようという気持ちになったということだ。才能はないかもしれないが絵が好きでいい絵を描きたいと思うようになっていることと合わせて，人と触れ合いながら，自分を表に出して絵を描いていこうという変化がおきている。

★ワンポイントアドバイス★

設問数が特に多いわけではなく，選択肢，書き抜き問題で占められている問題構成だが，それぞれの難易度が高い。さらに，最後の記述問題は手こずる。時間配分に気を配ろう。

MEMO

大切なことはメモしておこうネ！

2022年度

★★★★★★★★★★★★★★★★★★★★★★★★

入　試　問　題

2022年度

浦和明の星女子中学校入試問題（第1回）

【算　数】（50分）　＜満点：100点＞

【注意】 コンパス，定規，分度器，計算機は使用しないこと。

1. 次の各問いに答えなさい。

(1) $\left(10-1\frac{3}{10}\right)\div\left(3.2+3\frac{4}{9}\times 0.9\right)-2\frac{4}{7}\div 0.625\div 3$ を計算しなさい。

(2) 家の窓《まど》の掃除《そうじ》をするのに，太郎さんが１人で行うと35分かかり，お兄さんが１人で行うと20分かかります。この作業を，最初に太郎さんが１人で何分間か行い，残りはお兄さんが１人で行なったところ，太郎さんが始めてから26分後にすべて終わらせることができました。太郎さんが作業をしたのは何分間ですか。

(3) Ａ国の陸地の面積は，Ｂ国の陸地の面積の114％で，Ａ国の陸地の面積に占《し》める森林の面積の割合は70％，Ｂ国の陸地の面積に占める森林の面積の割合は60％です。Ｂ国の森林の面積をもとにしたＡ国の森林の面積の割合を百分率で答えなさい。

(4) 右の図のような立方体があり，辺AD，DCの真ん中の点をそれぞれＰ，Ｑとします。Ｐ，Ｑ，Ｇ，Ｅを通る平面でこの立方体を切り，頂点Ｂを含《ふく》む方の立体を取り除きます。このとき，残った立体を正面（面AEFBに垂直な矢印の方向）から見ると，どのような図形が見えますか。解答欄《らん》にその図形をかきなさい。ただし，解答欄には，はじめにあった辺が点線で，各辺の真ん中が●点で表されています。

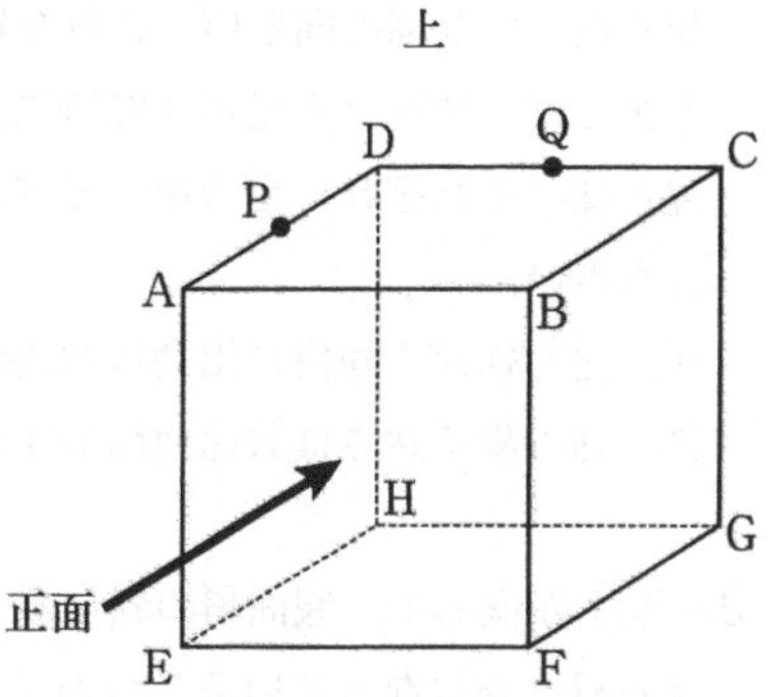

(5) 姉は3000円，妹は2500円を持ってお菓子《かし》を買いに行きました。２人はそれぞれ同じ値段のお菓子を１個ずつ買い，その後，姉が妹に150円をあげたところ，姉と妹の所持金の比は12：11になりました。２人が買ったお菓子の値段を求めなさい。

(6) 右の図で，点線でかかれた三角形ABCは１辺の長さが８cmの正三角形です。実線は，正三角形ABCの各頂点をそれぞれ中心として，半径８cmの円の一部をかき，それらをつないだものです。

　実線でかかれた曲線の外側を，半径２cmの小さな円がすべらないように転がり，一周してもとの位置に戻《もど》ります。円周率を3.14として，円の中心がえがく線の長さを求めなさい。

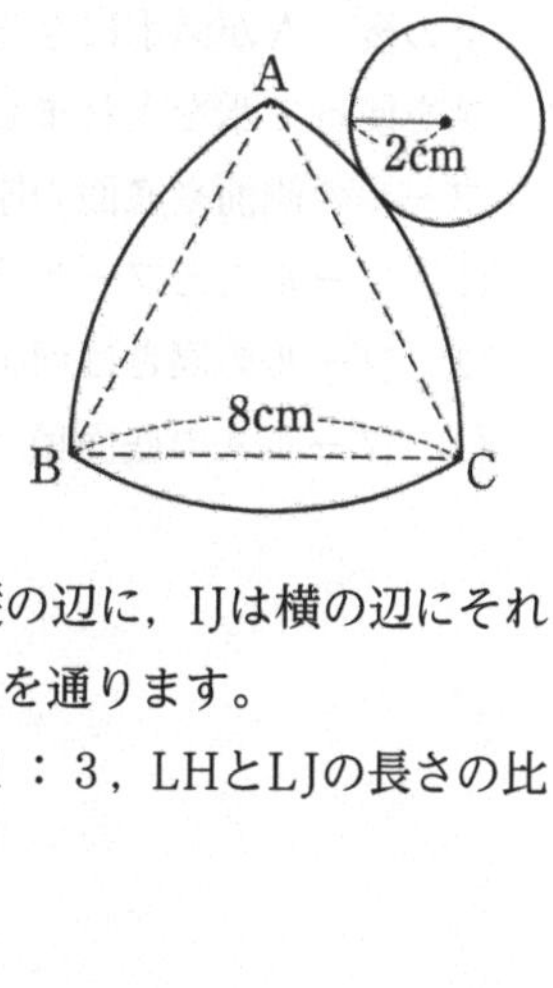

(7) 次のページの図の四角形ABCDは長方形で，EF，GHは長方形の縦の辺に，IJは横の辺にそれぞれ平行です。また，長方形ABHGの対角線BGは，EFとIJの交点Ｋを通ります。
四角形AIKEが正方形で，長方形KFHLと長方形GLJDの面積の比が１：３，LHとLJの長さの比

が4：9です。次の問いに答えなさい。

① 正方形AIKEと長方形KFHLの面積の比を最も簡単な整数の比で答えなさい。

② 正方形AIKEの面積が24㎝^{2}のとき，長方形ABCDの面積を答えなさい。

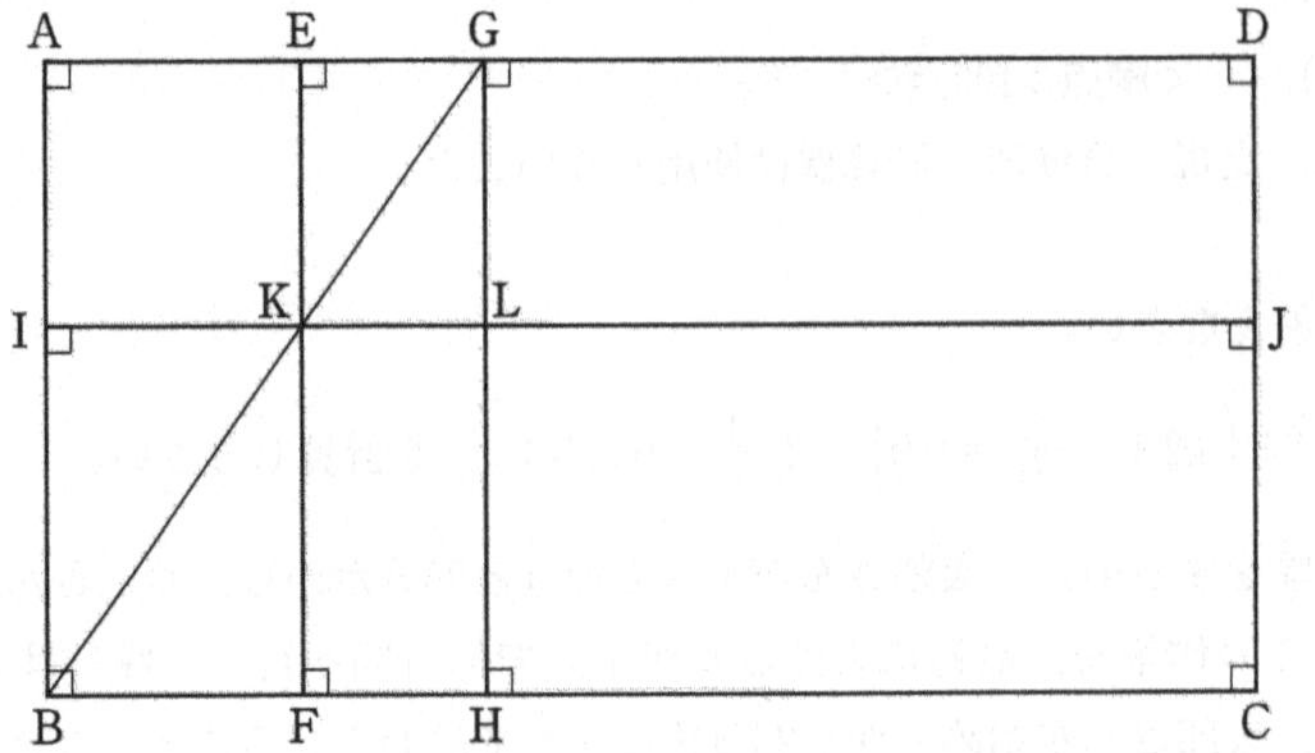

2. 家から公園まで一本道があり，その道のりは2160mです。兄と妹は，公園に向かって2人同時に家を出発しました。妹は公園に着くまでずっと歩き，兄は妹の歩く速さの3倍の速さで走りました。兄は公園に着いたらすぐ折り返して来た道を戻《もど》り，公園に向かっている妹に出会ったら，すぐ折り返して公園に向かい，これを繰《く》り返しました。そして，兄は公園に3度目に着いた後，妹を待ちました。すると，兄が3度目に公園に着いてから，6分後に妹が公園に着きました。
兄と妹はそれぞれ一定の速さで進み，折り返しにかかる時間は考えないものとして，次の問いに答えなさい。

(1) 兄と妹が1回目に出会った場所は，家から何m離《はな》れていますか。

(2) 妹の歩く速さは分速何mですか。

3. 高さが同じで，底面積の異なる2つの子ども用プールA，Bがあります。
ある日，空になっている2つのプールに，毎分12Lの割合で水が出るホースをそれぞれ1本ずつ入れ，同時に水をため始めました。Aの水面の高さが満水のちょうど半分になったとき，Bの水面の高さはAの水面の高さより6㎝低く，Aの水面の高さが満水まであと9㎝になったとき，Bの水面の高さはAの水面の高さより9㎝低くなっていました。

その後，Aが満水になるとすぐに，Aに入っていたホースもBに入れ，それ以降はBに2本のホースを使って水を入れました。水をA，Bにため始めてから60分後にBも満水になりました。

プールの側面や底面の厚さは考えないものとして，次の問いに答えなさい。

(1) プールAとプールBの底面積の比を最も簡単な整数の比で答えなさい。

(2) プールの高さは何㎝ですか。

(3) プールAの底面積は何㎝^{2}ですか。

4. 下の図のように，直線の上に，縦２㎝，横６㎝の長方形と，１辺４㎝の正方形Ｐ，１辺８㎝の正方形Ｑがあり，長方形とＰは10㎝，長方形とＱは８㎝離《はな》れた位置にあります。

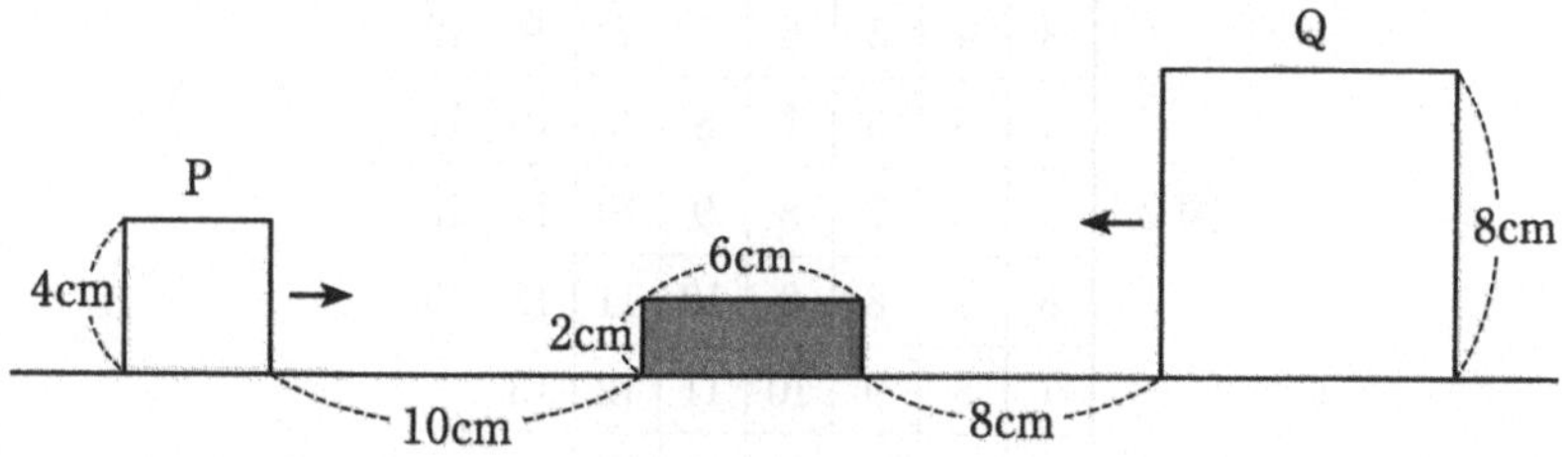

上の状態から，Ｐは毎秒２㎝で右側に，Ｑは毎秒１㎝で左側に向けて，それぞれ直線の上を同時に動き出します。このとき，長方形は動きません。

(1) Ｐ，Ｑの２つの正方形が一部でも重なっているのは，Ｐ，Ｑが動き出して，何秒後から何秒後の間ですか。

(2) Ｐ，Ｑ，長方形の３つの図形が重なって３重になる部分ができているのは，Ｐ，Ｑが動き出して，何秒後から何秒後の間ですか。

(3) Ｐ，Ｑ，長方形の３つの図形が重なって３重になる部分について考えます。３重になる部分の図形の面積が最も大きくなるのは，Ｐ，Ｑが動き出してから何秒後か答えなさい。また，そのときの面積を答えなさい。
ただし，答えが整数にならないときは，帯分数で答えなさい。

5. マスの上にコマを置いて，次のルールに従ってコマを動かす操作をします。

＜ルール＞

１回の操作で，次のいずれかの動かし方をする。

右または左に２マス動かし，さらに上または下に１マス動かす。

または

上または下に２マス動かし，さらに右または左に１マス動かす。

例えば，右の図１のように，●の書かれたマスにコマがあるときは，１回の操作で８つの○の書かれたマスのいずれかに動かすことができます。

図１

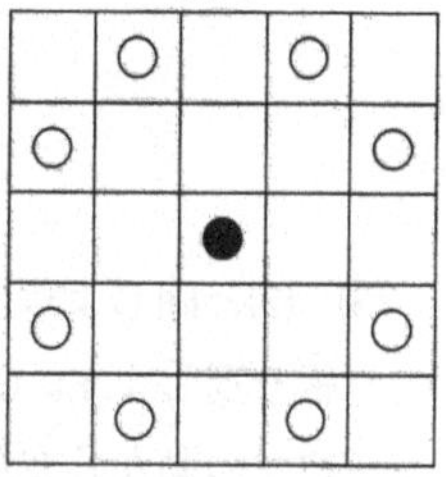

このコマを，次のページの図２のように，左上の角のマスを１とし，2，3，4 ……と順に，斜《なな》めに同じ数字が書かれたマスの上を動かしていきます。ただし，コマはそれまでに置かれたことのあるマスにも戻《もど》ることができます。

図２

1	2	3	4	5	6	7	8	
2	3	4	5	6	7	8	9	
3	4	5	6	7	8	9	10	
4	5	6	7	8	9	10	11	…
5	6	7	8	9	10	11	12	
6	7	8	9	10	11	12	13	
7	8	9	10	11	12	13		
8	9	10	11	12	13		⋱	
			⋮					

右の図３は，はじめ「３」のマスにコマを置き，<ルール>に従って３回の操作を行なってコマを動かしたときの様子です。このようにコマを動かしたとき，コマが置かれたマスに書かれている数字を，次のように左から順に書き出します。

3	6	7	6

図３

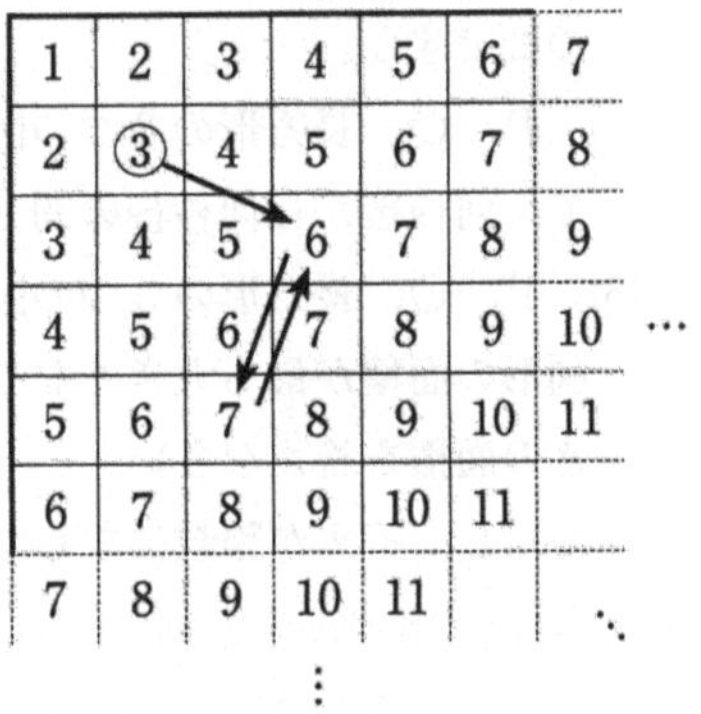

(1) コマを「１」のマスに置いた後，２回の操作を行います。次の（ア）に入る数字を，小さい順にすべて答えなさい。

1	4	（ア）

(2) コマを「１」のマスに置いた後，今度は４回の操作を行います。次の①，②について，（イ），（ウ）に入る数字をそれぞれ１つ，（エ）に入る数字は小さい順にすべて答えなさい。

①	1	4	（イ）	（ウ）	13
②	1	4	3	（エ）	5

(3) (2)と同じように，コマを「１」のマスに置いた後，４回の操作を行い，数字を書き出すことを繰《く》り返します。(2)の①，②の場合も含《ふく》め，数字の書き出し方は全部で何通りありますか。ただし，コマの動かし方が異なっていても，同じ数字の書き出し方となるときは１通りと考えます。

【理　科】（社会と合わせて50分）　＜満点：50点＞

1　金属の体積が温度によって変化するのと同じように，空気の体積も温度によって変化します。そこで，空気の体積と温度の関係を調べました。これに関する各問いに答えなさい。

問１　ゼリーをつめた直径３㎜，長さ170㎝のアクリル管を用意しました。そしてアクリル管の端Ａを接着剤でふさぎ，アクリル管内に空気を閉じこめました（図１）。このアクリル管内の温度を変化させたとき，ゼリーの位置（端Ａからゼリーまでの位置）がどのように変化するかを調べました（表１）。これに関する(a)，(b)に答えなさい。

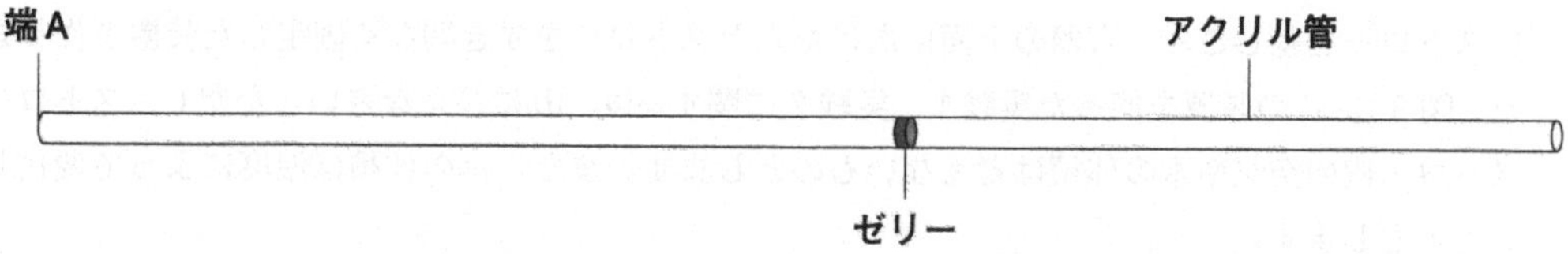

図１　ゼリーをつめて端Ａをふさいだアクリル管

表１　アクリル管内の温度とゼリーの位置

アクリル管内の温度(℃)	ゼリーの位置(cm)
80	150
70	145.75
60	141.5
50	137.25
40	133
30	128.75
20	124.5

(a)　アクリル管内の温度を36℃にしたとき，ゼリーの位置は何㎝になりますか。

(b)　アクリル管内の温度が80℃のときのアクリル管内の空気の体積は，アクリル管内の温度が20℃のときのアクリル管内の空気の体積の何倍ですか。小数第４位を四捨五入して，小数第３位で答えなさい。

問２　ピストンが自由に動けるようにした底面積10㎠，長さ20㎝の注射器を用意しました。そして注射器の先を接着剤でふさぎ，注射器内に空気を閉じこめました。この注射器内の温度を20℃にしたとき，ピストンの位置は10㎝でした（次のページの図２）。注射器内の温度を80℃にしたとき，ピストンは何㎝動くと考えられますか。小数第１位を四捨五入して，整数で答えなさい。

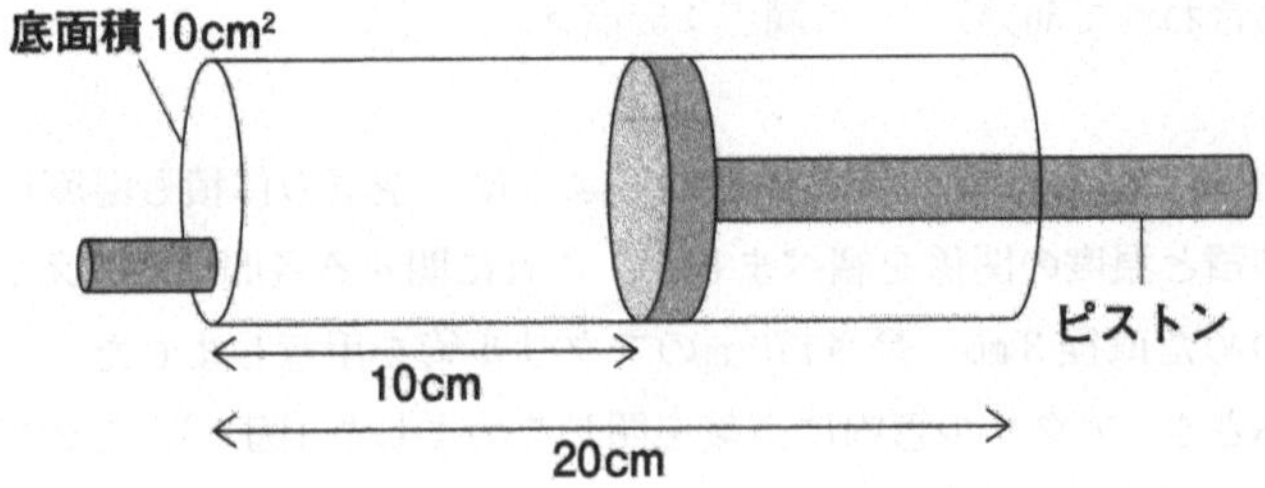

図２　20℃にしたときの注射器

問３　水が1000cm^3入る立方体の容器を用意しました。この容器の上面に穴をあけ，長さ９cmの細いストローを差しこみ，容器の上面にあけた穴とストローをすき間なく固定した装置を作りました（**図３**）。この装置を使った**実験１**，**実験２**に関する(a)，(b)に答えなさい。ただし，ストローとストロー内の空気や水の体積は考えないものとします。また，水の体積は温度によって変化しないものとします。

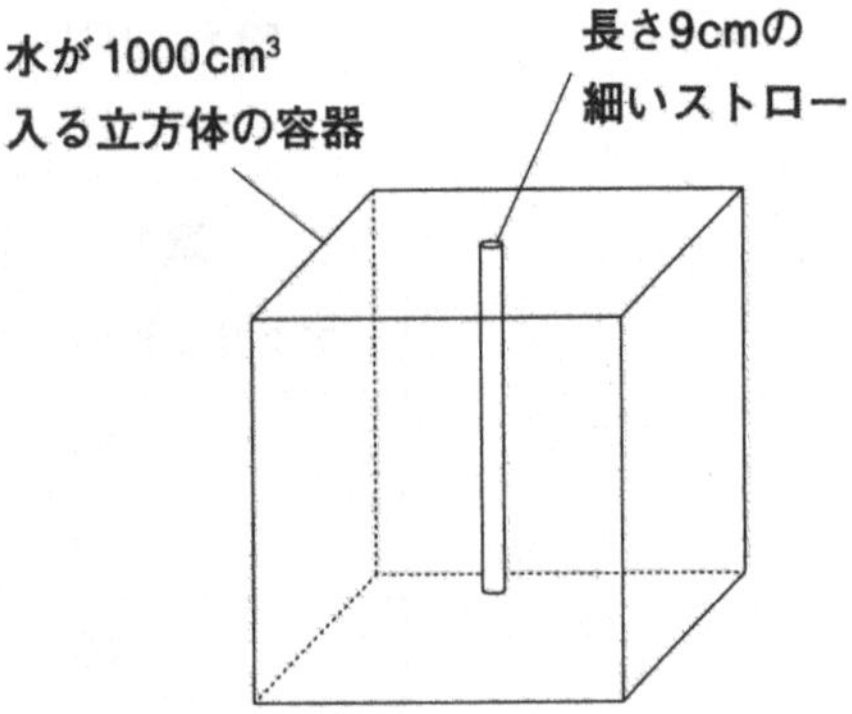

図３　装置

実験１

①　装置内の温度を20℃ にして，装置内に20℃の水500cm^3を入れた。

②　装置内を温めた。

実験１の結果

装置から水51cm^3が出た。

実験２

①　装置の上面を下にして，装置内の温度を80℃に温めた。

②　装置の上面を20℃ の水面にすき間ができないように触《ふ》れさせた。

③　装置内の温度が20℃ になった時点で水面から装置をはなし，すばやく装置の上面を上にした。

実験２の結果

③の操作の後，装置内に水がたまっていた。

(a)　**実験１**について，装置内の温度を何℃まで温めたと考えられますか。小数第１位を四捨五入し，整数で答えなさい。

(b)　**実験２**について，①～③の操作を何回かくり返しました。装置内にたまる水の体積が500cm^3をこえるのは，①～③の操作を何回くり返したときですか。ただし，はじめの装置内には水は入っていないものとします。

2　５つのビーカーに，５種類の水溶《よう》液**Ａ～Ｅ**（食塩水，炭酸水，アンモニア水，うすい塩酸，水酸化ナトリウム水溶液）のいずれかが入っています。どのビーカーにどの水溶液が入っているかを調べたところ，次のようになりました。これに関する次のページの各問いに答えなさい。

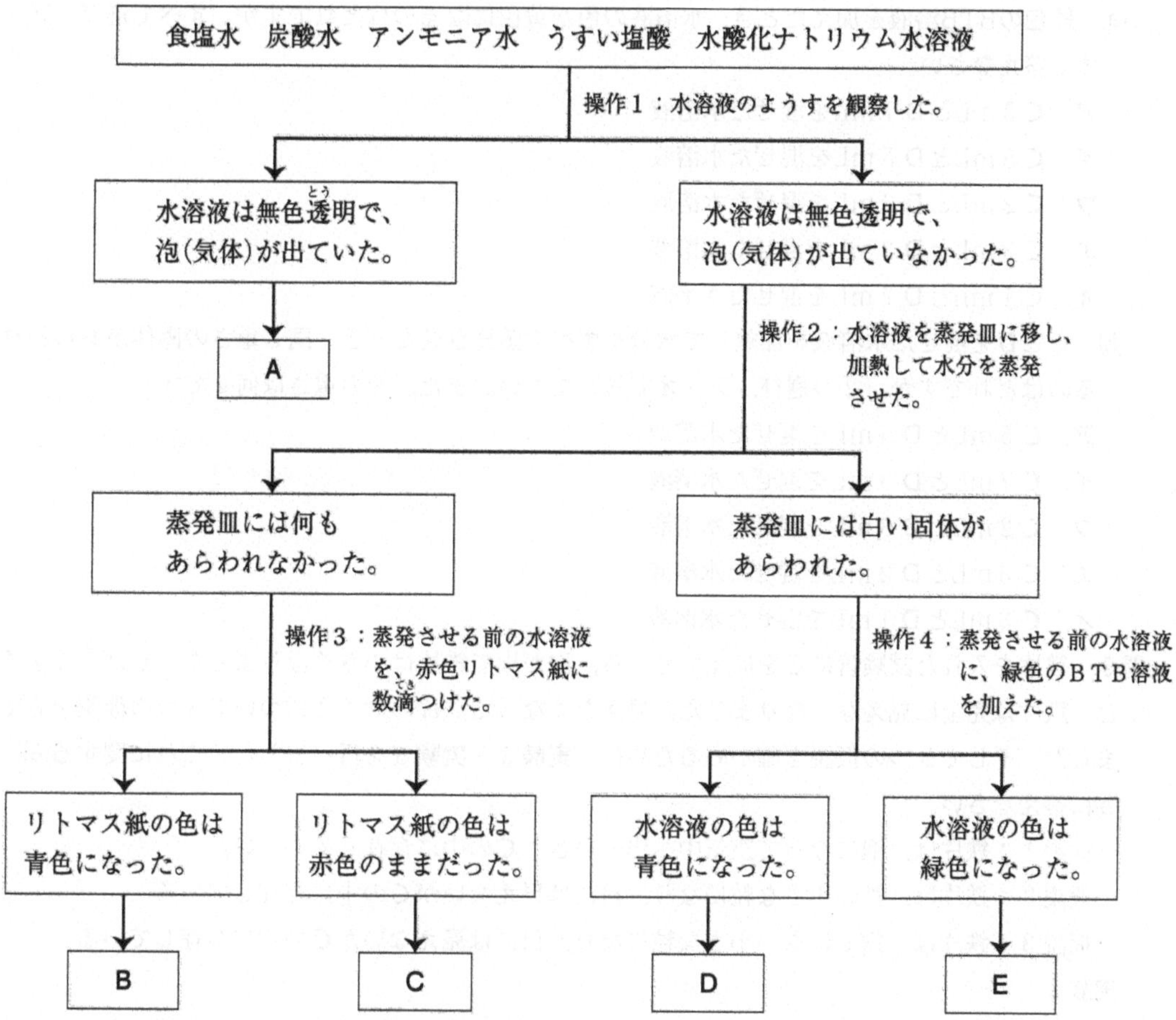

問１　**B**と**E**はそれぞれどの水溶液だと考えられますか。もっとも適当なものを選び，それぞれア～オで答えなさい。

ア．食塩水　　イ．炭酸水　　ウ．アンモニア水
エ．うすい塩酸　　オ．水酸化ナトリウム水溶液

問２　**C**と**D**を用いて**実験１**，**実験２**を行いました。これに関する(a)，(b)に答えなさい。

実験１

①　試験管に**C** 4 mLと**D** 6 mLを混ぜた。

②　①の試験管に緑色のBTB溶液を加えた。

実験１の結果

水溶液の色は緑色になった。

実験２

①　試験管に**C** 4 mLと**D** 6 mLを混ぜた。

②　①の水溶液を蒸発皿にすべて移し，加熱して水分をすべて蒸発させた。

実験２の結果

蒸発皿に白い固体0.5 gがあらわれた。

(a) 緑色のBTB溶液を加えたとき，水溶液の色が黄色になるのはどれですか。すべて選び，**ア**～**オ**で答えなさい。

ア．**C** 3 mLと**D** 7 mLを混ぜた水溶液
イ．**C** 5 mLと**D** 5 mLを混ぜた水溶液
ウ．**C** 2 mLと**D** 3 mLを混ぜた水溶液
エ．**C** 3 mLと**D** 2 mLを混ぜた水溶液
オ．**C** 1 mLと**D** 2 mLを混ぜた水溶液

(b) **C**と**D**を混ぜた水溶液を加熱して水分をすべて蒸発させたとき，同じ重さの固体があらわれるのはどれですか。2つ選び，**ア**～**オ**で答えなさい。また，その重さは何gですか。

ア．**C** 5 mLと**D** 5 mLを混ぜた水溶液
イ．**C** 7 mLと**D** 3 mLを混ぜた水溶液
ウ．**C** 2 mLと**D** 3 mLを混ぜた水溶液
エ．**C** 3 mLと**D** 2 mLを混ぜた水溶液
オ．**C** 3 mLと**D** 1 mLを混ぜた水溶液

問3 鉄片を入れた試験管に**C**を加えたところ，泡が出て鉄片は小さくなりました。しばらくすると，鉄片は完全に見えなくなりました。見えなくなった鉄片のゆくえについて3つの仮説を立てました。そして3つの仮説を確かめるために，**実験3**～**実験5**を行いました。これに関する(a)，(b)に答えなさい。

仮説1：鉄片は，泡になって空気中へ出ていき，**C**の中に存在していない。
仮説2：鉄片は，鉄の小さな粒になり，目には見えないが**C**の中に存在している。
仮説3：鉄片は，鉄ではない小さな粒になり，目には見えないが**C**の中に存在している。

実験3

① 鉄片を入れた試験管に**C**を加え，鉄片が完全に見えなくなるまでしばらく置いた。
② **C**と①で得られた水溶液**F**をそれぞれ蒸発皿に移し，加熱して水分をすべて蒸発させた。

実験3の結果

Cを入れた蒸発皿には何もあらわれなかった。**F**を入れた蒸発皿には固体**G**があらわれた。

実験4

鉄片と**実験3**で得られた**G**に，それぞれ磁石を近づけた。

実験4の結果

鉄片は磁石に引きつけられた。**G**は磁石に引きつけられなかった。

実験5

① 鉄片と**実験3**で得られた**G**を，それぞれ別の試験管に入れた。
② それぞれの試験管に**C**を加えた。

実験5の結果

鉄片を入れた**C**からは泡が出た。しばらくすると，鉄片は完全に見えなくなった。
Gを入れた**C**からは泡が出なかった。しばらくすると，**G**は完全に見えなくなった。

(a) **実験3**～**実験5**から，仮説1が間違っていることがわかります。仮説1が間違っていることがわかる実験はどれですか。1つ選び，**3**～**5**で答えなさい。また，仮説1が正しいならば，どのような結果になるはずですか。過不足なく選び，次のページの**ア**～**カ**で答えなさい。

ア．Ｃを入れた蒸発皿とＦを入れた蒸発皿のどちらの蒸発皿にも何もあらわれない。
イ．Ｃを入れた蒸発皿とＦを入れた蒸発皿のどちらの蒸発皿にも固体があらわれる。
ウ．鉄片とＧのどちらも磁石に引きつけられる。
エ．鉄片とＧのどちらも磁石に引きつけられない。
オ．鉄片を入れたＣとＧを入れたＣのどちらからも泡が出る。
カ．鉄片を入れたＣとＧを入れたＣのどちらからも泡が出ない。

(b)　**実験３～実験５**から，仮説２が間違っていることがわかります。仮説２が間違っていることがわかる実験はどれですか。２つ選び，**３～５**で答えなさい。また，仮説２が正しいならば，どのような結果になるはずですか。過不足なく選び，(a)の**ア～カ**で答えなさい。

3　東京都にある竹芝桟橋《たけしばさんばし》から南へ1000㎞ほど行ったところに，父島や母島などからなる小笠原諸《おがさわらしょ》島《とう》があります（**図１**）。これらの島は，ガラパゴス諸島やハワイ諸島などと同じで，誕生してから一度も大陸と陸続きになったことがありません。このような島を海洋島といいます。海洋島には，その島だけに生息している生物（固有種）が多くみられます。このような島に，人間が持ちこんだ，①本来，その地域には生息していない生物（外来種）が定着することで，固有種が絶滅《ぜつめつ》に追いやられてしまうことがあります。例えば，小笠原諸島の固有種であるオガサワラシジミ（次のページの**図２**）や５種類いる固有種のトンボは，父島では1980年代から，母島では1990年代から減りはじめ，今ではほとんどみることができなくなっています。ちょうどそのころ，グリーンアノール（次のページの**図３**）という北米原産のトカゲのなかまが，これらの島に入りこんで，定着したことがわかっています。グリーンアノールはカメレオンのように体色を変化させることができ，②ヤモリのように吸いつく指をもっていて昆虫などを捕食《ほしょく》しながら樹上で生活しています。小笠原諸島では現在，グリーンアノールのような外来種によって，多くの固有種が絶滅の危機にさらされています。そのため，③生物の多様性が失われてしまうのではないかと心配されています。これに関する次のページの各問いに答えなさい。

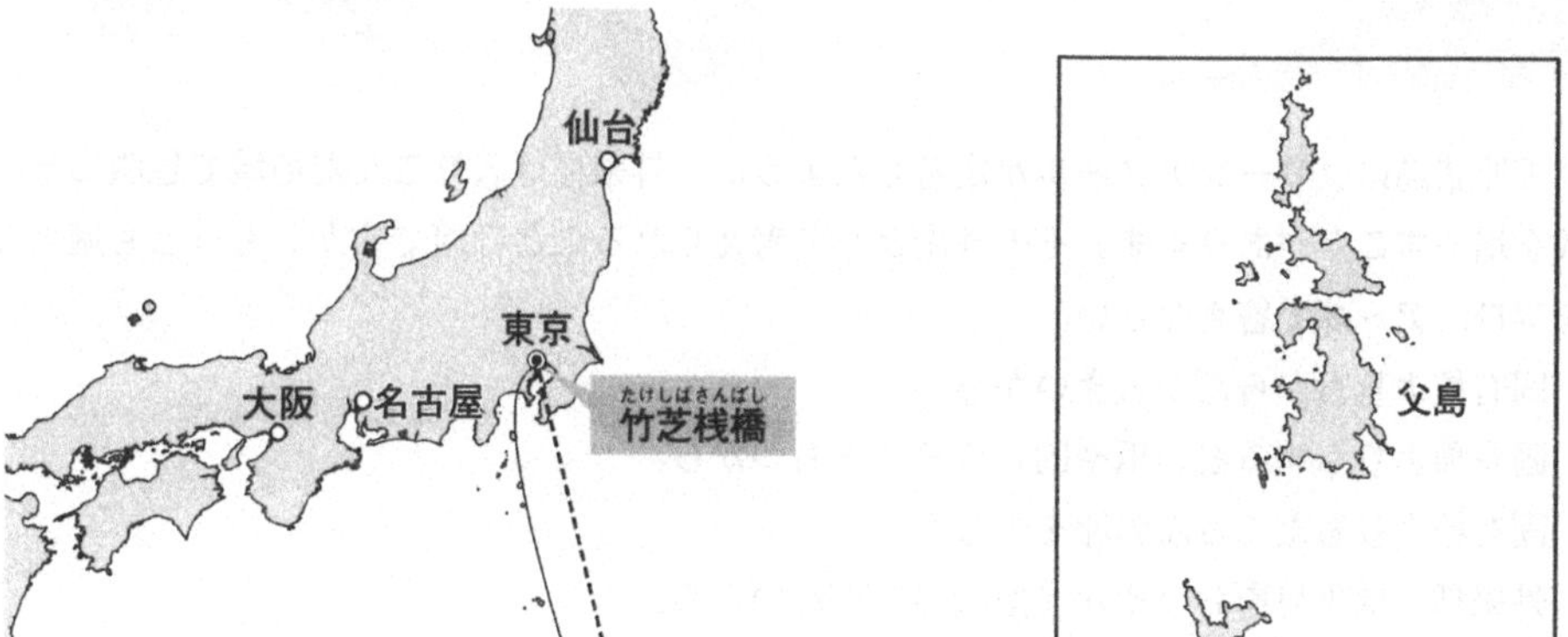

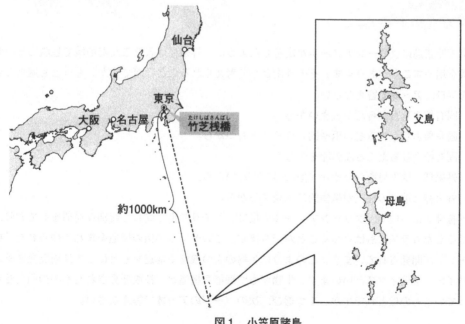

図１　小笠原諸島

図2　オガサワラシジミ

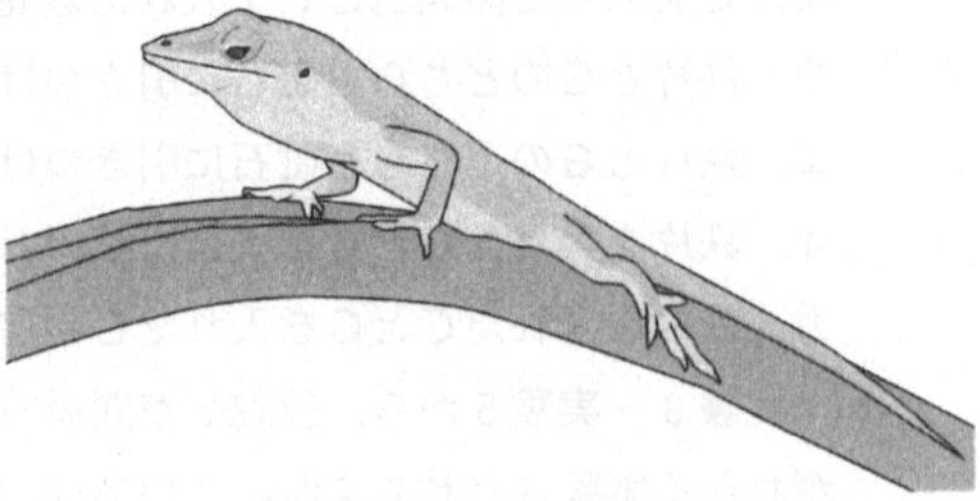

図3　グリーンアノール

問1　下線部①について，次の(a)，(b)に答えなさい。

(a)　小笠原諸島における外来種はどれですか。適当なものを２つ選び，**ア～カ**で答えなさい。

ア．オガサワラオオコウモリ

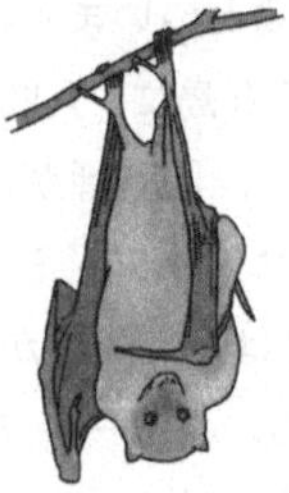

イ．オオヒキガエル

ウ．ノヤギ

エ．ハハジマメグロ

オ．オガサワラノスリ

カ．アカガシラカラスバト

(b)　小笠原諸島にグリーンアノールが定着したように，外来種は入りこんだ地域で急激にその個体数を増やすことがあります。その理由として考えられることは何ですか。もっとも適当なものを選び，**ア～オ**で答えなさい。

ア．固有種よりもからだが大きいから。

イ．固有種よりもするどい爪《つめ》や固いうろこをもつから。

ウ．固有種よりもたくさんの卵を生むから。

エ．外来種には生息をおびやかす敵の存在がないから。

オ．外来種は地域の住民が積極的に保護するから。

問2　下線部②について，グリーンアノールの指は，ヤモリの指と同じく特別な構造をしており，つるつるしたガラスにもはりつくことができます。このヤモリの指の構造をまねて作られた「接着テープ」が開発されています。このように生物のもつ機能や構造をもとにして技術開発することをバイオミメティクスといいます。生物がもつ機能や構造と，技術開発されたものの組合せが間違っているものはどれですか。１つ選び，次のページの**ア～オ**で答えなさい。

ア．つるつるしたカタツムリの殻《から》から開発された「汚れの付きにくい外壁《がいへき》タイル」
イ．するどくて細いハチドリのくちばしから開発された「痛みの少ない注射針」
ウ．小さな突起があるサメのうろこから開発された「水の抵抗《ていこう》を減らす水着」
エ．光を反射させないガの眼の構造から開発された「光の反射を防止するフィルム」
オ．かぎ状の突起をもつゴボウの実から開発された「着脱《ちゃくだつ》可能な面ファスナー」

問３　下線部③について，星子さんは，「外来種が定着すれば，その地域の生物の種類が増えるから，生物の多様性が失われることはない」と考えました。そこで生物の多様性について調べてみると，生物の多様性を数値化できる「多様度指数」というものがあることを知りました。多様度指数とは，調査で得られた生物個体すべての中から，任意に選んだ２つの個体が違う種類である確率のことをいい，この値が大きいほど，生物の多様性が大きいとするものです。多様度指数は，次の式で表されます。

多様度指数＝１－{(全個体数に対するある生物の割合×全個体数に対するある生物の割合)の和}

例えば，ある地域に３種類の生物Ａ～Ｃが生息していて，その全個体数が100個体で，そのうち生物Ａの個体数が20個体，生物Ｂの個体数が30個体，生物Ｃの個体数が50個体であったとします。このとき，全個体数に対する生物Ａの割合は，20÷100＝0.2になります。同じように生物Ｂの割合は30÷100＝0.3，生物Ｃの割合は50÷100＝0.5になります。

よって，この地域での多様度指数は，1－(0.2×0.2＋0.3×0.3＋0.5×0.5)＝0.62になります。これに関する(a)，(b)に答えなさい。

(a)　ある地域には，オガサワラシジミが30個体，オガサワラアオイトトンボが30個体，オガサワラゼミが40個体生息しているとします。この地域にグリーンアノールが定着した結果，グリーンアノールは30個体にまで増え，オガサワラシジミとオガサワラアオイトトンボはそれぞれ５個体，オガサワラゼミは10個体にまで減りました。グリーンアノールが定着する前と後を比べると，多様度指数はどれだけ変化しますか。例のように答えなさい。

例）0.14増える。

(b)　(a)から，星子さんの考えは間違っていることがわかります。ある地域において，もっとも多様度指数が大きくなるのは，どのようなときだと考えられますか。もっとも適当なものを選び，**ア**～**エ**で答えなさい。

ア．生物の種類が少なく，それぞれの種類の個体数がすべて同じ個体数のとき。
イ．生物の種類が少なく，それぞれの種類の個体数にばらつきが大きいとき。
ウ．生物の種類が多く，それぞれの種類の個体数がすべて同じ個体数のとき。
エ．生物の種類が多く，それぞれの種類の個体数にばらつきが大きいとき。

問４　グリーンアノールの個体数が増えたことで，小笠原諸島の固有種であるチョウやハナバチなどの昆虫の個体数が大きく減りました。このことは，小笠原諸島の固有種の植物の個体数を少しずつ減少させ，絶滅に追いやってしまうおそれがあると考えられます。固有種のチョウやハナバチなどの個体数が減ることで，個体数が減少する植物は，どのような特徴《ちょう》をもっている植物ですか。次の文中の空らんに当てはまるように10字以内で答えなさい。

チョウやハナバチなどの昆虫に，　　　　　　　　　　**植物。**

4　星子さんは，太陽の１日の動きを調べるために，日本の北緯《ほくい》35度のある都市で**実験１**，**実験２**を夏至の日に行いました。これに関する各問いに答えなさい。ただし東経135度の都市では，12時に太陽が真南にくるものとします。

実験１

① 地面の上に置いた紙の中心に棒を垂直に立てた。

② １日に７回，できる棒の影《かげ》を記録した。

③ 棒の影の先端《たん》をなめらかな点線で結んだ。

実験１の結果

図１のようになった。ただし，Ａ～Ｄは東西南北のいずれかの方角である。

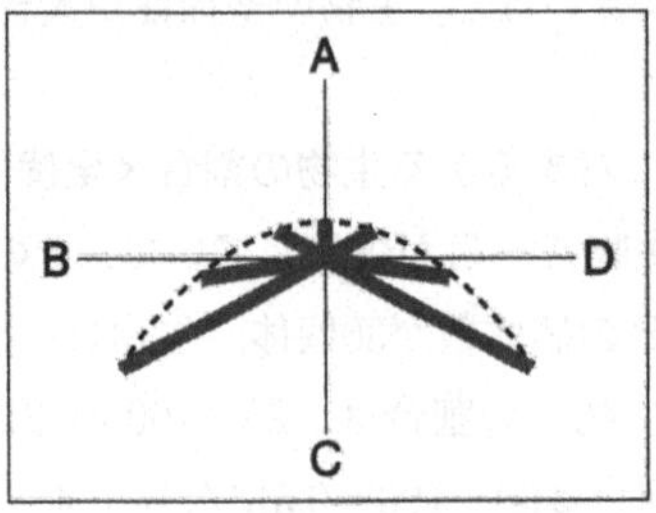

図１　実験１の結果

実験２

① 透明な半球を用意する。

② ９時，10時，13時，14時，15時のそれぞれの太陽の位置を，ペン先の影が点Ｏに重なるように透明な半球の上に印で表す。

③ 各印をなめらかな線でつなぎ，線を透明な半球のふちと交わるところまで伸ばし，線と透明な半球のふちが交わる点を点Ｅ，点Ｆとする（図２）。

④ 曲線ＥＦ上で，太陽が真南にきたときをＰとして，印をつける。

⑤ 曲線ＥＦに沿ってセロハンテープをはり，各印を写しとる。

⑥ 点Ｅから各印までの長さを測る。

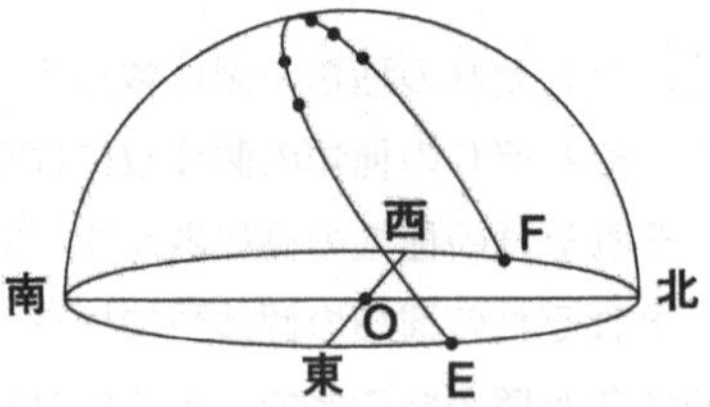

図２　実験２のようす

実験２の結果

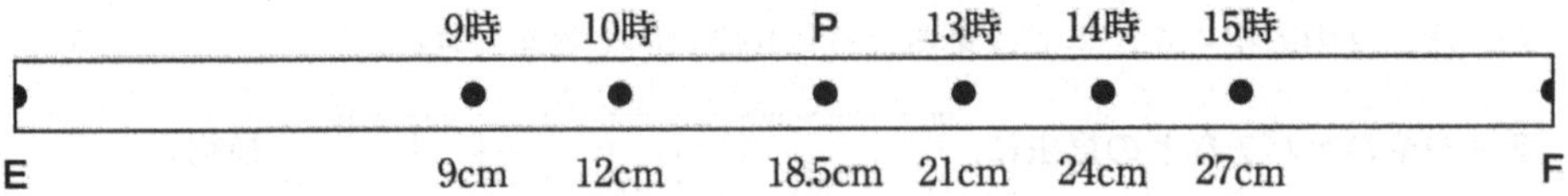

問１　**実験１**において，東の方角はどれですか。もっとも適当なものを選び，**A**～**D**で答えなさい。

問２　**図３**は**実験１**を行っていた時にできた星子さんの影です。もしも星子さんが，同日，同時刻に北緯45度の都市にいたとすると，どのような影ができたと考えられますか。もっとも適当なものを選び，**ア**～**ケ**で答えなさい。ただし，経度は同じ都市とします。

ア.　イ.　ウ.　エ.　オ.　カ.　キ.　ク.　ケ.

図３　星子さんの影

問３　**実験１**を行った日の３か月後に，赤道上の都市や南緯35度の都市で**実験１**と同じ実験を行いました。できる棒の影の先端をなめらかな線で結ぶとどのようになりますか。もっとも適当なものをそれぞれ選び，**ア**～**ケ**で答えなさい。ただし，点線は**実験１**の棒の影の先端をなめらかな線で結んだものです。

ア.

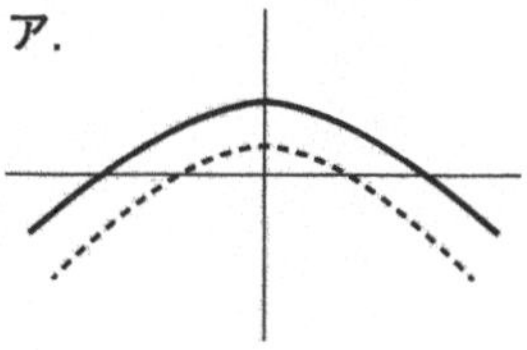

イ.

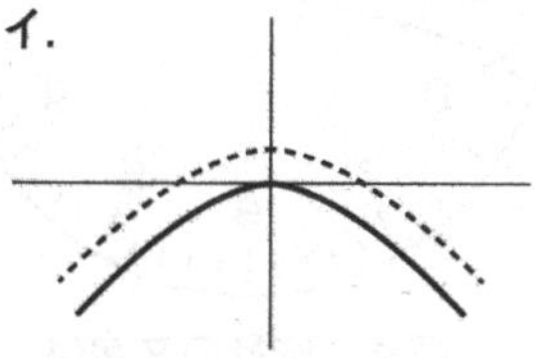

ウ.

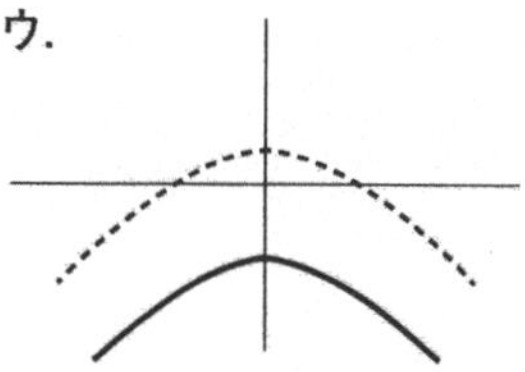

エ.

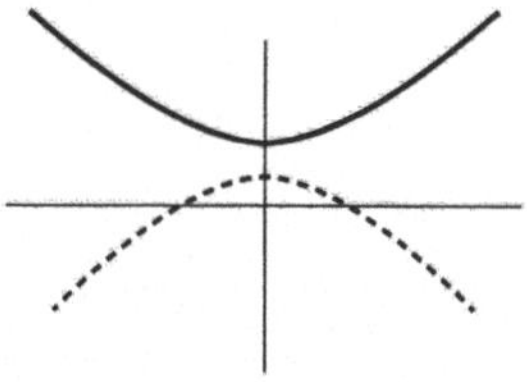

オ.

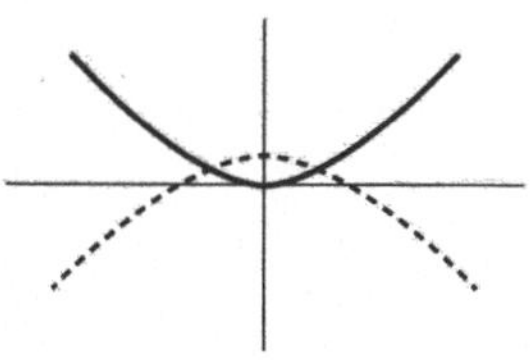

カ.

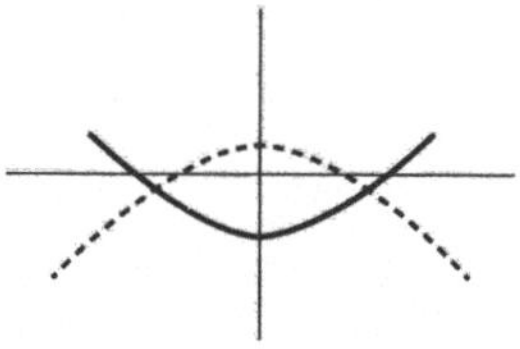

キ.

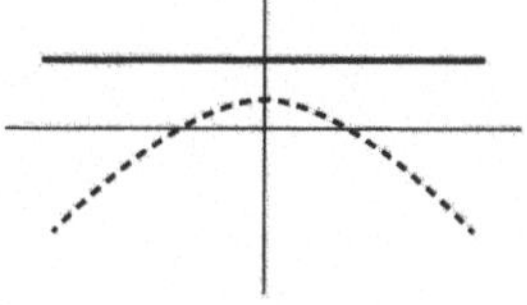

ク.

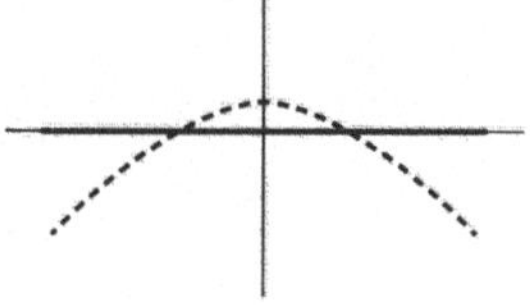

ケ.

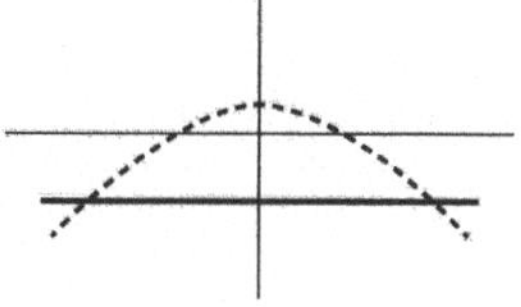

問４　**実験１**，**実験２**を行ったのは，東経何度の都市ですか。ただし小数点以下の値が出る場合は，四捨五入して，整数で答えなさい。

問５　星子さんはキャンプ好きの友達から，太陽とアナログ時計を使って方角の目安を知る方法を教わりました。次の①～③はその手順です。これに関する(a)，(b)に答えなさい。

①　時計の文字盤《ばん》が水平になるようにアナログ時計を持つ。

②　現在の時刻の「時計の短針」を太陽の方向に合わせる。

③　文字盤の12時の方向と短針がさしている方向のちょうど真ん中が南の方角となる。

(a)　この方法について，正しいものはどれですか。もっとも適当なものを選び，**ア**～**エ**で答えなさい。

ア．午前も午後も文字盤の左側が南の方角となる。

イ．午前は文字盤の左側が南の方角で，午後は文字盤の右側が南の方角となる。

ウ．午前は文字盤の右側が南の方角で，午後は文字盤の左側が南の方角となる。

エ．午前も午後も文字盤の右側が南の方角となる。

(b)　宮崎県のある地点（北緯32度，東経131度）で，この方法を使って南の方角を調べたところ，実際の南の方角とずれていました。16時に，この地点で時計の短針を太陽に向けた場合，南の方角は文字盤の何時何分の方向になると考えられますか。ただし，図４の場合は，８時30分の方向とします。

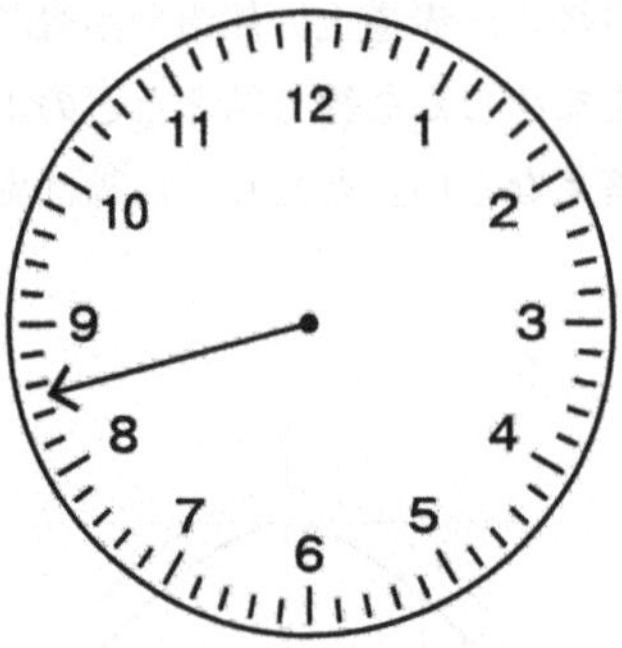

図４　時計の文字盤

【社　会】（理科と合わせて50分）　＜満点：50点＞

Ⅰ 地方自治について，次の文章を読み，あとの問いに答えなさい。

1871（明治４）年に政府が中央集権化体制を確立するために廃藩置県が実施され，2021（令和３）年で150年になります。明治時代の地方自治は大日本帝国憲法上の規定《きてい》はなく，現在の①地方自治には程《ほど》遠いものでした。廃藩置県の約10年後に政府主導による大規模な町村合併《がっぺい》がおこなわれ，約７万の町村が約１万６千にまで減《へ》り，この時に市が誕生しました。

②日本国憲法のもと1955（昭和30）年頃におこなわれた昭和の大合併では，約１万の市町村が約４千にまで減りました。

2000（平成12）年頃おこなわれた③平成の大合併では市町村が約3200から1700にまで減少しました。合併は少子高齢化の急速な進展や，国・④地方公共団体の財政悪化などを背景《はいけい》に行政の効率《こうりつ》化をはかることが目的でした。

2010年代に入ってから合併はほとんどおこなわれていません。合併により得られたもの，失ったものは何かという検証《けんしょう》は，これからおこなわれることになるでしょう。

問１　下線部①について。あとの問いに答えなさい。

(1)　住民が直接政治に関わる直接民主制《ちょくせつみんしゅせい》が地方自治ではみられます。直接民主制の制度として正しいものを，次の(ア)～(エ)から一つ選び，記号で答えなさい。

(ア)　市を廃止して５つの特別区《とくべつく》をもうける都構想について，賛否《さんぴ》を問う住民投票が２度実施された。

(イ)　「えん罪」を防止するため，警察による取り調べの記録の開示《かいじ》を請求した。

(ウ)　くじで選ばれた一般市民が裁判官と一緒に，重大な事件の被告人《ひこくにん》を裁く裁判員制度が実施された。

(エ)　県知事の権限《けんげん》を縮小することを求めた演説会に参加した。

(2)　スイスの一部の州では現在でも市民が広場に集まって，挙手《きょしゅ》で物事《ものごと》を決めています。スイスの位置として正しいものを，右の地図中(ア)～(エ)から一つ選び，記号で答えなさい。

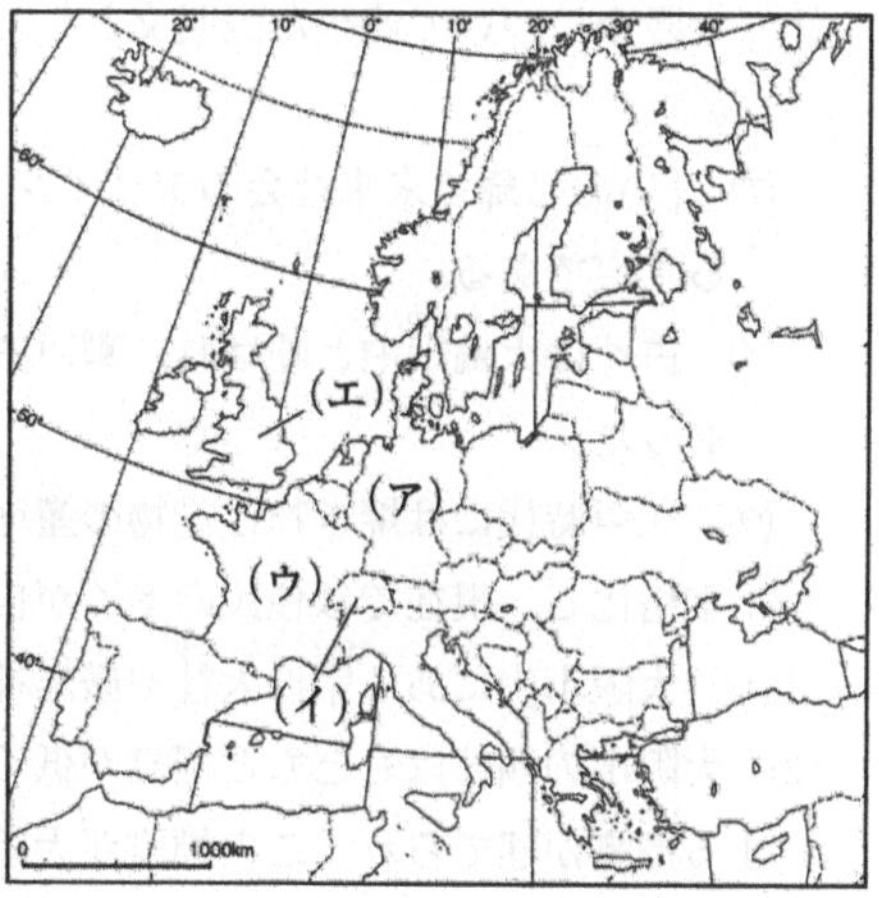

問２　下線部②について。日本国憲法について述べた説明文として正しいものを，次の(ア)～(エ)から一つ選び，記号で答えなさい。

(ア)　憲法はドイツの憲法をモデルに制定された。

(イ)　1947（昭和22）年の５月３日に憲法が施行《しこう》された。

(ウ)　国民の権利は，法律の範囲内で認められている。

(エ)　憲法の改正がしやすく，これまでに60回以上改正されている。

問３　下線部③について。2001（平成13）年にさいたま市は誕生しました。さいたま市を構成《こうせい》する市（旧市名）として誤っているものを，次の(ア)～(エ)から一つ選び，記号で答えなさい。

(ア)　上尾市　(イ)　浦和市　(ウ)　大宮市　(エ)　与野市

問４　下線部③について。岐阜県の高山市は周辺の町村を編入《へんにゅう》したことにより，面積が大阪府や香川県よりも大きい市となりました。高山市についてあとの問いに答えなさい。

(1)　次の表は岐阜県高山市，静岡県浜松市，東京都千代田区，福岡県久留米市の産業別就業者《しゅうぎょうしゃ》割合をあらわしたものです。高山市にあてはまるものを，表中(ア)～(エ)から一つ選び，記号で答えなさい。

	第一次産業	第二次産業	第三次産業
(ア)	4.0	34.4	61.6
(イ)	10.9	23.0	66.1
(ウ)	0.0	9.8	90.2
(エ)	5.8	20.4	73.8

第一次産業は農林水産業，第二次産業は鉱業《こうぎょう》，製造業，建設業，採石業《さいせきぎょう》，砂利《じゃり》採取業《さいしゅぎょう》
第三次産業はその他の産業（電気・ガス・熱供給・水道業を含む）
（単位はパーセント。『データでみる県勢2021』より作成）

(2)　高山市には北緯36度線が通っています。北緯36度線が通る都県の<組合せ>として正しいものを，次の(ア)～(エ)から一つ選び，記号で答えなさい。

<組合せ>

(ア)　福井県と埼玉県　(イ)　長野県と東京都　(ウ)　石川県と山梨県　(エ)　富山県と神奈川県

問５　下線部④について。大阪市・大阪府に関する次の問いに答えなさい。

(1)　大阪市について述べた説明文として正しいものを，次の(ア)～(エ)から一つ選び，記号で答えなさい。

(ア)　「いのち輝く未来社会のデザイン」をテーマに2025（令和７）年に日本国際博覧会が実施される予定である。

(イ)　古くは大輪田泊《おおわだのとまり》と呼ばれ，瀬戸内海の船の行き来や中国や朝鮮との貿易において重要な港であった。

(ウ)　江戸時代には焼き物と織物の産地として知られていたが，第二次世界大戦後に自動車生産が本格化し，現在では住民の多くが自動車関連企業で働いている。

(エ)　大阪市内にある宗像大社《むなかたたいしゃ》や厳島《いつくしま》神社が国宝に指定されており，多くの観光客を集めている。

(2)　大阪市の西部はもともと標高が低く，湿地帯でした。航路には船が浅瀬《あさせ》にのりあげないようにする標識《ひょうしき》が建てられ，この標識が大阪市の市章《しょう》のモデルとなっています。大阪市の市章を，次の(ア)～(エ)から一つ選び，記号で答えなさい。

(ア)

(イ)

(ウ)

(エ)

(3) 次の表は大阪府，兵庫県，奈良県，和歌山県における，観光レクリエーションの施設数をあらわしたものです。大阪府にあてはまるものを次の(ア)～(エ)から一つ選び，記号で答えなさい。

	ゴルフ場	スキー場	海水浴場	テーマパーク・レジャーランド
(ア)	21	－	24	9
(イ)	155	13	39	13
(ウ)	33	－	－	3
(エ)	38	－	4	21

（『データでみる県勢 2021』より作成）

(4) 次の表は大阪府・富山県・福井県・大分県における，発電方式別発電電力量をあらわしたものです。大阪府にあてはまるものを次の(ア)～(エ)から一つ選び，記号で答えなさい。

	水力	火力	原子力	地熱
(ア)	830	12,880	—	820
(イ)	1	24,460	—	—
(ウ)	9,085	6,397	—	—
(エ)	1,638	7,253	26,717	—

（単位は百万 kWh。『データでみる県勢 2021』より作成）

問６　下線部④について。地方公共団体と，地方公共団体が課している独自の税金の組合せとして誤っているものを，次の(ア)～(エ)から一つ選び，記号で答えなさい。

(ア)　山梨県富士河口湖町：釣り客等を対象にした「遊漁税《ゆうぎょぜい》」

(イ)　福岡県太宰府市：有料駐車場利用者を対象にした「歴史と文化の環境税」

(ウ)　静岡県熱海市：別荘所有者等を対象にした「別荘等所有税」

(エ)　埼玉県新座市：狭小《きょうしょう》住宅所有者を対象にした「ワンルームマンション税（通称）」

問７　下線部④ついて。和歌山県みなべ町，青森県板柳町では，それぞれ「梅《うめ》干しおにぎり条例」，「りんごまるかじり条例」をつくり，地域の主要生産物であるうめやりんごの普及《ふきゅう》を図《はか》っています。次の表Ａ～Ｄは，うめ・ピーマン・みかん・りんごの生産上位県（**１位の県名は空欄《くうらん》にしてあります**）をあらわしたものです。りんごとうめの＜組合せ＞として正しいものを，次の(ア)～(エ)から一つ選び，記号で答えなさい。

Ａ		Ｂ		Ｃ		Ｄ	
（　　）	409,800	（　　）	156,600	（　　）	57,500	（　　）	33,900
長野県	127,600	愛媛県	125,400	群馬県	4,240	宮崎県	27,600
岩手県	45,900	静岡県	85,900	三重県	1,600	高知県	13,800
山形県	40,500	熊本県	80,700	宮城県	1,370	鹿児島県	12,900

（単位はトン。『日本のすがた　2021』より作成）

＜組合せ＞　※りんご，うめの順に並べてあります。

(ア)　ＡとＣ　　(イ)　ＡとＤ　　(ウ)　ＢとＣ　　(エ)　ＢとＤ

Ⅱ　次の先生と星子さんの会話について，あとの問いに答えなさい。

星子：このあいだ，家族にたのまれて，郵便局に切手を買いに行きました。新しく発売された，シール式で糊《のり》がいらないかわいいクマの１円切手のシートを買いました。これです。

先生：新しい１円切手が出ていたのですね。１円切手といえば，前島密《まえじまひそか》の肖像画のものとばかり思っていました。

星子：前島密って誰ですか。

先生：日本近代郵便の父と呼ばれ，明治のはじめのころ，西洋の思想・制度や生活様式を積極的に取り入れようとする［　①　］の時代に，さまざまな方面で日本の近代化に貢献した②新潟県出身の人物です。クマがかぶっている帽子についている〒のマークの由来を知っていますか。

星子：切手の「テ」ですかね。

先生：郵便事業をおこなった③通信省《ていしんしょう》の「テ」を図案化したもので，通信省は，1885（明治18）年に始まった④内閣制度で設置された中央官庁の一つでした。

星子：先生，郵便の制度は，いつ始まったのですか。

先生：1871（明治４）年に，それまでの飛脚制度にかわり郵便制度が始まり，切手もこの時に発行されました。ところで，現在は２日ほどで手紙は届きますが，江戸時代には，飛脚が⑤東海道を使って江戸から京都まで３～４日で届けたという話があります。

星子：ずいぶんスピーディーでしたね。先生，最初の切手はどんな切手だったのですか。

先生：正方形で裏糊もなく，向き合う竜が描《えが》かれたデザインで，４種類が発行されました。

星子：日本が，最初に郵便切手をつくったのですか。

先生：違いますよ。世界で最初の郵便切手は，⑥1840年にイギリスで発行されました。郵便制度などを学ぶために，前島密もイギリスを訪れています。今では，あなたの好きなポケモンやドラえもんをはじめ，いろいろなデザインや形の切手が発行されていますよね。

星子：私もいくつか持っています。

先生：動植物や，ファンが多い⑦新幹線などの鉄道をはじめ，⑧正倉院の宝物，また「源氏物語絵巻《えまき》」や，平清盛が源義朝らを破り，平氏政権を成立するきっかけとなった［　⑨　］の乱をテーマとした「［　⑨　］物語絵巻」などの芸術作品，⑩スポーツ，他《ほか》にも⑪地域の特産品やイベントを扱《あつか》ったものもあります。切手を集めることで，日本各地の名所巡《めぐ》りもできてしまいますね。

星子：国内国外のできごとにちなんだ記念切手も，たくさん発行されていますよね。

先生：変わったところでは，2001年に発売された「［　⑫　］平和条約50周年オペラハウスと秋草」なんてものもありますよ。日本の占領《せんりょう》を終わらせた［　⑫　］平和条約が調印された劇場が描かれています。たまには，気に入った切手を使って，お手紙を出してみるのもいいですね。

星子：はい。まず，⑬2021年に出された切手にはどんなものがあるのか，見てみたいと思います。

問１　空欄［　①　］にあてはまる適切な語句を**漢字四字**で答えなさい。

問２　下線部②について。新潟県にゆかりのある人物について述べた説明文として正しいものを，次の(ア)～(エ)から一つ選び，記号で答えなさい。

(ア)　良寛は，中国の宋王朝で仏教を学び，帰国して臨済宗を開いた。

(イ)　上杉謙信は，甲斐の武田信玄と川中島の戦いで何度も戦った。

(ウ)　山本五《い》十《そ》六《ろく》は，海軍出身の首相としてポツダム宣言の受諾《じゅだく》に関わった。

(エ)　田中角栄は，内閣総理大臣として日中平和友好条約を締結《ていけつ》した。

問３　下線部③について。

(1)　逓信省の初代大臣となった榎本武揚《えのもとたけあき》について述べた説明文として正しいものを，次の(ア)～(エ)から一つ選び，記号で答えなさい。

(ア)　オランダに留学し，軍事・国際法・農業などを学んで帰国した。

(イ)　五稜郭《ごりょうかく》の戦いで，新政府軍を率いて旧幕府軍と戦った。

(ウ)　1875年に結ばれた日露和親条約の成立に力をつくした。

(エ)　足尾金山鉱毒事件を，田中正造とともに解決した。

(2)　逓信省の仕事は，のちに郵政省などに受け継がれました。その後，郵政省は2001（平成13）年の中央省庁再編で，自治省などと統合されて，何という中央官庁になりましたか。正しいものを，次の(ア)～(エ)から一つ選び，記号で答えなさい。

(ア)　厚生労働省　(イ)　財務省　(ウ)　総務省　(エ)　文部科学省

問４　下線部④について。最初の内閣総理大臣として正しいものを，次の(ア)～(エ)から一つ選び，記号で答えなさい。

(ア)　青木周蔵　(イ)　板垣退助　(ウ)　伊藤博文　(エ)　黒田清隆

問５　下線部⑤について。「東海道中膝栗毛《ひざくりげ》」の作者として正しいものを，次の(ア)～(エ)から一つ選び，記号で答えなさい。

(ア)　歌川（安藤）広重　(イ)　井原西鶴　(ウ)　国木田独歩　(エ)　十返舎一九

問６　下線部⑥について。この当時のイギリス国王として正しいものを，次の(ア)～(エ)から一つ選び，記号で答えなさい。

(ア)　ヴィクトリア女王　(イ)　エリザベス２世　(ウ)　ニコライ２世　(エ)　ルイ14世

問７　下線部⑦について。東海道新幹線が開業した1964年から，北海道新幹線が開業した2016年までにおきたできごとを，古いものから年代順に正しく配列したものを，次の(ア)～(エ)から一つ選び，記号で答えなさい。

(ア)　国鉄分割民営化によるJRの発足 → 日本への沖縄の返還 → 中国への香港の返還

(イ)　中国への香港の返還 → 日本への沖縄の返還 → 国鉄分割民営化によるJRの発足

(ウ)　日本への沖縄の返還 → 国鉄分割民営化によるJRの発足 → 中国への香港の返還

(エ)　国鉄分割民営化によるJRの発足 → 中国への香港の返還 → 日本への沖縄の返還

問８　下線部⑧について。正倉院にゆかりのある聖武天皇が在位した期間におきた日本のできごとについて述べた説明文として正しいものを，次の(ア)～(エ)から一つ選び，記号で答えなさい。

(ア)　公地公民の制が見直され，三世一身の法が制定された。

(イ)　アイヌのシャクシャインの乱が平定された。

(ウ)　大宝律令が制定され，律令制度が確立した。

(エ)　唐や新羅や渤海《ぼっかい》などの海外の国と交流した。

問９　空欄 ⑨ にあてはまる適切な語句を**漢字二字**で答えなさい。

問10　下線部⑩について。1911年に大日本体育協会（のちの日本スポーツ協会）を設立して，スポーツの振興《しんこう》やオリンピック参加への準備につとめた，柔道の父と呼ばれる人物として正しいものを，次の(ア)～(エ)から一つ選び，記号で答えなさい。

(ア)　嘉納《かのう》治五郎《じごろう》　(イ)　田沼《たぬま》意次《おきつぐ》　(ウ)　浜口《はまぐち》雄幸《おさち》　(エ)　正岡《まさおか》子規《しき》

問11　下線部⑪について。日本の伝統的工芸品とその生産県との組合せとして誤っているものを，次の(ア)～(エ)から一つ選び，記号で答えなさい。

(ア) 因州《いんしゅう》和紙　－　鳥取県　　(イ) 大内塗《ぬり》　－　山口県

(ウ) 瀬戸染付《そめつけ》焼　－　愛知県　　(エ) 南部鉄器　－　鹿児島県

問12　空欄 ⑫ にあてはまる適切な語句を，次の(ア)～(エ)から一つ選び，記号で答えなさい。

(ア) サンフランシスコ　　(イ) シカゴ　　(ウ) ニューヨーク　　(エ) ポーツマス

問13　下線部⑬について。2021年におきたできごとについて，あとの問いに答えなさい。

１月

アメリカ合衆国大統領にバイデン氏が就任《しゅうにん》し，地球温暖化対策の国際的な枠組《わくぐ》みである ① への復帰，世界保健機関（WHO）からの脱退中止などを決定した。

(1)　空欄 ① にあてはまる適切な語句を，次の(ア)～(エ)から一つ選び，記号で答えなさい。

(ア) 京都議定書　　(イ) ジュネーブ協定　　(ウ) パリ協定　　(エ) リオ宣言

２月

イギリスは，アジア太平洋地域の経済連携《れんけい》協定であるTPP（環太平洋パートナーシップ）協定への参加を正式に申請《しんせい》した。

(2)　2021年12月末現在，TPP加盟国として正しいものを，次の(ア)～(エ)から一つ選び，記号で答えなさい。

(ア) サウジアラビア　　(イ) ニュージーランド　　(ウ) ブラジル　　(エ) ミャンマー

３月

2021年度の日本の国の予算案が国会で可決され，一般会計の総額は106兆6097億円となった。

(3)　2021年度予算の歳出の構成のうち，最も多い割合を占めるものは何ですか。正しいものを，次の(ア)～(エ)から一つ選び，記号で答えなさい。

(ア) 公共事業費　　(イ) 社会保障費　　(ウ) 文教および科学振興費　　(エ) 防衛費

４月

日米首脳会談が開かれ，中国の活発な軍事的活動で緊張《きんちょう》が高まる ② 海峡の「平和と安定の重要性」で一致し，共同声明の文書に「 ② 」を明記《めいき》した。

(4)　空欄 ② にあてはまる適切な語句を，次の(ア)～(エ)から一つ選び，記号で答えなさい。

(ア) 台湾　　(イ) 対馬　　(ウ) フィリピン　　(エ) ベーリング

５月

文化審議《しんぎ》会が，国立代々木競技場などをあらたに重要文化財に指定するよう，文部科学大臣に答申した。

(5)　国立代々木競技場を設計した人物として正しいものを，次の(ア)～(エ)から一つ選び，記号で答えなさい。

(ア) 伊能忠敬《いのうただたか》　　(イ) 隈《くま》 研吾《けんご》　　(ウ) 丹下健三《たんげけんぞう》　　(エ) ル＝コルビュジエ

６月

厚生労働省が人口動態《どうたい》統計を発表し，2020年に国内で生まれた子どもは５年連続で減少し，統計がある1899年以降で最少の ③ 万832人となった。

(6)　空欄 ③ にあてはまる適切な数字を，次の(ア)～(エ)から一つ選び，記号で答えなさい。

(ア)　4　　(イ)　14　　(ウ)　84　　(エ)　114

7月

南スーダンがスーダンから独立して，10年を迎えた。独立後も，国内では内戦《ないせん》が続いている。

(7)　南スーダンを流れるナイル川が注ぎ込《こ》む海として正しいものを，次の(ア)～(エ)から一つ選び，記号で答えなさい。

(ア)　インド洋　　(イ)　大西洋　　(ウ)　太平洋　　(エ)　地中海

8月

広島で平和記念式典が開催《かいさい》され，平和宣言では2021年１月に発効《はっこう》した ④ への支持が強く訴《うった》えられた。

(8)　空欄 ④ にあてはまる適切な語句を，次の(ア)～(エ)から一つ選び，記号で答えなさい。

(ア)　核拡散防止条約（核兵器不拡散条約）

(イ)　核兵器禁止条約

(ウ)　中距離核戦力全廃条約

(エ)　部分的核実験停止条約（部分的核実験禁止条約）

9月

日本のＩＴ（情報技術）政策の司令塔として，行政の情報システムの効率《こうりつ》化を推進《すいしん》する官庁となる ⑤ 庁が発足《ほっそく》した。

(9)　空欄 ⑤ にあてはまる適切な語句を答えなさい。

11月

イギリスのグラスゴーで，世界の気候や環境について話し合う国連気候変動枠《わく》組み条約第 ⑥ 回締約《ていやく》国会議（COP《コップ》 ⑥ ）の会合が閉幕した。

(10)　空欄 ⑥ にあてはまる適切な数字を，次の(ア)～(エ)から一つ選び，記号で答えなさい。

(ア)　8　　(イ)　10　　(ウ)　21　　(エ)　26

〔資料〕

折々のことば　鷲田清一　2083

多様性って、やっぱ覚悟いりますよ。

上田假奈代

大阪・釜ケ崎で「こえとことばとこころの部屋」を主宰する詩人は、多様性は「自分にとって居心地のいい人だけと一緒にいること」とは違うと言う。むしろ「招かざるお客さん」とどう「出会い直して」いくかが問題だと。であれば、時にその筆頭が自分であることも？　認めたくない自分が自身の奥に居座る。『ＴＵＲＮ　ＮＯＴＥ　ＴＵＲＮをめぐる言葉２０２０』から。

2021・7・13

Aさん

外見から他者を判断するということ自体は悪くないかもしれない、という[一]の文章の内容には共感しました。小学生の時、男子は黒色系のランドセル、女子は明るい色のランドセルが当然だという決めつけに疑問を感じたこともありました。そのため、【ア（二字）】観念と聞いたら、それだけで悪いものに思えていたのですが、[二]では、逆に【ア】観念を利用した自己【イ（二字）】のことが書かれています。自分がどのような人間であるかを【ア】観念によって意図通りにとらえてもらえるように装《よそお》い、振る舞うということです。それを体現したのが[三]の文章の《　X　》という登場人物なのだと感じました。

Bさん

[一]の文章で述べられているように、見た目から生まれる先入観は危険だと思いました。私自身、昔から母に「人に対して偏見を持ったり、【ウ（二字）】メガネで相手を見たりしないよう気をつけなさい。誰かを【エ（二字）】することにつながるから。」と言われてきたことを改めて思い出しました。[三]の文章からも、それと重なるメッセージを受け取りました。

Cさん

私自身、自分と考え方や見た目が異なる人と出会った時、明らかな決めつけや偏見を持たないように気を付けて過ごしていたつもりでした。そんな時に〔資料〕を目にし、多様性を認めるために大切なのは、そもそも「《　Y　》にある、他者や自分自身に対する考え方がどうであるか」なのだと気づき、はっとしました。そう考えると[三]の文章は、透風が他者との関わりにおいて成長した物語であると同時に、透風が【　オ　】物語であるともとらえられると思いました。

問1　空欄ア～エに入る適切な語を考え、指定の字数の漢字で答えなさい。

問2　空欄Xに入る人物名を[三]の本文中から抜き出し、答えなさい。

問3　空欄Yに入る適切な表現を〔資料〕の中から四字で抜き出し、答えなさい。

問4　空欄オに入る適切な表現を考え、十五～二十字で答えなさい。

情・様子」を時間の流れにそって表にしたものです。表中の（Ⅰ）～（Ⅳ）に入る語の組み合わせとして最も適切なものを後のア～エから選び、記号で答えなさい。

出来事	透風の心情・様子
大ばあちゃんからおぶってくれるよう頼まれたが、背負えない。	（Ⅰ）
大ばあちゃんから初めてきつく当たられる。	（Ⅱ）
再度の説得と提案を試みたさつきが、大ばあちゃんに激しい怒りをぶつけられる様子を見る。	（Ⅲ）
大ばあちゃんから「家に帰ろう」と言われる。	（Ⅳ）
奥宮の方を振り返る大ばあちゃんの言葉を耳にする。	やりきれなさ

ア　（Ⅰ）無力感→（Ⅱ）呆《ぼう》然→（Ⅲ）不安→（Ⅳ）困惑
イ　（Ⅰ）絶望感→（Ⅱ）恐怖→（Ⅲ）驚き→（Ⅳ）困惑
ウ　（Ⅰ）屈辱《じょく》感→（Ⅱ）呆然→（Ⅲ）不安→（Ⅳ）恐怖
エ　（Ⅰ）敗北感→（Ⅱ）困惑→（Ⅲ）驚き→（Ⅳ）呆然

問８　波線部ア～オから読み取れるさつきの人物像の説明として、**当てはまらないもの**を次から一つ選び、記号で答えなさい。

ア　「自分の価値観で、～日々学ぼうとしてんの」という発言からは、自分とは異なる考え方を受け入れようとする柔軟さが感じられる。
イ　「自分もその前で両膝をついてまっすぐ言葉をかけた」からは、相手の目線で物事をとらえ、誠実に他者と向き合おうとする姿勢が感じられる。
ウ　「無言でスマホを取り出した」からは、余計なことは言わず、傷ついた友人の気持ちを救うために黙って寄り添う優しさがうかがえる。
エ　「弱々しく～引き返していった」からは、自分に今できることを精一杯行い、果たすべきことから逃げない責任感がうかがえる。
オ　「雪が掌で～淡く微笑んだ」からは、予想外の出来事にあった後でも、人を思いやることを忘れない寛容な人柄であることがうかがえる。

問９　空欄Ａ・Ｂに入る最も適切な表現を次から選び、それぞれ記号で答えなさい。

ア　見たかった　　イ　見せたかった
ウ　見なかった　　エ　見られなかった

問10　次は、傍線部⑥中の「せかい」について説明した文章です。空欄に入る最も適切な表現を**25**ページの本文中から抜き出し、それぞれ指定の字数で答えなさい。

「【　ア　（四字）　】」という言葉を聞くと、いわゆる「男らしさ」をイメージし自分に引け目を感じていた透風にとって、「タイラと大ばあちゃん」という理解者に守られて過ごす世界は「心地よ」くも「狭き」ものであった。だが、さつきの言葉によって【　イ　（三字）　】がゆるみ、世界が広がっていくような感覚をおぼえる。そのような変化を透風自身は照れくささと喜びを持って受け入れていることが、「【　ウ　（六字）　】」という語から読み取れる。

三　次は一、二の本文と次のページの〔資料〕（鷲田清一「折々のことば」朝日新聞２０２１年７月13日朝刊）を読んだ中学一年生の三人が書いた感想文です。これを読み、後の問いに答えなさい。

問１　太線部ａ「画（する）」・ｂ「障子」の読みをひらがなで答えなさい。

問２　傍線部①「なまじ比喩ではない」はどのような表現に言いかえられますか。最も適切なものを次から選び、記号で答えなさい。

ア　ぴったりなたとえである

イ　なまなましいたとえである

ウ　意外性のあるたとえである

エ　言いふるされたたとえである

問３　次は、傍線部②「タイラは、画面の～それでいい」と感じるに至った透風の思いの変化についてまとめた文章です。空欄に入る最も適切な語を、それぞれ指定の字数の漢字で答えなさい。ただし、１・４は自分で考え、２・３は**30ページ**の本文中から抜き出すこと。

> **初めは、「コイツ」という呼び方に象徴されるように、透風はタイラの言動が気になりながらも、どこかで【　１（二字）】心も抱いていた。だが、ある時、信頼する大ばあちゃんと似た価値観をタイラのメッセージから感じ取ると、一気に【　２（三字）】を覚えるようになった。そして、世間が決めた枠《わく》組みを軽々と乗り越える、【　３（二字）】そのもののタイラに、【　４（二字）】の念をも抱くまでになった。**

問４　傍線部③「それはすごく。すごく――」に込められた透風の心情の説明として最も適切なものを次から選び、記号で答えなさい。

ア　タイラの言葉に勇気をもらっていた透風だったが、自分が同じような行動をしても周囲には受け入れてもらえない中、初めて理解を示してくれたさつきに感謝の念を抱いている。

イ　タイラの子ども離れした行動力に驚きを感じていた透風だったが、自分も知らず知らずのうちにタイラと同じ生き方をしているのだとさつきに気づかされ、その事実に感激している。

ウ　みんなにタイラの魅力を知ってほしいと思っていた透風だったが、さつきにタイラの良さを理解してもらえたことで、自分も微力ながら彼の役に立てたのだと誇らしく思っている。

エ　自分が共感するタイラの価値観を周りに受け入れてもらうのは難しいと感じていた透風であったが、自分の大事にしている思いをさつきと分かち合えた気がして、喜びをおぼえている。

問５　傍線部④「心の奥底に～引き出す」とありますが、「そっと外に引き出」した「心の奥底に閉じ込めている気持ち」をたとえた表現を**29ページ**の本文中から二字で抜き出し、答えなさい。

問６　傍線部⑤「おもちゃに飽きた子供のような表情が浮かぶ」とはどのような様子を表していますか。最も適切なものを次から選び、記号で答えなさい。

ア　集中して取り組んでいたことへの興味を失い、急に別のことに熱中し始める様子。

イ　難しいことに挑戦してきたが限界を感じ、達成しやすいことを選ぼうとする様子。

ウ　こだわっていた物事に対し、それまでの態度を一変させて何の未練もなくなる様子。

エ　大切にしてきた価値観が揺らぎ、どうしたら良いのかわからずに途方に暮れる様子。

問７　次は、**〈中略２〉**から**〈中略３〉**までの「**出来事**」と「透風の心

そっと触れた。

　数時間前に山でさつきを怒鳴りつけたことは忘れているのだろうか。そのことを、どう思っているのだろう。聞いてみたい気もするが、聞いても仕方がないのだろう。今は言葉通り受け取ることに決める。

「大ばあちゃん。僕、目標ができた」

「何や」

「何とかして、一日も早く大ばあちゃんを奥宮に連れて行く。歩きやすい階段とか、スロープとか。樋口はこの村でずっと色んなもんを拵《こしら》えてきたんやから、僕も頭ひねってどうにかする。あそこはやっぱり大ばあちゃんと行く場所やから」

　僕らに奥宮の日の出を見せたいなら、何がなんでも一緒に来てもらう。床の一点を凝視《ぎょう》し、うんうんと自分にうなずく。さつきが言った通りだ。ころっと諦めたら、駄《だ》目なのだ。

　階段拵えるより、カラダ鍛《きた》えてオレを背負ったらええがな、などと言われるかと思ったが、大ばあちゃんは大口を開けて笑った。かかか、といかにも愉《ゆ》快そうに皺《しわ》を寄せて目をきゅっと閉じ、頬をひくつかせる。目元が涙で滲み始めたのは、感動したからではなく、多分ただの生理的な反応だろう。その涙を拭い、ひいひい言いながら大ばあちゃんは声を絞《しぼ》り出した。

「初笑いや。ええ初笑いやわ。今年はええ年になりそうや」

「冗《じょう》談やないで。本気や」

「当たり前や。それでこそ樋口の男や。困難を切り開くのが樋口なんや。そうやって村も家も大きゅうしてきたからな」

　樋口の男。大ばあちゃんが透風に対して初めて口にしたことに、絶句する。大ばあちゃんだけは、その言葉を使わなかったのに。

　カチ、と歯車が噛《か》み合うかすかな感覚が胸に伝わる。背負えなくても、いい。別のやり方でも、いい。あれほど嫌で嫌でしょうがなかった、「樋口の男」。その硬《かた》い輪郭がふっとゆるんだように感じた。

「さぁちゃんとタイちゃんにも手伝ってもろたらええ。皆で力を合わせてな」

　大ばあちゃんが再び、さつきのこめかみをそっと撫《な》でる。

「透風、ええお連れができたなあ。よかったなあ」

　お連れ。友だち。一応義理のいとこだが、血がつながっていないせいか大ばあちゃんにとってはあまり関係ないらしい。
⑥タイラと大ばあちゃんで成り立つ心地よい狭《せま》きせかい。そこへさつきは、——さつきは壁《かべ》に穴を開けて入ってきた。
　内側から何かが押し開いてくる気がして、透風は思わず胸に拳《こぶし》を当てた。不思議な感覚だった。閉じ込めていた、というよりは閉じこもっていたものが自らの意思で顔を出すような。透風を守る境界線が、「友だち」の居場所を作るように、外へ外へと広がっていくような。

「ええお連れや」大ばあちゃんが繰り返す。

　広がった分だけ、透風はおそるおそる歩き出す。どこまで行けばはしがあるのかわからないせかいへ、ゆっくりと踏み出していく。

　心の表面がくすぐったい。どんな顔をしてよいかわからず、顔中を両手でごしごしと力任せに擦る。朝の光をたっぷりと浴びた頬が、暖かい。

　指の隙間からさつきを見下ろすと、ようやくぼんやりと瞼を開けた目が、鳥が羽根を伸ばすように長い睫毛《まつげ》をゆっくりと動かし、瞬きをした。

さつきは、ォ雪が掌で溶けるように淡く微笑《ほほえ》んだ。さつきが去った後、大ばあちゃんが急に態度を変えたことを説明する。

「僕も、ついていけないんですけど、一応言っておこうと思って。そもそも悪気は、なかったんだと、思います」

大ばあちゃんをかばうというより、さつきは何も悪くないのだと伝えたかった。うん、とさつきは応じ、背後を振り返る。雪見b障子のガラスの奥で、布団にくるまった大ばあちゃんが、太いいびきをかいている。

叩かれた手をもう一方の手で包み、正直、ちょっと怖かったけど、と前置きしてさつきは言った。

「それくらい行きたかったんだろうね、奥宮に。理由を想像すると、やっぱり連れて行ってあげたかったよね」

「理由、ですか」

「大ばあちゃん、焦《あせ》ってたんじゃない？　いつまでもまた来年行けばいいやって、言ってられないのかも。体力があってもボケたらわかんなくなっちゃうし、頭がはっきりしてても身体がついていかなかったら、奥宮には行けないじゃん。それに、こんなこと言っていいのかわかんないけど、もう九十八だし。逆に、ころっと諦《あきら》めちゃってほんとにいいのって感じだよね」

透風が日頃考えないようにしていることを、恐れず口にする。毅《き》然としながら労《いたわ》りが滲《にじ》むさつきの横顔を見て、透風は返事をすることも忘れた。

それより何かいい方法ないかなあ。大ばあちゃんを奥宮に連れて行く方法、とさつきが再びあくびをする。その上瞼《まぶた》がぴた、ぴた、と下瞼にくっついては離れる。最後は、くっついたままもう開かなくなってしまった。座ったまま、首がかくんと下がる。

ささくれ立った心が、すうっと凪《な》いでいく。やわらかくなったそこへ、大ばあちゃんの言葉がするりと戻ってきた。

いつかさぁちゃんとタイちゃんには見せてやり。

ああそうか。大ばあちゃんが、奥宮に行きたがった理由。

庭に目を向ける。山の向こう側が曙《あけぼの》色に染まり始めていた。その光が、徐々にこちらに迫ってくる。この光を、大ばあちゃんは――。

奥宮で初日の出を［　A　］のではなく、［　B　］のだ。

一秒ごとに闇が引いていく様子を、ずっと見ていたかった。見えていなかったものの輪郭《かく》が、徐々に見えていく。

今年はじめの、ヒヨドリのさえずりが聞こえた。

窓から燦々《さんさん》と降り注ぐ光があまりにもまぶしく、目が覚めた。身を起こすと手にしていたスマホがごとりと落ち、液晶画面にふっと時計が表示される。八時二十分。

傍《かたわ》らで、さつきが猫のように身体を丸めて眠っている。起こさないよう息を殺し、背後の障子を細く開けた。薄闇の座敷で布団はもぬけの殻で、庭から低く長く差し込む朝日を追って視線を部屋の奥まで移すと、廊下側の襖《ふすま》が開いており、大ばあちゃんが立っていた。

「透風、起きたんか。大ばあちゃんもな、寝過ごしてもうたわ」

そう言って縁側まで歩み寄り、よっこいしょと畳《たたみ》の端に横座りする。

「はあー、ええ天気や」

気持ちよさそうに日を浴びる大ばあちゃんの顔に、山での険しさはない。「よう寝てるわ」と口元をゆるめ、節くれ立った指でさつきの頭に

え。透風の両目がすっと見開く。今、何て？

ほれ、起こしてんか、と大ばあちゃんは透風に向かい、赤ん坊がそうするように両手を高く伸ばす。ふたりで抱き合うようにして立ち上がると、ぽんと、大ばあちゃんが透風の腕に、泥《どろ》のついた手で触れた。

「透風、お日ぃさんはな、どこにいてもお日ぃさんや。初日の出は、どこにいても初日の出や。さぁちゃんと透風と一緒に見れたら、どこでもええわな。神さんも許してくれはる」

「でも大ばあちゃん、さつきが今、ひとりで山を下りて……」

「もうええ、もうええ。やめやめ。寒ぅて待ってられへん」

何やねん。何なんや。

子供の頃から聴こえていた大人たちの声が脳裏によみがえる。大ばあちゃんには困ったもんやわ。年いってねえ、言うてることが……。しゃあないわ、だって九十やもん。昔から頑《がん》固やけど、振り回されるこっちの身にもなってほしいわ。

年のせい。老いや余命を連想させる語句を口にし始めた大ばあちゃんが、ほんの少しずつ、はめてもはめてもポロポロと落ちるパズルのピースみたいに、元の姿を保てなくなっていく。同じ言葉の繰り返し。つじつまが合わない会話。朝言ったことを昼には忘れている。

これまであえて知らん顔で受け流していた現実を、バケツに溜めて一気に浴びせられたようで、透風は激しく動揺《よう》した。

「帰るで。さぁちゃんどこ行きよった」

年のせい。大ばあちゃんは、悪くない。そう思おうとすればするほど、内側で感情が膨《ふく》らんでいく。

己の力不足に対する悔《くや》しさ。大ばあちゃんに初めて怒鳴られた衝撃。努力したのに役立たずだと宣言された哀《かな》しみ。ひとつひとつが胸を潰すほど痛みを伴《ともな》う透風の気持ちが、もうええわ、のひと言で、いとも簡単に流された気がした。それだけではない。さつきや綾音《あやね》おばさん〔さつきの母〕の好意も含め、全てをなくてもよかったことにされた、気がした。

大ばあちゃん、それならせめて、さつきにはあそこまで怒ってほしくなかった。

「奥の神さん、お聞きの通りや。どうぞ堪忍《かんにん》してください」

大ばあちゃんが胸の前で小さな手を合わせ、奥宮の方角に向かって頭を垂れた。

さつきを待たず、ふたりで山を下り始める。少しも進まないうちに、大ばあちゃんが再び足を止め、奥宮の方を振り返った。

「ここに来るのは、これが最後かもしれへんな。透風、大ばあちゃんが行かれへんでも、いつかさぁちゃんとタイちゃん〔タイラのこと〕には見せてやり。初日の出は奥の神さんから見るのが一番なんや」

行きたいのか行きたくないのかどっちや。

涙で濡《ぬ》れた頬が、ひりひりといつまでもしびれた。

〈中略３　その後、自宅に帰った大ばあちゃんは「お天道《てんと》さん出たら起こして」と言って寝てしまう。〉

「あの」相手が眠ってしまう前にと、透風はぎこちなく声をかける。

「うん？」さつきが疲れた顔を向ける。

「さっき、山で大ばあちゃんが言ったこと、すみ、すみません。手も、た、叩《たた》いて」

「何で透風が謝るの」

ちゃうかもしれない。今なら、家に戻れば三人で初日の出、見られるよ。間に合うよ」

諭《さと》す調子で語りかけると、さつきは立ち上がり、うながすように手を差し出した。

「ほな、今すぐ人呼んでこい。お前らがようせんのやったら、村の者《もん》呼んでこんか！」

闇《やみ》を震《ふる》わせる大声で大ばあちゃんの檄《げき》が飛び〔しかりつける声がして〕、さつきの手が振り払われた。ばしん、と乾《かわ》いた音が闇夜に響く。さつきの顔が凍《こお》りつき、透風の全身が粟《あわ》立つ。

透風が知る大ばあちゃんは、気難しいところもあるが、やさしくて、透風には怒ったりしない。だから、こうなった以上「ほなしゃあないな」と言ってくれると、どこかで期待していた。

しかし、今、目の前で顔をくしゃくしゃにして憤《いきどお》りを顕《あらわ》にする大ばあちゃんは、思うように歩けない膝に業《ごう》を煮《に》やし、奥宮で初日の出を、という願いが叶わず怒っている。その思いを叶えてあげられない透風とさつきを、はっきりと責めている。

大ばあちゃんに初めて怒鳴られた衝撃《しょうげき》で、何も考えられなくなった透風は、電池が切れたように冷たい地面に座ったまま動けない。さつきがウ無言でスマホを取り出した。画面を確認し、かぶりを振る。電波もワイファイもない。

「とりあえず、私が神社に戻ってママを呼んでくる。それから……」

さつきが言いかけると、大ばあちゃんがそれを横から遮《さえぎ》り怒声を浴びせた。

「あんたのオカンじゃあかん。誠一呼んでこい。とにかく早う何とかせえ！　夜が明けてまうわ！」

引きつったさつきの顔に怯《おび》えが浮かび、傷ついた瞳が透風の胸を深くえぐる。

険しい表情で睨《にら》みつける大ばあちゃんから目を逸《そ》らすと、さつきはエ弱々しく「じゃあ、行ってくる。すぐ戻るから」と言い、来た道をひとりで引き返していった。

透風は嫌な味がする唾《つば》を飲み込む。今ので、さつきがもう屋根裏に来なくなったらどうしよう。大ばあちゃんを嫌いになったら、どうしよう。

木々の奥にさつきの懐《かい》中電灯の光が見えなくなると、透風はのろのろと立ち上がり、手や太ももの土を払い落とした。頭上で幾《いく》重にも重なる枝の先を見上げる。夜空はまだ青暗い。さつきが境内にいる誰かを連れて戻ってくるのに、最低でも十五分。父を呼べば三十分以上かかるが、日の出にはなんとか間に合う。

「あれ、さぁちゃんどこ行きよった」

ふいに、足下で声がした。大ばあちゃんがきょろきょろしている。透風は混乱した。声に、さっきまでの険がない。さつきがいなくなったことを、本当に疑問に思っているみたいだ。

「さつきは神社に人呼びに行った。誰か大人が来てくれたら、奥宮まで行ける。せやから寒いけど、もうちょっと待とうな」

丁寧に言ったつもりだが、何を今さら、とつい思ってしまう。すると、大ばあちゃんの顔から疑問がすっと消え、代わりに⑤おもちゃに飽《あ》きた子供のような表情が浮かぶ。

「もうええわ。帰ろか。寒いわ」

「新曲、すごく、感動しました。タイラが、フォロワーのことを大事に思って声をかけてくれるのも、ほんと嬉《うれ》しくて、泣きそうになりました。タイラのファンで、よかった」

言ったそばから、本当に目に涙が溜《た》まり、慌《あわ》てて手の甲《こう》で擦《こす》る。皮膚《ふ》に、きらきらした白いものが貼《は》りつく。さつきに施《ほどこ》されたアイシャドウだ。

さつきは涙には触れずクッションに座りなおし、よくわからない動物の抱き枕をぎゅっと上半身で押し潰《つぶ》すように抱きしめた。

「顔もやってることも日本人離れしてるのに、礼儀とかそういうの、すごく日本人だよね。ユーチューバーと違って変なテンションもないし、逆にダレた感じもない。女子のサンタコスするかと思ってたけど、まさかの普段着だったしね」

そう、黒のニットにジーンズという出で立ちには驚いた。サンタの帽子だけはかぶっていたが。

「でも皆がこういう格好で騒いでる中、ひとりカジュアルで爽《さわ》やかで、それもまたいいなって、思いました」

透風が言うと、さつきは「だよねー」と笑った。それにまた、ほっとする。こうして誰かと気持ちをじかに共有する感覚は、意を決して押し出した小舟が、温かい波にやさしく押し戻されたようで、温《ぬく》もりのある余韻《いん》が残った。

髪を伸ばし始めたのも、女装を始めたのも、タイラのようになりたいとか、女になりたいとかいう、こころざしがあったわけではない。

何となく、女装をすれば「男らしさ」を真っ向から否定できるようで心が晴れるし、髪は伸びれば伸びるほど、女装に合うと思った。さつきには本当の自分にしがみついている、なんて言ったが、内実は、現実逃《とう》避《ひ》と紙一重《ひとえ》の意地。男らしくない自分をどうにもできないだけだ。

〈中略２　大みそかの夜、数年ぶりに奥宮で初日の出を見たいという大ばあちゃんを連れて、透風はさつきと山の上にある奥宮に向かった。今後、このような機会があるとは限らない、との思いからであった。しかし、途《と》中で足元がおぼつかなくなった大ばあちゃんは「負ぶってくれるか」と透風に頼んだ。戸惑《まど》いながら背負おうとした透風だったが、大ばあちゃんを支えきれず、体勢を崩《くず》してしまう。〉

ああっ、という声がそれぞれの口から漏《も》れ、大ばあちゃんがずり落ちると同時に透風も横座りにくずおれる。

この華奢《きゃしゃ》な身体が忌々《いまいま》しい。それ以上に、解放されてほっとしている自分が心から情けなかった。目と鼻の奥が燃えるように痛み、袖《そで》口で力任せに拭《ぬぐ》う。その横でさつきが冷静に大ばあちゃんを起こし、丸太の縁《ふち》に座らせると、イ自分もその前で両膝をついてまっすぐ言葉をかけた。

「大ばあちゃん、ねえ、どっちが大事？　三人で初日の出を一緒に見ることか、奥宮に辿《たど》りつくことか。奥宮に行くことなら、今は一旦帰って、夜が明けてから他の人にも手伝ってもらおう」

大ばあちゃんの願いは、叶《かな》わない。父だったら、難なく背負えるのに。堪え切れず、透風は無言でぼろぼろと熱い涙をこぼした。

「夜が明けてからて。初日の出やのにそんなもん待ってたら意味あらへんがな」

大ばあちゃんが刺々《とげとげ》しく抗《こう》議する。

「うん、でも私と透風じゃ大ばあちゃんを奥宮まで運べない。怪我《けが》させ

で、世間が分けている物事を行ったり来たり。誰でもできるようでいて、現実にはそこまで割り切れない自由が、タイラにはある。

セカイはまるい。まるいものには、はしがない。

タイラが、大ばあちゃんの言葉を行動で示してくれる。身体中に沁《し》み渡る、甘い親近感。だが、友だちになりたいとか、そんなことは思わない。この美しい人は、自分なんかとつながってよい存在ではない。だから、コメントの投稿はおろか、「いいね！」すら押さない。

②タイラは、画面のこちら側からそっと覗《のぞ》き見ることができれば、それでいい。

〈　中略１　その後、タイラの影響で始めた女装が集落の皆にばれてしまい、透風は父の「誠一《せいいち》」に激怒される。そんな中でも大ばあちゃんだけはありのままを受け入れてくれた。また、最近集落に引っ越してきた同い年の義理のいとこである「さつき」は、なぜか透風が女装している屋根裏に頻繁《ひんぱん》に出入りし、女装に協力してくれていた。次は、協力的である理由を尋《たず》ねた透風に対して、さつきが答えている場面である。〉

「女装とか、明らかに変だけど。キモいっちゃあキモいけどさ。透風が言ったんじゃん。本当の自分にしがみついて生きてるって。タイラがそういうのがいいって言うから、そうするんだって」

以前、そんなことを話した気もする。変じゃない、とはっきり言った覚えはないが、さつきはそのように解釈したらしい。

「これでも勉強中なの、私」

さつきは、腰《こし》を折って床《ゆか》に散らばる服を拾い始めた。着せ替えごっこは透風だけ。さつきは普段着のままだ。

「ア自分の価値観で、いいと思うものとか、好きなとを自由にやっちゃうタイラと透風から、生き方ってやつを日々学ぼうとしてんの」

服を腕に抱《かか》え、深い光を宿す大きな瞳が、再び透風と向き合った。

「皆があんたたちみたいに常識の境界線をちょっとゆるめたら、生きやすくなりそうじゃん。だから、協力してあげる」

境界線。そうなのだ、と透風は心で強くうなずく。まさに、水の中にいるようなそういう行きつ戻《もど》りつの自由が、いいと思うのだ。タイラからもらったその大切な大切な感覚が、自分通じてさつきに伝わったんのだとしたら、③それはすごく。すごく――、

そうして迎えた今年のクリスマスは、人生で一番楽しいクリスマスだった。

三十万人のフォロワーを持つタイラのインスタグラムライブ配信。タイラが自ら作詞作曲した新曲をギター一本で弾き語る。少しお喋《しゃべ》りをして、今度はクリスマスの定番ソングのカバー。最後にフォロワーへ丁寧《ていねい》なお礼を述べ、四十分ほどで終了した。

感動しました！　新曲リプレイ待ってます！　といった感想が続々と上がる。それらをじっと目で追っていると、さつきの声がした。

「短かったね。でもタイラのトークって珍しいし、よかったね」

百均で買ったというサンタのとんがり帽子《ぼうし》を脱いださつきの表情は、晴れ晴れとしていた。その生身の人間の温度が波紋となり、透風の深い部分を刺激する。透風は自分もこの時間が本当に楽しかったのだと、やわらかい水が土に染み渡るように、喜びが静かに胸に広がっていくのを感じた。その喜びが、「いいね！」にすら安易に変換できない、④心の奥底に閉じ込めている気持ちをそっと外に引き出す。

とにはなるが、見直す行為は差別を減らす上でも決して無駄《だ》な営みではない。

エ　「普通」は空気のようなものであり、それに抗《あらが》うことはできないため、「普通」から離れようとせず、うまく付き合っていくことが現実的である。

オ　マスメディアによって画一的に作り出された「普通」に私たちは影響される傾向があるため、できるだけマスメディアに触れないことが望ましい。

二　次の文章は、秋ひのこ作「はしのないせかい」の一節です。本文を読み、後の問いに答えなさい。〔　〕内の表現は、直前の語の意味を表します。なお、設問の都合上、本文を変更している部分があります。

高校一年生の「樋口透風《ひぐちとうか》」は、小さな集落の地主の一人息子である。住んでいる集落では力仕事ができてこそ男として一人前という考えが根強く、非力な透風は肩《かた》身の狭い思いをしていた。そんな中、曾《そう》祖母で、今年九十八歳になる「大ばあちゃん」だけは幼少期から透風の味方であり、「世界には『端《はし》』がない」という考え方も与えてくれた。最近では体力や認知機能にも衰《おとろ》えが見られるが、透風にとって大ばあちゃんはかけがえのない存在であった。もう一人、透風にとって大切な存在として、インターネット上で活動中の「タイラ」がいた。次は、タイラとの三年前の出会いを思い返している場面である。

何だコイツ。明らかに加工していないのに、やたら綺麗《きれい》な顔立ち。女子か男子かわざと混乱させるような風貌《ぼう》。自分の写真をこんなにもひけらかしている時点で引く。絵が上手いのはいいとして、中学生でTシャツを作って、売り上げを寄付？　プロフィールには『タイラ　中３』とあり、日本とアメリカの国旗の絵文字が並ぶ。

妙《みょう》に気になり、毎日検索して見ていたが、フォロー機能を使う後押しとなった投稿《こう》は、夏休み最後の写真。透風が大ばあちゃんにもらったものと同じような、大人の頭ほど大きい地球儀に、タイラがぴたりと白い頬《ほお》を寄せている。

『セカイには、端がない。まるいものって、はしがない』

稲妻《いなずま》に打たれるような感覚、というのは①なまじ比喩《ゆ》ではないらしい。実際、背筋がびっと伸《の》びた。背骨がカタカタとまっすぐに整い、肋《ろっ》骨《こつ》が開く。その隙間《すき》が、昂《たか》ぶる感情で満たされていく。誰もいない納屋の屋根裏で、花柄の籐《とう》の椅子《いす》に座りなおす。汗ばんだ両の掌《てのひら》で小鳥を抱くようにスマホを包み、黒檀《こくたん》の瞳《ひとみ》の少年をまじまじと見つめる。

その瞬間から、透風は彼のことを「コイツ」と呼ぶことを止めた。彼の名は、タイラ。まるいものにはしがないことを知る存在。

ちょうど、タイラが有名になり始めていた時期だった。ハーフは珍《めずら》しくはないが、濃い栗《くり》色の髪と黒に近い瞳、高過ぎない鼻は日本人に親しみやすい。それでいて一般人とは一線をa画する甘く整った見目が、まず母親世代の女性に受けた。そして、日本の中学生とは思えない絵や音楽の才能と言葉の選び方は、中高生の憧《あこが》れとなった。ジェンダーレス男子、という肩書きがついてインスタアイドルとしての地位が完全に確立したのは、透風がタイラと出会って一年経った頃だ。

境界線、はタイラにとってのキーワードで、タイラは「端」や「区別」を好まない。だから、女子の服がいいと思ったら迷わず着る。女子っぽい持ち物も使う。逆に男子っぽい格好をする日もある。自分の価値観

エ　満員電車の中でスマホだけを見ることで、他人からの視線を浴びる緊張から逃れ、また他人と目を合わせないことで相手に対しても気まずい思いをさせないということ。

問５　傍線部③「儀礼」について、次の各問いに答えなさい。

(1)　ここでの「儀礼」の意味として最も適切なものを次から選び、記号で答えなさい。

Ａ　ポイント　　Ｂ　エチケット
Ｃ　プライベート　　Ｄ　セキュリティー

(2)　ここでの「儀礼」の例として最も適切なものを次から選び、記号で答えなさい。

ア　友人の部屋へ遊びに行った時に、長い間貸したままになっていた漫画本を見つけたが、特に返却を求めなかった。

イ　図書館での自習中、隣の座席に自分の荷物を置いていたが、席が埋《う》まってきたので邪魔《じゃま》にならないように荷物をよけた。

ウ　買い物中、他人のカゴの中に欲しかった商品を見つけたので、その人に売り場をたずね、礼を言って自分も同じ物を購《こう》入した。

エ　バスに乗り合わせた人のおしゃべりがうるさかったため、その声が聞こえないようにイヤホンをはめて大音量で音楽を聴いた。

問６　傍線部④「状況に応じて必要だとされる外見を整えること」について、次の各問いに答えなさい。

(1)　次は、傍線部④について説明した文です。空欄に入る最も適切な語を34ページの本文中から四字で抜き出し、答えなさい。

その場の状況に合わせて「外見を整えること」とは、見せたい自己を呈示《ていじ》すること、つまり［　　］をするという営みである。

(2)　傍線部の例としてふさわしくないものを次から一つ選び、記号で答えなさい。

ア　小児科の看護師が、威《い》圧感を与えないように淡く優しい色あいの服を着て子どもに接する。

イ　サッカー観戦をする時、応援《えん》するチームのユニフォームを着て周囲との一体感を出す。

ウ　友達の誕生パーティーで自分の苦手な料理が出てきたが、おいしそうに全部食べきった。

エ　いつもはお手伝いをしないが、親戚《せき》で集まった時には自分から進んで食器の片づけをした。

オ　健康診断の前日に夕飯の量をいつもよりも少なくして、体重測定で数値を下げた。

問７　傍線部⑤「人間の『ちがい』をめぐる偏狭で硬直した図式」を端的に述べた表現を〈中略２〉以降の本文中から七字で抜き出し、答えなさい。（記号も一字と数えます。）

問８　〈中略２〉以降の本文において、筆者は「普通」をどのようにとらえていますか。適切なものを次から二つ選び、記号で答えなさい。

ア　「普通」とは、〝惰性〟により人々が作り出したものにすぎないため、一切信頼せずに自分の持っている価値観を貫くことが大事である。

イ　私たちの多くは「普通」にとらわれているが、努力によってそのとらわれから切り離され、自由で偏《かたよ》りのない人間になることができる。

ウ　「普通」を見直したとしてもそれは次なる「普通」を生み出すこ

う差別や排除もまた、日常頻繁《ひんぱん》に起こっている事実でもあります。

　外見による「決めつけ」を崩《くず》していくためには、どうすればいいのでしょうか。「ぽっちゃり」女性の意識改革、生き方改革を実践する『ラ・ファーファ』〔雑誌名〕の戦術や戦略は参考になると思います。また厳しい告発ではなく、私たちを少しずつ巻き込んでいく「マイフェイス・マイスタイル」〔団体名〕の活動もまた、実はラディカル〔根本的〕な営みであり、私たちが「普通」に呪縛《じゅばく》され〔しばりつけられ〕ている事実を鋭《するど》く突きつけてくれます。

　どちらからも学ぶべき共通点があります。それは「普通」の呪縛から自分自身を解き放つプロセスがもつ意味を自らの腑《ふ》に落とすことです。「普通」の呪縛から自分自身を解き放つこと。それは私たちが「普通」からまったく離れてしまうことではありません。「普通」とはいわば空気のようなものであり、私たちはそれこそ命を終える瞬間まで付き合わざるを得ないのです。

　それは、もろもろの因習や伝統、習慣といった〝惰性《だせい》〟から「普通」を切り離し、新鮮な視点で「普通」を丁寧《ていねい》に見直していく作業ともいえるでしょう。そして見直す過程で私自身の他者理解やものの見方を制限したり妨《さまた》げている知を見つけ、それを自分にとってより有効な知へと変貌《ぼう》させることが大切なのです。言い換えれば、⑤人間の「ちがい」をめぐる偏狭《へんきょう》で硬直した図式を崩し、より緩《ゆる》やかでそれぞれを対立させたり排除させたりしないような形で「ちがい」を認める新たな価値や図式を徐々《じょじょ》にでも創造していく営みといえるでしょう。

（好井裕明　著『他者を感じる社会学　差別から考える』より）

問1　太線部a「チュウシ」・b「テンケイ」を漢字に直しなさい。

問2　次は、傍線部①「『たかが外見、されど外見』」と言える理由について説明した文です。空欄に入る最も適切な表現を、Ⅰ・Ⅲについては傍線部①以前の本文中から指定の字数で抜き出し、Ⅱについては後の選択肢から選び、それぞれ答えなさい。

外見ではなく中身が大事だと言われることが多いが、私たちは蓄積してきた「知識在庫」、つまり【Ⅰ（漢字四字）】をもとにして、人々を外見から【　Ⅱ　】化し、他者の【Ⅲ（漢字三字）】までも推測しようとする現実があるからである。

［選択肢］

A　ルール　B　データ　C　トータル　D　パターン

問3　空欄X・Yに入る適切な語を次から選び、それぞれ記号で答えなさい。

ア　もし　イ　つまり　ウ　しかし　エ　たとえば

問4　傍線部②中の「回避」を具体的に説明したものとして最も適切なものを次から選び、記号で答えなさい。

ア　スマホに集中することで、満員電車の中でも自分だけの心理的空間を作り出し、それと同時に自分が周囲の人に関与するつもりがないことをも示すということ。

イ　スマホの便利な機能を使いこなすことで、満員電車の中でも自分の個人情報を周囲から守り、同時に他人の情報をうっかり見てしまう事態も避《さ》けるということ。

ウ　満員電車の中でスマホを手にしていることで、危険を感じるような時があっても、すぐに誰かに助けを求められる状態にあることを周囲にアピールするということ。

私たちは、自分を守る〝膜《まく》〟とでもいえるものを持っています。それは状況によって堅牢《けんろう》な〝殻《から》〟となるかもしれませんが、薄く、破れやすく、誰の目にも見えない透明な〝膜〟です。そして満員電車のように人間が過剰《じょう》に密集してしまうとき、当然〝距離〟の維持は難しく、さらに〝膜〟さえもお互いに触《ふ》れ合い、擦《す》りわせる［原文のまま表記］ことで、破れてしまう危険に私たちはさらされます。そのような状態のなか、私たちは、②スマホなど使える「道具」を駆《く》使して、互いの〝膜〟を破る危険を回避《ひ》できるよう細心の注意を払《はら》っているのです。

私が困ってしまうのは、隣の他者の〝膜〟をなんとか破らないように注意を払い、その場でいろいろとふるまっても、〝膜〟の向こうにある他者の世界が「見えてしまう」からです。ＬＩＮＥのやりとりや個人で検索《さく》している情報やゲームの様子など、別に私は見たくありません。結果として隣の人が懸《けん》命に維持しようとしている〝自分だけの世界〟を「侵犯《しんぱん》」してしまう危うさを感じるからなのです。

自分の〝膜〟を守りつつ、他者の〝膜〟つまり、他者の私的世界を侵犯しないこと。これこそ、私たちが日常しっかりと守っている最大の③儀礼と言えるでしょう。そしてこの儀礼を行使することに外見が密接に関連しています。

自分の〝膜〟を守りつつ、他者の〝膜〟つまり、他者の私的世界を侵犯しないという儀礼は、さらに私たちがその場そのときに応じて適切に自分の〝外見〟を整えることで達成されます。

たとえば私は、電車で空いている席を見つけると、座る前に必ず「すみません」と両側に座っている人に声をかけるか片手を少し前に出して「これから私がそこに座りますよ」という意思表示をします。両側の人のコートや上着の裾《すそ》を尻《しり》で踏まないように気をつけながら座り、リュックは両腕《うで》で覆《おお》うようにして抱え、膝《ひざ》の上でしっかりと安定させます。ここまですれば、自分の〝膜〟はしっかりと守れるし、両側の人の〝膜〟にも触れないし、私的世界にも「侵犯」する危険性はなく、ほぼ完璧《かんぺき》な〝乗客としての外見〟を私はつくりあげることができます。そしてこうした外見をつくりあげた後で、今日の講義で使えそうな面白いネタはないかと、どこに焦点をあわせることもなく、乗客の様子を細かく観察しています。

④状況に応じて必要だとされる外見を整えること。この営みは、ほとんど誰もが逃《のが》れえないものと言えるでしょう。でもなぜそのような営みを私たちはしてしまうのでしょうか。これもゴフマンから得た私の知識ですが、私たちは常に自分の姿をめぐりその場その時の状況に適合するように印象操作しています。それはただ姿かたちという外形的なことだけではありません。自分自身がどのような存在であるかを相手にわからせようとする自分の中身にまで関わっていく印象操作という営みです。

〈中略２〉

外見で他者を判断し、また外見で自分自身を判断してもらうことは日常では必要な営みです。だからこそ外見を整え、その場その時に応じて印象操作し、自己呈示《ていじ》することは生きていくうえでの基本です。同時に、外見から〝適切に〟他者を判断し、他者に感応することは、とても重要であり、日常生きていくうえで回避し得ない営みなのです。

しかし他者をかけがえのない存在として敬意を払うことなく、外見だけから〝恣意《しい》的に［勝手に］〟判断し「決めつけ」、見下し、遠ざけるとい

しています。ゴフマンは、人間が他者と共にいる営みや複数の人間からできる集まりには、それ自体固有の秩《ちつ》序がつくられ維《い》持されているという事実を明らかにしています。「相互行為秩序（the interaction order）」というものです。

[X]、私たちは電車に乗っている時に、どのような秩序を維持しながら過ごしているのでしょうか。私がまず思いつくのは「他者はじっとみつめない」というルールです。どんなに目の前の座席に座っている人が魅《み》力的であろうと私はその人をじっと見つめたりはしません。でもやはり気になる時は、その人だけをaチュウシするのではなく、他の光景も眺めているふりをしながら、それとなく見るでしょう。ゴフマンの言葉を借りれば、それは「焦《しょう》点をあわせない（unfocused）」見方であり、こうした秩序が維持されているのは「焦点をあわせない人々の集まり」であり、電車のような公共的な空間でbテンケイ的にみられる現象です。[Y]私に限らず乗り合わせた多くの人は、電車の中では、特定の誰かに焦点をあわせないで、焦点をぼかしながら、周囲の乗客の姿や様子を見るともなく見ているのです。

さらに言えば私たちは、他の乗客との〝距離〟を絶妙に保ちながら、自分の場所を維持しつつスマホに熱中したり音楽を聴《き》いたり本を読んだりしています。ゴフマンに言わせれば、新聞や週刊誌や本は、他者との〝距離〟をとり、〝距離〟を保っていること、言い換《か》えれば自分は他者に対して関心はないし、他者という存在へ関与するつもりもないことを周囲の他者に表示するための「道具」なのです。もちろん今はスマホこそ最適な「道具」です。

ただこうした視線の取り方や「道具」が通常に機能して電車内の秩序が維持されるとしても、それが危《あや》うくなる状況はいくらでも起こり得ます。

満員電車に乗って、私はいつも気になり、どうしようか困ってしまうことがあります。それは隣《となり》に立っている人や席に座っている人が熱中するスマホの画面が「見えてしまう」ことです。見たくなければ目を閉じればいいだけですが、満員で身動きもままならないとき、目を閉じ続けると不安定な状態になるし、さりとて他に視線を移そうとすれば、そこでも別のスマホの画面が見えてしまいます。見たくもないものが、まさに「見えてしまう」のです。

でもなぜ私は困ってしまうのでしょうか。先に述べたようにスマホは使用している人にとって、満員電車という人間が充満した異様な空間で、自分の世界に閉じこもることができる有効な道具です。それは同時に他者に対して関心もないし関与もしないことを示す道具でもあります。イヤホンで音楽を聴き、スマホの画面に目を落としてゲームやLINEのやりとりに集中している姿。それは周囲の世界や外界に対して耳も目も遮断《しゃだん》し、自分だけの世界に集中している姿を周囲に表示していることになります。「表示する」と書いたのは、もちろんスマホに熱中するとしても、その人は完全に他の乗客や外界の音や様子を遮断しているのではなく、聞こうと思えば聞けるし、見ようと思えば見えるからであり、そうした外界との繋《つな》がり方を意味しています。

さきほど電車内で人々が適切に〝距離〟を保つことが電車の秩序にとって重要だと述べましたが、満員電車のように〝距離〟すら保つことが困難な場合、私たちはどのようにして自分を守り、自分と他者との繋がりを維持しようとするのでしょうか。ゴフマンの発想を借りて、私はこう考えます。

【国　語】（五〇分）〈満点：一〇〇点〉

【注意】　字数制限のある場合は、句読点も一字と数えて答えること。

一　次の文章を読み、後の問いに答えなさい。［　］内の表現は、直前の語の意味を表します。なお、設問の都合上、本文を変更している部分があります。

外見とはどのようなことを意味するのでしょうか。字義通り考えれば、「外」から見える人の姿ということでしょうか。「外見を気にする」とは、まさに見た目で判断される自分の姿、自分への評価に敏感になるということです。誰がどのように考えようと自分は自分だとも言えますが、そう簡単なことでもなく、私たちは常に「他者からの視線」に対抗する〝術〟を考え、実践《せん》していくのです。そして私たちが日常の差別や排《はい》除を考えるとき、外見という問題もまた重要な手がかりです。本章では、外見をめぐり、語ってみたいと思います。

ゼミの男子学生が髭《ひげ》をテーマに卒業論文を書きました。内容は日本や西洋における髭の社会史をまとめたものですが、彼にとって卒論は自分の髭への〝鎮魂《ちんこん》［魂をしずめる］歌〟でした。彼は、ゼミにはよく手入れされた黒々とした髭を蓄《たくわ》えて現れました。ゼミだけでなく大学の日常も髭を蓄えた姿は特に違和感もなく、何の支障もなく彼は過ごしていました。しかし、大学を卒業し社会人になるタイミングで、彼は見事な髭に別れを告げなければならなかったのです。

〈中略１〉

日常生活世界を解読した社会学者Ａ・シュッツによれば、私たちは普段「類型」に準拠《じゅんきょ》して［よって］他者を理解し、「類型」は私たちがそれまで蓄積してきた「知識在庫」に依存しています。たとえば先の男子学生が卒業して社会に出ると「サラリーマン」となります。「サラリーマン」という「類型」は、アイロンが効《き》いたしわのないワイシャツに趣味のいいネクタイを締《し》め、落ち着いた色のスーツを着て、にこやかにお客様に対応するといった実際の場面に即応した常識的知から構成され、そのほとんどが外見、見た目に関連したものと言えます。より外見に徹底した「類型」といえば、「就活［就職活動］する大学生」を思い出します。個々の学生がどのような人間性を持ち、どのような思想をもっているのかなど、「内実」に一切関わりなく〝就活スーツ〟に身を固め、清潔な髪形に整えた瞬間、彼らは「就活する大学生」に変身してしまいます。

人間は外見や見かけではなく、その中身が大事だ、という考えを否定する人はまずいないでしょう。そうでありながら同時に私たちは普段、いちいち目の前にいる他者の〝なかみ〟や〝こころ〟を気にして、生きているわけではありません。他者の「内実」ではなく、他者の「外見」をもとにして、その場その時に応じて、目の前の相手が何者であり、どのように対応すれば適切であるかを瞬時のうちに判断し、実践しているのです。だからこそ、外見を考えることは、日常における他者との出会いや他者理解を考えるうえで、とても重要な営みだと言えるでしょう。①「たかが外見、されど外見」なのです。

「されど外見」を考えるとき、私たちは普段、他者とどのように向きあっているのかをじっくりと見つめる必要があります。そしてこれは、ゴフマンという一風変わった社会学者が生涯テーマとした「共在＝他者とともに在ること」を考え、そのありようを解読する営みと密接に関連

2022年度

浦和明の星女子中学校入試問題（第2回）

【算　数】（50分）　＜満点：100点＞

【注意】 コンパス，定規，分度器，計算機は使用しないこと。

1. 次の各問いに答えなさい。

(1) $1\frac{4}{5}\div\left(0.3+\frac{8}{15}\right)-\left(1-1.4\div2\frac{11}{12}\right)\times3$ を計算しなさい。

(2) 一定の割合で水がわき出ている池があります。この池から，数台のポンプを使って，一時的に池の水を空にする作業をします。これらのポンプ１台あたりが１分間にくみ出す水の量は，この池の１分間にわき出る水の量と同じです。３台のポンプを使ってこの作業を行うと，30分かかります。この作業を10分で終えるには，何台のポンプを使えばよいですか。

(3) 公園の掃除《そうじ》を手伝ってくれた子供たちにあめ玉を配ることにしました。あめ玉を１人あたり５個ずつ配ると，２人の子供はあめ玉を１個ももらうことができず，１人の子供はあめ玉を４個しかもらえないことがわかりました。そこで，あめ玉を１人あたり４個ずつ配ったところ，全員がもらうことができ，あめ玉は３個余りました。子供の人数は何人ですか。

(4) 次の □ に入る数をすべて答えなさい。

18を２個以上の連続する整数の和で表すと，５＋６＋７のように３個の整数の和や，３＋４＋５＋６のように４個の整数の和で表すことができます。21も，このように連続した □ 個の整数の和で表すことができます。

(5) 右の図のように，大きな円の中に１辺が４cmの正方形が接していて，その正方形の中に，小さい円が接しています。斜線《しゃせん》部分の面積の和を求めなさい。ただし，円周率は3.14とします。

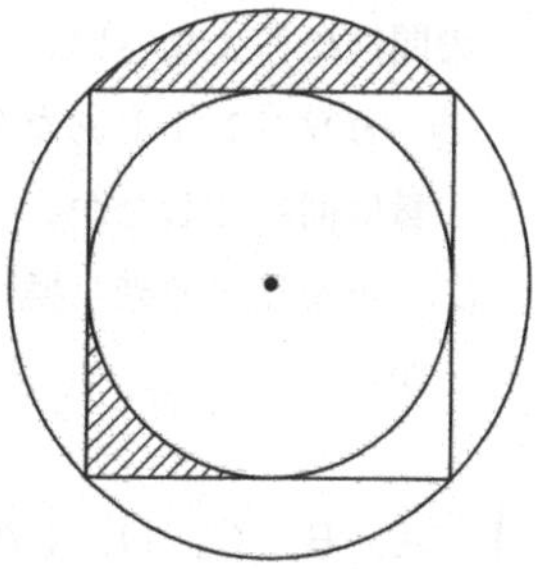

(6) 図１のような，横の長さが縦の長さより６cmだけ長く，面積が391cm²の長方形が４つあります。これらを並べて，図２のような正方形の形を作りました。このとき，図２の太線で囲まれた正方形の１辺の長さと，図１の長方形の縦の長さを求めなさい。

図１

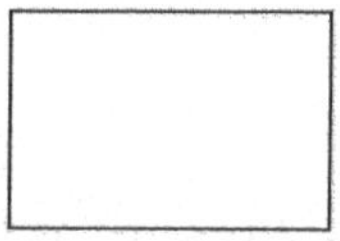

図２

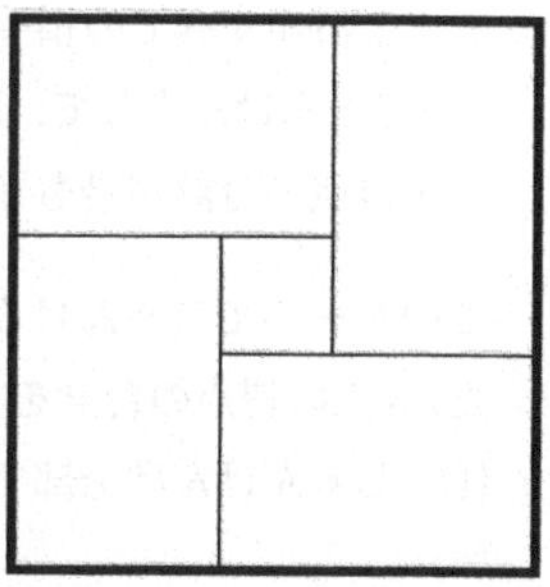

(7)　横の長さが縦の長さより長く，周りの長さが64cmの大きな長方形があります。この長方形を右の図のように面積が４等分になるように，４つの長方形Ａ，Ｂ，Ｃ，Ｄに分けたところ，Ｄの長方形の周りの長さが34cmでした。もとの大きな長方形の面積を求めなさい。

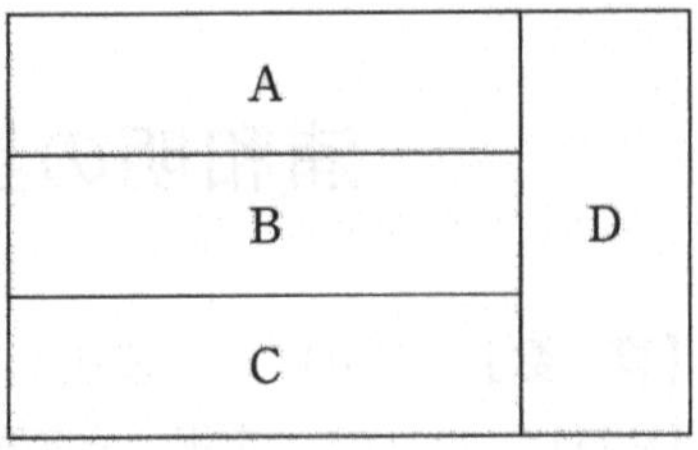

2. 縦90cm，横70cm，高さ40cmの直方体の形をした水槽《すいそう》と，１辺が30cmの立方体の形をしたおもりが２つあります。水槽の厚さは考えないものとして，次の問いに答えなさい。

(1)　水槽には20cmの深さまで水が入っています。この２つのおもりを横に並べて水に沈《しず》めたとき，水の深さは何cmになりますか。

(2)　水槽にはある深さまで水が入っていました。この２つのおもりを横に並べて水に沈めたところ，おもりの一部分は水面より上に出ていました。その後，１つのおもりを水槽から取り出すと，水面の高さは２つのおもりが入っていたときより3.5cm低くなりました。２つのおもりを沈める前の，はじめの水の深さは何cmでしたか。

3. ガソリンを燃料として走る車は，二酸化炭素を排出《はいしゅつ》します。ガソリン１Ｌを使うときに排出する二酸化炭素の量は2.32kgです。

Ａさんのお父さんは，通勤にガソリンを燃料として走る車を利用しており，毎月300km走ります。もともとガソリン１Ｌあたり８km走る車に乗っていましたが，先月の途中《とちゅう》，ガソリン１Ｌあたり12km走る新しい車に乗り換《か》えました。すると，先月１か月間で車が排出した二酸化炭素の量は，それまでの，ガソリン１Ｌあたり８km走る車だけに乗っていた月の量より10％減りました。このとき，次の問いに答えなさい。

(1)　ガソリン１Ｌあたり８km走る車だけに乗っていた月に，１か月間で車が排出した二酸化炭素の量は何kgでしたか。

(2)　車を途中で乗り換えた先月は，もとの車と新しい車でそれぞれ何kmずつ走ったことになりますか。

4. Ａ，Ｂ，Ｃ，Ｄ，Ｅの５人が集まって，次のようなルールでじゃんけん大会を行い，優勝を競いました。

ルール

・じゃんけんは１対１で行う。
・全員がすべての相手と１回ずつじゃんけんをする。
・じゃんけんをして，勝ったときは３点，あいこのときは１点，負けたときは０点の得点とする。
・得点の合計が最も多い人を優勝とする。

このルールでじゃんけん大会を行なったところ，得点の合計は，５人ともすべて異なりました。また，５人の得点の合計をすべて加えると27点になりました。

(1)　じゃんけんは全部で何回行われましたか。

⑵　あいこになったじゃんけんは全部で何回ありましたか。

Ａ，Ｂ，Ｃ，Ｄ，Ｅの５人は，自分の結果について，次のように言っていました。

Ａ：「Ｃさんには勝ちましたが，他の人には全部負けました。」
Ｂ：「誰にも負けなかったので，優勝できました。」
Ｃ：「あいこは１回あったけど，１回も勝てなかった。」
Ｄ：「優勝できなかったけど，得点の合計は２番目に多かったよ。」
Ｅ：「Ｂさんには負けてしまいましたが，負けたのは１回だけです。」

⑶　Ｂ，Ｄ，Ｅの３人の得点の合計を，それぞれ答えなさい。

5.　姉と妹の２人が，1050m離《はな》れたＡ地点とＢ地点の間を往復しています。予定では，２人はＡ地点から同時に出発して，18分後に，Ｂ地点から戻《もど》ってくる姉がＢ地点に向かう妹と初めてすれ違《ちが》うはずでした。
ところが，実際には姉は妹より７分も遅《おく》れて出発したので，Ｂ地点に向かう姉がＢ地点から戻ってくる妹と，姉が出発してから15分後に初めてすれ違いました。
姉と妹の歩く速さはそれぞれ一定として，次の問いに答えなさい。
⑴　妹の歩く速さは分速何mですか。
⑵　姉が妹を初めて追い越《こ》すのは，姉が出発してから何分後ですか。

２人がこのままＡ地点とＢ地点の間を何回も往復することを考えます。

⑶　姉が妹を初めて追い越した後，姉が妹と初めてすれ違うのは，姉が出発してから何分後ですか。
⑷　姉が妹を初めて追い越してから，２度目に追い越すまでの間に，２人は何回すれ違うことになりますか。

【理　科】（社会と合わせて50分）　　＜満点：50点＞

1　乾《かん》電池（図１）と発光ダイオード（図２）と手回し発電機（図３）を用いて，**実験１**，**実験２**を行いました。これに関する各問いに答えなさい。ただし，発光ダイオードは＋極から－極にのみ電流が流れ，電流が流れたときだけ光ります。また，手回し発電機のハンドルは，時計回り（**あ**の向き）と反時計回り（**い**の向き）に回すことができます（**図４**）。

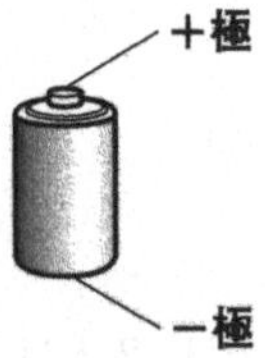

図１　乾電池

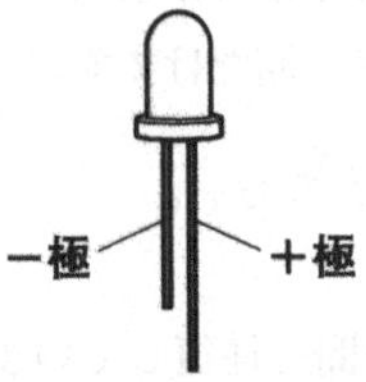

図２　発光ダイオード

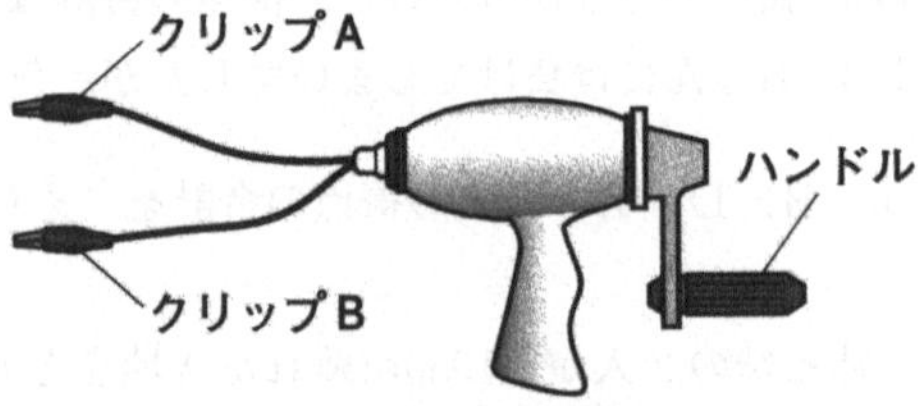

図３　手回し発電機

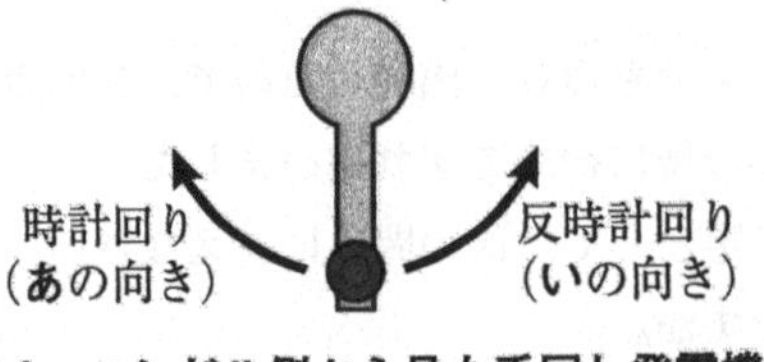

図４　ハンドル側から見た手回し発電機

実験１

① 図５，図６のように発光ダイオードと手回し発電機をつないだ。

② 手回し発電機のハンドルを一定の速さで**図４**の**あ**の向きまたは**い**の向きに回した。

③ それぞれの場合で，発光ダイオードが光ったかどうかを調べた（**表１**）。

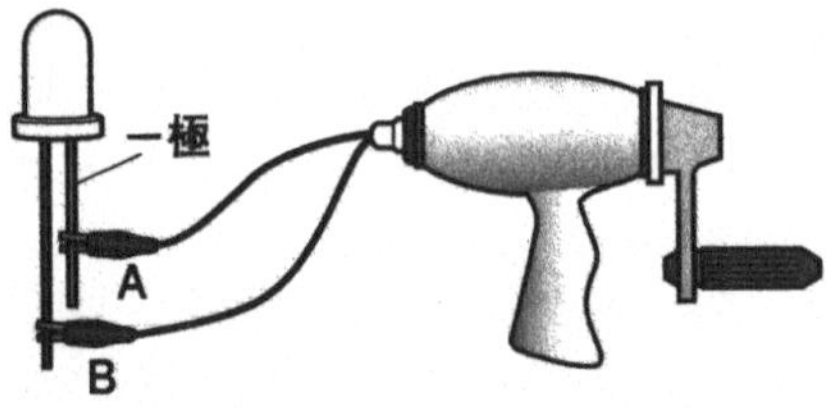

図５　発光ダイオードの－極と手回し発電機のクリップAをつなぐ

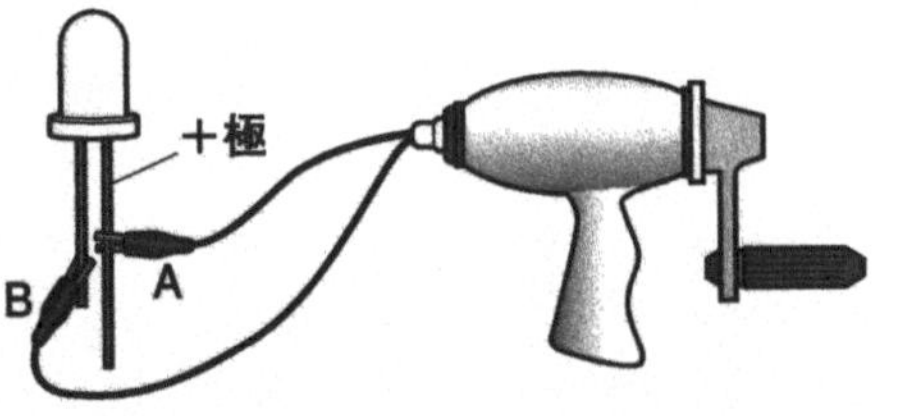

図６　発光ダイオードの＋極と手回し発電機のクリップAをつなぐ

表１　実験１の結果

つなぎ方	回す向き	発光ダイオード
図5	**あ**	光らなかった
図5	**い**	光った
図6	**あ**	光った
図6	**い**	光らなかった

実験２

① 図７，図８のように乾電池と手回し発電機をつないだ。

② 手回し発電機のハンドルが回った向きを調べた（表２）。

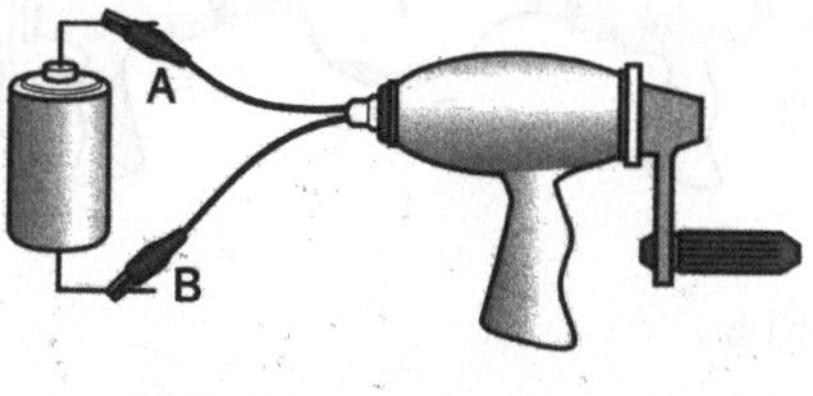

図７　乾電池の＋極と手回し発電機のクリップＡをつなぐ

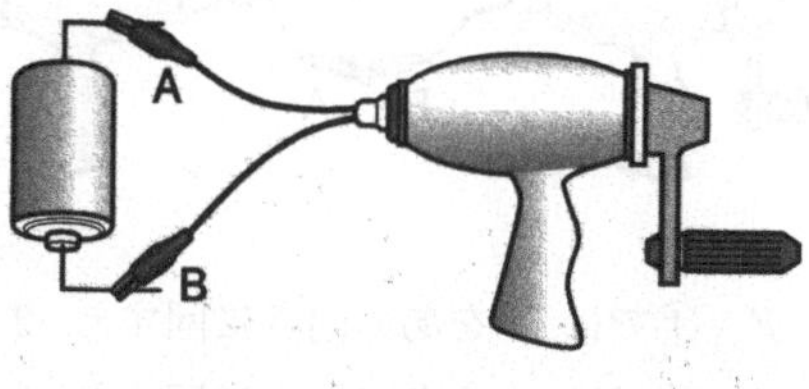

図８　乾電池の－極と手回し発電機のクリップＡをつなぐ

表２　実験２の結果

つなぎ方	回った向き
図７	あ
図８	い

問１　実験１，実験２の結果から，クリップＡに流れる電流の向きについて，正しいものはどれですか。もっとも適当なものを選び，ア～エで答えなさい。　（図５，６は前のページにあります。）

ア．図５のようにつないでいの向きに回したときと，図７のようにつないだときでは同じである。

イ．図５のようにつないでいの向きに回したときと，図８のようにつないだときでは同じである。

ウ．図６のようにつないであの向きに回したときと，図７のようにつないだときでは同じである。

エ．図６のようにつないであの向きに回したときと，図８のようにつないだときでは逆である。

問２　①～⑥のように発光ダイオードと手回し発電機をつなぎました。そして１を一定の速さで回しました。１を回す向きと２が回る向きについて，正しいものはどれですか。もっとも適当なものを選び，次のページのア～カで答えなさい。

①

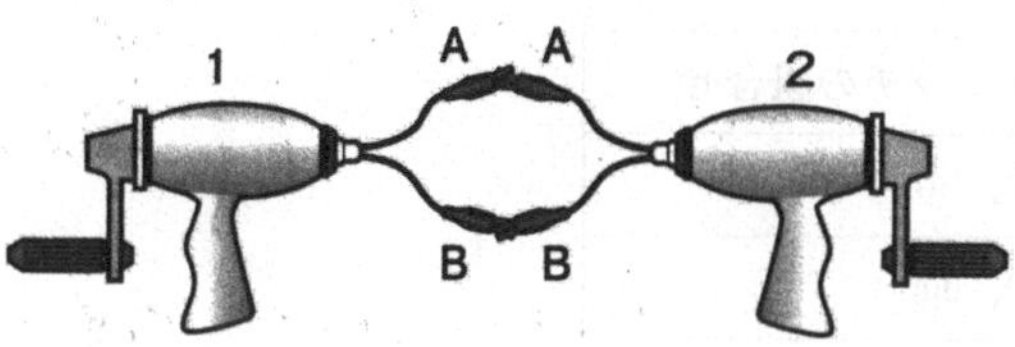

②

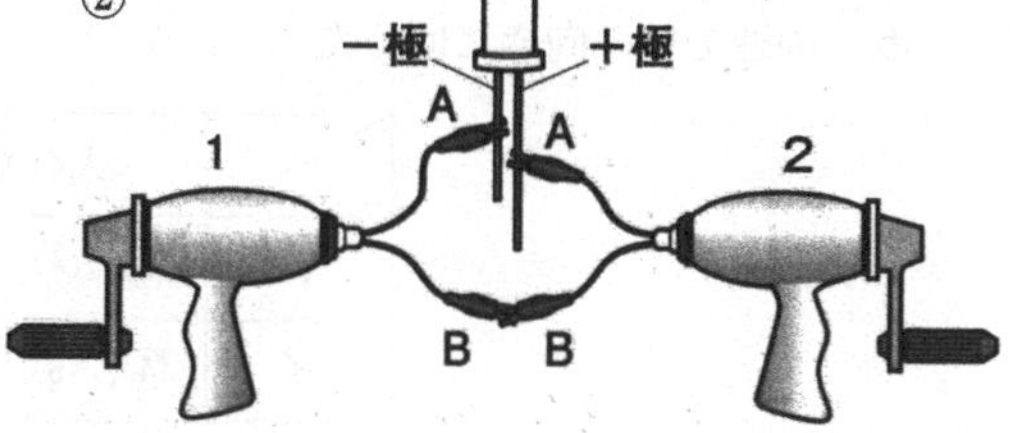

③

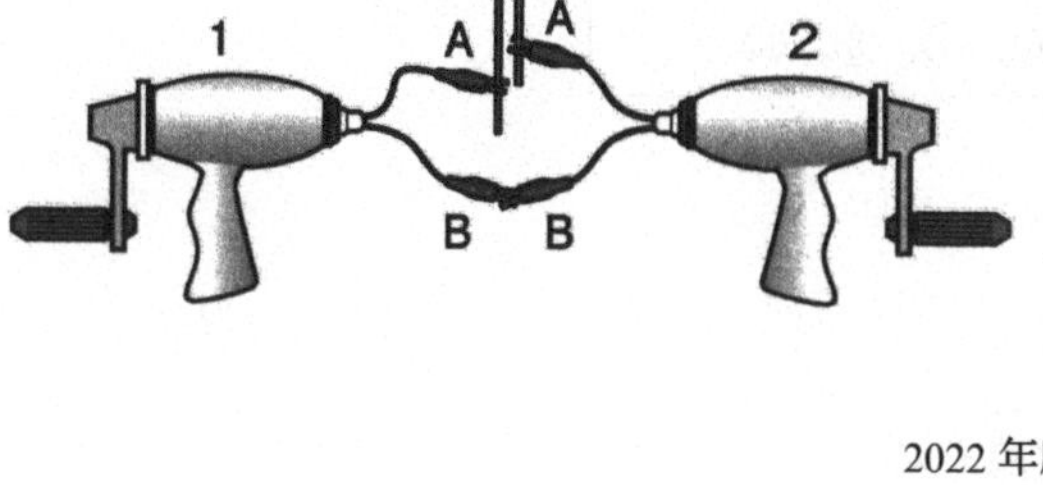

④

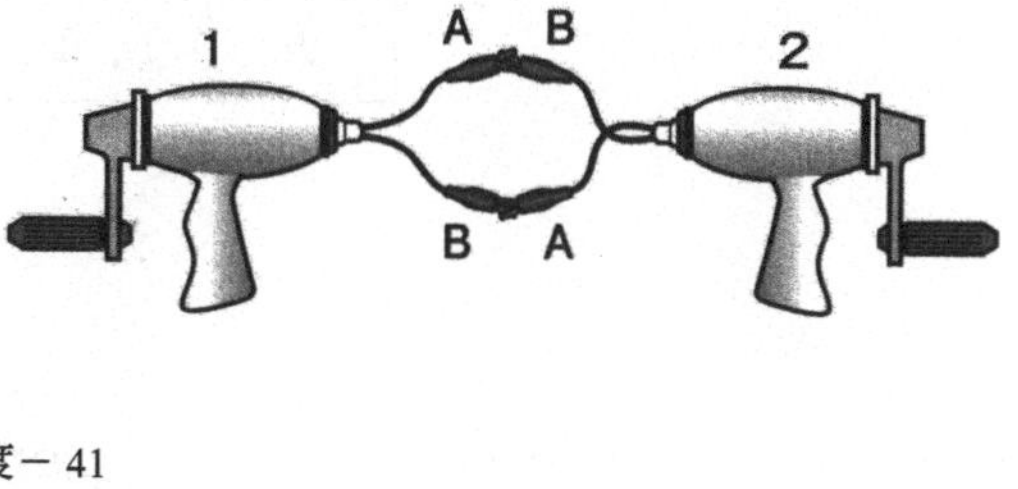

⑤

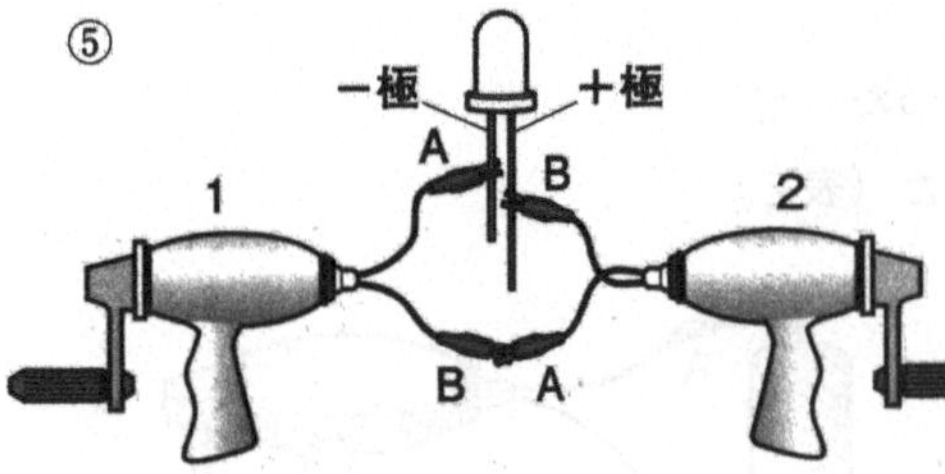

⑥

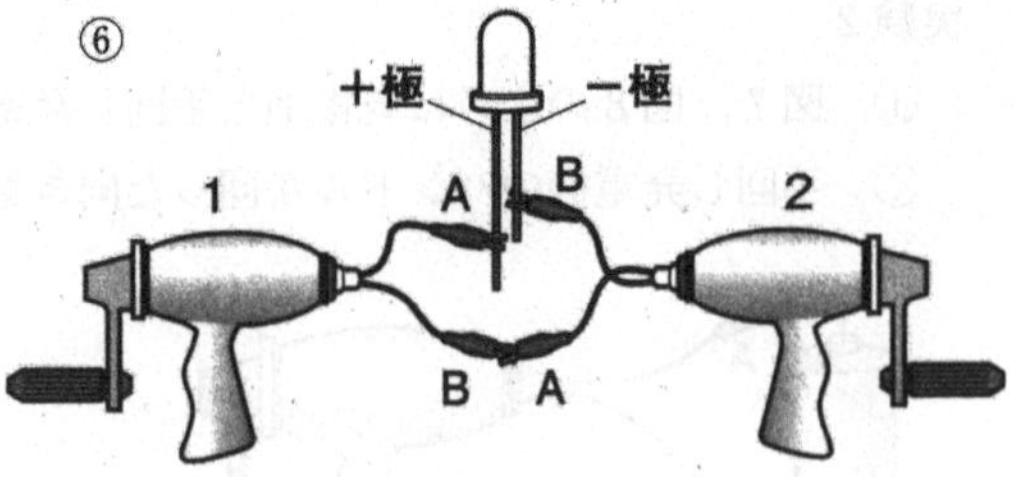

ア．①では，1 を**あ**の向きに回すと，2 は**い**の向きに回る。

イ．②では，1 を**あ**の向きに回すと，2 は**い**の向きに回る。

ウ．③では，1 を**あ**の向きに回すと，2 は**あ**の向きに回る。

エ．④では，1 を**い**の向きに回すと，2 は**い**の向きに回る。

オ．⑤では，1 を**い**の向きに回すと，2 は**い**の向きに回る。

カ．⑥では，1 を**い**の向きに回すと，2 は**あ**の向きに回る。

問３　図９のように乾電池３個とスイッチ①～⑩，手回し発電機をつなぎました。次の(a)，(b)のように手回し発電機が回ったとき，入れたスイッチの組合せはどれですか。もっとも適当なものをそれぞれ選び，**ア**～**カ**で答えなさい。ただし，乾電池は３個ともつなぐものとします。

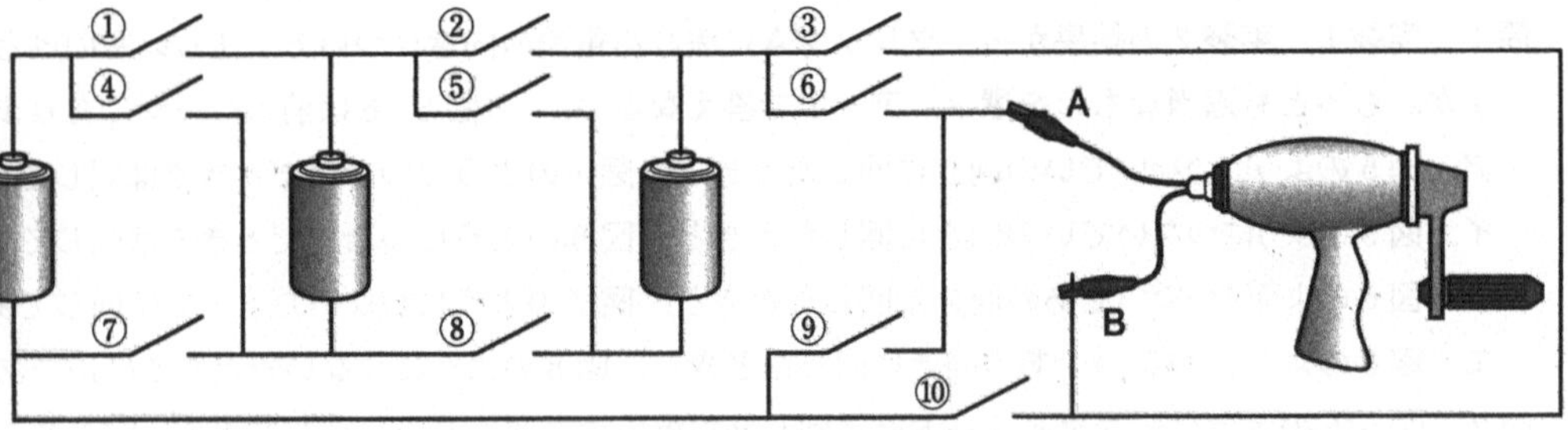

図９　乾電池とスイッチと手回し発電機をつないだようす

(a)　低速で**あ**の向きに回った

(b)　中速で**い**の向きに回った

	入れたスイッチの組合せ
ア	③、④、⑤、⑨
イ	④、⑤、⑥、⑩
ウ	①、⑤、⑥、⑦、⑩
エ	②、③、④、⑧、⑨
オ	①、②、③、⑦、⑧、⑨
カ	①、②、⑥、⑦、⑧、⑩

2 こいくちしょうゆには，食塩の他にもいろいろなものが含《ふく》まれています。食塩は，こいくちしょうゆを炭になるまで加熱した後，水を加えてろ過することですべて取り出すことができます（**実験**）。これに関する各問いに答えなさい。ただし，1 mLの水の重さは 1 gとします。

実験

① 63.1 gの蒸発皿Ａに，7 gのこいくちしょうゆを入れた。
② 蒸発皿Ａのこいくちしょうゆを，炭になるまで加熱した。
③ 火を止めて冷ました後，蒸発皿Ａに10ｍＬの水を加え，ガラス棒でよくかき混ぜた。
④ ③の液をろ過した。
⑤ ろ過した水溶《よう》液を63.46 gの蒸発皿Ｂに移し，加熱して水分をすべて蒸発させた。
⑥ 火を止めて冷ました後，蒸発皿Ｂの重さを量った。

実験の結果

蒸発皿Ｂは64.48 gだった。

問１ **実験**で得られた食塩は何 gですか。

問２ ろ過のしかたについて，間違っているものはどれですか。すべて選び，**ア**～**オ**で答えなさい。

ア．ろ過した水溶液を集めるビーカーは，中央にろうとの先がくるように置く。
イ．ろうとは，ろ紙がはみ出るように小さいサイズのものを使う。
ウ．ろ紙は，ろうとに入れた後に少量の水でぬらして密着させる。
エ．ガラス棒は，折り曲げたろ紙の重なった部分にあてる。
オ．ろ過をする水溶液は，ガラス棒を伝わらせて注ぐ。

問３ こいくちしょうゆに含まれている食塩について考えるため，100mLの水が入ったビーカーに10 gの食塩を加え，よくかき混ぜて溶《と》かしました。次の文は，この食塩水についてまとめたものです。空らん（**1**）と（**2**）にあてはまる言葉の組合せとして，もっとも適当なものを選び，**ア**～**カ**で答えなさい。

食塩は小さな粒となってビーカーの（　1　）いて，食塩水の重さは（　2　）。

	1	2
ア	中に一様に広がって	100 gより小さい
イ	中に一様に広がって	100 gのままである
ウ	中に一様に広がって	100 gより大きい
エ	底にたまって	100 gより小さい
オ	底にたまって	100 gのままである
カ	底にたまって	100 gより大きい

問４ 食品の成分表示には，食塩相当量という表記があります。食塩にはナトリウムという成分が含まれています。そのため，食品に含まれているナトリウムの重さから食品に含まれている食塩の重さを食塩相当量として計算する方法があります。次のページの**表１**は，さまざまな食品100 gに含まれるナトリウムの重さと食塩相当量をまとめたものです。これに関する次のページの(a)～(c)に答えなさい。

表1　食品100gに含まれるナトリウムの重さと食塩相当量

食品	ナトリウムの重さ（g）	食塩相当量（g）
マーガリン（家庭用有塩）	0.5	1.27
無発酵《こう》バター（有塩）	0.75	1.905
ナチュラルチーズ（パルメザン）	1.5	3.81
ウスターソース類（中濃《のう》ソース）	2.3	X
調味ソース類（オイスターソース）	4.5	11.43

（文部科学省HP　食品成分データベースより一部改変）

(a)　ウスターソース類（中濃ソース）の食塩相当量Xは何gですか。

(b)　1gの食塩に含まれているナトリウムは何gですか。小数第4位を四捨五入し，小数第3位で答えなさい。

(c)　ナトリウムは，私たちが健康に生活するうえで適度な量が必要な成分です。**実験**に用いたこいくちしょうゆで6gのナトリウムをとるには，何gのこいくちしょうゆが必要ですか。小数第1位を四捨五入し，整数で答えなさい。

3　植物は，種子をさまざまな方法で移動させることで，生育場所を広げます。①～⑤は，種子を移動させる方法の例です。これに関する各問いに答えなさい。

「種子を移動させる方法の例」

①　動物に種子を運んでもらう

②　風に種子を運んでもらう

③　水に種子を運んでもらう

④　自らはじきとばして種子を移動させる

⑤　自らの重さによって種子を移動させる

問1　植物が種子をつくる理由は何ですか。適当なものを2つ選び，**ア～カ**で答えなさい。

ア．自分たちのなかまをふやすため。　　**イ**．不要なものを捨てるため。

ウ．栄養分をたくわえておくため。　　**エ**．昆虫《こんちゅう》を引きよせるため。

オ．生活しにくい季節を過ごすため。　　**カ**．生活しやすい季節を過ごすため。

問2　④の方法を使う植物はどれですか。もっとも適当なものを選び，**ア～オ**で答えなさい。

ア．アサガオ　　**イ**．ヒマワリ　　**ウ**．セイヨウタンポポ　　**エ**．カタバミ　　**オ**．エンドウ

問3　種子をもっとも遠くまで移動させることができる植物はどれですか。もっとも適当なものを選び，**ア～オ**で答えなさい。

ア．動物に種子を運んでもらうオオオナモミ

イ．風に種子を運んでもらうアカマツ

ウ．水に種子を運んでもらうココヤシ

エ．自らはじきとばして種子を移動させるホウセンカ

オ．自らの重さによって種子を移動させるツバキ

問4　①の方法をつかう植物には，種子が実ごと動物の体にくっついて運んでもらうものや，実ごと動物に食べられて運んでもらうものがあります。たとえばサルトリイバラ（次のページの図1）

は，ヒヨドリ（**図２**）などの鳥に実ごと食べられることで種子を運んでもらいます。サルトリイバラの実や種子には，どのような特徴《ちょう》がありますか。適当なものをすべて選び，**ア**～**カ**で答えなさい。

図１　サルトリイバラ（環境省 HP より）

図２　ヒヨドリ（環境省 HP より）

ア．熟した実が赤色をしている。　　**イ**．熟した実が緑色をしている。

ウ．実が熟すと，地面に落ちる。　　**エ**．種子がくさりやすい。

オ．種子が消化されやすい。　　**カ**．種子が消化されにくい。

問５　私たちにとってタンポポは身近な植物です。たとえば関東地方では，古くから日本に見られるカントウタンポポと，20世紀になって外国から入りこんだセイヨウタンポポなどが見られます。次の**Ａ**，**Ｂ**は，カントウタンポポとセイヨウタンポポの特徴と生育場所についてまとめたものです。これに関する(**a**)，(**b**)に答えなさい。

Ａ　カントウタンポポの特徴と生育場所

春先に開花して種子をつくる。そして，地面に落ちた種子はすぐには発芽せず，多くは秋に発芽する。成長した個体も夏には葉や茎《くき》を枯《か》らし，根のみとなって休眠《みん》する。また，雑木林や農地など，土の養分が多く，周りにさまざまな植物が生育する土地で見られる。

Ｂ　セイヨウタンポポの特徴と生育場所

時期を問わずに開花して種子をつくる。そして，地面に落ちた種子はすぐに発芽する。夏の休眠は行わない。また，都市部のグラウンドや駐《ちゅう》車場など，土の養分が少なく，あまり他の植物が生育していない土地で見られる。

(**a**)　カントウタンポポが夏に休眠する利点は何ですか。もっとも適当なものを選び，**ア**～**エ**で答えなさい。

ア．冬よりも降水量が少なく，生育に必要な水を得にくい夏をこすことができる。

イ．冬よりも太陽から届く光が少なく，生育に必要な養分をつくりにくい夏をこすことができる。

ウ．他の植物の葉で雨水があたりにくくなり，生育に必要な水を得にくい夏をこすことができる。

エ．他の植物の葉で光があたりにくくなり，生育に必要な養分をつくりにくい夏をこすことができる。

(**b**)　都市部の土地は舗《ほ》装された場所が多く，土が見えている場所はあまりありません。このような土地ではセイヨウタンポポが見られます。その理由はいろいろとありますが，セイヨウタンポポの種子のつくり方やつくる種子にも生育が有利になる特徴があるからです。次のページの文はその特徴をまとめたものです。**Ａ**，**Ｂ**を参考にしながら，空らん（**１**）～（**３**）にあてはまる言葉を選び，**ア**または**イ**でそれぞれ答えなさい。

セイヨウタンポポは（　１　）種子をつくる。つくる種子の数は（　２　），１つ１つの種子の重さは（　３　）。よって，都市部ではセイヨウタンポポの方がカントウタンポポよりも生育に有利である。

	1	2	3
ア	1つの個体で	多く	軽い
イ	他の個体と	少なく	重い

４　雲と天気の移り変わりに関する各問いに答えなさい。

問１　**図１**の雲の名前は何ですか。もっとも適当なものを選び，ア～エで答えなさい。

図１　雲（東京書籍　新しい科学２より）

ア．積雲（わた雲）　　イ．層雲（きり雲）　　ウ．巻雲（すじ雲）　　エ．積乱雲（入道雲）

問２　**図２**は2021年４月10日～４月13日の12時の気象衛星の雲画像です。また，次のページの**表１**は同じ期間の福岡，大阪，東京の12時の天気です。これに関する次のページの(a)，(b)に答えなさい。

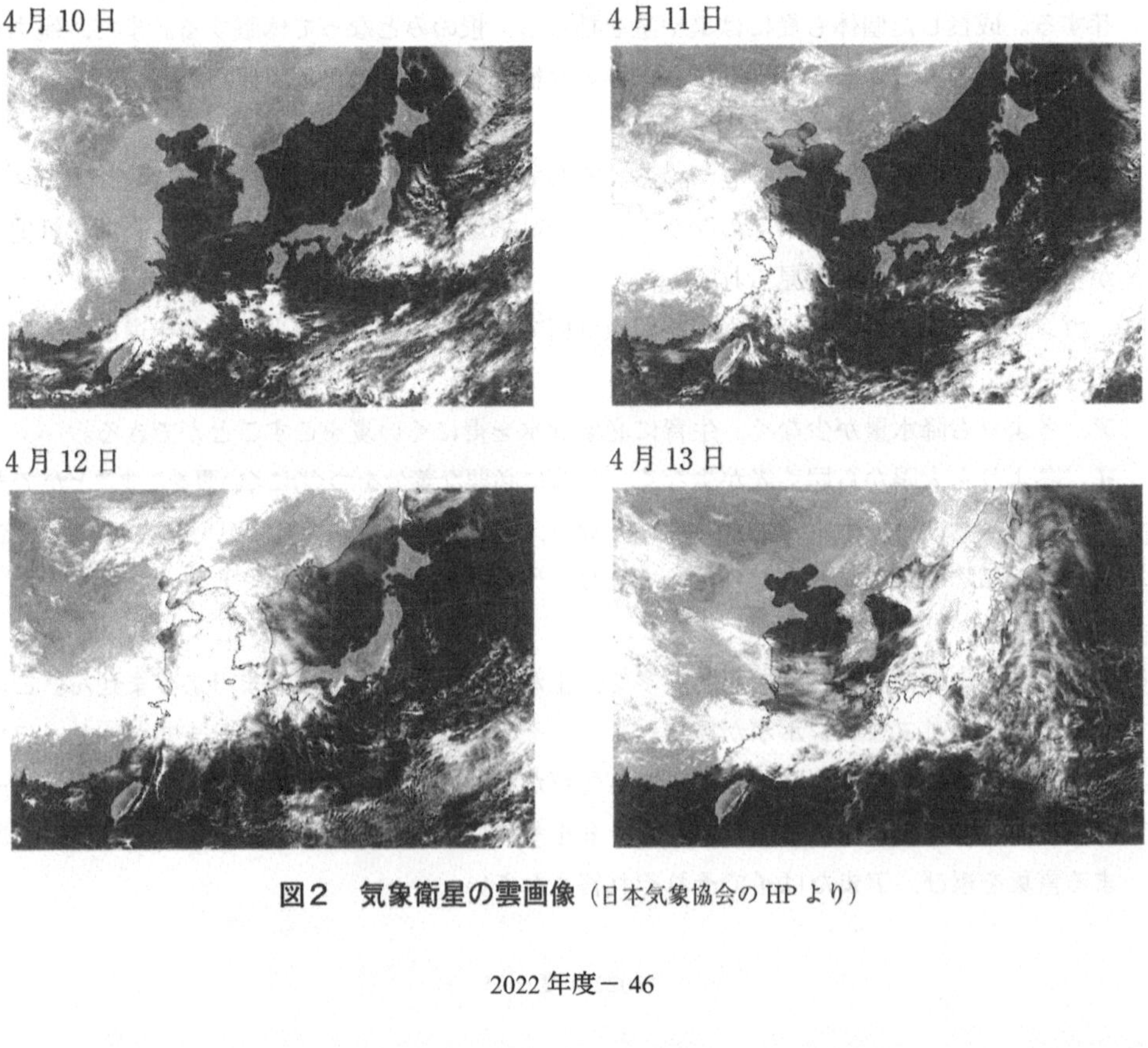

図２　気象衛星の雲画像（日本気象協会のHPより）

表１　福岡、大阪、東京の 12 時の天気

日付	4 月 10 日	4 月 11 日	4 月 12 日	4 月 13 日
福岡	晴れ	晴れ	くもり	くもり
大阪	晴れ	晴れ	くもり	くもり
東京	晴れ	晴れ	晴れ	くもり

(a)　前のページの**図２**と**表１**からわかることは何ですか。適当なものをすべて選び，**ア～ク**で答えなさい。

ア．雲は量や形を変えながら，おおよそ東から西へと移動する。
イ．雲は量や形を変えずに，おおよそ東から西へと移動する。
ウ．雲は量や形を変えながら，おおよそ西から東へと移動する。
エ．雲は量や形を変えずに，おおよそ西から東へと移動する。
オ．天気は雲の動きとともに，おおよそ東から西へと移り変わる。
カ．天気は雲の動きと関係なく，おおよそ東から西へと移り変わる。
キ．天気は雲の動きとともに，おおよそ西から東へと移り変わる。
ク．天気は雲の動きと関係なく，おおよそ西から東へと移り変わる。

(b)　「東の虹《にじ》は晴れ」といういわれがあります。次の文は，西の空に虹が見えたときのようすと，天気の移り変わりについてまとめたものです。空らん（１）～（３）にあてはまる言葉は何ですか。もっとも適当なものをそれぞれ選び，**ア～コ**で答えなさい。

虹が見えたのは，（　１　）で，雨が降っているのは（　２　）側である。このことから，天気はこの後（　３　）と考えられる。

ア．午前中　**イ**．正午ころ　**ウ**．午後　**エ**．東
オ．西　**カ**．南　**キ**．北　**ク**．良くなっていく
ケ．悪くなっていく　**コ**．変わらない

問３　空全体に対して，雲がある面積の割合（雲量）で晴れかくもりかを判断します。しかし，雲にはいろいろな形があるため，雲量を求めるのは大変です。そこで，**方法１～方法３**で求めることにしました。これに関する次のページの(a)～(c)に答えなさい。

方法１　空全体の面積を求める方法

①　１辺１㎝の方眼紙の上に半径６㎝の円をかき，空全体とする（次のページの**図３**）。
②　空全体のうち，**ア**のように円周の線がかかっていないマス目の数を数え，その数をＡとする。
③　空全体のうち，**イ**のように円周の線がかかっているマス目の数を数え，その数をＢとする。
④　**ア**のようなマス目の面積を１とし，**イ**のようなマス目の面積を0.5として，Ａ＋0.5×Ｂを空全体の面積とする。

方法２　雲のない部分の面積を求める方法

①　内側を黒くぬった透明な半球に空全体をうつす。
②　透明な半球にうつった雲のある部分とない部分を**図３**にかき入れる（次のページの**図４**）。
③　雲のない部分のうち，**ア**のように雲の線がかかっていないマス目の数を数え，その数をＡとする。

④　雲のない部分のうち，**イ**のように雲の線がかかっているマス目の数を数え，その数をＢとする。

⑤　**ア**のようなマス目の面積を１とし，**イ**のようなマス目の面積を0.5として，Ａ＋0.5×Ｂを雲のない部分の面積とする。

方法３　雲の面積を求め，雲量を求める方法

①　**方法１**で求めた値から**方法２**で求めた値を引く。

②　**方法１**で求めた値に対する①の値の割合を，小数第２位を四捨五入して小数第１位まで求める。

③　②の値を10倍する。

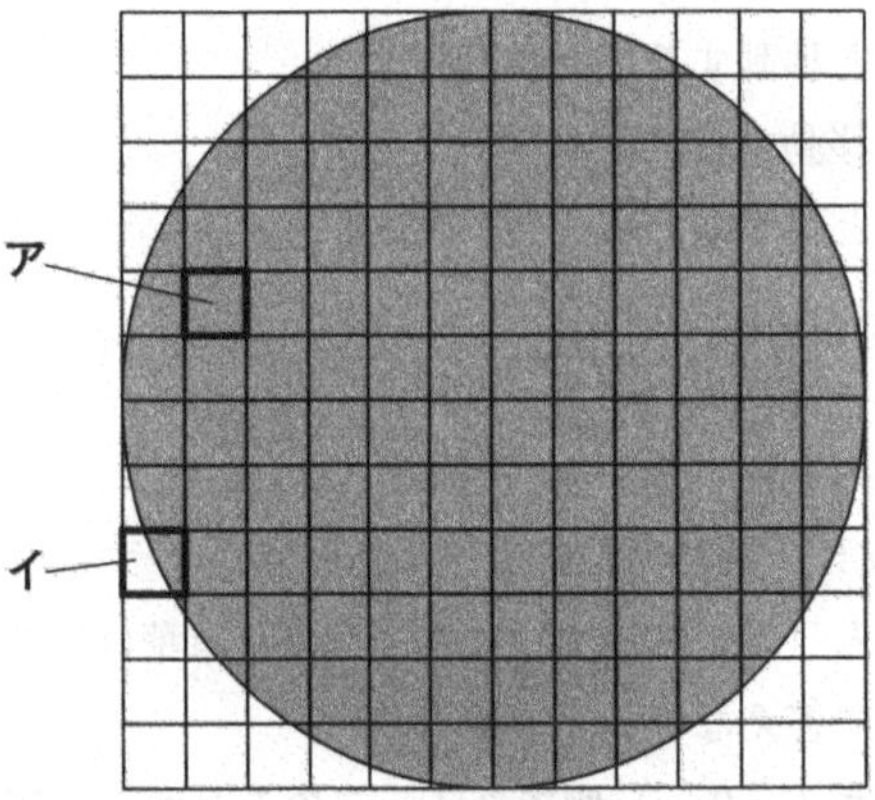

図３　空全体のようす

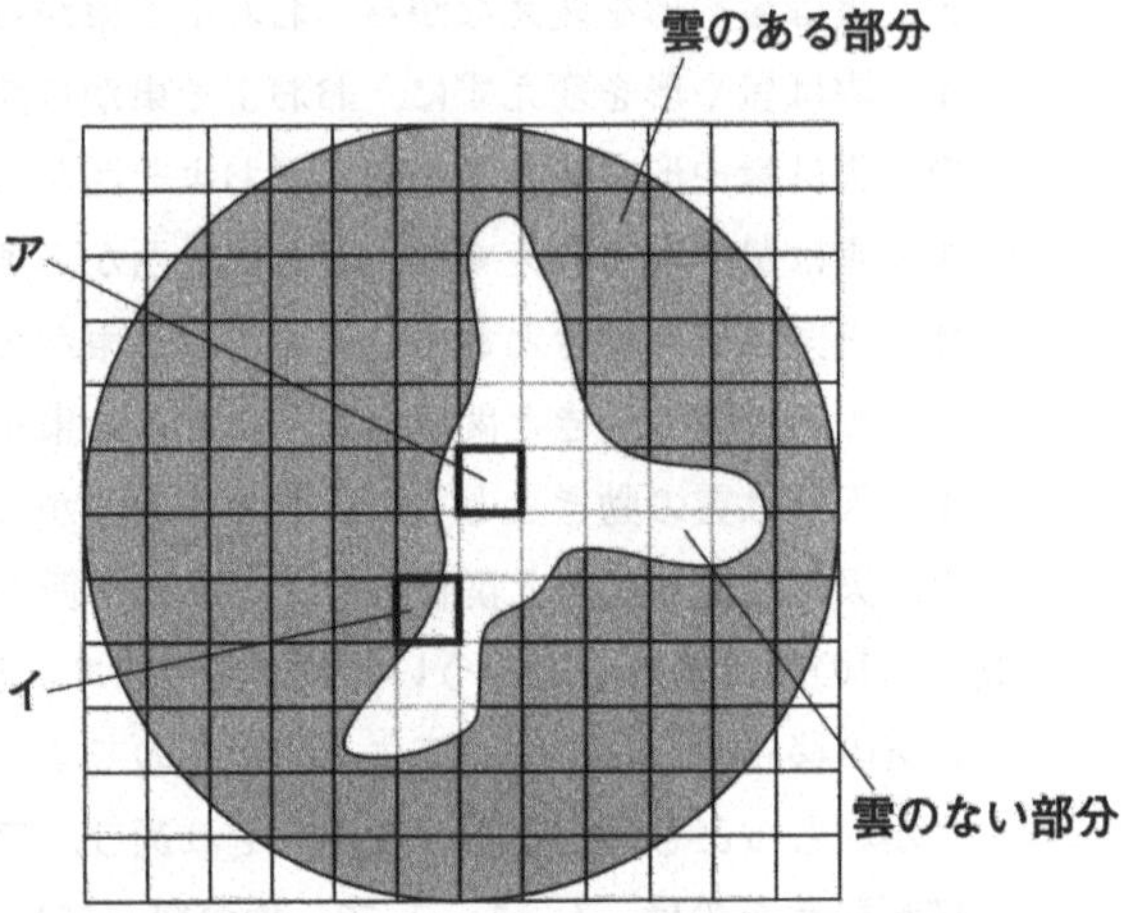

図４　空の雲のようす

(a)　**方法１**を使うと，空全体の面積はいくつになりますか。

(b)　**方法２**を使うと，雲のない部分の面積はいくつになりますか。

(c)　**方法３**を使うと，雲量と天気はどのようになりますか。次の文の空らん（１），（２）にあてはまる数値と天気の組合せとして，もっとも適当なものを選び，**ア**～**カ**で答えなさい。

雲量は（　１　）になるため，天気は（　２　）になる。

	1	2
ア	7	晴れ
イ	7	くもり
ウ	8	晴れ
エ	8	くもり
オ	9	晴れ
カ	9	くもり

【社　会】（理科と合わせて50分）　＜満点：50点＞

Ｉ　先生と星子さん，明子さんの３人の会話について，あとの問いに答えなさい。

先生：今日は，日本の行事《ぎょうじ》について，季節ごとに調べてみましょう。まず３月から５月までの春の行事はどうでしょうか。

星子：３月は，3日のひな祭りがあります。私の家でも毎年，①ひな人形を飾っています。ひな祭りのことを②桃の節句ともいいますよね。

先生：そうですね。古代の中国では，桃は病気などをおこす悪い気《き》をはらう力があると考えられていたので，それが日本に伝わり，次第《しだい》にひな祭りに欠《か》かせない花となったようですね。ほかにも③奈良県の④東大寺二月堂で，お水取りとよばれる行事があります。大きな松明《たいまつ》から落ちる火の粉をあびて，災いをはらうという意味があるそうです。

星子：４月の行事は何かあったかなぁ。

明子：お花見です！　満開の⑤桜の木の下で，みんなでお弁当を食べてとても楽しかったです。

先生：桜は，昔から⑥稲や穀物《こくもつ》の神様が宿《やど》る木とされてきました。桜を観賞《かんしょう》する会がはじめて催《もよお》されたのは，⑦嵯峨《さが》天皇の時代だといわれています。4月のお祭りとしては，⑧岐阜県高山市の日枝《ひえ》神社の春の高山祭りが有名です。絢爛豪華《けんらんごうか》な屋台《やたい》は「動く⑨陽明門」ともよばれ，その屋台に仕掛《しか》けられた，⑩からくり人形が有名です。では，5月はどうですか。

星子：５月５日のこどもの日があります。⑪こいのぼりを掲《かか》げたり武者人形《むしゃにんぎょう》を飾ったりします。

先生：そうですね。５月５日は端午《たんご》の節句《せっく》といって，男の子の成長と幸せを願う行事です。⑫1948年に「こどもの日」となり，子どもの人格を重んじ，子供の幸福をはかる⑬祝日とさだめられました。では，6月から⑭８月の夏の行事はどうでしょう。

明子：夏は各地でたくさんお祭りがありますよね。仙台の七夕祭りとか⑮秋田県の竿灯《かんとう》まつりとか。

星子：花火大会も夏ならではの行事ですよね。⑯新潟県長岡市の花火は見たことがあります。⑰三尺《さんじゃく》玉の大きな花火が打ち上げられて，すごい迫力でした。

先生：それは良い経験をしましたね。では⑱秋はどうでしょう。

明子：お月見でお団子を食べました。「中秋《ちゅうしゅう》の名月《めいげつ》」といわれる満月が本当にきれいでした。

星子：中秋ってどのような意味ですか。

先生：旧暦《きゅうれき》では，7月から９月までが「秋」とされており，真ん中にあたる８月は「中秋」とよばれていました。旧暦の⑲８月15日，つまり十五夜の満月を「中秋の名月」といい，収穫《しゅうかく》を祝ってお供《そな》えをしたのです。

明子：先生，旧暦って何ですか。

先生：旧暦とは，月の満ち欠けをもとにつくられた暦のことです。⑳飛鳥時代ごろから使われはじめたと考えられています。太陰暦《たいいんれき》ともいいます。㉑明治になって採用された太陽暦は，新暦《しんれき》とよばれたので，それまでの暦は旧暦とよばれるようになりました。

明子：なるほど，よくわかりました。秋の行事には，11月におこなわれる七五三もありますね。

先生：そうですね。室町時代ごろに武家社会でおこなわれていた，子どもの成長を祝う儀式が広まったものと考えられています。七・五・三と㉒奇数なのは，奇数は縁起がよいという中国の考えからきたものらしいです。

星子：冬の行事はどうでしょう。お正月は冬の大きな節目《ふしめ》ですよね。２月は何かあったかな。

明子：節分です！

先生：節分は，中国の古い風習や鬼や邪気《じゃき》をはらうために豆をぶつける風習などが合わさり，広まったと考えられています。大切な作物である㉓大豆には，穀物の霊が宿っていて，その力が悪霊《あくりょう》を退けると昔の人は考えていました。

星子：日本にはいろいろな伝統行事があるのですね。

問１　下線部①について。

(1)　ひな人形は天皇や皇后，宮中の公家たちを手本にしたものといわれています。天皇が幼少であった場合などに，天皇にかわって政務をおこなう職として正しいものを，次の(ア)～(エ)から一つ選び，記号で答えなさい。

(ア)　右大臣　(イ)　太閤　(ウ)　摂政　(エ)　少納言

(2)　埼玉県さいたま市に，2020年２月22日に，日本初の人形専門公立博物館がつくられました。さいたま市の中でも日本有数の人形産地であり，人形博物館が建てられた場所を，次の(ア)～(エ)から一つ選び，記号で答えなさい。

(ア)　さいたま市岩槻区　(イ)　さいたま市西区

(ウ)　さいたま市緑区　(エ)　さいたま市中央区

問２　下線部②について。桃に関係する昔話として「桃太郎」があります。桃太郎のお話に出てくる「きびだんご」のきびは，穀物の「キビ」や旧国名の「吉備《きび》」に由来《ゆらい》するなどの説があります。「吉備」とは，現在の何県にあたりますか。正しいものを，次の(ア)～(エ)から一つ選び，記号で答えなさい。

(ア)　福岡県　(イ)　奈良県　(ウ)　岡山県　(エ)　埼玉県

問３　下線部③について。奈良県について述べた説明文として正しいものを，次の(ア)～(エ)から一つ選び，記号で答えなさい。

(ア)　県西部を，日本の標準時子午線である東経135度線が通《とお》る。

(イ)　中京工業地帯の一部である奈良市では，繊維業がさかんである。

(ウ)　内陸にあり，京都府・大阪府とは接しているが，滋賀県とは接していない。

(エ)　東部を流れる長良川流域には，洪水から家や田畑を守る輪中がみられる。

問４　下線部④について。東大寺が建立された奈良時代について述べた説明文として正しいものを，次の(ア)～(エ)から一つ選び，記号で答えなさい。

(ア)　明が中国を統一し，日本に朝貢《ちょうこう》を要求した。

(イ)　運慶・快慶が金剛力士像をつくった。

(ウ)　墾田永年私財法によって，寺社や貴族たちの私有地が増えていった。

(エ)　興福寺や延暦寺は僧兵をかかえて，勢力をふるった。

問５　下線部⑤について。桜について述べた説明文として誤っているものを，次の(ア)～(エ)から一つ選び，記号で答えなさい。

(ア)　桜の花は，百円硬貨や千円札の図柄《ずがら》として使用されている。

(イ)　桜の図柄は，ラグビー日本代表のワッペンに使われている。

(ウ)　桜は種類によって，果実が食用にされたり，塩漬けにした花が桜湯に使われる。

(エ)　桜は日本の国花であり，皇室をあらわす花であるとさだめられている。

問6　下線部⑥について。

(1)　春から秋にかけておこなわれる稲作の作業の手順を，正しく並べたものを，次の(ア)～(エ)から一つ選び，記号で答えなさい。

(ア)　しろかき → 田おこし → 田植え → 稲刈《か》り

(イ)　田植え → 田おこし → 稲刈り → 中干し

(ウ)　田おこし → 田植え → 中干し → 稲刈り

(エ)　中干し → 田おこし → しろかき → 稲刈り

(2)　次の文章は，代表的な米の産地である越後平野や庄内平野の特徴《とくちょう》を書いたものです。空欄 X ・ Y にあてはまる語句と文章の組合せとして正しいものを，次の(ア)～(エ)から一つ選び，記号で答えなさい。

「越後平野や庄内平野は， X 平野部で，気候は Y 土地なので米づくりに適《てき》しています。」

(ア)　X：水が豊かな　　Y：昼と夜の気温の差が小さい

(イ)　X：水が豊かな　　Y：昼と夜の気温の差が大きい

(ウ)　X：水が少ない　　Y：昼と夜の気温の差が小さい

(エ)　X：水が少ない　　Y：昼と夜の気温の差が大きい

問7　下線部⑦について。嵯峨天皇は，桓武天皇の子で，律令制度の改革につとめた天皇でした。桓武天皇・嵯峨天皇の時代に活躍した人物として正しいものを，次の(ア)～(エ)から一つ選び，記号で答えなさい。

(ア)　道鏡　　(イ)　一休　　(ウ)　空海　　(エ)　親鸞《しんらん》

問8　下線部⑧について。リニア中央新幹線は，2021年9月現在，岐阜県を通る予定となっています。リニア中央新幹線が通る予定の県として誤っているものを，次の(ア)～(エ)から一つ選び，記号で答えなさい。

(ア)　山梨県　　(イ)　長野県　　(ウ)　群馬県　　(エ)　愛知県

問9　下線部⑨について。陽明門といえば，日光東照宮の陽明門が有名です。日光東照宮について述べた説明文として正しいものを，次の(ア)～(エ)から一つ選び，記号で答えなさい。

(ア)　日光東照宮は，歴代の征夷大将軍がすべて埋葬《まいそう》されている。

(イ)　千利休の影響を受けた豊臣秀吉は，わび茶を広めるため，陽明門の華美《かび》な装飾を取り壊した。

(ウ)　日光東照宮は，太平洋戦争で戦死した軍人を英霊《えいれい》としてまつる神社である。

(エ)　日光東照宮には，権現造《ごんげんづくり》とよばれる建築様式がみられる。

問10　下線部⑩について。からくり人形とは，歯車などの技術を使って，複雑な動きをするしくみをもった人形で，江戸時代後半に多くつくられました。江戸時代の技術・産業について述べた説明文として誤っているものを，次の(ア)～(エ)から一つ選び，記号で答えなさい。

(ア)　浮世絵版画は，版木《はんぎ》に原画をほる彫《ほり》師と色を重ねて印刷するすり師が共同してつくった。

(イ)　杉田玄白は，エレキテルとよばれる装置をつくって静電気を発生させる実験をおこなった。

(ウ)　たたら製鉄とよばれた古代からの技術でつくられた純度の高い鉄が，多様な道具に加工された。

(エ)　綿織物業では，働き手を農村から募《つの》り，分業と協業によって生産する工場制手工業が発展した。

問11　下線部⑪について。全国有数のこいのぼりの生産地として埼玉県の加須《かぞ》市が挙げられます。次の表は，キャベツ，ほうれんそう，きゅうり，日本なしのいずれかの生産上位県をあらわしたものです。埼玉県にあてはまるものを，次の(ア)～(エ)から一つ選び，記号で答えなさい。

（ア）	9.5
千葉県	9.2
栃木県	8.6
（イ）	7.6
鳥取県	7.0

（ウ）	11.0
（エ）	9.3
千葉県	8.6
（ア）	7.4
宮崎県	7.4

宮崎県	11.5
（エ）	10.8
（ウ）	8.3
（イ）	7.0
千葉県	5.3

（エ）	18.7
愛知県	18.2
千葉県	7.5
（ア）	7.2
鹿児島県	5.2

（単位はパーセント。『日本のすがた 2021』より作成）

問12　下線部⑫について。1948年におきたできごととして正しいものを，次の(ア)～(エ)から一つ選び，記号で答えなさい。

(ア)　朝鮮戦争がはじまった。

(イ)　極東国際軍事裁判（東京裁判）の判決が下された。

(ウ)　ベルリンの壁が建設された。

(エ)　初の国産アニメとして『鉄腕アトム』がテレビ放映された。

問13　下線部⑬について。日本の祝日として誤っているものを，次の(ア)～(エ)から一つ選び，記号で答えなさい。

(ア)　「建国記念の日」は２月11日　　(イ)　「みどりの日」は５月３日

(ウ)　「文化の日」は11月３日　　(エ)　「勤労感謝の日」は11月23日

問14　下線部⑭について。2021年８月は，西日本を中心に大雨が続きました。次々と発生した積乱《せきらん》雲《うん》が数時間にわたってほぼ同じ場所にとどまって，□のように並んだことも原因の一つです。このように発生した雨の降る地域を□状降水帯といいます。空欄□にあてはまる語句を，**漢字一字**で答えなさい。

問15　下線部⑮について。次の表は，秋田県，東京都，愛知県，沖縄県の，年齢別人口の割合をあらわしたものです。秋田県にあてはまるものを，次の(ア)～(エ)から一つ選び，記号で答えなさい。

	1990 年（国勢調査）			2019 年（人口推計）		
	0～14 歳	15～64 歳	65 歳以上	0～14 歳	15～64 歳	65 歳以上
（ア）	17.9	66.5	15.6	9.8	53.0	37.2
（イ）	24.7	65.3	10.0	16.9	60.9	22.2
（ウ）	14.7	74.7	10.6	11.2	65.8	23.1
（エ）	18.5	71.7	9.8	13.1	61.8	25.1

（単位はパーセント。『データで見る県勢 2021』より作成）

問16　下線部⑯について。新潟県の地場《じば》産業について述べた説明文として誤っているものを，次の(ア)～(エ)から一つ選び，記号で答えなさい。

(ア)　新潟市では，酒井《さかい》田《だ》柿《かき》右《え》衛門《もん》によってはじめられた有田焼の生産がさかんである。

(イ)　新潟県中部にある燕市では，金属洋食器の生産がさかんである。

(ウ)　十日町市では，幕末より絹織物の生産がさかんで，現在では着物の産地となっている。

(エ)　県内全域で清酒が多く生産され，その出荷量は全国3位である。

問17　下線部⑰について。尺《しゃく》とは，単位の一つです。長さや面積など，日本の単位について述べた説明文として誤っているものを，次の(ア)～(エ)から一つ選び，記号で答えなさい。

(ア)　尺は，長さの単位として，丈《じょう》や寸《すん》などとともに，使われていた。

(イ)　律令制度では，土地の面積をあらわすのに，段《たん》（反《たん》）が用いられていた。

(ウ)　石高《こくだか》制の「石《こく》」とは，土地の評価《ひょうか》を米の収穫量であらわした単位である。

(エ)　江戸時代のすべての通貨は，重さをはかって使用する通貨であり，貫《かん》という単位に統一された。

問18　下線部⑱について。秋に宮中でおこなわれるまつりごととして正しいものを，次の(ア)～(エ)から一つ選び，記号で答えなさい。

(ア)　元始《げんし》祭　　(イ)　花まつり　　(ウ)　出初《でぞめ》式　　(エ)　新嘗《にいなめ》祭

問19　下線部⑲について。8月15日におきたできごととして正しいものを，次の(ア)～(エ)から一つ選び，記号で答えなさい。

(ア)　連合国から日本に対して，ポツダム宣言が出された。

(イ)　天皇のラジオ放送で，戦争の終結が全国民に発表された。

(ウ)　アメリカ合衆国によって，広島に原子爆弾が投下された。

(エ)　ソ連が，日本に宣戦布告した。

問20　下線部⑳について。飛鳥時代について述べた説明文として正しいものを，次の(ア)～(エ)から一つ選び，記号で答えなさい。

(ア)　厩戸《うまやと》王（聖徳太子）は，遣唐使を派遣《はけん》したのち，冠位十二階を制定した。

(イ)　大海人《おおあま》皇子は，平定した東北の蝦夷たちを味方につけ，壬申の乱に勝利した。

(ウ)　中国皇帝から与えられた金印や多くの銅鏡が，推古天皇を埋葬した古墳から発見された。

(エ)　法隆寺には，飛鳥文化を代表する仏像や美術品が収蔵《しゅうぞう》されている。

問21　下線部㉑について。明治時代に設けられたものに関する説明文として正しいものを，次の(ア)～(エ)から一つ選び，記号で答えなさい。

(ア)　戊辰戦争で焼け落ちた上野の寛永《かんえい》寺の跡地に，ナウマンが設計した国立博物館が建てられた。

(イ)　1872年に制定された学制により，小学校が寺子屋に改められ，就学《しゅうがく》率も90％をこえた。

(ウ)　紙幣の発行を一カ所でおこなうことを目的として，日本銀行が1882年に設立された。

(エ)　川上音二郎《おとじろう》がはじめた「オッペケペー節《ぶし》」の流行をきっかけに，和洋折衷《わようせっちゅう》の歌舞伎座が開場した。

問22　下線部㉒について。奇数が入っている語句に関する説明文として正しいものを，次の(ア)～(エ)から選び，記号で答えなさい。

(ア)　**五畿七道**とは，大宝律令でさだめられた行政区画であったが，実情に合わず実現しなかった。

(イ)　北条義時は，承久の乱を鎮圧した後，**五十一カ条**からなる御成敗式目を制定した。

(ウ)　豊臣秀吉は，石田三成を中心とした**五大老**にバテレン追放令を出すように命じた。

(エ)　日本政府は，第一次世界大戦中に中国に対して**二十一カ条**の要求を出した。

問23　下線部㉓について。次のページの表は，大豆の収穫量が多い都道府県を順に並べたものです。空欄（　）にあてはまる都道府県を，次の(ア)～(エ)から一つ選び，記号で答えなさい。

（　）	88,400
宮城県	15,100
秋田県	13,900
福岡県	8,830

（単位はトン。『データで見る県勢2021』より作成）

(ア)　北海道　　(イ)　青森県　　(ウ)　静岡県　　(エ)　高知県

Ⅱ　次の文章を読んで，あとの問いに答えなさい。

日本国憲法は，形の上では①大日本帝国憲法の改正という手続きによってさだめられました。しかし，実際は②アジア・太平洋戦争が終わって③1945年の9月から日本の占領をおこなったGHQ（連合国軍最高司令官総司令部）の強い影響力のもとでつくられたものです。GHQのマッカーサー最高司令官は，日本政府に憲法改正をおこなうように求めたものの，政府が準備した改正案が大日本帝国憲法とそれほど変わらないものであったことに不満をもちます。そこで，「三原則」とよばれる簡単なメモを部下に示して，まったくあたらしく憲法の草案《そうあん》（原案）をつくるように指示します。彼らは，他国の憲法を調査したり，民間の憲法草案の提案を参考にしたりしながら，非常に短期間で草案を書き上げます。その出発点となったメモの要点は，次の3つといわれています。

1．④天皇は国の元首《げんしゅ》であり，皇位は世襲《せしゅう》される。
2．国際紛争を解決する手段としても，自衛のための手段としても，戦争は放棄《ほうき》する。
3．封建《ほうけん》制度は，廃止《はいし》される。

しかし実は，憲法改正の案を作成する作業のあいだに，案の内容はいろいろ変更されました。たとえば，「三原則」では天皇は国の「元首」とありますが，その言葉は，実際にできあがったGHQの草案ではすでに現在の日本国憲法の第1条と同じ「［　⑤　］」という言葉におきかえられています。「戦争放棄」の箇所《かしょ》にあった「自衛のための手段としての戦争も放棄する」という部分も，GHQの草案には書かれませんでした。また，できあがった草案が日本政府に提示された時には⑥国会は一院制とされていましたが，その後，日本政府との交渉の中で二院制に修正されるなどの変更もありました。

さらに，憲法改正案を審議《しんぎ》する議会においても，活発な議論がおこなわれました。憲法第9条の⑦平和主義の表現が調整されたり，⑧人間らしく生きる権利を保障した憲法第25条が議員の提案によってあらたに付け加えられるなど，さまざまな変更が加えられた結果，日本国憲法が誕生したのです。

なお，日本国憲法の第24条，⑨男女の平等をさだめた条文は，GHQで憲法草案作成の担当者の中でただ一人の女性であった，ベアテ＝シロタ＝ゴードンが，自分が少女時代を過ごした日本の女性の地位の低さを改善しようと強く提案して取り入れられた条文といわれています。

今日，日本国憲法は日本社会に定着しているといわれますが，時代の変化にともなってさまざまな問題や課題が指摘されています。私たちも⑩憲法と社会の動きに関心をもつことが求められているのではないでしょうか。

問１　下線部①について。大日本帝国憲法について述べた説明文として正しいものを，次の㋐～㋓から一つ選び，記号で答えなさい。

㋐　衆議院議員の選挙権を25歳以上の男女に認めていた。

㋑　地方自治を重視して，県知事や市町村長も選挙で選ぶようにさだめていた。

㋒　天皇の強い政治的な権限をさだめる一方，国民の権利はまったく認めていない。

㋓　天皇がさだめた憲法として，1889年に発布された。

問２　下線部②について。この戦争に関連したできごとについて述べた説明文として正しいものを，次の㋐～㋓から一つ選び，記号で答えなさい。

㋐　沖縄は，激しい地上戦がおこなわれたすえに，アメリカ軍の支配下に入ったが，戦争が終わると同時にアメリカ軍は撤退した。

㋑　終戦時に海外にいた日本軍の兵士のなかには，アメリカ軍によってシベリアに送られて強制労働させられた人もいた。

㋒　終戦時に中国などにいた日本の民間人の多くは日本に引き揚《あ》げてきたが，その過程で中国に残された「残留《ざんりゅう》孤《こ》児《じ》」の問題も生《しょう》じた。

㋓　日本軍は中国本土の都市や太平洋の島々を次々と制圧《せいあつ》したが，大きな抵抗にあわず，兵士の犠牲者もわずかであった。

問３　下線部③について。この年におこったできごとについて述べた説明文として正しいものを，次の㋐～㋓から一つ選び，記号で答えなさい。

㋐　東条英機内閣が総辞職し，日本社会党の吉田茂が内閣総理大臣となった。

㋑　日本の国土の防衛を任務とする警察予備隊が発足した。

㋒　国際連合が，51カ国の加盟国で発足した。

㋓　アメリカで，日米安全保障条約の調印がおこなわれた。

問４　下線部④について。現在の天皇の地位について述べた説明文として正しいものを，次の㋐～㋓から一つ選び，記号で答えなさい。

㋐　天皇の地位は，天皇のいちばん年長の子しか継《つ》ぐことができない。

㋑　天皇の地位は，日本国民の総意《そうい》にもとづくとさだめられている。

㋒　日本国憲法のもとで，生前に退位した天皇はいない。

㋓　天皇は養子をむかえて，皇位をその子に継がせることができる。

問５　文中の空欄 ⑤ にあてはまる語句を**漢字二字**で答えなさい。

問６　下線部⑥について。国会について述べた説明文として正しいものを，次の㋐～㋓から一つ選び，記号で答えなさい。

㋐　衆議院議員と参議院議員の議員定数は同じである。

㋑　国会は，一年を通して開会されているが，年末年始だけは休会する慣例が定着している。

㋒　首相は国会の議長をつとめ，国会の解散も首相が決断する。

㋓　国会が重要な議案を決める際に，「公聴《こうちょう》会」を開いて市民や有識者から意見を聞くことがある。

問７　下線部⑦について。日本国憲法の平和主義について述べた説明文として正しいものを，次の㋐～㋓から一つ選び，記号で答えなさい。

㋐　自衛隊は憲法第９条に違反する，との訴えを，最高裁判所が認めたことはない。

(イ)　憲法第９条が否定している「交戦権」とは，攻撃される前に敵基地を先制攻撃する権利のことをいう。

(ウ)　ベトナム戦争をきっかけに，アジアの平和を守るために自衛隊がつくられた。

(エ)　日本は，国際連合の平和維持活動に協力する以外は，自衛隊を海外に派遣することはできない。

問８　下線部⑧の権利を何とよびますか。正しいものを，次の(ア)～(エ)から一つ選び，記号で答えなさい。

(ア)　参政権　　(イ)　生存権　　(ウ)　自由権　　(エ)　自衛権

問９　下線部⑨について。男女平等に関して日本国憲法と日本の法律の考え方として正しいものを，次の(ア)～(エ)から一つ選び，記号で答えなさい。

(ア)　仕事をもつ女性は結婚しても家事や育児をするので，一日の仕事の時間は法律で男性よりも短くさだめられている。

(イ)　日本においては，男女平等を保障するために裁判官や検察官などをふくめた国家公務員や国会議員は男女半々になるように制度がつくられている。

(ウ)　結婚は，結婚する二人の合意のみにもとづいて成立するので，親やそのほかの人が結婚を強制したり禁止したりしてはいけない。

(エ)　婚姻《こんいん》の届《とどけ》出《で》の時には，夫婦は，ともに夫の姓を名のることが法律でさだめられている。

問10　下線部⑩について。憲法に関連する社会の動きについて述べた説明文として正しいものを，次の(ア)～(エ)から一つ選び，記号で答えなさい。

(ア)　ウイルスによる感染拡大防止のために出された「緊急事態宣言」は，憲法にさだめられている緊急事態条項を根拠《こんきょ》として，国民の権利に一時的に制限を加えた。

(イ)　環境権や幸福追求権，差別の禁止など，憲法にはまだ書かれていない権利を「新しい人権」という。

(ウ)　憲法改正のための国民投票法が改正され，国民投票が成立するために必要な最低投票率が決められた。

(エ)　憲法がさだめる「選挙権の保障」に関して，外国に住んでいる日本国民も国会議員の選挙に参加できる。

ことに反発している。

イ　瑠美奈なら自分の考えを理解するはずだと思っていたのに、きれいごとばかり言って自分と向き合ってくれないことに対して裏切られた思いでいる。

ウ　独りぼっちの自分に同情してわざわざ広告の前で瑠美奈が待っていてくれたのに、その優しさに応《こた》えられない自分に腹を立てている。

エ　瑠美奈は自分を励まそうと思って広告の話をしてくれたのに、その言葉を素直に聞くことができないでいる自分にいら立っている。

オ　瑠美奈なら自分のことを慰《なぐさ》めてくれると思って声をかけたのに、逆に意識の低さを指摘されたようで辛い気持ちになっている。

問9　傍線部⑨「詩音をさそうのは、もっと勇気がいる」と瑠美奈が思う理由として最も適切なものを次から選び、記号で答えなさい。

ア　「おしゃれボーズの会」は大人の集まりなのに、子供の瑠美奈が勝手に詩音を誘っていいのか分からなかったから。

イ　詩音に「坊主になってみるとわかるよ」と言われたのに、今の瑠美奈は美容室でかわいらしい髪型にしたばかりだったから。

ウ　広告から受けた感動に詩音なら共感してくれると思ったのに、昨日の詩音は瑠美奈の言うことをほとんど受け入れてくれなかったから。

エ　「おしゃれボーズの会」にくわしい野島くんでさえ詩音に声をかけられないのに、瑠美奈が詩音を誘うには会のことをよく知らないから。

問10　傍線部⑩「うたった」の意味として最も適切なものを次から選び、記号で答えなさい。

ア　主張した　　イ　かざりたてた

ウ　宣伝した　　エ　ほのめかした

問11　空欄Ⅰに入る表現として最も適切なものを次から選び、記号で答えなさい。

ア　髪型の話はしないように　　イ　自分に似合う髪型にしよう

ウ　坊主は勇気がいることよ　　エ　坊主も髪型の一つなんだよ

問12　波線部Y「深呼吸をして、よし！　と自分に気合いを入れて家を出た」について、次の各問いに答えなさい。

(1)　家を出た瑠美奈は、この後どうすると考えられますか。十字以内で答えなさい。

(2)　波線部X（63ページ下段）からYに至るまでの瑠美奈の心境の変化にふれながら、(1)のように瑠美奈が行動する理由をわかりやすく説明しなさい。

で、詩音がわざわざ障害を作り出していると先生は言うから。

問４　傍線部③について、沙耶が「しばらく沈黙《ちんもく》した」理由として最も適切なものを次から選び、記号で答えなさい。

ア　偶然とはいえ先生と詩音の話を聞いてしまい、申し訳なく思っているから。

イ　練習の邪魔をした詩音の謝罪が心からのものかどうか、疑っているから。

ウ　詩音を元気づけるために、どんな言葉をかけたらよいか探しているから。

エ　今ここで詩音に髪型の話をしてよいものかどうか、ためらっているから。

問５　傍線部④中の「坊主でいると、自分を好きでいられる」に込められた詩音の気持ちとして最も適切なものを次から選び、記号で答えなさい。

ア　坊主にすることで、一人で校則に抗議して心細い思いをしている姉を励ますことができ、姉の役に立てることが嬉しいと感じている。

イ　坊主は少数派の髪型であり、周囲と同じであることに嫌気がさしている自分にとっては独自性をだすチャンスだと思っている。

ウ　坊主は他人の評価とは関係なく姉を応援するために選んだ髪型であり、自分の意志を貫いたことを誇らしく感じている。

エ　坊主にすることで、社会で少数派と言われる人たちの気持ちを理解することができ、そのような自分を肯定する気持ちになっている。

問６　傍線部⑤「もし、ポスターの中の一人がクラスにいたら、きっと仲間はずれになる」と詩音が考える理由として最も適切なものを次から選び、記号で答えなさい。

ア　瑠美奈は自分の自由を楽しみたいと思っているが、現実には仲間としての連帯感の方が重視されており、結局は自由などきれいごとであるとあきらめているから。

イ　瑠美奈は自由であることや多様性を認めることを理想としているが、現実には一般的とされる範囲内でしか自由や多様性は認められていないと実感しているから。

ウ　瑠美奈は広告の中のように自由を認めることを理想としているが、現実には外見や行動を皆が同じにして集団の一体感を強めることが求められると痛感しているから。

エ　瑠美奈は自由な世界がすでに実在していたのだと喜んでいるが、現実には広告に描かれているような多様性の存在する社会など夢物語に過ぎないと分かっているから。

問７　傍線部⑥・⑦は慣用表現です。それぞれの空欄に入る語の組み合わせとして最も適切なものを次から選び、記号で答えなさい。

ア　⑥―眼《め》・⑦―足　イ　⑥―耳・⑦―首

ウ　⑥―声・⑦―身　エ　⑥―眉《まゆ》・⑦―肩

問８　傍線部③「詩音は、地面をけりつけるように足早に歩いた」とありますが、この時の詩音の気持ちとしてあてはまるものを次から**二つ**選び、記号で答えなさい。

ア　坊主頭ではない瑠美奈には自分の考えなどわかるはずがないのに、自分を勝手に過大評価したり理想を押し付けて失望したりする

じゃなく、詩音にも腹がたった。

どうして、自分が差し出した手を、とろうとしないのだろう。

いっしょに考えたいと思っているのに、どうして突っぱねるようなことばかりをいうのだろう。

詩音は、あくまでもかたくなだった。

詩音を思ったからこそ、『おしゃれボーズの会』に誘《さそ》ったのにと、もやもやした思いが、瑠美奈の胸の内にふくれあがった。

家に帰ってからも、胸のわだかまりは消えなかった。

瑠美奈にはなにもできないと、詩音は決めつけている。

偏見と闘《たたか》うなんて、口先だけのことだと思っている。

『そんな目にあったことない人が、偏見とか、自分らしくとかいっても、空々しくきこえるんだよね』

詩音が突きつけた言葉は、瑠美奈の気持ちを強くゆさぶった。

瑠美奈は、机の奥から、c お小遣いをためた貯金箱をひっぱり出して、中身を財布にうつした。

洗面所にいって、鏡にうつる自分をしばらくながめた。

Y 深呼吸をして、よし！　と自分に気合いを入れて家を出た。

問1　太線部ａ「椅子」・ｂ「カンバン」・ｃ「（お）小遣（い）」について、カタカナは漢字に直し、漢字は読みをひらがなで答えなさい。

問2　傍線部①「詩音は唇をかんだ」とありますが、この時の詩音についての説明として最も適切なものを次から選び、記号で答えなさい。

ア　先生がじっと見つめてきたり両親の話題を出したりして、坊主にしたきっかけを聞き出そうと自分を問いつめてくることに対していら立っている。

イ　坊主にしたいきさつを正直に話したいが、姉の行動やそれを励ましたい自分の気持ちを理解してもらえないのではないかと不安で言い出せないでいる。

ウ　恥《は》ずかしさに耐《た》えて姉のために坊主になったものの、友だちにはからかわれ、先生には説明しなければならない状況に陥《おちい》り、自分の行動を後悔している。

エ　坊主にしたことで、もうすでに友達にからかわれたりいじめられたりしているのに、先生が今まで気づいてくれなかったことに対して寂《さび》しく思っている。

問3　傍線部②「先生との間に、遠いへだたりがあるのを感じた」とありますが、詩音がそのように感じた理由として最も適切なものを次から選び、記号で答えなさい。

ア　高校の校則に存在する高校生「らしい」「ふつう」の髪型に抗議している姉に共感し応援したいと思っているのに、女の子「らしい」「ふつう」の髪型を先生は勧《すす》めているから。

イ　高校の校則に反発して髪を刈り上げた姉は強い意志で学校に抗議しているのに、先生は単に世間の目を持ち出して説得すれば、自分たちの考えを変えられると思っているから。

ウ　誰かに影響されたわけではなく自分自身で考えて坊主頭になったのに、詩音が小学生だという理由だけで、経験不足の子どもが姉の真似ごとをしたと先生は決めつけているから。

エ　姉にとっては校則が、詩音にとっては「ふつう」を押しつけられることが障害であるのに、坊主頭のような特殊な髪型にすること

あわてて、瑠美奈はバタバタと手をふった。

「そのお母さんってね、三十年前から坊主なの。最初は妹さんが病気で髪の毛が抜けて、落ちこんでたのね。その妹さんを励《はげ》ますために、自分も坊主にしたんだって。ところが、まわりの人の目が、女性の坊主にすごく差別的で、それに反発して、坊主を貫《つらぬ》いてるんだって。カッコいいでしょ」

瑠美奈は熱っぽい口調で語った。

「でね、月に一度、気が合う人たちで作ってる会があるんだって。それがみんな坊主らしいの。なんかおもしろそうだから、一緒にいってみないかなと思って」

なにかを考えるように、じっと一点を見つめていた詩音が、顔をあげて瑠美奈に視線をあてた。

「それって、わたしがかわいそうだと思って、さそってるの？」

「え？」

「坊主になって、いつも一人ぼっちでさみしそうだから、同情してるの？」

「べつにそういうわけじゃないよ」

「じゃあ、おもしろがってるの？」

「まさか」

「じゃ、どうして？」

口調は変わらなかったけれど、瑠美奈を見る目つきが鋭《するど》い。

思わず、瑠美奈はひるみそうになった。

「あ、えっと、そこに集まる人たちって、偏見の目で見られてる人が多いと思うの。でも自分らしく生きようって、がんばってるんじゃないかな。だから」

「そうかもね。でも倉田さん、そんな人の気持ち、わかるの？」

瑠美奈の言葉をさえぎるように、詩音はいった。

「ふつうじゃない人、そんな目で見られたら、どんな気持ちになるか、わかるの？」

そういわれると、瑠美奈は返事に困った。

詩音は、冷ややかに瑠美奈を見つめていたが、やがてふっと息を吐いた。

「そんな目にあったことない人が、偏見とか、自分らしくとかいっても、空々しくきこえるんだよね」

グサリと、胸をひと突きされた気がした。

「昨日だって、小川先生にいわれた。坊主をやめるようにって。ふつうとちがうことをすると、いじめられるからって」

「先生が……」

たしかに、昨日の詩音は、ずいぶん投げやりな態度だった。自由を⑩うたったポスターに対しても、ほとんど関心を示さなかった。

けれどあのとき、先生に坊主をやめるようにいわれて、傷ついていたのだとしたら。

あのそっけない反応の理由が、少しわかった気がした。だとしたら、先生はいう相手をまちがえている。詩音に坊主をやめろというんじゃなくて、［　I　］と、みんなに話すべきじゃないだろうか。

瑠美奈の中に、いいようのない怒《いか》りがわきあがってきた。先生だけ

「えっ、それで坊主にしたって？　うーん、高校の校則に、小学生が反対して坊主になるかなあ」

絵梨佳は首をひねったけど、瑠美奈はアリだと思った。

そうと仮定したら、詩音が坊主になったのも、説明がつく。

だけどこの先、詩音はどうするつもりだろう。このまま坊主を続けるのだろうか。

絵梨佳が自分の席に戻ったあとも、そんなことを考えていたら、

「おう、なかなかいいじゃん」

声がして、ふりむくと野島くんが、瑠美奈の髪を見ていた。

「あ、うん。すっごく気に入った。それに、野島くんのお母さんってステキな人だね。坊主頭を武器にして、自分の道を切り開くなんて、カッコいい。ファッションセンスもサイコーだし、わたし、すっかりファンになっちゃった。今度はちゃんとお金を払っていくからね」

「ふうん、そんなに気に入ったんだ」

野島くんは、にやにやとほっぺたをゆるめた。

「だったら、入る？『おしゃれボーズの会』」

「え？　なにそれ？」

「母さんと、坊主にハマった人たちで作ってる、気楽な集まりだけど」

「へえ、坊主の女性だけで？」

「うん、ユニークな女性たちで」

「おもしろそう。でも大人ばっかりなんでしょ」

「中学生の女子ならいるよ。病気の時の薬の副作用で髪が抜けた子なんだけど、治ったあとも坊主が気に入って、いまでも続けてるんだ」

「ふうん、でもわたし、坊主じゃないし、坊主になる予定もないんだけど」

「坊主が好きなら、だれでもオッケーっていう、ゆるい集まりなんだよ。よかったら、のぞいてみたら」

そういったあと、野島くんはちょっと首をかたむけた。

「じつは、小柳さんにも、声をかけようと思ったことがあるんだけど、お節介《せっかい》かなって気もしてさ」

「そうだね。坊主の仲間がいたら心強いかも」

「もし、倉田さんがいってみようと思ったら、小柳さんもさそってみたらどうかな」

「うん、考えてみる」

そうはいったけれど、大人の集まりの中に、小学生が入っていくのは勇気がいる。

⑨詩音をさそうのは、もっと勇気がいる。

昼休み、本を読んでいた詩音に、思い切って声をかけた。

「小柳さん、ちょっといい？」

え？　と詩音が顔をあげた。

「わたし、野島くんのお母さんの美容室で、カットモデルしたって、いったっけ？」

「あ、あの美容室、野島くんのお母さんなの？」

「そう、ステキな女性なの。それでね、小柳さんにも、ぜひ紹介したいと思うんだけど」

「え？　わたしに美容室を？」

詩音はキョトンとした顔をしている。

「あ、ううん、そういう意味じゃなくて」

瑠美奈は、テレくさそうな笑みを浮かべた。けれど、すぐにパッと表情が変わった。

「ね、このポスター、見た？　すごくない？」

興奮したように、目を輝かせていった。

詩音も、最初に見たときの気持ちの高ぶりを思い出した。

世界中の人が、自分の自由を十分に楽しんでいるように見えた。いつか、こんな世界がくるのだろうかと思った。

でも、いまの気持ちは、あのときとはちがう。世界は、そんなに自由じゃない。

ここでは、坊主になる自由すら、認められないのだ。

「うん、でも……現実にはどうなのかな」

⑤もし、ポスターの中の一人がクラスにいたら、きっと仲間はずれになる。クラスの子からも、先生からも。

「あくまでも、理想の社会のことでしょ。実際にあんな髪にしたら、はずされるよ」

瑠美奈は、思いがけないことをいわれたように、⑥□をひそめた。

「でも、そういう社会だからこそ、なんとかしようって、呼びかけてるんじゃないの？」

「広告だもん。きれいごとなら、いくらでもいえるし」

「本気でそう思ってる？」

詩音が⑦□をすくめると、瑠美奈はガッカリした表情を浮かべた。

「小柳さんて、もっと、なんていうか、意識の高い人だと思ってた」

「どういう意味？」

「うーん、差別とか偏見《へんけん》とか、そんなのに対して、自分なりの意見を持ってる、みたいな」

「買いかぶり。そんなの、なんの役にもたたないし」

つい、つき放すようないい方をした。

瑠美奈の目から、さっきまでの光が消えた。

自分に失望しているのだと、詩音は思った。

「坊主になってみるとわかるよ」

「……」

じゃあね、と手をふって、詩音は歩き出した。

瑠美奈がさし出した手を、ふり払《はら》ってしまったような気がした。

瑠美奈は、詩音が坊主になったのを、どう思っているのだろう。

野島《のじま》くんみたいに、ジェンダーフリー［性差別をなくそうとする考え］を目指しているとでも、思っているのだろうか。

わけのわからない、苦々しい思いがわきあがってきた。

⑧詩音は、地面をけりつけるように足早に歩いた。家に着くころになって、ようやく少し気持ちが落ち着いてきた。

ふと、自分は瑠美奈に、八つ当たりしたんじゃないかと思った。

〈 **中略２　瑠美奈は翌日、同じクラスの絵梨佳《えりか》から詩音の姉の話を聞いた。** 〉

もしかして、と瑠美奈は思った。

詩音は、お姉さんが一人で校則に抗議しているのを知って、心を痛めていたのでは。

そこで、お姉さんと同じ坊主にして、力づけようと思ったのでは。

絵梨佳にそういうと、

「④好きか嫌いかでいえば、ボブのほうが好きかな。でも、坊主でいると、自分を好きでいられる」

「ふうん。わかんないなあ」

沙耶は、不満そうに口を突《つ》き出した。

「わたしね、あなたみたいな人を見ると、すごく腹が立つの。女の子なら、女の子らしくしなさいよって、肩をゆすぶりたくなる。先生のいうとおりだと思うわ。でも、人の気持ちをしばるわけにはいかないしね。せいぜいがんばれば」

それだけいうと、沙耶はそそくさと教室を出ていった。

詩音は、ぼんやりと沙耶のうしろ姿を見送っていた。

坊主だって、見慣れてしまえば、たいして珍《めずら》しくなくなる。

詩音の坊主を見ても、なんの反応もしなくなった子はいる。

けれど、相変わらずイヤミをいったり、笑ったり、批判的な目をむける子もいる。

その子たちには、女の子はこうでなくちゃ、という定義のようなものがあるらしかった。

そんなもの、気にしなければいい。詩音は自分にいいきかせてきた。

けれど、先生から、坊主をやめるようにいわれるとは、思っていなかった。

見放されたような、体の力が抜けていくような感覚だった。

どれだけそうしていただろう。

やがて大きく息を吐きだして立ち上がった。

〈　中略１　詩音は下校途中で同じクラスの倉田瑠美奈《くらたるみな》を見かけた。　〉

瑠美奈の視線の先に、あのｂカンバン広告があった。

『もっと自由に。もっと多様に。』

瑠美奈は、熱心に広告を見ていた。

Ｘ瑠美奈の目に、あの広告はどんなふうにうつるのだろう。なにを感じるのだろう。

瑠美奈が動きださないので、詩音はなるべくゆっくりと歩いた。

『だれかさんのせいで、仲間割れだってさ』

クラスの女子の言葉が脳裏によみがえった。できればこのまま追いつきたくなかった。

それでも、わずか五、六メートルの差は、徐々《じょじょ》に縮んでいく。

声をかけようか。知らないふりをして、通り過ぎてしまおうか。

迷っているうちに、瑠美奈のそばについてしまった。

瑠美奈は詩音に気づかないで、食い入るようにポスターに見入っている。

このまま瑠美奈を避《さ》けるのは、いじけてるような気がした。

「倉田さん」

えっ、と瑠美奈がふりむいた。

詩音を見たとたん、瑠美奈の顔がパッとほころんだ。意外だった。

「美容室から出てくるのが見えたから」

「うん。カットモデルになってきたの」

正面から見ると、いままでもっさりして野暮《やぼ》ったかった髪が、スッキリと洗練されて、スマートになっていた。

「すごく似合ってる」

「ありがと」

うかはわからないけれど、話してみるしかないと思った。

お姉ちゃんが、高校の校則に抗議して坊主になったこと、それを応援《おうえん》したくて、自分も坊主になったことを、簡潔に話した。

自分も変わりたかったから、ということは、いわなかった。わかってくれるとは、思えなかったから。

「まあ、そういうことだったの」

先生は、あきれた、というように、頭を左右にふった。

「姉妹そろって坊主になるなんて、ご両親にはショックだったんじゃないかしら。それに、お姉さんは高校生だけど、あなたはまだ小学生なのよ。そういう問題は、もう少しいろんな経験をして、自分の頭で考えられるようになってから、するものじゃないかしら」

詩音がお姉ちゃんのマネをして、坊主になったみたいないい方だった。

「社会に出たら、いろんな壁《かべ》にぶつかるのよ。なのに、小学生のうちから、わざわざ障害を作ることはないでしょう。ふつうとちがうってことは、それだけでいじめの対象になりやすいのよ」

いじめの対象になった詩音にはこたえた。

「とくに、女子の坊主って特殊《とくしゅ》だし、世間の目もあるでしょ。もっと女の子らしい、ふつうの髪型のほうが、いいんじゃないかしら」

②先生との間に、遠いへだたりがあるのを感じた。でも、詩音にはどう説明すればいいのか、わからなかった。

「これ以上、坊主を続けるのはやめましょうね。以前のあなたのボブ、とってもかわいかったわよ」

先生はそういって、机の上の詩音の手をポンポンとたたいた。

そして、話は終わったというように、ニッコリ笑って立ちあがり、音楽室を出ていった。

詩音は、自分がしたこと、考えたことすべてを、否定されたような気がした。

ぐったりと、a椅子によりかかったとき、ふと人影が動いた気がした。

「え、あ……」

思わず息をのんだ。

原口《はらぐち》沙耶《さや》が、教室の黒板の横に置かれたピアノのうしろから、のっそりとあらわれたのだ。

「ちゃんと許可をもらってたのよ。少し練習したかったから。でも、急にあなたと小川先生が入ってきて、話し始めたから、出るに出られなくなって。しかも、話が終わっても、小柳さん、なかなか出ていかないし」

沙耶は、気まずそうにいいわけをした。

「じゃあ、きいてたのね、いまの話」

「耳に入ってくるのは、止められないでしょ」

「うん……ごめん。練習の邪魔《じゃま》して」

「べつに、いいけど……」

③しばらく沈黙《ちんもく》したあと、沙耶はさぐるような目を詩音にむけた。

「ほんとはどっちが好きなの？　以前のボブといまの坊主と」

そうきかれると、詩音は返事につまった。

肩《かた》まで髪があったときには、それがあたりまえで、意識することもなかった。

けれどいまは、だれかに見られているんじゃないかと、いつも気を張っている。

たような気にな」るのはなぜだと考えられますか。その理由として最も適切なものを次から選び、記号で答えなさい。

ア　絵は描いた人そのものと言えるから。

イ　絵は誰が描いたかすぐにわかるから。

ウ　絵は描いた人の価値をつくるものだから。

エ　絵は一定の基準で評価されるものだから。

(3)　次の文章は、傍線部（Ⅱ）「何がいい絵かもわかりません」に対する先生の発言です。空欄にあてはまる語を本文中からそれぞれ指定の字数で抜き出し、答えなさい。

筆者によれば、絵には、よい絵も悪い絵もありません。思索を導きだす【　X　（二字）】のよい絵が自分にとってのよい絵と言えます。高値で取引きされているからとか、世間で【　Y　（三字）】作品だからとかいう基準はないのです。だから、よい絵の見つけ方や絵の優劣のつけ方を他者から【　Z　（二字）】ことはできません。自分自身の感受性が、よい絵を見つけ出すのです。

二　次の文章は、朝比奈蓉子 著『わたしの気になるあの子』の一節です。本文を読み、後の問いに答えなさい。［　］内の表現は、直前の語の意味です。なお、設問の都合上、本文を変更している部分があります。

小学六年生の小柳《こやなぎ》詩音《しおん》は放課後教室を出ようとしたところ、担任の小川先生に呼び止められ、音楽室で話をすることになった。

「帰ろうとしてたときに、ごめんなさいね。たいしたことじゃないのよ。小柳さん、急に髪《かみ》形を変えたでしょ。おうちで、なにかあったんじゃないかなって、前から心配だったの」

先生は、詩音の目をのぞきこむようにしていった。

坊主《ぼうず》になって、もう十日はたっているのに、いまさらなにが心配だというのだろう。

「えっと、なにかって」

「うーん、たとえば、家庭内トラブルみたいなこと」

「いいえ、そんなこと、なにもありません」

「そう。じゃあ、学校でいやなことがあったの？」

「いいえ」

「じゃあ、坊主になったきっかけは、なんなのかしら」

先生は首をかしげて、詩音を見つめた。

①詩音は唇《くちびる》をかんだ。

きっかけをいうには、お姉ちゃんのことを話さなくちゃいけない。

高校の校則に反発して、髪を刈《か》り上げてしまったことを、先生は理解してくれるだろうか。校則を変えようと、抗議していることを、わかってくれるだろうか。

「あなたが坊主頭になったのを見て、ほかの先生がたも心配されてるのよ。お父さんやお母さん、なにかおっしゃってない？」

詩音が黙《だま》っていると、先生はふうっと小さく息を吐《は》いた。

「このままじゃ、友だちにからかわれたり、いじめられたりするかもしれないわよ」

もうたっぷりからかわれたし、いじめも受けている。先生は知らないのだろうか。

けれど、黙っているだけでは解決にならない。理解してもらえるかど

で答えなさい。

ア　表現　イ　解釈《しゃく》　ウ　執筆《しっぴつ》　エ　着想　オ　想像

問５　傍線部③「そういう腑分けされていない『かたまり』のような状態」を具体的に言い換えた表現を、「～の状態」につながるように傍線部③以前の本文中から二十一字で抜き出し、始めと終わりの五字を答えなさい。

問６　傍線部④「完成した絵は、～圧縮した状態です」とはどういうことですか。最も適切なものを次から選び、記号で答えなさい。

ア　絵が完成するまでには多くの思索や時間を要するものの、完成した作品はその形を保ったまま長い年月存在し続けるということ。

イ　絵は作家の思考が見通しの立たないままで描かれており、描きあがった時に初めて思考がまとまった形で表現されるということ。

ウ　絵を描くには多くの思索が必要であるものの、完成した絵には必ずしもそのすべてが描かれているわけではないということ。

エ　絵には作家の思考や感情がつめ込まれており、描きあがるまでに経たさまざまな道すじが一つの作品として残されているということ。

問７　傍線部⑤「『教え』」という表現に込められた筆者の考えとして最も適切なものを次から選び、記号で答えなさい。

ア　鑑賞の支えとなるありがたいものではなく、邪魔《じゃま》になるもの。

イ　学校の授業で習うものではなく、評論家が勝手に述べるもの。

ウ　絵の鑑賞に役立つものではなく、絵を学ぶ人に必要なもの。

エ　作家自身が語るものではなく、後世の美術家が授《さず》けるもの。

問８　次のＡ～Ｅは絵に関する生徒五名の意見です。これらを読み、本文の内容をふまえて後の問いに答えなさい。

Ａ：美術館に行ったら、絵をきちんと理解したいから必ずイヤホンガイドを借りて説明を聞くことにしています。歴史的な背景や、作家の人生、描写の特徴も含めて理解することが絵を見ることだと思います。

Ｂ：たまたまテレビで観た絵が気に入ってその作家の展覧会に行ったのですが、最初に観た絵にしか興味が湧《わ》きませんでした。何が気に入ったのかもその時はよく分からなかったのですが、今思うと私の好きな映画の場面に似ていたのかもしれません。

Ｃ：私は絵を描くのが好きです。容易に言語化できないようなことも表現できる気がするからです。それらをズバリと言い当てることができる人はなかなかいませんが、たまにわかる人がいるみたいでびっくりします。

Ｄ：幼稚園児の描いた絵は、大人から褒《ほ》められようと思って描いたものではなく、子供たちの無邪気さがそのまま表れたものです。言葉では表現できない気持ちを素直に表現しているからこそ素晴らしく感じられるのです。

Ｅ：自分の描いた絵について（Ⅰ）何か言われると、絵ではなくて自分自身に言われたような気になります。上手に描こうと思ってもどうしたらいいかわからないし、そもそも（Ⅱ）何がいい絵かもわかりません。

(1)　Ａ～Ｅの中から、本文の趣旨と**あわない内容を含むものを二つ**選び、それぞれ記号で答えなさい。

(2)　傍線部（Ⅰ）「何か言われると、絵ではなくて自分自身に言われ

こういう状態には「始まり」も「終わり」も、「問い」も「答え」もありません。だから、一度そんな思いがめぐり始めると、あなたは絵の前から離れられなくなります。でも、それがよいのです。絵だって、始まりも終わりも、問いも答えもありません。ただ、感じるしかないのです。そして、感じるということは「かたまり」として接することです。雑念でよいのです。なぜなら、絵もまた、整理された考えなどよりは、はるかに雑念に近いからです。無の境地などではない、と書いたのはそういう理由です。むしろ逆です。

いそいで言っておかなければならないのは、だからといって、すべての絵についてもそうする必要はないということです。というよりも、どの絵についてもそういう状態になることは、ありえません。

絵には、いわば見る者とのあいだの「相性」があるのです。誰かが描いた「かたまり」のうち、どの絵があなたの「かたまり」としての思索《しさく》を導き出すかは、これはもう、まったくわかりません。目の前の絵が、世界中のほかの誰でもないある人物によって描かれている以上、そのうちのどれが、あなたのなかの「かたまり」に働きかけてくるかは、実際に接してみるまではわかりません。そこに法則などはないのです。

そういうわけで、世に名高い名画とあなたとが相性がよいとも限らないのです。それどころか、どこの誰が描いたかもわからないごく平凡な絵が、どういうわけだか、あなたを引きつけることだって、きっとあるはずです。そして鑑賞体験としては、まちがいなく後者のほうがたくさんの実りをあなたに与えてくれます。

でも、私たちは絵を教育によって「学んで」しまっていますから、「いや、そんなはずはない。これはなにかの気の迷いだ」とか「これほどの名画からなにも感じないはずはない。なにかしら学ばなければ」と勘違いをしてしまうのです。でも、ここまで書いてきたように、そういう必要はまったくありません。誰かが描いた目の前の絵の存在を疑うことが許されないように、あなたがそう感じてしまっているという事実も、同じく決してc拒めないあなたの存在の一部なのです。

（椹木野衣 著『感性は感動しない――美術の見方、批評の作法』より）

問1　太線部a「スイソク」・b「一斉」・c「拒（めない）」について、カタカナは漢字に直し、漢字は読みをひらがなで答えなさい。

問2　空欄Ⅰ（二か所）に入る最も適切な語を次から選び、記号で答えなさい。

ア　一期一会《いちごいちえ》　イ　完全無比《かんぜんむひ》　ウ　独立独歩《どくりつどっぽ》　エ　唯一無二《ゆいいつむに》

問3　傍線部①「これはちょっとおかしな考えです」と筆者が考える理由として最も適切なものを次から選び、記号で答えなさい。

ア　一つひとつの絵の価値は、同等に評価できるものなので、教育的な価値観でよしあしを決めて鑑賞できるものではないから。

イ　あらゆる絵には作家の素直な自己表現がなされ、価値の優劣をつけることができないため、鑑賞の仕方を教育する必要がないから。

ウ　どのような絵にも全く同じものはなく、存在そのものに価値があるため、教育を通して得られる一定の価値観で鑑賞できるものではないから。

エ　全ての絵は個性を持った作家が描いたものであり、価値も作家本人が決めるものなので、教育を通して鑑賞法を身につける必要がないから。

問4　傍線部②「『出力』」と近い意味を持つ語を次から二つ選び、記号

ることも読むこともできないからです。

そうすることで、頭のなかが整理されたり、自分で思ってもいなかったような発想が浮かんでくることもあるでしょう。それこそが、書くことの恵《めぐ》みです。だから、ときどき私たちは、そうして出力されたものが、最初から頭のなかにあったかのように勘《かん》違いをしてしまいます。でも、当然のことながら、頭のなかが最初からそうなっていたわけではありません。逆に、書いたり読んだり反芻《はんすう》したりすることで、渾然一体としていた思いや感情や印象や考えの矛盾《むじゅん》の「かたまり」のような豊かさが選別され、角を落とされ、成形されてしまうことも当然あります。これはある意味、とても惜《お》しいことです。

なぜなら、③そういう腑《ふ》分けされていない「かたまり」のような状態も、立派な「思考」だからです。そして、創造的な飛躍《やく》やひらめき、天から降ってきたようなアイデアというのは、こうした「かたまり」の思考がふつふつと化学反応のようなことを起こして、自分でもわからないまま、その「すきま」からひょいと飛び出してきたものなのです。

ここで絵に話を戻《もど》します。絵というのは、実はこの「かたまり」としての思考に近い状態です。絵を描く人は、いろんなことを考え、感じ、思いながら絵を仕上げていきます。もちろん、その過程で時間は過去から現在、未来へと流れていきます。でも、④完成した絵は、そうした時間をひとつの面のうえに圧縮した状態です。いわば過程が集積した「状態」です。だから、そういう「かたまり」としての絵を見るときには、私たちもまたそれを「かたまり」として受け取る必要があるのです。

いったん描かれた絵は、もうもとの白紙には戻せません。言い換《か》えれば、原稿用紙のようなものに並べ直すことはできません。無理矢理やろうと思えば（いまはとんでもないコンピュータがありますから）、描き手が筆を走らせていった順に線や筆跡や色面を解きほぐし、時間に沿って並べ還《かえ》すことも、できないことはないかもしれません。でもそれは、もう絵ではありません。

私たちが絵を見るとき、描き手がどこから筆を走らせていったかは、aスイソクすることはできても、はっきりとは知りようがありません。結局、絵は一挙に受け取るしかないのです。では、どうすればよいのでしょう。絵を前にして、漠《ばく》然と思いをめぐらすのがよいのです。誰かが「この絵はこういうふうに見るとよい」とか、「この絵にはこういう歴史的な背景があります」とか、「この絵を描いた人物は、この時代にこんな苦難に直面していました」とか、そんなふうに成形された⑤「教え」に惑《まど》わされることなく、ただ見て感じるのです。むずかしいことではありません。ただ、見るだけです。誰にでもできる、ごく簡単なことです。

すると、どうでしょう。いろんな雑念が浮かんでくると思います。「ああ、これは昨日食べた夕食のおかずにかたちが似ているな」とか、「でも、こっちの隅《すみ》のほうに描かれている山は、むかし子供のころ登った故郷の山に似ているな」とか、「ああ、真ん中で目立っている女の子は高校生のころ好きだった子に似ているな」とか、どうでもよい、くだらない（とされているような）考えが浮かんでは消え、グチャグチャと混ざりながらb一斉に動き出すと思います。

実は、「かたまり」としての思考というのは、そういう状態です。そして、こういう対面の仕方が、やはり誰かの「かたまり」の出力である絵という状態とつきあうには、とても相性がよいのです。

【国語】（五〇分）〈満点：一〇〇点〉

【注意】　字数制限のある場合は、句読点も一字と数えて答えること。

一　次の文章を読み、後の問いに答えなさい。なお、設問の都合上、本文を変更している部分があります。

絵を鑑賞するのに大切なのは、なにかを学ぼうとしないことです。現代では美術は教育の一環として国の管理下に置かれています。だから、小学校のころから私たちは絵を学校の授業で習い、見方を教わります。でも、少し考えてみればわかりますが、①これはちょっとおかしな考えです。

絵というのは、どこかの誰かが自分を筆やペンを使ってあらわした、いわばその分身です。同じ絵を描ける人は、世界中探してもどこにもいません。この意味では、絵は［Ⅰ］なのです。

ところが、学校の教育は［Ⅰ］のはずの絵を評価して優劣《れつ》をつけ、よしとされる模範にできるだけ近づけようとします。最近ではそういうのを嫌《きら》って、自分を素直に出すのがよい絵だと教える流れもあるようですが、決められた枠《わく》のなかでのことに変わりはありません。

でも、もしも絵が誰かの分身であるなら、それに優劣をつけることなどできっこありません。自分を素直に出すのがよい絵だといっても、そもそも、最初からよい絵もわるい絵もないのです。人によい人や悪い人がいるのは事実でも、そのひとの存在そのものがよかったりわるかったりすることは絶対にありません。

ちょっと話が大げさに聞こえるかもしれません。でも、絵が学ぶものではなく、それを描いた人の分身であるならば、絵によいも悪いもないのです。目の前にある絵は、「いまそこにある」としか言いようがない。

「なんだ、この絵はヘタクソだから意味がないな」とか、「この絵は〇〇風だからモノマネでしかないよ」とか切り捨てず、私たちは、その絵がいま疑いようもなく自分の目の前にあり、それを否定することは絶対にできない、というところから出発しなければなりません。こういう次元では、先生が都合よく指導したり、生徒が一生懸《けん》命学んだりできるようなことは、実はいっさいないのです。

では、どうすればよいのでしょう。絵をまるごと受けとめることです。ひたすら感じ取ることです。でも、それはみがかれた感性を駆《く》使するようなことではありません。どちらかといえば、なにも考えないというのが近いと思います。でも、無の境地で絵に接するというのとも違います。

そんなのではわけがわからない、と、ここらで文句のひとつやふたつも出てきそうなので、もう少し詳《くわ》しくお話ししてみましょう。

まず、人はなにも考えないということはできません。考えていないようでも、いろんな記憶や印象や思いや感情がゴチャマゼになって、決して筋道立ってなどいないでしょうが、なにかを考えてはいるのです。

ものを考えるとは、読書のように、決められた行ごとに文字を右から左へと追っていくものではありません。また、原稿用紙のマス目を一つひとつきれいに埋《う》めていくようなものでもありません。だいいち、頭のなかには頁《ページ》もマス目もありません。もっと渾然《こんぜん》一体としています。それを誰かに伝えなければいけないときは、私たちは、それを本の頁や原稿用紙のマス目に沿って絞《しぼ》り出すように、なんとかきれいに整えて②「出力」していきます。そうでなければ、ほかの誰かは、あなたの考えを知

MEMO

大切なことはメモしておこうネ！

第1回

2022年度

解答と解説

《2022年度の配点は解答欄に掲載してあります。》

＜算数解答＞《学校からの正答の発表はありません。》

1 (1) $\frac{1}{105}$ (2) 14分間 (3) 133% (4) 解説参照 (5) 450円
(6) 37.68cm (7) ① 1：1 ② 266cm^2

2 (1) 1080m (2) 分速60m **3** (1) 2：3 (2) 36cm (3) 16000cm^2

4 (1) 8秒後から12秒後 (2) 8秒後から10秒後 (3) $9\frac{1}{3}$秒後，$2\frac{2}{3}$cm^2

5 (1) 1，3，5，7 (2) (イ) 7 (ウ) 10 (エ) 2，4，6 (3) 44通り

○推定配点○
1，2 各4点×10 他 各5点×12(4(1)・(2)，5(1)各完答) 計100点

＜算数解説＞

1 (四則計算，割合と比，仕事算，鶴亀算，単位の換算，平面図形，相似，図形や点の移動)

(1) $8.7 \div 6.3 - \frac{3}{7} \times \frac{8}{5} = \frac{29}{21} - \frac{48}{35} = \frac{1}{105}$

重要 (2) 仕事全体の量を35，20の最小公倍数140とする。
太郎さん1分の仕事量…140÷35＝4 お兄さん1分の仕事量…140÷20＝7 太郎さんの時間…(7×26－140)÷(7－4)＝14(分間)

重要 (3) A国とB国の陸地面積の比…114：100＝57：50
A国とB国の，陸地に対する森林面積の比…7：6
したがって，求める割合は(57×7)÷(50×6)×100＝133(%)

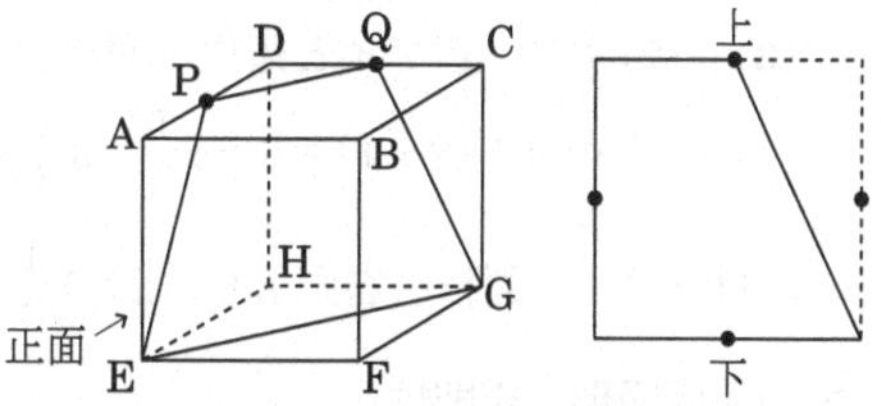

基本 (4) 右図より，PQとEGは平行であり，正面から見ると辺QGが見える。

重要 (5) 最後に姉妹の所持金の差が3000－2500－150×2＝200(円)になったので，最後の姉の所持金は200÷(12－11)×12＝2400(円)
したがって，お菓子の値段は3000－(2400＋150)＝450(円)

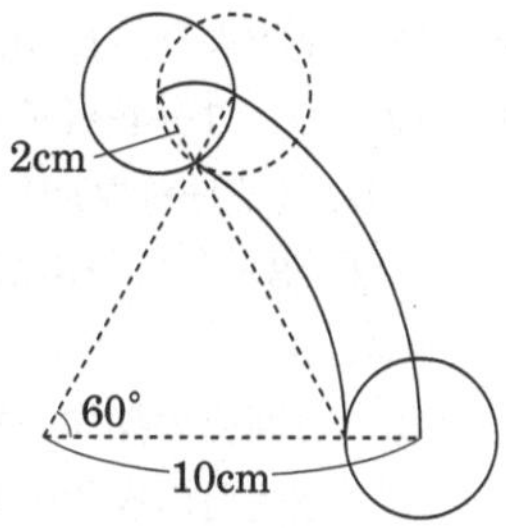

重要 (6) 右図より，(10＋2)×2×3.14÷6×3＝12×3.14＝37.68(cm)

やや難 (7) ① 長方形KFHLの横の長さと長方形GLJDの縦の長さの比は(1÷4)：(3÷9)＝3：4
三角形GKLとGBHの相似比は3：7，GL：LH＝3：4
したがって，正方形AIKEと長方形KFHLの面積比は(3×3)：(3÷4×3×4)＝1：1 ② ①より，GL：GHは3：7 長方形IBFK…24÷3×(7－3)＝32(cm^2)
長方形KFHL…32÷4×3＝24(cm^2) 長方形GLJD…24×3＝72(cm^2) したがって，長方形ABCDは，

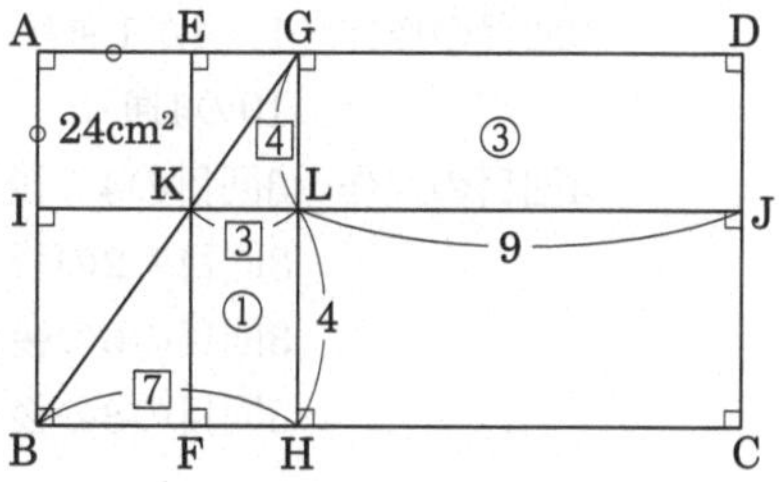

24＋32＋24÷4×7＋72÷3×7＝266(cm^2)

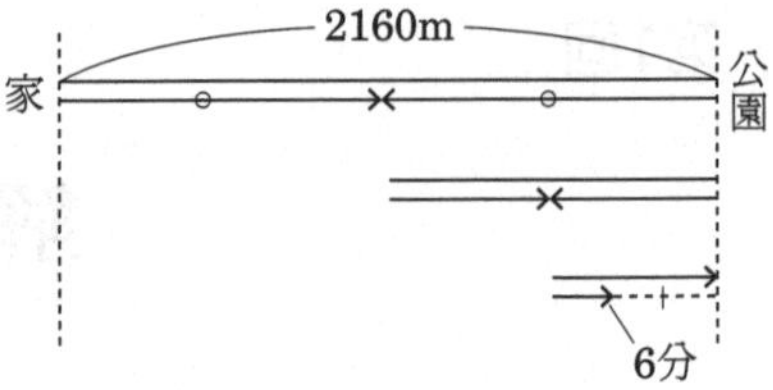

基本 **2** (速さの三公式と比，割合と比)

(1)　右図より，2160÷2＝1080(m)

(2)　(1)より，分速1080÷2÷3×2÷6＝60(m)

重要 **3** (平面図形，立体図形，割合と比，単位の換算)

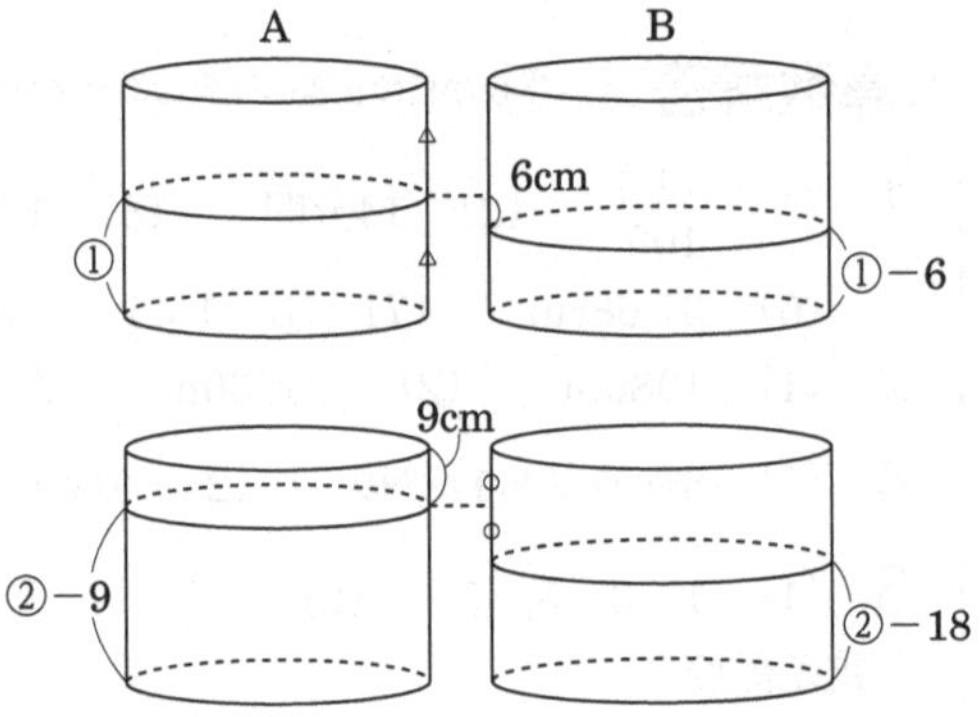

(1)　右図より，Aが満水になったとき，Aの水深9cm分の体積とBの水深18－6×2＝18－12＝6(cm)分の体積が等しい。したがって，底面積の比は6：9＝2：3

(2)　(1)より，①と①－6の比は3：2
①は6×3＝18(cm)　　したがって，プールの高さは18×2＝36(cm)

(3)　(1)・(2)より，Aが満水になったとき，Bの水深は36－12＝24(cm)　　ここまで水がたまった時間とBがさらに満水になるまでの時間の比は24：{(36－24)÷2}＝24：(12÷2)＝4：1　　したがって，Aの底面積は12×2×1000×60÷(4＋1)÷12÷3×2＝16000(cm^2)

重要 **4** (立体図形，平面図形，速さの三公式と比，旅人算，割合と比)

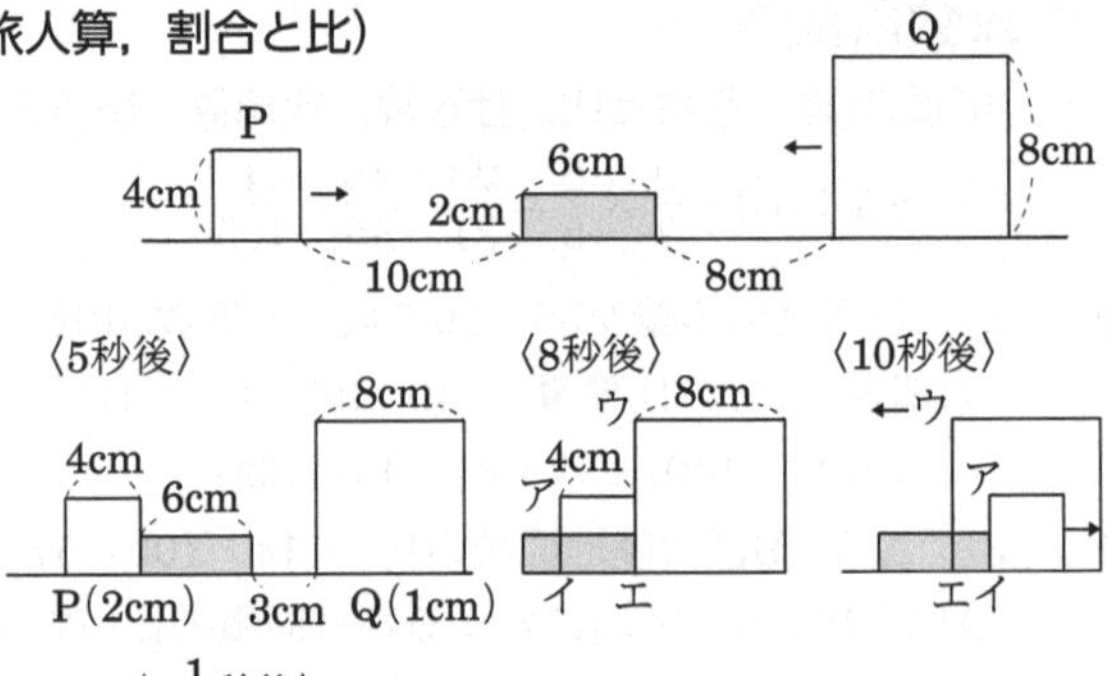

(1)　右図より，(10＋6)÷2＝8÷1＝8(秒後)から8＋(4＋8)÷(2＋1)＝12(秒後)まで正方形PとQが重なる。

(2)　(1)より，3重になるのは8秒後から8＋4÷2＝10(秒後)まで

(3)　(2)より，辺アイと辺ウエが出合う時刻は8＋4÷(2＋1)＝8＋$1\frac{1}{3}$＝$9\frac{1}{3}$(秒後)　　面積…右図より，2×$1\frac{1}{3}$＝$2\frac{2}{3}$(cm^2)

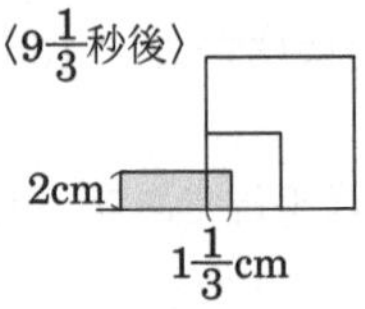

5 (平面図形，規則性)

基本 (1)　図2より，1，3，5，7

重要 (2)　①　1→4→(イ)→(ウ)→13において，図2より，(イ)→(ウ)の組み合わせは7，10
②　3→(エ)→5において，図2より，(エ)は2，4，6

図1

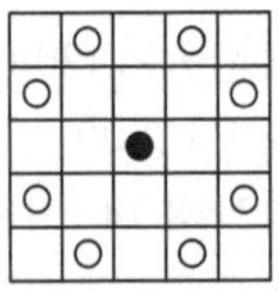

図2

1	2	3	4	5	6	7	8
2	3	4	5	6	7	8	9
3	4	5	6	7	8	9	10
4	5	6	7	8	9	10	11
5	6	7	8	9	10	11	12
6	7	8	9	10	11	12	13
7	8	9	10	11	12	13	14
8	9	10	11	12	13	14	15

(3)　1回目の操作…1→4が1通り
2回目の操作…4→1，3，5，7が4通り
3回目の操作…1→4が1通り，3→2，4，6の3通り，5→2，4，6，8の4通り，7→4，6，8，10の4通り
4回目の操作…3回目の4の後は1，3，5，7が4通りで全部で4×4＝16(通り)
3回目の2の後は3，5の2通りで全部で2×2＝4(通り)
3回目の6の後は3，5，7，9の4通りで全部で4×3＝12(通り)
3回目の8の後は5，7，9，11の4通りで全部で4×2＝8(通り)

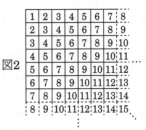

3回目の10の後は7，9，11，13の4通り

したがって，全部で16＋4×2＋12＋8＝44(通り)

★ワンポイントアドバイス★

簡単な問題と難しい問題が混在しており，差がつきやすい問題は1(6)「円の転がり」，3(1)「プールの底面積の比」であり，5(3)「数字の書き出し方」とはどういう意味なのか，(2)についての指摘がヒントになる。

＜理科解答＞《学校からの正答の発表はありません。》

1　問1　(a)　131.3(cm)　　(b)　1.205(倍)　　問2　2(cm)
　問3　(a)　50(℃)　　(b)　4(回)

2　問1　B　ウ　　E　ア　　問2　(a)　イ，エ　　(b)　イ，ウ　　重さ　0.25(g)
　問3　(a)　(実験)　3　　(結果)　ア　　(b)　(実験)　4，5　　(結果)　ウ，オ

3　問1　(a)　イ，ウ　　(b)　エ　　問2　イ
　問3　(a)　0.08減る　　(b)　ウ
　問4　(チョウやハナバチなどの昆虫に，)花粉を運んでもらう(植物。)

4　問1　D　　問2　イ　　問3　(赤道上)　ク　　(南緯35度)　ケ
　問4　(東経)133(度)　　問5　(a)　イ　　(b)　2(時)8(分)

○推定配点○

1　問3(b)　3点　　他　各2点×4　　2　各2点×6(問2(a)・(b)・問3(a)・(b)は各完答)

3　各2点×6　　4　問5(b)　3点　　他　各2点×6　　　計50点

＜理科解説＞

1　(物質の性質―空気の体積と温度)

問1　(a)　表1から，アクリル管内の温度が10℃低くなると，端Aからゼリーの位置までの長さは4.25cm短くなることがわかる。40℃のときのゼリーの位置は133cmなので，40℃から36℃まで4℃変化したときのゼリーの位置の変化は，$4.25(\mathrm{cm})\times\frac{4(℃)}{10(℃)}=1.7(\mathrm{cm})$

(b)　アクリル管内の断面積は温度によって変化しないので，アクリル管内の空気が80℃のときと20℃のときの体積の比は，端Aからゼリーの位置までの長さの比と等しくなる。よって，80℃のときと20℃のときの空気の体積の比は，150(cm)：124.5(cm)となるので，80℃のときの体積は20℃のときの体積の150÷124.5＝1.2048…より，1.205倍

問2　問1の(b)より，空気の温度が20℃から80℃になると体積は1.205倍になる。注射器の底面積は$10\mathrm{cm}^2$で一定なので，ピストンの位置のみが変化し，20℃のときのピストンの位置が10cmであることから，80℃のときのピストンの位置は，10(cm)×1.205＝12.05(cm)より，ピストンは約2cm動くことがわかる。

やや難　問3　(a)　実験1では，20℃のときの装置内の空気の体積は1000－500＝500(cm^3)で，装置を温めたときに水が$51\mathrm{cm}^3$出たことから，空気の体積は$51\mathrm{cm}^3$増加したことがわかり，体積の割合が51(cm^3)÷500(cm^3)＝0.102増加したことがわかる。表1から，20℃の空気に対して，10℃温度が

上がると体積の割合が，4.25÷124.5＝0.0341…より約0.034増加することがわかるので，装置の温度をt℃上昇させたとすると，10(℃)：0.034＝t(℃)：0.102　t＝30(℃)よって，装置の温度を20＋30＝50(℃)まで温めたことがわかる。　(b)　表1より，20℃のときの体積は80℃のときの体積の124.5÷150＝0.83(倍)である。装置の容積は1000cm^3なので，装置内に水が500cm^3以上たまるのは，装置内の空気の体積が500cm^3未満，つまりもとの0.5倍未満になるときである。1回の操作で空気の体積は0.83倍になるので，2回の操作では，0.83×0.83＝0.6889より約0.689倍，3回の操作では，0.689×0.83＝0.5718…より約0.572倍，4回の操作では。0.572×0.83＝0.4746…(倍)となる。よって，操作を4回くり返すと，装置内にたまる水の体積が500cm^3をこえる。

2　**(水溶液の性質―水溶液の区別)**

基本　問1　水溶液から泡が出ている水溶液Aは炭酸水で，出ていた泡は二酸化炭素である。操作2で，蒸発皿に何もあらわれなかったものは，気体のとけたアンモニア水とうすい塩酸で，蒸発皿に白い固体があらわれたものは，固体のとけた食塩水とうすい水酸化ナトリウム水溶液である。赤色リトマス紙は，アルカリ性の水溶液をつけると青色に，中性と酸性の水溶液をつけたときは変化がない。よって，操作3で，リトマス紙が青くなったことから水溶液Bはアルカリ性のアンモニア水，変化がなかったことから水溶液Cはうすい塩酸である。緑色のBTB溶液を加えたとき，酸性の水溶液では黄色，アルカリ性の水溶液では青色に変化し，中性の水溶液では変化はない。よって，操作4で，水溶液の色が青色になったことから水溶液Dはアルカリ性の水酸化ナトリウム水溶液，緑色のままであった水溶液Eは中性の食塩水である。

重要　問2　(a)　実験1から，水溶液Cと水溶液Dを4(mL)：6(mL)＝2：3の体積の比で混ぜると水溶液が中性になることがわかる。水溶液Cはうすい塩酸なので酸性，水溶液Dは水酸化ナトリウム水溶液なのでアルカリ性であることから，うすい塩酸の体積が水酸化ナトリウム水溶液の体積の$\frac{2}{3}$より多ければ水溶液は酸性となり，緑色のBTB溶液を加えたときに黄色になる。　(b)　水溶液C(うすい塩酸)は気体(塩化水素)のとけた水溶液，水溶液D(水酸化ナトリウム水溶液)は固体(水酸化ナトリウム)のとけた水溶液なので，中性になった水溶液に対して，さらに水溶液Cを加えたものを加熱したときに残る固体の重さは，中性になった水溶液を加熱したときに残る固体の重さと等しくなる。一方，中性になった水溶液に対して，さらに水溶液Dを加えたものを加熱したときに残る固体の重さは，中性になった水溶液を加熱したときに残る固体の重さよりも大きくなる。(a)と同様に考えると，アとイの水溶液は酸性，ウの水溶液は中性，エとオの水溶液はアルカリ性であることがわかり，イの水溶液とウの水溶液は混ぜた水溶液Dの体積が同じであることから残る固体の重さは同じであることがわかる。実験2で，水溶液Cと水溶液Dは2：3の体積の比で混ぜ合わされていることから，混合液は中性で蒸発皿にあらわれた白い固体0.5gはすべて食塩であることがわかる。水溶液C4mLと水溶液D6mLを混ぜると白い固体が0.5gあらわれることから，水溶液C2mLと水溶液D3mLを混ぜたときにあらわれる白い固体の重さは0.25gである。

やや難　問3　(a)　仮説1が正しければ，実験3で得られる水溶液Fは水溶液Cと同じか，うすまった水溶液C，あるいは純粋な水であることになる。そのため，仮説1が正しければ水溶液Fを加熱しても何も残らないことになり，実験3の結果と矛盾する。　(b)　仮説2が正しければ，実験3で得られる固体Gは鉄ということになる。固体Gが鉄であれば，磁石に引きつけられ，水溶液C(うすい塩酸)に入れると泡(水素)が発生することになり，実験4，5の結果と矛盾する。なお，実験3で得られた固体Gは塩化鉄という物質である。

3 (生態系一食物連鎖)

問1 (a) オオヒキガエルはもともとメキシコなどの中部アメリカで生息するカエルで，ノヤギは家畜として持ちこまれたヤギが野生化したモノである。オガサワラオオコウモリ，ハハジマメグロ，オガサワラノスリ，アカガシラカラスバトはいずれも小笠原諸島における固有種であるが，絶滅のおそれがある動物である。 (b) 固有種のみの生態系では，生物どうしで食物連鎖の関係などが成り立ち，個体数のつり合いがとれた状態が保たれているが，入りこんだ地域に生息をおびやかす敵がいない外来種の場合，その個体数が増える。

問2 「痛みの少ない注射針」は，カ(蚊)が血を吸うしくみから開発されたものである。

問3 (a) グリーンアノールの定着前後のそれぞれの生物の全個体数に対する個体数の割合をまとめると次の表のようになる。

	オガサワラシジミ	オガサワラアオイトトンボ	オガサワラゼミ	グリーンアノール
定着前	30÷100=0.3	30÷100=0.3	40÷100=0.4	
定着後	5÷ 50=0.1	5÷ 50=0.1	10÷ 50=0.2	30÷50=0.6

定着前後のそれぞれの多様度指数を求めると，定着前…1−(0.3×0.3+0.3×0.3+0.4×0.4)=0.66，定着後…1−(0.1×0.1+0.1×0.1+0.2×0.2+0.6×0.6)=0.58となるので，多様度指数は0.66−0.58=0.08減ることがわかる。 (b) (a)から，オガサワラシジミとオガサワラアオイトトンボ，オガサワラゼミの個体数がそれほど差がないグリーンアノールの定着前と，グリーンアノールの個体数が全体の半数以上を占めるようになったグリーンアノール定着後の多様度指数を比べると，生物の種類が増えた定着後のほうが多様度指数が小さくなっていることがわかる。このことから，多様度がそれぞれの個体数種類のばらつきが小さいほど多様度指数は大きくなることがわかる。また，生物の種類が多いほど，(全個体数に対するある生物の割合×全個体数に対するある生物の割合)の値は小さくなることから，多様度指数は生物の種類が多いほど大きくなることがわかる。

基本 問4 チョウやハナバチなどの昆虫は花粉を運ぶはたらきをもつので，これらの昆虫の個体数が減ると，花粉を運んでもらっていた植物の個体数は減少する。

4 (太陽と月一太陽の動きと影)

重要 問1 太陽が最も高くなるときに影が最も短くなる。太陽が最も高くなるのは南の空で，影は太陽とは反対の方向にできるので，図1で影が最も短いAが北となり，Dが東となる。

基本 問2 北半球では緯度が高くなるほど太陽の高度は低くなる。太陽の高度が低くなると影は長くなるが，幅に変化はない。

問3 図1で，影が南よりにのびていることから，日の出と日の入りの方角が北よりであることがわかる。日の出と日の入りの方角が北よりになるのは夏至のころなので，3か月後は秋分のころとなる。秋分のころ，地球の地軸は公転面に対して垂直になるので，棒の影の先端を結んだ線は東西を結ぶ線に平行になる。赤道上の都市では，太陽は真東からのぼり，真西にしずむので，棒の影の先端を結ぶ線はクのようになる。南緯35度の都市では，太陽は真東より南よりからのぼり，真西より南よりにしずむので，棒の影の先端を結ぶ線はケのようになる。

やや難 問4 実験2の結果から，透明半球上を太陽は1時間=60分で3cm移動することがわかる。実験2の結果のPと13時の位置の差は2.5cmなので，この間を太陽の位置が変化するのにx分かかるとすると，60(分):3(cm)=x(分):2.5(cm) x=50(分)である。よって，Pを記録したのは13時の50分前の12時10分である。太陽は，1日で1周=360度東から西へ動いて見えるので，1時間では360÷24=15度東から西へ，4分で1度東から西へ動いて見える。よって，太陽が12時10分に南中するのは，東経135度より西に1(度)×$\frac{10(分)}{4(分)}$＝2.5(度)の位置であるから，135－2.5＝132.5より，東経133度の地点となる。

やや難 問5 (a) 北半球の東経135度の地点では，太陽は，午前中は東，12時に真南，午後は西にある。また，時計の短針は午前中は文字盤の左側，12時は「12」の位置，午後は文字盤の右側にある。これらのことから，南の方角は，午前中は文字盤の左側，12時は文字盤の「12」の位置，午後は文字盤の右側となる。 (b) 東経131度の地点では，太陽は12時の4(分)×(135－131)＝16(分)後の12時16分に南中するので，この地点の南の方角は，12時16分に短針がさしている方向とその時刻に短針が太陽をさしている方向の真ん中となる。よって，16時の場合，12時16分と16時の時刻の差は，3時間44分＝3$\frac{44}{60}$時間＝$\frac{224}{60}$時間だから，$\frac{224}{60}$÷2＝$\frac{112}{60}$時間より，4時の$\frac{112}{60}$時間＝112分前の2時8分の方向が南となる。

★ワンポイントアドバイス★

知識を問うような問題ばかりではなく，実験結果や理科的な事象の説明などをもとに考察させる問題も多いので，いろいろな形式の問題に触れて，思考力を養っておこう。

＜社会解答＞《学校からの正答の発表はありません。》

Ⅰ 問1 (1) ア (2) イ 問2 イ 問3 ア 問4 (1) イ (2) ア
問5 (1) ア (2) エ (3) エ (4) イ 問6 エ 問7 ア

Ⅱ 問1 文明開化 問2 イ 問3 (1) ア (2) ウ 問4 ウ 問5 エ
問6 ア 問7 ウ 問8 エ 問9 平治 問10 ア 問11 エ 問12 ア
問13 (1) ウ (2) イ (3) イ (4) ア (5) ウ (6) ウ (7) エ
(8) イ (9) デジタル (10) エ

○推定配点○

Ⅰ 各1点×12 Ⅱ 問1・問9・問13(9) 各3点×3 問2～問8・問10～問12 各1点×11
他 各2点×9 計50点

＜社会解説＞

Ⅰ (地理・政治―国土と自然・都市問題・憲法・地方自治など)

基本 問1 (1) 大阪都構想に関する住民投票は投票の結果が法的拘束力を持つもので，住民が直接地方自治体の意思表示に参加する直接民主制の制度である。 (2) ヨーロッパ中央部，アルプス山脈中にある永世中立で知られる内陸国。アはドイツ，ウはフランス，エはイギリス。

問2 1946年11月3日公布，翌年5月3日施行，改正には通常の法律より厳しい規定がある硬性憲法で1度も改正されたことはない。ア・ウは大日本帝国憲法。

問3 浦和・大宮・与野の3市合併で誕生，県下初の100万都市となった。2005年には隣接する岩槻市を編入し約130万人の全国第9位の都市へと発展している。

問4 (1) 高山市は岐阜県北部に位置する日本1面積の広い市で，「飛騨の小京都」と呼ばれ多く

やや難 の観光客を集めている。アは浜松，ウは千代田区，エは久留米。　(2)　北緯36度は茨城から埼玉，長野，岐阜，福井を通り日本海に抜ける。

問5　(1)　大阪南西端の人工島・夢洲《ゆめしま》で開催される。　(2)　航路を示す澪標《みおつくし》をデザイン化したもの。　(3)　年間1000万人以上の観光客を集めるUSJ(ユニバーサルスタジオジャパン)を筆頭に多くの観光施設が存在する。アは和歌山，イは兵庫，ウは奈良。　(4)　大阪湾沿いには大型の火力発電所が存在。アは大分，ウは富山，エは福井。

問6　増えすぎたワンルームマンション対策として導入したのは豊島区。財政難に悩む地方自治体は財源確保の対策として様々な新税の導入を検討しているといわれる。

問7　リンゴは冷涼で雨の少ない地域で，梅は和歌山の南高梅がブランド梅として知られるが全国各地で栽培。近年は温暖化で産地の移動も始まっている。Bはミカン，Cはピーマン。

Ⅱ　**(総合―環境問題・古代～現代の政治・国際社会・時事問題など)**

問1　富国強兵，殖産興業をスローガンとした明治政府主導の下に行われた近代化政策で生じた風潮。日本の伝統文化を馬鹿にするような行き過ぎた一面もみられた。

問2　「越後の龍」と呼ばれ内乱続きだった国内をまとめた戦国武将。臨済宗を伝えたのは栄西，山本五十六は真珠湾攻撃などを立案指揮した軍人，日中平和友好条約は福田赳夫首相。

問3　(1)　榎本武揚はオランダ留学から帰国後五稜郭で官軍に抵抗し降伏。のちに許されてロシア公使として樺太・千島交換条約を締結。足尾は日本を代表する銅山。　(2)　総務省・自治省・郵政省を統合して誕生。行政組織や地方自治，情報通信など国の基本をなす諸制度を所管。

基本 問4　大久保利通が暗殺されたのち新政府の中心となって日本の近代化を進めた人物。初代の韓国統監となったが満州で朝鮮の独立運動家・安重根に暗殺された。

問5　江戸後期の滑稽本作者。弥次郎兵衛と喜多八の滑稽な道中記が人気を博した。

問6　1837年から1901年までイギリスの全盛期に女王として君臨。イは現在のイギリス女王，ウはロシア革命で殺害された最後の皇帝，エは「朕は国家なり」といった絶対君主。

やや難 問7　1972年の沖縄返還→1987年の国鉄分割民営化→1997年の香港返還の順。

問8　渤海は中国東北部から朝鮮北部を支配した国。奈良時代，新羅や渤海は日本に使者を派遣し交流を深めた。三世一身法は聖武即位の前年，シャクシャインは江戸，大宝律令は文武天皇。

問9　保元の乱に勝利した藤原信西と藤原信頼が武士の棟梁である平清盛，源義朝とそれぞれ結び勢力争いをした事件。勝利した清盛は初めての武家政権である平氏政権を打ち立てた。

問10　明治～昭和前期の教育家。1882年に講道館を設立，日本スポーツの国際的振興に努めた。

問11　江戸時代から盛岡周辺で作られた鉄瓶などに代表される日用の生活雑貨。

問12　1950年，朝鮮戦争の勃発でアメリカは対日方針を転換，日本の独立を早め共産勢力に対する橋頭堡にしようとした。翌年のサンフランシスコ平和条約と同時に日米安保条約を結んだ。

問13　(1)　2015年にパリで開かれた気候変動枠組み条約第21回締約国会議で採択。気温上昇を産業革命前から2℃未満に抑えることを目指した。　(2)　2006年，太平洋を取り囲むシンガポール・ニュージーランド・チリ・ブルネイの4か国が結んだ経済協定。その後日本を含めた11か国

重要 が2018年にTPP11として発効させた。　(3)　社会保障費・33.6%，国債費・22.3%，地方交付税・15.0%・公共事業費・5.7%，文教および科学振興費・5.1%，防衛費・5.0%の順。　(4)　台頭する中国を封じ込めるアメリカの戦略に日本も一歩踏み込んだもので，集団的自衛権の行使が改めて問われようとしている。　(5)　1964年の東京オリンピックに合わせて建設された競技場で，今回のオリンピック・パラリンピックでも使用された。隈研吾は新国立競技場の設計者。
(6)　統計を取り始めた1899年以降最少を記録しているだけでなく，ここ数年出生数の減少は加速している。政府は総合的な対策をするために2023年度に「こども家庭庁」の設立を予定して

いる。 (7) ユーラシア大陸とアフリカ大陸に囲まれた海域。ジブラルタル海峡で大西洋と，スエズ運河を通じで紅海，インド洋へと結ばれている。 (8) 核兵器の使用や開発，実験，生産，保有などを禁止する条約。「核を使用する」と威《い》嚇《かく》することも禁じている。核保有国や日本など核の傘に頼っている国は不参加でその実効性に疑問が持たれている。 (9) 行政手続きのオンライン化やマイナンバーカードのさらなる活用などを目指す。複数の省庁が行っていたデジタル関連の業務を取りまとめる役割を担う内閣直属の組織。 (10) 2020年開催予定がコロナで1年延期された会議。岸田文雄首相は自ら出席し，2030年までの期間を「勝負の10年」と発言した。

★ワンポイントアドバイス★

時事問題は毎年出題される単元である。世の中の動きに関心を持つとともに，疑問点があれば自ら調べる習慣をつけよう。

＜国語解答＞《学校からの正答の発表はありません。》

一 問1 a 注視 b 典型 問2 Ⅰ 常識的知 Ⅱ D Ⅲ 人間性
問3 X エ Y イ 問4 ア 問5 (1) B (2) イ 問6 (1) 印象操作
(2) オ 問7 「普通」の呪縛 問8 イ，エ

二 問1 a かく b しょうじ 問2 ア 問3 1 反発 2 親近感 3 自由
4 尊敬 問4 エ 問5 小舟 問6 ウ 問7 ア 問8 ウ 問9 A ア
B イ 問10 ア 樋口の男 イ 境界線 ウ くすぐったい

三 問1 ア 固定 イ 表現 ウ 色 エ 差別 問2 タイラ 問3 自身の奥
問4 男らしさを決めつけていた自分と向き合う

○推定配点○

一 問4・問7 各3点×2 問8 5点(完答) 他 各2点×11
二 問1・問2・問10 各2点×6 他 各3点×11
三 問1 各3点×4 問4 6点 他 各2点×2 計100点

＜国語解説＞

一 **(論説文—要旨・大意，細部の読み取り，接続語の問題，空欄補充，ことばの意味，漢字の書き取り)**

基本 問1 a 「視」は全11画の漢字。部首は「見」。ころもへんではなく「ネ」である。 b 「形」ではなく「型」だ。「型」は全9画の漢字。4画目はとめる。

問2 「傍線部①以前の本文」という条件に注意する。 Ⅰ 直前は「つまり」なので，「〜知識在庫」をまとめて述べている内容が入ることになる。「日常生活世界〜」で始まる段落では「類型」の具体例でサラリーマンのことを挙げている。サラリーマンならこういう外見にするべきだというようなスタイルを「常識的知」から構成されたものと説明している。 Ⅱ みなが一様に同じようにということだから「パターン化」だ。 Ⅲ Ⅰで考えた具体例で，就活では「人間性」などの内実に一切関わりなく就活スーツに身を固めるということを述べている。

基本 問3 X 前部分では「相互行為秩序」について述べている。後部分では「電車に乗っているとき〜」のように相互行為秩序を具体的に説明しているので，エの「たとえば」だ。 Y 前部分は相互

行為秩序の具体例で電車の中で見られる典型的な状況を述べている。後部分では，筆者もふくめて，前部分で述べたことをしていることをまとめているので，イの「つまり」である。

重要 問4　――線②を含む段落より1つ前の段落の冒頭は「さきほど電車内で～」と述べている。この「さきほど」は，Xで始まる段落と，続く「さらに言えば～」で始まる段落の内容だ。つまり，自分だけの空間作りと，周囲の人に関与するつもりがないということを示すためのアイテムという説明だったのでアである。

問5　(1)　問4で考えたような他者との距離感は，法律で決められたものではなく，秩序を維持するためにそれぞれの人がやっているマナーのようなものだから，「エチケット」である。

(2)　(1)で考えたように他者との関係の維持のために行うエチケットのことなのだから，イである。エも迷うところだが，自分が「大音量」で音楽を聴くことはマナー違反になる。

問6　(1)　入れる言葉の直前が「つまり」であることに着目する。入れる言葉は，「見せたい自己を提示する」ことを言いかえた言葉ということだ。――線④直後に「この営みは～」と説明しているので確認すると，この営みは「印象操作」という営みと説明されている。　(2)　「ふさわしくないもの」という条件に注意する。「自分自身がどのような存在であるかを相手にわからせる」ということであり，周囲との調和を考える行動ということである。オ以外は，そのような，いわば気遣いともいえる行為だが，オは単に自分の欲求なのでふさわしくないものだ。

重要 問7　筆者の主張は，最終文にある「『ちがい』を認める新たな価値や図式」の創造だ。――線⑤は，そうなっていない状態ということだから，ここから解き放たれなければいけないということになる。――線⑤をふくむ段落の冒頭に「『普通』の呪縛」から自分自身を解き放つこととある。

やや難 問8　ア　「普通」を一切信頼せずとは述べていないので不適切だ。　イ　問7で考えたような筆者の主張に合致しているので適切である。　ウ　前半は，「『普通』の呪縛～」で始まる段落で述べていることに類似してはいるが，本文では「『普通』からまったく離れることではない」としているだけで「次なる『普通』を生み出す」とは述べていない。また，後半の「無駄ではない」は筆者の主張としては弱すぎるので不適切である。　エ　ウで考えたとおり，「普通」は抗えないものだから「離れよう」とするものではないという点で合致する。完全に離れることはできないが「新たな価値や図式の創造」を求めるためには「うまく付き合う」ことになるので適切である。オ　「マスメディアによって画一的に作り出された『普通』」が誤りである。

二　（物語―心情・情景，細部の読み取り，空欄補充，漢字の読み，記述力）

基本 問1　a　「一線を画す」とは，境界をはっきりさせる，はっきりとくぎりをつける，区別するという意味の言葉である。　b　「子」は「し」と読むことができ，単体では「じ」という読み方をすることはできないものの，例えば「手紙」の「かみ」が「がみ」とにごるのと同様の作用である。

問2　――線①直後に「実際～」として，本当に稲妻に打たれたような体の動きがあったことを述べている。「比喩」とは「たとえ」だが，たとえではないような実感を得たというのだから「ぴったりのたとえ」だと感じたといえるため，アである。

重要 問3　1　「コイツ」という表現は相手を尊重しようという気持ちを表してはいない。むしろ「反発」する気持ちだ。大げさではあるが「敵対」という言葉も考えられる。　2　おばあちゃんの言っていた言葉と同じことを発信したタイラに対して「親近感」を抱いたことが，「タイラが，大ばあちゃんの言葉～」で始まる段落に述べられている。　3　「境界線，はタイラにとって～」で始まる段落にあるように，タイラは女子の服が気に入れば迷わず着たり，男っぽい恰好をする日もあり，とにかく自分の価値観で「自由」に生きているのだ。　4　自分の価値観にしたがって生きられるタイラに対する気持ちは「尊敬」である。

問4　さつきの発言は，自分がタイラからもらった大切な感覚を言い表すものだった。――線③で喜んでいるのは，タイラからもらった大切な感覚が自分を通してさつきに伝わったことだ。アとエで迷うところだが，アのように，タイラと同じような行動をする自分を受け入れてくれたことではなく，「価値観，思い」を共有できる喜びである。

問5　簡単に表に出したくないほど感動したのである。だから，胸の奥の感動をそっと言葉にしている場面だ。それに対するさつきの反応は，また一言口に出してみたいと思わせるものだったのだ。「透風が言うと～」で始まる段落で，さつきと共有できたと感じていることがわかる。「意を決して押し出した『小舟』」という比喩が，そっと口に出してみたというたとえだ。

問6　アとウで迷うところである。実際の子供ではアのような場面が想像されるからだ。が，この場面で当てはめてみると，大ばあちゃんは，急にこだわりを捨てたが，別のことに熱中し始めているわけではない。こだわっていたこと自体を忘れたかのような様子になっているのでウである。

重要　問7　Ⅰの，背負えないと思ったとき感じるのは「無力感，絶望感，屈辱感」のいずれも当てはまるのでア，イ，ウで検討する。　Ⅱ　大ばあちゃんに初めて怒鳴られたとき「衝撃でなにも考えられなくなった」とあるため，驚いたということから「呆然」が適切なのでアとウに絞れる。
Ⅲ　さつきの顔には怯えが浮かび，どうなってしまうのだろうという「不安」であるのでアとウはそのまま検討対象だ。　Ⅳ「え。透風の両目がすっと見開く。今，何て？」という描写は「困惑」なのでアだ。

問8 「当てはまらないもの」という条件に注意する。ウ以外は，さつきの人物像として妥当であるが，さつきが無言で携帯電話を取りだしたのは，何も行動できない透風を見て，とにかく自分が何とかしなければという気持ちからの行動だ。「傷ついた友人の気持ちを救うため」，「寄り添う優しさ」ではない。

重要　問9 「『ここに来るのは～』」で始まる大ばあちゃんの言葉が着目点だ。この段階では，行きたいのか行きたくないのか程度の認識だったが，それは，「見たかった」わけではなく，僕らに「見せたかった」ということに気づいたのだ。

問10　ア　自分が背負って連れていくと表明したとき大ばあちゃんが大笑いしながらも「樋口の男」と口にした。これまで大ばあちゃんは透風に対して決して言わなかった言葉だ。透風はその言葉に抵抗感があるからだ。　イ　しかし，このとき「硬い輪郭がゆるんだ」という気がしたのだ。これはずっと考えていた「境界線」がゆるんできたということだ。　ウ　自分の境界線がゆるんできたことを自身で感じ，大ばあちゃんの言葉にも後押しされて「ゆっくり踏み出していく」感覚は「くすぐったい」ような気持ちである。

三　(要旨・大意，細部の読み取り，空欄補充，記述力)

やや難　問1　抜き出しではないので言葉を知らないと難しい。　ア　男子は黒，女子は明るい色が当然というような，考えがこりかたまって離れられないことを「固定」観念という。　イ　固定観念があるから，男子が女性用の服などを身につけるとおかしいと思われることを利用して自己「表現」をしたということだ。　ウ　偏見を持って人を見ることを「色」メガネで見ると言う。　エ　偏見を持って人を見るということは「差別」につながる行為である。

基本　問2　固定観念を利用し，自分はこういう人間だということを表現していたのは「タイラ」である。

問3　多様性は居心地のいい人だけと一緒にいることではなく，そうではない人と出会い直すことが必要だという主旨であり，そうではない人の筆頭は「自身の奥」にいるかもしれないと述べている。Yには「自身の奥」にある考えは何かと気づき，はっとしたということになる。

やや難　問4 「他者との関わりにおいて成長した」というのは，さつきという「友だち」の居場所を作るように外へ外へとゆっくり広がる気持ちを表現していると考えられる。[資料]の「認めたくない自分が自身の奥に居座る」から，他者との関わりではなく，「自分自身との関わり」が「同時に」ということになる。

★ワンポイントアドバイス★

他校でもよく出題されるようになった会話形式で内容を問う設問が多い。しっかり読み込まないと時間ばかりかかるので，しっかり練習しておこう。

第2回

2022年度

解答と解説

《2022年度の配点は解答欄に掲載してあります。》

＜算数解答＞《学校からの正答の発表はありません。》

1　(1)　0.6　(2)　7台　(3)　14人　(4)　6　(5)　3.14cm²
　(6)　正方形の1辺　40cm　長方形の縦　17cm　(7)　240cm²

2　(1)　28cm　(2)　15cm

3　(1)　87kg　(2)　もとの車　210km　新しい車　90km

4　(1)　10回　(2)　3回　(3)　B　10点　D　8点　E　5点

5　(1)　分速50m　(2)　21分後　(3)　33分後　(4)　7回

○推定配点○

各5点×20(4(3)完答)　計100点

＜算数解説＞

1 (四則計算，割合と比，ニュートン算，差集め算，数列，平面図形，数の性質，消去算)

(1)　$\frac{9}{5}\times\frac{6}{5}-\left(1-\frac{12}{25}\right)\times 3=\frac{54}{25}-\frac{39}{25}=0.6$

重要　(2)　ポンプ1台1分でくみ出す水量が1とすると，1分でわき出る水量も1である。
最初の池の水量…(1×3－1)×30＝60　したがって，10分で空にするには60÷10＋1＝7(台)使えばよい。

重要　(3)　右表において，上下の行の人数が等しく，5個ずつ配った人数は(4×2＋3)÷(5－4)＝11(人)　したがって，全員の人数は11＋3＝14(人)

⑤…⑤ ④ ××
④…④ ④ ④④＋3

基本　(4)　21＝1＋2＋3＋4＋5＋6より，6個

重要　(5)　右図より，大きい円の半径×半径の面積は4×4÷2＝8(cm²)　したがって，求める面積は(8－2×2)×3.14÷4＝3.14(cm²)

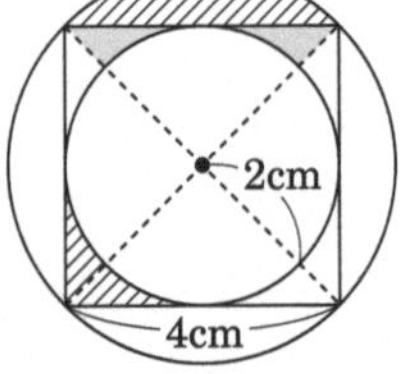

図1
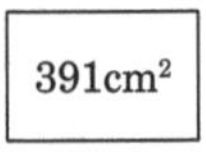

重要　(6)　図2より，391×4＋6×6＝1600＝40×40　したがって，正方形の1辺，アの長さは40cm，長方形の縦は(40－6)÷2＝17(cm)

図2
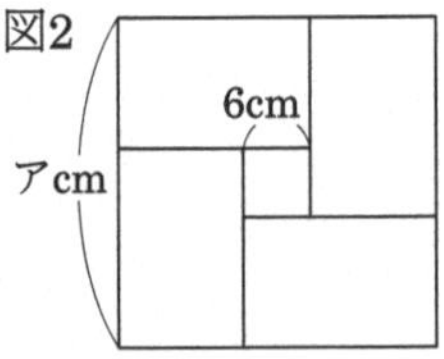

重要　(7)　右図より，サ×3＋シ＋ス＝64÷2＝32　サ×3＋ス＝34÷2＝17　これらより，シは32－17＝15(cm)　15：ス＝3：1より，スは5cm　サ×3は17－5＝12(cm)　したがって，全体の面積は12×(15＋5)＝240(cm²)

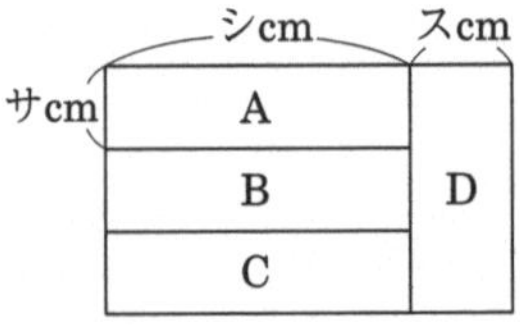

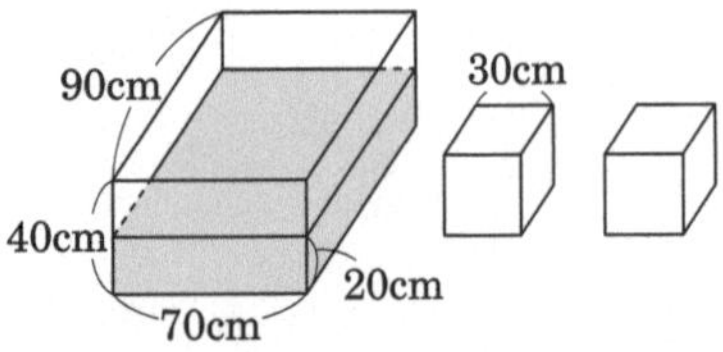

重要 2 (平面図形，立体図形，割合と比)

(1)　水槽の底面積と，おもり2個を沈めたときのおもり以

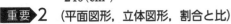

外の底面の部分の面積との比…(90×70)：(90×70−30×30×2)＝63：45＝7：5　したがって，水深は20÷5×7＝28(cm)になる。

(2)　(1)より，水槽の底面積と，おもり2個を沈めたときのおもり以外の底面の部分の面積と，おもり1個を沈めたときのおもり以外の底面の部分の面積との比…7：5：6　おもり2個を沈めたときの水深とおもり1個を沈めたときの水深との比…6：5　したがって，最初の水深は3.5×5÷7×6＝15(cm)　【別解】 3.5×6÷7×5＝15(cm)

3 (割合と比，鶴亀算)

基本 (1)　2.32×300÷8＝87(kg)

重要 (2)　ガソリン1Lで 8km走る車が1km走るときに排出する二酸化炭素…2.32÷8＝0.29(kg)

ガソリン1Lで12km走る車が1km走るときに排出する二酸化炭素…2.32÷12＝$\frac{29}{150}$(kg)

したがって，1Lで8km走る車は$\left(87\times0.9-\frac{29}{150}\times300\right)\div\left(0.29-\frac{29}{150}\right)=210$(km)，1Lで12km走る車は300−210＝90(km)走った。

4 (場合の数，差集め算，論理)

基本 (1)　じゃんけんの回数…5×4÷2＝10(回)

重要 (2)　得点の合計が27点のとき，あいこの回数は

(3×10−27)÷(3−1×2)＝3(回)

やや難 (3)　A：Cだけに勝ち1勝4敗
B：0敗で1位
C：4敗1分け
D：2位
E：1敗

5人の得点は異なり，左の内容をまとめると右表のようになる。

B10点・D8点・E5点

	A	B	C	D	E	点
A	＼	0	3	0	0	3
B	3	＼	3	1	3	10
C	0	0	＼	0	1	1
D	3	1	3	＼	1	8
E	3	0	1	1	＼	5
						27

5 (速さの三公式と比，旅人算，割合と比)

姉妹の分速の和…1050×2÷18＝2100÷18＝$\frac{350}{3}$(m)

重要 (1)　妹が7＋15＝22(分)歩いた距離と姉が15分歩いた距離の和は2100m　妹も姉も15分ずつ歩いた距離の和は$\frac{350}{3}$×15＝1750(m)　したがって，妹の分速は(2100−1750)÷7＝50(m)

(2)　妹がB地点に着いた時刻…(1)より，1050÷50＝21(分後)　姉の分速…$\frac{350}{3}-50=\frac{200}{3}$(m)

姉がB地点に着いた時刻…7＋15.75＝22.75(分)　したがって，姉が妹を追い越す時刻は姉が出発した後$15.75+50\times(22.75-21)\div\left(\frac{200}{3}-50\right)=21$(分後)

(3)　(2)より，妹と姉の片道の時間はそれぞれ21分，15.75分であり，2人のグラフは，下図のようになる。

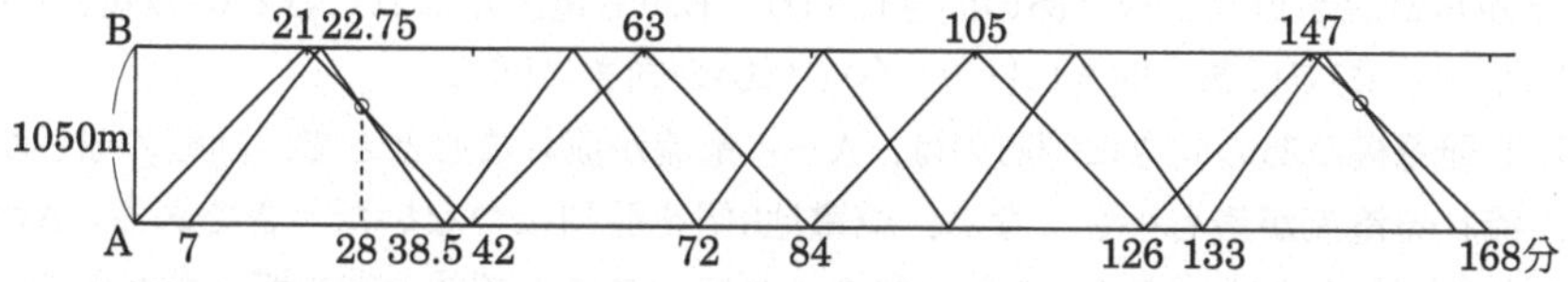

姉が初めてA地点にもどった時刻…7＋15.75×2＝7＋31.5＝38.5(分後)　したがって，2人が初めてすれ違う(出会う)時刻は，姉が出発した後$31.5+50\times(21\times2-38.5)\div\left(\frac{200}{3}+50\right)=33$(分

後)

やや難　(4)　前ページの図より，すれ違う回数は7回

★ワンポイントアドバイス★

単純な問題がなく，それぞれの問題が簡単に解けないような設定になっている。なかでも，4(3)「5人のじゃんけんの得点」，5(3)「姉妹がすれ違う回数」が面倒であり，(2)・(3)の「時刻」は「姉が出発した後」で答えること。

＜理科解答＞《学校からの正答の発表はありません。》

[1]　問1　ア　　問2　ウ　　問3　a　カ　　b　エ

[2]　問1　1.02(g)　　問2　ア，イ　　問3　ウ
　問4　(a)　5.842(g)　　(b)　0.394(g)　　(c)　105(g)

[3]　問1　ア，ウ　　問2　エ　　問3　イ　　問4　ア，ウ，カ
　問5　(a)　エ　　(b)　1　ア　　2　ア　　3　ア

[4]　問1　ウ　　問2　(a)　ウ，キ　　(b)　1　ア　　2　オ　　3　ケ
　問3　(a)　110(cm^2)　　(b)　17(cm^2)　　(c)　8

○推定配点○

[1]　各2点×4　　[2]　問4　各3点×3　　他　各2点×3　　[3]　各2点×6(問5(b)完答)
[4]　問3　各3点×3　　他　各2点×3(問2(b)完答)　　計50点

＜理科解説＞

[1]　(電流と回路—手回し発電機と発光ダイオード)

問1　発光ダイオードは＋極から－極にのみ電流が流れ，電流が流れたときだけ光ることから，実験1の結果から，**あ**の向きに手回し発電機のハンドルを回すと，電流がクリップAから流れ出てクリップBに流れこむ向きに流れ，**い**の向きに手回し発電機のハンドルを回すと，電流がクリップBから流れ出てクリップAに流れこむ向きに流れることがわかる。乾電池では，電流が＋極から流れ出て－極に流れこむ向きに流れることから，図5のようにつないで**い**の向きに回したときと，図7のようにつないだときに電流の向きは同じになることがわかる。また，図6のようにつないで**あ**の向きに回したときと電流の向きと同じになるのは図8のようにつないだときである。

問2　1を**あ**の向きに回すと電流がAから流れ出し，**い**の向きに回すと電流がBから流れ出す。また，発光ダイオードは＋極から－極にのみ電流が流れることから，①と⑥では電流は流れない。また，2は，Aから電流が流れこむと**あ**の向きに回り，Bから電流が流れこむと**い**の向きに回る。よって，2は①，④，⑤では**あ**の向きに回り，③では**い**の向きに回る

やや難　問3　(a)　手回し発電機が**あ**の向きに回るのは，Aから電流が流れこむときで，回転の速さが低速になるのは，流れる電流が最も小さくなる，乾電池3個を並列につないだときである。Aから電流が流れこむ向きになるのは，スイッチ⑥と⑩を入れて，スイッチ③と⑨を切ったときで，乾電池3個が並列になるのはスイッチ①，②，⑦，⑧を入れて，スイッチ④と⑤を切ったときである。　(b)　手回し発電機が**い**の向きに回るのは，Bから電流が流れこむときで，回転の速さが中速になるのは，並列につないだ2個の乾電池と残り1個の乾電池を直列につないだときである。

Bから電流が流れこむ向きになるのは，スイッチ③と⑨を入れて，スイッチ⑥と⑩を切ったときで，並列につないだ2個の乾電池と1個の乾電池が直列になるのはスイッチ②，④，⑧を入れて，スイッチ①，⑤，⑦を切ったときである。

2 (ものの溶け方—しょうゆにふくまれる食塩)

問1　実験の③で蒸発皿に水を加えてできた水溶液は，こいくちしょうゆにとけていた食塩だけがとけているので，これを蒸発皿Bで加熱すると，蒸発皿Bにはこいくちしょうゆにとけていた食塩だけが残る。実験前の蒸発皿Bの重さが63.46g，実験後の蒸発皿Bの重さが64.48gなので，こいくちしょうゆにとけていた食塩は64.48−63.46＝1.02(g)

基本　問2　ア…ろ過した水溶液を集めるビーカーは，ろうとの先のとがった方がビーカーの内側のかべにあたるように置く。イ…ろうとは，ろ紙がはみ出ないように大きなサイズのものを使う。

重要　問3　食塩が水にとけると，食塩は水の中に一様に広がる。また，食塩水の重さは，水の重さと食塩の重さの和である100＋10＝110(g)となる。

問4　(a)　表1より，食塩相当量はナトリウムの重さの1.27÷0.5＝2.54(倍)であることがわかる。よって，ウスターソース類の食塩相当量Xは，2.3(g)×2.54＝5.842(g)　(b)　1gの食塩に含まれているナトリウムをygとすると，1：2.54＝y(g)：1(g)　y＝0.3937…より，0.394g　(c)　ナトリウム6gの食塩相当量は，6(g)×2.54＝15.24(g)である。問1より，こいくちしょうゆ7gに含まれている食塩は1.02gなので，こいくちしょうゆzgに食塩が15.24g含まれているとすると，7：1.02＝z(g)：15.24(g)　z＝104.5…より，105g

3 (植物—種子のはたらき)

基本　問1　種子の中に新しく芽や根，茎，葉になる部分がある。また，発芽などに必要な養分がたくわえられている。

基本　問2　カタバミは，実が熟すとふくらみ，やがてはじけて種子が飛ばされる。

重要　問3　風によって運ばれる種子は軽く，遠くまで運ばれやすい。

問4　種子が動物に運ばれる植物の実は，動物が見つけやすい色をしていたり，食べられやすいように地面に落ちたりする。また，種子は，動物の体の中で消化されてしまわないように，消化されにくくなっている。

問5　(a)　カントウタンポポの葉は草丈が低いため，他の植物の葉がしげる夏は光が当たりにくくなり，生育に必要な養分をつくる光合成が行いにくくなる。　(b)　セイヨウタンポポは花粉がつかなくても1つの個体で種子をつくることができる。また，カントウタンポポに比べてつくる種子の数が多く，重さも軽いため繁殖力が高い。

4 (気象—天気と雲)

問1　図1のようにはけでかいたような雲を巻雲(すじ雲)という。

重要　問2　(a)　図2では，4月10日，11日ともに日本付近に雲はほとんど見られないが，12日には西日本，13日には日本列島のほぼ全体が雲におおわれている。また，表1から，図2で雲におおわれていない地点の天気は晴れ，雲におおわれている地点の天気がくもりであることがわかる。これらのことから，雲は量や形を変えながらおおよそ西から東へと移動し，それに合わせて天気もおおよそ西から東へと移り変わることがわかる。　(b)　虹は太陽の光が空気中の水滴に当たったときに見える現象で，西の空に虹が見えるのは，東の空に太陽，西の空に水滴(雲)があるときである。太陽は東からのぼり，南の空を通って西にしずむので，西の空に虹が見えたのは午前中である。また，天気は西から東へと変化し，雲があるところでは雨が降りやすいので，虹が見えたときに西で雨を降らせていた雨雲が次第に近づいてきて，今後天気は悪くなっていくと考えられる。

問3 (a) 下左図のように，1辺が6cmの正方形の部分を考えると，円周の線がまったくかかっていない，円周の外側の部分の面積(図の×)は$3cm^2$，円周の線がかかっている部分(図の△)は$11cm^2$である。1辺6cmの正方形の面積は6(cm)×6(cm)＝36(cm^2)だから，1辺6cmの正方形でのAにあたる部分の面積は36－3－11＝22(cm^2)となる。よって，図3全体において，空全体の面積は，(22＋11×0.5)×4＝110(cm^2) (b) 下右図のように，雲のない部分を囲む(図の太線)と，囲まれている部分の面積は$31cm^2$となり，雲の線がかかっていないマス目(図の○)の面積は$3cm^2$であるから，雲の線がかかっているマス目の面積は31－3＝28(cm^2)となる。よって，雲のない部分の面積は，3＋28×0.5＝17(cm^2) (c) (a)，(b)より，①の値は110－17＝93(g)となる。②の値は93÷110＝0.84…より，0.8となる。よって，③の値は0.8×10＝8

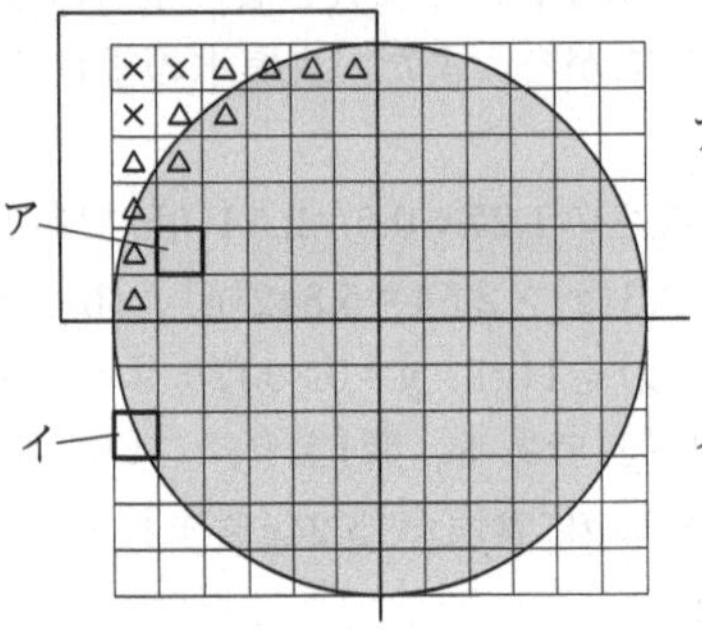

図3 空全体のようす

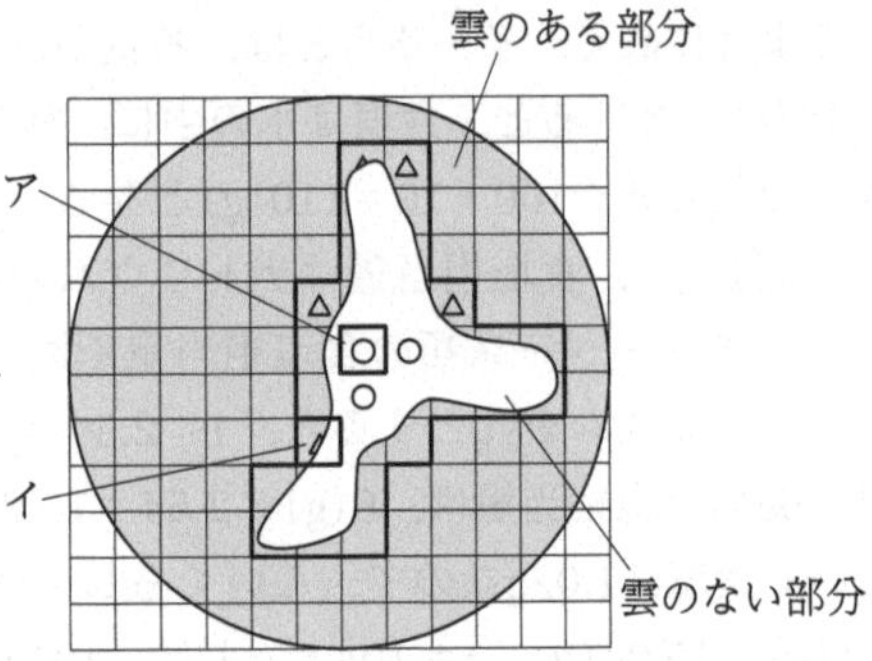

図4 空の雲のようす

★ワンポイントアドバイス★

実験や観察の結果，与えられた説明文などをしっかりと読みとり，それをもとにしっかりと思考させるものが多く，時間がかかりそうな問題もあるので，複雑な設定の問題などにも慣れておこう。

＜社会解答＞《学校からの正答の発表はありません。》

Ⅰ 問1 (1) ウ (2) ア 問2 ウ 問3 ウ 問4 ウ 問5 エ
問6 (1) ウ (2) イ 問7 ウ 問8 ウ 問9 エ 問10 イ 問11 ウ
問12 イ 問13 イ 問14 線 問15 ア 問16 ア 問17 エ 問18 エ
問19 イ 問20 エ 問21 ウ 問22 エ 問23 ア

Ⅱ 問1 エ 問2 ウ 問3 ウ 問4 イ 問5 象徴 問6 エ 問7 ア
問8 イ 問9 ウ 問10 エ

○推定配点○

Ⅰ 問1(1)・問4・問7・問11・問14・問15・問17・問20・問22 各2点×9 他 各1点×16

Ⅱ 問1・問3・問5・問6・問8・問9 各2点×6 他 各1点×4 計50点

<社会解説>

Ⅰ　(地理・歴史―国土と自然・農業・古代～現代の政治・社会・文化など)

問1　(1)　9世紀後半，藤原良房が臣下として初めてその地位に就いた。　(2)　桐の産地であった岩槻が，江戸の頃から次第に人形作りの町として発展していった。

問2　古代は政治文化の先進地であり，ヤマト王権の誕生にも大きな役割を果たしたといわれる。

基本　問3　京都・三重・和歌山・大阪に囲まれた内陸県。標準時の子午線は兵庫県明石市。

問4　743年，聖武天皇は三世一身法を大幅に改正し墾田の永久私有を認めた。明の中国統一は14世紀，運慶・快慶は鎌倉時代，僧兵の活躍は平安後期から安土桃山時代。

問5　日本の国花に関する規定はないが，日本を代表する花で多くの国民に親しまれているのは桜と菊。菊は皇室の紋章でありパスポートにも採用されている。

問6　(1)　稲作の手順は苗づくり→田起こし→代かき→田植え→中干し→稲刈り。　(2)　コメ作りには水の豊富さ，夏の日照，昼夜の温度差など多くの条件を要する。昼夜の温度差が小さいと昼間に作られたデンプンが夜に消費され甘みが少なくなる。

重要　問7　桓武天皇は仏教が政治に関与することを排除する意味もあって遷都を決意，最澄や空海を登用して新しい仏教の興隆に大きな貢献を果たした。

問8　リニア中央新幹線は品川と名古屋を40分でつなぐ構想でスタート。工事を進めている。環境問題など様々な障害もあるが2027年開業を目指して計画が進行している。

問9　徳川家康を祀《まつ》った神社で，家康の神号である東照大権現から社名がつけられた。本殿の前に拝殿を配置し，それをエの字の形で結んだものを権現づくりという。

問10　エレキテルという装置を作ったのは「江戸時代の天才」といわれた平賀源内。杉田玄白は前野良沢らとターヘルアナトミアを翻訳，解体新書を著した蘭学者。

問11　首都圏に位置する埼玉は新鮮な野菜を供給する近郊農業が盛んである。キャベツは抑制栽培，キュウリは促成栽培が多い。アは茨城，イは福島，エは群馬。

やや難　問12　1946年に始まった裁判は1948年に結審し7名が絞首刑に処された。朝鮮戦争は1950年～53年，ベルリンの壁は1961年～89年，鉄腕アトムのテレビ放送は1963年。

問13　「みどりの日」は昭和天皇の死去により天皇誕生日を改称したもの。2007年に同日を「昭和の日」に制定するのに際しこれを5月4日に変更した。

問14　メカニズムの解明は不十分だが気象庁も情報を発表し警戒を促している。地球温暖化の影響もあり今までに見られないような異常気象が頻発している。

問15　秋田は高齢化率や人口減少率が日本で最も高く社会保障費の負担や過疎の進行が大きな問題となっている。イは出生率が最も高い沖縄，ウは東京，エは愛知。

問16　17世紀初頭，豊臣秀吉の朝鮮侵攻で連行された陶工の李三平が佐賀の有田で磁器の生産に初めて成功，伊万里港から出荷されたため伊万里焼ともいわれる。

問17　個数や額面で表示される(計数貨幣)金貨や銭貨の他，目方で計る(秤量《しょうりょう》貨幣)銀貨も流通，そのため両者を交換する両替商が三都を中心に発達した。

問18　天皇が収穫を感謝して祝う祭りで現在の勤労感謝の日。天皇が即位する年に行われるものは新嘗祭という。元始祭は1月3日に祝う皇室の祭り，花まつりは釈迦の誕生日。

問19　8月15日正午，天皇自ら終戦の詔書をレコードに吹き込みラジオで放送した(玉音放送)。ポツダム宣言は7月26日，広島への原爆投下は8月6日，ソ連の参戦は8月8日。

問20　世界最古の木造建築である法隆寺には多くの宝物が存在。聖徳太子は遣隋使，大海人皇子は尾張など東国の兵士を動員，金印は福岡の志賀島で発見された。

問21　当時の大蔵卿・松方正義の建議で設立された日本の中央銀行。国立博物館の設計はコンドル，小学校の母体の多くが寺子屋，川上音二郎は新演劇開拓の先駆者といわれる。

問22　ヨーロッパ諸国の関心が中国から離れたすきを狙って袁世凱政府に提出。五畿七道は律令制下の行政区画，御成敗式目は北条泰時，石田三成は豊臣政権の五奉行の一人。

問23　十勝地方を中心に全国の約4割を生産している。

Ⅱ　(政治―憲法・政治のしくみ・国際社会など)

重要　問1　天皇が臣下に与える欽定憲法として制定。選挙権は25歳以上の男子で納税制限も存在，地方自治の規定は存在しない，国民の権利は法律の留保の下で認められた。

問2　中国東北部には約150万人の日本人が生活，敗戦による混乱で多くの悲劇が生まれた。沖縄は1972年までアメリカが統治，シベリア抑留はソ連，兵士だけでなく一般市民も犠牲になった。

問3　現在は193か国まで拡大。敗戦時は鈴木貫太郎内閣，警察予備隊の発足は朝鮮戦争勃発の1950年，日米安全保障条約の調印はサンフランシスコ平和条約と同時。

問4　「天皇は日本国の象徴であり…主権の存する日本国民の総意に基づく」(憲法1条)。皇室典範には「皇位は皇統に属する男系の男子」と規定，平成天皇は退位し上皇となった。

重要　問5　マッカーサーは天皇の統治権という戦前の体制を前提とする日本案を否定した。

問6　予算や重要法案では開催が義務付けられている。衆議院465人，参議院248人，国会は会期中のみ開催，三権分立の下ではそれぞれが独立して存在。

問7　高度に政治的な問題に対し裁判所は憲法判断を避ける傾向がある。交戦権とは交戦国が持つ国際法上の権利の総称，自衛隊のきっかけは朝鮮戦争，PKO以前にも海外派遣はあった。

問8　憲法25条では健康で文化的な最低限度の生活を保障。

問9　「婚姻は両性の合意のみに基づいて成立する」(憲法24条)。両者の意思のほか，婚姻年齢(成人年齢の変更に伴い男女18歳に変更)などが求められる。

問10　選挙法の改正で国政選挙の投票は可能になった。緊急事態条項は憲法には存在せず，幸福追求権は13条，平等権は14条に規定，改正国民投票法では最低投票率は設定されなかった。

★ワンポイントアドバイス★

社会科という範疇にはとらわれない出題も多い。つねにいろいろなものに関心を持ち，疑問を持ったらすぐ調べるといった生活を心がけよう。

＜国語解答＞《学校からの正答の発表はありません。》

一 問1 a 推測 b いっせい c こば 問2 エ 問3 ウ 問4 ア，ウ
問5 いろんな記～ゴチャマゼ 問6 エ 問7 ア 問8 (1) A，D
(2) ア (3) X 相性 Y 名高い Z 学ぶ

二 問1 a いす b 看板 c こづか 問2 ア 問3 ウ 問4 エ 問5 ウ
問6 イ 問7 エ 問8 ア，エ 問9 ウ 問10 ア 問11 エ
問12 (1) 坊主頭になりに行く (2) 自由に多様にという主張に共感し，坊主頭にしている詩音とも共有できると思っていたが，詩音からつき放されたような返事を聞くことで意外な思いを持った。さらに，差別や偏見に反発していてカッコいいと，詩音への応えんもふくめてボーズの会にさそったが，実際に自分が偏見の目で見られたことがない人の言葉は空々しいと言われたことで，自分の思いが絵空事だと思われているのだと気づくと同時に，そのことに対する反発心がわき上がってきた。自分が差別や偏見と闘うことが大切だと思う気持ちは口先だけのことではないと証明するには，自分も詩音と同じ立場に立つのだとふるい立ったから。

○推定配点○
一 問1 各2点×3 他 各3点×13
二 問1 各2点×3 問12 (1) 4点 (2) 12点 他 各3点×11 計100点

＜国語解説＞

一 **(論説文―要旨・大意，細部の読み取り，空欄補充，四字熟語，ことばの意味，漢字の読み書き)**

問1 a 「ソク」は「氵(さんずい)」の「測」である。同音に「則・側」があるので注意する。 b 「斉」は小学校未習の漢字である。「サイ・セイ」と読む。 c 「拒」は小学校未習の漢字。「拒否」の「キョ」は音読み。訓読みでは「こば-む」である。

重要 問2 直前に「世界中探してもどこにもいません」とある。つまり，たった一つということになるので「唯一無二」だ。アの「一期一会」は，一生に一度だけの機会という意味。イの「完全無比」は，他に比べようもないことという意味。ウの「独立独歩」は，他人の力を借りることなく，自身が信じる道を自身の力だけで進むことという意味の四字熟語である。

問3 「でも，もし～」で始まる段落に着目する。イとウで迷うところだが，筆者は絵画を「分身」と表現するほど描いた人自身と考えている。これは必ずしも「素直な自己表現」ということではない。「最初からよいも悪いもない」と述べているのは，人が存在するのによいも悪いもないという考えと同じだ。つまり「存在そのものに価値がある」ということなのでウである。

問4 「無の境地で絵に接する」ということから，「考えること」についての説明に移っている。例として「原稿用紙のマス目に」ということを挙げている。したがって，ここでは，何かを書くという手順で話を進めていると考えられる。つまり「執筆」したり，その中で「表現」したりすることを「出力」としている。

問5 ――線③中の「そういう腑分けされていない」に着目する。「そういう」が指し示す内容は，「渾然一体としていた思いや感情や印象や考えの矛盾の『かたまり』」だ。これが選別されてしまうのが惜しいとしているのだ。「どのような状態か」という問いなのだから，この矛盾したものがそのままある状態を探すことになる。「まず，人は～」で始まる段落に「いろんな記憶～ゴチャマゼ」の状態をぬき出すことができる。

問6 直後に「過程が集積した『状態』」であると説明している。そして，それは問5で考えたよう

に「かたまり」としての絵だと述べている。イとエで迷うところだが，イのように「まとまった形」とは言えない。色々なものがつめこまれたものがその一枚の絵に作品として残るということでエを選択する。

基本 問7　文章の最初から，絵画の見方を教わるのはおかしな考えであると主張している筆者である。漠然と思いめぐらすのがよいと考えるのだから，鑑賞するテクニックなどは「邪魔になるもの」という思いを込めている。

重要 問8　(1)　問7で考えたように，あらかじめ絵画の背景などを学習する「教え」などは不要だというのが筆者の考えなので，Aが趣旨と合わない。「絵には，いわば見る者～」で始まる段落にあるように，「相性」があると述べている。幼稚園児の絵を素晴らしいと感じる人もいれば自分には合わないと感じる人もいるということだ。どんなに無邪気で素直な絵であっても万人が素晴らしいと感じるわけではないのでDが趣旨と合わない。　(2)　問3で考えたように，絵は作者の「分身」と考える筆者である。このことから，絵について言われることは自分自身に言われたことと考えてしまうのは不思議ではないのでアだ。　(3)　X 「絵には，いわば～」で始まる段落に着目する。絵の鑑賞の仕方などは習うものではないという筆者は，見る人との「相性」がいいものが思索を導き出すいい絵としている。　Y 「そういうわけで～」で始まる段落に，世に「名高い」名画とあなたとが相性がよいとも限らないとある。「名高い」とは，有名なということだ。

Z　絵画の鑑賞は，他者から教えてもらうものではないという主張を繰り返している文章である。が，「学んで」や「学ばなければ」のような形になっているので空欄に合わない。そこで，言い切りの形になっている言葉を探すと，「ちょっと話が～」で始まる段落に「学ぶ」がある。

二 (物語―心情・情景，細部の読み取り，空欄補充，慣用句，ことばの意味，記述力)

問1　a 「椅」は小学校未習の漢字であるが，日常の場面で見ない漢字ではない。　b 「看」は全9画の漢字。1画目は右から左にはらう。　c 「づ」表記であることに注意する。

やや難 問2 「けれど，黙っているだけでは解決にならない」とあるように，積極的に言いたいわけではないのでイの「正直に話したい」は不適切だ。「～先生は知らないのだろうか」という記述はあるが，何を今さらというあきれた心情なので，これに対して「寂しく」なり唇をかんだわけではないのでエは不適切。ウの「後悔している」はまったく方向性が異なっている。別に話したいわけではないし，もうからかわれたりいじめられたりしているのにそれすら気づいていないような先生が，色々なことを持ち出して問い詰めることに対するイライラ感である。

問3　理解してもらえるとは思わなかったから「自分も変わりたかった」という理由は言わなかった詩音である。だから，姉のことだけを話したのだが，先生の対応は，まるで姉のマネをして坊主になったような受け止めだったことに，ますます，わかってくれないなという気持ちを持ったのだからウである。

問4　坊主頭について先生との話を聞いてしまった原口さんは気まずい気持ちになっている。「探るような目」をした後，結局聞いてきたのは髪型のことだ。たった今聞こえてしまった話の流れから考えると，それを聞いていいのかどうかを「さぐる目」だったのである。

問5　坊主になった直接の理由は，先生に話したように姉の応援のためではあるが，先生が誤解したように，ただわけがわからずマネをしているわけではなく，自分も変わりたいという自分自身の意志もあるのだ。「自分を好きで」というのは，姉の応援ができるというのではなく，自分の気持ちに素直でいられるということなのでウかエにしぼれる。ここでの自分の気持ちというのは，社会の少数派の人たちの気持ちを理解しようという出発点ではないのでウを選ぶ。

やや難 問6　イとウで迷うところである。ポスターにどのような人が描いてあるのかの具体的な描写はないが，「もっと自由に，もっと多様に。」という言葉と，「ポスターの中の一人が～」という言葉から，一般的には「普通とはちがう」という印象を持つ人たちが描かれているものと考えられる。それを「興奮したように，目を輝かせて」見ているのだから，前半部分に「多様性」があるイのほうが適している。また，後半部分についても，「同じにして」ということではない。自由だと言っても，女子なら「女の子らしい普通の髪型」と一般的に思われている中での自由でしかないことを詩音は実感しているのだからイである。

基本 問7 ⑥ 「眉をひそめる」で，他人のいまわしい言動に不快を感じたりして顔をしかめるという意味になる。 ⑦ 「肩をすくめる」には，色々な意味があるが，主に，あきれてどうしようもないなどの意を表すジェスチャーとして行われる動作である。

問8 ア 「野島君みたいに～だろうか。」の一文から，勝手に過大評価したり失望したなどと言うことに反発していることがわかるので当てはまる。 イ 「自分の考えを理解するはずだ」とは思っていない。 ウ 「同情してわざわざ待っていてくれた」が誤りである。 エ ポスターの中の多様性を本当にいいと思うから，坊主頭の詩音のことをふまえて「すごい」と言っているのはわかるが，後で考えれば「八つ当たり」としか思えないような態度なのだからエは当てはまる。 オ 「慰めてくれると思って声をかけた」が誤りである。

問9 問8で考えたように，瑠美奈は坊主頭の詩音なら広告の意味するところを共有できると思っていた。しかし，あまりにもそっけない態度の詩音だったことを考えればさそう勇気が出てこないということなのでウだ。

問10 「うたう」は，歌を歌うの「うたう」ではなく，ある事を盛んに言いたてる，また，明記して主張するという意味の言葉だ。この意味の場合，漢字表記するなら「謳う」である。

重要 問11 多様性が大切だと考える瑠美奈が，みんなに言うべきだと思う言葉は，坊主も一つの髪型であるということだ。

やや難 問12 (1) 「そんな目にあったことがない人が～」という言葉が気持ちをゆさぶったのだ。どんなに自分が本気で言っていても，自分が坊主でなければ空々しい言葉に聞こえるなら，「自分も坊主頭になろう」ということだ。 (2) 解答の出だしに関しては，最後の着地点の心情をおさえてからのほうが書きやすいかもしれない。(1)で考えたように，広告を見たときから，いいかげんな気持ちで言っているのではないのだ。その気持ちを詩音と共有できると思ったが素っ気ない返事で「意外」な思いをした。しかし，迷いはしたがボーズの会にさそってみると，空々しいとまで言われる結果だった。この言葉から受けた心情を「反省」としてはいけない。むしろ，そういう立場にならなかったらわからないという態度の詩音に対する「反発心」が，自分も行動して見せてやるという奮い立つ気持ちにさせるのだ。

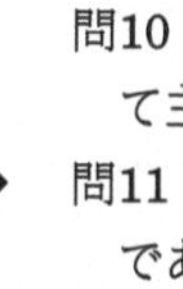

★ワンポイントアドバイス★

まぎらわしい選択肢問題と，最後の大きな記述で，時間的に相当苦労する設問構成だ。スピード力を養おう。

MEMO

大切なことはメモしておこうネ！

データ対応

収録から外れてしまった年度の
問題・解答解説・解答用紙を弊社ホームページで公開しております。
巻頭ページ＜収録内容＞下方のQRコードからアクセス可。

※都合によりホームページでの公開ができない内容については，
次ページ以降に収録しております。

ア　互いに秘密を抱えている今の自分と新とでは、次も一緒に走りたいと思えるようなレースをするという目標は達成できないという失望感。

イ　新を傷つけたいと願う自分の醜《みにく》い内面が知られたら、自分を信頼してくれている新に軽蔑《けいべつ》されてしまうのではないかと恐れる気持ち。

ウ　失明は新のせいではないとわかっているものの、恨みの気持ちを消すことができない中で、弟思いをよそおっている自分への嫌悪感。

エ　今自分の本心を打ち明けたとしても、もう二度と新と走ることはできないかもしれないという不安に押しつぶされそうな思い。

オ　陸上競技への未練に新が苦しむことを意図して走っているのでは、どんなに努力しても心は満たされないという痛切な思い。

問９　傍線部⑦「朔が思ったこと」について、最も適切なものを次から選び、記号で答えなさい。

ア　失明を新のせいにして傷つけてやりたいと思ったこと。

イ　内心では新を恨んでいることを隠し通そうと思ったこと。

ウ　新が陸上をやめたと知って猛烈に腹立たしく思ったこと。

エ　新を励《はげ》ましてまで走ろうとするのをやめようと思ったこと。

問10　次は、**28ページの〈中略※〉**以降の展開について説明したものです。これを読み、後の問いに答えなさい。

マラソン大会本番のスタート直前、自分の生き方を顧《かえり》みた朔は、新に伴走を頼むことについてあれこれ考えをめぐらし、（　ア　）を繰り返しては醜い自分の内面に向き合い、（　イ　）に陥《おちい》っていた。しかし、「見えなくなってたものを、朔が見せてくれた」、つまり［　X　］ということを新から言われ、心情に変化が生じる。情景にたとえて言えば、「（　ウ　）」のようであった心情から光が差し込んでくるような心情へと変化を見せるのである。

⑴　空欄ア・イに入る適切な四字熟語をそれぞれ答えなさい。

⑵　空欄ウに入る適切な漢字二字の語を本文中から抜き出し、答えなさい。

⑶　空欄Xに入る適切な内容を二十字以内で答えなさい。

（　　Ⅰ　　）。そのため、唐突《とうとつ》に自分への関心を示してきた母親の態度を素直には喜べなかった。見せかけの関心にすぎないと思い反発を示した新は、（　　Ⅱ　　）態度をとっているのである。

空欄Ⅰ

ア　過度に干渉《かんしょう》されていると思い、いら立っていた

イ　放《ほう》っておかれていることに気楽さを感じていた

ウ　ことあるごとに非難されることに悲しみを感じていた

エ　よそよそしい態度をとられていると思い、傷ついていた

空欄Ⅱ

ア　動揺《よう》している母親を見て、感情が高ぶり挑《ちょう》発的な

イ　うろたえている母親を見て、滑稽《こっけい》に思い馬鹿にするような

ウ　悲しむ母親を見て、その場の空気を和《なご》ませようと冗談めいた

エ　自分に気持ちが向いていない母親を見て、注意を引くために目立つ

問5　傍線部④「無機質な視線」の説明として最も適切なものを次から選び、記号で答えなさい。

ア　朔の障がいをからかうような態度をとった新への高圧的な視線。

イ　自分の失言を笑いでごまかそうとする新への見下げるような視線。

ウ　朔の尊厳を傷つけるような態度をとった新に対する冷めきった視線。

エ　朔に対する責任を感じていない新に全ての関心を失ったような視線。

問6　傍線部⑤「『そっか』と新は口の中でつぶやいた」とありますが、この時の新についての説明として最も適切なものを次から選び、記号で答えなさい。

ア　自分は昔から母親と相性が悪く、ケンカが絶えないこともあって愛情を注がれていないのだと思っていた。しかし、中学時代に好物のお汁粉を作ってくれていたことを今回のことで思い出し、母親の深い愛情に気が付いて心が満たされている。

イ　自分は母親と折り合いが悪く、兄のようには愛されていないのだろうとずっと思い込んでいた。しかし、中学時代にはよく自分のためにお汁粉を作ってくれていたことを思い出し、母親に確かに愛されていたという記憶をよみがえらせている。

ウ　自分は昔から母親と相性が悪くケンカが絶えなかったが、陸上の試合の時にはお汁粉を作ってくれることに愛情を感じていた。だが、それは中学時代の顧問の先生の助言に従っただけであったと知り、自分が勘《かん》違いしていたことにショックを受けている。

エ　自分は母親と折り合いが悪く、その上あまり気にかけてもらっていないと感じていた。だが、中学時代によくお汁粉を作ってくれていたのは他ならぬ自分のためだったと知り、母親の愛情に自分が気付けなかっただけなのだということを受け止めている。

問7　空欄Cに入る言葉として最も適切なものを次から選び、記号で答えなさい。

ア　感性が合わない　　イ　似ている

ウ　空気が読めない　　エ　馬が合う

問8　傍線部⑥「朔は唇を噛んだ」とありますが、この時の朔の心情として当てはまるものを次から**全て**選び、記号で答えなさい。

な」

新は朔の腕をつかんで、スタートゲートへ足を向けた。

にぎやかな音楽が響いている。曇天《どんてん》の下、ゲート前は数百人のランナーたちがひしめき、からだを動かしたり談笑したりしながらスタートを待っている。

朔の背中に手を当ててインコース側に立つと、何列か前に内村の姿が見えた。その背中を新はじっと見た。

あの人も一度は走ることをやめた人だ。あきらめて、自分で断ち切ったのに、それでもまた走っている。オレも同じだ。

「オレ、やっぱり走ることが好きだ」

黙《だま》ったまま朔は小さく頷いた。

頬に日差しがあたり、朔は空を見上げた。

「前に朔、言っただろ、『新はいろんなものを見せてくれる』って。あれ嬉《うれ》しかった。オレ、ずっと朔の役に立ちたかったから」

新のことばを聞きながら、朔はそっと目を閉じた。

白く靄《もや》のかかったような薄曇りの空から、一筋光がこぼれる。

「だけど、逆だよ」

朔はぴくりと肩を揺らした。

「オレが見えなくなってたものを、朔が見せてくれた」

驚いたように朔は新のほうに顔を向けた。

「オレ、走りたい。走るよ、逃げないで走る。で、強くなる」

（いとうみく　著『朔と新』より）

問１　太線部ａ「二重」・ｂ「小豆」・ｃ「無性」・ｄ「棄権」の読みを、それぞれひらがなで答えなさい。

問２　傍線部①「かぶりを振った」から読み取れる新の気持ちとして最も適切なものを次から選び、記号で答えなさい。

ア　視力を失った朔に気をつかって生活しているため、朔がいない一人きりの時間を満喫《きっ》したいと願っていたところ、その思いが叶《かな》って満足している。

イ　視力を失った朔のことを気にして過ごしているため、朔が外出していることに安堵《ど》してしまったが、そう感じるのはよくないことだと思っている。

ウ　視力を失った朔がどのように生活をしているのか気になっていたため、朔の外出は部屋を盗み見る絶好の機会だと考え、決行しようと思っている。

エ　視力を失った朔と折り合いが悪く、お互い居心地の悪い思いをしているため、朔の不在をうれしく思ったが、それは意地の悪いことだと考え直している。

問３　傍線部②中の空欄Ａ・Ｂに入る語の組み合わせとして最も適切なものを次から選び、記号で答えなさい。

ア　Ａ　止まる　Ｂ　かいた
イ　Ａ　揺れる　Ｂ　折った
ウ　Ａ　動く　Ｂ　すすった
エ　Ａ　泳ぐ　Ｂ　鳴らした

問４　次は、傍線部③「そう言ってにやりとした」時の新について説明したものです。空欄Ⅰ・Ⅱに入る最も適切な表現を、それぞれ後の選択肢から選び、記号で答えなさい。

もともと母親とは何かと衝突していたとはいえ、事故のあと

た。

オレが視力を失った代わりに、新は陸上をやめた――。

そういうことを考えるやつだとわかっていた。だけどそれは、裏を返せば単に楽になろうとしているだけのことではないのか？　大切なものを手放し、失うことで、同じ痛みを負ったつもりになっている。

そんな弟を、あのとき激しく嫌悪《けんお》した。

新を走らせる。走らせて、走ることへの渇望《かつぼう》を煽《あお》ってやりたい。失うことの、奪われることの苦しさはそんなものではない。それを味わわせたい――。

だけど、わかっていなかったのはオレだ。

オレは、新の苦しみをわかっていなかった。わかろうとしなかった。

「おしまいにする」

「はっ？」

「もう新とは走らない」

「なに言ってんの？」

「……勝手なこと言ってるのはわかってる。けど、ごめん。これ以上、自分に幻滅《げんめつ》したくない」

新は朔が手にしているロープを握《にぎ》った。

「きっかけなんて、どうでもいいじゃん。神様じゃないんだ、人間なんだからいろいろ思うだろ。オレが朔なら、どうなってたかわかんないよ。まわりに当たり散らして、壊して、傷つけて、自分の中にこもって、なにもできなかったんじゃないかって思う。⑦朔が思ったことはあたりまえのことだよ」

一気に言うと、新は大きく息をついた。

「それに、朔、それずっと続かなかっただろ」

朔の顔がぴくりと動いた。

「わかるよ、毎日一緒に走ってきたんだから。伴走頼まれたとき、オレ、マジでいやだった。でもいまはよかったと思ってる。朔が言ってくれなかったら、オレはいまだってきっと、朔からも走ることからも逃げてたと思う」

「だからそれは」

ううん、と新は首を振った。

「伴走引き受けてからも、ずっと朔のために走ってるんだって自分に言い訳して、ごまかしてた。それで納得《なっとく》しようとしてた。でも、たぶん違った。伴走者としては間違ってるし、オレは失格かもしれないけど、やっぱりオレは、オレのために走ってた。朔と走ることは朔のためじゃなくてオレのためだった」

新はロープを握り直した。走ることは、孤独《こどく》だ。どんなに苦しくても、辛《つら》くても、誰かに助けてもらえるものではない。走れなくなったらその場に立ち止まり、倒れ込むだけだ。それはブラインドマラソンも同じだ。ふたりで走っていても、伴走者が支えるわけじゃない。手を引くわけでも、背中を押すわけでも、代わりに走るわけでもない。

ふたりで走っていても、それは変わらない。

走ることはやっぱり孤独だ。

孤独で、自由だ。

「行こう」

「オレは」

「最後ならそれでもいいよ。だけど、ここでd棄権するとか言うなよ

でコーティングして、正当化した。自分が傷つかないよう、汚《よご》れないよう、気づかないふりをしているうちに、それは都合よく自分の意識から消えていった。

朔は喉《のど》に手を当てて、息を吸った。喉の奥が小さく震《ふる》える。

だけど、このまま気づかないふりをして、新を縛《しば》って、その先になにがあるんだろう。

あるのは、たぶん、きっと、後悔だ。

「ごめん」

「え、なに？」

朔は浅く息をした。

「いつか新、言っただろ、オレのこと偽善《ぎぜん》者だって」

「はっ？」

「あれ正しいよ。オレ、新が陸上やめたこと知ったとき、腹が立った」

どうしてそんなに腹を立てたのか、あのときは朔にもわからなかった。考えようともしなかった。ただｃ無性に、猛烈《もうれつ》に腹が立った。

「オレがブラインドマラソンを始めたのは、おまえを走らせようと思ったからだよ」

「そんなことわかってたよ。朔はオレのために」

「違う」ことばを断ち、もう一度「違う」と朔はくり返した。

「そう思わせただけ。ただの欺瞞《ぎまん》〔あざむき〕だ」

新の目がくっと見開いた。

「オレは、新が思ってるようないい兄貴でもないし、人のことを思いやったりできる人間でもない。嫉妬《しっと》も後悔もするし、恨《うら》んだりもする。新のことだって」

「いいよ！　いいよ、そんなこと言わなくて。ていうかなんで言うんだよ、しかもいまってなんだよ」

「いまだから」

いまじゃなかったらオレは話せていない。

また気づかないふりをしてしまう。逃げてしまう——。

「意味わかんねんだけど」

新の声がかすれた。

「おまえに伴走を頼んだのは、オレのそばにいて、オレと一緒に走ることで、新が苦しむことがわかっていたからだ」

新を傷つけてやりたかった。失明したのは新のせいじゃない。事故だった。ただ運が悪かっただけだ。頭ではわかっていたつもりだった。それでも、病院のベッドの上でも家を離れてからも、もしもと同じことが頭をよぎった。

新のせいにするなんてどうかしている。そんなことを思うなんて、頭がおかしくなったんじゃないかと自分を疑った。でも、頭ではわかっているはずなのに、気持ちがついていかなかった。どうしても、もしもと考え、それをあわてて消して、また同じことを繰り返した。

時間とともに、身のまわりのことがひとつひとつできるようになり、視力に頼らず暮らしていくすべを覚えていった。もしも、ということばが頭をもたげることもほとんどなくなった。これなら家に戻っても、家族の荷物にならず生活できる。新と会っても感情が揺《ゆ》れることはない。

そう思って帰ったのに、梓から新が陸上をやめたことを聞いたとき、時計の針が逆回転した。

あのとき、新がやめた理由を梓に問いながら、朔には察しがついてい

は野球のゲームではなくスタンドの広さにばかり驚いて、修二《しゅうじ》〔朔と新の父〕をがっかりさせていた。

　新と母さん、案外［C］のかもしれない――。

「なに笑ってんだよ」

　新が拗《す》ねたような口調《くちょう》で言うと、朔はかぶりを振った。

「ちょっと思い出し笑い」

〈中略※〉

　いつの間にか開会式は終わって、会場には軽快な音楽が流れている。なんとなく祭りのような華《はな》やいだ空気を感じながら朔は呼吸を整えた。

「そろそろ並んでおこうか」

　新に促《うなが》されてスタートゲートへ足を向けた。

「あ、境野さんたちだ。ずいぶん前のほうにいる」新が踵《かかと》をあげた。

「秋田さんは、早めに準備しておきたいタイプなんだろうな」

「そういえば、待ち合わせも時間よりずいぶん早くに来てたし」

「アップを始めるのも早かった」

　朔はそう言って、ふっと笑みをこぼした。

「境野さんって、そういうところをちゃんと押さえてくんだよ」

「……な、朔は境野さんが目指してることって聞いたことある？」

「ん？」

「伴走者としてってやつ」

　いや、とかぶりを振ると、新は口角《こうかく》をあげた。

「伴走したランナーが、また次も走りたいと思えるレースをすること、だって」

「ああ、うん」

「目標タイムで走ることでも、順位でも、完走することでもない」

「境野さんらしいね。でもそうだよな、走る目的も、理由も、ひとりひとり違う」

　そう言った朔の横顔を見て、新はにっと笑った。

「でもみんな、ゴールを目指してる。そこは一緒だよ」

　どくっ。

　朔の内側が鈍《にぶ》く音を立てた。

　……ゴール。

「朔？」

　朔の腕に新は肘《ひじ》を当てた。

「どうした？　腹でも痛い？　もしかして緊張してきたとか？」

　ふたりの横を、スタートゲートに向かうランナーたちが追い越していく。

　……ゴール。

　朔は薄く唇を開いた。

　オレは、どのゴールを目指しているんだろう。目指してきたのだろう。

　ゴールが見えない。いや、見えるわけがないのだと⑥朔は唇を噛《か》んだ。

　そんなことは、とっくにわかっていた。だって、最初から間違った方向へ向かって駆け出していたんだから。そのことに気づきながら、ずっと気づかないふりをしてきた。自分の内にあるものを、きれいなことば

「みんな大会の参加者かな」

たぶん、と新は答えて周囲をぐるりと見た。

「ふたり組で歩いてる人が多いよ。付き添《そ》いっていうか、ウエア着てるから、たぶん伴走者。でもこうして見てると、伴走やってる人ってけっこういるんだな」

「でも足りてない。大会でも初対面の伴走者と走る人もいるって。……新にはオレ感謝してる」

「なんだよいきなり、気持ちわりー」

そうか？　と朔は眉《まゆ》を動かした。

「毎日練習に付き合ってくれる伴走者なんて、そうそういないよ」

「だからオレだったんだろ」

「へ？」

「最初にそう言って口説《くど》いたんじゃん。オレじゃなくてもほかにいるだろって言ったら、毎日練習付き合ってくれるやつがいるのかって」

「そんなこと言ったっけ」

おい、と呆《あき》れたように新が笑った。

たしかにあのとき、そんなことを言った。いまになってみると、それはもっともな理由だったような気もするし、誰が聞いても不自然なことではないと思う。だけど……、朔はそっと息をついた。

最初の頃は、無理をして仕方なく練習に付き合っていた新が、夏頃から変わった。大会への参加を申し込んでからは、練習メニューをクラスメイトの藤崎《ふじさき》に頼《たの》んで、陸上部の先輩《せんぱい》や顧問に見てもらい、アドバイスをもらうようになった。休みの日には代々木《よよぎ》公園や、トラックでの練習ができるようにと競技場へ行くことも増えた。

そうやって新が熱心になるほどに、朔は自分の中にある小さなしこりが疼いていくのを感じていた。

「でも、オレ気づいてたよ」

新のことばに、朔はぎくりとした。

「いまはそれだけじゃないってわかってるけど、朔がブラインドマラソンを始めたのって、オレのためでしょ」

朔はきゅっと唇《くちびる》を結んだ。

「オレが陸上やめたの知って、もう一度走らせようとして」

「新、オレは」

そう言いかけたとき、「境野さんだ」と、新が手をあげて足を速めた。

〈中略〉

「あと二段、はい、階段終わり」

階段をのぼりきるとスタンドからの強い風にあおられた。朔は首をすくめ、新は上空に舞い上がった白いビニール袋を一度目で追ってから、目の前に広がるスタンドを見渡した。

「でかいな」

「ん？」

「いや、スタンドのこと。人気《ひとけ》のないスタンドって、なんかグラウンドより迫力あるっていうか」

以前同じようなことを誰かが言っていた、と考えて、ああそうか、と朔は苦笑した。母さんだ。

ふたりがまだ幼い頃、家族四人で野球を観に行った。そのとき、加子

「そんなことあるわけないでしょ！　誰がそんな」

「見てりゃわかるって、誰でも。父さんだって朔だって。あ、朔は見えないか」

③そう言ってにやりとした瞬間、新の頬《ほお》を加子が打った。加子のa二重の大きな瞳《ひとみ》が新を見下ろしている。怒り、とは違う。憎しみとも違う。蔑《さげす》むような④無機質な視線だった。

加子はなにも言わず、そのまま部屋を出ていった。

叩かれた頬に手を当てる。熱をもった頬がずくずくと疼《うず》く。そのまま新は指先に力を入れた。

〈中略　盲学校時代の陸上部のコーチである境野《さかの》の勧めもあり、朔と新は十二月のマラソン大会に出場することになる。〉

いつもより短めの三キロのランニングと軽いストレッチを終えて家に帰ると、甘い匂いがした。リビングへ行くと「お帰り」と、加子がキッチンから顔を出した。

「朝食できるから、ふたりとも早く手を洗ってらっしゃい」

「b小豆煮てるの？」

朔が言うと、加子は木べらを動かした。

「そうよ。大会とか試合の前は、お汁粉《しるこ》がいいんでしょ」

「そういえば母さん、新が中学んときよく作ってたよね」

朔が懐《なつ》かしそうに言うと、加子は火を弱めた。

「辻井《つじい》先生が言ってたのよ」

辻井は、新の中一のときの担任だ。陸上部の顧問《こもん》でもあった。

「お餅《もち》の糖質は吸収に時間がかかるから腹持ちがいいって。お汁粉にすると糖質補給にもなるから、記録会の日の朝食におすすめだって、保護者会のときにね」

驚いたように顔を向けた新の視線と、加子の視線が重なった。

「そういう理由でもなかったら、朝からお汁粉なんて作らないわよ」

ぼそりと言う加子に、⑤「そっか」と新は口の中でつぶやいた。

「ほら、お餅もう焼けるから早くね」

加子にせかされるように、洗面所へ追い立てられた。

「今日の大会のこと、母さんに話してたんだ」

水道のコックをひねる朔の背中に新が言った。

「べつに隠すようなことじゃないだろ」

「そりゃそうだけど。梓《あずさ》ちゃん〔朔の恋人〕は？　来るんだろ」

「今日は無理だな」

「なんで!?」

朔がタオルで顔を拭《ぬぐ》って場所をかわると、新は鏡越しに朔を見た。

「いまお父さんがシンガポールから帰ってきてるんだよ。で、今日の昼の便《びん》で向こうに戻るから、その見送り」

「なにそのタイミング。でも梓ちゃんのことだから、来んじゃね？」

「いや、無理しなくていいって、昨日電話でも話したから」

ふーん、とつぶやくと、「早くねー」とキッチンから、加子の声が聞こえた。

千駄ヶ谷《せんだがや》の駅で降りると、ぱんぱん、しゃあしゃあと朔には聞きなれた白杖をつく音がいくつも響いていた。

朔、出かけてんのか……。

思わずほっとしている自分に気づいて、新は①かぶりを振った。

リビングには顔を出さずそのまま二階へ上がり、なんとなしに朔の部屋を開けた。いつも通り部屋の中はすっきりと整頓《せいとん》されている。

もともと朔は几帳面《きちょうめん》で、男の部屋にしては片付いているほうだったけれど、四月に帰ってきてからは以前にも増して整っている。ベッドは掛布団がきれいにかかっているし、机の上にはスマホの充電器、イヤフォン、ラジオが定位置に置かれ、パイプハンガーには、左側に白い服がさげてあり、右へ行くにつれて色の濃い服が並ぶように吊《つ》るしてある。

「なにをしてるの!?」

尖《とが》った声に新はびくりとした。振り返ると、階段を上がりきったところに加子が立っていた。手にたたんである洗濯物を持っている。

「べつに」とだけ言って、新が隣の自室のドアを開けると、加子は洗濯物を持ったまま入ってきた。

「なに？　なんか用」

新はカバンを放り投げると、制服のままベッドに横になってスマホを手にした。

「ただいまくらい言ったらどうなの」

「ただいま」

加子は長く息をついて、カーテンを開けた。

「洗濯物、ここに置いておくから」

そう言って、雑誌やらペットボトルが乱雑にのっている机の上に洗濯物を置くと、ちらと振り返った。

「学校、どうなの？」

新はスクロールしていた指を止めて、スマホから目を動かした。

母親が学校のことを聞いてくるのは、いつ以来だろう。

「どうって」

「あの、ほら、もうすぐ期末テストなんじゃないの？」

ああ、うんと頷《うなず》いてスマホに視線を戻した。

「じゃあ、そろそろ準備しないとね」

「………」

「クラスの友だちは」

スマホをベッドに下ろして、新はからだを起こした。

「さっきからなに!?」

「なにって」

②加子の視線が［A］のを見て、新は鼻を［B］。

「無理して母親ぶったこと言わなくていいから」

「どういう意味よ」

「そういう意味だよ。べつに興味なんてないだろ」

「勝手に決めつけないで。お母さんはずっと新のことを心配して」

新はふっと笑った。

「それ、マジで言ってんの？」

「あ、あたりまえじゃない」

加子の表情がこわばっていることに気がついて、新は高揚《こうよう》した。

「へー」

「子どものことが気にならない母親なんていないわよ」

「いんだろ、そのへんにうじゃ。ってかさ、ショージキあんたはないだろ、オレに関心」

ウ　比喩《ゆ》を効果的に用いて内容を身近にとらえさせる工夫をしている。

エ　二つの考え方を対比させながら論点を分かりやすく整理している。

オ　先行研究を紹《しょう》介することで、自分の主張に説得力をもたせている。

二　次の文章を読み、後の問いに答えなさい。〔　〕内の表現は、直前の語の意味を表します。なお、設問の都合上、本文を変更している部分があります。

朔《さく》と新《あき》（高校一年生）は三歳違いの兄弟である。一昨年の年末、父親の故郷に行く日をめぐって新は母親の加子《かこ》に対してつい感情的になり、衝突《しょうとつ》した。兄の朔が間に入り、両親とは別に二人だけで大晦日《おおみそか》に高速バスに乗ることになったが、そのバスで事故に遭《あ》ってしまう。この事故により朔は両目を失明してしまい、盲《もう》学校の寮《りょう》に入った。一方、新は長距離走者として注目を浴びていたが、陸上をやめてしまった。そんな新に対し、一年ぶりに自宅に戻った朔は、ブラインド〔視覚障がい者の〕マラソンの伴走《ばんそう》者を依頼する。新は抵抗するが、事故に遭ったのは自分のせいだという気持ちもあり、伴走者を引き受け、二人は練習を始める。母親は兄弟でブラインドマラソンに挑戦することを知らなかった。

「新、開けるよ」

ドアを叩《たた》く音と同時に、朔が顔をのぞかせた。

「先に風呂入れよ」

いつもと変わらない調子で言う朔に、新はベッドに横になったまま「あとでいい」と答えて天井《てんじょう》を見た。

「ならオレ先に入るから」

朔がドアを閉めかけると、「あのさ」と新はからだを起こした。

「母さんなんだって？」

朔は半分閉めかけていたドアを開けた。

「どうせブラインドマラソンのこと反対とか言ったんだろ」

「まあそんなとこ。でもわかったって。オレもちゃんと話しておけばよかったんだけど」

「べつに親に許可もらうようなことじゃないじゃん」

「そりゃそうだ」と、朔が苦笑してドアを閉めると、新はまたベッドの上に横になった。

朔がブラインドマラソンをやりたいと言ったときから、母親が反対することは新にはわかっていた。伴走者が自分となればなおさらだ。

母親とはもともとそりが合わない。中学に上がる少し前頃から、小さなことでよく母親と衝突した。そのたびに間を取り持つのが、朔だった。まわりの大人たちは、反抗期などという聞こえのいいことばでやり過ごしていたけれど、そうでないことは、新も加子もうすうす気づいていた。要は、相性の問題だ。

あのときもそうだった。

母親の言いかたに、ついかっとなって。

ただそれだけ。それだけのことだったのに。

新はぎゅっと目をつぶった。

〈中略〉

玄関のドアを開けると、いつも靴《くつ》箱の横に立てかけてある白杖《はくじょう》がなかった。

Bさん　受験勉強に励《はげ》みながらも、うすうす感じてきたことをずばりと言い当てられた気がしました。確かに志望校には合格したいけれど、そのことに集中するあまり周りのことが見えなくなってはだめだし、努力の過程にも大きな意味があるのだという筆者の考え方に説得力を感じました。

Cさん　㋐他者からほめられることで自分が認められた喜びや満足を感じるつながりも大切だけれど、㋑他者と交わる中でお互いが変化するつながりも大切だという筆者の考え方は新鮮《せん》でした。㋒さまざまに異なる傾《けい》向を持つ他者との共存が求められるこれからの時代に必要なつながり方だと思いました。

Dさん　「いいね!」の数を競《きそ》い合うような風潮に疑問を感じていた私は、そのような他者とのつながり方を否定してくれた筆者にとても共感しました。みんなに同調して仲良くすることよりも、自分らしさを大切にして生きていくことに賛成です。

⑴【資料１】の空欄（Ⅰ）の要素を他の要素よりも重視している生徒を【資料２】から選び、Ａ～Ｄの記号で答えなさい。

⑵【資料１】の空欄（Ⅱ）と空欄（Ⅴ）の内容として**当てはまらないもの**を次から選び、それぞれ記号で答えなさい。

空欄（Ⅱ）

ア　目標を達成すると無気力になりがちである。
イ　自身の行動の原点や理由を見失ってしまう。
ウ　自分が変化し成長するための機会を得にくい。
エ　人や物事との予期しない出会いを楽しめない。

空欄（Ⅴ）

ア　余分な動きが多く要領が悪くなってしまう。
イ　展開によっては予期しない対応を迫《せま》られる。
ウ　期限を明確に求める仕事には向いていない。
エ　結果を軽視してしまい成果が得られない。

⑶【資料１】の空欄（Ⅲ）の内容として最も適切なものを次から選び、記号で答えなさい。

ア　街並みや目に入る風景を楽しみながら徒歩で行く旅。
イ　体力をつけるためにわざと遠回りをして行く自転車の旅。
ウ　ガイドブックのモデルコースのとおりに行くタクシーの旅。
エ　目的地に向かって気ままに途中下車をしながら電車で行く旅。

⑷【資料２】の中で、筆者の主張を誤って解釈《しゃく》している生徒を選び、Ａ～Ｄの記号で答えなさい。

⑸【資料２】の傍線部㋐「他者から～感じる」・㋑「他者と～変化する」というような関係を、本文中では何と表現していますか。それぞれ二字で答えなさい。

⑹【資料２】の傍線部㋒「さまざまに異なる傾向」は、「（　）性」と言い換《か》えられます。空欄に入る適切な漢字二字を答えなさい。

問７　傍線部⑥「道《みち》□」は、「道をゆくついで」を意味する語です。空欄に入る適切な表現をひらがな三字で答えなさい。

問８　次のア～オは、本文の特徴《ちょう》について述べたものです。説明として**ふさわしくないもの**を次から一つ選び、記号で答えなさい。

ア　読者に問いかけるような親しみやすい文体で書かれている。
イ　結論を先に述べ、そのあとで具体例を挙げて論を補強している。

ウ

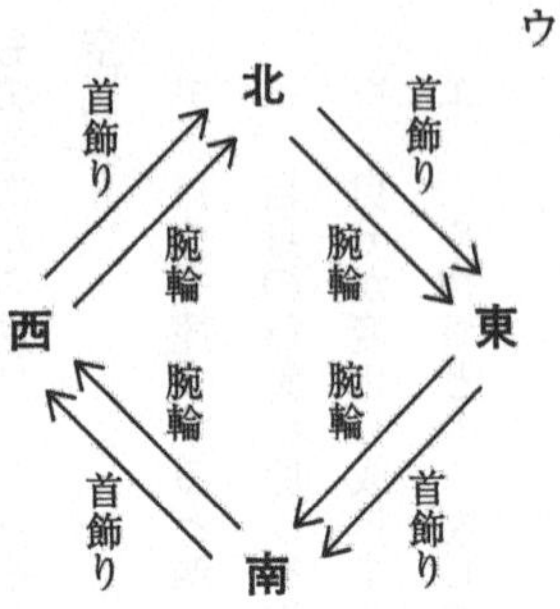

エ

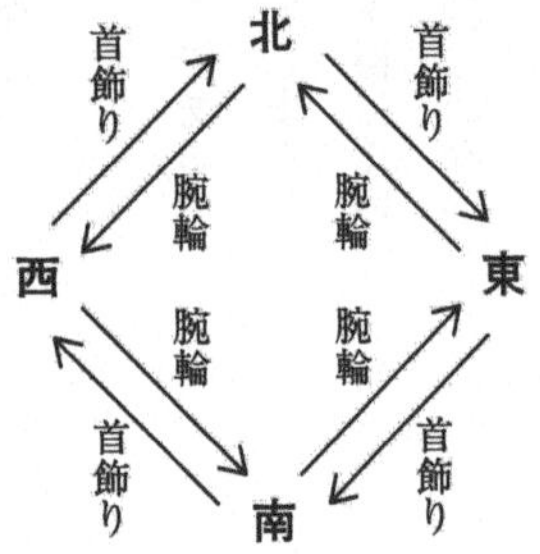

問4　次は、傍線部②「いま文化人類学は、その『比較』の意味を別の角度からとらえようとしています」について説明したものです。空欄に入る適切な語を、それぞれ漢字二字で答えなさい。ただし、ア～ウは37ページの本文中から抜き出し、エは自分で考えて答えること。

文化人類学は、人間の諸文化を比較研究する学問である。かつては、対象となる文化の間にある（　ア　）に沿って各文化の（　イ　）を強調することが主であった。しかし現在では、（ア）や（イ）を絶対的なものとせず、むしろ各文化に（　ウ　）する法則性を見出す方向へと変化している。このような方向での比較は、自身の文化や社会のあり方を外からの目で、つまり（　エ　）的な目でとらえ直すことにもつながっているのである。

問5　次の説明のうち、傍線部③「輪郭を強化するようなつながり」について述べたものには**A**を、傍線部④「輪郭が溶け出すようなつながり」について述べたものには**B**を、どちらでもないものには**C**を書きなさい。

ア　会社の上司との垣《かき》根を越えて深い関係を築くために、上司に対して仕事中にあえて友だち言葉を使って親近感を表現し、二人の間の心理的な距離《きょり》を縮めようとするようなつながり。

イ　「正義のための戦争」の名のもと、自分たちの主義主張と合わない宗教や民族に結びつく人々をまとめて自分たちの敵とみなし、暴力的な行動へと駆《か》り立てられていくようなつながり。

ウ　オリンピックで日本代表選手が活躍《やく》すると、自分が成し遂《と》げたわけでも、その選手と知り合いであるわけでもないのに、「日本人」として何だか誇《ほこ》らしい気持ちになるというようなつながり。

エ　「外国人」「女性」「仏教徒」など相手の様々な側面と出会うことによって、相手が固有の「あなた」になっていき、「わたし」も「日本人」といった抽象的《ちゅうしょう》なくくりから抜け出すようなつながり。

問6　次の【資料1】は、傍線部⑤中の「直線」・「曲線」を生き方という観点で表にしたものです。また【資料2】は、本文を読んだ生徒四名（Aさん、Bさん、Cさん、Dさん）の感想です。これらを読み、後の問いに答えなさい。

【資料1】

	メリット（利点）	デメリット（欠点）	旅にたとえると
「直線」的な生き方	（Ⅰ）	（Ⅱ）	（Ⅲ）
「曲線」的な生き方	（Ⅳ）	（Ⅴ）	（Ⅵ）

【資料2】

Aさん　志望校に合格することだけを考えて過ごしている私は、想定外の出来事を楽しむ余裕はありません。大切な問いを見落とすべきでないという筆者の考えは分かりますが、現実には、効率的に目標を達成することでしか満足は得られない気がします。

も目標を達成したらそこで人生が終わるわけではない。目標の達成は通過点でしかありません。またそこから歩み続けなければならない。

　大きな目標を達成することだけを目指して、それまでのあいだずっと周囲の変化や他者の姿に目をつぶって耳をふさぐ。そうやって「わたし」の変化を拒《こば》みながら足早に通り過ぎていくうちに、私たちは確実に「死」へと近づいていきます。

　インゴルドも、フリーハンドの曲線のような人生だけがよりよく生きることだと言っているわけではありません。線には直線と曲線の二つがあるのに、私たちは知らないうちに直線的な歩みをしてしまいがち。だからこそ二つの歩み方があることを自覚できるかどうか。それが「よりよく生きる」ことにとって意味がある。たぶんそう考えているのではないかと思います。

（松村圭一郎 著『はみだしの人類学　ともに生きる方法』より）

問１　太線部ａ～ｄと同じ漢字を含むものを、後のア～エからそれぞれ一つずつ選び、記号で答えなさい。

ａ「**シュ**長」

ア　評価に**シュ**観が入る。
イ　祖母に**シュ**芸を習う。
ウ　へんやつくりを部**シュ**という。
エ　寒さに強くなるよう品**シュ**改良をする。

ｂ「円**バン**」

ア　新聞の日曜**バン**を読む。
イ　作業の順**バン**を書き出す。
ウ　祖父が裁**バン**員に選ばれる。
エ　トンネル工事で地**バン**沈下がおきる。

ｃ「前**テイ**」

ア　宿題を**テイ**出する。
イ　速度を一**テイ**に保つ。
ウ　論文の**テイ**裁を整える。
エ　休み時間に校**テイ**で遊ぶ。

ｄ「眺**ボウ**」

ア　屈強な用心**ボウ**を雇《やと》い入れる。
イ　**ボウ**備の手うすな所をねらう。
ウ　その歌は**ボウ**郷の念をかき立てる。
エ　姉は**ボウ**易関係の仕事についている。

問２　空欄Ｘに入る語として最も適切なものを次から選び、記号で答えなさい。

ア　つまり　　イ　とはいえ　　ウ　たとえば
エ　さらに　　オ　そのため

問３　傍線部①「『クラ』という贈与交換」を図式化したものとして最も適切なものを次から選び、記号で答えなさい。

ア

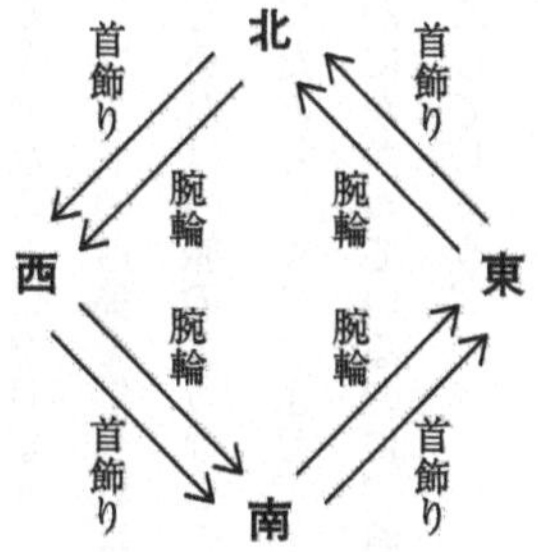

イ

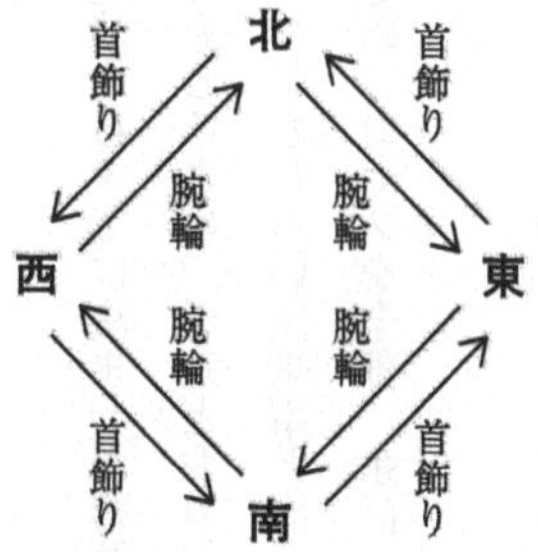

は、あらかじめ決まった始点と終点とを定規で結ぶような直線と、どこに行くか定まっていないフリーハンドの曲線との二種類がある、と言っています。

　最初の直線は、目的を決めて、それに向かってまっすぐ進むような生き方に重なります。おそらく結果を重視する受験勉強やビジネスの世界などにあてはまるでしょう。試験に受からないと意味がない。ものが売れなければ仕方《しかた》がない。受かるためには、売れるためにはどうしたらいいか。何があっても、その目標を効率的に達成したい。日々、そういう思いで生きている人は少なくないと思います。でもインゴルドに言わせれば、そこには落とし穴《あな》がある。

　まず定められた目標以外のことを考えなくなる。ある種の思考停止に陥《おちい》る危険性があります。何かを成し遂《と》げるにはどうしたらいいか、という問いの立て方からは、なぜ私たちはそうしようとしているのか、というそもそもの問いが排除《はいじょ》されています。でも、たとえ大学に合格できても、大学で何を学ぶのか、大学に行ったうえでどう生きていくのか、という大きな問いは残されたままです。

　ビジネスの現場でも、そもそも何のために働いているのか、なぜそれを売りたいのか、その原点を問うことが重要なブレークスルー〔問題解決〕をもたらすことがあります。でも、その大切な問いはスルー〔無視〕されてしまう。

　もうひとつの落とし穴は、目標に到達《とうたつ》することだけを考えた場合、その過程でどのように動くかとか、どんな手段を使って目標を達成するのかなどが問われなくなる点です。できれば最小限の努力やコスト〔費用〕で、最短の時間で目標を達成したい。そうなると、その過程に起きるすべてが余計なことになります。

　インゴルドの言葉を借りれば、それは出発前からすでに決まった経路をたどるだけの旅のようなものです。旅のおもしろさは、予定どおり目的地にたどりつくことより、その過程でどんなおもしろい出来事と出会えるかにかかっているのに、直線の旅は、そのプロセスを全部、余計なものにしてしまう。

　それに対して、フリーハンドの曲線はどうでしょうか？　インゴルドは、それを徒歩旅行にたとえています。歩いている人は、進むにつれて変化し続ける眺《ちょう》dボウや、それと連動して動いていく道の行き先に注意を払《はら》う。その途《と》中で起きることをちゃんと観察しながら進んでいる。だから偶然《ぐうぜん》の出来事に出会っても、それを楽しむ余裕《よゆう》がある。

　その⑥道《みち》［　　］に出会う予想外の出来事は、とりあえず時刻表どおりに電車に乗って、計画どおりの日程をこなすことばかり考えている人にとって、旅の邪魔《じゃま》だと感じられるでしょう。しかしインゴルドは、フリーハンドの線にこそ、人は生き生きとした生命の動きを感じられるはずだと言います。

［　X　］、私たちは日々、時間に追われ、与えられた仕事や予定をこなすことで精一杯《せいいっぱい》です。ひとつの仕事を片付けたら、また別の仕事にとりかかる。そのあいだに周りをじっくり観察しながら進む余裕はありません。インゴルドの言葉は、そんな慌《あわ》ただしい日常を過ごす私たちにも大切なことを思い出させてくれます。

〈中略〉

　私たちは小さいときから好きなことを我慢《がまん》してがんばりなさい、そうすればよりよい人生が送れる。そう言われ続けて大きくなりました。で

はこの差異の比較を利用して、西洋近代が人間の唯一のあるべき姿ではない、という批判《ひはん》の根拠《こんきょ》にしてきました。

でも、②いま文化人類学は、その「比較」の意味を別の角度からとらえようとしています。

日本とニューギニアがたんに違うというだけでなく、共通性をもつ人間の営みとしてとらえることもできる。近代化した社会でも、ニューギニアの人びとと同じように不思議な贈り物のやりとりをしている。かならずしも市場経済という近代の制度だけに覆《おお》われているわけではない。そこには人類に普遍的《ふへんてき》な何かが潜《ひそ》んでいるかもしれない。この「比較」は別の意味で、私たち自身の文化や社会のあり方を再考するきっかけとなるのです。

文化人類学が大切な手法としている「比較」には、二つの種類があります。ある集団と別の集団をその境界に沿って別のものとして差異を強調するような比較（日本とニューギニアはこんなに違う！　近代社会と近代以前の社会には大きな溝《みぞ》がある！）と、その境界線の引き方や差異を疑うような比較（日本人とニューギニア人ってまったく違うと言えるのか？　近代化しても変わらない普遍性があるのではないか？）です。

じつはこれこそが、それぞれの輪郭《りんかく》を強調するつながりと、輪郭が溶《と》けるつながりという、この章の最初に述べた二つのつながりに対応しています。「わたしたち」と「かれら」の「つながり」を、それぞれの差異を強調する方向で比較するのか、別の境界線の引き方や境界線を越えて共有される側面に注目して比較するのか。

〈中略〉

自己と他者の差異を強調して③輪郭を強化するようなつながりと、自己と他者の境界を越えて交わることで④輪郭が溶け出すようなつながりがある。ここまで、この二つの「つながり」をもとに文化人類学の視点を説明してきました。

たとえばＳＮＳで「いいね！」をもらうと、自分が認められたようでうれしくなります。これは「わたし」の輪郭が強調されるような他者とのつながり方です。「共感のつながり」と言ってもいいでしょう。「わたし」の固有な輪郭を確かなものとして支えてくれる共感のつながりは、喜びや満足感を得られる大切なものです。

一方で、輪郭が溶けるような経験は、あまりピンとこないかもしれません。他者と交わるなかでお互いが変化するようなつながり方です。こちらは「共鳴のつながり」と名づけておきましょう。それは共感の「いいね！」とはだいぶ違って、自他の区別があいまいになり、「わたし」が他者との響《ひび》き合いをとおして別の「わたし」へと生まれ変わっていくといったイメージです。

〈中略〉

共感も共鳴も、どちらも生きていくために必要なつながり方です。本書が考えてきた二つの「つながり」、そしてそこで生じる「はみだす」という動き。それらについて考えることは、私たちがいかにして差異にあふれた世界をともに生きていけばよいのか、その方法を身につける思考のトレーニングなのです。

どうすれば「わたし」や「わたしたち」がともによりよく生きることができるのか。そんな問いをこの本では考えてきました。最後に、もう一度この問いに立ち返っておこうと思います。

第２章でもふれたインゴルドは自著『ラインズ』のなかで、⑤「線」に

【国　語】（五〇分）〈満点：一〇〇点〉

【注意】字数制限のある場合は、句読点も一字と数えて答えること。

一　次の文章を読み、後の問いに答えなさい。［　］内の表現は、直前の語の意味を表します。なお、設問の都合上、本文を変更している部分があります。

民族を境界線から考える見方は、隣接《りんせつ》する集団間の関係をとらえるときだけにあてはまるわけではありません。それは文化人類学にとって大切な「比較」という手法とも関係しています。

人類学者は、ずっと自分たちとは異なる未知の文化に魅了《みりょう》されてきました。イギリスの人類学者マリノフスキ（一八八四～一九四二）は、ニューギニアのトロブリアンド諸島とその近くの島々で行われている①「クラ」という贈与交換《ぞうよこうかん》について綿密《めんみつ》な調査をしました。

このクラは、それぞれの島のaシュ長たちがカヌーの遠征隊《えんせいたい》を組織し、海を越《こ》えて宝物を贈《おく》り合う習慣です。このとき贈り物として相手に渡されるのが、赤い円bバン状の貝の首飾《かざ》りと白い貝を磨《みが》き上げた腕輪《うでわ》の二つ。

どちらの贈り物を相手に渡すかは、島と島の位置関係によって決まっています。たとえば、諸島の西側にある島では、北方の島の相手に首飾りを贈り、腕輪を受けとる。そして南方の島からは首飾りを受けとり、北方の島からもらった腕輪を渡す。こうして島々のあいだを首飾りは時計回りに、腕輪は反時計回りに動くように次つぎと贈られていきます。ほんと不思議ですよね。

首飾りも腕輪も、それほど実用性はなく、外部の人間にはそれ自体に価値があるようには思えないものです。それでも、島々の男たちはそのプレゼントの交換に熱狂《ねっきょう》し、命をかけて荒海《あらうみ》へとカヌーを漕《こ》ぎ出します。

このクラを、遠い異質な世界の不思議な習慣だと感じるかもしれません。なぜそんなことをするのか理解不能だ、と。でも、よく考えてみてください。

日本では正月に、いまも毎年一〇億枚以上の年賀状が全国を駆《か》けめぐっています。メールやSNSの時代になって減ったとはいえ、多くの人が年末の忙《いそが》しい時期にわざわざ専用の葉書を用意し、プリンターと格闘《かくとう》したり、メッセージを手書きしたりしながら、せっせと年賀状のやりとりをしています。何年も会っていない人にも「今年もよろしくお願いします」と書きますよね。

なぜそんなことを続けているのでしょうか？　ニューギニアの島々の人にその話をしたら、なんでそんなことをやっているんだ、と不思議がられるかもしれません。

私たち自身も外の人から見れば不思議なことをやっている。それでも、クラ交換のような習慣を一方的に異質で理解不能だと感じるのです。ここでも差異が「比較」をとおしてつくりだされていることにお気づきでしょうか？

最初からニューギニアの人びとと日本に暮らす人は違《ちが》うという前cテイがあるので、クラのような一見不思議に見える習慣を彼らがもっていると、「ああ、やっぱり違うんだ」と思ってしまう。

日本とニューギニアのあいだに引かれた境界線に沿《そ》って「差異」が見つけだされ、その境界線の存在が再確認される。文化人類学も、かつて

ウ　物足りなさ

エ　うっとうしさ

問10　冒頭のX部分（70ページ）から末尾のY部分（63・64ページ）にいたる「ぼく」の変化を分かりやすく説明しなさい。ただし、猫のミクジが「ぼく」にくれた言葉の内容に触れること。

Ⅰ・Ⅱは〈**中略２**〉～〈**中略４**〉の本文中からそれぞれ抜き出し、Ⅲは自分で考えて答えること。

「ぼく」は自分の素直な気持ちをいつわり、みんなと同じふるまいをして、その場が［Ⅰ　十一字］**ことを心がけるようになっていた。周りに合わせてうまくやりすごすための笑顔を作り、**［Ⅱ　四字］**がひきつってしまうこともあった。しかし今、手塚くんの笑顔を見たことで、自分の状況に限界を感じた。そのため、この状況から抜け出そうと**［Ⅲ　三字］**のうちに体が動いたのである。**

問６　傍線部⑤「保健室は不思議な場所だ」と言える理由として最も適切なものを次から選び、記号で答えなさい。

ア　保健室の先生自身が他の先生や生徒から笑われる変人なので、「ぼく」のように周りの人たちから受け入れられない変わった好みを持った人が集まってしまうから。

イ　保健室では教室で給食を食べられない理由を何も聞かれないどころか、「ぼく」の好きなものの話を聴《き》いてくれる先生もいて、気持ちを落ち着けることができるから。

ウ　先生たちが気分のすぐれない「ぼく」に対して優しく面倒を見てくれる温かい場所であると同時に、自分の好きなことをしていてもあれこれうるさく干渉《かんしょう》されないから。

エ　教室とは違って、先生と友達のように対等な立場で会話することができるため、先生やクラスの目立つ子に意見を合わせなければいけない窮屈《きゅうくつ》さがなく開放的であるから。

問７　傍線部⑥「葉の裏にコンパスの針で手紙を書き」とありますが、「ぼく」が「山根先生」に書いた手紙には、どのようなことが書かれていたと思われますか。適切なものを次から**二つ**選び、記号で答えなさい。

ア　先生がすすめてくれたカビの図鑑を読んでみたこと。

イ　猫のミクジが手紙を先生に書くように葉をくれたこと。

ウ　カビは人間にとって役立つものでもあるとわかったこと。

エ　「ぼく」のお気に入りの苔を先生に見てもらいたかったこと。

オ　よく知りもしないカビを悪く言って申し訳ないと思っていること。

問８　傍線部⑦「姫野先生は～うなりだった」とありますが、この時の姫野先生の気持ちを説明したものとして最も適切なものを次から選び、記号で答えなさい。

ア　「ぼく」の話を聞き、退職する山根先生と同じ雰囲気を感じたため、根本《こんぽん》から考えを変えるにはどうしたらよいかと悩んでいる。

イ　「ぼく」が生きやすくなるためには考え方を変えるべきだと感じ、なんとかして「ぼく」を説得できないかと真剣《けん》に考えている。

ウ　「ぼく」の話に一理はあるが、小学生の率直な考えに対して大人の社会における世渡りの仕方をどうしても教えてやりたいと感じている。

エ　「ぼく」の話す内容に理解を示すことはできるが、賛成することは難しく、自分の考えを「ぼく」の心に響《ひび》く形で伝えたいと思っている。

問９　傍線部⑧「ばつが悪そうに笑った」について、この時の「遠藤さん」の気持ちとして最も適切なものを次から選び、記号で答えなさい。

ア　情けなさ

イ　気まずさ

べるようになった。イヤになったらいつでも保健室に行けばいいって、そう思ったら心が強くいられた。〈 **中略６** 〉

予鈴《よれい》が鳴る。ぼくは本を閉じて、ロッカーにしまうために席を立った。そこに岡崎くんが戻ってきた。

「うわ、フカビ、バイキンの本なんて読んでる！」

ぼくは無視してロッカーに向かう。腕に抱《かか》えている細菌の図鑑には、ドラマチックなことがたくさん書いてある。そんなに不気味がってるけど、岡崎くんのおなかにだって何億もいて、今この瞬間もすごい活躍《やく》してるよ。

ぼくがなんの反応もしないことが気に入らないらしく、岡崎くんが声を荒らげた。

「おい、フカビ。シカトすんなよ」

ぼくはフカビじゃない。だから返事をしない。

「おいっ！」

岡崎くんがぼくの腕をぐいっと引っ張った。

ぼくは低い声で平坦《たん》に言う。

「なに？」

目に力を入れて、正面から岡崎くんを見る。岡崎くんの、まっすぐ真ん中を。

うつむいて縮こまっていたときはずっと上にあった岡崎くんの目が、ぼくの目と同じ高さになる。岡崎くんは急にうろたえて顔をそらし、「なにも」とぼくから手を離した。

こうしてちゃんと向かい合って並んでみると、岡崎くんは、ぼくが思っていたほど大きくはなかった。

問１　太線部ａ「隅」・ｂ「昼」の読みをひらがなで答えなさい。

問２　傍線部①「ぼくの……」とありますが、「……」で「ぼく」が言おうとした言葉として最も適切な語を**〈中略２〉以前**の本文中から二字で抜き出し、答えなさい。

問３　傍線部②中の「フカビになった」ことの説明として最も適切なものを次から選び、記号で答えなさい。

ア　泣き出した「ぼく」を見て不安になった岡崎くんが機嫌を取ろうとして、「ふかみ」に「ぼく」の育てているカビを組み合わせて呼び名にした。

イ　遊びに加わろうとしない「ぼく」をつまらないやつだと広めるために、岡崎くんが自分の嫌いなカビと名字の「ふかみ」とを合わせて呼び名にした。

ウ　苔をカビと勘違いした岡崎くんが「ぼく」のことを変なものが好きなやつだとばかにして、名字の「ふかみ」に「かび」を結びつけて呼び名にした。

エ　転校したばかりの「ぼく」がクラスに早く溶け込めるように、学級委員として岡崎くんが「ふかみ」の語尾を親しみやすい「び」に変えて呼び名にした。

問４　傍線部③中の「□を打ったよう」とは、「大勢の人が静まりかえったさま」を表す慣用表現です。空欄に入る語を漢字一字で答えなさい。

問５　次は、傍線部④における「ぼく」について説明した文章です。空欄に入る適切な表現をそれぞれ指定の字数で答えなさい。ただし、

男子の大半は、校庭に出て遊んでいる。女子が数人、教室の隅にかたまっておしゃべりをしていた。

ぼくは自分の席について封筒をそうっと開いた。中には封筒と同じように白い横書きの便せんが入っていて、きちょうめんな細かい文字が並んでいた。

深見和也くんへ

葉っぱのお手紙を、どうもありがとう。本当に本当にうれしかったです。

カビの図鑑を見てくれたんだね。和也くんの言うとおり、カビはただの悪者じゃなくて、人間の味方になってくれる素晴らしい力を持っています。でも、カビは人間に感謝しろとは言わないし、逆に困らせてやるとか、迷惑をかけてごめんとも言いませんね。カビはただカビらしく生きているだけです。自然ってそこが一番偉《い》大で、人間がどうやっても勝てないところだと僕は思います。

地球にとって、もっとも悪なのは人間だという考え方もあって、最高のエコロジーは人間が滅《ほろ》びることだっていう人もいる。そういう面も否定はできないけど、でも僕は、やっぱり人間も何か地球に役立っていることがあるように思います。地球が少しずつ変わって育っていく過程で、もしかしたらやがて本当にいなくなるかもしれない人間も、少なくとも今ここに存在している理由があるんじゃないかって。だって僕たち人間だって、自然の一部なんだから。

たとえば和也くんが苔の素晴らしさに感動したり、「カビは嫌なところだけじゃなくてすごいところもある」って知ることは、地球にとってとても意義のある進化のひとつだと思うのです。そういう気持ちがなんらかの形で地球を助けるような未来につながっているって、そんなふうに思えて仕方がありません。それがどんなことなのか、僕には解き明かせないけど。だからどうぞ、これからも、知らないことを知りたいとわくわくしたり、好きなことを好きだと思う正直な気持ちを大切にしてください。

突然学校をやめることになって、ごめんなさい。求められるとおり望まれるとおりの教師であろうとして、おかしいなと思うことを否定したりごまかし続けていたら、何かが少しずつずれていって、最後には元の自分がわからなくなってしまいました。

だけど和也くんにお手紙をもらって、こうして返事を書いているうち、思い出したことがあります。

僕は、子どもとこんなふうに話がしたくて、先生になったんだ。

どうもありがとう。少し休んで、僕がただ僕らしく生きられるような仕事を、これから見つけていきたいと思います。

元気でね。君のこと、決して忘れません。

山根正《ただし》

ぼくはその手紙を三回繰り返して読み、苔のポケット図鑑に大事に挟《はさ》んだ。お告げの葉っぱと一緒に。

Y

まだ昼休みは少し時間が残っている。ぼくはロッカーから、新しく図書室から借りてきた本を取り出して自分の席で広げた。

姫野先生に葉の手紙を託《たく》した次の日からぼくは、教室で給食を食

姫野先生が言った。

「ミクジっていう猫が教えてくれたんだ」

「猫？」

ぼくは苔の図鑑からミクジが最初にくれた葉を取り出し、姫野先生に見せた。

「ここに、マンナカって書いてあるでしょう」

姫野先生は何か言おうとした。でもすぐに口を閉じ、うなずいた。

「うん。書いてあるね」

「これね、ぼくへのお告げなんだって。だからずっと、真ん中に行くにはどうしたらいいんだろうって思ってたけど、やっぱり無理だった。ぼくは端っこがちょうどいいみたいだ。苔だってそうだもの。道路の縁とか、コンクリートの隙間とか、花壇の隅とかね。真ん中って、ぼくにはひどく疲れる」
⑦姫野先生は「うん」と顎《あご》を引いた。それは肯定の「うん」ではなくて、ちょっと立ち止まるような疑問のうなりだった。
「道路の縁を端っこって感じるのは、人間だけじゃないか？　苔は自分が地球の中心だって思って生きてるのかも」

すとん、と何かが心の奥に着地した。ミクジがベンチから降りるときみたいに。

そうだ。苔はいつも、真ん中にいるんだ。

自分のいるところが真ん中。自分が本当に思うことが真ん中。自分の中の真ん中。それがこの世界の、真ん中だ。


昼休みが終わりそうだった。教室に戻ろうと廊下を歩いていたら、別棟《むね》からピアノの音が聴こえてきた。

ぼくは音楽室に寄ってみた。そっとのぞくと、遠藤さんがひとりでピアノを弾いていた。ものすごくなめらかできれいな演奏だった。遠藤さんはイキイキと指を動かしている。

あんまり素晴らしい演奏だったので、弾き終わったときに思わず拍手をしてしまった。遠藤さんがびっくりして顔を上げる。そして⑧ばつが悪そうに笑った。

「すっごく上手なんだね。感動した」

ぼくが言うと遠藤さんは立ち上がり、スカートの裾《すそ》をきゅっと引っ張った。

「大好きなの、ピアノ。でも、大勢の人の前で弾くのは、いやなの。私はピアノがただ好きなだけなんだけど……弾けるのに伴奏者を断るのって、わがままなのかな」

ぼくは思い切り首を横に振った。

だってぼくが今見た遠藤さんは、ピアノが好きっていう、その気持ちの真ん中で弾いてたから。もし遠藤さんがいやいや伴奏者を引き受けたら、「好き」は端っこにいっちゃうんだ、きっと。

それから四日たって、姫野先生が白い封筒《ふうとう》をくれた。山根先生からだった。

「もう退院したよ。実家の山形に帰るって」

姫野先生はぼくにそう言い残して、四年三組の教室から出ていった。

昼休み、わざわざぼくのところに届けに来てくれたのだ。

もちろん。ぼくは嬉しくて照れくさくて、にやにやしながらフライドポテトをつついた。

「ずいぶん読み込んであるね。苔も本も喜んでるよ」

山根先生はていねいな手つきでページをめくる。ぼくは答えた。

「前の学校で、それを見ながら友達と一緒に探したりしたから。……でもこっちでは、カビと間違われたりして」

悲しくなりました、と言おうとしてそこで止めた。先生に告げ口したとなるとまたややこしいことになる。山根先生は穏《おだ》やかな笑みを浮かべ、予想外のことを言った。

「カビも、顕微鏡《けんびきょう》で拡大してみるとけっこうきれいだよ」

ぼくはフライドポテトを噛《か》む口を止めた。

「そうなんですか」

「うん。人間や他の生き物を困らせることもあるけど、チーズをおいしくしたり、薬になって助けてくれたりもするんだ」

衝撃《しょうげき》だった。ぼくはカビをよく知りもしないでただ嫌っていた。完全なる悪としか思わなかった。気持ち悪いって。でもそれじゃあ、ぼくだって岡崎くんと変わらないじゃないか。

山根先生はそっと本を戻し「ありがとう」と言った。やっぱりちょっとしんどそうだ。

「具合、悪いんですか」

ぼくが尋《たず》ねると山根先生は弱々しく答えた。

「ちょっとね、眠ったり食べたりすることがへたくそになっちゃったんだ」

ほほえんでいるけど、せつなそうだった。

「じゃあ、また本見せてね」

山根先生はぼくにそう言って、姫野先生にお辞儀《じぎ》をして出ていった。

どうしてぼくが保健室で給食を食べているのか、山根先生も訊いてこなかった。⑤保健室は不思議な場所だ。牧村先生もお父さんも、ぼくに質問ばっかりしてきたのに。山根先生は給食食べないのかな。

ぼくは給食を食べ終わると、保健室を出て図書室に行った。昼休みの図書室は、司書さんがひとりと、上級生が数人、座って本を読んでいるだけだった。

カビの図鑑は、ぽつんと一冊あった。ぼくはそれを借りて苔のポケット図鑑と一緒におなかに隠し、教室に戻った。

絶対に絶対に絶対に、誰にも見つからないように。

〈中略５　翌週、山根先生が退職することが知らされました。放課後、「ぼく」はこのことをミクジに話そうと神社へ向かうと、ミクジは何も書いていない葉を落とします。「ぼく」はその葉に山根先生への手紙を書こうと思いつきます。〉

⑥葉の裏にコンパスの針で手紙を書き、次の日の給食の時間、姫野先生に相談した。山根先生に送りたいと言うと、姫野先生は「わかった。私が必ず届けるよ」と預かってくれた。

もっと伝えたいことがある気がしたけど、手のひらほどの葉には、小さい字で書いてもそれでいっぱいだった。

「タラヨウの葉で手紙を書くなんて、風流《ふうりゅう》でいいね」

真ん中の意見。ぼくもここで手を挙げるべき？　そうだ、みんなと同じにしておけば安全だ。右手が机の上から十センチくらい浮いた。でも。

――違う。こんなの、違う。

　ぼくは手を机に戻す。岡崎くんの視線を感じたけど、ぼくは下を向いて両手を握《にぎ》ったままじっとしていた。

　教師席にいた牧村先生が、遠藤さんのそばに歩いていった。

「遠藤さん、このクラスは他にピアノ弾ける子いないのよ。せっかくだからがんばってみようよ、ね。いい思い出になるよ。先生も練習につきあうからさ」

　遠藤さんは答えなかった。先生は遠藤さんの肩をポンと叩《たた》き、みんなに「はい、じゃあ次は、自由曲を決めようか」と言った。きっとあとから、先生がなんらかの形で遠藤さんを説得するんだろう。

　ぼくはもやもやしたままそのあとの授業を過ごし、給食の時間がやってきた。

　今日の献立《こんだて》は、コッペパン、白身魚のフライ、かぼちゃのポタージュ、インゲンのサラダ。フライとパンは減らせないから丸ごとひとつ。ポタージュとサラダは一口ずつ。いつにも増してみぞおち〔むなもと〕が重い。このパン、こっそり鞄《かばん》に入れて持って帰ろうかな……。パンを片手に眺《なが》めていたら、向かい合った席から岡崎くんが言った。

「フカビ、おまえも腱鞘炎？」

「……うん」

「なあんだ、手が痛くて挙げられないのかなあって心配しちゃった」

　意味がわかっているのかわかっていないのか、隣に座っていた手塚《てづか》くんがへらりと笑う。手塚くんのことは好きでも嫌いでもないけど、それを見てぞくっとした。ぼくもこんなふうに笑ってるときがある。心なんてどこにも入ってなくて、ただその場をやりすごすための笑顔。紙にペンでささっとてきとうに描いたみたいなうすっぺらい笑顔。

　もう限界だった。④ここにいたら、ぼくはどうにかなってしまう。体が勝手に動いていた。ぼくはパンを持ったままふらふらと席を立ち、ドアに向かった。

〈中略４　廊下で姫野先生に声をかけられ、「ぼく」は保健室で昼食を食べました。翌日も「ぼく」は昼食の時間になると保健室へ向かい、そこで山根先生に出会いました。〉

「あ、苔の本？」

　山根先生がぼくのところに来た。とてもやわらかで親和的な言い方だった。

「苔、好きなの？」

　そう訊《き》かれて、ぼくは食パンをもぐもぐさせながらうなずく。山根先生は「僕も大好きだ」と言い、何か思い出すように目を閉じた。

「雨あがりに苔が濡《ぬ》れてキラキラしているのなんて、幻《げん》想的でうっとりする」

　感激のあまり、息が止まった。そう、本当にそうなんだ。山根先生はちゃんとその景色を見たことがあるんだ。ぼくに話を合わせようとしてるわけじゃない。

「本、見てもいい？」

「はい」

は一匹の猫ミクジに出会い、学校での辛《つら》い出来事を話します。すると、ミクジは「マンナカ」と書かれた葉を落とし、「ぼく」はそれを宝のありかだと思いこみます。その翌朝のこと、学活の時間に音楽会の指揮者を決めることになりました。〉

見計らったように日下部《くさかべ》くんが「岡崎くんがいいと思います」と言った。ぼくが転校してきた日、うちに来た男子のひとりだ。

「ええ？　まあ、いいかぁ」

岡崎くんは驚いたふりをしていたけど、この展開はほとんど台本通りだったのだろう。他に推薦《すいせん》がいるかを確認したけど、誰も手を挙げなかった。牧村先生が「決まりね」と拍手をし、クラス全員がそれに倣《なら》った。ぼくもだ。

はっとした。

この教室では、岡崎くんが真ん中だ。ぼくはそれに気づいてがっかりした。でも、そういうことなのかもしれない。真ん中にいる岡崎くんの後にくっついていれば、岡崎くんの言うことにちゃんと笑ったり同意したりしていれば、とりあえず丸くおさまるだろう。

宝って、そんなこと？

ピアノ伴奏者はなかなか決まらなかった。立候補《りっこうほ》も出なかったし、ピアノを習っている女子ふたりが推薦されたけどどちらも嫌がった。

「松坂《まつざか》さんと遠藤《えんどう》さんで、多数決を取ります」

岡崎くんは強引に進めようとする。松坂さんが「ちょっと待って！」と声を張りあげた。

「私、腱鞘炎《けんしょうえん》でピアノ休んでるんです。だからできません」

岡崎くんは「そっか」とあっさり引き下がった。松坂さんは普段からハキハキとした明るい子だ。そのストレートで端的《たんてき》な言い方には、岡崎くんが引っかかる隙《すき》がなかったのだろう。直球。これも「真ん中」だ。ぼくはなるほどと小さくうなずく。

岡崎くんは当たり前みたいに言った。

「じゃあ、遠藤さんにお願いします」

遠藤さんはびくっと肩を震わせ、青ざめた顔で小刻《こきざ》みに首を横に振った。いつも静かで、決して自己主張することのない遠藤さん。本当にやりたくないんだ。ピアノを習ってるからって、弾《ひ》けるからって、合唱コンクールの伴奏者をやりたいとは限らない。

「……できません」

かぼそい声で言われて、岡崎くんは眉《まゆ》をひそめた。

「遠藤さんも腱鞘炎なんですか？」

「そうじゃないけど……私…やりたくな……」

泣きそうになりながら声を絞《しぼ》り出す遠藤さんに、岡崎くんは凄《すご》んだ。

「じゃあ、うちのクラスだけ演奏なしですか？」

遠藤さんは黙ってうつむいた。

「みなさんは、どう思いますか」

教室は③［　　］を打ったようにシンとしている。岡崎くんがきっぱりと言った。

「決を取ります。うちのクラスだけ、演奏なしがいいと思う人」

全員が固まった。手を挙げないどころか、ぴくりとも動かない。

「では、遠藤さんがやったらいいと思う人」

ふわああっと、波が押し寄せるみたいに手が上がる。真ん中。これが

「カビも苔も同じようなもんじゃん、気持ちわりぃ」

同じじゃない。岡崎くんは、苔のことを何もわかっていない。カビは植物じゃなくて菌《きん》じゃないか。あいつらは苔の大敵だ。ぼくはこの子たちがカビないように、細心の注意を払《はら》っている。害しかない悪党のカビと、控《ひか》えめで清らかな苔を一緒にされて、ぼくは心の底から不本意だった。岡崎くんは他の三人に向かって「ゲームやろうぜ」と言い、四人は居間に戻《もど》っていった。ぼくは窓際に駆《か》け寄った。よかった、無事だった。瓶を振られてぐちゃぐちゃになったりしていないのがせめてもの救いだ。もちろん、カビも生えていない。

岡崎くんたちは再びカードゲームに興じると、三十分ぐらいして帰っていった。②そしてその日からぼくは、フカビになった。

〈中略２　担任の牧村由紀《まきむらゆき》先生は、クラスになじめない「ぼく」を心配して、学級委員の岡崎くんを隣の席にし、「ぼく」と仲良くするように頼みました。ある日の朝礼で事件が起こります。〉

突然、壁《かべ》際でわっと声が上がった。山根《やまね》先生が倒れたらしかった。山根先生は色白のひょろりとした男の先生で、四年二組の担任だ。牧村先生と同じぐらいの年だけど、あんなふうにはつらつとしていない。いつもどこかおどおどしていて、がりがりに痩《や》せている。

床にぺたりと伏《ふ》した山根先生の周りに、数人の先生が集まっている。生徒たちは壇《だん》上よりもそちらに集中していて、ぼくもかかとを上げて様子をうかがった。

そのとき、白くて大きい誰かがすごいスピードで走ってきた。一瞬、マントを翻《ひるがえ》すヒーローに見えたけど、それは白衣を着た養護の姫野《ひめの》さゆり先生だった。ぱーんと太っていて、髪の毛がちりちりで、腕《うで》も足もボリュームがある。先生は倒れている山根先生に軽く声をかけ、体の下にわしっと手を入れた。

ひょい。姫野先生は山根先生を軽々とお姫様だっこして、どすどすと歩き出した。迅《じん》速なその行為に、ぼくは目を見張った。

体育館が割れるかと思うくらい、生徒たちが大爆笑した。先生たちも笑っていた。でもぼくは笑えなかった。何がおかしいのか、さっぱりわからなかった。

山根先生は大丈夫だろうか。それに。かっこいい、かっこいいなあ、姫野先生。

姫野先生は体育館のａ隅に山根先生をそっと下ろした。ドアが開け放たれて風のよく通るそこは、日陰になっていて涼しそうだ。姫野先生は白衣を脱いでくるくると丸め、枕を作って山根先生の頭をそこに乗せた。

「捕獲《ほかく》されちゃったよ、ヤマネ」

岡崎くんが言った。その周囲にいたやつらがどっと笑う。ふと岡崎くんと目が合った。笑っていないのはぼくだけだったのだろう、キッとにらまれた。それでぼくは、ｂ唇の端っこをがんばって上げてみた。ほっぺたがぴくぴくと痛かった。

〈中略３　給食の時間に岡崎くんと向かい合わせになる「ぼく」は、他の生徒の悪口を言って周囲に同意を求めるなどする岡崎くんの態度に苦痛を感じるようになります。ある日、神社に立ち寄った「ぼく」

二　次の文章は、青山美智子 著『猫のお告げは樹の下で』に収められている「マンナカ」という短編です。本文を読み、後の問いに答えなさい。本文中の〔　〕の表現は、直前の語の意味です。なお、設問の都合上、本文を変更している部分があります。

X

> ぼくにとって最高に美しいものが誰かにとっては気味の悪いもので、だからぼくは何かを好きだって口にするのをやめた。触《さわ》られないように、汚されないように、心の中にしまっておくんだ。

でもそんなふうに決めたら何を話せばいいのかわからなくなって、ぼくはあっというまに「しゃべんない根暗《ねくら》なやつ」になった。実際のぼくがどうであれ、みんなにとってそれが「深見和也《ふかみかずや》」という転校生なんだから仕方ない。

〈中略１　小学四年生の「ぼく」は転校初日、クラスの誰からも声をかけられませんでした。思い切って岡崎《おかざき》くんたち四人の男子に声をかけ、彼らは「ぼく」の家に来ました。〉

「あれ、なに?」

窓辺の棚に置いたふたつの瓶《びん》を指さして岡崎くんが言った。ぼくの胸はちょっとふくらんだ。岡崎くんがぼくの宝物に興味を持ってくれたと思ったのだ。

ジャムの空き瓶に入っているのは、前の学校の校庭から採らせてもらったエゾスナゴケ。サツキの植え込みの間に生えてたやつ。湿《しめ》ると星形になるんだ。かわいいだろ。

もうひとつ、佃煮《つくだに》の空き瓶のほうは、前に住んでた家の庭のナミガタタチゴケっていうんだけど、波の形が優しくて気に入ってる。苔《こけ》って、すごくおもしろいんだよ。土がなくても大丈夫なんだ、葉で空気中の養分を吸ってるから。コンクリートとか石垣とか、そこらじゅうに居場所を見つけて、他の植物のじゃまにならないようにけなげに生きてるんだよ。

好きなところで好きなように生えてるから、苔に申し訳なくてめったに採取することはないけど、このふたつだけはね、記念に一緒《いっしょ》に来てもらったんだ。

「それね、①ぼくの……」

ぼくの説明を聞かず、岡崎くんは瓶を持ち上げてのぞき込んだ。

「うわー、なんだこれ。こいつ、カビなんか集めてんの」

他の三人も岡崎くんのところに寄っていき、大声で騒ぎ出した。

しゅるるると、体ごと心がしぼんだ。カビじゃない。それは苔だよ。すごく大事にしてるんだ。叫びたかったのに、喉《のど》に蓋《ふた》がされているみたいに声が出なかった。

「おまえ、深見じゃなくてフカビだな」

岡崎くんの発案に、みんなが爆発音みたいに笑った。

ぼくも笑おうとした。笑ってしまえば、みんなにとってもぼくにとっても、なんでもないことになる。そう思った。なのに勝手に涙がにじんできて、それに気づいた岡崎くんがしらけた顔をした。

「それ……苔だよ」

ぼくが震《ふる》える声でせいいっぱい主張すると、岡崎くんは瓶を乱暴に置いた。

ションにはあった他者の存在感が失われている。

イ　インターネットの普及によって誰でも好きなだけ情報を発信できる現代においては、自分の発信することが世界にあふれる情報の中に埋《う》もれてしまい、注目されづらくなっている。

ウ　多くの人が自分の生活の充実度を競《きそ》って情報を発信する現代では、誰もがインターネット上での見映《ば》えをよくすることばかりにこだわってしまい、内容を吟《ぎん》味する意欲が失われている。

エ　インターネットを通して多くの人と簡単につながることができる現代では、他人の魅《み》力的な見解や提案に触れる機会が増え、それを自分が生み出したものと思い込みやすくなっている。

問9　次の文は、傍線部⑦「少し違っている」の内容について説明したものです。空欄に入る適切な言葉を**73ページ**の本文中から十五字で抜き出し、答えなさい。

多くの人は時間やお金がないから困っていると考えるが、実際は［　　　　］から困っているのである。

問10　次は、本文を読んだ明子さんと星子さんの会話です。会話文を読み、後の各問いに答えなさい。

明子：この文章を読んで、私、お金に対する見方が変わったわ。

星子：へえ、どんなふうに?

明子：今までは、お金は多ければ多いほどいいって思ってたから、我慢《がまん》してお年玉とか使わないで貯金していたんだ。でも、お金そのものに【　A　二字　】があるんじゃなくて、自分の欲しいものを買ったり、やりたいことをやったりできるから【　A　】があるってことに改めて気づいたの。お金に自分が振り回されるんじゃなくて、【　B　四字　】に、つまり自分で決めた使いみちのためにコツコツお金をためるのは決して我慢じゃないのね。

星子：コツコツお金をためるっていえば、最近は、「クラウドファンディング」っていう仕組みもあって、インターネットでやりたいことを発表して、賛同してくれた人から広く資金を集められるらしいよ。経営が苦しくなった小さなお花屋さんから身近なアーティストの作品制作まで、私たちだって支援することができるのよ。知ってた? この間一緒に観たあのアニメ映画も「クラウドファンディング」によって制作されているのよ。

明子：えー、あの映画が? 私も好きな映画やアーティストだったら応援してみたいかも……。一人一人の金額は小さくても、「　X　」で大きなことができるのね。

星子：好きなものを応援するためにお金を使うっていうのも、自分にとっての【　C　二字　】になるよね。それは広い意味で【　B　】なお金の使い方でもあるのよ。

明子：そうだね。お金を上手に使うためには、いろんなことを体験して【　D　二字　】を磨いていかないとね。そして、何が自分を【　C　】させてくれるのか見つけようよ。

⑴　空欄A～Dに入る適切な語を**73・74ページ**の本文中からそれぞれ指定の字数で抜き出し、答えなさい。

⑵　空欄Xにはことわざが入ります。最も適切なものを**全てひらがな**で十二字で答えなさい。

問１　太線部ａ「牛耳（る）」・ｂ「工面」の読みをひらがなで答えなさい。

問２　傍線部①「通帳の紙に印字されているだけなのに、その数字に価値がある、と思い込める」とはどういうことを言っているのですか。最も適切なものを次から選び、記号で答えなさい。

ア　同じ金額でも通帳に印字されると、他人にそのお金の価値を保証してもらえるように感じてしまうということ。

イ　お金がその場になくても通帳に印字すると紙幣や硬貨のイメージが自然と目の前に浮かんでしまうということ。

ウ　通帳に印字された数字そのものが預金額に相当するお金と同じ価値を持っていると信じきってしまうということ。

エ　それ自体には価値のない数字が通帳に印字されると、とたんに莫《ばく》大な価値を生んでいると錯覚《さっかく》してしまうということ。

問３　傍線部②「お金は普遍的な価値を持っているように見える」について、次の各問いに答えなさい。

⑴　筆者は、「お金は普遍的な価値を持っている」と考えていますか。考えているならば**A**を、考えていなければ**B**を答えなさい。

⑵　次の文は、⑴の解答の根拠をのべたものです。空欄に入る適切な表現を**〈中略１〉**以前の本文中から三十五字以内で抜き出し、始めと終わりの五字を答えなさい。（記号も一字と数えます。）

お金とは、［　　　　］**と筆者は捉《とら》えているから。**

問４　傍線部③「豪語する」は「［　］をたたく」と同じ意味の表現です。空欄に入る適切な語を漢字二字で答えなさい。

問５　次の文は、傍線部④「この認識」を説明したものです。空欄に入る適切な表現を本文中からそれぞれ指定の字数で抜き出し、答えなさい。

買おうとしている商品と、その商品と［Ａ　二字］**するお金の額とに**［Ｂ　十字］**という認識。**

問６　本文中の空欄Ｘ・Ｙに入る言葉の組み合わせとして最も適切なものを次から選び、記号で答えなさい。

ア　Ｘ　もの　　Ｙ　ひと
イ　Ｘ　目　　Ｙ　頭
ウ　Ｘ　個人　　Ｙ　集団
エ　Ｘ　量　　Ｙ　質

問７　傍線部⑤「商品を買い被りすぎた」について、次の各問いに答えなさい。

⑴　傍線部中の「被（り）」の読みをひらがなで答えなさい。

⑵　傍線部は、「商品の価値を［　］評価した」ということです。空欄に入る適切な語を漢字二字で答えなさい。

問８　傍線部⑥について、次の各問いに答えなさい。

⑴　「自分がどう感じているか、自分は何をしたいのか、という基本的なことが、今の情報化社会では見えにくくなっている」原因を、「〜から。」に続く形で**傍線部⑥以降**の本文中から十二字で抜き出し、答えなさい。

⑵　傍線部の説明として最も適切なものを次から選び、記号で答えなさい。

ア　インターネットが普及した現代では、ほとんどの情報を家にいながら手軽に交換できるので、直接顔を合わせたコミュニケー

れで良いのだろうか、と自問する人も少なくないはずである。そうなったときに、あるいは、そうなるまえに、少しは自分の頭を使って、自分の価値観を見直し、自分の人生の先行きを想像してみてはいかがだろうか、ということを書いているのだ。

さて、このように、自分本位で、自分の欲求に素直な価値を見出せば、お金というものが、今より少し違ったものに見えてくるかもしれない。

世の中でよく耳にする言葉は、「お金がないからできない」というものだ。一見、お金がないことで困っているように見受けられるけれど、実際に詳《くわ》しい話を聞いてみると、⑦少し違っている場合がほとんどだ。

多くの人は、「時間」や「お金」が不足しているから自分のやりたいことが実行できない、と言い訳《わけ》をするのであるが、実は、本当にやりたいことがわからない人である場合が非常に多い。何がしたいのか？　どうしたいのか？　具体的に質問をしていくと、はっきりと答えられない、という場面になる。

一方で、本当にやりたい、どうしてもやりたいと考える人は、「時間」も「お金」もなんとかb工面してしまう。自分の好きなことをしている人は、まるで自由人のように傍から見えるけれど、時間とお金が潤沢《じゅんたく》にあるから、好きなことができるのではない。それは全然違う。かなり苦労して、時間やお金を生み出している。

そもそも発想が逆なのである。僕の周囲で、そういった例を確認してみたが、例外はなかった。

〈　中略３　〉

では、自分の欲求によって価値を見定めるには、どうすれば良いだろう？

言葉でいうのは簡単でも、具体的にどうして良いか途方に暮れる、という方も多いことと想像する。そうなってしまったこと自体が、価値観が他者依存している証拠《しょうこ》でもある。どうやって修正すれば良いのか？

まず、どのようにすれば自分が満足するかを経験しなければならないだろう。価値を決めるものは、自分自身の満足度だからだ。満足とは、面白い、楽しい、気持ちが良い、などの感性によって生まれるものであり、感性が鈍《にぶ》っている人には、そもそも満足を感じることができない。

たとえば、人から褒《ほ》めてもらえないと嬉《うれ》しくない、という人間になってしまったら、満足するために他者の協力が必要になる。大勢でわいわいがやがやする時間だけが楽しい、と感じるようになってしまったら、大勢がいないところ、一人だけのときには楽しめない人間になる。こんな状況を、今は「孤独」などと称して恐れているようだ。

他者は関係がない、と思って良い。楽しさを感じるのは、あなたの感性である。これは非常に個人的なものであり、いわば、自分自身で作り出したイメージによって生まれる意識なのである。

自分が楽しめるもの、自分が面白いと思えそうなものを、どんどん試してみることをおすすめする。その経験を積み重ねるうちに、自分は何が好きかが、だんだんわかってくる。一つ楽しいことが見つかると、つぎつぎと関連したものに興味が湧《わ》き、もっと大きな楽しみができるはずである。

そういった体験が、自分にとって何が価値があるのか、を理解する元になる。「価値」を知る体験こそが、価値を生むのである。

（森博嗣　著『お金の減らし方』より）

入っている金額と、五千円という商品の値段を比較する。この比較は、誰でもするはずである。あとは、そのバッグがどれくらい欲しいか、という気持ちとの比較もあるだろう。だが、気持ちは定性《ていせい》的な（つまり数や量では測れない）ものであり、比較は難しいかもしれない。衝《しょう》動的に買ってしまう、という人が案外多いことからも想像できる。

〈　中略１　〉

お金の使い方の話をしているのだが、そもそも、「価値」をどう見極めるのか、という点が、お金を使うためのキーポイントになることは、おそらく大勢の方に理解してもらえるはずだ。

この価値を見極める、価値を評価するのは、X ではない。Y だ。未来のことを想像し、自分がそれによって、どれくらい楽しい思いをするだろう、と考える。その楽しさの量が、すなわち価値となる。

商品であれば、それを手に入れて、どれくらい自分が楽しい体験ができるか。楽しく遊べるか。食べるものなら、自分がどれくらい美味しく、そして気持ちの良い食事ができるか。場所であれば、そこへ行って、自分が見るもの、知るもの、感じるものがどれくらい価値があるか、と想像する。その価値を、自分が働いて手に入れたお金と交換しても良いか、自分はその交換で得ができるのか、という判断をする。

ということは、ものを買う、つまりお金を減らすことは、自分が得をするための行為だ、ということになる。

その行為に及ぶときに頭の中で想像するのは、自分の気持ちである。他者がどう思うのかなんて、難しい問題ではない。たった一人、一番長くつき合ってきて、気心が知れている自分自身の少し未来を想像するだけで良い。それくらいのことは、人間の能力として、不可能ではないはずである。むしろ非常に単純だ。素直に考えれば良い。

もちろん、必ずいつも得をするとは限らない。交換に失敗することもあるだろう。⑤商品を買い被りすぎた場合がそうだ。観測ミスといえる。しかし、それよりも多いのは、自分の気持ちの予測が充分にできなかった場合である。未来に起こる事象を見誤《あやま》った場合にも、同様の結果となる。これらはいずれも、観察不足が原因である。同じ失敗をしないように、何故《なぜ》見誤ったのかを検討し、その後の予測に活《い》かすことが、損をしないために重要と思われる。

このように、自分の気持ちによってものの価値が決まるということに気づくことが、お金を無駄にしないうえで最も重要な点といえる。もう少し別の言い方をすれば、この「気持ち」というのは、「欲求」でもあるだろう。お金を使って手に入れる価値とは、結局は自分の欲求を満たすことだ、といえる。だから、まず自分の欲求をよく知ることが基本となる。

〈　中略２　〉

問題は、⑥自分がどう感じているか、自分は何をしたいのか、という基本的なことが、今の情報化社会では見えにくくなっている、という点である。これは僕が指摘しなくても、大勢の方が気づいていることだろう。

周囲とのコミュニケーションが必要以上に個人を拘束《こうそく》しているため、自分がしたいことではなく、みんながしたいことを自分もしたい、と思い込むようになっている。みんなで自分を見失っているような状況に近い。もちろん、そのままで一生を過ごせば、幸せかもしれない。だが、どこかで疲れてしまう可能性も高い。はたと気づいて、自分は本当にこ

【国　語】（五〇分）〈満点：一〇〇点〉

【注意】　字数制限のある場合は、句読点も一字と数えて答えること。

一　次の文章を読み、後の問いに答えなさい。なお、設問の都合上、本文を変更している部分があります。

電子マネーが登場する以前から、「お金」はとっくに電子化されていた。たとえば、通帳に書かれた数字が、もう電子であり、デジタルだ。①通帳の紙に印字されているだけなのに、その数字に価値がある、と思い込める社会が、つまり現代なのである。昔の人が聞いたら、苦笑して「まさか、そんなものを信じる時代になるはずがない」と首をふったことだろう。

しかし、現在のたとえば日本であれば、全国どこへ行こうが紙幣《へい》が使える。②お金は普遍《ふへん》的な価値を持っているように見える。落としたりしたら大変だし、皆さんが大事に大事にお金を扱《あつか》っているのだ。

僕は経済学を大学で学んだ経験はないけれど、それでも、お金というものが社会で使われているのは、つまり国や政府が国民に信頼されている、あるいは法律が社会秩序《ちつじょ》の要《かなめ》となっている、ということだというくらいは理解できる。

社会なんて俺《おれ》には関係ない、と③豪《ごう》語する人もいるだろう。そんな反社会的な人間になったとしても、財布に日本銀行の発行する紙幣を入れて、大事に持ち歩いているはずだ。それがないと、弁当も買えない。電車にも乗れない。お金がなかったら、すべてを自給自足して生活していかなければならない。もう、そんな生活は、今ではほとんど不可能だと断言しても良いだろう。

お金が成立するのは、社会で大勢《おおぜい》の人間が分業し、お互いの生産物を交換するような場が保証されているからだ。ただ人間が大勢集まっただけで、自然に発生したものではない。持ちものを交換するほどの知性があっても、なかなかお金のシステムまでは作れない。お金が成立するためには、社会をa牛耳る絶対的な権力が必要なのだ（牛耳るというのは、やや不適切だろうか）。

ただし、ここで大事なことは、お金というのは、ものの「価値」を仮に数字にしたものであり、それを示す指標でしかない、という点である。お金がさきにあったわけではない。それ以前に、世の中にあるもの、つまり、物品や、あるいは作業の結果などに、それぞれの「価値」があった、という点を忘れてはいけない。その価値を認めなければ、交換することもなかったはずだ。

たとえば、美味《おい》しい芋《いも》が一つもらえるなら、庭の掃除《そうじ》を半日してやっても良い、という交換が成立する場合、芋一つと庭を掃除した結果に、同じだけの価値がある、という認識を、少なくとも交換をする両者が持たなければならないだろう。もし、この「価値」が等しいことが成り立たない場合は、芋をもう一つ増やさないと、同じ作業がしてもらえなかったりする。それでも、物や仕事にある一定の「価値」がある、という点は同じだ。

そんな当たり前の話は必要ない、と思われる方が多いかもしれない。しかし、ここが肝心《かんじん》なところである。たとえば、ある商品を買おうかどうしようか、と悩んでいるときに、何をどう比較するのか、という問題に、④この認識が必要になる。

五千円のバッグを買うかどうか迷う場合、普通は、そのときに財布に

問10 「ぼく」にとってのマスクの役割としてふさわしくないものを次から選び、記号で答えなさい。

ア 自分の表情から感情を相手にさとられないようにするもの。
イ 顔の一部を隠すことで、自分の存在を目立たなくするもの。
ウ 花粉症をよそおうことで、相手の関心を引こうとするもの。
エ 心の中の考えを不用意に口から出さないようにするもの。

問11 次の①～③は、それぞれどの人物について説明したものですか。ア～キから選び、記号で答えなさい。

① 飾り気がなくぶっきらぼうな口調も見られるが、素直でさりげなく友達を気づかう優しさを持っている。
② ユーモアがあり、誰に対しても分け隔《へだ》てなく交流することができ、自分の仕事に誇りを持っている。
③ 勝ちたい気持ちが行きすぎてしまう面もあるが、過《あやま》ちを認める潔《いさぎよ》さもあり、リーダーシップを発揮できる。

ア 岡本　　イ 工藤　　ウ 菊池さん
エ 及川さん　　オ 兼家さん　　カ ふとまゆセンパイ
キ ほんわかせんぱい

ていない花を育てる栽培委員会は委員会カーストの下の方だと思っていた。しかし、花や委員会の様子を気にかけてくれる人がクラスにもいると知り、いじけていた気持ちが薄らいでいる。

イ　「ぼく」は、クラス看板の制作を手伝っていないので、どのような看板になるか気がかりだったが、無事に看板ができあがったことが分かり安心した。そのうえ、自分が手伝わなくても手伝ってくれる人がいることを知り、クラスのみんなへの信頼を深めている。

ウ　「ぼく」は、クラス看板が仕上がらないときに声をかけられたのに手伝わなかったことを気にしていたが、クラスには助けてくれる人がいて看板は完成した。さらに兼家さんも「ぼく」が手伝わなかったことを気にも留めていないので、不安な気持ちが楽になっている。

エ　「ぼく」は、クラスのみんなの気持ちが運動会の練習やクラス看板の制作に向いていて、正門の花壇など気にもしていないと思っていた。しかし、兼家さんは花壇の花に注目していて、しかも花が育つ様子を楽しみにしていることが分かり、クラスメイトへの誤解がとけている。

問6　空欄 X ・ Y に入る最も適切な言葉をそれぞれ次から選び、記号で答えなさい。ただし、同じ記号は一度しか使えません。

ア　いそいそ　　イ　もくもく　　ウ　じわじわ
エ　チラチラ　　オ　パラパラ

問7　傍線部⑤「……なんて、柄にもないことを思った」理由として最も適切なものを次から選び、記号で答えなさい。

ア　今まで他人と力を合わせて物事に取り組むことをしなかった「ぼく」だったが、運動会でクラスが総合三位になれたことに気をよくし、このクラスの一員になれたことを誇らしく思ったから。

イ　今までムカデ競走に対して面白くないと思っていた「ぼく」だったが、本番ではみんなで楽しく競技に臨《のぞ》めたうえに結果も惜しかったので、来年こそムカデ競走で勝ちたいと意欲がわいたから。

ウ　今まで運動会は見応えのある競技がなくてつまらないと思っていた「ぼく」だったが、中学校の運動会は迫力ある競技が多くて興奮したので、来年は自分もそのような競技に出たいと思ったから。

エ　今まで他人と距離を置き、当たりさわりのないつきあいをしてきた「ぼく」だったが、クラスの人たちとの交流やムカデ競走への取り組みを通して、これまで味わったことのない充実感を得たから。

問8　次の文章は、傍線部⑥「枯れるかもしれないとビクビクしていたら、つまらないよな」という表現から読み取れる「ぼく」の考えをまとめたものです。空欄Ⅰに入る言葉を32・31ページの本文中から十一字で抜き出し、答えなさい。また、空欄Ⅱに入る言葉を自分で考えて二十～三十字で答えなさい。

「ぼく」は植物栽培に友だち関係の育み方を重ねている。「ぼく」ははじめ、強い友情で結ばれることに憧れながらも【　Ⅰ　】で、友だちに対して積極的になれなかった。しかし、クラスメイトや先輩たちと交流するうち、植物が枯れたら土壌を改良して挿し芽を植えればいいように、【　Ⅱ　】ことが友だち関係を育むためには必要だと考えるようになった。

問9　空欄 Z に入る最も適切な言葉を次から選び、記号で答えなさい。

ア　弟子　　イ　元祖　　ウ　後継ぎ　　エ　申し子

ほんわかせんぱいが、うなずく。

「うん、いい名前だよね。これからは、広葉くんって呼ばせてもらおうかな」

「わたしも」と、川口センパイが言い、菊池さんも続いた。

「そう呼んでいいよね、広葉くん」

ドキッと、胸が弾《はず》む。

幼稚園以来、はじめてだ。親や親せき以外で、下の名前で呼ばれたのは。なんか、こそばゆくて、うれしい。

問１　太線部Ａ「ユ（わえ）」・Ｂ「バツグン」をそれぞれ漢字で書きなさい。

問２　傍線部①「仲間と強い友情で結ばれる」ためにはどのようなことが必要だと「ぼく」は考えていますか。最も適切なものを次から選び、記号で答えなさい。

ア　冷たい態度をとらず、話しかけてもらいやすい表情を作ること。

イ　相手に自分を知ってもらおうとし、こちらも相手を知ろうと努めること。

ウ　友達との距離感を大切にし、当たりさわりのないつきあいを心がけること。

エ　自分のことで精一杯にならず、一歩踏み出し勢いよく相手に働きかけること。

問３　傍線部②「ドクン、ドクンと、心臓が音をたてる」とありますが、この時の「ぼく」の気持ちとしてふさわしくないものを次から選び、記号で答えなさい。

ア　心配　　イ　緊張　　ウ　期待　　エ　動揺《よう》

問４　傍線部③「しゅわーっと、はじけるものが胸のなかに広がった」から読み取れる「ぼく」の気持ちとして最も適切なものを次から選び、記号で答えなさい。

ア　今まで「ぼく」はマスクがないと不安で言いたいことを友達にすら言えなかった。しかし、思い切ってマスクがない状態で工藤に話しかけてみると、意外なほど上手に会話ができたので、これからはマスクなしで話ができると自信をつけている。

イ　今まで「ぼく」は友達と仲良くなりたいと思っていながら、断られることが怖くて自分から声をかけられずにいた。しかし、「ぼく」からの映画の誘いを工藤が肯定《こうてい》的に受け止めてくれたことで不安がとけ、達成感とともにすがすがしい気分を味わっている。

ウ　今まで「ぼく」は家族としか映画を見たことがないので、友達と映画に行きたくても誘うことができなかった。しかし、思い切って工藤を映画に誘ってみると、工藤も友達と映画に行ったことがないと分かり、自分だけではなかったのだと確認し安心している。

エ　今まで「ぼく」は友達から「いいね」と肯定的な評価をもらうことがなかった。しかし、工藤を映画に誘ってみると、喜んだ表情で「いいね」と言ってくれたのでうれしくなり、自分も他の人と同じように工藤と友達関係を築けるのではないかと期待をふくらませている。

問５　傍線部④「すうっと、胸のあたりが軽くなった。詰まってたなにかが取れたように」から読み取れる「ぼく」の気持ちとして最も適切なものを次から選び、記号で答えなさい。

ア　「ぼく」は、花壇の花のことなど誰も見ていないし、その誰も見

い」

ほんわかせんぱいが、左側の花壇の土を指した。穴の奥に少し水がたまっている。

このまま水が抜けなかったら、根は腐《くさ》る……。

そのとおりなんだけど、なんか気持ちが引っかかった。

『花が育っていくのを見ると、気分があがる』と、兼家さんは言っていた。

園芸の楽しみは、植物が育っていく姿を見ること。楽しいから、もっと世話しようと思うのに、⑥枯《か》れるかもしれないとビクビクしていたら、つまらないよな。

「あの、ほんわかせんぱい」

ぼくは、ほんわかせんぱいをまっすぐに見た。

「もしも枯れたら、冬を待たずに土壌《どじょう》改良しましょう。そこに挿《さ》し芽を植えましょう」

みんながぽかんと口を開けた。その表情を見て、血の気が引いた。

やってしまった。また空回りか？

逃げだしたい気持ちでいると、あはははっと、川口センパイが笑いだした。

「ほんわかせんぱいだって、涼音《すずね》にぴったりー」

へ？

さっき言ったセリフが、脳内でリピートされる。ぼっと顔が熱くなった。とっさに口もとに手をやり、マスクがないことに気がついた。

わー、無意識に言ってしまった。心の中のあだ名を、口に出してしまった。

みんなが、どっと笑う。

ふとまゆセンパイが自分を指した。

「ねー、おれは？　おれのあだ名は？」

ぼくは遠慮《えんりょ》がちに答えた。

「ふ……、キリッとした眉毛《まゆげ》をしているから、キリマユセンパイとか？」

「キリマユ……」

ふとまゆセンパイが口もとに手をあてて、考えるしぐさをする。

ひっ、まずかった？

ぼくがあとずさると、ふとまゆセンパイは親指と人差し指でVの字をつくり、あごの下にあてた。

「キリッマユッって感じ？」

眉毛をぴくぴく動かし、しぶい表情をつくって見せる。

みんなの笑い声が、さらに大きくなった。

ふとまゆセンパイが笑いながら、ぼくに言った。

「ネーミングセンスBバツグンのキミ。キミの名前はなんというんだい？」

「あ、木下ですけど……」

「いや、下の名前だよ」

「広葉《ひろは》、広い葉っぱと書いて、広葉です」

「ひろはー？」

ふとまゆセンパイが、目をまるくした。

え、そんなにおどろくこと？

ぼくがとまどっていると、ふとまゆセンパイはにやっと笑った。

「木下広葉って、栽培委員会の［Z］のような名前だねえ」

目の前をかけていくスピードや力強い足音に息をのんだ。

すげー、小学校の運動会とは迫力がちがう！

興奮冷めやらないまま、閉会式に突入。

総合優勝したのは、三年B組。歓喜にわくなか、列の間からふとまゆセンパイが阿波《あわ》踊《おど》りのような手ぶりで、はしゃいでいるのが見えた。

一年A組は総合でなんと、三位になった。というのも、クラス看板が全学年で二位の優秀賞にかがやいたからだ。

発表を聞いて、A組のみんなだけでなく、早川先生も飛びあがった。

「やったー！」

「すごーい」

拍手を受けて、兼家さんは涙ぐみ、クラスの女子と代わる代わるハグした。

ぼくは胸の奥から、熱いものがわきあがってくるのを感じた。こんなの、いままで感じたことがなかった。

団体競技は好きじゃなかったけど、楽しかった。来年は希望参加の種目にも出てみようかな。

⑤……なんて、柄《がら》にもないことを思った。

下校時、ぼくは剪定《せんてい》バサミを持って、正門の花壇に行った。

正門を出ていくクラスの男子数人に「おつかれー」と声をかけられ、ぼくは軽く手をふり返した。クラスメイトとふつうにあいさつを交わせるようになったことが、うれしかった。

右側の花壇の前に立ち、葉を手に取って見る。水につかった葉は、どれも泥がついていた。これは、切りとったほうがよさそうだ。

下のほうの葉を切っていると、菊池さんとほんわかせんぱいがやってきた。

「花の具合はどう？」

菊池さんが心配そうに聞く。

「いまのところは大丈夫だけど、泥がついたところは、のぞいたほうがいいかなと思って切ってる」

ぼくの返答に、ほんわかせんぱいがうなずいた。

「そうそう、病原菌《きん》を持った土が葉につくと、そこから感染して病気になるっていうもんね」

「わたしも、ハサミを持ってくるね」

菊池さんが小走りに校舎へ戻り、ほんわかせんぱいは左側の花壇を見に行った。

少しして、川口センパイとふとまゆセンパイもやってきた。

「どう？」

川口センパイに聞かれて、ほんわかせんぱいは浮かない表情で答えた。

「いまのところは元気だけど、土は湿《しめ》っている。根っこがダメにならないといいんだけど……」

「そうだね」

川口センパイの声のトーンが下がり、ぼくの気分も下がった。

根がどうなっているかは、確かめられないもんな。

そこへ、菊池さんが阪田を連れて戻ってきた。

「ハサミ、持ってきましたー。って、なんかありました？」

「ちょっと掘ってみたんだけど、やっぱりかなり水分を含んでいるみた

側、男子チームは生徒観覧席側に進んだ。

ぼくたちはトラックに出て、足にひもをAユわえて、前の人の肩に手を置いた。

先頭の岡本が後ろを向いた。

「準備できたかー？」

みんながうなずくと、岡本はにっと笑顔を見せた。

「よーし。一年A組、いくぞー、楽しむぞー」

「おー！」

みんながこぶしを突《つ》きあげた。

パーン！

ピストルの乾《かわ》いた音がひびき、わーっと歓声がわきあがる。

A組の女子はスタートダッシュこそ遅れたが、コーナーを曲がったあたりから［Y］盛り返してきた。女子が近づいてきたのを見て、岡本が声をあげた。

「せーの！」

男子全員が足ぶみを始める。

「いち、に、いち、に！」

女子チームがぼくたちの横にやってくる。及川さんが岡本にバトンを渡してさけんだ。

「頼んだよー」

「おう！」

ぼくたちは、少しずつピッチをあげていった。岡本が前を行くC組の最後尾をとらえる。まわりの歓声がひときわ大きくなった。

いける！


さらに声を張りあげて、足を動かした。C組の横に並ぶ。

が、先にゴールのテープを切ったのは、C組だった。

ぼくたちは一足遅れてゴールをかけ抜け、トラックからフィールドに入って止まった。足首のひもをほどいていると、女子がわらわらと集まってきた。

「惜《お》しかったねー」

「もう少し距離があれば、絶対に抜かせたね」

興奮ぎみに、女子たちが話す。

岡本は及川さんと顔を見合わせて、へへっと笑った。

「まあ、がんばったよな」

及川さんもうなずいた。

「うん。がんばった。悔いなしー」

両腕を上げて、うーんと伸びをする。

みんなも、「そうだ、そうだ、がんばった」と言いあった。

菊池さんが、仲のいい女子と声を合わせてさけんだ。

「リーダー、ありがとう！」

みんなからも、「ありがとう」「おつかれさまー」という声が飛び、拍手が起きた。

岡本と及川さんは、照れくさそうに笑顔で応えていた。

午後は全校女子のチアダンス、男子の組み体操など、見応えのある種目が続き、最後の選抜リレーで、最高潮の盛りあがりをみせた。

一年A組では阪田や岡本たち体育会系の男女が出場して、クラスの観覧席をわかせた。体格のいい先輩たちの走りはダイナミックで、ぼくは

おどろいた。クラスの人にも見られていたのか。

「あ、うん。いまのところは大丈夫そう。様子を見ないと、わかんないけど」

「大丈夫だといいね。花が育っていくのを見ると、気分があがるもんね」

④すうっと、胸のあたりが軽くなった。詰《つ》まってたなにかが取れたように。

花を見てくれている人がいたんだ……。

兼家さんは「あ、よっちゃん、おはよー」と手をふって、友だちのところへ行ってしまった。ひらひら飛びまわってチョウみたいな人だなと思いつつ、ぼくは大きく息を吸いこんだ。

それから工藤に手伝ってもらってベランダにブルーシートを干していると、早川先生が教室に入ってきた。日直の号令で、みんながあいさつしている間に席につく。

すると、岡本が手をあげた。

「先生、ちょっといいですか？」

「どうぞ」

岡本は立ちあがって、みんなを見た。ふーと息を吐《は》く。

「おれ、勝たなきゃって、強く思いすぎていました。いろいろきついこと言って、すみませんでした！」

しんと、教室が静まりかえった。

まもなく、ギッと、イスを引く音がした。立ちあがったのは及川さんだった。

「わたしは……楽しくやることしか考えていませんでした。きついこと言って、みんなに嫌われたくなかったから。でも、それは岡本さんの言うとおり、リーダーの役目を果たしていないことでした」

「いや、言いすぎた」

岡本がすまんと、頭を下げる。及川さんは、首を横にふった。

「わたしはリーダーに向いてないと思います。でも、中途はんぱに投げだして、後悔したくないと思いました。降りるって言ったけど、やっぱり最後までやりとおしたいです。勝手なことばかり言って、ごめんなさい。でも、お願いします」

「なにか意見は、ありますか？」

早川先生が見まわすと、菊池さんが手をあげた。

「及川さんに、リーダーをやってもらいたいです」

ほとんどの女子がうなずいた。早川先生がメガネを押しあげる。

「じゃあ、決まりですね」

［Ｘ］とはじまった拍手の音が広がっていき、教室中にひびきわたった。

晴れやかな笑顔で早川先生が言った。

「では、全員ぞうきんを持って、グラウンドに集合してください！」

ぼくたちはグラウンドに出ると、たまった雨水を吸いとる作業にくわわった。

運動会の開始は、一時間遅れの十時になった。

〈中略〉

それから、プログラムはスケジュールどおりに進んでいき、前半最後の種目、ムカデ競走になった。

入場門から列になってフィールドに入り、女子チームは本部テント

ふとまゆセンパイは言いながら、満足げにうなずいた。

「なかでも、わたしの推《お》しフラワーは、この子。ニチニチ美香だ」

ずらりと並ぶ花のうち、薄《うす》いピンク色の花を指す。

ぼくは、ぷっと、ふきだした。

工藤がとまどいがちに、うなずく。

「はあ、かわいいっすね」

「そうか、わかるか。キミは園芸の心を持つ逸材《いつざい》だ」

ふとまゆセンパイは、ぽんぽんと工藤の肩をたたいて、正門を入っていった。

あー、すげーなー。

ふとまゆセンパイは、だれとも壁《かべ》をつくらない。それに一見ふざけているようで、実はしっかり花の特徴を伝えている。ぼくみたいに委員会カーストの下のほうだなんていじけることなく、栽培委員会の活動を堂々と宣伝しているようにも見えた。

工藤が細い目を見開いた。

「おもしろいセンパイだな」

ぼくは笑って、うなずいた。

「すげー人なんだよ」

笑いながら、ふと、心臓の音が落ちついていることに気がついた。

大丈夫だ……。マスクがなくても、平気だ！

ぼくは勢いづいて、工藤に言った。

「なあ、工藤。運動会の振替《ふりかえ》休日、映画に行かない？　工藤が話してた『陽炎《かげろう》前夜』が観たいんだけど……」

工藤がくしゃっと、人のよさそうな笑顔を見せた。

「おー、いいね。行こ行こっ。おれ、友だちと映画に行くのはじめて。親か兄貴としか行ったことがないんだ」

「ぼくも、友だちと行くのははじめてだよ。楽しみだな」

③しゅわーっと、はじけるものが胸のなかに広がった。

一歩ふみだせた手応えと安堵《あんど》。こういうのを重ねていけば、友だちとのつながりが強くなっていくのかな。

教室に入ると、菊池さんと及川《おいかわ》さんがにこやかに話していた。

よかった。こっちも大丈夫なようだ。

ぼくはひとまずブルーシートをベランダに置き、スクールバッグを机に置こうと引き返した。

と、教室の後ろに立てかけられたクラス看板が目に入った。

翼を広げたユニコーンが空を飛んでいるイラストに、「跳《と》べ、かけろ、1－A！」というコピーが入っている。

いろいろあって忘れていたけど、この看板が仕上がらないから手伝ってほしいって言ってたよな。できあがっているように見えるけど、どうなんだ？

ぼくが見入っていると、兼家《かねいえ》さんがそばに来た。

「いいでしょう？　手伝ってくれた人のおかげ」

そっか。ちゃんと手伝った人がいたんだ。ＳＯＳを出せば、助けてくれる人がいる。バラバラでまとまっているとは言えないけれど、そんなに悪いクラスではないのかもしれないな。

「そういえば、花、大丈夫だった？　昨日、栽培委員会で正門の花壇にシートをかけていたでしょう」

早川先生の言葉が、耳によみがえる。

あのとき、ぼくは小学生のころよりはマシになった気がしていた。

でも、そうじゃなかった。やっぱり、いまでもぼくは、自分を守ることで精一杯だ。菊池さんみたいに、当たって砕《くだ》ける勢いで友だち関係を築くのは、ぼくには難しい。けど、一歩だけ、自分の枠《わく》から外に出てみたいと思った。

植物栽培は、相手を知らなければ育めない。

たぶん友だち関係も同じだろう。相手を知ろうとすることと、心を開いて自分を知ってもらう努力をしないと、親しい関係なんて築けない……んじゃないかな。

エレベーターのドアが開くと、ぱあっと、明るい日射しに包まれた。深夜まで降っていた雨が上がり、雲の間から日が射している。

ぼくは、歩道の水たまりを避《さ》けながら歩いていった。
②ドクン、ドクンと、心臓が音をたてる。
ポケットに手を入れてマスクに触れた。大丈夫、まだ行ける。

横断歩道を渡ると、フェンスの向こうにグラウンドが見えた。水色のジャージを着た生徒たちが、グラウンドにしゃがんでいる。体育委員が水たまりの泥水をぞうきんで吸いとっては、バケツにしぼっているようだ。

花壇《かだん》はどうなっているだろう。

ぼくは鼓動《こどう》が速くなるのを感じながら、正門に近づいた。ブルーシートに水たまりができているものの、花と葉はしゃんと上を向いている。よかった。へたってない。

シートの上にたまっている雨水を流そうとブルーシートに手をかけると、パタパタとかけよってくる足音がした。

「水を流すの？」

工藤がとなりに立って、ブルーシートをにぎった。

「ああ、ありがとう。頼む」

マスクをとったぼくの顔を見て、工藤が言った。

「花粉症おさまったの？」

「うん、まあ」

「よかったな」

やさしい声だった。これまで工藤からマスクについて聞かれたことはなかったけど、気にしてくれていたのかな、と思った。

ぼくたちは右側の花壇のブルーシートを持ちあげて、たまった水を流してからはずした。ほわあと、少し甘いような花の香りが広がる。

ああ、この花はこんな香りだったんだ……。

左側の花壇もやろうと移動すると、ふとまゆセンパイがやってきた。

「よー、諸君《しょくん》。さわやかな朝だねえ」

当たり前のように、ぼくたちとブルーシートをはずす作業をする。そして、工藤を手まねきした。

「工藤くん、見た？　ニチニチソウ46」

「は？」

首をかしげる工藤の肩に腕を回して、歩道の花壇に誘導する。

「ほら。この子たち、チョウが羽を広げて集まっているみたいだろう。ひらひらした感じが、かわいいよなあ。しかも、かわいいだけでなく、夏の高温多湿を耐《た》えぬく、強さを秘《ひ》めている。かわいさと強さをあわせ持つ、まさにトップアイドルだ」

のを完全に具現化できる

エ　細部を表現しきらなくともざっくりした印象のままあらゆるものを言語的に具現化できる

オ　ざっくりとした描写をすることで相手の視覚と聴覚に直接的に働きかけ想像力をかきたてる

問８　次のア～オは傍線部⑤「落語という表現」について説明したものです。説明として適切なものにはAを、適切でないものにはBを書きなさい。

ア　細部まできっちり表現し観客に同じイメージを持たせることで、共通する面白みを作り出すもの。

イ　重要な情報をあえて省略し、観客一人ひとりのイメージを呼び起こすことで話を展開させていくもの。

ウ　舞台や衣装など多くを省略し、落語家の話術に集中できる環境を整えたうえで観客のイメージに訴《うった》えかけるもの。

エ　事細かに描写しなくても、イメージを生み出す言葉の力によって演者の脳内に描かれている情景を観客と共有するもの。

オ　正座しながら全力疾走を表現したり、得体の知れないものを登場させたりすることで、観客に不条理な空間を味わわせるもの。

二　次の文章は、ささきあり著『天地ダイアリー』の一節です。本文を読み、後の問いに答えなさい。なお、設問の都合上、本文を変更している部分があります。

翌朝、ぼくは少し迷ったものの、マスクをつけるのはやめた。不安が強くなったらいつでもつけられるように、ジャージのズボンのポケットにつっこむ。

「いってきます」

「いってらっしゃーい！」

ハハの能天気な声に背中を押されて、ぼくは玄関を出た。

昨日、菊池さんに「いいね」なんて言われて舞いあがったけど、家に帰ってお風呂につかったら冷静になった。

菊池さんが言った「いいね」は、表情が見えるのはいいね、という意味だ。別にぼくの顔がいいとか、ぼくに好意を寄せているという意味じゃない。

ぼくだって女の子にかっこいいと思われたいという願望がないわけじゃないから、つい浮かれてしまったけど、まあ、そんな好意的なこと、この先も言われることはないだろう。

それでもマスクをはずして登校する気になったのは、菊池さんの言うとおり、表情が見えないのは、とっつきにくいだろうと思ったからだ。

マンガによくある、①仲間と強い友情で結ばれるという世界に憧《あこが》れていた。でも、どうしたら、そんな友だち関係が築けるのかわからなかった。自分には無理だと、あきらめていた。

マンガのようなことは、自分には起きない。ありえないことを期待するのはやめて、現実を見よう。空回りして人から冷たい目で見られるぐらいなら、傷つかない場所にいて、当たりさわりのないつきあいをするのが一番いい。

――そう思っていた。

『本当にダメなときは自分のことで精一杯で、植物まで気が回らない……』

まさにイメージの湧《わ》きやすい言葉同士の思いがけない結びつきがもたらす空想の具現化であり、つまり、それは⑤落語という表現の理に適《かな》ったものであった。

（立川吉笑著『現在落語論』より）

問1　太線部A「ヒ」・B「分」・C「委（ね）」について、カタカナは漢字に直し、漢字は読みをひらがなで答えなさい。

問2　傍線部①「端的に」の意味として最も適切なものを次から選び、記号で答えなさい。

ア　そのまま　　イ　くわしく

ウ　はっきりと　　エ　あいまいに

問3　空欄 X に入る文学のジャンルとして最も適切なものを次から選び、記号で答えなさい。

ア　詩　　イ　短歌　　ウ　小説　　エ　俳句

問4　次の表は傍線部②中の「落語」における「引き算の美学」についてまとめたものです。空欄Ⅰ～Ⅵに入る適切な表現を36・35ページの本文中からそれぞれ指定された字数で抜き出し、答えなさい。

	引き算の仕方	引き算による効果
舞台装置	大掛かりな舞台セットを置かない。	【Ⅰ 二字】の制限がなくなり、【Ⅱ 七字】が可能となる。
衣装	常に【Ⅲ 二字】を着用し、他の衣装は着ない。	【Ⅳ 十八字】ことができる。
落語家の体勢	【Ⅴ 二字】の状態で演じることで【Ⅵ 三字】を省略する。	さまざまな場面や動作を自由に表現できる。

問5　傍線部③「立ちながらでは～難しいことではない」とありますが、このような違いが生じるのはなぜですか。その理由として最も適切なものを次から選び、記号で答えなさい。

ア　落語家が座っている時のほうが、立っている時よりも観客がイメージを補いやすくなるから。

イ　落語家が立っている時のほうが、座っている時よりも観客が具体的にイメージしやすくなるから。

ウ　落語家が座っていると、立っている時よりも観客がイメージすることへの意欲を持ちにくいから。

エ　落語家が立っていると、座っている時よりも観客がイメージすることへの意欲を持ちやすいから。

問6　傍線部④中の「共通言語」とはどのようなものですか。最も適切なものを次から選び、記号で答えなさい。

ア　意思の表明や情報伝達に使用する言葉。

イ　生活体験の中で触れてきた文化や教養。

ウ　落語の中でやりとりされる会話や仕草《しぐさ》。

エ　落語を楽しむために必要な事前の知識。

問7　空欄 Y ・ Z に入る最も適切なものをそれぞれ次から選び、記号で答えなさい。

ア　得体の知れないものを完全な状態で具現化できたり、細部まできっちり描写しきれる

イ　細部まで表現し、より具体的なイメージを相手に抱かせることを言語によって目指す

ウ　細部までは描写を固めず自由な発想をさせることで、あらゆるも

響を受けてきたのだけど、ギャグ漫画を読んでいると、落語では表現できそうにないものがたまに出てくるのだ。

それは、「得体の知れないもの」である。

落語では、具現化したいものについて落語家がしゃべり、その言葉を頼りに観客が頭のなかでそれを映像化することにより、さまざまなものが浮かび上がってくる。一方で、漫画は、漫画家が具現化したいものを絵として描く。読者はそれをただ眺めるだけでよい。

つまり、漫画では漫画家が描くだけでいいのだが、落語では、④落語家と観客が共通言語を有していないと空想が具現化されることはない。どういうものなのか？　どういう状況なのか？　そういったことが想像できるものでないかぎり、頭のなかで映像を浮かび上がらせることはできないのだ。

だから、「得体の知れないもの」を落語で表現するのは難しい。

落語でも、具現化したい得体の知れないものを、既知《きち》のものの組み合わせに分解することで何とかイメージを伝えることもできなくはないが、絵にすることで一発で具現化できる漫画に比べると、どうしてもB分が悪い。たとえば大喜利《おおぎり》の手法でよくある、「誕生日プレゼントにこんなものを渡すなんて。さて、どんなもの？」というようなお題の解答として、得体の知れないものを描いて「こんなもの」と答えるようなボケは、落語ではやりにくいのだ。

逆に、漫画では具現化しにくいけど、落語では具現化しやすいものもある。

たとえば、「往年の福本豊」を漫画で表現しようと思ったら、往年の福本豊のすべてを絵にする必要があるけど、落語の場合は「往年の福本豊」と言葉にするだけで、観客が福本豊を知ってさえいればそっくりそのままイメージを起こすことができる。

または、第一章の「幻想マクラ」の箇所で例にあげた「寝ないカレー」の話なども、ディテール〔細部〕を観客にC委ねられる落語だからこそ表現できる面白みだろう。

言うまでもなく、このマクラ〔本題に入る前の短い話〕の肝《きも》はカレーの擬人化にあるのだけど、漫画でこれを表現しようとするとうすら寒くなってしまうのではないか。カレーを完全に人型の造形にしたとしても、スライムのような個体と液体の間のような造形にしたとしても、どうにもしっくりとこない。

落語であれば、造形をきっちり固める必要がないぶん、そのつど人型であったり、スライム状であったり、それこそ鍋《なべ》を含めた造形であったり、描きたいシーンによってその形状を都合よく変化させることが可能だ。落語なら「寝ないカレー」という認識にゆとりをもたせられるのである。

つまり、まとめるならば、漫画は　Y　からこそ、不条理な空間を描くことに長《た》けており、一方で、落語は　Z　からこそ、不条理な空間を描くことに長けている。

こうも言えるだろう。落語は演者と観客とが共通言語を有していないと空想の具現化ができない。であるからこそ、ノーモーションで得体の知れないものを表現するのでなく、イメージの沸《わ》きやすい言葉同士の思いがけない結びつきによって不条理な空間を描き出すことになる。

たとえば立川談志は、落語の「イリュージョン」という概念《がいねん》を説明する際に、「縁の下で飼ってるキリン」のようなフレーズを挙げていたが、

さほど難しいことではない。

　こう考えてみると、「正座」は、落語にとってとても重要なものである気がしてくる。

　下半身を省略することは、漫才やコント、演劇などほかの表現方法ではほとんど見られないものであるからだ。

　であれば、「現代が舞台の新作落語」を表現する際にたまに用いられる、「スーツ姿でイスに座って話す」というスタイルは、そもそもの落語とは似てAヒなるものだということが理解できるだろう。

　現代人にとって身近で、かつ最低限の正装でもあり、さらに特定の意味合いを持たせず無機質なニュアンスも含んだスーツ姿というのは、ある意味で落語における着物姿と同じ役割を担《にな》えそうではあるけど、スーツ姿と相性のいいイスについては、下半身を固定するといっても、正座ほどの「下半身の省略」効果は得られないからだ。

　そう考えると、違和感なく正座することができ、なおかつフォーマルさも兼ね備えた着物姿は、落語にとっての必要条件なのかもしれない。

〈　中略　〉

　繰り返し書いているが、落語の一番の武器は「何にもないから何でもある」ことだ。

　そもそも日常ではありえない不条理な空間を描いた笑いが好きなぼくが落語に魅《ひ》かれた理由も、この点につきる。

　そこで、この特性について、さらにもう一歩踏《ふ》み込んで考えてみたいと思う。「何にもないから何でもある」ことで、どういう表現が可能になるだろうか。

　まず、思いつくのは空想の具現化だ。

　第一章でも書いたように、落語では、いとも簡単に赤鬼を生み出すことができる。

「おい、見てみろよ。赤鬼さんだ」

「ほんとだ」

　落語家がしゃべり、それを聞いた観客がそれぞれの頭のなかに赤鬼を描いた瞬間、そこにはたちまち赤鬼が出現する。

　ありとあらゆる空想上のモノや状況を、落語を使えば簡単に具現化できるのだ。

「あっ、UFOだ」と言えば、そこにはUFOが出現する。

「UFOが首都高を走ってるの、初めて見たよ」と言えば、空を飛ばずに地面を走っているタイプのUFOを出現させることだってできる。

　もちろん、演者の力量や対象の種類、観客それぞれの想像力などによってどれだけくっきり具現化させられるかの差はあるけれど、人魚もケンタウロス〔ギリシャ神話の怪物〕も、鼻の穴が三つある人間も、往年の福本豊〔元プロ野球選手〕も、とにかくありとあらゆるものを具現化することができるのだ。

　とはいえ、落語では具現化しにくいものもある。

　どんなものなら具現化させやすく、逆にどんなものなら具現化させにくいかについては、落語以外の表現方法を参照することで自ずと浮かび上がってくる。

　たとえば漫画と比べてみたらどうだろう。日常にはありえない不条理な空間を描くにあたって、漫画もまた、とても優れた表現方法の一つである。

　ぼくは〈　中略　〉ギャグ漫画が昔から大好きで、ネタづくりにも影

【国　語】〈五〇分〉〈満点：一〇〇点〉

【注意】字数制限のある場合は、句読点も一字と数えて答えること。

一　次の文章を読み、後の問いに答えなさい。〔　〕内の表現は、直前の語の意味を表します。なお、設問の都合上、本文を変更している部分があります。

水を感じさせるために水を省いた枯山水《かれさんすい》は、日本人の持つ「引き算の美学」を①端的に表している。

X や盆栽でもそうだ。ぼくたちはたった十七字というささやかな文字列の向こうに広大な風景を思い描き、小さな鉢と草木から時間の移ろいや、そこに吹く風、いつか見た自然の光景すら想起する。

何かを表現する際に、それをそっくりそのまま表すのでなく、余計な情報をあえて省略することで、かえって脳内のイメージを補完しやすくする、ということができるのだ。

②落語もまた、そんな「引き算の美学」に満ちている。

ご存じのとおり、一般的に落語は、和服姿の落語家が座布団の上に正座をした状態で演じられる。舞台の上にはちょっとした屏風《びょうぶ》があるくらいで、大掛かりな舞台セットの類は置かれない。そのため、かえって場所は制限されなくなり、自在な場面転換が可能となる。

落語家の背後に立てられた屏風は、見映えもさることながら、擬似スクリーンのようにお客さまに風景を想像しやすくさせる働きもあるのだろう。

また、和服姿で演じることは衣装の省略にほかならない。役柄に即した特定の衣装を使用しないことで、さまざまな役柄を違和感なく演じわけることができるようになるのだ。

舞台セットや衣装の省略に比べると気づきにくいけど、じつは落語という表現方法は、とても大きな要素を省略している。

正座姿で演じることによって生じる「下半身の省略」である。

落語家は正座することによって、舞台上で全力疾走《しっそう》を表現することができる。

立っている状態で全力疾走するとしたら、ある程度の距離が必要だろう。また、全力疾走すると、すぐに舞台袖へと到達してしまう。もちろんその場の足踏みで表現することもできなくはないが、違和感は残るだろう。

それが、落語の場合は、正座した状態で腕を振ったり体を揺《ゆ》らすことですんなり全力疾走を表現することができるのだ。お客さまのほうで省略された下半身を補完して、速く走っているように思い描いてくれるからである。

落語という手法を用いれば、百メートルを九秒台で走ることもたやすいし、さらには、現実にはありえないような超高速で走ることだって可能だ。

また、下半身を省略することで空を飛んだり、宙づり状態であったりという、空中での表現もしやすくなる。とくに空中での表現は舞台に足が着いていると表現しにくいものであるけど、下半身を省略した落語であれば、地面から足の浮いているイメージがお客さまの頭のなかでもスムーズに補完されやすくなる。

さらに落語では、登場人物が自在に座ったり立ったりを繰り返すことがよくある。これも、③立ちながらでは座っている状態を表現するのは難しいが、その逆、つまり、座りながら立っている状態を表現するのは、

次から選び、記号で答えなさい。

ア　待《まち》　イ　顔《かお》　ウ　鉢《はち》　エ　問《とい》　オ　抱《だき》

問６　傍線部④「僕の頬から首筋にかけて、問答無用に鳥肌が立った」のはなぜですか。最も適切なものを次から選び、記号で答えなさい。

ア　水野さんがくれた貝殻が、忘れようとしていた才蔵さんを思い出させ、無意識のうちに悲しさがわき起こってきたから。

イ　水野さんがくれた貝殻が、以前に才蔵さんに頼んでいたもの以上に素晴らしく、その瞬間うれしさがこみあげてきたから。

ウ　水野さんがくれた貝殻が、才蔵さんの死によって果たされることのなかった約束の貝殻と重なり、思わず怖さを覚えたから。

エ　水野さんがくれた貝殻が、かつて才蔵さんがくれると言っていた貝殻と似ていたことに運命的なものを感じ、つい興奮したから。

問７　次は、傍線部⑤「僕の目と耳は壊れてしまったのかもしれない」について説明したものです。空欄に入る適切な表現を本文中から十五字以内で抜き出し、答えなさい。

「僕の目」が「壊れてしまった」とは、目の前の水野さんの顔が間違いなく才蔵さんに見えたことを指し、「耳」が「壊れてしまった」とは、その時の水野さんの言葉が「僕」には［　］ことを指している。

問８　傍線部⑥「それまで胸の奥深くに沈んでいた重みのようなもの」について説明したものとして、最も適切なものを次から選び、記号で答えなさい。

ア　夢に向かって努力を惜しまなかった才蔵さんが若くして亡くなってしまい、果たせなかった夢の実現を使命として担《にな》わされていると「僕」は感じていたということ。

イ　不慮《ふりょ》の事故で亡くなってしまった才蔵さんは、この世に思い残すことがたくさんあったのではないかと思うにつけ、やりきれなさをぬぐい切れなかったということ。

ウ　真面目だった才蔵さんの部屋に新たに入居した人たちの生活ぶりが、あまりにも才蔵さんとかけ離れていたため、大切な思い出を汚《けが》されたようで納得がいかなかったということ。

エ　努力家で優しかった才蔵さんが成仏《じょうぶつ》できずに霊となって現れ、アパートの次の住人に乗り移っているかもしれないことにずっと得体《えたい》の知れない怖さを感じていたということ。

問９　傍線部⑦中の「彼の言葉」は、「水野さん」と「アキラさん」も目にしていたと考えられます。そのことが最もよく読みとれる部分を**「水野さん」と「アキラさん」が述べた言葉**の中からそれぞれ三十字で抜き出し、始めの五字を答えなさい。

問10　この作品の題名は「死なない人」です。この題名に込められた意味を、本文全体をふまえて具体的に説明しなさい。

「才蔵さんの……言葉?」

　僕が目を丸くすると、不破さんは優しくほほ笑んだ。

「⑦彼の言葉を知っているのは、あの部屋に住んだことのある者だけですよ。実は窓際の柱の下の方に、彼が書いたらしい文字が残っていましてね」

　古い住人が引っ越して行った後、新しい住人が入ってくる前に部屋をきれいにするのは常識だが、やはり昭和の頃は、今ほど徹底していなかった。特に末広荘のような安いアパートなら、せいぜい念入りに掃除しておくくらいで、壁を塗り替えたり襖《ふすま》を張り替えたりするのは、ごくたまの話だ。特に柱は、クレンザーで磨くくらいのことしかできない。

「その言葉というのは……」

「まったく正確というわけではありませんけど、覚えていますよ……『俺はたくさんの人のおかげで、今日まで生きてこられた。それなのに、困っている人を助けようとしない俺は、いったい何なんだろう』」

　あぁ、才蔵さんなら言いそうな言葉だ――そう思った時、僕は胸が熱くなるのを感じた。

「それを見つけた時、何をスカしたことを……って、私は思いました」

　当時のジャガーなら、それもやむを得ないか。

「けれど、何かにつけて、その言葉を思い出しているうちに……今のままじゃいけないって、何故《なぜ》だか思えるようになったんですよ」

　俺はたくさんの人のおかげで、今日まで生きて来られた。それなのに、困っている人を助けようとしない俺は、いったい何なんだろう――そっと呟《つぶや》くだけで、心が痛くなるのを僕も感じた。

問1　太線部a「鼓動」・b「素養」の読みをひらがなで答えなさい。

問2　空欄 X に入る表現として最も適切なものを次から選び、記号で答えなさい。

A　バタバタ　B　ビクビク　C　ギスギス　D　ドキドキ

問3　次は、傍線部①中の「ジャガーの尻尾を踏む」について述べたものです。空欄ア・イに入る適切な言葉を指定の字数で答えなさい。

「ジャガーの尻尾を踏む」という表現は、「きわめて【ア漢字二字】なことをする」という意味の、「【イひらがな二字】の尾を踏む」ということわざをふまえたものである。

問4　傍線部②「僕にとっては命がけの抗議、一世一代の大ゲンカだ」とありますが、**〈中略1〉**以前の本文から読み取れる「僕」の人物像として最も適切なものを次から選び、記号で答えなさい。

ア　普段は自分に対してあまり自信を持てずにいるが、強い正義感を秘めており、いざという時には住人たちの秩序《ちつじょ》を守るために行動できる人物。

イ　自分なりに思うことはあっても、むやみに人とぶつかることはしないが、譲《ゆず》れないことに対しては受け流して終わらせることができない人物。

ウ　いつもはおとなしく周囲に無関心で、自分からは他人と関わらないようにしているが、一度自尊心が傷つけられると感情が抑えきれない人物。

エ　計算高いところがあり、勝ち目のないケンカには乗らないが、自分が勝てると判断した相手に対しては意見を主張して押し通そうとする人物。

問5　傍線部③は慣用表現です。空欄に入る語として最も適切なものを

僕が指摘すると、アキラさんは少し照れたように答えた。

「もちろんタカコが一番だけど、他にも世話になってる人がいるからね」

「けっこう真面目なんだ、アキラさんって」

「付き合いが浅いから、知らなかったのも無理はないな……俺は、すごく真面目だよ」

ギターを手に入れたアキラさんは、そんな軽口を言うくらいに浮かれまくっていた。

きっとアキラさんは、ピアノそのものも好きだったのだろうけど、それ以上に音楽が好きだったに違いない。演奏する道を絶たれて気持ちが塞《ふさ》いでいたのだろうが、弦の柔らかいエレキギターなら、確かにやれるかもしれない。普通のボールを捕るのが難しくても、〝テイキュウ〔柔らかいゴムボール〕〟なら、どうにかなるように。

こうして元・才蔵さんの部屋から、左利き用ギターの惚れ惚れするような演奏が流れてくるようになるまで、大して時間はかからなかったのだけれど——例の現象が、ここでも起こった。

ある日突然、アキラさんが黒縁メガネをかけるようになったのだ。髪には元からパーマが掛かっていて芸能人風だったので、才蔵さんの爆発頭とは違うけれど、あのメガネをかけると、どうしても似てしまう。

〈中略３　その後、アキラさんとタカコさんは正式に入籍《にゅうせき》して、僕が六年生になった春に引っ越していった。僕自身も中学に上がる少し前に末広荘を出た。そして三十歳を過ぎた時、亡くなった母の遺産相続の件で弁護士から電話が入る。面会した弁護士が差し出した名刺《めいし》には「不破啓太郎」と書かれていた。〉

「不破さんですか」

その姓を口にした時、目の前にいる気のよさそうな男性と、かつてアパートの隣の部屋に住んでいた若者の鋭い目が、細い糸で繋がった。

〝ジャガー〟——かつて僕が、コッソリとそう呼んでいた若者が、この人なんだろうか。

「思い出していただけましたか？　あの頃は私も荒れてましたから、ちょっとビックリされてるかもしれませんね」

「いやいや、ちょっとどころじゃありませんよ。ホントに末広荘に住んでた不破さんですか？」

そう言いながらも、僕を睨《にら》み付けた怖い視線や、トイレで才蔵さんを嘲《あざけ》っていた顔が思い出される。

「弁護士になられていたんですか」

「はい。自分で言うのもいやらしいですが、あのアパートを出た後、猛勉強しまして」

確かに、あれから二十年以上が経っている。何がどう変わっても、まったくおかしくないだけの時間が流れたのだ。

「でも、あなたのお母さんの件で依頼が来たのは、まったくの偶然ですよ。こういうこともあるのかと私も驚きましたけど……もしかすると、才蔵さんという人が引き合わせて下すったのかもしれませんね」

「不破さんは、才蔵さんのことを御存じ……ないですよね？」

才蔵さんが亡くなった後の部屋に入って来たのが彼なのだから、むろん知るはずがないのだけれど、思わず僕は聞いていた。

「もちろん、お会いしたことはありません。ただ、彼の言葉は知っています」

もしかすると才蔵さんは死んだ後も自分の部屋にいて、みんなに迷惑をかけるジャガーを追い出し、自分と馬の合う水野さんの体に入り込んで、自分が生きられなかった時間の続きを過ごしているのではないだろうか――そう思うと、⑥それまで胸の奥深くに沈んでいた重みのようなものが、すっと消えたような気がした。

〈中略２　この後、水野さんは真面目に生活するようになり、無事進級し大学三年生になって引っ越していった。水野さんの後に入居したのは、「アキラさん」と「タカコさん」という若い男女であった。「僕」はキャッチボールをきっかけにアキラさんと仲良くなり、彼が腱鞘炎《けんしょうえん》という手首の病気でピアニストとしての仕事ができなくなってしまったことを知る。〉

「よくわかんないけど……腱鞘炎っていうのは、ギターも弾けないものなの？」

考えてみれば手首が痛むのだから、ピアノが無理ならギターも無理ではないかと思うが、何も知らなかった僕は、呑気《のんき》な口調でアキラさんに言ってしまった。

「ギターか……やってみたことないから、わかんないな」

「実は前に、アキラさんたちの部屋に住んでいた人が、ギターを練習してたんだ。でも、その人は左利《き》きでさ。普通のギターだと、すごく弾きにくいんだって。でも、左利き用のギターは高くて買えないから、普通のギターで練習してたよ。いつか、惚《ほ》れ惚《ぼ》れするくらいにうまくなって見せるって言ってたけど」

けれど、その夢が途中で潰《つい》えてしまったことは言わなかった。むろん、その人が若くして海で死んだことも。

「その人は、ガッツがあったんだな」

その時、アキラさんはどこか虚無的に笑っていたけれど――もしかすると、その話に何か触発されるものがあったのかもしれない。それから何週間かした頃、アキラさんはどこからか、エレキギターを手に入れてきた。しかも普通とは弦の張り方が違う左利き用のものだ。

「タモツくん、キミの話は、なかなかグッドだったぜ」

新しい楽器を手に入れて嬉しかったのか、アキラさんは、それまで聞いたことのないような浮かれた口調で言った。

「ピアノは無理でも、エレキなら弾けるかもしれない。エレキはね、アコースティックよりも、ずっと弦が柔らかいんだよ……俺は元々右利きだけど、前にこの部屋にいた人は、左利きなのに普通のギターを弾いてたんだろ。俺だって、やってみる価値はある」

そう言いながらアキラさんは少しだけギターを弾いて見せてくれたけれど、やはりｂ素養のある人は違うのか、その時点ですでに才蔵さんより上手に、滑《なめ》らかに弾いて見せた。

「あの……アコースティックって何？」

「アコースティックは、まぁ、普通のクラシックギターとかフォークギターみたいなものさ。アンプとかに繋《つな》がなくても、ちゃんと音が出るギターだね。でもエレキはアンプに繋がないと、こんな音しか出ない」

確かにエレキギターそのものの音は小さくて、ほとんど響かなかった。末広荘のようなアパートで練習するのには、まさに打ってつけだ。

「ダメで元々なんだから、少し練習してみるよ……いつまでも、まわりの人の世話になってばかりもいられないからな」

「まわりの人って……そこはタカコさんじゃないの？」

にも話していない。あるいは才蔵さん自身が、祖母か、なみえさんにでも話していたのだろうか？

耳に当てた貝からは、波の音なんか聞こえなかった。ただ速くなった自分自身の胸のa鼓動が、何倍にも大きくなって聞こえる。

「水野さん、僕にこれをくれるのは……どうして？」

少しばかり外見が似たからといって、僕と才蔵さんとの約束まで、水野さんが知るはずがない。それなのに、どうして突然、僕に貝殻をくれるのだろう。

「そりゃあ……」

そう言いながら、水野さんは僕に顔を近づけてきた。

次の瞬間に僕が見たもの、聞いた声は、もしかすると錯覚かも知れない。そうあって欲しいという僕の気持ちが作り出した幻――さもなければ、その刹那《せつな》〔ほんの短い間〕だけ、⑤僕の目と耳は壊《こわ》れてしまったのかもしれない。

おずおずと尋ねた僕に、水野さんは確かに、こう答えたのだ。

「約束だろ」

しかも、そう答える瞬間、パーマをかけて黒縁メガネをかけた水野さんの顔が、間違いなく才蔵さんに見えた。

（才蔵さん……！）

頭の中が真っ白になって、呆然《ぼうぜん》としていた僕の肩を叩《たた》いたのは、他ならぬ水野さん自身だ。

「おいおい、タモツくん、どうしちゃったんだよ、ボーッとして」

「才蔵さん……」

「ちょっと、何を言ってるんだよ。俺は斉藤じゃなくて、水野だよ。まさか忘れちゃったのかい？」

僕は僅《わず》かに冷静さを取り戻し、当たり前に水野さんの顔をしている水野さんに、もう一度尋ねた。

「だから……どうして、僕にこれをくれるの」

「今言ったじゃないか。友だちだろ。それともタモツくんは、俺の友だちにはなってくれないのかい？」

「そんなことないよ……じゃあ、これ、もらっとくね」

怖くなった僕は、ぎこちなく笑って水野さんと別れると、自分の部屋に飛び込んで、座布団を頭からかぶって震えた。

「友だちだろ」と「約束だろ」――聞き間違えるほど似ているだろうか。いや、似ていない。どんな早口で言われても、どんな小さな声で言われても、二つの言葉は絶対に違う。

けれど僕には、確かに「約束だろ」と聞こえた。もちろん、その約束をしたのは才蔵さんとで、水野さんとではない。どうして水野さんが、才蔵さんとの約束を知っているのだろう。

もし子供心に納得のいく答えがあるとしたら、才蔵さんの霊が、水野さんに乗り移っている……と考えることだ。

そもそも、そんな現象そのものが非科学的なのだから、話にならないと考える人もいるかもしれないが、子供には説得力のある考え方だった。ウルトラ警備隊がテレビの中だけの存在だと知ってはいても、神秘を完全に否定できるほど、幼かった僕の見識は固まってはいなかった。何より大人たちが、そういうものが存在するという前提で、お葬式をしたり、お墓参りをしているではないか。

（才蔵さんは……今も、水野さんの中で生きているんじゃないか）

姿を見て幽霊が出たと思い、あやうく悲鳴をあげてしまうところだったという。滅多《めった》なことでは動じない彼女の悲鳴を聞いてみたかったとも思うが、本人にすれば、それどころではあるまい。

才蔵さんそっくりになった水野さんを見て、僕の胸がいっぱいになったのは言うまでもない。

うるさいことを言えば、少し水野さんの方が背が低いし、服のセンスは才蔵さんよりはるかに良かったのだけれど、僕には才蔵さんが、ようやく長い海水浴から帰って来てくれたような気がしたものだ。

けれど、才蔵さんは悲しい運命を背負った人だったので、詳しいことは水野さんの耳には入れないようにした。ただ、「昔、同じ部屋に住んでた人に似てる」くらいにして、どういう人だったか、どんな暮らしをしていたか……みたいなことは言わないようにしていたのだ。水野さんにしても、若くして死んだ人に似ていると言われるのは、楽しいことではないだろう。

けれど、ある時、なみえさんが僕に尋ねてきた。

「もしかして、あんた、水野さんに福田さんの話、した？」

「別にしてないけど、どうして？」

そう聞き返すと、何でも水野さんが、なみえさんに言ったらしいのだ——「俺の部屋に前に住んでた人って、すごく真面目で優しい人ですよね」と。

まるで、実際に才蔵さんに会ったことがあるようにも聞こえた……と、なみえさんは言っていた。しかも〝優しい人だった〟と過去形で言わないところは、実は死んでしまったことを知らないのではないかと想像させる。

「まさか……どこかで才蔵さんと会ったのかな」

「やめてよ、そういう怖い話は」

なみえさんは不機嫌になって言ったけれど——もし才蔵さんに会える機会があるのなら、僕だって会いたいと思った。そもそも才蔵さんも、水野さんに会えるくらいなら、先に僕に会いに来てくれればいいのに。

そんなことを思っていた僕だったが、ある時、決定的なことが起こった。

僕が小学三年生になって、しばらくした土曜日、学校から帰って来ると（その頃は土曜も午前中だけ学校があった）、ちょうど水野さんがどこかに出かけるところだったらしく、部屋の前で③□合わせしそうになった。その僕の顔を見て、水野さんは思い出したように言ったのだ。

「そう言えば、タモツくん……前からキミにあげようと思ってたものがあるんだよ」

水野さんは才蔵さんのように呼び捨てではなく、僕のことをくん付けで呼んでくれていたものだ。

「これなんだけどね」

ほんの数秒、部屋の中に戻った水野さんが持ってきたものは——ちょうど大人の掌《てのひら》に載るくらいの巻貝、おそらくは糸巻法螺《いとまきぼら》の貝殻だった。

それを見た瞬間、④僕の頰《ほお》から首筋にかけて、問答無用に鳥肌が立った。

「ほら、これをこうして耳に当てると、波みたいな音がするんだよ」

そう言った後、水野さんは貝殻の穴の部分を、僕の右耳に当てたのだ。

（どうして水野さんが……貝殻のことを）

お土産に貝殻を探してきてくれると才蔵さんが言ったことを、僕は誰

「どんな風に、いい人だったんだよ」

「工場で毎日働いてるのに、夜間高校にも行っていて……アパートの人たちとも仲良くしてました。将来は、大学にも行くって言ってました」

思えば支離滅裂《しりめつれつ》な答えだけれど、ほんの少しだけジャガーへの当てこすりも入っている。

「でも、オッ死《ち》んじまったんだってな」

自分も小用を終えたジャガーは、適当に手を洗いながら言った。

「死んじまったら、全部パーだ。大学もへったくれもねぇ……がんばって夜間に行ってたのも、ムダになったってわけだ。すげぇバカだな」

僕は昔から臆病《おくびょう》で、勝てない相手にケンカなんか絶対に吹っ掛けないタイプだけれど——その言葉だけは、どうしても許せなかった。自分のことならどんなことでも我慢できるが、才蔵さんを貶《けな》す言葉だけは、許すわけにはいかない。

それでも正面からはぶつかっていけなくて、ジャガーが部屋に戻ろうと僕に背中を向けた時、その背中めがけて、思い切り体当たりした。不意打ちを食ったジャガーは、二、三歩前につんのめる。

「てめぇガキ、何しやがる」

「才蔵さんを、バカにすんな！」

僕は震えまくり、すでに涙ぐんでいたけれど、それだけはハッキリ言った。その絶叫《ぜっきょう》を聞きつけた祖母が、慌《あわ》てて部屋から飛び出してくる。

「タモツ、どうしたんだい」

「言っとくけど、俺は何もしてねぇからな……こいつが勝手に俺にぶつかって来て、勝手に泣いてんだ」

面倒を避けたかったのか、祖母から抗議を受ける前に、ジャガーはさらりと言って部屋に入って行った。僕はその場に立ったまま、えぐえぐと泣き続け、事情を理解した祖母は、困ったような顔をしていた。

（才蔵さん、幽霊になって出てくればいいのに）

（あんなヤツ、呪《のろ》い殺しちゃえばいいのに）

（思いっきり祟《たた》っちゃえばいいのに）

それから僕は、そんなことをしょっちゅう考えるようになった。

〈中略１　その年の暮れにジャガーは引っ越していき、すぐに次の住人「水野さん」がその部屋に入ってきた。「水野さん」は有名大学法学部二年生だったが、遊んでばかりで大学にはろくに行かない生活ぶりだった。〉

ところが——その水野さんが、春先からいきなり変わった。

いったい何がどうなっているのか、朝、才蔵さんと同じように七時十分に目覚まし時計で目を覚まし、真面目に学校に行くようになったのだ。

祖母が摑《つか》んできた情報によると、授業をサボり過ぎて落第してしまい、同じ学年でもう一度留年したら退学になってしまうらしいので、少し心を入れ替えたのではないか……ということだったが、それならば外見まで変える必要はないだろう。しかし水野さんは、心機一転のつもりか、いきなり髪にパーマをかけ、黒縁《くろぶち》のメガネをかけ始めたのだ。

言うまでもなく、その姿は才蔵さんそっくりだった。いや、歯並びがきれいになった才蔵さんそのものだ。

そう思ったのは何も僕ばかりではなくて、祖母も、なみえさんも、そう思ったらしい。とくになみえさんは、何の予備知識もないままにその

ように可愛がり、「僕」も兄のように慕っていた「才蔵さん」は、将来弁護士になって弱い人たちを助けたいという夢を語っていた。ところが、彼は「海の音が聞こえる貝殻」を「僕」のために拾ってくるという約束をして海に遊びに行き、おぼれて亡くなってしまった。その後、「才蔵さん」の部屋には、大家さんの親戚で十八歳の「不破《ふわ》」という男の人が入居した。見るからに怖そうな彼を、「僕」はひそかに「ジャガー」と呼んでいた。ある日、「ジャガー」は足音がうるさいという理由で上階の部屋にいきなり怒鳴《どな》り込んでケンカとなった。

それは僕の知る限り、末広荘で初めて起こった住人同士の大ゲンカだった。その時にいた住人すべてが部屋から出てきて、さらには大家さんの家からなみえさん［アパートの大家さんの家のお嫁さん］まで駆《か》けつけてきて、かなりの騒ぎになった。

とりあえず、お互いが少しずつ譲歩《じょうほ》することで場は収まったけれど――それからアパートの中の雰囲気《ふんいき》が変わってしまった。①それこそジャガーの尻尾《しっぽ》を踏《ふ》むまいとしてか、みんながみんな、変な気の使い方をするようになったのだ。同時に当のジャガーが何か迷惑をかけるようなことをしたら、すぐにでも吊《つ》るし上げてやろうと目を光らせるようになった人もいるし、そんな乱暴な親族を連れてきた大家さんたちに対して、不平をこぼす人もいた。

（才蔵さん……どうして死んじゃったのさ）

そんな息苦しさに気が付くたび、僕はそう思った――もし才蔵さんが死なずにいたら、ジャガーが来ることもなかった。アパートの中も、こんな［X］した雰囲気になることもなかった。あぁ、もう、どうして海になんか行ったのさ。

そんな風に思うしかできなかった僕だけれど、それからまもなく、僕自身がジャガーとケンカすることになる。いや、向こうはケンカだと思っていなかったかもしれないけれど、②僕にとっては命がけの抗議、一世一代の大ゲンカだ。

たぶん十月の夜のことだったと思うが――僕はトイレでジャガーに行き会った。共同トイレだし、まさに小用を足している真っ最中だったのだから、避けようも逃げようもない。

「おう、ガキか」

朝顔［男の小便用の便器］に向かって放水していると、ジャガーがトイレに入って来て、僕のすぐ隣で用を足し始めた。ちなみにジャガーは最初から最後まで、ずっと僕のことをガキと呼んでいたものだ。

思いがけず声をかけられた僕は、いきなり放水のスピードが落ちたけれど、できるだけ早くトイレから出ようと躍起《やっき》になっていた。その時に、思いがけないことを尋《たず》ねられたのだ。

「前から聞こうと思ってたんだけどよ……俺の前に、あの部屋に住んでたのって、どんなヤツだよ？」

「え……才蔵さんのことですか」

「才蔵だかアホ蔵だか知らねぇけどよ、どんなヤツだったかって聞いてんだ」

その言い方からして、すでに悪意しか感じられない。僕はカチンときたけれど、情けないことに、すぐに言い返せるほどの根性はなかった。

「すごく、いい人でしたよ」

どうにか小用を終えた僕は、少しでも早くトイレを出たかったけれど、ジャガーとの話が終わっていないので、そうもいかない。

問10　傍線部⑧について、「著者の思考、世界観」を「受け入れる」ための効果的な読み方として、具体的にどのようなものが挙げられていますか。**69・68ページ**の本文中から漢字二字で抜き出し、答えなさい。

問11　空欄［B］に入る表現として最も適切なものを次から選び、記号で答えなさい。

ア　狭いところ　　イ　深いところ
ウ　近づいたところ　　エ　離れたところ

問12　次は、本文を読んだ明子と星子の会話です。空欄①～⑤に入る適切な言葉を、**〈中略3〉以降**の本文中からそれぞれ指定の字数で抜き出し、答えなさい。

明子　本を読むのって苦手なのよね。
星子　えー、私は楽しいよ。
明子　だって時間がかかるし、単調だし。本を読むくらいなら、動画を見たりゲームをしたりする方がいいって感じ。
星子　どんな本を読んだことがあるの？
明子　お母さんが薦《すす》めてくれた偉人伝のシリーズ。でも、途中で読むのやめちゃった。
星子　そうなんだ。それなら、明子には（　①**四字**　）のようなジャンルの本がおすすめね。先の展開が気になってどんどん読めるはずよ。筆者の分け方だと「（　②**八字**　）」に分類される読書のパターンね。
明子　なるほど。なかなかページが進まないのが苦痛だったけど、（　①　）なら結末が知りたくて、ついページをめくってしまいそう。図書館で借りてみようかな。
星子　私は、時間のかかる長編小説が好きなの。読むのに何日もかかるけど、その間は作品の世界にひたれるから幸せ。夢で主人公になっているなんてこともあるのよ。
明子　へえー、「（　③**六字**　）」って筆者が言っているパターンそのものだね。そんなに楽しめるなんてうらやましい！
星子　でもね、私の本の読み方には（　④**三字**　）な視点が足りない、ってお姉ちゃんには言われるの。つい書かれていることをそのまま信じちゃうのよね。
明子　読書好きなりに悩みはあるのね。うちのお母さんも本好きなの。子どもの頃読んだ本を大人になって読み返すと、また新たな見方ができるのが読書の醍醐味《だいごみ》なんだって。子どもの頃にはよくわからなかった部分、筆者が言うところの（　⑤**五字**　）を残したままだった部分が、大人になって読み返した時にすっと理解できることがあるんだって。
星子　あー、話しているうちに、すごく本が読みたくなってきちゃった。これから一緒に図書館に行こうか！

二　次の文章は、朱川湊人作「死なない人」の一節です。本文を読み、後の問いに答えなさい。〔　〕内の表現は、直前の語の意味です。なお、設問の都合上、本文を変更している部分があります。

幼い時から祖母と二人で生活する「僕」は、小学生の頃「末広荘」という東京下町の小さなアパートに暮らしていた。隣の部屋には、工場で働きながら夜間高校に通う二十一、二歳の「福田才蔵」という男の人が住んでいた。「僕」を弟の

ア　本を読みあきたいまとなってみれば
イ　本を読みはじめたいまとなってみれば
ウ　本を読みつくしたいまとなってみれば
エ　本を読みそこねたいまとなってみれば

問３　傍線部①「やわらかいもの」の具体例を**69ページ**の本文中から十六字で抜き出し、答えなさい。

問４　傍線部②「尻込みする」とほぼ同意の表現を次から選び、記号で答えなさい。
ア　二の足を踏《ふ》む　イ　二の次にする
ウ　二の舞を演じる　エ　二度手間をかける

問５　次は、傍線部③「文学のすごさは～ありません」について説明した文です。空欄に入る適切な語を本文中から五字で抜き出し、答えなさい。

「文学のすごさ」はあらすじにあるのではなく、作品の言葉が持つすさまじい□にあるといえる。

問６　傍線部④中の「□間《かん》」は「文字に現れていない筆者の真意」を表し、慣用的には「□間を読む」という使い方をする語です。空欄に入る漢字一字を答えなさい。

問７　傍線部⑤「わからない部分があってかまわない」とありますが、それはなぜですか。最も適切なものを次から選び、記号で答えなさい。
ア　本と読者には相性があり、自分にはどうしても理解しにくい内容を含む本に出会うこともあるが、無理に理解しようとはせず現在の自分に合った本を探し続ける、そのような読書の方法もあるから。
イ　作品の中には、作者が意図的に難解なしかけをほどこし一読するだけではすぐに理解できないよう工夫したものもあり、その思惑《おもわく》にそって謎解きを楽しむ、そのような読書も面白いものであるから。
ウ　今の自分にとって理解できない内容に直面した場合は、その時点ですべて把握《はあく》する必要はなく、以後の学習や経験を通して少しずつ理解を深めていく、そのような段階的な読書も楽しみ方の一つであるから。
エ　読書において理解できない部分があった場合は、いったんその部分を読み飛ばし、わかりやすくコンパクトにまとめた情報系の本でゆっくり丁寧《ていねい》に理解していく、そのような解説書を利用した読書も有効であるから。

問８　傍線部⑥「本の書き手や登場人物のワールドが自分の中に根づくこと」とは、読書を通して書き手や登場人物と近い体験をすることです。そのような体験を「□体験」と呼びます。空欄に入る漢字二字を自分で考えて答えなさい。

問９　傍線部⑦「本には恐るべきパワーがある」とありますが、それはなぜですか。最も適切なものを次から選び、記号で答えなさい。
ア　その本の読者が自分自身を見失い、著者の考えに支配されてしまう可能性があるから。
イ　その本の読者に誤解を与え、それまでの正しい認識を揺《ゆ》るがしてしまう可能性があるから。
ウ　その本を読んだ支配者の考え方をゆがめ、暴力的な政策をとらせてしまう可能性があるから。
エ　その本には人間を超える偉大な力があり、読者がその神秘的な力に畏《おそ》れを抱く可能性があるから。

ないということで、まったくワケがわからないというのとは違うでしょう。わかる部分から推しｂ量るに、これはきっと深いことなのだろうと感じるはずです。まだまだ深さに先があるということです。

　しばらくたって読み返すと、かつてはわからなかった部分が理解できたり納得できたりする。いい作品には、そういう深みがあります。読むたびに発見があるものです。

　よくわからないけれど心にひっかかり続けていて、あるときふと「そういう意味だったのか」と気づくこともあります。

　もやもや感も読書の楽しみです。⑤わからない部分があってかまわないのです。

〈中略４〉

　読書は、⑥本の書き手や登場人物のワールドが自分の中に根づくことで、人生を豊かにしていくことができるものです。読書でワールドを増やしていけるのです。

　一方で、他者が自分の中に入り込む怖さもあります。自分よりはるかに思考力がある人の考えを読み、その人が深く入り込んできたら……。自分がなくなってしまうくらい影響を受けるかもしれません。読み方を間違えれば危険でもあるのです。

　いま名著として読み継がれている本も、歴史の中では禁書として出版を禁止されていたことがあるという例は数多くあります。秦《しん》の始皇帝などは儒教《じゅきょう》が国をｃオサめるのに邪魔だということで、書物は焼き払い、批判的な儒学者を生き埋《う》めにしてしまいました。「焚書坑儒《ふんしょこうじゅ》」というものです。それだけ⑦本には恐るべきパワーがあるのです。

　本を１冊読むのにはある程度時間がかかります。その時間をかけて、自分の頭の中に著者が語り続けるわけです。本のワールドに没入しているときは、自分と著者とが区別できないような状態になります。言葉を使っているというのもポイントで、著者の思考をなぞることができてしまう。それだけ深いレベルで影響を受けやすいのです。

　そう考えると、場合によっては「批判的に読む」ことも必要でしょう。

　ただ注意したいのは、何でも批判的に、ナナメに読めば思考力が深まるわけではないということです。⑧著者の思考、世界観をいったんはそのまま受け入れるほうが得るものは大きいはずです。

　「どっぷり読書」も、それはそれでいいものです。その世界にどっぷりはまることで、思考が深まる面もあります。そのうえで批判的に読む。ちょっと［Ｂ］から見るような感じです。この視点は、さまざまな本を読んでいるうちに自然と身につくものでもあります。

　一人の作家に入れ込んで、その作家のものばかり読んでいると、どうしても視点が偏《かたよ》りがちになります。その作家しか受けつけない、というのではやはり思考も深まりません。違うタイプの作家のものを読んだり、違うジャンルの本を読んでいると、同時にいくつかの視点を持てるようになります。バランスがとれるようになるのです。

　そうしたバランスのとれた視点が身についていると、どっぷりひたりながらも批判的に読む、ということができるようになります。

（齋藤孝著『読書する人だけがたどり着ける場所』より）

問１　太線部ａ「ソウカン」・ｂ「量（る）」・ｃ「オサ（める）」について、カタカナは漢字に直し、漢字はその読みをひらがなで答えなさい。

問２　空欄［Ａ］に入る表現として最も適切なものを次から選び、記号で答えなさい。

〈中略２〉

最初に本格的な本を読んで自信をつけることをおすすめしますが、「そうは言っても……」と②尻込みする人はいると思います。「世界文学をあらすじで読む」といった本で何とかならないだろうか。一応、教養らしいものは身につくのでは？と思うかもしれません。確かにこういった本は短時間で、とりあえずどんな話なのかわかりますから便利ですね。

ただ、③文学のすごさはあらすじにあるわけではありません。あらすじは、「知らないよりは知っているほうがいい」という程度のもの。難解な本をぶっつけ本番で読むよりは、最初にあらすじを理解しておくと読みやすくはなります。そういう意味では活用できますが、あらすじだけでは体験としての読書にはならないのです。

そこで私がおすすめしたいのは、「クライマックスだけでも音読する」ことです。あらすじを知ったうえで、重要なシーンを声に出して読むのです。

そうすると、かなり読書体験に近づきます。大学生や小学生に、名場面の数ページ分でも音読してもらうと「音読してみてはじめてすごさがわかった」と言います。多少言葉が難しくても、そこに込められた本質に触れる体験となります。

一流の文学というものは、原文にとんでもない力があります。翻訳《ほんやく》でも、あらすじとは違うパワーがあります。音読をすると、言葉がすごい迫力《はくりょく》で身に迫《せま》ってきます。字面ではなく、身体全体でワールドを味わう感覚です。著者や登場人物になりきって読んでみると、黙読ではいまいちつかめなかった心情や④□間の意味もわかることがあります。

また、偉大な著者の肉声が、自分の体を通して聞こえてくるような感じがします。聞こえてくるのは自分の声ですが、言葉に尋常《じんじょう》でないエネルギーが込められているので、あたかも著者が目の前にいて語りかけてくるかのようです。

より深く味わうには、大げさに演劇的に音読することです。演技がうまくなくてもいいので、著者や登場人物になりきる。その気になることが大切です。真似《まね》ることが学びの基本。真似て読むことで深い学びも得られます。

〈中略３〉

よくわからない物事をわかりやすく解説してくれている情報系の本は、「そういうことだったのか！」というすっきり感を与えてくれます。テーマを絞《しぼ》って内容をコンパクトにまとめてくれている新書などは、「すっきりする読書」にとてもいいですね。難易度はさまざまですが、基本的に論旨《ろんし》ははっきりしていますし、「なるほどなるほど」と頷《うなず》きながら読み進められます。速読が向いているのはこういったタイプの本です。

また、謎解きを主とした推理小説は、複雑な謎が解かれたときに「そういうことだったのか！」とすっきりし、面白く感じます。

このすっきり感は読書の楽しみの一つです。

一方、もやもやする読書というのもあります。いろいろな意味にとることができて、解釈が人によって違うような本もありますよね。あるいは、いまの自分にとって難解な部分、理解しがたい部分があってもやもやするような本です。

たとえばニーチェの『ツァラトゥストラかく語りき』を読むと、よくわからない部分もあると思います。それは、いまの自分にはまだわから

【国　語】〈五〇分〉　〈満点：一〇〇点〉

【注意】　字数制限のある場合は、句読点も一字と数えて答えること。

［一］　次の文章を読み、後の問いに答えなさい。〔　〕内の表現は、直前の語の意味です。なお、設問の都合上、本文を変更している部分があります。

一流の本を書くには才能が必要になるでしょうが、本を読むのには才能は必要ありません。すでにお話ししたように、本来誰もが知的好奇心を持っています。子どもはみんな本が好きです。それが成長とともに本から離れてしまっているだけで、ポテンシャル〔隠れている能力〕は持っています。

一度読書の習慣がつけば、どんどんラクに本が読めるようになります。そして思考も知識も人格も深めていくことができるのです。

百人一首に「あひ見ての　のちの心に　くらぶれば　昔はものを　思はざりけり（あなたと逢瀬《おうせ》を遂《と》げたあとの、いまのこの切ない気持ちに比べれば、昔は物思いなどしていないのと同じだったのだなあ）」（権中納言敦忠）という歌がありますが、これになぞらえれば、「［　A　］、昔はものを思わざりけり」という気分です。

〈中略１〉

読書は集中力の訓練になります。まとまった量の文字を読んで、内容を理解するには集中力が必要です。集中力がなくなってくると、字面を追っても内容が全然頭に入ってこないですよね。読書慣れしていない人は、集中力を持続させるのが難しく、「面倒くさい」と感じる。

だから、あまり一生懸命読みこまなくてもいいような軽い本を求めます。古典の名著をあらすじで理解する本のように、かみくだいて簡単にしたものが売れるのです。そのままの状態だと固くて咀嚼《そしゃく》力が必要だけれど、最初からやわらかくしてあれば読める、というわけです。

当然ながら、①やわらかいものばかり食べていればアゴの力はつきません。誰かにかみくだいてもらわなければいけなくなってしまいます。それでは一流のものを本当に味わうことは難しいでしょう。

逆に言うと、一度頑張ってアゴの力をつけてしまえば、あとは楽に読めるようになります。

ですから、最初にむしろレベルの高い本を勢いにまかせて読んでしまうことをおすすめします。最初は理解できない箇所《かしょ》もあり、先に進むのが苦痛で逃げ出したくなるかもしれません。それでもとにかく最後まで読み切ってしまう。

わからない言葉を調べたり、キーワードや登場人物のaソウカン図を書き出して整理する必要がある場合もあるかもしれません。そうして少し努力しつつ、最後まで読み通すことができれば自信がつきます。自信がつくと、次も読めます。さらに次もと、どんどん読めるようになります。「あの本に比べれば簡単だ」「すぐに読めそうだ」と感じるでしょう。

逃げ出さずに本と向き合い、読み続けることで集中力が鍛《きた》えられれば、他の趣味にも勉強にも仕事にも良い効果があります。「やりたいことはあるのに、なかなかできない」という場合、集中力がかかわっていることが多いもの。一つひとつ集中して取り組むことができれば、短時間で目標を達成することができ、その結果余暇《よか》も増えます。時間が増えて、やりたいことがもっとできるのです。

あっても配慮せず、厳しくとがめる母親。

問９　空欄 Ⅱ に入る最も適切な言葉を次から選び、記号で答えなさい。

ア　残した　イ　示した　ウ　消した　エ　隠した

問10　傍線部⑦「近くにある雲がゆっくりと動き、遠くにある雲とのすき間から陽が射す。すき間からだが、光は強い」という描写の説明として適切なものを次から二つ選び、記号で答えなさい。

ア　試合中に一人で野次を飛ばす様子から「あぶないやつ」と感じていたヤジオが実は心優しい人物だとわかり、それまで抱いていた不安と警戒心がきれいになくなったことを表している。

イ　理解しがたかった長野くんやヤジオの言動の真意を知り、信頼が深まるにつれて気持ちが少しずつ前向きになり、またいつか登校できる日が来るだろうと予感していることを表している。

ウ　卒業しても元マネージャーにひそかな恋心を抱き続けるヤジオの姿を目にしたことで、長野くんと自分との関係もこれから進展していくに違いないと確信していることを表している。

エ　球場で偶然に出会ったヤジオから楽観的な生き方を学んだことで、学校に行けないという現実をすっかり忘れ、まだまだ続く夏休みを思い切り楽しもうと思っていることを表している。

オ　委員長に立候補した長野くんの思いやヤジオの高校時代の話を聞く中で、自分と長野くんもこの先良い関係を築いていけるかもしれないという期待感を抱いていることを表している。

問11　次は、本文中に三箇所ある二重傍線部※「いいやつ」（27・25ページ）について説明した文章です。空欄ア・イに入る適切な表現をそれぞれ指定の字数で考え、文章を完成させなさい。

「いいやつ」を目指した長野くんは【　ア　（二十五字以内）】ような人を「いいやつ」だと考えていた。しかし、その「いいやつ」は客観的に見ると、先生にとって好都合な人物に過ぎず、周囲との関係を壊してしまった。その後、長野くんは、自分の内なる【　イ　（漢字二字）】に従って行動する人こそが「いいやつ」であると考えるようになった。

長野くんのこのような考えの変化を知ったことやヤジオとの会話を通して、「わたし」は自分の内なる【　イ　】に従って行動する「いいやつ」こそが、他人を励まし、深い絆を結ぶことができる存在だと感じるようになった。

エ　自分の意志に反して副委員長をやらされた上、クラスメートからは嫌われて無力さを感じている。

問３　傍線部②「でも陰では舌を出して」とはどういうことですか。その説明として最も適切なものを次から選び、記号で答えなさい。

ア　周りには簡単にこなしているように見えても、実は苦労をしているということ。

イ　一見堂々としているようでも、内心では照れくさい思いをしているということ。

ウ　どちらにも表向きはいい顔をしながらも、心の中では軽視しているということ。

エ　冗談めかして言いつつも、本心では損な役回りに不満を持っているということ。

問４　傍線部③「長野ウゼー、島ウゼー、という声があちこちから聞こえてくる」とありますが、クラスメートがこのように反応した理由を「わたし」はどのように考えましたか。最も適切な一文を〈中略２〉以降の本文中から抜き出し、始めの七字を答えなさい。

問５　空欄 Ｉ に入る最も適切な言葉を次から選び、記号で答えなさい。

ア　有頂天《うちょうてん》　イ　一枚岩　ウ　板挟《いたばさ》み　エ　橋渡し

問６　傍線部④「『いいよ、別に』と言う。言ってしまう」について、「言う」を「言ってしまう」と言いかえていることから、「わたし」のどのような性格が読みとれますか。最も適切なものを次から選び、記号で答えなさい。

ア　自分の本当の気持ちに反した言動を軽々しくとってしまい、後になってから悔やむような性格。

イ　自分の本当の気持ちを深く考えることなく、相手にペースを合わせてしまう流されやすい性格。

ウ　相手とけんかをしても勝てそうにない時は、自分の本当の気持ちを表に出さないような性格。

エ　相手との関係が気まずくならないように、自分の本当の気持ちをついのみ込んでしまう性格。

問７　傍線部⑤「がさつ」のここでの意味として最も適切なものを次から選び、記号で答えなさい。

ア　けんかっ早く、力で相手に言うことをきかせたがる乱暴なさま。

イ　ことばや動作が荒っぽく、細かいところまで気が回らないさま。

ウ　気が短く、相手のことを考えて行動できないという自己中心的なさま。

エ　こだわりが強く、自分のやり方をつらぬくという融通《ゆうずう》の利かないさま。

問８　傍線部⑥「こっちのお母さん」とは、どのような母親のことですか。最も適切なものを次から選び、記号で答えなさい。

ア　自分の子どもが辛《つら》い目にあうと、その言い分だけを聞き、指導の仕方について学校の先生に意見をする母親。

イ　自分の子どもがトラブルを起こすと、その事実を隠そうとし、責任をすべて相手に押しつけようとする母親。

ウ　自分の子どもがケンカをすると、子ども同士で解決させようとせず、すぐに相手の親に抗議をする母親。

エ　自分の子どもの立場を悪くする相手には、たとえそれが子どもで

「うん。生まれたら教えてくれって、こっちから頼んだんだけど。生まれたのは三時間ぐらい前らしいよ。産んだあと、二時間は休まなきゃいけなかったみたいで」

でも、休んだあとすぐに電話をかけてくれたわけだ。高校で部が一緒だっただけの人に。いや。だけの人でもないのかな。

同じことを考えたのか、長野くんがしれっと訊く。

「元カノジョとか、そういう人ですか？」

「ちがうちがう。そんなんじゃないよ。ただの元マネージャーと元部員。おれだけじゃなく、ほかのやつらにも電話してるはず」

ヤジオと同い歳ということは、二十歳だろう。今二十歳なら、妊娠したのは十九歳のときか。早い。わたしで言えば、あと八年後だ。

「いやぁ、マジでよかったよ。あいつも子どもも無事だっていうから。ほんと、よかった」

ヤジオはそのマネージャーのことが好きだったのかもな、と思う。今でも好きなのかもな、とも思う。

その人は、本当にいいやつなのだろう。いい女子なのだろう。だからそこまで気にかけてもらえるのだ。ちょっとうらやましい。高校の野球部員とマネージャーでそうなら、例えば小学校の委員長と副委員長でそうなることもあるんだろうか。長野くんとわたしがいずれそうなるようなことも、あるんだろうか。

まさかね。

⑦近くにある雲がゆっくりと動き、遠くにある雲とのすき間から陽が射す。すき間からだが、光は強い。

夏休みはまだ始まったばかり。あと四十日以上ある。

それだけあれば、気も変わるかもしれない。九月一日には、学校に出ていけるかもしれない。まだ出ていくと決めはしないけど。長野くんに言いもしないけど。

代わりにこんなことを言う。

「こっちでもケンカとか、すればいいのに」

「え？」

「※いいやつになるためのケンカなら、すればいいのに」

「あぁ。うん。島さんがしろって言うなら、するよ」そして長野くんは言う。「なんてね」

小五女子。野球は好きじゃない。なのに野球場にいる。来てよかったと思う。

ヤジオの名前くらいは、記念に聞いておこうと思う。

問1　太線部Ａ「ケンアク」・Ｂ「田舎」・Ｃ「モンク」について、カタカナは漢字に直し、漢字は読みをひらがなで答えなさい。

問2　傍線部①「やる気があるのに〜こともあるのだ」とありますが、この時の「わたし」の心情として最も適切なものを次から選び、記号で答えなさい。

ア　岡崎先生の指示をクラスのみんなに忠実に伝えようとしたのに、従ってくれず悔しい思いをしている。

イ　母親の勢いに押され、来たくもなかった野球観戦に来ることになってしまったとがっかりしている。

ウ　長野くんが委員長になるくらいなら自分が委員長になりたかったが、言い出せず残念に思っている。

何だろう。何か、ほっとした。よかった、と思った。そこで長野くんを責め、叱りつける親じゃなくてよかった。長野くんに、⑥こっちのお母さん、だと思われなくてよかった。

で、こうも思う。そう思ってるってことは、わたし自身、長野くんは悪くないと思ってるってことなんじゃないの？

考える。前列のヤジオの背中を見つめて、考える。

空は曇ってるけど、そこは夏。暑い。ヤジオのTシャツにも、うっすらと汗がにじんでる。

〈中略３　「わたし」と長野くんはヤジオに話しかけられ、次第に打ち解けていきました。ヤジオは元みっ高野球部員でした。〉

それからみっ高は、やっと反撃した。バッターとして登場した酒井さんが二塁打を放ち、一点を返したのだ。

ヤジオは立ち上がって喜んだ。

「ナイス、酒井！　さすがエース！」

長野くんも立ち上がって声を出す。

「続け、続け！」

みっ高は続かなかった。次のバッターが三球で三振し、反撃はあっけなく終わった。でも一点は入った。爪あとは、［Ⅱ］。

メガホンをパンパン叩《たた》いてたヤジオが、ズボンのポケットからスマホを取りだして耳に当てる。

「もしもし」「うん」「あぁ。聞こえる？」「今、球場」「試合観てた、ウチの」「そう。ヤジオになってた」

ん？

長野くんと顔を見合わせる。ヤジオ。さっきの話を聞かれてた？

「そうそう。いつもみたく、ヤジりまくり。一人なのに。ちょっとあぶないやつと思われてるかも」

セーフ。聞かれたわけではないらしい。

「そんなことより。どうした？」「生まれた？　マジで？」「やったじゃん！　おめでとう！」「男だよな？」「今さら女ってことないか」「そうかぁ。体は平気？」「ならよかった」「だろうなぁ。男には耐えられない痛みだって言うもんな。おれは絶対無理だわ。ビビリだし」「がんばった。ほめるしかないよ」「とにかくよかった。おめでとう。今度会わしてよ、落ちついたら」「ゆっくり休みな」「じゃあ」

ヤジオが電話を切る。スマホをポケットに戻し、ふとこちらを見る。

「知り合いに子どもが生まれてさ。報告の電話」

「スゲえ」と長野くん。「いいなぁ。夏休みの初日が誕生日」

「いや、微妙だよ」とヤジオ。「学校で祝ってもらえない」

その言葉が、微妙にチクリとくる。今のわたしや長野くんの誕生日は、たとえ学期中でも、誰からも祝ってもらえないだろう。

でも、まあ。

長野くんの誕生日をわたしが祝ってあげることくらいはできる。そしたら長野くんも、祝ってくれるかもしれない。充分か、それで。

「もう少し言っちゃうと。みっ高野球部のマネージャーだった子なんだよ。おれの代の。結構仲よくてさ。酒井が入ってきたあとも、出番がなくなったおれをずっと励ましてくれてたんだ。ほんと、いいやつだよ。というか、いい女子」

「生まれたよって、教えてくれたんですか？」とわたしが尋ねる。

こんなこと訊《き》いちゃいけないよなぁ、と思いつつ、訊く。

「何で離婚しちゃったの？　お母さん」

「何でだろう。よくわかんない。隠してるわけじゃなくて、ほんとにわかんない。ほら、そういうことって、あんまり話してくんないから。でもケンカはよくしてたよ。離婚する一年ぐらい前から」

　お母さんが長野くんを引きとったのなら。悪かったのはお父さんなのだろう。

「でさ、こっちではもう乱暴なことはしないでって、母ちゃんに言われたんだよね」

「してたの？　乱暴なこと」

「乱暴なことをしてたつもりはないんだけど。ケンカとかはよくしてた」

「ケンカって、口ゲンカとかじゃなくて？」

「殴《なぐ》り合いもしてたよ。前いた片見里《かたみざと》ってとこは、もろB田舎だからさ、そういうことがなくもなかったんだよね。まあ、だいたいは、殴り合ったらお互いすっきりするんだけど、なかにはすっきりしないやつもいて、そんなやつの親が学校にCモンクを言うんだ。で、おれの母ちゃんが謝りに行く」

「へぇ」とだけ言う。

　それは乱暴だよ、と言いそうになるが、言わない。

「こっちは全然ちがうなぁ、と思ったよ。みんな、おとなしいよね」

「おとなしいかもしれないけど。いやな子もいるよ」

「それも思った。陰で何かされそうだなって。片見里では、そういうことはなかったんだけど」そして長野くんは言う。「で、とにかくさ。もう高学年だし、おれ、母ちゃんのためにも、何ていうか、※いいやつになろうと決めたんだよね」

「いいやつ？」

「うん。勉強の成績はよくないから優等生にはなれないけど、委員長にならなれるかもって思った」

「それで立候補？」

「そう。推薦されんのは無理だけど、立候補はできるんだから、なれるじゃん」

　一言で言えば、単純。もう一言足せば。高学年なのに、単純。

「ただ、これまで委員長なんてやったことないから、よくわかんなくてさ。とりあえず先生の言うことを守ればいいだろうと思ったんだ。片見里では怒られてばっかいたけど、言うことを聞いとけば怒られないだろう、みんなにも言うことを聞かせれば絶対に怒られないだろうって。そしたら、何か、変な感じに」

「なったね」

「ほんとにわかんなくなったよ、どうすれば※いいやつになれるのか。で、そんなら自分がやるべきだと思うことをやろうっていうんで。島さんちに行って、謝った」

「ウチのお母さん、何て言った？」

「来てくれてありがとうって。こっちの親だから片見里以上にムチャクチャ言われるだろうと思ってたけど、全然そんなことなくて。ちょっと驚いた。説明がヘタすぎてちゃんと伝わってないのかとも思って、もう一回言ったよ。ぼくのせいですよって。そしたら、そんなことないよって言ってくれた。そんなことあるんだけど」

〈中略２〉

「よしっ！　ナイスピッチ、酒井！」と前列でヤジオが声を上げる。

ピッチャー酒井さんがバッターを三振させて、みっ高がピンチを切りぬけたのだ。

　こちらのスタンドにいるみっ高生たちが同じく声を上げ、拍手をした。みっ高生だとわかるのは、制服を着てるからだ。

　夏休みでも応援に行くときは制服を着るように、と言われてるのだろう。もしかしたら。先生がそう言ってるからみんな絶対に着ていけよ、と強く言うクラス委員がみっ高にもいるのかもしれない。

　などとちょっといやなことを考えてたら。長野くんがいきなり言う。

「ごめん」

「ん？」

「おれが、何か、変な感じにしちゃって」

「変な感じ？」

「クラスを、というか、島さんを」

　何も言えなかった。いいよ、と簡単に言ってしまえることではない。だからといって、ほんとにそうだよ、とも言えない。

　たぶん、ぼくのせいです、と長野くんに言われたときのわたしのお母さんもこんな気持ちだったのかな、と思う。あのときも、いきなりだったはずだ。長野くんはいきなり訪ねてきて、いきなり謝った。

　でもお母さんは、長野くんを責めなかった。だから長野くんは、こうしてわたしを野球場に誘った。一度めでお母さんに責められてたら、この二度めはなかっただろう。

「ほんと、ごめん」

④「いいよ、別に」と言う。言ってしまう。「わたしが勝手に行かなくなっただけだし」

「でも原因をつくったのはおれだから」

「いいって」

　初めてこう考える。原因をつくったのは、長野くんだろうか。

　確かに長野くんはやり過ぎた。⑤がさつといえばがさつだった。でも自分で言ったように、まちがったことはしてない。自習時間に静かにするのは当たり前のことだ。掃除をサボらないのも、当たり前のことだ。先生にじゃなく、同じ児童に注意されるから腹が立つというだけの話。勝手なのは、腹を立てる側だ。タバコのポイ捨てを注意されて、うるせえ、とキレるようなもの。そう見ることもできる。

「何で、委員長をやろうと思ったの？」と尋ねてみる。

「うーん」長野くんは考え、答になってないことを言う。「おれ、前んとこでは、長野じゃなかったんだよね。名字」

「じゃあ、何だったの？」

「コタニ。小さいに谷で、小谷。親が離婚したんだよ」

「あぁ。そうなんだ」

「うん。だから引っ越してきた。こっちが母ちゃんの地元だから」

　地元。住めば地元。お母さんがみつばの出身なら、半分は地元だったわけだ。

「長野は母ちゃんの名字。えーと、旧姓ってやつ。まだそうなって四ヵ月だからさ、慣れそうで慣れないよ。長野って呼ばれても、すぐには気づけなかったりする。自分でも小谷って言いそうになるし」

だし。

　ほかに推薦者もいないようだから。と岡崎先生は言った。島さん、やってもらえる？

　いやです。絶対にやりません。と強く断る自分を想像しながら、わたしは力なく言った。じゃあ、やります。

　二学期にクラス委員をやると、短い三学期もこのままで、ということになりかねないので、やるなら一学期にやってしまったほうがいい。そう自分に言い聞かせて、わたしは五年一組の副委員長になった。

　そして、後悔した。

　長野くんは、思った以上にダメな委員長だった。副委員長のわたしから見れば、ということだ。岡崎先生から見れば、最高の委員長だったかもしれない。初めは不安を覚えてたはずの先生も、すぐに長野くんを信用した。学期途中での交替なんて、考えもしなかったにちがいない。

　長野くんは熱心だった。あまりにも熱心すぎた。岡崎先生の指示をクラスのみんなに忠実に伝え、守らせた。

　例えば先生が職員室で長野くんに、静かに自習させなさい、と言う。すると長野くんが教室でみんなに、静かに自習してください、と言う。そして一言もしゃべらせない。例えば先生が長野くんに、掃除をサボらせないようにしなさい、と言う。すると長野くんがみんなに、掃除は絶対にサボらないでください、と言う。そして一人もサボらせない。そんな感じ。

　長野くんは、副委員長のわたしにもそうすることを求めた。男子はおれが見るから、女子は島さんが見てよ、と言った。またそんなことを、みんなの前で言うのだ。よく言えば、裏表がない。悪く言えば、気が利かない。みんなは、気が利かない、をとった。あいつ何なの？　になった。島も何なの？　になった。

　委員長が川本くんだったらなぁ、とわたしは何度思ったことだろう。川本くんなら、同じことをもっとうまくやってたはずだ。岡崎先生からの指示も聞いて。最低限のことだけをみんなに伝えて。先生には、みんなが言うことを聞いてくれなくて、と軽めに言って。みんなには、おれが先生に怒られちゃうからさ、と軽めに言って。そういうのを、本当に軽やかにやって。②でも陰では舌を出して。

　長野くんは、そんなふうに立ちまわることができなかった。はっきりと先生の側に立つのが委員長だと、そう思いこんでるみたいだった。

③長野ウゼー、島ウゼー、という声があちこちから聞こえてくるのに時間はかからなかった。みんな、その言葉を隠さなくなった。男子だけでなく、女子までもが言うようになった。長野くんは知らん顔をしてた。まちがったことはしてないんだから気にすることないよ、とわたしには言った。それもまた、みんなの前で言うのだ。勘弁《かんべん》してほしかった。

　上には岡崎先生と長野くん、下にはクラスのみんな。わたしは完全に［Ｉ］になった。そうとらえてるのはわたしだけ、というところがまたツラかった。長野くんはわたしが女子をまとめられないことを不満に思ってるはずで、クラスのみんなはわたしを長野派と見てるはずだった。そして岡崎先生は。どうせ何も見えてない。

　わたしは見事にきらわれた。幼稚園のころからずっと、みんなにきらわれないようにしてきたつもりなのに、あっけなくきらわれた。巻きこまれてそうなることもある。自分の力ではどうにもならないこともある。そのことがショックだった。

「おいおい、どこ投げてんだよ！　味方の足を引っぱるなよ！　打てないなら、せめて守れよ！」

言い方がどんどんキツくなっていく。本気で怒ってるみたいに聞こえる。

「そんなんで勝てるわけねえよ！　勝ってきた相手に申し訳ねえよ！」

長野くんが、わたしに小声で言う。

「ヤジオだね」

何のことかと思うが、すぐに気づく。野次男だ。ヤジばかり言ってるから、ヤジオ。つい笑う。

一列後ろでそんなあだ名をつけられたことも知らずに、ヤジオはなおも言う。

「やる気がねえならコールドで負けちゃえよ！　やる気があるなら見せろよ！　頼むから、もっと勝つ気を見せろよ！」

うるさいなぁ、と思う。①やる気があるのに負けることもあるのだ。勝つ気を見せたところでどうにもならないこともあるのだ。

〈中略１　この春クラス替えがあり、一学期の初日に長野くんが転校してきました。男子のリーダーは川本くんで、女子のリーダーは飯田さんという雰囲気の中、長野くんはクラス委員長に立候補し、皆を驚かせました。〉

もしぼくがダメだったら、途中で替えてください。それでいいです。

まあ、そこまで言うなら。と岡崎先生も折れるしかなかった。みんな、長野くんが委員長ということで、いいかな？

いいです。と川本くんが言った。そこで発言するあたりがリーダーだ。だったらまかせてみましょうよ、という感じ。リーダーのぼくはそれでいい、とみんなに知らしめる感じ。

じゃあ、委員長は長野くんということで。次に副委員長を決めます。

みつば東小の場合、クラス委員は二人。委員長と副委員長。委員長は男子で副委員長は女子と決められてるわけではない。女子も委員長になれる。実際になることは、あまりないけど。

誰かが飯田さんを推薦《すいせん》してすんなり決定。そんな流れになると思ってた。ならなかった。飯田さん自身が、何と、わたしを推薦したのだ。島さんがいいと思います、と。

別に悪気はなかったのだろう。わたしがよかったのではなく、誰でもよかったのだ。わたしは三年生のときに副委員長をやったことがある。飯田さんはそれを覚えてたのかもしれない。推薦する女子として、島愛里はちょうどよかったのだ。

それはまた、自分はやる気がないという、飯田さんの意思表示でもあった。わたしはかなり困った。飯田さんを推薦するわけにはいかない。それをしてしまうと、やり返した感じになる。Aケンアクな空気になる。

投票でわたしが飯田さんに勝つことはないだろう。そうなれば、副委員長はやらなくてすむ。でもあとがツラい。飯田さんに恨まれるかもしれない。今回推薦されたくらいだから、どうせ二学期も推薦されるだろう。そこでは副委員長をやらされるだろう。だったら、今ここで抵抗することに意味はない。

誰かが飯田さんを推薦してくれるのを、わたしは待った。飯田さんでなくてもいい。誰かが誰かを推薦してくれるのを待った。もう手は挙がらなかった。挙げる必要はないのだ。挙げなければ、わたしに決まるの

号で答えなさい。

ア　奥の細道　イ　源氏物語　ウ　徒然草《つれづれぐさ》　エ　枕草子《まくらのそうし》

問9　傍線部⑥「模範的な」のここでの意味として最も適切なものを次から選び、記号で答えなさい。

ア　典型的な　イ　絶対的な　ウ　理想的な　エ　魅力的な

問10　次は、傍線部⑦「《ミロのヴィーナス》」について説明した文です。空欄に入る適切な表現を、傍線部⑦以前の本文中から十二字で抜き出し、答えなさい。

《ミロのヴィーナス》はギリシャ彫刻の一つであり、その魅力は【　　　　】から生じる美によってもたらされるものである。

問11　傍線部⑧「美とは万古不易のものではなく、うつろいやすいもの、はかないもの」とありますが、この見方とは対照的な見方が本文中に示されています。その部分を34ページ下段～33ページ下段から二十五～三十字以内で「～という見方」に続く形で抜き出し、答えなさい。

【　　　　】という見方。

問12　傍線部⑨「そのため」が指す内容の説明として最も適切なものを次から選び、記号で答えなさい。

ア　日本ならではの四季ごとの行事のあり方に、うつろいやはかなさを感じとるため。

イ　昔から変わらず続いているものを大切にしようとする精神が育まれているため。

ウ　四季折々の風情は、その時々にしか味わえないことを深く理解しているため。

エ　どの季節にも変わりなく感じられる自然の姿に強い愛着を持っているため。

問13　空欄 Y に入る最も適切な表現を次から選び、記号で答えなさい。

ア　江戸の人々の郷土愛や祭りへの情熱を生じさせて来た

イ　江戸の町と自然との結びつきによって生まれて来た

ウ　絵画に描かれることによってはじめて生まれて来た

エ　人々の心に四季という季節感を生じさせて来た

二　次の文章は、小野寺史宜 作「梅雨明けヤジオ」の一節です。本文を読み、後の問いに答えなさい。〔　〕内の表現は、直前の語の意味を表します。なお、設問の都合上、本文を変更している部分があります。

小学五年生の「わたし」（島愛里）は、同じクラスの長野くんに誘われて高校野球の地方大会の観戦に来ています。二人の前の席には、大声で野次《やじ》を飛ばす大学生ぐらいの男がいました。

もう夏休みだから、という長野くんの言葉が意外に利《き》いた。ずっと学校に行ってないわたしに、夏休みは関係ない。ただ、ちょっとほっとしたことも事実。みんなが休み。わたしだけが行かないわけじゃない。自分一人が特別なことになってるわけじゃない。そうは思える。

みっ高〔県立みつば高校の通称〕が、また一点をとられた。またエラーでだ。

ゴロを捕った人が一塁《るい》に投げた球が大きくそれた。三塁にいたランナーが、ホームベースのところにゆっくり戻ってきた。

前列の男の人が、例によって大声を上げる。

四部に分類されている。しかしそのように分類したのは広重ではない。広重は、江戸のなかの見るべき場所を、特に順序立てずに、いわば思いつくままばらばらに描き出して行った。それが好評であったので、次々と続けて、百十八点まで描いたところで彼は世を去った。その後版元《はんもと》〔出版元〕が、別の画家に追加分を一点と扉《とびら》絵の制作を依頼し、あわせて計百二十点の「揃物《そろいもの》」として刊行したが、そのときに内容を四季に分類したのである。ということは、当初ばらばらに描いた「名所」が、いずれも季節の風物や年中行事と結びついていたので、自ずから分類が成り立ったということである。つまり名所そのものが、［　Ｙ　］のである。

かつての名所絵がそうであったように、今日でも人々は、旅をするとその記念や土産ものとして、土地の観光絵葉書を買い求める。パリやローマに行くと、土産物屋の店先にさまざまの絵葉書が並んでいるが、そのほとんどは、ノートルダム大聖堂とか、凱旋《がいせん》門とか、エッフェル塔など、代表的なモニュメントをそのまま捉えたものである。だが日本の観光絵葉書を見てみると、満開の桜の下の清水寺とか、雪に覆《おお》われた金閣寺など、季節の粧《よそお》いをこらしたものが圧倒的に多い。もちろん、清水寺も金閣寺も、それ自体見事な建築だが、観光写真はそこに自然の変化を組み合わせることを好むのである。それもまた、「状況の美」を愛する日本人の美意識の表われであろうか。

（高階秀爾 著『日本人にとって美しさとは何か』より）

問1　太線部Ａ「由来」・Ｂ「営（み）」の読みをひらがなで答えなさい。

問2　傍線部①「興味深い話」の内容として最も適切なものを次から選び、記号で答えなさい。

ア　美しさに対する日本人と外国人の感性の違いについての話。
イ　日米比較文化の研究につながる新たな調査についての話。
ウ　日本人が最も美しいと感じる動物の種類についての話。
エ　性別や職業ごとに分かれる美しさの基準についての話。

問3　傍線部②「［　］切れが悪い」は、「話し方や話す内容がはっきりしない様子」を表す慣用句です。空欄に入る適切な漢字一字を答えなさい。

問4　空欄［Ⅰ］・［Ⅱ］に入る最も適切な言葉をそれぞれ次から選び、記号で答えなさい。

ア　すなわち　イ　さらに　ウ　だから　エ　また
オ　だが

問5　傍線部③「古池や蛙飛びこむ水の音」中の「蛙」の読みを発音通りにひらがなで答えなさい。

問6　傍線部④「妙音」の意味として最も近いものを次から選び、記号で答えなさい。

ア　ひどくありきたりな音声　イ　とても不思議な音声
ウ　非常にきれいな音声　エ　かなり珍しい音声

問7　次は、傍線部⑤「日本人のこのような美意識」の内容を説明した文です。空欄Ⅰ～Ⅲに入る適切な表現を、傍線部⑤以前の本文中からそれぞれ指定の字数で抜き出し、答えなさい。

「日本人のこのような美意識」とは、【　Ⅰ　（十一字）】のではなく、【　Ⅱ　（十五字）】ということに感性を働かせ、【　Ⅲ　（二字）】の中に美を見出す意識のことを指している。

問8　空欄［Ｘ］に入る作品名として最も適切なものを次から選び、記

い。日本人は、遠い昔から、何が美であるかということよりも、むしろどのような場合に美が生まれるかということにその感性を働かせて来たようである。それは「実体の美」に対して、「状況の美」とでも呼んだらよいであろうか。

例えば、「③古池や蛙飛びこむ水の音」という一句は、「古池」や「蛙」が美しいと言っているわけではなく、もちろん「水の音」が④妙音だと主張しているのでもない。ただ古い池に蛙が飛びこんだその一瞬、そこに生じる緊張感を孕《はら》んだ深い静寂の世界に芭蕉はそれまでにない新しい美を見出した。そこには何の実体物もなく、あるのはただ状況だけなのである。

⑤日本人のこのような美意識を最もよく示す例の一つは、「春は曙《あけぼの》、やうやうしろくなりゆく山ぎはすこしあかりて……」という文章で知られる『 X 』冒頭の段であろう。これは春夏秋冬それぞれの季節の最も美しい姿を鋭敏な感覚で捉えた、いわば⑥模範的な「状況の美」の世界である。 Ⅱ 春ならば夜明け、夏は夜、そして秋は夕暮というわけだが、その秋について、清少納言は次のように述べている。

秋は夕暮。夕日のさして山の端《は》いと近うなりたるに、烏《からす》の寝どころへ行くとて、三つ四つ二つ三つなど、飛びいそぐさへあはれなり。まいて雁《かり》などのつらねたるがいとちひさく見ゆるは、いとをかし……。

これはまさしく「夕焼けの空に小鳥たちがぱあっと飛び立っているところ」というあの現代人の美意識にそのままつながる感覚と言ってよいであろう。日本人の感性は、千年の時を隔《へだ》ててもなお変わらずに生き続けている。

「実体の美」は、そのもの自体が美を表わしているのだから、状況がどう変わろうと、いつでも、どこでも「美」であり得る。⑦《ミロのヴィーナス》は、紀元前一世紀にギリシャの植民地であった地中海のある島で造られたが、二一世紀の今日、パリのルーヴル美術館に並べられていてもその美しさに変わりはない。仮に砂漠のなかにぽつんと置かれても、同じように「美」を主張するであろう。だが「状況の美」は、状況が変われば当然消えてしまう。春の曙や秋の夕暮れの美しさは、長くは続かない。状況の美に敏感に反応する日本人は、それゆえにまた、⑧美とは万古不易《ばんこふえき》［いつまでも変わらないこと］のものではなく、うつろいやすいもの、はかないものという感覚を育てて来た。うつろいやすいものであるがゆえに、いっそう貴重で、いっそう愛すべきものという感覚である。日本人が、春の花見、秋の月見などの季節ごとの美の鑑賞を、年中行事として特に好んで今でも繰り返しているのも、⑨そのためであろう。

実際、清少納言が的確に見抜いたように、日本人にとっての美とは、季節の移り変わりや時間の流れなど、自然のB営みと密接に結びついている。そのことは江戸期に広く一般大衆のあいだで好まれた各地の名所絵を見てみればよくわかる。

名所絵とは、文字通りそれぞれの土地において見るべき場所、訪れる価値のある所を描き出したものだが、単なる場所ではない。例えば、広《ひろ》重《しげ》の晩年の名作《名所江戸百景》を見てみると、雪晴れの日本橋とか、花の飛鳥山など、季節ごとの自然と一つになった情景が描き出されている。事実この連作シリーズは、まとまったかたちとしては、春夏秋冬の

【国　語】〈五〇分〉　〈満点：一〇〇点〉

【注意】字数制限のある場合は、句読点も一字と数えて答えること。

［一］次の文章を読み、後の問いに答えなさい。〔　〕内の表現は、直前の語の意味を表します。なお、設問の都合上、本文を変更している部分があります。

だいぶ以前に、農学専門のある先生から①興味深い話を聞いたことがある。

その先生が留学していた頃、アメリカで人間の動物観を研究するというプロジェクトがあった。そのやり方は、例えば「一番美しい動物は何か」といったような質問を並べてアンケート調査を重ね、その答えが年齢、性別、職業、宗教、民族などでどのように違うか調べるのだという。

このことを聞いて、それは面白そうだから日本でも同じような調査をしようという話になった。うまく行けば日米比較文化論になるかもしれない。というわけでさっそく試みたのだが、これがどうもうまく行かない。アメリカでなら「一番美しい動物は」ときけば、すぐ「馬」とか「ライオン」とか、何か答えが返って来る。ところが同じ質問を日本人にすると、「さあ、何だろうな」とはなはだ②［　　］切れが悪い。そこを無理に、何でも一番美しいと思うものを挙げてほしいと言うと、「そうだなあ、夕焼けの空に小鳥たちがぱあっと飛び立っているところかな」といったような答えになる。「これでは比較は無理だから、結局諦《あきら》めました」とその先生は苦笑していた。

私がこの話を聞いて興味深いと思ったのは、それが動物観の差異以上に、日本人とアメリカ人の美意識の違いをよく示すものと思われたからである。

アメリカも含めて、西欧世界においては、古代ギリシャ以来、「美」はある明確な秩序を持ったもののなかに表現されるという考え方が強い。その秩序とは、左右相称性であったり、部分と全体との比例関係であったり、あるいは基本的な幾何《きか》学形態との類縁性など、内容はさまざまであるが、いずれにしても客観的な原理に基づく秩序が美を生み出すという点においては一貫している。逆に言えば、そのような原理に基づいて作品を制作すれば、それは「美」を表現したものとなる。

典型的な例は、現在でもしばしば話題となる八頭身の美学であろう。人間の頭部と身長が一対八の比例関係にあるとき最も美しいという考え方は、紀元前四世紀のギリシャにおいて成立した美の原理である。ギリシャ人たちは、このような原理を「カノン（規準）」と呼んだ。「カノン」の中身は場合によっては変わり得る。現に紀元前五世紀においては、優美な八頭身よりも荘重な七頭身が規準とされた。だが七頭身にせよ八頭身にせよ、何かある原理が美を生み出すという思想は変わらない。ギリシャ彫刻の持つ魅力は、この美学にＡ由来するところが大きい。

もっとも、この時期の彫刻作品はほとんど失われてしまって残っていない。残されたのは大部分ローマ時代のコピーである。しかししばしば不完全なそれらの模刻作品を通して、かなりの程度まで原作の姿をうかがうことができるのは、美の原理である「カノン」がそこに実現されているからにほかならない。原理に基づいて制作されている以上、彫刻作品そのものがまさしく「美」を表わすものとなるのである。

［Ⅰ］このような実体物として美を捉《とら》えるという考え方は、日本人の美意識のなかではそれほど大きな場所を占めているようには思われな

が、キラは家の庭を一緒に造った仲なので特別に仲良くしてもらえるという優越感を強めている。

ウ　クラスの友人の多くはキラをいまだに転校生扱いしてよそよそしいが、一緒に下校をしている坂間はキラに対して気楽に話しかけてくれるので安心感を強めている。

エ　クラスの友人の多くは興奮したキラを避けて話しかけようとはしないが、坂間はキラの怒りの原因を察しているので期待通り話しかけてくれたという満足感を強めている。

問９　次は、塔子が傍線部⑦「あなたが借りたこの家、私たちにとって、大正解だった」と言った理由を説明した文章です。空欄Ⅰ・Ⅱに入る適切な表現を、傍線部⑦以降の本文中からそれぞれ指定の字数で抜き出し、答えなさい。

引っ越してきた当初、塔子は町側のアパートに住むことを望んでいた。しかし、この家に住んで周囲の人々とふれあっていく中で、【　Ⅰ　（十六字）】ことが転勤族である塔子たち家族三人にとって【　Ⅱ　（二十字）】のであり、生きがいを与えてくれるものだと塔子は気づいた。だから、この家が自分たちにとって「大正解だった」と言ったのである。

問10　転校の別れの挨拶《あいさつ》について、二重傍線部Ｘ（65ページ上段～下段）では「『最悪だな』と思っていた」キラが、二重傍線部Ｙ（58ページ下段）では「お別れの言葉を最悪だとは思わない」ようになっています。そのようなキラの心情の変化について分かりやすく説明しなさい。

ウ　まるでおばあちゃんになったかのようであること。
エ　わざとおばあちゃんのように振る舞っていること。

問４　空欄 Ⅰ ・ Ⅱ に入る語として最も適切なものを次から選び、記号で答えなさい。
Ⅰ　ア　恭《うやうや》しく　イ　無神経に
　　ウ　苦々しく　エ　無作法《ぶさほう》に
Ⅱ　ア　かちんと　イ　ぴんと
　　ウ　がっくり　エ　しっくり

問５　傍線部③「私、いったいどうしちゃったのかしら?」とありますが、この時の塔子の心情として最も適切なものを次から選び、記号で答えなさい。
ア　紅子さんと庭の植物について話をしていると、自然と心が晴れていくことを自覚し、引っ越し早々こんな田舎になじんでしまっていることに我ながらあきれている。
イ　紅子さんとは知り合ったばかりなのに、一緒にハーブティを飲みながらおしゃべりすることで、心身が落ち着くまでに仲良くなっている自分にとまどいを感じている。
ウ　育児と家事に疲れていた自分が、紅子さんの家に毎日通ってしまう理由がすぐには分からなかったが、紅子さんの造った庭に自分の求めていた癒《いや》しがあるのだと気づき始めている。
エ　引っ越してすぐに紅子さんの家に上がり込んで話をする関係になってしまったが、転勤族である以上はすぐ別れることになるため、あまり親密にならないようにと自分をいましめている。

問６　傍線部④「同じことの繰り返しのようでいて、毎日何かしら事件が起こる」日常を塔子はどのように感じていますか。61・62ページの本文中から十六字で抜き出し、始めの五字を答えなさい。

問７　傍線部⑤「それなのに、聞いてほしいと思う以上に聞かれていると思えるのだ」とありますが、塔子がそのように思う理由として最も適切なものを次から選び、記号で答えなさい。
ア　友人と話すときはその場の雰囲気を大切にして塔子自身の考えを主張できなかったが、紅子さんは塔子が自分の考えを言い出せるまでじっくりと待ってくれるから。
イ　友人と話すときは大勢で集まって話すので、一人ひとりの発言の機会が少なくなってしまうが、紅子さんとなら一対一なので互いにじっくりと話すことができるから。
ウ　友人たちはみな一方的に話すばかりで塔子は聞き役に徹《てっ》していたが、紅子さんは塔子の話を最後まで聞いたうえで、自分の思いを話し始めようと気を遣ってくれるから。
エ　友人たちはみなその場の雰囲気に合わせておしゃべりをしているだけであったが、紅子さんは塔子の話をしっかりと受け止めたうえで、率直に自分の思いを語ってくれるから。

問８　傍線部⑥中の「やっぱり」という表現には、キラのどのような思いが読み取れますか。最も適切なものを次から選び、記号で答えなさい。
ア　クラスの友人の多くはいきり立ったキラを遠巻きに見ているだけだが、坂間はこのようなときにもいつもと変わらず声を掛けてくれるので信頼感を強めている。
イ　クラスの友人の多くは坂間と教室でしか接することができない

星、もしかしたら夫にとっても、積み上げられ、続いていくものに他ならないのではないだろうか？　そのことに気付けたことは、きっと塔子にとってすごく幸運なことなのだ。

　学校から帰ったら、引っ越しの話はちゃんとなくなっていて、キラはママをちょっと見直した。パパに対してすぐ怒るくせに、いつも結局はパパの言う通りにしてしまうママに、時々イライラしていたけれど、ママもやるときはやるんだなと思う。

「ねえ、ママ。今度パパと一緒に釣りに行ってもいい？」

　だから、キラも今日の帰り道、坂間が言っていたことを実現しようと思う。

「パパも、なにか楽しいことがあれば、ここを好きになるでしょ？」

　坂間の受け売りだけど、いい考えだと思った。

「……いいけど。パパ、釣りには詳《くわ》しくないわよ？」

「平気！　坂間が教えてくれるって」

　キラがそう言うと、ママは目をぱちくりと瞬かせた。

「えっ、坂間君が……？　それ、逆効果じゃないかなあ……」

「どうして？　坂間、釣りうまいよ？」

「うん、まあ……」とママが困ったように笑う。

「でも、いいかもね、それも。パパにも希星の成長を感じてもらわないとね！」

　と最終的には頷いたので、キラは今週末パパを誘ってみることにした。

　キラたちは、またいつか引っ越しでここからいなくなるかもしれない。それは寂しいけど、Yきっとキラは坂間のお別れの言葉を最悪だとは思わないだろう。その時、どういう気持ちになるのか、今はまだわからないけれど。

　いつか、うちの庭の小さなリンゴの木が大きくなって、実をつけたら。そのときはママとパパ、そして澤田のおばあちゃん、……坂間も一緒にその実を眺めてみたいとキラは思う。

（山本渚 作「アップル・デイズ」より）

問1　太線部A「タイクツ」・B「名残」・C「ア（く）」について、カタカナは漢字に直し、漢字は読みをひらがなで答えなさい。

問2　傍線部①「ザリガニが行ってしまっても、～あっという間にキラの前までやってきた」から読み取れる坂間の人柄として最も適切なものを次から選び、記号で答えなさい。

ア　生き物が好きでいつも探しているが、友達の声掛けにはすぐに応じる切り替えの早さも持っている。

イ　好きな生き物に意識を向けながらも、友達の気持ちに寄り添うことも忘れない優しさを持っている。

ウ　気持ちのおもむくままに寄り道をしてしまうが、キラと一緒に下校することは忘れない律儀《りちぎ》なところがある。

エ　興味をひくものがあると寄り道をしてしまううえに、友達のわずかな変化も見逃さない好奇心旺盛《おうせい》なところがある。

問3　傍線部②「おばあちゃん然としている」とはどういうことですか。最も適切なものを次から選び、記号で答えなさい。

ア　おばあちゃんとしての威厳《いげん》を備えていること。

イ　いかにもおばあちゃんらしい様子であること。

ごめんなさい、と塔子は言う。不思議そうな顔をしている夫に、続ける。

「変わっていたことを、私たちあなたに教えなかった。もっと早く、きちんと話していたら良かった」

「どういうこと？」

「家は、だいじね」

ガラガラと、庭に続く引き戸のガラス窓を開ける。二人で作った庭はまだ隙間《すきま》があって、すかすかしていて、寂しい感じもする。

「⑦あなたが借りたこの家、私たちにとって、大正解だった」

以前とは反対のことを言う塔子に、夫は首をかしげる。

「見て」

一つ一つ説明する。希星が希望したリンゴの木、あっちには緑がほしくてアイビーを。お花も欲しかったから、今はパンジーを植えていること。そして、ハーブ。

「君たちが庭にはまっていることは分かったよ」

夫の言葉に、塔子は首を振った。

「庭に、じゃないの。私たちがほしかったのは、きっと『続いていくもの』だと思う。お庭は、ご近所さんに恵まれて、お友達に恵まれて、やっと私たちが作り出せる『続いていくもの』。私たちがいなくなってもリンゴはなるし、花も咲くもの」

「……転勤はもう嫌だってこと？」

塔子はもう一度首を振る。

「それが、私たちのライフスタイルだって、私も希星も理解している。だからことさら今の暮らしが、この家やお庭が大事なの。……私たち、ここにいる間は、この家で過ごしたい。私たちのことを考えてくれてありがとう。でもアパートは断《ことわ》っておいてくれる？」

穏《おだ》やかに微笑《ほほえ》んだ塔子に、夫が目を丸くする。

「いいけど……。怒らないんだね」

こういう時、いつも勝手なことをして！　と怒り出すのが今までの塔子のやり方だった。

「……怒っても仕方がないもの」

ぽつりとつぶやいて、塔子は静かに庭を見やった。

「良かったら、お休みの日に希星と庭に何か植えてみない？」

「うん、分かった」

ちらりと時計を確認した夫の目は、またシャッターが閉まっていたような気がするが、塔子は気にならなかった。

あわただしく夫が仕事に出かけてしまったあと、ソファの上に、希星がほうりだしてある編み物を見つけた。ぎこちない編み目がやわやわと連なっている。

ここに来てから、希星は優しくなった。塔子がぼんやりしていると、

「どうしたの？　大丈夫？　私がご飯作ろうか」

と聞いてきたりする。塔子はそのことがとても嬉しかった半面、驚きもした。甘えん坊の娘が自分を気遣う年になっていたことに。

希星はこれからどんな大人になっていくのだろうか。子供が鏡だというのが本当なら、自分は希星に何を映してあげられるだろう。そして、成長していく希星の横で、塔子はどうしているのだろうか。

編み物の目を数えながら、塔子は考える。

今の暮らしで見たもの、感じていること。それらもきっと、塔子や希

テーブルの上には、ママが澤田のおばあちゃんに教わりながら作ったお漬物や、ジャム。キラも今、おばあちゃんにかぎ針編みを教わっている最中で、ソファの上に編みかけの靴下がそのままになっている。

それに何より庭だ。坂間が掘った穴を、ママとキラでさらに大きくして、この前植えたリンゴの木。実がなるまでここに住めたらいいね、と笑ったママの顔。ひとつひとつ唸りながら運んで、幸三さんに笑われながら作った飛び石の周りには、春にはスミレを植える予定で……。

「嫌だ！」

こんな風にパパの意見をはっきりと否定するのは初めてで、キラの膝《ひざ》がかくかくと震《ふる》えた。

「リンゴが……なるのが見られないのは仕方がない！　けど、スミレも植えられないのは嫌だ!!　ハーブのお茶も、私はまだ飲んだことがない。……春になって、ママと私が世話したハーブのを一番に飲んでみたいから」

それもできないで、庭のない町側のアパートに引っ越すのなんて嫌だった。

「引っ越さないから！」

キラがそうわめいたとき、

「希星、もう学校に行きなさい」

やんわりとママが言った。

「ママがちゃんと、パパとお話をするから。もう、分かったから。大丈《だいじょう》夫《ぶ》」

「ママ……」

ママは落ち着いていて、にっこりと笑った。

キラにとって、ママは頼りない人というイメージだった。いつもパパの言いなりなのに、困ったことが起こるとキーキー怒って、キラ以上にパニックになってしまうことも多かった。でも、今ふんわり笑うママの顔を見て、キラは今回は大丈夫な気がして、頷いた。

「だから、学校に来たけど……」

ママは大丈夫だろうか。やっぱり気が変わって、町側のアパートに引っ越すことにならないだろうか。

「……わからんけど。庭を見たら」

と坂間が言う。

「庭……見て。父さんも分かってくれたらええな」

「……ウン」

今はそれ以上何も言えないということに気付いて、キラは俯いた。涙が出そうになる。

とりあげないで、と思う。ママとお庭を造ってみて、色んな人に手伝ってもらって、初めて何かを積み上げていく楽しさが分かった。それをとりあげないで欲しいと、ただ祈る。そんなキラに坂間はもう何も言わず、ただそばで立ってくれていた。

「お茶をいれましょうか」

「いや……もう出る時間をすぎているから」

眉《まゆ》をひそめて時計を見る夫に塔子は笑顔を向けた。

「希星があんな風になるなんて、初めてね」

「ああ、驚いた」

「あの子、変わったの。……そして私も変わった」

そう言ってにこにことミモザの頭をなでる。

塔子が、

「うちのパパったら、本当に話を聞かないの！　私が何か言うと、目の中にあるシャッターがさっと下りるのよ。私を見ているけれど、見ていないし、聞いていないの」

などと、愚痴《ぐち》ったら、

「シャッター!!　そりゃうまいこと言うね！」

と大笑いした後、

「確かに男衆さんらはあんまり人の話は聞かんねぇ。おしゃべりっていうのは、こんなに楽しいもんなのにねぇ。……けどこの年になっても、釣りや将棋の何が楽しいんか私にはさっぱりわからんままや。うちのお父さんはそれさえさせといたらご機嫌で……そのことが憎らしかったり、妙に可愛らしかったりしたわねぇ」

なんて首をかしげながら言ったりする。それは塔子が言ってほしかった返答とは違う場合がほとんどだ。なのに、なんだか心がすっと落ち着いてしまう。

きっと、塔子の友人たちなら、一緒になって夫の悪口を言うんだろう。お互い愚痴を言い合って、すっきりして。それはそれで楽しいのだけど、それは単なるその場の盛り上がりでもある。紅子さんの場合は、ノリも盛り上がりもなく、本当に紅子さんが思っていることだけ話しているのが分かる。だから、自分が思っていたのと違う反応が返ってきても、妙にしっくりきてしまう。

紅子さんと出会って、塔子は「話をする」ということを深く知ったように思う。以前なら誰と話しても、「もっと私の話を聞いてよ！」と思っていた。けれど、紅子さんといると、言葉が少なくなる。⑤それなのに、聞いてほしいと思う以上に聞かれていると思えるのだ。

最悪なことは、やっぱり知らないうちにやってくる。キラはプンプン怒って、ランドセルをがたつかせた。どんどん足を踏み鳴らして自分の席に座ると、ふうーっと長い息をついた。あまりのキラの剣幕に、だれも「おはよう」と言ってこない。そのこともまたキラを苛《いら》つかせる。

「野々宮、どうした?」

⑥こういう時すぐ声をかけてくるのは、やっぱり坂間だ。

「坂間ぁ……。うち引っ越しかも」

「ええっ！　だって、野々宮まだ半年しか……」

「さすがに転勤じゃないよ。ただ、今の家に越した時、ママも私も喜ばなかった。だから、パパが……」

今朝その話をパパがしたとき、キラもママも口をぽかんと開けたまま固まってしまった。まるで、この家を初めてみた時のように。

「半年たって、転勤者が出たから来月には町側の賃貸《ちんたい》アパートがCアくそうだよ。だから昨日、入居の申請をしてきた」

「えっ……」

隣でママが息をのんだのが分かった。キラも無言でただパパを見つめた。そんな二人の反応に、パパは驚いて、目を丸くした。

「おいおい、この家は嫌だってさんざん……」

パパが言いかけたところで、キラの口から勝手に大声が出ていた。

「パパ、バカじゃないの？　家の中も、お庭も、変わったでしょう？なんで気がつかないの！」

こんなに急にご近所の人と仲良くなることなんて、なかったというのに。

③私、いったいどうしちゃったのかしら？　と、首を傾《かし》げつつぼんやりと庭を眺めていると、ふいに、うちの庭はぼうぼうだわと思った。ススキや、何か見たこともないつる草、とにかく大量の雑草。前の住人が植えたのであろう山茶花《さざんか》も奔放《ほんぽう》に枝を伸《の》ばしていて、まさにあばら家の庭といった感じで紅子さんちのお庭とは大違いだ。

紅子さんちのお庭は、うっすら色づき始めた楓《かえで》の木、そして、その下でキキョウや撫子《なでしこ》と一緒に、レースラベンダーが揺れている。和も洋も取り入れられているとても素敵なお庭なのだ。……うちの庭もちゃんとすればあんな風になるのかしら？　明日、紅子さんに聞いてみようと思って塔子は縁側から立ち上がった。

〈中略〉

庭を造るのって、楽しい。

塔子は、このごろ暇《ひま》があると余計な草をむしってすっきりした庭を見つめている。初めて購入《こうにゅう》した園芸の雑誌は書いてあることが半分以上分からないけれど、それも紅子さんや、幸三《こうぞう》さんに聞けば教えてもらえる。幸三さんは、ずっと植木屋さんに勤めていたご近所さんで、そのつてで、苗木や種を注文してくれている。もうすぐ届く予定だ。ちゃんと世話をできるかどうかわからないので、大きな木は希星が希望したリンゴだけで、あとは花やアイビー、ハーブなどがほとんどだ。春になるまでにもっと勉強して、色んな種をまこうと思う。

紅子さんと毎日会う生活は続いている。午前中に家事を終えると、軽く昼食をとって、紅子さんの家を訪ねる。もう前をうろうろしたりせず、戸口で大きく声をかける。そして二人でお茶を飲んだり庭仕事をしたりして、午後になると帰る塔子にくっついてミモザ〔澤田家の猫〕が縁側にやってくる。④同じことの繰り返しのようでいて、毎日何かしら事件が起こる。

たとえば、朝早くに勝手口を開けた途端《とたん》に、見たことのない獣《けもの》が目の前を横切ったり、買い物から戻ってきたら、玄関の前に謎の菜っ葉が買い物袋に二袋分、積み上げられていたり、風に吹かれたミノムシが紅子さんの背中に飛び込み、二人で大騒ぎしたり。でもそれも紅子さんといるとあっという間に解決する。獣はこのあたりに多いハクビシン。菜っ葉は、幸三さんの畑の、大根の間引《まび》き菜でおひたしにするといいと教わった。背中のミノムシだけは、二人で大騒ぎしていると、希星と一緒に下校してきた坂間君が大喜びで取ってくれた。

塔子にとってここでの生活は色鮮やかで、驚くことがとても多いけれど、一番に驚かされるのは、いつだって紅子さんだ。

紅子さんは何でも自分で作ってしまう。布巾《ふきん》に施された、可愛いスミレの刺繍《ししゅう》や、毛糸編みの靴下。誰かさんちで採れたあまり甘くないキウイで作る大量のジャム。お漬物。そして何よりも、庭だ。ラベンダー色のエプロン姿で庭を見て回る紅子さんは、ほかの誰よりも生き生きしている。

紅子さんの身の回りのものは、どれも優しく、手がかけられている。そのことに塔子がいちいちびっくりしてほめるたびに、紅子さんは、

「一人だから時間が有り余るんよ。塔子ちゃん、家族がいる時間ってええものよ。一人になったら、きっとそう思うよ」

お隣りのおばあちゃん……澤田紅子《べにこ》さんは、七十代で独り暮らし。塔《とう》子《こ》〔キラの母〕とはどこにも接点がない。隣という以外は。これはいったい何友達なんだろう？　明日はやめておこう、と毎日眠る前には思うのに、その時間になるとつい、隣の家の前をうろうろしてしまう。そして毎度毎度、紅子さんに見つかり、

「ええ加減、自分で入ってくりゃあ、ええのに」

と笑われる。塔子は毎日自分に起こるその現象に困惑しているのだ。

夫に相談してみたけれど、

「お茶飲み友達になってあげたらいいじゃないか。寂《さび》しいご老人なんだろ？」

などと見当違いなことを言われただけで取り合ってくれない。

あの日、あのイタチを埋葬《まいそう》した日。結局塔子は紅子さんのお宅でお茶をごちそうになった。

「顔色、悪かったで」

お茶をいれてくれながら、紅子さんは心配そうに塔子の顔をのぞき込んだ。泣きそうになってしまったのが恥ずかしくて塔子は黙って俯《うつむ》いていた。

「まあ、都会から来た人が急にあんなもんみたら、びっくりするわね。私らでも嫌な気するもんね」

慰《なぐさ》めるように言われ、さし出されたのは、まさかのおしゃれなティーカップに入ったハーブティだった。しかも、味が異様《いよう》に濃い。つい驚きの声が出た。

「ミントに、カモミール……？」

「ああ、あとレモンバームなあ」

見るからに②おばあちゃん然としている紅子さんから、すらすらとハーブの名前が出てきて驚いてると、

「緑茶やら、紅茶やらは買わんと仕方ないけど、これは庭にごっそり生えるし。手軽よ」

と言われ、ずっこけそうになる。以前住んでいた場所でハーブティのいれ方を習ったことがあるけど、その時は［Ⅰ］ハーブを扱《あつか》い緊張しながらいれ、飲んだというのに、そのおおらかさに驚く。

「……転勤族なので、都会にばかりいたわけではないのですが、びっくりしてしまって。ありがとうございました」

「転勤！　転勤で来て、なーんであんなボロ屋に住むの。もっと、手軽でいいとこあったろうに」

目を丸くしている紅子さんの反応に、ああ、あの家は、最もご近所の人の評価もそうなのか、と思うと［Ⅱ］来た。

〈中略〉

帰り際、

「だいぶん顔色ようなったわ。女は喋《しゃべ》ってないとあかん。女にとっておしゃべりは大事よぅ。久々に私も楽しかった。また話したくなったら、いつでも来ぃね」

と笑顔で送り出されて、なんだか妙にすっきりした気分の自分に気が付いた。

紅子さんと話しているとなぜか落ち着く。そのことが塔子は不思議で仕方なかった。出会ったばかりのはずなのに、紅子さんと話すのも紅子さんのおうちも、とても居心地よく感じるのはなぜだろう？　今までは

「あ、野々宮。カメ！　あそこに亀おるで！」

　見えるか？　というように坂間が用水路の中を指さす。もがくようなフォームでありながら、かなりのスピードで泳いでいくカメが見えた。あれはクサガメだろうか？

「うん、みえたよ！」

　キラが頷《うなず》くと、坂間は嬉しそうに笑う。坂間はこの一か月でキラにたくさんの草花や虫、動物の名前を教えてくれた。

　坂間のような男子は初めてだった。坂間にとっては女子も男子もあまり関係ないようで、どちらにも分け隔《へだ》てなく自然に接した。四年生にしては背が高く、顔だってちょっと目を引く感じなのに、坂間にとってはそれもどうでもいいようだった。

　でもコドモっぽいかと思えばそうでもない。クラスで空気がぎすぎすしそうなとき、ふっと坂間が間に入ることがある。そして、何となくうまくみんなをまとめてしまう。そうした瞬間を、この一か月でキラは何度となく目撃していた。

「あっ、ザリガニ！　捕《と》れるかなあ」

　そう言ったそばから、用水路の中に斜面を伝って降りていく。初めはびっくりしたが、坂間のこういう行動にはもう慣れっこだった。

「今捕っても、もう秋だし。すぐ死んじゃうんじゃない？」

「んー。だめや、卵抱えとる。これは捕られんなぁ」

　B名残惜しそうにザリガニを見送る坂間に、キラは声をかける。

「ねえ、坂間ぁ。あのね。……ママがなんか変なの」

「え？　ママって、野々宮の母さん？」

　①ザリガニが行ってしまっても、まだ用水路の中をのぞき込んでいたはずの坂間が、すたすたと斜面を登って、あっという間にキラの前までやってきた。

「変って？　どんなふうに。病気？」

「ううん。そういうんじゃなくて……。うちのママ、どちらかというとてきぱきした人なの。私にも、あれやりなさい、これ習いなさいって言ってくるし。自分も講演会とか、講習会とか、そういうのよく行ってたりして。……でも最近帰ると、うちの古い縁側でぼんやりしてるの。お隣の澤田のおばあちゃんのところの猫を抱いていたりして。急におばあちゃんになっちゃったみたいで、……怖い」

　最後まで聞くと、坂間は少し首をかしげて「ううーん」と唸《うな》った。

「なんで、野々宮の母さんがぼんやりしてるんか、俺には分からんけど。でも病気とかが一番嫌やんか。本人に聞いてみたらいいわ。どうしたん？　って。そんでもし、しんどかったらご飯でも作ってあげたらええと思うけど」

「えー？　ごはんなんか私作れないよ！」

「レトルトカレーとか、カップラーメンでも、ええやん？」

「あ、そっか」

　それならできる。ありがとう、と坂間に言うと、

「母さん、なんもないとええな」

と返ってきた。坂間は本当にいい子だと思う。

〈中略〉

　あの日から、毎日のようにお隣のおばあちゃんとお茶を飲むようになってしまった。

～Ⅲに入る適切な語を本文中からそれぞれ指定の字数で抜き出し、答えなさい。また、空欄Ｘに入る適切な語を漢字二字で考え、答えなさい。

筆者はスケッチをするときに、自分で思うままに描くことを大切にしている。そのために、「頭を空っぽ」にして風景の中に溶け込んでいくこと、つまり風景を【　Ⅰ　（四字）　】で見ることを説いているが、それはただ風景を正確に転写すればよいという意味ではない。思い込みや【　Ｘ　】観を持たずに風景と向き合うということである。スケッチとは、そうしているうちに浮かんでくる【　Ⅱ　（六字）　】に自分なりの答えを探し続ける対話的な行為である。すなわち筆者にとってスケッチとは、身体性をともなう【　Ⅲ　（二字）　】的な行為であって、建築家の仕事と重なるのである。

二　次の文章を読み、後の問いに答えなさい。〔　〕内の表現は、直前の語の意味を表します。なお、設問の都合上、本文を変更している部分があります。

最悪なことは、だいたい気づいたときにはもう始まってしばらくたってしまっていることが多い。要するに、気がついた時にはもうどうしようもないってことだ、とキラは思う。

「初めまして。Ｔ県Ｉ市からきた、野々宮希星《ののみやきら》です」

立ちあがって自己紹介をしながら、やっぱり転校のあいさつって最悪だなと思う。

Ｘ夏休みが始まる前に、前の学校で、サヨナラのあいさつをした時も同じように思った。あの時は、クラスのみんながキラに一言ずつお別れのメッセージを言ってくれた。それを聞きながら「最悪だな」と思っていた。昨日まで仲良く一緒に給食を食べていた友達が、きっと自分を忘れていくこと。そして、自分もこの子たちをどんどん忘れていつの間にか新しい生活になじんでいってしまうこと。そのことを経験的に分かっていて聞く、お別れの言葉なんて悲しいだけだ。

「きら～？　どういう字？」

多分《たぶん》クラスの中心的な子であろう女の子が声をあげると、次第に周りの女子たちもざわざわし始める。反対に男子たちはぼけっと口を開けて、ただじっとキラを見ている。

「希望の希に、星と書いてキラです。よろしくお願いします」

もう一度ぺこりとお辞儀《じぎ》をして席に座ると、はあと小さなため息がキラの口からもれた。

〈　中略　キラがため息をついた理由は、転校以外にもあった。引っ越し先の家である。古びた日本家屋であり、そのうえ今朝は玄関先でイタチが死んでいたのだった。始業式が終わっても下校する気になれなかったが、帰る方向が同じ同級生の坂間《さかま》君に一緒に下校するきまりだと言われ、仕方なしに下校した。〉

キラが坂間と帰るようになって、一か月近くがたった。最初は飽《あ》きるほど長く感じられた通学路にもすっかり慣れた。季節が変わり始めて、暑さがなりをひそめ、秋らしい透明な風が吹くようになったのも理由の一つかもしれない。お店や住宅の間を縫《ぬ》うようにして通っていた前の学校と違って、季節が変わっていくのがはっきりわかる今の通学路の方がＡタイクツせず、キラは好きになりつつあった。

までもなく、ごく自然にできてしまっているはずです。

問１　太線部Ａ「センモン」・Ｂ「シ（み）」・Ｃ「自（ず）」・Ｄ「ヨウイ」について、カタカナは漢字に直し、漢字は読みをひらがなで答えなさい。

問２　傍線部①について、「目の前の風景」と筆者との「対話」の内容が具体的に書かれている箇所を67・68ページの本文中から四十字以内で抜き出し、始めと終わりの五字を答えなさい。

問３　傍線部②「観察力の方が、ペン先の技術よりも育むのに時間がかかるように思います」とありますが、「観察力」・「ペン先の技術」とはどのようなことをさしていますか。「〜ということ」に続く形で、それぞれ傍線部②以降の本文中から抜き出し、答えなさい。ただし、「観察力」は六字、「ペン先の技術」は十三字で答えること。

問４　空欄［Ⅰ］・［Ⅱ］に入る最も適切な語をそれぞれ次から選び、記号で答えなさい。

ア　あっさり　　イ　きっちり　　ウ　じっくり

エ　どっぷり　　オ　ひっそり　　カ　ぴったり

問５　空欄［Ⅲ］には「物事の重要な点」という意味の語が入ります。最も適切なものを次から選び、記号で答えなさい。

ア　頭　　イ　心臓　　ウ　肝《きも》　　エ　骨格　　オ　瞳《ひとみ》

問６　傍線部③「至福」とほぼ同じ意味の表現を傍線部③以前の本文中から五字で抜き出し、答えなさい。

問７　傍線部④「写実的に見た通りに描く必要がない」のはなぜですか。その理由として最も適切なものを次から選び、記号で答えなさい。

ア　スケッチをする目的は、写真のように緻密《ちみつ》に記録することにあるのではなく、自分らしい記録の方法を習得することにあるから。

イ　スケッチをする目的は、写真のように正確な映像を残すことにあるのではなく、自分の目でとらえた世界を描くことにあるから。

ウ　スケッチをする目的は、写真のように記念として残すことにあるのではなく、描く技術そのものを上達させることにあるから。

エ　スケッチをする目的は、写真のように手軽に記録することにあるのではなく、時間をかけて記憶に定着させることにあるから。

問８　傍線部⑤「建築もまた注意深い眼差《まなざ》しをもった者に対しては多弁です」について、次の各問いに答えなさい。

⑴　「注意深い眼差しをもった者に対しては多弁です」ということが、※の小林秀雄の文章ではどのように表現されていますか。次の文の空欄Ⅰ・Ⅱに入る適切な表現をそれぞれ十字程度で考え、答えなさい。ただし、空欄Ⅰ・Ⅱの内容は対になります。

同じライターを眺めても、注意深い眼差しをもたない者には一分間が長く感じられるほど【　　Ⅰ　　】が、注意深い眼差しをもった者には【　　Ⅱ　　】のである。

⑵　建築について「注意深い眼差しをもった者」とは、具体的にはどのような者のことですか。「〜をもった者」に続く形で、本文中から三十六字で抜き出し、始めと終わりの五字を答えなさい。

問９　空欄［Ⅳ］に入る最も適切な語を次から選び、記号で答えなさい。

ア　タイムカプセル　　イ　タイムキーパー

ウ　タイムスリップ　　エ　タイムマシン

問10　次は、スケッチに対する筆者の考えをまとめた文章です。空欄Ⅰ

の一体感を味わうことを意味します。[Ⅱ]と時間をかけて、心で対象を深く見る。目前に広がる風景を創造的に見ることが、魅力的なスケッチを描く[Ⅲ]だと思うに至りました。

建築を見ているとたくさんの疑問が浮かんできます。

街の風景の中の、ひとつの家でもそうです。あそこの屋根はなぜあの形や素材になったのか、窓はどうしてあそこに付いているのか、という風に建物と交わす対話こそが、自分の洞察《どうさつ》力や美的センスを磨いてくれます。

スケッチしながら、僕はその建築を設計した建築家に心の中でたくさんの質問をします。そうしていると、スケッチすることでうっすらと自分なりの風景が立ち上がり、正解なき問いに思いを巡《めぐ》らせる③至福《しふく》の時間があらわれます。風景と対話することで、目の前の風景と心を通わせるのです。

④写実的に見た通りに描く必要がないというのは、そのためです。なにも適当に描けと言っているわけではありません。緻密《ちみつ》に見えるものをそのまま描くことも、それはそれで大事なトレーニングですが、自分なりの描き方を習得することの方がよほど重要だと思っています。

事実、写真だとシャッターを切る一瞬の正確な映像を風景から切り取ることができますが、スケッチは時間をかけて、たとえ写真より不正確であったとしても、自分なりの解釈が含まれた映像がちゃんと紙に残るのです。写真が映像の転写をするのに対して、スケッチは、認知された目の前の世界を固有なものとして描き出すからです。先に小林がライターを一分間見ることでいろんな声が聞こえてくることを教えてくれたように、⑤建築もまた注意深い眼差《まなざ》しをもった者に対しては多弁です。

だから今でも旅に出ると、僕は必ずスケッチをします。むしろスケッチしないと旅をした実感が湧《わ》かないくらいに、スケッチは僕の旅にとって不可欠なものになっています。旅先で風景と対峙《たいじ》〔向き合って立つこと〕しながらあれこれ思考を巡らせる上で、スケッチするという身体性がないとうまくいきません。逆に、毎日スケッチさえしていれば、僕の旅は調和に包まれるのです。やはり記録としてのスケッチが記憶にちゃんと定着するためには、そこにいて、風景を見ながら対話していた「時間」が多層的にスケッチの中に閉じ込められなければならないのでしょう。

記憶に定着するスケッチというものは、描かれたスケッチの中に「私はいまここでこの建築を見て、こんな風に感じた」という心のざわつきが、高い鮮度のまま将来の自分へのメッセージとしてきちんと埋め込まれています。少し未来の自分が、このスケッチを見て「あの時間」を思い出しながら、今の自分がそれをどのように感じるか、思考の上書《うわが》きが行われていく。自分が変化し続けていること、過去の自分から少しでも成長していることをたしかめるための痕跡《こんせき》が、[Ⅳ]のようにスケッチブックの中に一枚一枚残されていく。

そうしてたくさんの建築を見て、たくさんのスケッチを重ね、自分の中に良質なストックをつくらないことには、きっと自分の線が描けるようにはなりません。これだけ見たからオッケーという合格ラインみたいなものは、存在しない。現状に満足しないで、その建築が何を発信しているのかに対する飽《あ》くなき探究心が必要でしょう。これはやはり、既にスケッチを描くことがどうしようもなく好きになっていれば、意識する

【国　語】〈五〇分〉　〈満点：一〇〇点〉

【注意】　字数制限のある場合は、句読点も一字と数えて答えること。

一　次の文章は、光嶋裕介 著『建築という対話　僕はこうして家をつくる』の一節です。本文を読み、後の問いに答えなさい。〔　〕内の表現は、直前の語の意味を表します。なお、設問の都合上、本文を変更している部分があります。

旅に欠かせないのがスケッチです。

好きなはずの絵をAセンモン学校で教わることで嫌になった高校時代の経験から、旅のスケッチに関しては最初から徹底的に我流で磨《みが》こうと決めていました。

Ａ４サイズの黒いスケッチブックを片手に、お気に入りの細い製図用のペンを持って、本格的に一人旅をするようになった大学二年生のときから、旅に出ると毎日必ずスケッチを描くようになりました。もう二十年近い習慣です。

そのときからずっと大切にしていることが、自分で思うままに描くというシンプルなこと。①目の前の風景と対話しながら、見えているものや、感じたことを丁寧《ていねい》に紙に描き込む。目の前の空間に対して、あのなんとも言いようのない高揚《こうよう》感をたしかめながら、スケッチとして描き込んでいくのです。

好きなことを楽しみながらやって、時間を忘れて没頭《ぼっとう》していると、無上の喜びを感じます。そうやって、少しずつスケッチが上手《うま》くなってくると、ずっと継続していくことの大切さが身にBシみてくるものです。夢中になって好きなことだけをやり続けていく。すると、勝手に努力してしまっている……そんなサイクルに入ります。これこそが、上達するコツでしょう。

その上で、自分の線を獲得するためには、自分だけの目がないと描けません。心の目でものを見る、と言い換《か》えてもいいでしょう。ものを見る能力の方が、描く能力よりも大事だと思うのです。②観察力の方が、ペン先の技術よりも育むのに時間がかかるように思います。

批評家の小林秀雄《ひでお》は、「美を求める心」という名文の中でこう述べています。

※諸君《しょくん》は試みに黙《だま》ってライター〔点火する器具〕の形を眺めてみるといい。一分間にどれ程沢山《たくさん》なものが眼に見えて来るかに驚くでしょう。そしてライターの形だけを黙って眺める一分間がどれ程長いものかにおどろくでしょう。（『小林秀雄全作品集21』、新潮社、二〇〇四）

線をどれだけ綺麗《きれい》に描けるかというのは、修練の問題です。何度も練習しているとC自ずと上手くなっていくもの。しかし、透明な心で対象を見て、風景からの声なき声に耳を澄ませることは、決してDヨウイではありません。これは深い集中力を要するもので、敬意をもって風景を見ながら、考え続けなければならないからです。それだけの時間が必要になってきます。創造的に見るということは、「頭を空っぽ」にして、対象の中に溶け込んでいくことなのです。

いま目にしている景色の意味するもの、歴史的な背景、光の当たり方や影のグラデーション〔濃淡の段階的変化〕などを目で見ながら、身体全体で感じることは、世界に［Ｉ］ひたることであり、風景とのつかの間

せたい。

問８　次の各文は波線部ア～エについて説明したものです。説明として適切なものにはAを、適切でないものにはBを書きなさい。

①　波線部ア「食事中だったのか口をもぐもぐさせながら」やそれに続く会話からは、波多野君の母親が息子のケガを深刻にはとらえていないことが伝わってくる。

②　波線部イ「波多野君は仏頂面《ぶっちょうづら》で『うん』と頷《うなず》いた」からは、悟志の謝罪をおだやかな気持ちで受け入れようとする波多野君の姿勢がうかがえる。

③　波線部ウ「振り向くと防寒着も着ていない波多野さんが、赤いセーター姿で走ってきた」には、波多野さんの行動的で誠実な人柄が表れている。

④　波線部エ「悟志が俯《うつむ》いたまま首を左右にふった」からは、自分は悪くないのに謝罪させられた悟志の納得のいかない気持ちが読みとれる。

問９　空欄［Ｘ］に入る最も適切な表現を次から選び、記号で答えなさい。

ア　そめて　　イ　ゆるめて　　ウ　つねって　　エ　ふくらませて

問10　次は、本文における「クリームシチュー」のはたらきについて説明した文章です。空欄Ａ・Ｂに入る適切な表現を、本文中からそれぞれ指定の字数で抜き出し、答えなさい。

本文の題名にもなっている「クリームシチュー」は、作品中で大切なはたらきをしている。祖母にとっては、自分を家から【　A（五字）　】鬼ともいえる嫁を、また啓太や悟志にとっては、自分たちを【　B（七字）　】してくれる福の神ともいえる母親を、同時に暗示しているのである。

耳が凍《こお》りそうなほど冷たいけれど、雪灯りが道の先を照らしてくれていた。

問１　太線部ａ「縁」・ｂ「床屋」・ｃ「軒下」の読みを、それぞれひらがなで答えなさい。

問２　傍線部①「母親は頭を下げたり上げたりしながら聞いている」について、この時の母親の心情として最も適切なものを次から選び、記号で答えなさい。

ア　くわしい状況は分からないものの、息子が友達にケガをさせたということに対して申し訳なく思っている。

イ　息子が友達にケガをさせてしまったことに親として責任を感じ、自分の育て方が悪かったとくやんでいる。

ウ　友達にケガをさせた息子に強い怒りを感じているが、先生たちの前で息子を叱るわけにもいかず我慢している。

エ　息子は友達にわざとケガをさせたのではないのに、悪いのは息子だと決めつけて話をする先生たちにあきれている。

問３　傍線部②「悪びれもしないで」・③「故意に」の意味として最も適切なものを次からそれぞれ選び、記号で答えなさい。

②「悪びれもしないで」

ア　罪人らしい様子もなく　　イ　ふざけたりもせず

ウ　恥ずかしそうにもせず　　エ　うそをつく様子もなく

③「故意に」

ア　一方的に　　イ　わざと

ウ　仕返しとして　　エ　いじわるに

問４　次は、傍線部④「びっくりした」について説明したものです。空欄Ａ～Ｃに入る適切な語を、29ページの本文中からそれぞれ指定の字数で抜き出し、答えなさい。

悟志の話が【　Ａ（二字）　】ではないことを、母親は【　Ｂ（四字）　】だろうと啓太は思っていたのに、意外にも悟志の言い分に従って【　Ｃ（二字）　】ことをかたくなに断ったため「びっくりした」のである。

問５　次は、傍線部⑤「うん」と言った時の母親に対する悟志の気持ちを説明したものです。空欄Ａ・Ｂに入る適切な表現を、それぞれ十字～十五字で考えて答えなさい。

悟志は母親に対して【　　　Ａ　　　】と思う一方で、【　　　Ｂ　　　】と思う気持ちもある。

問６　傍線部⑥「今回の悟志と同じじゃないか」とありますが、どのような点で「同じ」なのですか。本文中の表現を用いて六十字～七十五字で説明しなさい。

問７　傍線部⑦「シチュー、祖母ちゃんちに、持って行く？」と言った時の啓太の気持ちとして最も適切なものを次から選び、記号で答えなさい。

ア　今日は格別寒いので、祖母も母親のシチューを喜んでくれるにちがいない。

イ　波多野君との出来事で落ち込む弟を、祖母と会わせることで元気づけたい。

ウ　母親に迷惑をかけたのだから、弟にも母親の手伝いくらいはやらせたい。

エ　弟と二人きりで話す機会を作り出し、波多野君の家に謝りに行か

「うん」

以前見てしまったことがある。ロールキャベツを届けに行くと、一週間前に届けたシチューがそのまま台所の床に置かれていた。僕が行くとそれをゴミ袋に捨てて、鍋だけ洗ってよこした。「年寄りには味が濃いんだ」と言いながら。

「せっかく作ったのに、食べないのかな」

「うん。でも、お母さんに言うなよ」

「うん」

祖母は波多野さんの美容院で「うちの嫁は鬼みたいで」と話していたのだろう。なにも知らない悟志がその言葉を聞かされて、思わずカーッとなってスコップを振り回してしまったのだ。

ちゃんと教えてあげよう。父親が僕に教えてくれたときのように、風呂に入って落ち着いてから。悟志は一緒に風呂に入ってくれるだろうか。風呂を嫌がったら、二段ベッドの下の段から話して聞かせよう。

急ぎ足で家に向かった。路面に薄氷が張って、気を抜くと転びそうだ。

道沿いの家から、カーテンを開ける音と窓を開く音が聞こえてきた。

C軒下が蛍光灯《けいこうとう》で照らされ、姿は見えないがひとの声がする。

「鬼はーそとー、鬼はーそとー」

「あーさぶ」

「はやく閉めてよ」

固くなった雪の表面に、豆がいくつか落ちる音が鳴り、すぐに窓が閉められ、カーテンも閉じられた。

「そうだ悟志、帰ったら豆まきだ」

「うん」

「寒いから、窓は開けなくてもいいよな」

「うん」

鬼なんかうちにはいないと思う。いや、いても別にかまわない。ふつう、どこの家にも鬼と福の神はセットでいるものではなかろうか。

「お母さん、心配するから、早く帰ろう」

「うん」

「ちょっとでも遅くなったら玄関前に立つからな。仁王立ちで」

「ふふ」

顔を上げて、悟志は白い息を吐いた。

明日になると、受験日まで十七日だ。

「受験のときな、緊張しないように、好きな食べ物のことを考えるといいんだって。村田が教えてくれた」

「へえ」

「悟志の受験のときも、そうするといいぞ」

「うん」

「なんの食べ物のこと考える？」

「んー、寿司《すし》かな」

「そこは、お母さんの手料理だろ？　あれだけ庇ってもらって」

「じゃあ、お母さんのカレーかな」

「僕は断然、クリームシチューだな」

夕飯で食べたばかりなのに、またすぐにでも食べたくなった。

受験が終わった日の夕飯に、クリームシチューをたのんでおこうと思った。

情が深すぎて、それで周りが見えなくなってしまう。だから父親が間に入ってバランスをとってくれるとちょうどいい。母親と祖母の仲も、きっと父親が不在だったせいでわるくなっただけなのだ。昔のことは僕も小さくてわからなかった。でも今は少し理解できる。

　床屋と美容院の明かりはもう消えて、勝手口のほうのドアの窓から明かりがもれていた。ブザーを鳴らすと、ア食事中だったのか口をもぐもぐさせながら波多野さんのお母さんが戸を開けてくれた。

「日吉です」

「ああ、日吉君」

「あの、弟がすいませんでした」

　大きな声で勢いをつけてそう言った。

「あらまあ、わざわざ来てくれたの？　純ー、ちょっとー」

　奥に向かって波多野君を呼ぶと、耳の上に大きな絆創膏を貼った姿で現れた。

「あ、ごめんね、あの、弟がちゃんと謝りたいって」

　後ろにいた悟志の腕を引っ張ると、固くなりながらも僕の前に来て「ごめん」と頭を下げた。イ波多野君は仏頂面《ぶっちょうづら》で「うん」と頷《うなず》いた。

「まあまあ、寒いからいいのに。気をつけて帰ってね」

　頭を深く下げて僕はドアを閉めた。緊張が解けて、全身の力が抜けた。今になって胸がドキドキしていたことがわかった。

「よかったな」

「うん」

　悟志も頬《ほお》を［　X　］いる。ほっとしているということは、すごく反省していたのだろう。嘘をついてしまったことを後悔して、どうしたらいいかわからなくなっていたのだ。

「日吉くーん」

　波多野さんの声だ。ウ振り向くと防寒着も着ていない波多野さんが、赤いセーター姿で走ってきた。足元だけ青の長靴だ。

「ごめんね」

　吐《は》いた息が途端に白くなってすぐに消える。

「いや、悟志がわるいんだから」

「ちがうの」

「え？」

「純がひどいこと言ったって白状した」

「ひどいこと？」

「うん。うちのお母さんの美容院に、日吉君のお祖母ちゃんも来るじゃない。それで、ほんの冗《じょう》談で日吉君のお母さんのこと、うちの嫁はどうのこうのって話して、それを純が聞いて、悟志君に言ってからかったんだって。そりゃあ怒るよね。ごめんね、悟志君」

エ悟志が俯いたまま首を左右にふった。波多野さんは「じゃあね、明日ね」と言って背を向けた。駆け出しながら寒そうに肩をすくめていた。

　見送ってからふたりで歩き始めた。体が冷え切っているから早く家に入りたい。

「波多野君と、女子の取り合いになったのかと思った」

「そんなことするわけないだろ」

「さっき祖母ちゃんさ、シチュー、喜んでたか？」

「いや、迷惑そうな顔してた」

「そうだろ」

思えば被害妄《もう》想というやつで、みんなが敵に見えたのかもしれない。家に帰ってからやっと信じてくれるひとが現れて心底ほっとした。母親だ。

「そう、村田君がふざけて戸を閉めたから、啓太が開けようとしているうちにガラスが割れたのね。それは村田君がわるいわ。啓太はなにもわるくない。啓太も危なかったのにね。もう、村田君はどうしてそんな意地悪するのかしら」

　夜になって父親が帰ってきて、僕は手を引かれて村田の家まで謝りに行った。そのときにも母親は「啓太はわるくないのよ」と、父親に訴《うった》えていた。あんまり母親が村田のことを悪者にするから、僕は胸のうちで「村田はいつも仲良くしてくれて、いいやつなのに」と、村田に申し訳ない気持ちになった。

　父親はどちらの味方もしなかった。でも、村田酒店の店先に立ち、「うちの息子がすみませんでした」と深々と頭を下げていた。

　あれから小学校六年生までと中学の三年間、村田とずっと友達でいられた。あんな流血事件があったことを忘れそうになるくらい、わだかまりは残らなかった。

　夕飯は僕が大好きな、やわらかい鶏肉がたくさん入ったクリームシチューだった。コーンの黄色とニンジンの赤の彩りがきれいで、そこも好きだ。悟志はちゃんとご飯は食べているが、ほとんど喋《しゃべ》らなかった。

「⑦シチュー、祖母ちゃんちに、持って行く？」

「うん、たくさん作ったからあとで持って行って」

　週に一回くらい、シチューやカレーやロールキャベツを鍋ごと風呂敷《ふろしき》に包んで届けに行く。たいてい僕が行く。祖母があまり喜ばないから、そんな様子を悟志に見せないほうがいいだろうと、勝手に考えていた。

「悟志、今日はお前が届けに行けよ」

「なんでだよ」

「家の手伝いだよ。それくらいしろよ」

　夕飯が済んでから、悟志は風呂敷に包んだシチューの鍋を持って出かけて行った。少ししてから僕は「村田に貸したノートを取りに行ってくる」と母親に言って家を出た。

　計算通り、悟志が夜道を向こうから帰ってくるところだった。

「おい、悟志、波多野さんに謝りに行くぞ」

「え？」

「謝りに行くんだよ」

「うん……」

　素直に僕の後ろをついてきた。波多野さんの家は駅前のｂ床屋だ。お父さんが床屋さん、お母さんが隣の店で美容師をしている。歩いて七、八分くらいか。

　父親がいるときであったら、今日のこともぜんぜん違ったのだろう。先生たちが家に来て、謝ったほうがいいと言われたときに、父親ならすぐに悟志を連れて謝りに行ったはずだ。母親が悟志はわるくないと庇ったとしても、やっぱり父親は悟志の不注意だと叱るはずだ。

　母親はちょっと極端な性格で、バランスがわるいのだ。好き嫌いがはっきりしていて、それが行きすぎてしまうことがある。小さいころはわからなかったけれど、最近はそんな気がしている。

　大事なものはとことん大事にする。僕らのことも大事にしすぎて、愛

だけなんだから、平等にあつかってほしいわよね」

「うん」

「悟志が嘘ついてるみたいに言って、本当に腹が立つわ」

「⑤うん」

部屋に戻って勉強をはじめたが、なかなか集中できない。同じ部屋の二段ベッドの上の段で、悟志は布団を被《かぶ》っている。

波多野さんの家に電話している母親の声が聞こえてくる。口では強気なことを言っていても実際は「すみませんね、危ないものを振り回してしまって。男の子は乱暴ですから」などと、謝っているような言い方をしていた。悟志にも聞こえているはずだ。

「おい、悟志、なんで嘘つくんだよ」

ベッドの上の段に向かって言ったが返事はない。

「本当はお前がカーッとなって手を出したんだろ？　けんかだったんだろ？　手を出したほうがわるいんだぞ。お母さんのこと騙《だま》して、庇《かば》ってもらって、それで嬉しいか？　お母さんが恥かくことになったじゃないか」

しばらく布団は動きもせず、寝てしまったのかと思ったが、洟《はな》をすする音が聞こえてきた。悟志は泣いているらしい。やっぱり嘘をついていたのだ。

やる気が出るまでとりあえず英単語を復習しようと単語帳を開いたが、どうも頭に入ってこない。波多野さんの家では今どんな話になっているのか。うちの親たちや悟志のことをとやかく言っているかもしれない。こんなときに長男ならばどうするべきか、いちおう考えてみようと思うが、答えがぜんぜん思いつかない。

同じような経験がなかったか考えているうちに、ふいに思い出すことがあった。ずいぶん前、確か、僕が小学校三年のときだ。

暗くなってから父に手をつながれて雪解け水でぬかるんだ道を歩いた。村田酒店に向かって。そのころから赤い顔をしていた村田の親父《おやじ》さんに、うちの父親が頭を下げて謝った。

その場面は強烈《れつ》でよく覚えているが、理由を忘れかけていた。

僕がケガをさせた……。

そうだ。あれは村田がガラスで手の甲《こう》を切ったのだった。小学校のトイレの引き戸だ。細長いガラスがはまっている戸だった。

休み時間になって走ってトイレに行くと、先に着いた村田がふざけて引き戸を閉めて、僕を入れさせまいとした。僕は開けろよと戸を叩いて、村田は内側から戸を押さえていた。それで戸にはまっている細長いガラスがパリンと割れた。気がつくと村田の手の甲に三センチくらいの赤い線が出来ていた。すぐに先生が駆けつけてきて、村田の手を頭の上まで持ち上げて保健室へ連れて行った。

近くにいた同級生たちが、僕のことを見ていた。僕は自分がわるいことをしたとは少しも思わなかった。それなのに涙が流れてきて、みんなの前で泣いてしまった。僕が村田にケガをさせたとみんなが思っているような気がしたからだ。

⑥今回の悟志と同じじゃないか。僕も流血事件を経験していた。血を見ると周りの人間は加害者と被害者を勝手に判断するのだ。血を流しているほうが被害者で、もう一方が加害者。

そのとき学校では味方がひとりもいなかった。友達や先生の全員に犯人を見るような目で見られて、陰口《かげぐち》を言われているような気がした。今俯《うつむ》いている悟志に、いっせいに視線が集まった。悟志が顔を上げてふくれっ面《つら》をした。

「けんかじゃないです。ふざけ合っていただけです。そしたらたまたま波多野にあたったんです。僕、すぐゴメンて言いました」

悟志は②悪びれもしないでそう言うが、あのときの姿からすると、嘘《うそ》をついているような気がする。本当は悟志がカーッとなって手を出したはずだ。女子をめぐっての取り合いだったとしたら、きっと恥ずかしいのだ。

母親はお見通しだろう。悟志のことを厳しく叱《しか》るか、もしかしたら叩《たた》くかもしれない。「自分がやられたらどんな気持ちになるか、よく考えなさい」。兄弟げんかをするたびにそう叱られて、ふたりともが頭を叩かれる。今は先生たちの手前、悟志の顔をちらちらと窺《うかが》っているだけだ。

「悟志君はふざけていただけだと思っていても、波多野君はけんかしたと言っていますから、やはり、波多野さんのお宅に謝りに行ったほうがよろしいかと思います」

教頭先生が母親にそう告げる。

「いえ、悟志がふざけていただけって言うんですから、ふざけていただけなんです。③故意にではなくて、遊んでいるときの事故です。お互いにわるかったのですから、お電話で波多野君のお見舞いを言います。謝る必要はないでしょう」

母親は淡々とそんなことを口にした。

「いやしかし、ケガをしていますから、ここはケガをさせたほうが謝ってしまったほうが、これから悟志君と波多野君も、仲直りしやすいと思いますが」

「それはもう悟志がゴメンって言ったそうなので、あとはまかせておきます。悟志がわるいわけではありませんから。遊んでいたときの事故ですから」

④びっくりした。母親のその強気な言い方が信じられなかった。どうして悟志が嘘をついているとわからないのだろう。

「しかし、波多野君のご両親は、被害者と感じるかもしれませんし」

「波多野さんなら、私も知らないわけではありませんので、お電話で話します」

「お互いの親同士で顔を合わせてお話しになったほうが、後々のわだかまりがないかと思いますが」

「伺《うかが》うまでもないです。悟志がけんかじゃないと言っているのですから」

母親はこれほど頑固な性格だったろうか。どうしても謝らないという口ぶりだ。

先生たちは憮《ぶ》然としながら帰っていった。ふたりだけで波多野さんの家までお見舞いに行くそうだ。僕は母親も一緒に行けばいいのにと思ったが、母親は当然というように玄関で先生たちを見送るだけだった。

車のなかで先生たちは、父親が留守がちな家だからと呆《あき》れているだろうか。子どもに厳しくできない母親だから困ったものだと話しているだろうか。

「悟志は？　ケガはなかったの？」

「うん」

「どうして先生って、謝ることばっかり言うのかしらね。ふざけていた

祖父母のことを聞かれると、ちょっとドキリとする。答え方を考えてしまう。

「なんかよくわかんないけど、公営住宅が建ったときに申し込んだら当たったんだって。年寄りはふたりだけで暮らした方が気楽なんだって」

「ふうん、確かに、なんかよくわかんないな」

　本当は少しちがう。もともと祖父が建てた家に母親が嫁《とつ》いできたのだが、父親はそのころから出張が多く留守がちで、母親は祖母と折り合いがわるかったらしい。祖父は優しいのだが影が薄くて、祖母の存在が大きな家だ。

　細かいことを気にして口うるさい祖母と、おおざっぱに自己流でやりたい母親が、一緒に家事をやると当然ぶつかることになり、よく母親が家出して実家に逃げ帰っていたらしい。

　僕と弟が生まれて実家の父親が亡くなると、母親は逃げ場所がなくなり、どんどん痩《や》せてかなり参ってしまい、祖父母と別居したいと言い出したそうだ。それを知った祖父が公営住宅に申し込んで、そちらに引っ越しをした。これは父親がこっそり僕にだけ教えてくれた。

　僕が中一のときに三年の男子から、「お前のかーちゃん、鬼みたいな嫁なんだってな」とからかわれ落ち込んで帰った日のことだ。たまたま父親が家にいて、からかわれたことをそれとなく口にした。夜に一緒に風呂《ふろ》に入ろうと言われ、湯船につかりながらその話を聞いた。

　そんなことがあったなんて、ぜんぜん知らなかった。母親が祖父母を追い出したことになっているのだろう。けれど、母親は祖母と仲がわるいそぶりも見せず、僕たちには祖父母を大切にするようにと、しつこいくらい口にしていた。

〈中略　その日の放課後、中学一年生の弟悟志《さとし》と波多野《はたの》純《じゅん》（クラスメイトの波多野さんの弟）とがけんかとなり、純が耳にケガをし、出血してしまいました。〉

　学校から電話があったのか、玄関の前に母親が立っていた。悟志がこんなことになるなんて、さぞ怒り狂っているだろう。目の**a**縁が赤くなっている。

「わざわざ来ていただいて、申し訳ございません」

　居間《いま》に全員が座ってから、母親が床に両手をついて頭を下げた。

「悟志君はいつも真面目《まじめ》で、友達の信頼もあついお子さんです。私どももそれは十分わかっておりますので」

　教頭先生の話を、①母親は頭を下げたり上げたりしながら聞いている。

「今回は放課後のテニス部の部活中にテニスコートの除雪をしようとしていたそうです。ちょっと口げんかになったとかで、悟志君が雪かき用のスコップを振り回し、波多野君の耳にあたって、耳の上を切りました。念のため病院で手当てしてもらいましたが、縫《ぬ》うほどではない切り傷で、絆創膏《ばんそうこう》を貼《は》って帰宅したそうです」

「はあー、そうですか。よかった」

　母親はそう言って力が抜けたように背中を丸くした。傷がひどくなくて僕もほっとした。

「そのときの状況を一緒にいた生徒に聞いたのですが、はっきり見ていなかったそうです。それで、けんかの理由なんですが、いくら聞いても悟志君、教えてくれません」

について、サッカーを例として説明したものです。**適切でないもの**を二つ選び、記号で答えなさい。
ア　簡単には得点できない工夫をすることで、一点を取ることへの期待と興奮を高めることができる。
イ　観客の要望に合わせてルールを定めることで、競技場の観客動員数を増やすことができる。
ウ　ルールを明確にすることで、競技をする人も競技を観る人もゲームを楽しむことができる。
エ　秩序のない争いになることをさけ、ゲームとしてのスポーツを成立させることができる。
オ　両チームが点を奪い合うような競争をなくし、それぞれのチームの良さを引き出すことができる。

問９　次は、本文を読んだ明子さんと星子さんの会話です。会話文を読み、後の問いに答えなさい。

明子　本文に出てきたブラインドサッカー、私、学校の授業でやったことあるわ。
星子　どうだった？
明子　目隠ししてのサッカーは正直こわかった。何かにぶつかりそうで。周りの声や音だけが頼りだったんだ。でもね、先生からうかがった選手の方たちの工夫には驚かされたわ。音が重要だということを逆手《さかて》にとって、あえて【　Ａ　】という方法もあるんだって。
星子　すごい！　ふつう思いつかないわね。何か、私たちの知っているサッカーというより、新しいスポーツが生まれているみたいね。
明子　本当にそうだね。障害者スポーツは健常者スポーツをもとにしながらも、それとは全く違った独特の楽しさを持っているようね。筆者は、障害を制限と同一視してはいないけれど、「【　Ｂ　】」という考え方を示そうとしている気がするわ。制限をきっかけに発想の転換を図って面白さを追求する人間の創造力は無限ね。
星子　そう考えると、障害者スポーツは、高齢者や子どもも楽しめるものになるかもね。二〇二〇年東京パラリンピックが楽しみね！

⑴　空欄Ａに入る適切な表現を考え、四字で答えなさい。
⑵　空欄Ｂに入る表現として最も適切なものを次から選び、記号で答えなさい。
ア　制限をなくす力をもつ障害　イ　障害という制限のきびしさ
ウ　制限のひとつとしての障害　エ　制限と障害の共存の可能性
⑶　傍線部「制限をきっかけに〜追求する」とありますが、スポーツに限らず遊びにおいても同様のことが言えます。視覚を使わないで行うからこそ面白さが生まれる遊びの名前を、**ひらがな**五字で答えなさい。

二　次の文章は、神田茜作「クリームシチュー」の一節です。本文を読み、後の問いに答えなさい。なお、設問の都合上、本文を変更している部分があります。

「僕」（日吉啓太《ひよしけいた》）は高校受験を間近に控《ひか》えた中学三年生です。次は、昭和六十一年二月三日節分の日、友達の村田君と学校に向かっている場面です。

「祖母《ばあ》ちゃんたち、一緒に住めばいいのに。なんで別々なんだ？」

ウ　格**サ**社会となる。　　エ　上下**サ**右を見回す。
オ　こまかい**サ**業を行う。

c「**ト**競走」
ア　日本の首**ト**は東京だ。　　イ　**ト**書館で勉強している。
ウ　夏休みに**ト**米する。　　エ　熱心なキリスト教の信**ト**。
オ　**ト**中であきらめるな。

問２　次は、傍線部①中の「ハンデ」について説明したものです。空欄Ａ・Ｂに入る適切な表現を、傍線部①から傍線部④までの本文中からそれぞれ指定の字数で抜き出し、答えなさい。

「ハンデ」とは、競技者間の【　Ａ（七字）　】ことを目的としており、視覚障害者の競技においては、【　Ｂ（十八字）　】ための配慮であるといえる。

問３　空欄 X に入る慣用句として最も適切なものを次から選び、記号で答えなさい。
ア　親しき仲にも礼儀《ぎ》あり　　イ　寄らば大樹の陰《かげ》
ウ　朱《しゅ》に交われば赤くなる　　エ　同じ釜《かま》の飯を食う

問４　傍線部②について、次の問いに答えなさい。
⑴　次は、傍線部について説明した文章です。空欄に共通して入る適切な表現を35・34ページの本文中から五字で抜き出し、答えなさい。

「解いている問題が違う」とは、目の見える人の競技と目の見えない人の競技とでは、たとえ同じ種目であっても、より良い結果を得るために解決すべき「問題」（課題）が異なるということである。そのため障害者競技は、目の見える人には求められない □ を必要とし、その □ によって独自の技術や戦術を生み出している。よって目の見えない人に伴走者を補うことは、ハンデをつけることとは意味合いが異なるのである。

⑵　次の①～④は短距離走についての説明です。目の見えない人の競技における「問題」を説明したものには**Ａ**を、目の見える人の競技における「問題」を説明したものには**Ｂ**を、両者に共通する「問題」を説明したものには**Ｃ**を書きなさい。
①　選手はスタート位置を調整し、人とペースを合わせたり合図を聞き逃さないようにしたりする。
②　選手は腿《もも》の使い方や体の運び方を工夫し、はやく走れるようにトレーニングをする。
③　二〇〇メートル走でコーナーを走る際は、できるだけ外にふくらまないように工夫する。
④　一〇〇メートル走の場合、選手はよりはやくスタートすることだけを考え、ゴールに向かってレーンを一直線に走る。

問５　傍線部③「（　）を履《は》かせる」は慣用句です。空欄に入る適切な語を**ひらがな**二字で答えなさい。

問６　空欄 Y に入る適切な語を三字以内で考え、**カタカナ**で答えなさい。

問７　空欄 Ⅰ ・ Ⅱ に入る適切な語を次からそれぞれ選び、記号で答えなさい。
ア　さらに　　イ　つまり　　ウ　確かに　　エ　ところが
オ　それから

問８　次の各文は、傍線部④中の「何らかの制限を設けること」の意義

ツは、そしてより本質的にはゲームとは、何らかの制限を設けることによって成り立っています。「ラインの外に出ないこと」「手を使わないこと」「チャンスは決められた回数まで」「ボールを前に投げてはいけない」「制限時間を超えてプレイすることは無効」……とにかくスポーツは否定形ばかりなのです。

もちろん、これらの否定形の中には、選手の安全を目的としたものもあります。でもゲームの本質を成しているのは、あえてプレイヤーの運動を制限するような否定形の数々。近代スポーツは、人の動きに対して人工的に制限を課すことで、放っておけばケンカや場合によっては戦争になるものをゲームに変え、競い合うことを可能にしているのです。

たとえば、ボールをゴールに入れることが目的なのであれば、手を使わないでそれをやるというサッカーのルールは明らかに理不尽《じん》です。ましてやオフサイド〔サッカーのルールの一つ〕なんて、ボールがゴールに入ることを遅延《ちえん》させるための妨《ぼう》害でしかありません。しかし、あえてそうした制限をつけることで、サッカーはゲームとして面白くなっているのです。

サッカーの原型は、村全体を巻き込む祭りのようなものだったと言われています。ゴールにされたのは村はずれの水車や畑の門。そこまで運ぶためならボールを川に投げ入れることもあれば、女装した人がペチコート〔女性の下着の一種〕の下に隠し持ったり、はたまた夜が来るのを待って顔に灰を塗《ぬ》った人がこっそり運んでいった、なんていうことも。もちろんボールと関係ないところで血まみれの乱闘も起こったことでしょう。

そんな「何でもあり」の祝祭に対して、時代とともにさまざまなルールが整備されていくことになります。そうして制限を課すことで、当事者だけでなく観客にも開かれたゲームとしてのサッカーが成立したのです。

人の動きに制限を課すことでスポーツが成立する。視覚を使わないことも、こうした制限の一つと考えることができるのではないでしょうか。「手を使わないこと」や「線をはみ出さないこと」と同じように、「視覚を使わないこと」によって独特の運動が生まれ、特有の仕方でゲームが活性化する。まさに、伴走者の存在や音のするボールは、そのようなゲームの条件として機能していました。

もちろん「見えないこと」は当事者にとっては障害です。サッカー選手は試合が終われば手を使うことができますが、目が見えない人は本人の意志でそれを選んだわけではありません。その意味で、スポーツの本質である「制限」と「障害」を同一視することはできません。

けれども、だからこそ、障害を一つの条件として活用することのできるスポーツという場の可能性が見えてきます。

（伊藤亜紗　著『目の見えないアスリートの身体論　なぜ視覚なしでプレイできるのか』より）

問１　太線部ａ～ｃと同じ漢字を含むものを、次のア～オからそれぞれ一つずつ選び、記号で答えなさい。

ａ「加**ミ**」

ア　自分の**ミ**来について考える。　　イ　彼女は**ミ**覚がするどい。

ウ　夜空に**ミ**日月が浮かぶ。　　エ　ものの**ミ**方が変わる。

オ　**ミ**内をたよって東京に来る。

ｂ「操**サ**」

ア　**サ**国の時代について学ぶ。　　イ　水質を検**サ**する。

ときに伴走者はこの紐を使って進むべき方向を選手に示します。逆に選手は伴走者の息の音を聞きながらペースを計るでしょうし、ゴール直前では伴走者が合図をかけて選手を先に行かせることになります。

　これが二〇〇メートル走以上になると、同じ「共に走る」でも新たな戦略が必要になります。コーナー（曲がり角）という要素が加わるからです。高田選手によれば、コーナーでは伴走が「壁《かべ》」になり、選手が外に膨《ふく》らむのを押さえつけながら走るのだそうです。

　ここには、見える人の短距離走にはない、未知の技術、未知の戦略がつまっています。そして、この技術、戦術のすべてのベースに厚い信頼関係があることは言うまでもありません。

「［X］」ではありませんが、「共に走った仲」の精神的な結びつきは、きわめて深いものがあります。以前、一〇〇名規模のメンバーが所属しているアマチュアの陸上クラブの練習に参加したことがありますが、そこで参加者が口々に言っていたのも、この結びつきの大切さでした。

　厚い信頼関係のうえに成り立つ、「共に走る」ための技術や戦略。もちろん「一〇〇メートルを走るのにかかった時間を競いあう」という意味では、見える人の一〇〇メートル走も見えない人の一〇〇メートル走も同じ種目です。実際、早く走るための腿《もも》の使い方や上体の運び方など、共通する技術もあるでしょう。

　けれども、伴走がつくことによって、明らかに要素が増え、新しい知恵が求められています。そして、まさにこうしたポイントをめぐって、見えない人の一〇〇メートル走は競われている。同じ種目でも、②「解いている問題が違う」のです。だとすれば、伴走をつけることは決してハンデをつけることではありません。

　一般にハンデとは、参加者間の能力差をならすために行われる操ｂサです。小学生のｃト競走に幼稚園児が混じっていたら距離を短くしてあげる。プロとアマチュアで草野球をする場合にプロチームはアウト二回で交代とする。たとえばそんなふうに、明らかに能力が劣《おと》る参加者に③（　　）を履《は》かせたり、逆に優れている参加者に足かせとなるような条件を付与することで、能力の差を少なくするのです。

　もし見えない選手に伴走をつけることであれば、その意図は、見えない選手を見える選手と同等にすることを目指したものだということになります。

　しかし、実際にはそうではありませんでした。確かに伴走者の存在は、見えない人が見える人と同じように一〇〇メートルの直線を走ることを可能にしています。けれどもそのことが同時に、種目の内容を変え、技術を競い合う新しいポイントを作り出しているのです。つまり、伴走者はマイナスを［Y］にしているのではなく、新しい一〇〇メートル走を作り出しているのです。

　ブラインドサッカーやゴールボールで使う、音が出るボールでも事情は同じです。ボールに金属の球や鈴を入れることは、［I］見えない人もボールを扱《あつか》えるようにするための配慮です。しかしその結果として実現されるのは、「同じ」ではない。音がするボールだからこそ「音でフェイント（相手をまどわす動作）をかける技術」や「音を立てないでパスする技術」が問われるようになります。ボールそのものの転がり方も変化します。［II］、「新しい球技」が生み出されるのです。

　先に「空間の人工性」のところでお話ししたとおり、④そもそもスポー

【国　語】〈五〇分〉〈満点：一〇〇点〉

【注意】字数制限のある場合は、句読点も一字と数えて答えること。

一　次の文章を読み、後の問いに答えなさい。〔　〕内の表現は、直前の語の意味を表します。なお、設問の都合上、本文を変更している部分があります。

目の見えない人は、目の見える人と同じやり方ではプレイしません。たとえば短距離の一〇〇メートル走。見える人であれば、スターターの合図とともに飛び出し、ゴールをめがけて決められたレーンを一直線に走ることになります。

ところが、レーンを区切るラインもスタートの位置を示すしるしも、目の見えない人にとってはナンセンス〔意味のないこと〕です。私自身、陸上部出身で、陸上競技場のグラフィカル〔視覚的〕な美しさにぞくぞくしたものですが、今思えば、あの空間は恐ろしいほど視覚偏重《へんちょう》の空間だったことになります。

そこで目の見えない人がスポーツをするときには、見える人と同じ空間を用いつつ、異なるルールや異なる実施方法でそれを行うことになります。一〇〇メートル走の場合であれば、全盲《もう》など重度視覚障害のクラスでは、健常者の伴《ばん》走者〔ガイド〕をつけなければなりません。あるいはブラインドサッカー〔「ブラインド」は「目の見えない」の意〕でも、ボールを持っている選手に近づいていくときは「ボイ！」と声で知らせる義務があります。ゴールボール〔全員目隠しをして行う球技〕でも、攻撃時にノイズ〔不要な音や声〕を出すことは禁止。視覚を使わないことを加aミして、ルール上の配慮《りょ》がなされているのです。

注意しなければならないのは、こうした配慮が①いわゆる「ハンデ」ではないこと。私も最初は、「見えない人の一〇〇メートル走では伴走者をつける」と聞いて、「視覚がない分を伴走者で埋《う》めあわせるのだな」と思っていました。「伴走者」あるいは「ガイド」という言い方が、いかにも「選手と並んで走りサポートする」というイメージを与えるので、そのように思ってしまったのです。しかし実際に選手に話を聞いてみると、実情はずいぶん違っていました。

まず、「伴走」と言っても一〇〇メートル走の場合は「並んで走る」のとはちょっと違います。むしろ「共に走る」のです。

何しろ、選手と伴走者は紐《ひも》で手を結びつけあっています。紐で結ばれた手と手の距離は、髙田選手〔全盲の陸上選手〕の場合わずか約一〇センチ。その状態で、ゴールまで一気に走っていくのです。

ここにあるのは、共同作業としての一〇〇メートル走です。ぴったり息のあった美しい走りを見ていると「シンクロナイズド・ランニング」なんていう言葉さえ浮かんできます。それは私たちが一般に思い浮かべるあの見える人向けの一〇〇メートル走とは異なる、全く別の一〇〇メートル走の姿です。

「美しい走り」と言いましたが、それが容易なものではないことはすぐに想像がつきます。まず、選手と伴走者はスタートの位置を調整して、最初の一歩をスタートラインから等距離の位置に、同じタイミングで着けるようにする必要があります。そこから先も、体の大きさが違うにもかかわらず、車の両輪のようにペースを合わせて一歩一歩を刻まなくてはなりません。

足だけでなく手と手を結ぶ紐の張力も適度に保つ必要がありますし、

点。

エ　ハセよりも「僕」の方が本当は勇気があるということを近田さんに認めてほしいと思い、ハセをだしぬいて「僕」が勝手に行動をした点。

問11　傍線部⑧「僕は今日〜あるのだ」について、次の各問いに答えなさい。

(1)　傍線部中の「これ」が指す部分を本文中から抜き出し、始めと終わりの五字を答えなさい。（ただし、この問題にかぎり記号は字数に含めません。）

(2)　「これだけは言わなければいけない」と思うようになった「僕」の気持ちを具体的に説明しなさい。

族の気持ちをつなげようと配慮できる優しさを持っている。

ウ　時間を見て行動することが苦手な性格ではあるが、子どもたちの思いにとことん向かい合う心の広さを持ち合わせている。

エ　父親似の真琴よりも母親似の正太郎の方を内心では大事に思っているが、それを普段は態度に出さない慎重《しんちょう》さを備えている。

問7　傍線部⑤「可能性のひとつとして？」とありますが、「？」がついている理由として最も適切なものを次から選び、記号で答えなさい。

ア　近田さんが祈り穴に行っていると「僕」は確信をもって言っているのに、先生がそれを信じていないように感じたから。

イ　「僕」は近田さんのことを心配しているのに、警察に任せればよいと安易《あんい》に考える先生の態度に真剣さが感じられないから。

ウ　近田さんの行く先は祈り穴以外にはないと「僕」は思っているのに、先生は他にも行く当てがあると知っているようだったから。

エ　「僕」は、近田さんは祈り穴にいるはずだと言ったものの、やはり他にも可能性があるのではないかと自分自身でも疑わしくなったから。

問8　傍線部⑥「急に変なことを言わないでくれ、と思う。なんと答えていいか、わからなくなるから」について、この時の「僕」の気持ちとして最も適切なものを次から選び、記号で答えなさい。

ア　あまり好きではない父親からいきなりほめられ、父親の気持ちはわかったが、それでも反発心は消えず喜べないでいる。

イ　いつもあまり「僕」とは会話をしない父親から思いがけず感謝の言葉を告げられ、とまどうと同時に、照れくさくなっている。

ウ　あまり仲が良くない父親から急にお礼の言葉を言われたが、感謝されるほどのことではないので、かえって不審に思っている。

エ　普段あまり「僕」と話をしない父親からふと妹の話題が上がり、父親もまた妹のことを心配していたのだと気づき、ほっとしている。

問9　本文中の※段落（61ページ下段、60ページ上段）の描写を説明したものとして最も適切なものを次から選び、記号で答えなさい。

ア　「雨」の描写は、この時の天候を表すと同時に、孤独を感じた「僕」が流す涙をたとえた表現にもなっている。

イ　時間を細かく記述することで、近田さんや「僕」に危機的な状況が刻一刻と迫《せま》っているさまが描きだされている。

ウ　音に関する表現を多く取り入れることで臨場感が生まれ、読者も「僕」の不安や恐怖を身近に感じられる描写になっている。

エ　文末をはっきりと言い切ることによって、近田さんを助けるためだけに行動しているという「僕」の迷いのない気持ちを表している。

問10　傍線部⑦「僕のエゴ」とありますが、どのような点が「僕のエゴ」といえるのですか。最も適切なものを次から選び、記号で答えなさい。

ア　近田さんの無事を一番に考えるよりも、あくまで「僕」が近田さんを助けたいという自分の気持ちを一番に考えている点。

イ　先生や家族よりも「僕」が助けに来ることを近田さんも望んでいると「僕」が勝手に思い込み、誰にも相談せずに行動をした点。

ウ　お姉さんのために自らの意思で行動した近田さんの気持ちもよく考えず、近田さんを助けたいという「僕」の思いを押しつけている

ア　まったく根拠のない母の質問に対してとまどい、誤解されていると知って悲しかったから。

イ　母が無遠慮に「僕」の内面にまでずけずけと入ってくることに対して、不快に思ったから。

ウ　「僕」にとって触れられたくなかった父との関係について母に問われ、怒りがこみ上げてきたから。

エ　目を背けてきた父との関係についていきなり母から問われ、どう答えたらよいか分からなかったから。

問３　傍線部②「『……ごめんなさい』真っ赤なケチャップに、涙が垂れる」とありますが、この時の「僕」の気持ちとして最も適切なものを次から選び、記号で答えなさい。

ア　母がメダルを盗んだ「僕」の気持ちを理解し、この先「僕」を正しい道に導こうとしているのだと気づいたため、罪の意識が芽生え、謝ろうという気持ちになっている。

イ　父の味方をしながらも「僕」に深い同情を示し、メダルを盗んでしまったことを許そうとしている母に感謝の気持ちがわいてきて、今すぐにでも謝りたいと思っている。

ウ　「僕」の気持ちも行動も母にはすっかり見抜かれているので、真琴のメダルを盗んだことはもう隠し通せないと悟《さと》り、すべてを吐き出して謝ってしまいたいと思っている。

エ　真琴のメダルを盗んでしまった「僕」を母は叱りもせず、「僕」の気持ちを理解し共感してくれたことで、自分の過《あやま》ちと向き合い素直に謝ろうという気持ちになっている。

問４　傍線部③について、「僕」が「胸がキリリと痛」みながらも「ちゃんと最後まで真琴の泳ぎを見た」理由として最も適切なものを次から選び、記号で答えなさい。

ア　父のようにすばらしい泳ぎを見せる妹を見ていると悔しくなるが、「僕」自身も母から見守られていると知ったことで、同じように「僕」も家族みんなを見守り応援していきたいと感じていたから。

イ　父のように速く泳げる妹の姿を見ていると「僕」との違いが浮き彫《ぼ》りになって辛《つら》くなるが、母が同情してくれたことがうれしく、今日だけは真琴を応援してあげようという気持ちがわいてきたから。

ウ　父のように力強い妹の泳ぎを見ていると劣等感をおぼえて苦しくなるが、母が「僕」の辛い気持ちに寄り添ってくれたおかげで、ようやく妹の泳ぐ姿をじっくり見つめようという気持ちになれたから。

エ　父のようにしなやかに泳ぐ妹を見ていると過去の辛い体験がよみがえって苦しくなるが、水泳に限らずどんな道を歩んでも苦しい思いはするもので、現実から目を背けてばかりはいられないと思い直したから。

問５　傍線部④中の「同じこと」とはどのようなことですか。それが示された部分を65～64ページの本文中から二十四字で抜き出し、始めと終わりの五字を答えなさい。

問６　〈中略１〉以前の本文中に描かれた「母」について説明したものとして最も適切なものを次から選び、記号で答えなさい。

ア　親子という堅苦《かたくる》しい関係を嫌い、子どもたちと友達のように接することで、対等に何でも相談しあえる関係を築いている。

イ　気ままに振る舞っているように見えて、実は家族を思いやり、家

「わたし、勉強、できないから、クローバー集めたけど、お姉ちゃん、治らないから、わたし、勉強、できないし、フルート、吹けないから」

僕は近田さんの震える肩に手を置いた。

近田さん、大丈夫だよ。お姉さんはきっと目を覚ますから、だから、近田さんがこんな無茶をしなくていいんだ。無理して勉強なんかしなくてもいいんだ。もしも目を覚まさなくたって、それは近田さんのせいじゃないんだから、近田さんがお姉さんになろうとしなくていいんだ。近田さんは近田さんなんだ。

と僕は言うつもりで、

「大丈夫だよ、近田さん、大丈夫」

僕の意思とは裏腹に僕の口はそれしか動かなくて、反対に、体は勝手に動いて、そうしようと思ったわけではないのに、僕は、近田さんの細い体を強く抱きしめていた。

近田さんは、僕の胸に顔を押し当てて泣いた。

〈中略３　「僕」と近田さんは角田先生に発見され、三人で山を下りました。〉

古墳の前の、坂になった道路には角田先生の車が停められていた。僕と近田さんは後部座席に乗り込んだ。乗り込むとき、シートが水浸《みずびた》しになったらいけないかと思って少しでも水滴を払おうと体をパシパシ叩いていたら、そんなもん気にすんな、さっさと乗れ、と言われた。

それから角田先生は携帯を取り出し、近田さんの家に電話をした。電話越しに、近田さんのお母さんの声が聞こえる。泣き声のような。はい……はい、これから送りますので、と先生は言った。

「ん、そういや佐久田、おまえ、家の人に、なんて言って出てきたんだ？」

「ハセんちに宿題教えに行くって言って出てきました」

「……もう十時近い。家の人が心配して長谷川の家に電話かけてたらアウトじゃねーか」

「いや、昔からよく泊まったりしてるし、これくらいじゃ電話かけないかなと。まあ、もしばれてたら、潔く怒られます」

「……そうか。あんま家の人に心配かけんなよ」

角田先生はエンジンをかけて、アクセルを踏《ふ》んだ。

先生の軽自動車はぼろくて、やたらと揺れが大きかった。

近田さんは僕の隣で、少し、眠そうにしていた。

近田さん、と僕は言った。

⑧僕は今日、近田さんに、これだけは言わなければいけない、ということがあるのだ。

僕は昨日、母にそれを言ってもらって、すごくうれしかった。だから、同じことを、近田さんにも、わかりやすい言葉にして言ってあげたい。

「近田さんは、近田さんでいいんだ。ほかの誰かになる必要はないんだ」

近田さんは相変わらず眠そうな顔をしていたけど、僕を見て、驚いたようにぱちぱちと瞬きをした。（小嶋陽太郎著『ぼくのとなりにきみ』より）

問１　太線部ａ「シュウユウ」・ｂ「トウトツ」を漢字に直し、ｃ「神妙」の読みをひらがなで答えなさい。

問２　傍線部①について、「僕」が「言葉に詰《つ》まる」理由として最も適切なものを次から選び、記号で答えなさい。

雨だ。

最初はぽつぽつと、それから、ザーザーと音を変えて、強い雨が降ってきた。僕はウインドブレーカーのフードを被った。ポリエステルの無機質な生地《きじ》を、雨が容赦《ようしゃ》なく打つ音に包まれた。

懐中電灯の光が激しい雨粒にさえぎられ、反射し、もともと悪い視界が、さらに悪くなる。

早く近田さんを見つけなければ。

十分ほどで雨脚《あまあし》は弱まり、小雨になった。

頭上で、鳥が飛び立つような音がした。

濡れた地面は柔らかく、何度か足を滑らせて僕は手をついた。右手の中指の付け根が、ほんの少しだけ痛む。かなり、体が冷えている。近田さんは、どこかにとどまっているのだろうか。それとも、動き回っているのか。それとも、もう、網川山を脱出しているのか。いや、たぶん、近田さんはこの山のどこかで誰かの助けを待っているだろう。僕の直感はそう言っているのだ。僕は、近田さーん近田さーんと声を出し続け、ひたすら歩いた。懐中電灯の光が照らすのは、木ばかりだ。やはり警察に訴えに行ったほうがよかったんじゃないか？　僕が近田さんを見つけなければ、などというのは、ただ、自分が近田さんを助けたのだと思いたい⑦僕のエゴで、そのエゴのせいで、助けられたはずの近田さんを助けられなくなってしまうのではないか？　体力の消耗が僕を弱気にさせる。余計なことを考えるな。歩け歩け歩け。

そして僕は、開けた場所に出た。

懐中電灯が照らす先にあるのは、見覚えのある鳥居。鳥居の先に、森の暗闇よりさらに暗い、丸い穴がある。腕時計を見る。山に入って一時間、僕は、近田さんを見つけることができないままぐるぐる歩き続け、祈り穴にたどりついてしまったのだった。何度も来ているので、ここまでの道のりを体が覚えていたのかもしれない。体の力が抜ける。近田さんは、どこにいるのだろう。やっぱり、もう、山を抜けたのか？

洞穴の入り口に懐中電灯を向けると、真っ暗な中に、何かの影が見えた。僕は一瞬驚き、それから、影の正体が近田さんだと気づいて慌《あわ》てて駆《か》け寄った。近田さんは座りこんで膝《ひざ》を抱えたままの体勢で目を閉じていた。もしかして意識を失っているのか？　しかし近田さんの顔は安らかで、顔に耳を近づけると、穏《おだ》やかな寝息が聞こえた。こんなところで、こんなに気持ちよさそうに寝られるなんて、と僕は拍子抜《ひょうしぬ》けした気分で、しかしほっとして息をついた。近田さん、と肩を叩《たた》く。近田さんは起きない。しかし肩をつかんで少し揺さぶると、近田さんは「うーん」と言い、日曜の朝にお母さんに起こされたみたいに、緩慢《かんまん》な動作で目をこすった。もう一度肩を叩く。近田さんは薄く目を開け、目の前に僕がいることに驚いて、サク君、と言った。

「近田さん」

近田さんはしばらくぱちくりと瞬《まばた》きを繰り返していたが、洞穴の外の、雨に煙《けぶ》る林を見て自分がいる状況を思い出したのか、とたんに不安げな顔になり、ぶるぶると震《ふる》えだした。近田さんは、Tシャツの上に、薄い綿のパーカーを羽織っているだけだった。

僕はウインドブレーカーを脱いで近田さんに着せた。着せるときに触れた指先が冷たい。

「近田さん」と僕はもう一度言った。「帰ろう」

お姉ちゃんが、治るかと、思って、と近田さんは声を震わせた。

まで大きな山ではないけど、運が悪ければ迷って出られなくなることもある。まだ帰ってきていないところからすると、その可能性が高い。きっと体力を消耗《しょうもう》しているだろう。しかも、十月の夜はぐっと気温が下がって冷え込む。近田さんが、昼間に出かけたとしたらあまり厚着はしていないだろう。夜は十度以下にだってなるというのに。一刻も早く見つけなければ、大変なことになるかもしれない。

大人に任せていたのでは、近田さんを助けることはできない。

僕は両手を強く握りしめた。

階段下の物入れを漁《あさ》って懐中電灯を二本取り出し、自分の部屋へ行った。リュックの中にそれを入れ、クローゼットを開けてウインドブレーカーをハンガーから外して羽織《はお》り、ジッパーを閉めた。デジタルの腕時計をはめる。7：52と表示されている。

準備を整えて部屋を出たところで、書斎《しょさい》から出てきた父と鉢《はち》合わせした。

「どこか、行くのか」

と父は言った。

「ちょっと、ハセがどうしても宿題でわかんないとこあるっていうから」

父は少し、不思議そうな顔をして、

「昨日、真琴の記録会、ついていってくれたんだってな。ありがとな」

と言った。⑥急に変なことを言わないでくれ、と思う。なんと答えていいか、わからなくなるから。

「べつに、暇《ひま》だし」

「車に気をつけろよ」

※

「小学生じゃないんだから、大丈夫だよ」

「そうだな」

「行ってきます」

スニーカーの紐《ひも》を固く結び、リュックを背負って、自転車に乗った。

乾いた風が吹いている。夜の空気は冷たかった。

〈中略２〉

僕は、林の中を前に進みながら懐中電灯を小刻みにいろんな方向に向けて、何度も近田さんの名前を呼んだ。腕時計に目をやる。網川山に入って二十分ほどたっている。パキッとどこかで木の枝が折れるような音がして、身を硬《かた》くする。得体《えたい》の知れない夜行性の生物にずっと監視されているような気がして、突然不安に襲われる。暗闇には、長い時間いればいるほど恐怖が増すものなのだということを僕は知った。人間が慣れるものではないのだ。日が落ちたのは、何時だっただろうか。近田さんは、何時間、この暗闇の中にいるんだ？

顔に何かが触れ、僕は反射的に腕を振り回した。落ち着け、ただのクモの巣じゃないか、と自分に言い聞かせる。

近田さーん近田さーん近田さーん。

ときおりガサガサとかパキッとかズズとか、音がする。山にはいろんな生き物がいるのだ。近田さーん近田さーんとまた声を出す。近田さんを見つけるために近田さんの名前を叫ぶのではなく、暗闇の恐怖をぬぐうために近田さんの名前を叫んでいたことに気づいて、何をしに来たんだ、と思う。

不意に顔が濡《ぬ》れた。

「…………」

「以前にもこういうことがあった。その生徒は門限を破って遊んでただけで、警察に届けた直後に家に帰ってきた。だから心配するな。いちおう聞いとくが、近田が行きそうな場所、どこか心当たりないか？」

「……先生、近田さんにお姉さんがいること、知ってますか？」

「ああ」

声のトーンから、お姉さんが意識が戻らないまま病院のベッドで眠り続けていることも知っているのだろう、と予測がついた。担任なんだから、それくらいは知っていて当然か。

「近田さん、お姉さんの意識が戻るように、四葉のクローバーを百枚集めてるんです」

「…………」

電話の向こうの角田先生は無言だ。

「先週なんですけど、近田さん、網川山《あみかわやま》に、祈り穴っていう洞穴《ほらあな》があるのを知ったんです。先生、知ってますか、祈り穴」

僕たちは三人で実際に行ったことがあり、そのときはそれを祈り穴というのだとは知らなかった、ということは伏《ふ》せてしゃべった。

「ああ、知ってる」

と角田先生は言った。

「たぶん、近田さん、そこに行ってるんじゃないかと思います。お姉さんの回復を祈るために。いや、たぶんじゃなくて、絶対です」

電話が来て、近田さんが戻らないと聞いた瞬間から、僕の頭には、ずっと、教科書にぽろぽろ涙をこぼす近田さんの姿が浮かんでいた。それから、祈り穴と聞いたときの、c神妙な顔も。

「なんでわかる」

「わかるんです。僕、近田さんといつも一緒にいますから」

「そう決めつけるな。たまたま帰りが遅くなってるだけだ。たぶん、三十分もすれば帰ってくる」

「先生、聞いてください。近田さん、絶対そこに行ってるんです」

「そうか。じゃあ、可能性のひとつとして警察には言っておく」

⑤可能性のひとつとして？

「佐久田、間違っても自分で探しに行こうとか思うなよ」

「わかってます」

「近田が帰ってきたら連絡する」

電話が切れた。居間に戻り、受話器を戻す。

「誰からだったの？」

母に聞かれたので、ハセから宿題のことを聞かれた、と答えた。

角田先生は事の重大さをわかっていない。僕が直接警察に行って訴《うった》えればいいのか？　でも、警察がそんなに簡単には動いてくれないというのは本当だろう。ましてや僕みたいな子供の言うことはガキのたわごとだと、余計に聞き入れられないかもしれないし、もしも聞き入れられても、警察が動き出すまでには何か面倒な手続きがあって、バカみたいに時間がかかるんじゃないか？

近田さんは昼間の一時に出かけたと言っていた。まっすぐ網川山に向かったとして、もう、半日は山にいることになる計算だ。近田さんにはハセのように特殊なセンサーはついていないし、よほど運がよくなければ、祈り穴にたどりつくことはできない。だとしたら、なんとかたどりつこうと思って、ずっとぐるぐる歩き回っているんじゃないか？　そこ

帰りの車内は静かだった。

母がバックミラーにちらりと目をやって言った。

「見てよ、あの寝顔」

真琴は、体を斜《なな》めにして口を開け、上を向いて爆睡していた。水泳は、ものすごく体力を使うのだ。

「お父さんね、このまえ言ってたよ」

母がまたbトウトツに言った。

「……何を」

「正太郎に、どういうふうに接していいかわからないって」

「…………」

「自分が無理矢理水泳をやらせて、つらい思いをさせたんじゃないかって。だから、正太郎がやることに関して、口を出すのはやめようって、正太郎が水泳やめたときに決めたんだって。でも、そんなの、口に出してくれないとわからないよね。お父さん、そういうの、へたくそなんだよ。だからいま、お母さんが代わりに言っちゃった。お父さんのこと、許してあげて。④お父さんだって、お母さんと同じこと、正太郎に対して思ってるんだよ」

今日の母は、まるで友達みたいな口調で話す。

僕は、本当は、わかっていたのだ。

でも、途中であきらめた自分が情けなくて、僕のほうが、父と距離を置くようになったのだ。

いまからでも、僕たち親子は、笑って話したり、思っていることを伝え合ったりできるだろうか。流れていく窓の外の景色に目をやりながら、僕はそんなことを考えた。

「できるよ、家族なんだから」

母は、僕の心が読めるみたいだ。


〈中略１〉


そして日曜の夜、角田先生から家に電話が来た。午後七時四十分。電話を取ったのは、僕だった。

「佐久田、近田が遊びに行ったりしてないか？」

「来てないですけど……なんでですか？」

居間《いま》はテレビがついていてうるさかったので、廊下に出た。

「近田、昼間の一時に出かけて、まだ戻ってないみたいなんだ。お母さんから連絡が来てな。おまえと長谷川が仲いいから、もしかしたら一緒にいるかと思って電話したんだが、そうか」

近田さんの両親は七時には必ず家に戻るように近田さんに教えていたし、近田さんがそれを破ったことは一度もなかったので、七時半になっても帰らないことを心配して、近田さんの両親が先生に連絡したらしい。そして先生から僕のところに電話が来た。ハセの家にはすでに連絡して、不在だったようだ。

「ハセ、今日、家族で出かけるって言ってたので、ハセと一緒ということはないです」

「そうか」

「あの、警察に届けたりは」

「ああ、ご両親と相談して、警察に連絡することにはなると思う。とはいってもまだ七時台だ。すぐに動いてくれるわけじゃないだろうが。というか、よっぽどのことがないと警察は動かないからな」

に運んだ。卵はふわふわではなく薄いやつで、ケチャップの味が強くする。

母さんは、僕がメダルを真琴の部屋から持ち出したことを知っているのだ。母さんだけじゃない、真琴だって、きっと知っているのだ。あのメダルは、真琴の努力の証《あかし》だ。努力して取った大事なメダルがなくなって、気づかないはずがないだろう。

「なに泣いてるのよ」

②「……ごめんなさい」

真っ赤なケチャップに、涙が垂れる。

ごめんなさい。ごめんなさい。

僕は、同じ言葉を繰り返しながら、オムライスを食べた。

「泣きながら食べたら、作ってくれた人に失礼じゃない」

と母は言った。

僕は、オムライスを、時間をかけて食べ切った。

おばあさんがやってきて、温かい紅茶をテーブルに置き、おいしかった？　と言った。おいしかったです、と僕は答えた。

店を出て、さらに一時間ほど街をドライブした。ラジオでは昭和歌謡《かよう》のベストヒットをやっていて、母はすべての曲を適当に口ずさみ、聞いてもいないのに、これは井上陽水、これは山下達郎、これは中島みゆき、と教えてくれた。

午後、僕は母と並んで真琴の合同練習をプールサイドの端っこのほうで見学した。市民プールは、塩素のにおいがした。僕がこの世で、一番嫌いなにおい。

真琴のコーチは母を発見すると軽く頭を下げ、そのあと、ちょっと不思議そうな顔をしながらこちらにやってきた。

「正太郎君？　大きくなったわねえ」

六年もたっているのに、わかるもんなんだな。

休憩時間になり、水泳帽を被《かぶ》った真琴は母と僕を発見して、ちゃんと見てた？　また記録更新したんだよ！　と言った。

「ごめん、二人でお昼食べてたら見逃しちゃった」

怒るかと思ったが、真琴は、バカー！　と言っただけだった。いや、これでちゃんと怒っているのか。

「またすぐに更新するでしょ。そのときはちゃんと見るから」

母の言葉に、真琴はうれしそうな顔をした。

笛が鳴って、真琴はコーチのもとへ走っていった。

「じゃ、最後にクロールね」

真琴はゴーグルをぱちんと目にはめて、コーチの笛の合図で壁を蹴り、泳ぎ出した。

初めて見る真琴の泳ぎは見事だった。しなやかで、力強くて、子供のころに見た父の泳ぎをミニサイズにしたみたい。僕にはできなかった、父みたいな泳ぎ。③そう思うと、やはり胸がキリリと痛んだ。でも僕は、ちゃんと最後まで真琴の泳ぎを見た。

真琴は、ひとかきごとに確実に速くなっていくのだろう。

僕だって、あのとき水泳をやめていなければ、真琴みたいに、父みたいに速くなれたのだろうか。

僕はいつか、真琴の泳ぎを、胸の痛みなしで、心の底から「がんばれ」と思いながら、見られるようになるだろうか。

そう思いながら、僕は真琴のクロールを見ていた。

軽食メニューは三種類。サンドイッチとカレーとオムライス。

母がおばあさんにすいませーんと声をかける。

「サンドイッチと」

母が僕に目を向ける。

「……じゃあ、オムライスで」

おばあさんは、はーい、と言い、厨房のおじいさんに注文を伝えた。

おじいさんの仕事は早く、十分しないうちに両方運ばれてきた。

焦《こ》げ目のない黄色い薄焼き卵に真っ赤なケチャップがかかっている。

パセリが横に添えられていて、バターの濃厚な香りがする。スプーンを入れる。ケチャップライスには玉ねぎと角切りの鶏肉が入っていた。

「昔ながらの、一番おいしいやつだ」

と母は言い、タマゴがぎっしり詰《つ》まったサンドイッチをかじった。

「正太郎、いつも真琴の宿題みてくれてありがとね」

「なにそれ、急に」

「部活、どう？　楽しい？」

「うん、まあまあ」

「そう」

僕は放課後、ハセと、途中からは、ハセと近田さんと寄り道をしてから帰っているので、帰宅時間は部活をやっている人と同じくらいになる。だから母は僕が部活に出ていないことに気づいていない。

「今度、正太郎が描いた絵、見せてよ」

「いや、それは、恥ずかしいからいい」

「じゃ、見せたくなったらでいいや」

母はアイスコーヒーをまた一口飲んだ。

もしかしたら母さんは僕が絵を描いていないことに気づいているのではないか、と思う。

「最近、いつお父さんと話した？」

と母が言った。

「……おはようくらいなら、毎日言ってるけど」

「正太郎、お父さんのこと、嫌い？」
①言葉に詰まる。
そして母は、

「正太郎が、真琴のこと、素直に応援できない気持ち、お母さんにはわかる」

と言った。

母は今日、僕を道案内のために連れてきたわけではないのだ。

「……母さん、メダルのこと、気づいてる？」

それは、声に出して言った言葉なのか、心の中だけで言った言葉なのか、自分でもわからなかった。

母は眉尻《まゆじり》を少し下げて、困ったような顔をした。たぶん、僕は、声に出して言ったんだ。

僕はもう一度、言い直した。

「僕が真琴の部屋からメダル盗んだこと、気づいてる？」

母はその質問には答えず、

「お母さんは、正太郎が、好きなことやってくれてたら、それでいいと思う」

と言った。

僕はなんと言ったらいいかわからなくなって、何口目かのオムライスを口

問9　傍線部⑥「自分に非はないとどこまでも主張することの見苦しさ、大人げなさ」とは対照的な表現を68ページの本文中から十三字で抜き出し、答えなさい。

問10　次は、傍線部⑦中の「謝罪のもつ意味合い」が外国人にとってどのようなものかを説明した文です。空欄A・Bに入る適切な表現を、68ページの本文中からそれぞれ指定の字数で抜き出し、答えなさい。

外国人にとって、謝罪することは自分の【　A（四字）　】たとみなされ、相手から非難され、【　B（八字）　】事態を招くことを意味している。

二　次の文章を読み、後の問いに答えなさい。設問の都合上、本文を変更している部分があります。

中学一年生の「僕」（佐久田正太郎）は親友のハセ（長谷川）や近田さんと同じクラスです。ある土曜日、「僕」は母親に頼まれて、妹　真琴の出場する水泳大会に道案内役としてついていきます。

母は山のふもとのほうまでのろのろと行って、また、市街地のほうに戻ってきた。

母は無言でハンドルを右に切ったり、左に切ったりする。考えてみれば、母と二人でドライブというのは初めてだ。

「今日、あったかいわね。なんか喉渇《のどかわ》いてこない?」

「……真琴が泳ぐの、十二時過ぎくらいでしょ?　そろそろ戻らないと、見逃しちゃうよ」

車のデジタル時計は十一時三十一分を指している。

「この時計、四分遅れてるから三十五分ね。まあ、コーヒー一杯飲むくらいなら大丈夫でしょ」

週末なのに市街地にも人気《ひとけ》はなかった。

駅の周辺をくるくるとaシュウユウしていると緑色の屋根をした喫茶店があり、母はそこの駐車場に車を停めた。小さな店なのに、やたらと駐車場が広い。看板があり、カフェ&レストと書いてある。

店に入ると、にこにこしたおばあさんに出迎えられた。コーヒーの香りがする。

日当たりのいい、明るい席に通された。厨房《ちゅうぼう》にはおじいさんがひとりいた。夫婦でやっているのだろう。

メニューはシンプルで、飲み物はコーヒー、紅茶、オレンジジュース、カルピス、ジンジャーエールしかなかった。

母はアイスコーヒーを頼み、僕はカルピスを頼んだ。喉が渇いていたので、僕は一口目でほとんどカルピスを飲み干してしまった。大きな氷の隙間《すきま》にストローを差し込んで、ずるずると残りのカルピスをすする僕の向かいで、母は、店の入り口に置いてあった十数年前からありそうな日焼けした生活雑誌を読みながら、ちんたらとした動作でアイスコーヒーにミルクだけ入れた。ストローでかき混ぜて、ちょびっとだけ飲んで、またテーブルに戻した。

「早く飲まないと、真琴の順番きちゃうよ」

「いまから戻っても、たぶん間に合わないよ。今日はいいや、いつも見てるんだし」

友達みたいな口調で母は言った。

いったい、どういうつもりだろう?

母は軽食メニューを眺め出した。「ご飯も食べちゃおう」

か。最も適切なものを次から選び、記号で答えなさい。

ア　すべての人たちの思いがつながり、心を通わせ合うようになった。

イ　だれもが権力に負けずに、自由に意見を発信できるようになった。

ウ　特定の人たちに対して、自分の思いがきちんと届くようになった。

エ　店や企業が民意を反映して、サービスを向上させるようになった。

問４　傍線部②「万能感の幻想をもつこと」とは、どのようなことですか。最も適切なものを次から選び、記号で答えなさい。

ア　自分には巨大な権力が備わっており、何でも自分の思い通りになると錯覚《さっかく》すること。

イ　自分ほど優れた人物はいないと確信し、だれもが自分の思い通りに動くと妄想《もうそう》すること。

ウ　自分には世界を動かすほどの影響力があり、常に大勢の味方がついていると信じこむこと。

エ　自分の意見は万人に共通するものだと思いこみ、自分には少しも非《ひ》がないとうぬぼれること。

問５　傍線部③「日本的感覚」とは、ここではどのようなものですか。「〜という感覚」に続くように、69ページの本文中から十一字で抜き出し、答えなさい。

問６　本文中の空欄 X に入る表現として最も適切なものを次から選び、記号で答えなさい。

ア　相手の考えや気持ちを優先する

イ　相手を説得し自分の意見を通す

ウ　自分と相手の違いを明確にする

エ　自分と相手の考えを融合《ゆうごう》させる

問７　傍線部④「胡散臭《うさんくさ》さ」の意味として最も適切なものを次から選び、記号で答えなさい。

ア　どことなく疑わしいさま

イ　大げさに振る舞うさま

ウ　心がこもらないさま

エ　気が進まないさま

問８　傍線部⑤「タテマエで謝罪する方がうまくいく」のはなぜですか。その理由として最も適切なものを次から選び、記号で答えなさい。

ア　日本社会においては、責任を認めて謝罪する人物が称賛され、こうした人物とは良好な関係を築いた方が得策だと相手側でも考えるから。

イ　日本社会においては、謝罪してきた相手に対して思いやりの心理が働き、これ以上責め立てるのはみっともないという諦《あきら》めの気持ちが生じるから。

ウ　日本社会においては、謝罪しないとかえって激しく責め立てられてしまうため、とりあえず謝っておいた方が後で本音を漏《も》らしやすくなるから。

エ　日本社会においては、謝罪する態度に相手を思いやる気持ちがこめられているため、相手も思いやりをもって接し、場の雰囲気が良好になるから。

その本の中で、つぎのような指摘をしたが、それはここまでに述べてきたネット上で執拗《しつよう》にクレームをする心理とリンクする部分が大きいと言える。

「（謝罪会見は）日本的風土のもとでは、『自分が悪かった』と責任を認め、『ほんとうに申し訳ないことをした』『取り返しのつかないことをした』と悔恨《かいこん》の情を示し、『どうしてこんなことになってしまったのか』と困惑《こんわく》を示し、『これからしかるべき対応をしていくつもりだ』と正しい行いをしていくことの決意を表明するといった要素が盛り込まれることが多い。こうすることによって、謝罪した側の悪評は、少なからずｂチュウワされる」（『「すみません」の国』日経プレミアシリーズ）

謝罪する側が、ほんとうは自分が悪いわけではないと思っている場合、タテマエとしての謝罪に④胡散臭《うさんくさ》さは伴うものの、やはり⑤タテマエで謝罪する方がうまくいく。

「『このようなことは、どの会社でもやっていることで、自社だけが非難され、責任を追及されるのはおかしい』

『私たちは最善を尽くしたつもりだ。他にどんな方法があったというのか。あったなら教えてほしい。私たちに落ち度があったとは思えないし、こんな風に追及されるのは納得がいかない』

こうしたホンネを軽々しく漏《も》らす政治家や実業家は、その正直さが肯定的に見られるよりも、その未熟さや意識の低さが疑われ、むしろ否定的に評価される。発言の内容が、『なるほど、現実はそうかもしれない』と納得できるものであったとしても、その素直さに好感をもたれることはまず期待できない」（同書）

ゆえに、タテマエで行う謝罪が胡散臭くなるからといって、ホンネを漏らせばいいというわけではない。タテマエであっても謝罪しないことにはうまくいかないことが多い。意外に思われるかもしれないが、そこにはいかにも日本的な思いやりの心理が潜《ひそ》んでいる。

すなわち、思いやりによってホンネを棚《たな》上げして謝罪をし、相手の気持ちをこれ以上傷つけまいとする心理である。これはいかにも日本的な心理であり、⑥自分に非はないとどこまでも主張することの見苦しさ、大人げなさを感じるといった心理も働いているとみることができる。

「謝罪というものに、責任の追及よりも、面子《メンツ》を立てるという意味合いが大きく伴う日本では、一方が非を認めれば、他方も『まあまあ、そう言わずに』ということで自分にも非があったと表明するなど、思いやりの交流が生じ、『場』の雰囲気が良くなる。……（中略）……ゆえに、白黒はっきりさせるより、曖昧《あいまい》なまま良好な雰囲気を醸し出すことに力点が置かれる」（同書）

先頃、外資系ファストフードのカナダ人社長が謝罪会見に出てこないと批判にさらされ、ついに登場したもののあからさまな仏頂面《ぶっちょうづら》が印象的だったが、それは⑦文化的に謝罪のもつ意味合いがまったく異なるところに起因するものといえる。

（榎本博明著『「過剰反応」社会の悪夢』より）

問1　太線部ａ「抑圧」の読みをひらがなで答え、ｂ「チュウワ」を漢字に直しなさい。

問2　空欄 Ⅰ ・ Ⅱ に入る適切な語を次からそれぞれ選び、記号で答えなさい。

ア　もちろん　　イ　むしろ　　ウ　つまり　　エ　だが

問3　傍線部①「ネット社会」の特徴を筆者はどのように述べています

なぜそんなに「上から目線」で攻撃的なのだろうか。個々のケースを見ていくと、過剰《かじょう》反応と思わざるを得ないものが多い。

その番組では、専門家のコメントとして、お客様として扱われなかったと感じさせると批判にさらされるので、お客の側が納得できるような対応を企業側が考えないといけない、というようなことをアドバイスしていた。

【Ⅱ】、客というのは、お金と引き替えに商品やサービスを享受《きょうじゅ》するだけであり、べつに生産者や販売者、サービス提供者に対して「上から目線」でものを言えるような立場ではないだろう。ある商品なりサービスなりを享受するために支払うお金を、自分も別の商品やサービスを提供することによって得ているわけである。まったく対等な関係ではないか。

「お客様」というような自己認識をもつこと、そして②万能感の幻想をもつことが、ネット上の過剰反応の連鎖《れんさ》を招いているといってよいであろう。

アメリカでしばしば体験したことだが、スーパーでレジに並んでいたら、突然レジの店員が自分の腕時計を指さし、

「5時半になった。自分はこれから休憩時間に入るから、買いたかったら30分後にまた来てくれ」

と言って立ち去った。客たちは「おー」と言って肩をすくめたくらいで何の文句《もんく》も言わず、諦《あきら》めて立ち去る者がいたり、待つ者がいたりした。

こんなことが日本であったら客は、

「あり得ない」

と怒り出し、大騒ぎになるのではないか。

私も③日本的感覚がいつの間にか身についているため、

「えっ、こんなことがあるの？　日本ではあり得ない態度だな」

と、はじめのうちは驚いたものだが、考えてみれば、従業員にも従業員の生活があり権利があるわけで、物々交換の延長として商品とその対価としての金銭を交換するだけのことなのだから、まったく対等なわけで、客ばかりが尊重されなければいけない道理はない。

日本の企業は、お客様第一、お客様尊重ということで、たとえクレームの妥当性《だとうせい》が高いと確信できないような場合でも、すぐに謝罪する。クレームの妥当性が低く、正当な反論ができるケースであっても、きちんと反論せず、すぐに謝罪する。相手が理不尽《りふじん》な批判や要求をしてきても、正論で対抗《たいこう》して争おうとはしない。

日本人はやたらと謝るが、外国人からするとなぜすぐ謝るのかが理解できないようだ。なぜすぐに謝るのか。それは、元々日本が謝罪によって関係性を良好に保とうとする社会だからだ。

私は、「すみません」をキーワードにして日本的コミュニケーションの深層心理を分析した『「すみません」の国』中で、【X】のがコミュニケーションの主要な役割である欧米社会と違って、日本ではお互いの気持ちを結びつけ良好な空気を醸《かも》し出すことがコミュニケーションの主要な役割となっており、謝ることによって良好な場の雰囲気をつくるのが何よりも重要なのだと指摘した。

さらに、日本には、自分の責任を認めて謝る潔さをよしとする美学があるため、非を認めて謝罪した人物に対して、それ以上責《せ》め立てるということはしにくい。むしろ、相手が非を認めず謝らないときに、激しく責め立てることになる。

【国語】〈五〇分〉〈満点：一〇〇点〉

【注意】字数制限のある場合は、句読点も一字と数えて答えること。

[一] 次の文章を読み、後の問いに答えなさい。設問の都合上、本文を変更している部分があります。

少し前まではマスコミ関係者や専門家でないと不特定多数に対する発信はできなかった。それが①ネット社会になって、だれもが発信力をもつことになった。

それにより、自分が巨大な力を得たような万能感の幻想《げんそう》を抱く人が出てきた。とくに権力欲が強いのに現実世界でそれを満たすことができていない人やもともと攻撃欲求が強い人は、自分が世の中に対して影響力をもつということに酔《よ》ってしまう。

一般の人々の意見が権力にa抑圧されず、だれもが平等に意見を言えるようになり、権力側が民意を無視できなくなったという点では、ネット社会のメリットは大いにあるのだが、ネット上の声が必ずしも一般大衆の意見ではないというところに問題がある。

万能感の幻想に酔って、

「自分の意見は必ず通る」

「自分は何でもできる」

といった気持ちになり、他人も店も企業も自分が思うようにコントロールできるかのような幻想をもち、相手が思うようにならないと怒りを爆発させ、攻撃する。

最近は、企業に直接クレームをつけるよりも、いきなりネット上に書き込むことが多いという。その場合、企業側がそのクレームについて知らず、何の対応もできないままに、噂《うわさ》や批判がネット上で広まる。そして、何の対応もないことが批判されたりする。

そうした構図を見ると、クレームを投稿《とうこう》する側は、企業の適切な対応を求めているというよりも、自分がネット上で影響力を行使することを望み、多くの反響があることで満足感に浸《ひた》っているといえる。

[I]、一個人が企業にクレームを伝えてもまともに相手をしてくれない時代もあったが、今はまともな企業であればそんなことはないはずだ。それなのに直接伝えずにネット上にばらまくとしたら、そこには自分の影響力に酔う心理と攻撃性の心理が働いているとみなさざるを得ない。

NHKの「クローズアップ現代」（2015年2月10日放送）でも、とくに匿名《とくめい》での投稿が企業を追い込むことが多いという問題がとりあげられていた。真偽《しんぎ》のわからない投稿がアッという間にネット上に拡散し、企業に大きなダメージを与える。なかには面白半分にいい加減なことを投稿するものもあり、企業側もどう対処すべきか頭を悩ましている。

企業側が反論したことに対して、

「上から目線だ」

「反省の姿勢が感じられない」

といってネット上で炎上《えんじょう》したケースもあり、非《ひ》を認めて謝罪しても、今後同じようなことが起こらないようにどんな対策をしていくのかが明確に示されず、真剣に対処しようとしているように感じられないといって批判にさらされることもあるようだ。

でも、消費者の側も、同じ人間であり、人間にミスはつきものなのに、

MEMO

大切なことはメモしておこうネ！

解答用紙集

○月×日　△曜日　天気（合格日和）

◆ご利用のみなさまへ

＊解答用紙の公表を行っていない学校につきましては、弊社の責任において、解答用紙を制作いたしました。

＊編集上の理由により一部縮小掲載した解答用紙がございます。

＊編集上の理由により一部実物と異なる形式の解答用紙がございます。

人間の最も偉大な力とは、その一番の弱点を克服したところから生まれてくるものである。——カール・ヒルティ——

東京学参株式会社

浦和明の星女子中学校(第1回)　2024年度

◇算数◇

※ 130%に拡大していただくと，解答欄は実物大になります。

1

(1)		(2)	L
(3)	円	(4)	%

	ア	イ
(5)	度	度

	A	B	C	D
(6)				

	100円玉	50円玉
(7)	枚	枚

(8)	cm^2

2

(1)	分速　m	(2)	分速　m
(3)	9時　分		

3

(1)	cm^3	(2)	cm^3

4

	ア	イ
(1)		

(2)	度，　度
(3)	度，　度

	(2)の点でできる三角形 ： (3)の点でできる三角形
(4)	：

5

(1)	枚
(2)	枚，　枚，　枚，　枚

浦和明の星女子中学校(第1回)　2024年度　◇理科◇

※ 130%に拡大していただくと，解答欄は実物大になります。

1

問1	問2	問3
	個まで	
問4（a）	（b）	

2

問1（a）	（b）	問2
g	g	L
問3	問4 Aの原子1個の重さ：炭素原子1個の重さ＝　　：	

3

問1	問2（a）	（b）	（c）
cm^3			
問3（a）	（b） cm^3		

4

問1	問2 地点D	地点E	
問3		問4 層	m

浦和明の星女子中学校(第1回)　2024年度

◇社会◇

※ 130%に拡大していただくと，解答欄は実物大になります。

Ⅰ

問1		問2		問3		問4		問5	
問6		問7		問8		問9		問10	
問11		問12		問13		問14		問15	
問16		問17		問18	（1）		（2）	問19	
問20		問21		問22		問23			

Ⅱ

問1		問2		問3		問4		問5	
問6		問7		問8		問9		問10	

2024年度

浦和明の星女子中学校(第1回)

※130%に拡大していただくと、解答欄は実物大になります。

◇国語◇

一

問1 a b

問2

問3

問4

問5

問6 B C

問7 I II III

問8 1 2 3 4

問9

問10 I II X Y

二

問1 a b

問2

問3

問4

問5

問6

問7

問8 I II

問9 (1) (2) B C (3) 10

浦和明の星女子中学校(第2回)　　2024年度

◇算数◇

※ 130%に拡大していただくと，解答欄は実物大になります。

1	(1)		(2)	番目
	(3)	円	(4)	ア　　イ
	(5)	cm	(6)	g
	(7)	① m	②	m^2
2	(1)	日	(2)	日
3	(1)	ア cm　イ cm	(2)	分後
4	(1)	(　　　,　　　)		個
	(2)	個目	(3)	個目
5	(1)	m		個
	(2)	回	(3)	個

※ 130%に拡大していただくと，解答欄は実物大になります。

1

問1　D	F	問2 と	
問3（a）	（b）あ	い	う

2

問1	問2 g	問3
問4（a） g	（b） g	

3

問1 □□□□□□□□□□ 行動			
問2（a）	（b）	問3	問4
問5			

4

問1	問2	問3	問4
問5			

※ 130%に拡大していただくと，解答欄は実物大になります。

Ⅰ

問1		問2		問3		問4	
問5		問6		問7		問8	
問9		問10		問11		問12	
問13		問14		問15			

Ⅱ

問1	(1)	(2)	(3)	問2		問3	
問4	(1) 漢字5字				(2)		
問4	(3)	問5		問6			
問7	(1)	(2)	問8				

Ⅲ

問1		問2		問3		問4	
問5		問6		問7	(1)	(2)	
問8		問9	カタカナ4字				

2024年度

浦和明の星女子中学校(第2回)

※135%に拡大していただくと，解答欄は実物大になります。

◇国語◇

一

問1 a　b

問2

問3

問4 A　B

問5

問6

問7 i　ii　iii

問8

問9 I　II

問10 (1) ア　イ

(2) a　b

二

問1 a　b　c　d(う)

問2

問3

問4

問5

問6

問7 i　ii

問8

問9

問10

浦和明の星女子中学校(第1回)　2023年度

◇算数◇

※ 130%に拡大していただくと，解答欄は実物大になります。

1	(1)		(2)	
	(3)	円	(4)	
	(5)	cm²	(6)	cm²
	(7)	① cm	② cm	

2	(1)	船Aの速さ	川の流れの速さ	(2)	
		分速　m	分速　m		分間

3	(1)	本	(2)	ア	イ	ウ	エ
	(3)	本					

4	(1)	円(増える ／ 減る)	(2)	あんパン	クリームパン
				個	個
	(3)	あんパン1個の値段	目標金額		
		円	円		

5	(1)		(2)	
	(3)	1, , , , ,10		

浦和明の星女子中学校(第1回)　2023年度　◇理科◇

※ 130%に拡大していただくと，解答欄は実物大になります。

1

問1	問2	問3（a）	（b）
	cm		

2

問1	問2（a）	（b）
	＿＿＿＿から＿＿＿＿の間	

問3（a）	（b）
g	℃

3

問1	問2
	倍

問3（a）	（b）	（c）

問4

4

問1	問2	問3
		座

問4（a）	（b）①	②
座		

浦和明の星女子中学校（第1回）　2023年度

◇社会◇

※ 130％に拡大していただくと，解答欄は実物大になります。

Ⅰ

問1		問2		問3	（1）		
問3	（2）	（3）		問4		問5	
問6		問7		問8		問9	
問10		問11					

Ⅱ

問1		問2		問3		問4	
問5		問6		問7		問8	
問9		問10		問11		問12	漢字

Ⅲ

問1		問2		問3		問4	
問5		問6		問7		問8	
問9		問10					

2023年度

浦和明の星女子中学校(第1回)

※130%に拡大していただくと、解答欄は実物大になります。

◇国語◇

一

問1 a b (じる)

問2 Ⅰ 1 2 Ⅱ

問3

問4 問5

問6 A B

問7 問8

問9 問10 問11

二

問1 a 焦(がし) b 羽織(って) 問2

問3 問4 Ⅰ Ⅱ

問5 問6

問7 問8 問9 A B

問10 ア イ ウ

問11 問12 Ⅰ

問12 Ⅱ Ⅲ

浦和明の星女子中学校(第2回)　2023年度

◇算数◇

※ 130%に拡大していただくと，解答欄は実物大になります。

1	(1)		(2)	分
	(3)	個	(4)	m
	(5) ①	□□ × □	②	□□□ × □□
	(6)	m²		
	(7) ①	個	②	cm²
2	(1)	円	(2)	kg
3	(1)	分速　m	(2)	分速　m
	(3)	ア	イ	
4	(1)	秒	(2)	人
5	(1)	番から　番	(2)	人
	(3)	第　週目　番		第　週目　番
		第　週目　番		第　週目　番

浦和明の星女子中学校(第2回)　2023年度　◇理科◇

※ 130%に拡大していただくと，解答欄は実物大になります。

1

問1（a）	（b）	（c）　秒
問2 あ	い	う

2

問1（a）　g	（b）　g		
問2（a）	（b）　倍	設置する側　側	問3

3

問1	問2	問3	問4
問5 果実	ニンジン		

4

問1　＿＿＿＿座の＿＿＿＿	問2
問3（a）	（b）
問4　北緯＿＿＿＿度～南緯＿＿＿＿度	

※ 130％に拡大していただくと，解答欄は実物大になります。

Ⅰ

問1		問2		問3		問4	
問5		問6		問7	海岸		
問8		問9		問10		問11	
問12		問13		問14	（1）	（2）	
問15		問16		問17		問18	
問19		問20		問21		問22	
問23		問24		問25		問26	

Ⅱ

問1		問2		問3			
問4	漢字四字			問5		問6	
問7		問8		問9			

2023年度

浦和明の星女子中学校(第2回)

◇国語◇

※135%に拡大していただくと、解答欄は実物大になります。

一

- 問1 a / b
- 問2
- 問3
- 問4
- 問5
- 問6 (1) i / ii / iii
- 問6 (2) 〜
- 問7 1 / 2 / 3 / 4
- 問8
- 問9
- 問10
- 問11 a / b / c

二

- 問1 a / b (き)
- 問2
- 問3
- 問4
- 問5 A / B
- 問6 I / II
- 問7
- 問8
- 問9
- 問10 (1)
- 問10 (2)

浦和明の星女子中学校（第1回）　2022年度

◇算数◇

※ 133％に拡大していただくと，解答欄は実物大になります。

1	(1)		(2)	分間	
	(3)	%	(4)		
	(5)	円			
	(6)	cm	(7)	① AIKE ： KFHL	② cm^2
2	(1)	m	(2)	分速　m	
3	(1)	A ： B	(2)	cm	
	(3)	cm^2			
4	(1)	秒後から　秒後	(2)	秒後から　秒後	
	(3)	秒後		cm^2	
5	(1)	(ア)	(2)	(イ)	(ウ)
	(2)	(エ)	(3)	通り	

※ 128%に拡大していただくと，解答欄は実物大になります。

1

問1 a　　cm	b　　倍	問2　　cm
問3 a　　℃	b　　回	

2

問1 B	E		
問2 a	b　，	重さ　g	
問3 a 実験	結果	b 実験　，	結果

3

問1 a　，	b	問2
問3 a		b

問4

チョウやハナバチなどの昆虫に、□□□□□□□□□□植物。

4

問1	問2	問3 赤道上	南緯35度
問4　東経　度	問5 a	b　時　分	

浦和明の星女子中学校（第1回）　2022年度

◇社会◇

※ 133％に拡大していただくと，解答欄は実物大になります。

Ⅰ

問1	（1）	（2）	問2		問3	
問4	（1）	（2）				
問5	（1）	（2）	（3）	（4）		
問6		問7				

Ⅱ

問1	漢字四字				問2		問3	（1）	（2）	
問4		問5		問6		問7		問8		
問9	漢字二字		問10		問11		問12			
問13	（1）	（2）	（3）	（4）	（5）					
	（6）	（7）	（8）	（9）	（10）					

２０２２年度　浦和明の星女子中学校（第１回）

※１３７％に拡大していただくと、解答欄は実物大になります。

◇国語◇

一

問1	a　b
問2	Ⅰ　Ⅱ　Ⅲ
問3	X　Y
問4	
問5	(1)　(2)
問6	(1)　(2)
問7	
問8	

二

問1	a 画（する）　b 障子
問2	
問3	1　2　3　4
問4	
問5	
問6	
問7	
問8	
問9	A　B
問10	ア　イ　ウ

三

問1	ア　イ　ウ　エ
問2	
問3	
問4	

浦和明の星女子中学校(第2回)　2022年度

◇算数◇

※ 133%に拡大していただくと，解答欄は実物大になります。

1	(1)		(2)	台	
	(3)	人	(4)		
	(5)	cm^2	(6)	正方形の1辺の長さ	長方形の縦の長さ
				cm	cm
	(7)	cm^2			
2	(1)	cm	(2)	cm	
3	(1)	kg	(2)	もとの車	新しい車
				km	km
4	(1)	回	(2)	回	
	(3)	B	D	E	
		点	点	点	
5	(1)	分速　m	(2)	分後	
	(3)	分後	(4)	回	

浦和明の星女子中学校(第2回)　2022年度　◇理科◇

※ 128%に拡大していただくと，解答欄は実物大になります。

1

問1	問2	問3　a	b

2

問1　g	問2	問3
問4　a　g	b　g	c　g

3

問1　,	問2	問3	問4
問5　a	b　1	2	3

4

問1			
問2　a	b　1	2	3
問3　a　cm^2	b　cm^2	c	

浦和明の星女子中学校（第2回）　2022年度　◇社会◇

※ 137％に拡大していただくと，解答欄は実物大になります。

Ⅰ

問1	（1）	（2）	問2		問3		問4		
問5		問6	（1）	（2）	問7		問8		
問9		問10		問11		問12		問13	
問14	漢字一字	問15		問16		問17		問18	
問19		問20		問21		問22		問23	

Ⅱ

問1		問2		問3		問4		問5	漢字二字
問6		問7		問8		問9		問10	

2022年度 浦和明の星女子中学校(第2回)

※143%に拡大していただくと、解答欄は実物大になります。

◇国語◇

一

問1 a ／ b 一斉 ／ c 拒(めない)

問2 ／ 問3 ／ 問4

問5 ∫ の状態

問6 ／ 問7

問8 (1) ／ (2) ／ (3) X ／ Y ／ Z

二

問1 a 椅子 ／ b ／ c (お)小遣(い)

問2 ／ 問3 ／ 問4 ／ 問5

問6 ／ 問7 ／ 問8

問9 ／ 問10 ／ 問11

問12 (1) ／ (2)

MEMO

大切なことはメモしておこうネ！

MEMO

大切なことはメモしておこうネ！

東京学参の

高校別入試過去問題シリーズ

＊出版校は一部変更することがあります。一覧にない学校はお問い合わせください。

東京ラインナップ

あ　愛国高校(A59)
　　青山学院高等部(A16)★
　　桜美林高校(A37)
　　お茶の水女子大附属高校(A04)
か　開成高校(A05)★
　　共立女子第二高校(A40)★
　　慶應義塾女子高校(A13)
　　啓明学園高校(A68)★
　　国学院高校(A30)
　　国学院大久我山高校(A31)
　　国際基督教大高校(A06)
　　小平錦城高校(A61)★
　　駒澤大高校(A32)
さ　芝浦工業大附属高校(A35)
　　修徳高校(A52)
　　城北高校(A21)
　　専修大附属高校(A28)
　　創価高校(A66)★
た　拓殖大第一高校(A53)
　　立川女子高校(A41)
　　玉川学園高等部(A56)
　　中央大高校(A19)
　　中央大杉並高校(A18)★
　　中央大附属高校(A17)
　　筑波大附属高校(A01)
　　筑波大附属駒場高校(A02)
　　帝京大高校(A60)
　　東海大菅生高校(A42)
　　東京学芸大附属高校(A03)
　　東京農業大第一高校(A39)
　　桐朋高校(A15)
　　都立青山高校(A73)★
　　都立国立高校(A76)★
　　都立国際高校(A80)★
　　都立国分寺高校(A78)★
　　都立新宿高校(A77)★
　　都立墨田川高校(A81)★
　　都立立川高校(A75)★
　　都立戸山高校(A72)★
　　都立西高校(A71)★
　　都立八王子東高校(A74)★
　　都立日比谷高校(A70)★
な　日本大櫻丘高校(A25)
　　日本大第一高校(A50)
　　日本大第三高校(A48)
　　日本大第二高校(A27)
　　日本大鶴ヶ丘高校(A26)
　　日本大豊山高校(A23)
は　八王子学園八王子高校(A64)
　　法政大高校(A29)
ま　明治学院高校(A38)
　　明治学院東村山高校(A49)
　　明治大付属中野高校(A33)
　　明治大付属八王子高校(A67)
　　明治大付属明治高校(A34)★
　　明法高校(A63)
わ　早稲田実業学校高等部(A09)
　　早稲田大高等学院(A07)

神奈川ラインナップ

あ　麻布大附属高校(B04)
　　アレセイア湘南高校(B24)
か　慶應義塾高校(A11)
　　神奈川県公立高校特色検査(B00)
さ　相洋高校(B18)
た　立花学園高校(B23)
　　桐蔭学園高校(B01)
　　東海大付属相模高校(B03)★
　　桐光学園高校(B11)
な　日本大高校(B06)
　　日本大藤沢高校(B07)
は　平塚学園高校(B22)
　　藤沢翔陵高校(B08)
　　法政大国際高校(B17)
　　法政大第二高校(B02)★
や　山手学院高校(B09)
　　横須賀学院高校(B20)
　　横浜商科大高校(B05)
　　横浜市立横浜サイエンスフロンティア高校(B70)
　　横浜翠陵高校(B14)
　　横浜清風高校(B10)
　　横浜創英高校(B21)
　　横浜隼人高校(B16)
　　横浜富士見丘学園高校(B25)

千葉ラインナップ

あ　愛国学園大附属四街道高校(C26)
　　我孫子二階堂高校(C17)
　　市川高校(C01)★
か　敬愛学園高校(C15)
さ　芝浦工業大柏高校(C09)
　　渋谷教育学園幕張高校(C16)★
　　翔凜高校(C34)
　　昭和学院秀英高校(C23)
　　専修大松戸高校(C02)
た　千葉英和高校(C18)
　　千葉敬愛高校(C05)
　　千葉経済大附属高校(C27)
　　千葉日本大第一高校(C06)★
　　千葉明徳高校(C20)
　　千葉黎明高校(C24)
　　東海大付属浦安高校(C03)
　　東京学館高校(C14)
　　東京学館浦安高校(C31)
な　日本体育大柏高校(C30)
　　日本大習志野高校(C07)
は　日出学園高校(C08)
や　八千代松陰高校(C12)
ら　流通経済大付属柏高校(C19)★

埼玉ラインナップ

あ　浦和学院高校(D21)
　　大妻嵐山高校(D04)★
か　開智高校(D08)
　　開智未来高校(D13)★
　　春日部共栄高校(D07)
　　川越東高校(D12)
　　慶應義塾志木高校(A12)
さ　埼玉栄高校(D09)
　　栄東高校(D14)
　　狭山ヶ丘高校(D24)
　　昌平高校(D23)
　　西武学園文理高校(D10)
　　西武台高校(D06)
た　東京農業大第三高校(D18)
は　武南高校(D05)
　　本庄東高校(D20)
や　山村国際高校(D19)
ら　立教新座高校(A14)
わ　早稲田大本庄高等学院(A10)

北関東・甲信越ラインナップ

あ　愛国学園大附属龍ヶ崎高校(E07)
　　宇都宮短大附属高校(E24)
か　鹿島学園高校(E08)
　　霞ヶ浦高校(E03)
　　共愛学園高校(E31)
　　甲陵高校(E43)
　　国立高等専門学校(A00)
さ　作新学院高校
　　　(トップ英進・英進部)(E21)
　　　(情報科学・総合進学部)(E22)
　　常総学院高校(E04)
た　中越高校(R03)＊
　　土浦日本大高校(E01)
　　東洋大附属牛久高校(E02)
な　新潟青陵高校(R02)
　　新潟明訓高校(R04)
　　日本文理高校(R01)
は　白鷗大足利高校(E25)
ま　前橋育英高校(E32)
や　山梨学院高校(E41)

中京圏ラインナップ

あ　愛知高校(F02)
　　愛知啓成高校(F09)
　　愛知工業大名電高校(F06)
　　愛知みずほ大瑞穂高校(F25)
　　暁高校(３年制)(F50)
　　鶯谷高校(F60)
　　栄徳高校(F29)
　　桜花学園高校(F14)
　　岡崎城西高校(F34)
か　岐阜聖徳学園高校(F62)
　　岐阜東高校(F61)
　　享栄高校(F18)
さ　桜丘高校(F36)
　　至学館高校(F19)
　　椙山女学園高校(F10)
　　鈴鹿高校(F53)
　　星城高校(F27)★
　　誠信高校(F33)
　　清林館高校(F16)★
た　大成高校(F28)
　　大同大大同高校(F30)
　　高田高校(F51)
　　滝高校(F03)★
　　中京高校(F63)
　　中京大附属中京高校(F11)★
　　中部大春日丘高校(F26)★
　　中部大第一高校(F32)
　　津田学園高校(F54)
　　東海高校(F04)★
　　東海学園高校(F20)
　　東邦高校(F12)
　　同朋高校(F22)
　　豊田大谷高校(F35)
な　名古屋高校(F13)
　　名古屋大谷高校(F23)
　　名古屋経済大市邨高校(F08)
　　名古屋経済大高蔵高校(F05)
　　名古屋女子大高校(F24)
　　名古屋たちばな高校(F21)
　　日本福祉大付属高校(F17)
　　人間環境大附属岡崎高校(F37)
は　光ヶ丘女子高校(F38)
　　誉高校(F31)
ま　三重高校(F52)
　　名城大附属高校(F15)

宮城ラインナップ

さ　尚絅学院高校(G02)
　　聖ウルスラ学院英智高校(G01)★
　　聖和学園高校(G05)
　　仙台育英学園高校(G04)
　　仙台城南高校(G06)
　　仙台白百合学園高校(G12)
た　東北学院高校(G03)★
　　東北学院榴ヶ岡高校(G08)
　　東北高校(G11)
　　東北生活文化大高校(G10)
　　常盤木学園高校(G07)
は　古川学園高校(G13)
ま　宮城学院高校(G09)★

北海道ラインナップ

さ　札幌光星高校(H06)
　　札幌静修高校(H09)
　　札幌第一高校(H01)
　　札幌北斗高校(H04)
　　札幌龍谷学園高校(H08)
は　北海高校(H03)
　　北海学園札幌高校(H07)
　　北海道科学大高校(H05)
ら　立命館慶祥高校(H02)

★はリスニング音声データのダウンロード付き。

都道府県別 公立高校入試過去問 シリーズ

- 全国47都道府県別に出版
- 最近数年間の検査問題収録
- リスニングテスト音声対応

公立高校入試対策 問題集シリーズ

- 目標得点別・公立入試の数学(基礎編)
- 実戦問題演習・公立入試の数学(実力錬成編)
- 実戦問題演習・公立入試の英語(基礎編・実力錬成編)
- 形式別演習・公立入試の国語
- 実戦問題演習・公立入試の理科
- 実戦問題演習・公立入試の社会

高校入試特訓問題集 シリーズ

- 英語長文難関攻略33選(改訂版)
- 英語長文テーマ別難関攻略30選
- 英文法難関攻略20選
- 英語難関徹底攻略33選
- 古文完全攻略63選(改訂版)
- 国語融合問題完全攻略30選
- 国語長文難関徹底攻略30選
- 国語知識問題完全攻略13選
- 数学の図形と関数・グラフの融合問題完全攻略272選
- 数学難関徹底攻略700選
- 数学の難問80選
- 数学　思考力―規則性とデータの分析と活用―

〈ダウンロードコンテンツについて〉

本問題集のダウンロードコンテンツ、弊社ホームページで配信しております。現在ご利用いただけるのは「2025年度受験用」に対応したもので、**2025年3月末日**までダウンロード可能です。弊社ホームページにアクセスの上、ご利用ください。

※配信期間が終了いたしますと、ご利用いただけませんのでご了承ください。

中学別入試過去問題シリーズ

浦和明の星女子中学校　2025年度

ISBN978-4-8141-3228-7

[発行所] 東京学参株式会社

〒153-0043　東京都目黒区東山2-6-4

書籍の内容についてのお問い合わせは右のQRコードから　⇒

※書籍の内容についてのお電話でのお問い合わせ、本書の内容を超えたご質問には対応できませんのでご了承ください。

2024年4月30日　初版